Bärmann/Pick

Wohnungseigentumsgesetz

Wohnungseigentumsgesetz

Kommentar

mit den Richtlinien für die Baubehörden,
der Grundbuchverfügung, der Heizkostenverordnung,
der Heizungsanlagenverordnung, den das Wohnungseigentum betreffenden Gesetzen und
dem Gesetz über eine Sozialklausel in
Gebieten mit gefährdeter Wohnungsversorgung

von

JUSTIZRAT DR. JOHANNES BÄRMANN†

Universitätsprofessor, em., Universität Mainz
Notar a. D.

und

DR. ECKHART PICK

MdB
Universitätsprofessor, Universität Mainz

13., neubearbeitete Auflage

C. H. BECK'SCHE VERLAGSBUCHHANDLUNG
MÜNCHEN 1994

Die Deutsche Bibliothek – CIP-Einheitsaufnahme

Bärmann, Johannes:
Wohnungseigentumsgesetz : Kommentar mit den Richtlinien für die Baubehörden, der Grundbuchverfügung, der Heizkostenverordnung, der Heizungsanlagenverordnung und den das Wohnungseigentum betreffenden Gesetzentwürfen und dem Gesetz über eine Sozialklausel in Gebieten mit gefährdeter Wohnungsversorgung / von Johannes Bärmann und Eckhart Pick. –
13., neubearb. Aufl. – München: Beck, 1993
  ISBN 3 406 37700 9
NE: Pick, Eckhart:

ISBN 3 406 37700 9

Druck der C. H. Beck'schen Buchdruckerei Nördlingen
Gedruckt auf säurefreiem,
aus chlorfrei gebleichtem Zellstoff hergestelltem Papier

Vorwort zur 13. Auflage

Das Recht des Wohnungseigentums ist in Bewegung geraten. Seit dem Erscheinen der 12. Auflage 1990 ist das Gesetz viermal unmittelbar geändert worden. Darüber hinaus hat der Gesetzgeber mehrfach Gesetze erlassen, die einen Bezug zum WEG enthalten, indem sie entweder an sachenrechtliche Vorgänge des WEG anknüpfen oder das Wohnungseigentum bestimmten Vorschriften wie andere Sachenrechte unterstellen. Diese Gesetze – z. T. erst in diesem Jahre wirksam geworden – wurden im Interesse eines schnellen Zugriffs in den Anhang unter III. aufgenommen.

Die Rechtsprechung des Gemeinsamen Senats der Obersten Gerichtshöfe des Bundes hat den Gesetzgeber veranlaßt, sich der Problematik der Umwandlung von Mietwohnungen in Eigentumswohnungen anzunehmen. Während es sich dabei naturgemäß um eine grundsätzliche Frage handelte, ist in der Rechtsprechung eine immer differenziertere Kasuistik zu beobachten.

Diese Tendenz muß Anlaß sein, sich immer wieder auf Grundsätze im besten Sinne einer Dogmatik zurück zu besinnen. Niemand hat sich mehr mit diesen Fragen beschäftigt als der Begründer dieses Werks, Johannes Bärmann, der das Erscheinen dieser Auflage nicht mehr erleben konnte. Ihm ist sie in Dankbarkeit und Verehrung gewidmet.

Meinem Mitarbeiter Herrn Dr. Kaller danke ich für die umsichtige Hilfe bei der Vorbereitung des Manuskripts und der Korrektur.

Rechtsprechung und Literatur sind bis zum 30. 7. 1993 berücksichtigt. Der Entwurf eines Gesetzes zur Heilung des Erwerbs von Wohnungseigentum ist vorbehaltlich der Verabschiedung durch den Bundestag in der Form der Fassung durch den Rechtsausschuß eingearbeitet.

Mainz, im August 1993   Eckhart Pick

Inhaltsübersicht

Abkürzungen IX
Text des WEG 1

Wohnungseigentumsgesetz
(Gesetz über das Wohnungseigentum und das Dauerwohnrecht)
mit Erläuterungen

Einleitung 23
Erster Teil. Wohnungseigentum 35
  1. Abschnitt. Begründung des Wohnungseigentums 46
  2. Abschnitt. Gemeinschaft der Wohnungseigentümer . . . 115
  3. Abschnitt. Verwaltung 202
  4. Abschnitt. Wohnungserbbaurecht 294
Zweiter Teil. Dauerwohnrecht 301
Dritter Teil. Verfahrensvorschriften 348
  1. Abschnitt. Verfahren der freiwilligen Gerichtsbarkeit in Wohnungseigentumssachen 348
  2. Abschnitt. Zuständigkeit für Rechtsstreitigkeiten 393
  3. Abschnitt. Verfahren bei der Versteigerung des Wohnungseigentums 396
Vierter Teil. Ergänzende Bestimmungen 409

Anhang I. Ergänzende Vorschriften

1. Allgemeine Verwaltungsvorschrift für die Ausstellung von Bescheinigungen gemäß § 7 Abs. 4 Nr. 2 und § 32 Abs. 2 Nr. 2 des Wohnungseigentumsgesetzes 423
2a. Verfügung über die grundbuchmäßige Behandlung der Wohnungseigentumssachen 426
2b. Sondervorschriften für das Gebiet der ehemaligen DDR im Rahmen der Verfügung über die grundbuchmäßige Be-

Übersicht

handlung der Wohnungseigentumssachen (Einigungsvertrag – Auszug).. 444
3. Deutsche Normen DIN 283: Wohnungen, Begriffe 445
4. Verordnung über die verbrauchsabhängige Abrechnung der Heiz- und Warmwasserkosten (Verordnung über Heizkostenabrechnung – HeizkostenV)................ 450
5. Verordnung über energiesparende Anforderungen an heizungstechnische Anlagen und Brauchwasseranlagen (Heizungsanlagen-Verordnung – HeizAnlV) 458

Anhang II. Musterverträge

1. Muster: Begründung von Wohnungseigentum nach § 3 WEG mit Gemeinschaftsordnung 464
2. Muster: Teilungserklärung nach § 8 WEG mit Gemeinschaftsordnung 468

Anhang III. Gesetze mit Bezug auf das Wohnungseigentum

1. Gesetz zur Verbesserung der Rechtsstellung des Mieters bei Begründung von Wohnungseigentum an vermieteten Wohnungen 479
2. Gesetz zur Erleichterung von Investitionen und der Ausweisung und Bereitstellung von Wohnbauland (Investitionserleichterungs- und Wohnbaulandgesetz) – Auszug – . 481
3. Viertes Gesetz zur Änderung mietrechtlicher Vorschriften (Viertes Mietrechtsänderungsgesetz) – Auszug – 482
4. Gesetz zur Sicherung der Zweckbestimmung von Sozialwohnungen (Wohnungsbindungsgesetz – WoBindG) – Auszug – 483
5. Verordnung über die Pflichten der Makler, Darlehens- und Anlagenvermittler, Bauträger und Baubetreuer (Makler- und Bauträgerverordnung – MaBV –) – Auszug – 484
6. Gesetz zur Änderung des Bürgerlichen Gesetzbuchs (Bauhandwerkersicherung) und anderer Gesetze – Auszug –... 486

Sachregister 489

Inhaltsverzeichnis

Abkürzungen XIII
Text des WEG 1

Wohnungseigentumsgesetz
(Gesetz über das Wohnungseigentum und das Dauerwohnrecht)
mit Erläuterungen

Einleitung 23

Erster Teil. Wohnungseigentum

§ 1. Begriffsbestimmungen 35

1. Abschnitt. Begründung des Wohnungseigentums

§ 2. Arten der Begründung 46
§ 3. Vertragliche Einräumung von Sondereigentum 50
§ 4. Formvorschriften 62
§ 5. Gegenstand und Inhalt des Sondereigentums 68
§ 6. Unselbständigkeit des Sondereigentums 79
§ 7. Grundbuchvorschriften 81
§ 8. Teilung durch den Eigentümer 92
§ 9. Schließung der Wohnungsgrundbücher 99

2. Abschnitt. Gemeinschaft der Wohnungseigentümer

Vorbemerkung vor § 10 102
§ 10. Allgemeine Grundsätze 115
§ 11. Unauflöslichkeit der Gemeinschaft 125
§ 12. Veräußerungsbeschränkung 128
§ 13. Rechte des Wohnungseigentümers 138
§ 14. Plichten des Wohnungseigentümers 156
§ 15. Gebrauchsregelung 163
§ 16. Nutzungen, Lasten und Kosten 172
§ 17. Anteil bei Aufhebung der Gesellschaft 191
§ 18. Entziehung des Wohnungseigentums 193
§ 19. Wirkung des Urteils 197

3. Abschnitt. Verwaltung

§ 20. Gliederung der Verwaltung 202
§ 21. Verwaltung durch die Wohnungseigentümer 203

Inhalt

§ 22. Besondere Aufwendungen, Wiederaufbau 218
§ 23. Wohnungseigentümerversammlung 233
§ 24. Einberufung, Vorsitz, Niederschrift. 244
§ 25. Mehrheitsbeschluß. 249
§ 26. Bestellung und Abberufung des Verwalters 260
§ 27. Aufgaben und Befugnisse des Verwalters 272
§ 28. Wirtschaftsplan, Rechnungslegung 282
§ 29. Verwaltungsbeirat 291

4. Abschnitt. Wohnungserbbaurecht

§ 30. Wohnungserbbaurecht 294

Zweiter Teil. Dauerwohnrecht

Vorbemerkung vor § 31 299
§ 31. Begriffsbestimmungen 301
§ 32. Voraussetzungen der Eintragung. 308
§ 33. Inhalt des Dauerwohnrechts. 311
§ 34. Ansprüche des Eigentümers und der Dauerwohnberechtigten 317
§ 35. Veräußerungsbeschränkung. 319
§ 36. Heimfallanspruch 319
§ 37. Vermietung 323
§ 38. Eintritt in das Rechtsverhältnis 325
§ 39. Zwangsversteigerung. 328
§ 40. Haftung des Entgelts 330
§ 41. Besondere Vorschriften für langfristige Dauerwohnrechte 333
§ 42. Belastung eines Erbbaurechts 335

Dritter Teil. Verfahrensvorschriften

Einführung zum III. Teil 337

1. Abschnitt. Verfahren der freiwilligen Gerichtsbarkeit in Wohnungseigentumssachen

Vorbemerkung vor § 43 337
§ 43. Entscheidung durch den Richter 348
§ 44. Allgemeine Verfahrensgrundsätze 361
§ 45. Rechtsmittel, Rechtskraft 365
§ 46. Verhältnis zu Rechtsstreitigkeiten 374
§ 46a. Mahnverfahren 378
§ 47. Kostenentscheidung 383
§ 48. Kosten des Verfahrens 386

Inhalt

§ 49. (aufgehoben) 391
§ 50. Kosten des Verfahrens vor dem Prozeßgericht 392

    2. Abschnitt. Zuständigkeit für Rechtsstreitigkeiten

Einführung zum 2. Abschnitt des III. Teils 392
§ 51. Zuständigkeit für die Klage auf Entziehung des Wohnungseigentums 393
§ 52. Zuständigkeit für Rechtsstreitigkeiten über das Dauerwohnrecht 393

    3. Abschnitt. Verfahren bei der Versteigerung des
    Wohnungseigentums

Vorbemerkung vor § 53 394
§ 53. Zuständigkeit, Verfahren 396
§ 54. Antrag, Versteigerungsbedingungen 398
§ 55. Terminsbestimmung 400
§ 56. Versteigerungstermin 402
§ 57. Zuschlag 404
§ 58. Rechtsmittel 406

Vierter Teil. Ergänzende Bestimmungen

§ 59. Ausführungsbestimmungen für die Baubehörden 409
§ 60. Ehewohnung 409
§ 61. Heilung des Erwerbs von Wohnungseigentum *(Entwurfsfassung)* 410
§ 62. (aufgehoben) 412
§ 63. Überleitung bestehender Rechtsverhältnisse. 420
§ 64. Inkrafttreten 421

Anhang I. Ergänzende Vorschriften

1. Allgemeine Verwaltungsvorschrift für die Ausstellung von Bescheinigungen gemäß § 7 Abs. 4 Nr. 2 und § 32 Abs. 2 Nr. 2 des Wohnungseigentumsgesetzes 423
2a. Verfügung über die grundbuchmäßge Behandlung der Wohnungseigentumssachen 426
2b. Sondervorschriften für das Gebiet der ehemaligen DDR im Rahmen der Verfügung über die grundbuchmäßige Behandlung der Wohnungseigentumssachen (Einigungsvertrag – Auszug). 444
3. Deutsche Normen DIN 283: Wohnungen, Begriffe 445

Inhalt

4. Verordnung über die verbrauchsabhängige Abrechnung der Heiz- und Warmwasserkosten (Verordnung über Heizkostenabrechnung-HeizkostenV) 450
5. Verordnung über die energiesparende Anforderung an heizungstechnische Anlagen und Brauchwasseranlagen (Heizungsanlagen-Verordnung – HeizAnlV) 458

Anhang II. Musterverträge

1. Muster: Begründung von Wohnungseigentum nach § 3 WEG mit Gemeinschaftsordnung 464
2. Muster: Teilungserklärung nach § 8 WEG mit Gemeinschaftsordnung 468

Anhang III. Gesetze mit Bezug auf das Wohnungseigentum

1. Gesetz zur Verbesserung der Rechtsstellung des Mieters bei Begründung von Wohnungseigentum an vermieteten Wohnungen 479
2. Gesetz zur Erleichterung von Investitionen und der Ausweisung und Bereitstellung von Wohnbauland (Investitionserleichterungs- und Wohnbaulandgesetz) (Auszug) . . 481
3. Viertes Gesetz zur Änderung mietrechtlicher Vorschriften (Viertes Mietrechtsänderungsgesetz) (Auszug) 482
4. Gesetz zur Sicherung der Zweckbestimmung von Sozialwohnungen (Wohnungsbindungsgesetz – WoBindG) (Auszug) 483
5. Verordnung über die Pflichten der Makler, Darlehens- und Anlagevermittler, Bauträger und Baubetreuer (Makler- und Bauträgerverordnung – MaBV) (Auszug) 484
6. Gesetz zur Änderung des Bürgerlichen Gesetzbuchs (Bauhandwerkersicherung) und anderer Gesetze (Auszug) 486

Sachregister 489

Abkürzungen

a. A.	anderer Ansicht
AktG	Aktiengesetz vom 6. 9. 1965
AkZ	Zeitschrift der Akademie für Deutsches Recht
Allg. VV	Allgemeine Verwaltungsvorschrift für die Ausstellung von Bescheinigungen gemäß § 7 Abs. 4 Nr. 2 und § 32 Abs. 2 Nr. 2 WEG
Anm.	Anmerkung
AV	Ausführungsverordnung
Bärmann, Wohnungseigentum	Kurzlehrbuch, 1991 (zit. Wohnungseigentum)
Bärmann – Bearbeiter	Bärmann/Pick/Merle, Kommentar zum WEG, 6. Aufl. 1987
Bärmann, FG	Bärmann, Freiwillige Gerichtsbarkeit und Notarrecht, 1968
Bärmann/Seuß	S. Formularbuch
BAnz.	Bundesanzeiger
BadAGBGB	Badisches Ausführungsgesetz zum BGB
BauGB	Baugesetzbuch i. d. F. v. 8. 12. 1986
BayAGBGB	Bayerisches Ausführungsgesetz zum BGB
BayObLG	Bayerisches Oberstes Landesgericht
BayObLGZ	Entscheidungen des Bayerischen Obersten Landesgerichts in Zivilsachen
BBauG	Bundesbaugesetz (in das BauGB übernommen)
Bd.	Band
BewÄndG	Bewertungsänderungsgesetz v. 27. 7. 1971
BewG	Bewertungsgesetz i. d. F. v. 1. 2. 1991
BFH	Bundesfinanzhof
BGB	Bürgerliches Gesetzbuch v. 18. 8. 1896
BGBl.	Bundesgesetzblatt
BlGBW	Blätter für Grundstücks-, Bau- und Wohnungsrecht (Zeitschrift)
BStBl.	Bundessteuerblatt
Bub	Wohnungseigentum von A–Z, 6. Aufl. 1991
Büro	Das Büro
BVO	II. Berechnungsverordnung i. d. F. v. 12. 10. 1990
BWNotZ	Zeitschrift für das Notariat in Baden-Württemberg
Cc.	Code civil

Abkürzungen

DB	Der Betrieb (Zeitschrift)
Deckert/Stein	Die Eigentumswohnung, 1988
Der WEer	Der Wohnungseigentümer (Zeitschrift)
Diester	Kommentar zum WEG, 1952
Diester Rspr.	Die Rechtsprechung zum WEG, 1967
DJ	Deutsche Justiz
DNotZ	Deutsche Notarzeitschrift, auch Zeitschrift des Deutschen Notarvereins
DNR	Dauernutzungsrecht
DOfNot.	Dienstordnung für Notare
DR	Deutsches Recht
DRZ	Deutsche Rechtszeitschrift
DVBl.	Deutsches Verwaltungsblatt
DVO	Durchführungsverordnung
DWR	Dauerwohnrecht
DWW	Deutsche Wohnungswirtschaft
Eigenwohner	Der Eigenwohner; jetzt: Wohnungseigentum (Zeitschrift)
EStG	Einkommensteuergesetz i. d. F. der Bek. v. 7. 9. 1990
EGBGB	Einführungsgesetz zum Bürgerlichen Gesetzbuch v. 18. 8. 1896
Enneccerus/Nipperdey, Allg. Teil	Enneccerus, Lehrbuch des Bürgerlichen Rechts, I. Band, Allgemeiner Teil, 15. Aufl. 1960
ErbRVO	Verordnung über das Erbbaurecht v. 15. 1. 1919
Erman	BGB, Kommentar, 9. Aufl. 1993; WEG, bearbeitet von Ganten
EW	Eigentumswohnung
FGG	Reichsgesetz über die Angelegenheiten der Freiwilligen Gerichtsbarkeit i. d. F. der Bek. v. 20. 5. 1898
FinMin.	Finanzminister (ium)
Formularbuch	Bärmann/Seuß, Praxis des Wohnungseigentums, 3. Aufl. 1980
G	Gesetz
GBA	Grundbuchamt
GBO	Grundbuchordnung i. d. F. der Bek. v. 5. 8. 1935
Gebote-VO	Verordnung über die Behandlung von Geboten in der Zwangsversteigerung (Geboteverordnung) v. 30. 6. 1941
GemE	Gemeinschaftseigentum
GemMinBl.	Gemeinsames Ministerialblatt des Bundesmini-

Abkürzungen

	sters des Innern, des Bundesministers für Vertriebene, des Bundesministers für Wohnungsbau, des Bundesministers für Angelegenheiten des Bundesrates
GemO	Gemeinschaftsordnung
GemWoW	Gemeinnütziges Wohnungswesen (Zeitschrift)
GG	Grundgesetz
GmbHG	Gesetz betr. die Gesellschaft mit beschränkter Haftung i. d. F. der Bek. v. 5. 8. 1935
Gruchot	Beiträge zur Erläuterung des Deutschen Rechtes, begründet von Gruchot
GrundbVfg.	Allgemeine Verfügung über die Einrichtung und Führung des Grundbuches (Grundbuchverfügung) v. 8. 8. 1935
GrStG	Grundsteuergesetz v. 7. 8. 1973
Grundeigentum	Das Grundeigentum (Zeitschrift)
GVBl.	Gesetz- und Verordnungsblatt (Bayern, Hessen, Schleswig-Holstein oder Rheinland-Pfalz)
GVG	Gerichtsverfassungsgesetz i. d. F. der Bek. v. 9. 5. 1975
GWW	Gemeinnütziges Wohnungswesen (Zeitschrift)
HausratsVO	Verordnung über die Behandlung der Ehewohnung und des Hausrats nach der Scheidung (6. DVO EheG) v. 21. 10. 1944
Hess. AGBGB	Hessisches Ausführungsgesetz zum BGB
HGB	Handelsgesetzbuch v. 10. 5. 1897
HeizAnlV	Verordnung über energiesparende Anforderungen an heizungstechnische Anlagen und Brauchwasseranlagen (Heizungsanlagen-Verordnung – HeizAnlV) in der Fassung der Bekanntmachung vom 20. 1. 1989
HeizkostenV	Verordnung über die verbrauchsabhängige Abrechnung der Heiz- und Warmwasserkosten (Verordnung über Heizkostenabrechnung – Heizkosten-V) i. d. F. v. 20. 1. 1989
hM	herrschende Meinung
Hoffmann/Stephan	Hausratsverordnung, 2. Auflage 1968
HRVO	Hausratsverordnung v. 21. 10. 1944
i. d. F. v.	in der Fassung vom
immo-telex	Informationsdienst für alle Themenbereiche der Wirtschaft
JMBl. NRW	Justizministerialblatt für das Land Nordrhein-Westfalen
Jur. Büro	Juristisches Büro (Zeitschrift)
Justiz	Die Justiz (Zeitschrift)

Abkürzungen

JW	Juristische Wochenschrift
JZ	Juristen-Zeitung
Keidel	Gesetz über die Angelegenheiten der freiwilligen Gerichtsbarkeit, Handausgabe von Kuntze, Winkler, Amelung, Kahl u. Zimmermann, Teil A, 12. Aufl. 1987
KG	Kammergericht, Kommanditgesellschaft
KGJ	Jahrbuch für Entscheidungen des Kammergerichts
KGJW	Entscheidungen des Kammergerichts, veröffentlicht in der Juristischen Wochenschrift
KO	Konkursordnung v. 20. 5. 1898
KostO	Gesetz über die Kosten in Angelegenheiten der freiwilligen Gerichtsbarkeit (Kostenordnung) v. 26. 7. 1957
KTS	Konkurs-, Treuhand- und Schiedsgerichtswesen (Zeitschrift)
LS	Leitsatz
LZ	Leipziger Zeitschrift
MaBV	Makler- und Bauträgerverordnung i. d. F. der Bek. v. 7. 11. 1990
MDR	Monatsschrift für Deutsches Recht
ME	Miteigentum
Meikel/Imhof/Riedel	Kommentar zur Grundbuchordnung, 6. Aufl. 1965/1969; 7. Aufl. 1986f.
MittBayNot.	Mitteilungen des Bayerischen Notarvereins, der Notarkasse und der Landesnotarkammer Bayern
MittRhNotK	Mitteilungen der Rheinischen Notarkammer
MK-Röll	Münchener Kommentar zum BGB, Band 4, Sachenrecht, 2. Aufl. 1986; (3. Aufl. in Vorb.); WEG, bearb. von Röll
MSchG	Mieterschutzgesetz v. 15. 12. 1942 (aufgehoben)
Müller	Praktische Fragen des Wohnungseigentums, NJW-Schriftenreihe (H. 43), 2. Aufl. 1992
NdsRpfl.	Niedersächsische Rechtspflege (Zeitschrift)
NJW	Neue Juristische Wochenschrift
NJW-RR	NJW-Rechtsprechungs-Report (Zivilrecht)
Nr.	Nummer
NRW	Nordrhein-Westfalen
NVwZ-RR	Neue Zeitschrift für Verwaltungsrecht – Rechtsprechungs-Report
NWB	Neue Wirtschaftsbriefe

Abkürzungen

OGH	Oberster Gerichtshof für die britische Zone
OHG	Offene Handelsgesellschaft
OLG	Oberlandesgericht
OLGZ	Entscheidungen der Oberlandesgerichte in Zivilsachen
OVG	Oberverwaltungsgericht
Palandt – Bearbeiter	Kommentar zum Bürgerlichen Gesetzbuch von Palandt, 52. Aufl. 1993; WEG, bearbeitet von Bassenge
PIG	Partner im Gespräch (Schriftenreihe des Evangelischen Siedlungswerkes in Deutschland, Bd. und Seite)
PrAGBGB	Preußisches Ausführungsgesetz zum BGB
Recht	Das Recht (Zeitschrift)
RG	Reichsgericht, auch amtliche Sammlung der RG-Rechtsprechung in Zivilsachen
RGBl.	Reichsgesetzblatt
RGDR	Entscheidungen des Reichsgerichts, veröffentlicht in der Zeitschrift „Deutsches Recht"
RGJW	Entscheidungen des Reichsgerichts, veröffentlicht in der Juristischen Wochenschrift
RGRK	Kommentar der Reichsgerichtsräte zum BGB, 12. Aufl. 1983, WEG, bearbeitet von Augustin
Röll	Handbuch für Wohnungseigentümer und Verwalter, 4. Aufl. 1986
Rpfleger	Der Deutsche Rechtspfleger (Zeitschrift)
RPK	Recht und Praxis der Kapitalanlage (Informationsdienst)
S.	siehe bzw. Seite
s. a.	siehe auch
SächsArch.	Sächsisches Archiv
Sauren	Wohnungseigentumsgesetz (WEG), 1989
Schlegelberger	Schlegelberger, Kommentar zum FGG, 7. Aufl. 1956
SchlHA	Schleswig-Holsteinische Anzeigen (Zeitschrift)
SE	Sondereigentum
SeuffArch.	Seufferts Archiv für Entscheidungen oberster Gerichte
Seuß	Die Eigentumswohnung, 10. Aufl. 1993
SJZ	Süddeutsche Juristenzeitung
Soergel/Baur	Soergel-Siebert, Kommentar zum BGB, Bd. 6, 12. Aufl. 1990; WEG, bearbeitet von Stürner
Spark.	Sparkasse (Zeitschrift)
StädtebaufördG	Städtebauförderungsgesetz (in das BauGB aufgenommen)

Abkürzungen

Staudinger	Staudinger, Kommentar zum BGB, Bd. III 2. Teil, 11. Aufl. 1963; WEG, bearbeitet von Ring (12. Aufl. im Erscheinen)
str.	streitig
st. Rspr.	ständige Rechtsprechung
T.	Teil
TE	Teileigentum
Tresper	Wohnungseigentum in der Praxis (vorm. Koepp), 5. Aufl. 1983
VermStG	Vermögensteuergesetz i. d. F. v. 17. 4. 1974
vgl.	vergleiche
VO	Verordnung
Vorb.	Vorbemerkung
Warn.	Warneyer, Die Rechtsprechung des Reichsgerichts
WE	Wohnungseigentum
WEer	Wohnungseigentümer
WEG	Gesetz über das Wohnungseigentum und das Dauerwohnrecht (Wohnungseigentumsgesetz) v. 15. 3. 1951
WEM	Wohnungseigentümer-Magazin (Zeitschrift)
WERS	Wohnungseigentumsrechtsammlung
WEZ	Zeitschrift für Wohnungseigentumsrecht (erschienen 1987/8)
WKSchG	Wohnraumkündigungsschutzgesetz v. 25. 11. 1971
WsErbbR	Wohnungserbbaurecht
Ws-Grundbuch	Wohnungsgrundbuch
Ws-GrundbVfg.	Verfügung über die grundbuchmäßige Behandlung der Wohnungseigentumssachen v. 1. 8. 1951 (BAnz. Nr. 152)
Wienecke	Wienecke, WEG, Kommentar, 1974
Weitnauer	Weitnauer, Kommentar zum WEG, 7. Aufl. 1988
WoBauG	Wohnungsbaugesetz, 1. WoBauG v. 24. 4. 1950 (BGBl. I S. 83) i. d. F. v. 25. 8. 1953 (BGBl. I S. 1047), 2. WoBauG v. 27. 6. 1956 (BGBl. I S. 523), i. d. F. v. 14. August 1990
WohngeldG	Wohngeldgesetz i. d. F. v. 1. 2. 1993
Wohnung und Haus	Zeitschrift (Jahr u. Seite)
Wolff/Raiser	In: Enneccerus, Lehrbuch des Bürgerlichen Rechts, III. Band, Sachenrecht, 10. Aufl. 1957
WoPG	Wohnungsbau-Prämiengesetz i. d. F. v. 30. 7. 1992
WoVermG	Wohnungsvermittlungsgesetz v. 4. 11. 1971

Abkürzungen

WsGbVfg	S. unter GrundbVfg
WuM	Wohnungswirtschaft und Mietrecht (Zeitschrift)
ZdWBay	Wohnen, Zeitschrift der Wohnungswirtschaft Bayern
ZGemWoW in Bayern	Zeitschrift für das gemeinnützige Wohnungswesen in Bayern; jetzt: Wohnen, Zeitschrift der Wohnungswirtschaft Bayern (ZdWBay)
ZIP	Zeitschrift für Wirtschaftsrecht und Insolvenzpraxis
ZMR	Zeitschrift für Miet- und Raumrecht
ZPO	Zivilprozeßordnung v. 12. 9. 1950
ZVG	Gesetz über die Zwangsversteigerung und die Zwangsverwaltung v. 24. 3. 1897

Gesetz über das Wohnungseigentum und das Dauerwohnrecht (Wohnungseigentumsgesetz)

Vom 15. März 1951

(BGBl. I S. 175, ber. S. 209)
Geändert durch Gesetz über Maßnahmen auf dem Gebiete des Kostenrechts vom 7. August 1952 (BGBl. I S. 401) Gesetz zur Änderung und Ergänzung kostenrechtlicher Vorschriften vom 26. Juli 1957 (BGBl. I S. 861), Gesetz zur Änderung des Bürgerlichen Gesetzbuches und anderer Gesetze vom 30. Mai 1973 (BGBl. I S. 501), Gesetz zur Änderung des Wohnungseigentumsgesetzes und der Verordnung über das Erbbaurecht vom 30. Juli 1973 (BGBl. I S. 910), Gesetz zur Erhöhung von Wertgrenzen in der Gerichtsbarkeit vom 8. Dezember 1982 (BGBl. I S. 1615) Steuerbereinigungsgesetz 1985 vom 14. Dezember 1984 (BGBl. I S. 1493), Rechtspflegevereinfachungsgesetz vom 17. 12. 1990 (BGBl. I S. 2847), Gesetz zur Beseitigung von Hemmnissen bei der Privatisierung von Unternehmen und zur Förderung von Investitionen vom 22. 3. 1991 (BGBl. I S. 766), Gesetz zur Entlastung der Rechtspflege vom 11. 1. 1993 (BGBl. I S. 50) und Gesetz zur Heilung des Erwerbs von Wohnungseigentum[1]

I. Teil. Wohnungseigentum

§ 1. Begriffsbestimmungen. (1) Nach Maßgabe dieses Gesetzes kann an Wohnungen das Wohnungseigentum, an nicht zu Wohnzwecken dienenden Räumen eines Gebäudes das Teileigentum begründet werden.

(2) Wohnungseigentum ist das Sondereigentum an einer Wohnung in Verbindung mit dem Miteigentumsanteil an dem gemeinschaftlichen Eigentum, zu dem es gehört.

(3) Teileigentum ist das Sondereigentum an nicht zu Wohnzwecken dienenden Räumen eines Gebäudes in Verbindung mit dem Miteigentumsanteil an dem gemeinschaftlichen Eigentum, zu dem es gehört.

(4) Wohnungseigentum und Teileigentum können nicht in der Weise begründet werden, daß das Sondereigentum mit Miteigentum an mehreren Grundstücken verbunden wird.

(5) Gemeinschaftliches Eigentum im Sinne dieses Gesetzes sind das Grundstück sowie die Teile, Anlagen und Einrichtungen des Gebäudes, die nicht im Sondereigentum oder im Eigentum eines Dritten stehen.

(6) Für das Teileigentum gelten die Vorschriften über das Wohnungseigentum entsprechend.

---
[1] Bei Drucklegung war das Gesetz noch nicht verkündet.

1. Abschnitt. Begründung des Wohnungseigentums

§ 2. Arten der Begründung. Wohnungseigentum wird durch die vertragliche Einräumung von Sondereigentum (§ 3) oder durch Teilung (§ 8) begründet.

§ 3. Vertragliche Einräumung von Sondereigentum. (1) Das Miteigentum (§ 1008 des Bürgerlichen Gesetzbuches) an einem Grundstück kann durch Vertrag der Miteigentümer in der Weise beschränkt werden, daß jedem der Miteigentümer abweichend von § 93 des Bürgerlichen Gesetzbuches das Sondereigentum an einer bestimmten Wohnung oder an nicht zu Wohnzwecken dienenden bestimmten Räumen in einem auf dem Grundstück errichteten oder zu errichtenden Gebäude eingeräumt wird.

(2) Sondereigentum soll nur eingeräumt werden, wenn die Wohnungen oder sonstigen Räume in sich abgeschlossen sind. Garagenstellplätze gelten als abgeschlossene Räume, wenn ihre Flächen durch dauerhafte Markierungen ersichtlich sind.

(3) Unbeschadet der im übrigen Bundesgebiet bestehenden Rechtslage wird die Abgeschlossenheit von Wohnungen oder sonstigen Räumen, die vor dem 3. Oktober 1990 bauordnungsrechtlich genehmigt worden sind, in dem in Artikel 3 des Einigungsvertrages bezeichneten Gebiet nicht dadurch ausgeschlossen, daß die Wohnungstrennwände und Wohnungstrenndecken oder die entsprechenden Wände oder Decken bei sonstigen Räumen nicht den bauordnungsrechtlichen Anforderungen entsprechen, die im Zeitpunkt der Erteilung der Bescheinigung nach § 7 Abs. 4 Nr. 2 gelten. Diese Regelung gilt bis zum 31. Dezember 1996.

§ 4. Formvorschriften. (1) Zur Einräumung und zur Aufhebung des Sondereigentums ist die Einigung der Beteiligten über den Eintritt der Rechtsänderung und die Eintragung in das Grundbuch erforderlich.

(2) Die Einigung bedarf der für die Auflassung vorgeschriebenen Form. Sondereigentum kann nicht unter einer Bedingung oder Zeitbestimmung eingeräumt oder aufgehoben werden.

(3) Für einen Vertrag, durch den sich ein Teil verpflichtet, Sondereigentum einzuräumen, zu erwerben oder aufzuheben, gilt § 313 des Bürgerlichen Gesetzbuches entsprechend.

§ 5. Gegenstand und Inhalt des Sondereigentums. (1) Gegenstand des Sondereigentums sind die gemäß § 3 Abs. 1 bestimmten Räume sowie die zu diesen Räumen gehörenden Bestandteile des Gebäudes, die verändert, beseitigt oder eingefügt werden können, ohne daß dadurch das gemeinschaftliche Eigentum oder ein auf Sondereigentum beruhendes Recht eines anderen Wohnungseigentümers über das nach § 14 zulässige Maß hinaus beeinträchtigt oder die äußere Gestaltung des Gebäudes verändert wird.

(2) Teile des Gebäudes, die für dessen Bestand oder Sicherheit erforderlich sind, sowie Anlagen und Einrichtungen, die dem gemeinschaftlichen

Gebrauch der Wohnungseigentümer dienen, sind nicht Gegenstand des Sondereigentums, selbst wenn sie sich im Bereich der im Sondereigentum stehenden Räume befinden.

(3) Die Wohnungseigentümer können vereinbaren, daß Bestandteile des Gebäudes, die Gegenstand des Sondereigentums sein können, zum gemeinschaftlichen Eigentum gehören.

(4) Vereinbarungen über das Verhältnis der Wohnungseigentümer untereinander können nach den Vorschriften des 2. und 3. Abschnittes zum Inhalt des Sondereigentums gemacht werden.

§ 6. Unselbständigkeit des Sondereigentums. (1) Das Sondereigentum kann ohne den Miteigentumsanteil, zu dem es gehört, nicht veräußert oder belastet werden.

(2) Rechte an dem Miteigentumsanteil erstrecken sich auf das zu ihm gehörende Sondereigentum.

§ 7. Grundbuchvorschriften. (1) Im Falle des § 3 Abs. 1 wird für jeden Miteigentumsanteil von Amts wegen ein besonderes Grundbuchblatt (Wohnungsgrundbuch, Teileigentumsgrundbuch) angelegt. Auf diesem ist das zu dem Miteigentumsanteil gehörende Sondereigentum und als Beschränkung des Miteigentums die Einräumung der zu den anderen Miteigentumsanteilen gehörenden Sondereigentumsrechte einzutragen. Das Grundbuchblatt des Grundstücks wird von Amts wegen geschlossen.

(2) Von der Anlegung besonderer Grundbuchblätter kann abgesehen werden, wenn hiervon Verwirrung nicht zu besorgen ist. In diesem Falle ist das Grundbuchblatt als gemeinschaftliches Wohnungsgrundbuch (Teileigentumsgrundbuch) zu bezeichnen.

(3) Zur näheren Bezeichnung des Gegenstandes und des Inhalts des Sondereigentums kann auf die Eintragungsbewilligung Bezug genommen werden.

(4) Der Eintragungsbewilligung sind als Anlagen beizufügen:
1. eine von der Baubehörde mit Unterschrift und Siegel oder Stempel versehene Bauzeichnung, aus der die Aufteilung des Gebäudes sowie die Lage und Größe der im Sondereigentum und der im gemeinschaftlichen Eigentum stehenden Gebäudeteile ersichtlich ist (Aufteilungsplan); alle zu demselben Wohnungseigentum gehörenden Einzelräume sind mit der jeweils gleichen Nummer zu kennzeichnen;
2. eine Bescheinigung der Baubehörde, daß die Voraussetzungen des § 3 Abs. 2 vorliegen.

Wenn in der Eintragungsbewilligung für die einzelnen Sondereigentumsrechte Nummern angegeben werden, sollen sie mit denen des Aufteilungsplanes übereinstimmen.

(5) Für Teileigentumsgrundbücher gelten die Vorschriften über Wohnungsgrundbücher entsprechend.

§ 8. Teilung durch den Eigentümer.

(1) Der Eigentümer eines Grundstücks kann durch Erklärung gegenüber dem Grundbuchamt das Eigentum an dem Grundstück in Miteigentumsanteile in der Weise teilen, daß mit jedem Anteil das Sondereigentum an einer bestimmten Wohnung oder an nicht zu Wohnzwecken dienenden bestimmten Räumen in einem auf dem Grundstück errichteten oder zu errichtenden Gebäude verbunden ist.

(2) Im Falle des Absatzes 1 gelten die Vorschriften des § 3 Abs. 2 und der §§ 5, 6, § 7 Abs. 1, 3 bis 5 entsprechend. Die Teilung wird mit der Anlegung der Wohnungsgrundbücher wirksam.

§ 9. Schließung der Wohnungsgrundbücher.

(1) Die Wohnungsgrundbücher werden geschlossen:
1. von Amts wegen, wenn die Sondereigentumsrechte gemäß § 4 aufgehoben werden;
2. auf Antrag sämtlicher Wohnungseigentümer, wenn alle Sondereigentumsrechte durch völlige Zerstörung des Gebäudes gegenstandslos geworden sind und der Nachweis hierfür durch eine Bescheinigung der Baubehörde erbracht ist;
3. auf Antrag des Eigentümers, wenn sich sämtliche Wohnungseigentumsrechte in einer Person vereinigen.

(2) Ist ein Wohnungseigentum selbständig mit dem Rechte eines Dritten belastet, so werden die allgemeinen Vorschriften, nach denen zur Aufhebung des Sondereigentums die Zustimmung des Dritten erforderlich ist, durch Absatz 1 nicht berührt.

(3) Werden die Wohnungsgrundbücher geschlossen, so wird für das Grundstück ein Grundbuchblatt nach den allgemeinen Vorschriften angelegt; die Sondereigentumsrechte erlöschen, soweit sie nicht bereits aufgehoben sind, mit der Anlegung des Grundbuchblatts.

2. Abschnitt. Gemeinschaft der Wohnungseigentümer

§ 10. Allgemeine Grundsätze.

(1) Das Verhältnis der Wohnungseigentümer untereinander bestimmt sich nach den Vorschriften dieses Gesetzes und, soweit dieses Gesetz keine besonderen Bestimmungen enthält, nach den Vorschriften des Bürgerlichen Gesetzbuches über die Gemeinschaft. Die Wohnungseigentümer können von den Vorschriften dieses Gesetzes abweichende Vereinbarungen treffen, soweit nicht etwas anderes ausdrücklich bestimmt ist.

(2) Vereinbarungen, durch die die Wohnungseigentümer ihr Verhältnis untereinander in Ergänzung oder Abweichung von Vorschriften dieses Gesetzes regeln, sowie die Abänderung oder Aufhebung solcher Vereinbarungen wirken gegen den Sondernachfolger eines Wohnungseigentümers nur, wenn sie als Inhalt des Sondereigentums im Grundbuch eingetragen sind.

(3) Beschlüsse der Wohnungseigentümer gemäß § 23 und Entscheidungen des Richters gemäß § 43 bedürfen zu ihrer Wirksamkeit gegen den Sondernachfolger eines Wohnungseigentümers nicht der Eintragung in das Grundbuch.

(4) Rechtshandlungen in Angelegenheiten, über die nach diesem Gesetz oder nach einer Vereinbarung der Wohnungseigentümer durch Stimmenmehrheit beschlossen werden kann, wirken, wenn sie auf Grund eines mit solcher Mehrheit gefaßten Beschlusses vorgenommen werden, auch für und gegen die Wohnungseigentümer, die gegen den Beschluß gestimmt oder an der Beschlußfassung nicht mitgewirkt haben.

§ 11. Unauflöslichkeit der Gemeinschaft. (1) Kein Wohnungseigentümer kann die Aufhebung der Gemeinschaft verlangen. Dies gilt auch für eine Aufhebung aus wichtigem Grund. Eine abweichende Vereinbarung ist nur für den Fall zulässig, daß das Gebäude ganz oder teilweise zerstört wird und eine Verpflichtung zum Wiederaufbau nicht besteht.

(2) Das Recht eines Pfändungsgläubigers (§ 751 des Bürgerlichen Gesetzbuches) sowie das Recht des Konkursverwalters (§ 16 Abs. 2 der Konkursordnung), die Aufhebung der Gemeinschaft zu verlangen, ist ausgeschlossen.

§ 12. Veräußerungsbeschränkung. (1) Als Inhalt des Sondereigentums kann vereinbart werden, daß ein Wohnungseigentümer zur Veräußerung seines Wohnungseigentums der Zustimmung anderer Wohnungseigentümer oder eines Dritten bedarf.

(2) Die Zustimmung darf nur aus einem wichtigen Grunde versagt werden. Durch Vereinbarung gemäß Absatz 1 kann dem Wohnungseigentümer darüber hinaus für bestimmte Fälle ein Anspruch auf Erteilung der Zustimmung eingeräumt werden.

(3) Ist eine Vereinbarung gemäß Absatz 1 getroffen, so ist eine Veräußerung des Wohnungseigentums und ein Vertrag, durch den sich der Wohnungseigentümer zu einer solchen Veräußerung verpflichtet, unwirksam, solange nicht die erforderliche Zustimmung erteilt ist. Einer rechtsgeschäftlichen Veräußerung steht eine Veräußerung im Wege der Zwangsvollstreckung oder durch den Konkursverwalter gleich.

§ 13. Rechte des Wohnungseigentümers. (1) Jeder Wohnungseigentümer kann, soweit nicht das Gesetz oder Rechte Dritter entgegenstehen, mit den im Sondereigentum stehenden Gebäudeteilen nach Belieben verfahren, insbesondere diese bewohnen, vermieten, verpachten oder in sonstiger Weise nutzen, und andere von Einwirkungen ausschließen.

(2) Jeder Wohnungseigentümer ist zum Mitgebrauch des gemeinschaftlichen Eigentums nach Maßgabe der §§ 14, 15 berechtigt. An den sonstigen Nutzungen des gemeinschaftlichen Eigentums gebührt jedem Wohnungseigentümer ein Anteil nach Maßgabe des § 16.

§ 14. Pflichten des Wohnungseigentümers.
Jeder Wohnungseigentümer ist verpflichtet:
1. die im Sondereigentum stehenden Gebäudeteile so instand zu halten und von diesen sowie von dem gemeinschaftlichen Eigentum nur in solcher Weise Gebrauch zu machen, daß dadurch keinem der anderen Wohnungseigentümer über das bei einem geordneten Zusammenleben unvermeidliche Maß hinaus ein Nachteil erwächst;
2. für die Einhaltung der in Nummer 1 bezeichneten Pflichten durch Personen zu sorgen, die seinem Hausstand oder Geschäftsbetrieb angehören oder denen er sonst die Benutzung der im Sonder- oder Miteigentum stehenden Grundstücks- oder Gebäudeteile überläßt;
3. Einwirkungen auf die im Sondereigentum stehenden Gebäudeteile und das gemeinschaftliche Eigentum zu dulden, soweit sie auf einem nach Nummer 1, 2 zulässigen Gebrauch beruhen;
4. das Betreten und die Benutzung der im Sondereigentum stehenden Gebäudeteile zu gestatten, soweit dies zur Instandhaltung und Instandsetzung des gemeinschaftlichen Eigentums erforderlich ist; der hierdurch entstehende Schaden ist zu ersetzen.

§ 15. Gebrauchsregelung.
(1) Die Wohnungseigentümer können den Gebrauch des Sondereigentums und des gemeinschaftlichen Eigentums durch Vereinbarung regeln.

(2) Soweit nicht eine Vereinbarung nach Absatz 1 entgegensteht, können die Wohnungseigentümer durch Stimmenmehrheit einen der Beschaffenheit der im Sondereigentum stehenden Gebäudeteile und des gemeinschaftlichen Eigentums entsprechenden ordnungsmäßigen Gebrauch beschließen.

(3) Jeder Wohnungseigentümer kann einen Gebrauch der im Sondereigentum stehenden Gebäudeteile und des gemeinschaftlichen Eigentums verlangen, der dem Gesetz, den Vereinbarungen und Beschlüssen und, soweit sich die Regelung hieraus nicht ergibt, dem Interesse der Gesamtheit der Wohnungseigentümer nach billigem Ermessen entspricht.

§ 16. Nutzungen, Lasten und Kosten.
(1) Jedem Wohnungseigentümer gebührt ein seinem Anteil entsprechender Bruchteil der Nutzungen des gemeinschaftlichen Eigentums. Der Anteil bestimmt sich nach dem gemäß § 47 der Grundbuchordnung im Grundbuch eingetragenen Verhältnis der Miteigentumsanteile.

(2) Jeder Wohnungseigentümer ist den anderen Wohnungseigentümern gegenüber verpflichtet, die Lasten des gemeinschaftlichen Eigentums sowie die Kosten der Instandhaltung, Instandsetzung, sonstigen Verwaltung und eines gemeinschaftlichen Gebrauchs des gemeinschaftlichen Eigentums nach dem Verhältnis seines Anteils (Absatz 1 Satz 2) zu tragen.

(3) Ein Wohnungseigentümer, der einer Maßnahme nach § 22 Abs. 1 nicht zugestimmt hat, ist nicht berechtigt, einen Anteil an Nutzungen, die auf einer solchen Maßnahme beruhen, zu beanspruchen; er ist nicht verpflichtet, Kosten, die durch eine solche Maßnahme verursacht sind, zu tragen.

(4) Zu den Kosten der Verwaltung im Sinne des Absatzes 2 gehören insbesondere Kosten eines Rechtsstreits gemäß § 18 und der Ersatz des Schadens im Falle des § 14 Nr. 4.

(5) Kosten eines Verfahrens nach § 43 gehören nicht zu den Kosten der Verwaltung im Sinne des Absatzes 2.

§ 17. Anteil bei Aufhebung der Gemeinschaft. Im Falle der Aufhebung der Gemeinschaft bestimmt sich der Anteil der Miteigentümer nach dem Verhältnis des Wertes ihrer Wohnungseigentumsrechte zur Zeit der Aufhebung der Gemeinschaft. Hat sich der Wert eines Miteigentumsanteils durch Maßnahmen verändert, denen der Wohnungseigentümer gemäß § 22 Abs. 1 nicht zugestimmt hat, so bleibt eine solche Veränderung bei der Berechnung des Wertes dieses Anteils außer Betracht.

§ 18. Entziehung des Wohnungseigentums. (1) Hat ein Wohnungseigentümer sich einer so schweren Verletzung der ihm gegenüber anderen Wohnungseigentümern obliegenden Verpflichtungen schuldig gemacht, daß diesen die Fortsetzung der Gemeinschaft mit ihm nicht mehr zugemutet werden kann, so können die anderen Wohnungseigentümer von ihm die Veräußerung seines Wohnungseigentums verlangen.

(2) Die Voraussetzungen des Absatzes 1 liegen insbesondere vor, wenn
1. der Wohnungseigentümer trotz Abmahnung wiederholt gröblich gegen die ihm nach § 14 obliegenden Pflichten verstößt;
2. der Wohnungseigentümer sich mit der Erfüllung seiner Verpflichtungen zur Lasten- und Kostentragung (§ 16 Abs. 2) in Höhe eines Betrages, der drei vom Hundert des Einheitswertes seines Wohnungseigentums übersteigt, länger als drei Monate in Verzug befindet.

(3) Über das Verlangen nach Absatz 1 beschließen die Wohnungseigentümer durch Stimmenmehrheit. Der Beschluß bedarf einer Mehrheit von mehr als der Hälfte der stimmberechtigten Wohnungseigentümer. Die Vorschriften des § 25 Abs. 3, 4 sind in diesem Falle nicht anzuwenden.

(4) Der in Absatz 1 bestimmte Anspruch kann durch Vereinbarung der Wohnungseigentümer nicht eingeschränkt oder ausgeschlossen werden.

§ 19. Wirkung des Urteils. (1) Das Urteil, durch das ein Wohnungseigentümer zur Veräußerung seines Wohnungseigentums verurteilt wird, ersetzt die für die freiwillige Versteigerung des Wohnungseigentums und für die Übertragung des Wohnungseigentums auf den Ersteher erforderlichen Erklärungen. Aus dem Urteil findet zugunsten des Erstehers die Zwangsvollstreckung auf Räumung und Herausgabe statt. Die Vorschriften des § 93 Abs. 1 Satz 2 und 3 des Gesetzes über die Zwangsversteigerung und Zwangsverwaltung gelten entsprechend.

(2) Der Wohnungseigentümer kann im Falle des § 18 Abs. 2 Nr. 2 bis zur Erteilung des Zuschlags die in Absatz 1 bezeichnete Wirkung des Urteils dadurch abwenden, daß er die Verpflichtungen, wegen deren Nichterfüllung er verurteilt ist, einschließlich der Verpflichtung zum Ersatz der durch den Rechtsstreit und das Versteigerungsverfahren entstandenen Kosten so-

wie die fälligen weiteren Verpflichtungen zur Lasten- und Kostentragung erfüllt.

(3) Ein gerichtlicher oder vor einer Gütestelle geschlossener Vergleich, durch den sich der Wohnungseigentümer zur Veräußerung seines Wohnungseigentums verpflichtet, steht dem in Absatz 1 bezeichneten Urteil gleich.

3. Abschnitt. Verwaltung

§ 20. Gliederung der Verwaltung. (1) Die Verwaltung des gemeinschaftlichen Eigentums obliegt den Wohnungseigentümern nach Maßgabe der §§ 21 bis 25 und dem Verwalter nach Maßgabe der §§ 26 bis 28, im Falle der Bestellung eines Verwaltungsbeirats auch diesem nach Maßgabe des § 29.

(2) Die Bestellung eines Verwalters kann nicht ausgeschlossen werden.

§ 21. Verwaltung durch die Wohnungseigentümer. (1) Soweit nicht in diesem Gesetz oder durch Vereinbarung der Wohnungseigentümer etwas anderes bestimmt ist, steht die Verwaltung des gemeinschaftlichen Eigentums den Wohnungseigentümern gemeinschaftlich zu.

(2) Jeder Wohnungseigentümer ist berechtigt, ohne Zustimmung der anderen Wohnungseigentümer die Maßnahmen zu treffen, die zur Abwendung eines dem gemeinschaftlichen Eigentum unmittelbar drohenden Schadens notwendig sind.

(3) Soweit die Verwaltung des gemeinschaftlichen Eigentums nicht durch Vereinbarung der Wohnungseigentümer geregelt ist, können die Wohnungseigentümer eine der Beschaffenheit des gemeinschaftlichen Eigentums entsprechende ordnungsmäßige Verwaltung durch Stimmenmehrheit beschließen.

(4) Jeder Wohnungseigentümer kann eine Verwaltung verlangen, die den Vereinbarungen und Beschlüssen und, soweit solche nicht bestehen, dem Interesse der Gesamtheit der Wohnungseigentümer nach billigem Ermessen entspricht.

(5) Zu einer ordnungsmäßigen, dem Interesse der Gesamtheit der Wohnungseigentümer entsprechenden Verwaltung gehört insbesondere:
1. die Aufstellung einer Hausordnung;
2. die ordnungsmäßige Instandhaltung und Instandsetzung des gemeinschaftlichen Eigentums;
3. die Feuerversicherung des gemeinschaftlichen Eigentums zum Neuwert sowie die angemessene Versicherung der Wohnungseigentümer gegen Haus- und Grundbesitzerhaftpflicht;
4. die Ansammlung einer angemessenen Instandhaltungsrückstellung;
5. die Aufstellung eines Wirtschaftsplans (§ 28);
6. die Duldung aller Maßnahmen, die zur Herstellung einer Fernsprechteilnehmereinrichtung, einer Rundfunkempfangsanlage oder eines Energieversorgungsanschlusses zugunsten eines Wohnungseigentümers erforderlich sind.

(6) Der Wohnungseigentümer, zu dessen Gunsten eine Maßnahme der in Absatz 5 Nr. 6 bezeichneten Art getroffen wird, ist zum Ersatz des hierdurch entstehenden Schadens verpflichtet.

§ 22. Besondere Aufwendungen, Wiederaufbau. (1) Bauliche Veränderungen und Aufwendungen, die über die ordnungsmäßige Instandhaltung oder Instandsetzung des gemeinschaftlichen Eigentums hinausgehen, können nicht gemäß § 21 Abs. 3 beschlossen oder gemäß § 21 Abs. 4 verlangt werden. Die Zustimmung eines Wohnungseigentümers zu solchen Maßnahmen ist insoweit nicht erforderlich, als durch die Veränderung dessen Rechte nicht über das in § 14 bestimmte Maß hinaus beeinträchtigt werden.

(2) Ist das Gebäude zu mehr als der Hälfte seines Wertes zerstört und ist der Schaden nicht durch eine Versicherung oder in anderer Weise gedeckt, so kann der Wiederaufbau nicht gemäß § 21 Abs. 3 beschlossen oder gemäß § 21 Abs. 4 verlangt werden.

§ 23. Wohnungseigentümerversammlung. (1) Angelegenheiten, über die nach diesem Gesetz oder nach einer Vereinbarung der Wohnungseigentümer die Wohnungseigentümer durch Beschluß entscheiden können, werden durch Beschlußfassung in einer Versammlung der Wohnungseigentümer geordnet.

(2) Zur Gültigkeit eines Beschlusses ist erforderlich, daß der Gegenstand bei der Einberufung bezeichnet ist.

(3) Auch ohne Versammlung ist ein Beschluß gültig, wenn alle Wohnungseigentümer ihre Zustimmung zu diesem Beschluß schriftlich erklären.

(4) Ein Beschluß ist nur ungültig, wenn er gemäß § 43 Abs. 1 Nr. 4 für ungültig erklärt wird. Der Antrag auf eine solche Entscheidung kann nur binnen eines Monats seit der Beschlußfassung gestellt werden, es sei denn, daß der Beschluß gegen eine Rechtsvorschrift verstößt, auf deren Einhaltung rechtswirksam nicht verzichtet werden kann.

§ 24. Einberufung, Vorsitz, Niederschrift. (1) Die Versammlung der Wohnungseigentümer wird von dem Verwalter mindestens einmal im Jahre einberufen.

(2) Die Versammlung der Wohnungseigentümer muß von dem Verwalter in den durch Vereinbarung der Wohnungseigentümer bestimmten Fällen, im übrigen dann einberufen werden, wenn dies schriftlich unter Angabe des Zweckes und der Gründe von mehr als einem Viertel der Wohnungseigentümer verlangt wird.

(3) Fehlt ein Verwalter oder weigert er sich pflichtwidrig, die Versammlung der Wohnungseigentümer einzuberufen, so kann die Versammlung auch, falls ein Verwaltungsbeirat bestellt ist, von dessen Vorsitzenden oder seinem Vertreter einberufen werden.

(4) Die Einberufung erfolgt schriftlich. Die Frist der Einberufung soll, sofern nicht ein Fall besonderer Dringlichkeit vorliegt, mindestens eine Woche betragen.

(5) Den Vorsitz in der Wohnungseigentümerversammlung führt, sofern diese nichts anderes beschließt, der Verwalter.

(6) Über die in der Versammlung gefaßten Beschlüsse ist eine Niederschrift aufzunehmen. Die Niederschrift ist von dem Vorsitzenden und einem Wohnungseigentümer und, falls ein Verwaltungsbeirat bestellt ist, auch von dessen Vorsitzenden oder seinem Vertreter zu unterschreiben. Jeder Wohnungseigentümer ist berechtigt, die Niederschriften einzusehen.

§ 25. Mehrheitsbeschluß. (1) Für die Beschlußfassung in Angelegenheiten, über die die Wohnungseigentümer durch Stimmenmehrheit beschließen, gelten die Vorschriften der Absätze 2 bis 5.

(2) Jeder Wohnungseigentümer hat eine Stimme. Steht ein Wohnungseigentum mehreren gemeinschaftlich zu, so können sie das Stimmrecht nur einheitlich ausüben.

(3) Die Versammlung ist nur beschlußfähig, wenn die erschienenen stimmberechtigten Wohnungseigentümer mehr als die Hälfte der Miteigentumsanteile, berechnet nach der im Grundbuch eingetragenen Größe dieser Anteile, vertreten.

(4) Ist eine Versammlung nicht gemäß Absatz 3 beschlußfähig, so beruft der Verwalter eine neue Versammlung mit dem gleichen Gegenstand ein. Diese Versammlung ist ohne Rücksicht auf die Höhe der vertretenen Anteile beschlußfähig; hierauf ist bei der Einberufung hinzuweisen.

(5) Ein Wohnungseigentümer ist nicht stimmberechtigt, wenn die Beschlußfassung die Vornahme eines auf die Verwaltung des gemeinschaftlichen Eigentums bezüglichen Rechtsgeschäfts mit ihm oder die Einleitung oder Erledigung eines Rechtsstreits der anderen Wohnungseigentümer gegen ihn betrifft oder wenn er nach § 18 rechtskräftig verurteilt ist.

§ 26. Bestellung und Abberufung des Verwalters. (1) Über die Bestellung und Abberufung des Verwalters beschließen die Wohnungseigentümer mit Stimmenmehrheit. Die Bestellung darf auf höchstens fünf Jahre vorgenommen werden. Die Abberufung des Verwalters kann auf das Vorliegen eines wichtigen Grundes beschränkt werden. Andere Beschränkungen der Bestellung oder Abberufung des Verwalters sind nicht zulässig.

(2) Die wiederholte Bestellung ist zulässig; sie bedarf eines erneuten Beschlusses der Wohnungseigentümer, der frühestens ein Jahr vor Ablauf der Bestellungszeit gefaßt werden kann.

(3) Fehlt ein Verwalter, so ist ein solcher in dringenden Fällen bis zur Behebung des Mangels auf Auftrag eines Wohnungseigentümers oder eines Dritten, der ein berechtigtes Interesse an der Bestellung eines Verwalters hat, durch den Richter zu bestellen.

(4) Soweit die Verwaltereigenschaft durch eine öffentlich beglaubigte Urkunde nachgewiesen werden muß, genügt die Vorlage einer Niederschrift über den Bestellungsbeschluß, bei der die Unterschriften der in § 24 Abs. 6 bezeichneten Personen öffentlich beglaubigt sind.

Wohnungseigentumsgesetz §§ 27, 28 Text

§ 27. Aufgaben und Befugnisse des Verwalters. (1) Der Verwalter ist berechtigt und verpflichtet:
1. Beschlüsse der Wohnungseigentümer durchzuführen und für die Durchführung der Hausordnung zu sorgen;
2. die für die ordnungsmäßige Instandhaltung und Instandsetzung des gemeinschaftlichen Eigentums erforderlichen Maßnahmen zu treffen;
3. in dringenden Fällen sonstige zur Erhaltung des gemeinschaftlichen Eigentums erforderliche Maßnahmen zu treffen;
4. gemeinschaftliche Gelder zu verwalten.

(2) Der Verwalter ist berechtigt, im Namen aller Wohnungseigentümer und mit Wirkung für und gegen sie:
1. Lasten- und Kostenbeiträge, Tilgungsbeträge und Hypothekenzinsen anzufordern, in Empfang zu nehmen und abzuführen, soweit es sich um gemeinschaftliche Angelegenheiten der Wohnungseigentümer handelt;
2. alle Zahlungen und Leistungen zu bewirken und entgegenzunehmen, die mit der laufenden Verwaltung des gemeinschaftlichen Eigentums zusammenhängen;
3. Willenserklärungen und Zustellungen entgegenzunehmen, soweit sie an alle Wohnungseigentümer in dieser Eigenschaft gerichtet sind;
4. Maßnahmen zu treffen, die zur Wahrung einer Frist oder zur Abwendung eines sonstigen Rechtsnachteils erforderlich sind;
5. Ansprüche gerichtlich und außergerichtlich geltend zu machen, sofern er hierzu durch Beschluß der Wohnungseigentümer ermächtigt ist;
6. die Erklärungen abzugeben, die zur Vornahme, der in § 21 Abs. 5 Nr. 6 bezeichneten Maßnahmen erforderlich sind.

(3) Die dem Verwalter nach den Absätzen 1, 2 zustehenden Aufgaben und Befugnisse können durch Vereinbarung der Wohnungseigentümer nicht eingeschränkt werden.

(4) Der Verwalter ist verpflichtet, Gelder der Wohnungseigentümer von seinem Vermögen gesondert zu halten. Die Verfügung über solche Gelder kann von der Zustimmung eines Wohnungseigentümers oder eines Dritten abhängig gemacht werden.

(5) Der Verwalter kann von den Wohnungseigentümern die Ausstellung einer Vollmachtsurkunde verlangen, aus der der Umfang seiner Vertretungsmacht ersichtlich ist.

§ 28. Wirtschaftsplan, Rechnungslegung. (1) Der Verwalter hat jeweils für ein Kalenderjahr einen Wirtschaftsplan aufzustellen. Der Wirtschaftsplan enthält:
1. die voraussichtlichen Einnahmen und Ausgaben bei der Verwaltung des gemeinschaftlichen Eigentums;
2. die anteilmäßige Verpflichtung der Wohnungseigentümer zur Lasten- und Kostentragung;
3. die Beitragsleistung der Wohnungseigentümer zu der in § 21 Abs. 5 Nr. 4 vorgesehenen Instandhaltungsrückstellung.

(2) Die Wohnungseigentümer sind verpflichtet, nach Abruf durch den Verwalter dem beschlossenen Wirtschaftsplan entsprechende Vorschüsse zu leisten.

(3) Der Verwalter hat nach Ablauf des Kalenderjahres eine Abrechnung aufzustellen.

(4) Die Wohnungseigentümer können durch Mehrheitsbeschluß jederzeit von dem Verwalter Rechnungslegung verlangen.

(5) Über den Wirtschaftsplan, die Abrechnung und die Rechnungslegung des Verwalters beschließen die Wohnungseigentümer durch Stimmenmehrheit.

§ 29. Verwaltungsbeirat. (1) Die Wohnungseigentümer können durch Stimmenmehrheit die Bestellung eines Verwaltungsbeirats beschließen. Der Verwaltungsbeirat besteht aus einem Wohnungseigentümer als Vorsitzenden und zwei weiteren Wohnungseigentümern als Beisitzern.

(2) Der Verwaltungsbeirat unterstützt den Verwalter bei der Durchführung seiner Aufgaben.

(3) Der Wirtschaftsplan, die Abrechnung über den Wirtschaftsplan, Rechnungslegungen und Kostenanschläge sollen, bevor über sie die Wohnungseigentümerversammlung beschließt, vom Verwaltungsbeirat geprüft und mit dessen Stellungnahme versehen werden.

(4) Der Verwaltungsbeirat wird von dem Vorsitzenden nach Bedarf einberufen.

4. Abschnitt. Wohnungserbbaurecht

§ 30. (1) Steht ein Erbbaurecht mehreren gemeinschaftlich nach Bruchteilen zu, so können die Anteile in der Weise beschränkt werden, daß jedem der Mitberechtigten das Sondereigentum an einer bestimmten Wohnung oder an nicht zu Wohnzwecken dienenden bestimmten Räumen in einem auf Grund des Erbbaurechts errichteten oder zu errichtenden Gebäude eingeräumt wird (Wohnungserbbaurecht, Teilerbbaurecht).

(2) Ein Erbbauberechtigter kann das Erbbaurecht in entsprechender Anwendung des § 8 teilen.

(3) Für jeden Anteil wird von Amts wegen ein besonderes Erbbaugrundbuchblatt angelegt (Wohnungserbbaugrundbuch, Teilerbbaugrundbuch). Im übrigen gelten für das Wohnungserbbaurecht (Teilerbbaurecht) die Vorschriften über das Wohnungseigentum (Teileigentum) entsprechend.

II. Teil. Dauerwohnrecht

§ 31. Begriffbestimmungen. (1) Ein Grundstück kann in der Weise belastet werden, daß derjenige, zu dessen Gunsten die Belastung erfolgt, berechtigt ist, unter Ausschluß des Eigentümers eine bestimmte Wohnung in ei-

Wohnungseigentumsgesetz §§ 32, 33 Text

nem auf dem Grundstück errichteten oder zu errichtenden Gebäude zu bewohnen oder in anderer Weise zu nutzen (Dauerwohnrecht). Das Dauerwohnrecht kann auf einen außerhalb des Gebäudes liegenden Teil des Grundstücks erstreckt werden, sofern die Wohnung wirtschaftlich die Hauptsache bleibt.

(2) Ein Grundstück kann in der Weise belastet werden, daß derjenige, zu dessen Gunsten die Belastung erfolgt, berechtigt ist, unter Ausschluß des Eigentümers nicht zu Wohnzwecken dienende bestimmte Räume in einem auf dem Grundstück errichteten oder zu errichtenden Gebäude zu nutzen (Dauernutzungsrecht).

(3) Für das Dauernutzungsrecht gelten die Vorschriften über das Dauerwohnrecht entsprechend.

§ 32. Voraussetzungen der Eintragung. (1) Das Dauerwohnrecht soll nur bestellt werden, wenn die Wohnung in sich abgeschlossen ist. § 3 Abs. 3 gilt entsprechend.

(2) Zur näheren Bezeichnung des Gegenstandes und des Inhalts des Dauerwohnrechts kann auf die Eintragungsbewilligung Bezug genommen werden. Der Eintragungsbewilligung sind als Anlagen beizufügen:
1. eine von der Baubehörde mit Unterschrift und Siegel oder Stempel versehene Bauzeichnung, aus der die Aufteilung des Gebäudes sowie die Lage und Größe der dem Dauerwohnrecht unterliegenden Gebäude- und Grundstücksteile ersichtlich ist (Aufteilungsplan); alle zu demselben Dauerwohnrecht gehörenden Einzelräume sind mit der jeweils gleichen Nummer zu kennzeichnen;
2. eine Bescheinigung der Baubehörde, daß die Voraussetzungen des Absatzes 1 vorliegen.

Wenn in der Eintragungsbewilligung für die einzelnen Dauerwohnrechte Nummern angegeben werden, sollen sie mit denen des Aufteilungsplans übereinstimmen.

(3) Das Grundbuchamt soll die Eintragung des Dauerwohnrechts ablehnen, wenn über die in § 33 Abs. 4 Nr. 1 bis 4 bezeichneten Angelegenheiten, über die Voraussetzungen des Heimfallanspruchs (§ 36 Abs. 1) und über die Entschädigung beim Heimfall (§ 36 Abs. 4) keine Vereinbarungen getroffen sind.

§ 33. Inhalt des Dauerwohnrechts. (1) Das Dauerwohnrecht ist veräußerlich und vererblich. Es kann nicht unter einer Bedingung bestellt werden.

(2) Auf das Dauerwohnrecht sind, soweit nicht etwas anderes vereinbart ist, die Vorschriften des § 14 entsprechend anzuwenden.

(3) Der Berechtigte kann die zum gemeinschaftlichen Gebrauch bestimmten Teile, Anlagen und Einrichtungen des Gebäudes und Grundstücks mitbenutzen, soweit nichts anderes vereinbart ist.

(4) Als Inhalt des Dauerwohnrechts können Vereinbarungen getroffen werden über:

1. Art und Umfang der Nutzungen;
2. Instandhaltung und Instandsetzung der dem Dauerwohnrecht unterliegenden Gebäudeteile;
3. die Pflicht des Berechtigten zur Tragung öffentlicher oder privatrechtlicher Lasten des Grundstücks;
4. die Versicherung des Gebäudes und seinen Wiederaufbau im Falle der Zerstörung;
5. das Recht des Eigentümers, bei Vorliegen bestimmter Voraussetzungen Sicherheitsleistung zu verlangen.

§ 34. Ansprüche des Eigentümers und der Dauerwohnberechtigten. (1) Auf die Ersatzansprüche des Eigentümers wegen Veränderungen oder Verschlechterungen sowie auf die Ansprüche der Dauerwohnberechtigten auf Ersatz von Verwendungen oder auf Gestattung der Wegnahme einer Einrichtung sind die §§ 1049, 1057 des Bürgerlichen Gesetzbuches entsprechend anzuwenden.

(2) Wird das Dauerwohnrecht beeinträchtigt, so sind auf die Ansprüche des Berechtigten die für die Ansprüche aus dem Eigentum geltenden Vorschriften entsprechend anzuwenden.

§ 35. Veräußerungsbeschränkung. Als Inhalt des Dauerwohnrechts kann vereinbart werden, daß der Berechtigte zur Veräußerung des Dauerwohnrechts der Zustimmung des Eigentümers oder eines Dritten bedarf. Die Vorschriften des § 12 gelten in diesem Falle entsprechend.

§ 36. Heimfallanspruch. (1) Als Inhalt des Dauerwohnrechts kann vereinbart werden, daß der Berechtigte verpflichtet ist, das Dauerwohnrecht beim Eintritt bestimmter Voraussetzungen auf den Grundstückseigentümer oder einen von diesem zu bezeichnenden Dritten zu übertragen (Heimfallanspruch). Der Heimfallanspruch kann nicht von dem Eigentum an dem Grundstück getrennt werden.

(2) Bezieht sich das Dauerwohnrecht auf Räume, die dem Mieterschutz unterliegen, so kann der Eigentümer von dem Heimfallanspruch nur Gebrauch machen, wenn ein Grund vorliegt, aus dem ein Vermieter die Aufhebung des Mietverhältnisses verlangen oder kündigen kann.

(3) Der Heimfallanspruch verjährt in sechs Monaten von dem Zeitpunkt an, in dem der Eigentümer von dem Eintritt der Voraussetzungen Kenntnis erlangt, ohne Rücksicht auf diese Kenntnis in zwei Jahren von dem Eintritt der Voraussetzungen an.

(4) Als Inhalt des Dauerwohnrechts kann vereinbart werden, daß der Eigentümer dem Berechtigten eine Entschädigung zu gewähren hat, wenn er von dem Heimfallanspruch Gebrauch macht. Als Inhalt des Dauerwohnrechts können Vereinbarungen über die Berechnung oder Höhe der Entschädigung oder die Art ihrer Zahlung getroffen werden.

§ 37. Vermietung. (1) Hat der Dauerwohnberechtigte die dem Dauerwohnrecht unterliegenden Gebäude- oder Grundstücksteile vermietet oder verpachtet, so erlischt das Miet- oder Pachtverhältnis, wenn das Dauerwohnrecht erlischt.

(2) Macht der Eigentümer von seinem Heimfallanspruch Gebrauch, so tritt er oder derjenige, auf den das Dauerwohnrecht zu übertragen ist, in das Miet- oder Pachtverhältnis ein; die Vorschriften der §§ 571 bis 576 des Bürgerlichen Gesetzbuches gelten entsprechend.

(3) Absatz 2 gilt entsprechend, wenn das Dauerwohnrecht veräußert wird. Wird das Dauerwohnrecht im Wege der Zwangsvollstreckung veräußert, so steht dem Erwerber ein Kündigungsrecht in entsprechender Anwendung des § 57a des Gesetzes über die Zwangsversteigerung und Zwangsverwaltung zu.

§ 38. Eintritt in das Rechtsverhältnis. (1) Wird das Dauerwohnrecht veräußert, so tritt der Erwerber an Stelle des Veräußerers in die sich während der Dauer seiner Berechtigung an dem Rechtsverhältnis zu dem Eigentümer ergebenden Verpflichtungen ein.

(2) Wird das Grundstück veräußert, so tritt der Erwerber an Stelle des Veräußerers in die sich während der Dauer seines Eigentums aus dem Rechtsverhältnis zu dem Dauerwohnberechtigten ergebenden Rechte ein. Das gleiche gilt für den Erwerb auf Grund Zuschlages in der Zwangsversteigerung, wenn das Dauerwohnrecht durch den Zuschlag nicht erlischt.

§ 39. Zwangsversteigerung. (1) Als Inhalt des Dauerwohnrechts kann vereinbart werden, daß das Dauerwohnrecht im Falle der Zwangsversteigerung des Grundstücks abweichend von § 44 des Gesetzes über die Zwangsversteigerung und Zwangsverwaltung auch dann bestehen bleiben soll, wenn der Gläubiger einer dem Dauerwohnrecht im Range vorgehenden oder gleichstehenden Hypothek, Grundschuld, Rentenschuld oder Reallast die Zwangsversteigerung in das Grundstück betreibt.

(2) Eine Vereinbarung gemäß Absatz 1 bedarf zu ihrer Wirksamkeit der Zustimmung derjenigen, denen eine dem Dauerwohnrecht im Range vorgehende oder gleichstehende Hypothek, Grundschuld, Rentenschuld oder Reallast zusteht.

(3) Eine Vereinbarung gemäß Absatz 1 ist nur wirksam für den Fall, daß der Dauerwohnberechtigte im Zeitpunkt der Feststellung der Versteigerungsbedingungen seine fälligen Zahlungsverpflichtungen gegenüber dem Eigentümer erfüllt hat; in Ergänzung einer Vereinbarung nach Absatz 1 kann vereinbart werden, daß das Fortbestehen des Dauerwohnrechts vom Vorliegen weiterer Voraussetzungen abhängig ist.

§ 40. Haftung des Entgelts. (1) Hypotheken, Grundschulden, Rentenschulden und Reallasten, die dem Dauerwohnrecht im Range vorgehen oder gleichstehen, sowie öffentliche Lasten, die in wiederkehrenden Leistungen bestehen, erstrecken sich auf den Anspruch auf das Entgelt für das Dauerwohnrecht in gleicher Weise wie auf eine Mietzinsforderung, soweit nicht in Absatz 2 etwas Abweichendes bestimmt ist. Im übrigen sind die für Mietzinsforderungen geltenden Vorschriften nicht entsprechend anzuwenden.

(2) Als Inhalt des Dauerwohnrechts kann vereinbart werden, daß Verfügungen über den Anspruch auf das Entgelt, wenn es in wiederkehrenden Leistungen ausbedungen ist, gegenüber dem Gläubiger einer dem Dauerwohnrecht im Range vorgehenden oder gleichstehenden Hypothek, Grundschuld, Rentenschuld oder Reallast wirksam sind. Für eine solche Vereinbarung gilt § 39 Abs. 2 entsprechend.

§ 41. Besondere Vorschriften für langfristige Dauerwohnrechte. (1) Für Dauerwohnrechte, die zeitlich unbegrenzt oder für einen Zeitraum von mehr als zehn Jahren eingeräumt sind, gelten die besonderen Vorschriften der Absätze 2 und 3.

(2) Der Eigentümer ist, sofern nicht etwas anderes vereinbart ist, dem Dauerwohnberechtigten gegenüber verpflichtet, eine dem Dauerwohnrecht im Range vorgehende oder gleichstehende Hypothek löschen zu lassen für den Fall, daß sie sich mit dem Eigentum in einer Person vereinigt, und die Eintragung einer entsprechenden Löschungsvormerkung in das Grundbuch zu bewilligen.

(3) Der Eigentümer ist verpflichtet, dem Dauerwohnberechtigten eine angemessene Entschädigung zu gewähren, wenn er von dem Heimfallanspruch Gebrauch macht.

§ 42. Belastung eines Erbbaurechts. (1) Die Vorschriften der §§ 31 bis 41 gelten für die Belastung eines Erbbaurechts mit einem Dauerwohnrecht entsprechend.

(2) Beim Heimfall des Erbbaurechts bleibt das Dauerwohnrecht bestehen.

III. Teil. Verfahrensvorschriften

1. Abschnitt. Verfahren der freiwilligen Gerichtsbarkeit in Wohnungseigentumssachen

§ 43. Entscheidung durch den Richter. (1) Das Amtsgericht, in dessen Bezirk das Grundstück liegt, entscheidet im Verfahren der freiwilligen Gerichtsbarkeit:
1. auf Antrag eines Wohnungseigentümers über die sich aus der Gemeinschaft der Wohnungseigentümer und aus der Verwaltung des gemeinschaftlichen Eigentums ergebenden Rechte und Pflichten der Wohnungseigentümer untereinander mit Ausnahme der Ansprüche im Falle der Aufhebung der Gemeinschaft (§ 17) und auf Entziehung des Wohnungseigentums (§§ 18, 19);
2. auf Antrag eines Wohnungseigentümers oder des Verwalters über die Rechte und Pflichten des Verwalters bei der Verwaltung des gemeinschaftlichen Eigentums;
3. auf Antrag eines Wohnungseigentümers oder Dritten über die Bestellung eines Verwalters im Falle des § 26 Abs. 3;

4. auf Antrag eines Wohnungseigentümers oder des Verwalters über die Gültigkeit von Beschlüssen der Wohnungseigentümer.

(2) Der Richter entscheidet, soweit sich die Regelung nicht aus dem Gesetz, einer Vereinbarung oder einem Beschluß der Wohnungseigentümer ergibt, nach billigem Ermessen.

(3) Für das Verfahren gelten die besonderen Vorschriften der §§ 44 bis 50.

(4) An dem Verfahren Beteiligte sind:
1. in den Fällen des Absatzes 1 Nr. 1 sämtliche Wohnungseigentümer;
2. in den Fällen des Absatzes 1 Nr. 2 und 4 die Wohnungseigentümer und der Verwalter;
3. im Falle des Absatzes 1 Nr. 3 die Wohnungseigentümer und der Dritte.

§ 44. Allgemeine Verfahrensgrundsätze. (1) Der Richter soll mit den Beteiligten in der Regel mündlich verhandeln und hierbei darauf hinwirken, daß sie sich gütlich einigen.

(2) Kommt eine Einigung zustande, so ist hierüber eine Niederschrift aufzunehmen, und zwar nach den Vorschriften, die für die Niederschrift über einen Vergleich im bürgerlichen Rechtsstreit gelten.

(3) Der Richter kann für die Dauer des Verfahrens einstweilige Anordnungen treffen. Diese können selbständig nicht angefochten werden.

(4) In der Entscheidung soll der Richter die Anordnungen treffen, die zu ihrer Durchführung erforderlich sind. Die Entscheidung ist zu begründen.

§ 45. Rechtsmittel, Rechtskraft. (1) Gegen die Entscheidung des Amtsgerichts ist die sofortige Beschwerde, gegen die Entscheidung des Beschwerdegerichts die sofortige weitere Beschwerde zulässig, wenn der Wert des Gegenstandes der Beschwerde oder der weiteren Beschwerde eintausendfünfhundert Deutsche Mark übersteigt.

(2) Die Entscheidung wird mit der Rechtskraft wirksam. Sie ist für alle Beteiligten bindend.

(3) Aus rechtskräftigen Entscheidungen, gerichtlichen Vergleichen und einstweiligen Anordnungen findet die Zwangsvollstreckung nach den Vorschriften der Zivilprozeßordnung statt.

(4) Haben sich die tatsächlichen Verhältnisse wesentlich geändert, so kann der Richter auf Antrag eines Beteiligten seine Entscheidung oder einen gerichtlichen Vergleich ändern, soweit dies zur Vermeidung einer unbilligen Härte notwendig ist.

§ 46. Verhältnis zu Rechtsstreitigkeiten. (1) Werden in einem Rechtsstreit Angelegenheiten anhängig gemacht, über die nach § 43 Abs. 1 im Verfahren der freiwilligen Gerichtsbarkeit zu entscheiden ist, so hat das Prozeßgericht die Sache insoweit an das nach § 43 Abs. 1 zuständige Amtsgericht zur Erledigung im Verfahren der freiwilligen Gerichtsbarkeit abzugeben. Der Abgabebeschluß kann nach Anhörung der Parteien ohne mündliche Verhandlung ergehen. Er ist für das in ihm bezeichnete Gericht bindend.

(2) Hängt die Entscheidung eines Rechtsstreits vom Ausgang eines in § 43 Abs. 1 bezeichneten Verfahrens ab, so kann das Prozeßgericht anordnen, daß die Verhandlung bis zur Erledigung dieses Verfahrens ausgesetzt wird.

§ 46a. Mahnverfahren. (1) Zahlungsansprüche, über die nach § 43 Abs. 1 zu entscheiden ist, können nach den Vorschriften der Zivilprozeßordnung im Mahnverfahren geltend gemacht werden. Ausschließlich zuständig im Sinne des § 689 Abs. 2 der Zivilprozeßordnung ist das Amtsgericht, in dessen Bezirk das Grundstück liegt. § 690 Abs. 1 Nr. 5 der Zivilprozeßordnung gilt mit der Maßgabe, daß das nach § 43 Abs. 1 zuständige Gericht der freiwilligen Gerichtsbarkeit zu bezeichnen ist. Mit Eingang der Akten bei diesem Gericht nach § 696 Abs. 1 Satz 4 oder § 700 Abs. 3 Satz 2 der Zivilprozeßordnung gilt der Antrag auf Erlaß des Mahnbescheids als Antrag nach § 43 Abs. 1.

(2) Im Falle des Widerspruchs setzt das Gericht der freiwilligen Gerichtsbarkeit dem Antragsteller eine Frist für die Begründung des Antrags. Vor Eingang der Begründung wird das Verfahren nicht fortgeführt. Der Widerspruch kann bis zum Ablauf einer Frist von zwei Wochen seit Zustellung der Begründung zurückgenommen werden; § 699 Abs. 1 Satz 3 der Zivilprozeßordnung ist anzuwenden.

(3) Im Falle des Einspruchs setzt das Gericht der freiwilligen Gerichtsbarkeit dem Antragsteller eine Frist für die Begründung des Antrags, wenn der Einspruch nicht als unzulässig verworfen wird. §§ 339, 340 Abs. 1, 2, § 341 der Zivilprozeßordnung sind anzuwenden; für die sofortige Beschwerde gilt jedoch § 45 Abs. 1. Vor Eingang der Begründung wird das Verfahren vorbehaltlich einer Maßnahme nach § 44 Abs. 3 nicht fortgeführt. Geht die Begründung bis zum Ablauf der Frist nicht ein, wird die Zwangsvollstreckung auf Antrag des Antragsgegners eingestellt. Bereits getroffene Vollstreckungsmaßregeln können aufgehoben werden. Für die Zurücknahme des Einspruchs gelten Absatz 2 Satz 3 erster Halbsatz und § 346 der Zivilprozeßordnung entsprechend. Entscheidet das Gericht in der Sache, ist § 343 der Zivilprozeßordnung anzuwenden.

§ 47. Kostenentscheidung. Welche Beteiligten die Gerichtskosten zu tragen haben, bestimmt der Richter nach billigem Ermessen. Er kann dabei auch bestimmen, daß die außergerichtlichen Kosten ganz oder teilweise zu erstatten sind.

§ 48. Kosten des Verfahrens. (1) Für das gerichtliche Verfahren wird die volle Gebühr erhoben. Kommt es zur gerichtlichen Entscheidung, so erhöht sich die Gebühr auf das Dreifache der vollen Gebühr. Wird der Antrag zurückgenommen, bevor es zu einer Entscheidung oder einer vom Gericht vermittelten Einigung gekommen ist, so ermäßigt sich die Gebühr auf die Hälfte der vollen Gebühr. Ist ein Mahnverfahren vorausgegangen (§ 46a), wird eine Gebühr nur erhoben, soweit sie die nach dem Gerichtskostengesetz zu erhebende Gebühr für die Entscheidung über den Antrag auf Erlaß des Mahnbescheids übersteigt.

Wohnungseigentumsgesetz §§ 49–54 **Text**

(2) Der Richter setzt den Geschäftswert nach dem Interesse der Beteiligten an der Entscheidung von Amts wegen fest.

(3) Für das Beschwerdeverfahren werden die gleichen Gebühren wie im ersten Rechtszug erhoben.

§ 49. *(aufgehoben)*

§ 50. Kosten des Verfahrens vor dem Prozeßgericht. Gibt das Prozeßgericht die Sache nach § 46 an das Amtsgericht ab, so ist das bisherige Verfahren vor dem Prozeßgericht für die Erhebung der Gerichtskosten als Teil des Verfahrens vor dem übernehmenden Gericht zu behandeln.

2. Abschnitt. Zuständigkeit für Rechtsstreitigkeiten

§ 51. Zuständigkeit für die Klage auf Entziehung des Wohnungseigentums. Das Amtsgericht, in dessen Bezirk das Grundstück liegt, ist ohne Rücksicht auf den Wert des Streitgegenstandes für Rechtsstreitigkeiten zwischen Wohnungseigentümern wegen Entziehung des Wohnungseigentums (§ 18) zuständig.

§ 52. Zuständigkeit für Rechtsstreitigkeiten über das Dauerwohnrecht. Das Amtsgericht, in dessen Bezirk das Grundstück liegt, ist ohne Rücksicht auf den Wert des Streitgegenstandes zuständig für Streitigkeiten zwischen dem Eigentümer und dem Dauerwohnberechtigten über den in § 33 bezeichneten Inhalt und den Heimfall (§ 36 Abs. 1 bis 3) des Dauerwohnrechts.

3. Abschnitt. Verfahren bei der Versteigerung des Wohnungseigentums

§ 53. Zuständigkeit, Verfahren. (1) Für die freiwillige Versteigerung des Wohnungseigentums im Falle des § 19 ist jeder Notar zuständig, in dessen Amtsbezirk das Grundstück liegt.

(2) Das Verfahren bestimmt sich nach den Vorschriften der §§ 54 bis 58. Für die durch die Versteigerung veranlaßten Beurkundungen gelten die allgemeinen Vorschriften.

§ 54. Antrag. Versteigerungsbedingungen. (1) Die Versteigerung erfolgt auf Antrag eines jeden der Wohnungseigentümer, die das Urteil gemäß § 19 erwirkt haben.

(2) In dem Antrag sollen das Grundstück, das zu versteigernde Wohnungseigentum und das Urteil, auf Grund dessen die Versteigerung erfolgt, bezeichnet sein. Dem Antrag soll eine beglaubigte Abschrift des Wohnungsgrundbuches und ein Auszug aus dem amtlichen Verzeichnis der Grundstücke beigefügt werden.

(3) Die Versteigerungsbedingungen stellt der Notar nach billigem Ermessen fest; die Antragsteller und der verurteilte Wohnungseigentümer sind vor der Feststellung zu hören.

§ 55. Terminsbestimmung. (1) Der Zeitraum zwischen der Anberaumung des Termins und dem Termin soll nicht mehr als drei Monate betragen. Zwischen der Bekanntmachung der Terminsbestimmung und dem Termin soll in der Regel ein Zeitraum von sechs Wochen liegen.

(2) Die Terminsbestimmung soll enthalten:
1. die Bezeichnung des Grundstücks und des zu versteigernden Wohnungseigentums;
2. Zeit und Ort der Versteigerung;
3. die Angabe, daß die Versteigerung eine freiwillige ist;
4. die Bezeichnung des verurteilten Wohnungseigentümers sowie die Angabe des Wohnungsgrundbuchblattes . . .;[1]
5. die Angabe des Ortes, wo die festgestellten Versteigerungsbedingungen eingesehen werden können.

(3) Die Terminsbestimmung ist öffentlich bekanntzugeben:
1. durch einmalige, auf Verlangen des verurteilten Wohnungseigentümers mehrmalige Einrückung in das Blatt, das für Bekanntmachungen des nach § 43 zuständigen Amtsgerichts bestimmt ist;
2. durch Anschlag der Terminsbestimmung in der Gemeinde, in deren Bezirk das Grundstück liegt, an die für amtliche Bekanntmachungen bestimmte Stelle;
3. durch Anschlag an die Gerichtstafel des nach § 43 zuständigen Amtsgerichts.

(4) Die Terminsbestimmung ist dem Antragsteller und dem verurteilten Wohnungseigentümer mitzuteilen.

(5) Die Einsicht der Versteigerungsbedingungen und der in § 54 Abs. 2 bezeichneten Urkunden ist jedem gestattet.

§ 56. Versteigerungstermin. (1) In dem Versteigerungstermin werden nach dem Aufruf der Sache die Versteigerungsbedingungen und die das zu versteigernde Wohnungseigentum betreffenden Nachweisungen bekanntgemacht. Hierauf fordert der Notar zur Abgabe von Geboten auf.

(2) Der verurteilte Wohnungseigentümer ist zur Abgabe von Geboten weder persönlich noch durch einen Stellvertreter berechtigt. Ein gleichwohl erfolgtes Gebot gilt als nicht abgegeben. Die Abtretung des Rechtes aus dem Meistgebot an den verurteilten Wohnungseigentümer ist nichtig.

(3) Hat nach den Versteigerungsbedingungen ein Bieter durch Hinterlegung von Geld oder Wertpapieren Sicherheit zu leisten, so gilt in dem Verhältnis zwischen den Beteiligten die Übergabe an den Notar als Hinterlegung.

---

[1] Der weitere Satzteil ist gegenstandslos.

§ 57. Zuschlag. (1) Zwischen der Aufforderung zur Abgabe von Geboten und dem Zeitpunkt, in welchem die Versteigerung geschlossen wird, soll...[1] mindestens eine Stunde liegen. Die Versteigerung soll so lange fortgesetzt werden, bis ungeachtet der Aufforderung des Notars ein Gebot nicht mehr abgegeben wird.

(2) Der Notar hat das letzte Gebot mittels dreimaligen Aufrufs zu verkünden und, soweit tunlich, den Antragsteller und den verurteilten Wohnungseigentümer über den Zuschlag zu hören.

(3) Bleibt das abgegebene Meistgebot ...[1] hinter sieben Zehnteln des Einheitswertes des versteigerten Wohnungseigentums zurück, so kann der verurteilte Wohnungseigentümer bis zum Schluß der Verhandlung über den Zuschlag (Absatz 2) die Versagung des Zuschlags verlangen.

(4) Wird der Zuschlag nach Absatz 3 versagt, so hat der Notar von Amts wegen einen neuen Versteigerungstermin zu bestimmen. Der Zeitraum zwischen den beiden Terminen soll sechs Wochen nicht übersteigen, sofern die Antragsteller nicht einer längeren Frist zustimmen.

(5) In dem neuen Termin kann der Zuschlag nicht nach Absatz 3 versagt werden.

§ 58. Rechtsmittel. (1) Gegen die Verfügung des Notars, durch die die Versteigerungsbedingungen festgesetzt werden, sowie gegen die Entscheidung des Notars über den Zuschlag findet das Rechtsmittel der sofortigen Beschwerde mit aufschiebender Wirkung statt. Über die sofortige Beschwerde entscheidet das Landgericht, in dessen Bezirk das Grundstück liegt. Eine weitere Beschwerde ist nicht zulässig.

(2) Für die sofortige Beschwerde und das Verfahren des Beschwerdegerichts gelten die Vorschriften des Reichsgesetzes über die Angelegenheiten der freiwilligen Gerichtsbarkeit.

IV. Teil. Ergänzende Bestimmungen

§ 59. Ausführungsbestimmungen für die Baubehörden. Der Bundesminister für Wohnungsbau[2] erläßt im Einvernehmen mit dem Bundesminister der Justiz[3] Richtlinien für die Baubehörden über die Bescheinigung gemäß § 7 Abs. 4 Nr. 2, § 32 Abs. 2 Nr. 2.

§ 60. Ehewohnung. Die Vorschriften der Verordnung über die Behandlung der Ehewohnung und des Hausrats (Sechste Durchführungsverordnung zum Ehegesetz) vom 21. Oktober 1944 (Reichsgesetzbl. I S. 256) gelten entsprechend, wenn die Ehewohnung im Wohnungseigentum eines oder beider Ehegatten steht oder wenn einem oder beiden Ehegatten das Dauerwohnrecht an der Ehewohnung zusteht.

---

[1] Der weitere Satzteil ist gegenstandslos.
[2] **Berlin:** „Der Senator für Bau- und Wohnungswesen".
[3] **Berlin:** „mit dem Senator für Justiz".

Text §§ 61–64

§ 61. [Heilung des Erwerbs von Wohnungseigentum][1] Fehlt eine nach § 12 erforderliche Zustimmung, so sind die Veräußerung und das zugrundeliegende Verpflichtungsgeschäft unbeschadet der sonstigen Voraussetzungen wirksam, wenn die Eintragung der Veräußerung oder einer Auflassungsvormerkung in das Grundbuch vor dem ..... [2] erfolgt ist und es sich um die erstmalige Veräußerung dieses Wohnungseigentums nach seiner Begründung handelt, es sei denn, daß eine rechtskräftige gerichtliche Entscheidung entgegensteht. Das Fehlen der Zustimmung steht in diesen Fällen dem Eintritt der Rechtsfolgen des § 878 des Bürgerlichen Gesetzbuchs nicht entgegen. Die Sätze 1 und 2 gelten entsprechend in den Fällen der §§ 30 und 35 des Wohnungseigentumsgesetzes.

§ 62.[3]

§ 63. Überleitung bestehender Rechtsverhältnisse. (1) Werden Rechtsverhältnisse, mit denen ein Rechtserfolg bezweckt wird, der den durch dieses Gesetz geschaffenen Rechtsformen entspricht, in solche Rechtsformen umgewandelt, so ist als Geschäftswert für die Berechnung der hierdurch veranlaßten Gebühren der Gerichte und Notare im Falle des Wohnungseigentums ein Fünfundzwanzigstel des Einheitswertes des Grundstückes, im Falle des Dauerwohnrechtes ein Fünfundzwanzigstel des Wertes des Rechts anzunehmen.

(2) *(gegenstandslose Übergangsvorschrift)*

(3) Durch Landesgesetz können Vorschriften zur Überleitung bestehender, auf Landesrecht beruhender Rechtsverhältnisse in die durch dieses Gesetz geschaffenen Rechtsformen getroffen werden.

§ 64. Inkrafttreten. Dieses Gesetz tritt am Tage nach seiner Verkündung[4] in Kraft.

---

[1] Nichtamtliche Bezeichnung der Vorschrift.
[2] Gemeint ist: Datum des Inkrafttretens des Gesetzes zur Heilung des Erwerbs von Wohnungseigentum. Dies tritt gem. Art. 2 am Tage nach der Verkündung in Kraft *(bei Drucklegung noch nicht verkündet)*.
[3] Aufgehoben durch Art. 28 des Steuerbereinigungsgesetzes 1985.
[4] Verkündet am 19. 3. 1951.

Einleitung

I. Verbreitung

Das Institut ist geschichtlich in der Form des Stockwerkeigen- **1**
tums allgemein bekannt. Ganz ähnliche Verhältnisse finden sich
auch in den sog. Ganerbenburgen (dazu F. K. *Alsdorf,* Untersuchungen zur Rechtsgestalt und Teilung deutscher Ganerbenburgen, 1980). Zur Geschichte s. *Bärmann,* Einl. Rz. 1 ff. WE ist auch
gegenwärtig ohne wesentliche Ausnahme überall, selbst in den
Volksdemokratien, verbreitet. In den romanischen Ländern ist es
allgemein hergebracht. Siehe Art. 664 Cc. Besondere Gesetze bestehen dazu noch in Belgien 1924, Belgisch-Kongo 1949, Rumänien 1927, Brasilien 1928, Griechenland 1929, Polen 1934, Italien
1934, dann Art. 117 ff. in Cc. von 1941/42; Bulgarien 1935, Chile
1937, Ekuador 1959, Frankreich 1938 (neu 1965), Spanien 1939
(neu 1960 mit Änderung 1988), Uruguay 1946, Peru (erg. 1959),
Österreich seit 1948 (neu 1975), Argentinien 1948, Bolivien 1949,
Columbien 1948, Niederlande 1951, Saarland 1952[1] Kuba 1952,
Israel 1952, Portugal 1955, Venezuela 1959, Guatemala 1959,
Schweiz 1963, Rep. Süd-Afrika 1972. Zulässig auch in Panama,
Honduras, Mexiko 1954, Quebec, Japan und Jugoslawien. Für den
angloamerikanischen Rechtskreis ebenfalls unproblematisch.
Schweden kennt besonders das dingliche DWR auf der Grundlage
staatlich gelenkter Genossenschaften. Norwegen hat Miet-AG
oder Miet-Genossenschaft. Die Türkei hat nun eigene Regelung
(Ges. v. 23. 6. 1965). Neben dem WE findet sich noch häufig die
Form der WEer-Gesellschaft, so in Frankreich, Italien und Belgien
(Anteil an ziviler oder bürgerlich-rechtlicher Gesellschaft gibt
Wohnrecht). Einzelheiten siehe bei *Bärmann,* 4. Aufl. 1980 u.
5. Aufl. 1983, Einleitung, Rz. 5 ff.

Starke internationale Verbreitung auch in der Form der internationalen Austauschbarkeit der Objekte (Timesharing).

II. Soziologische Rechtfertigung

Eine besondere Rechtfertigung erhält das Institut durch: Erfas- **2**
sung kleinerer Kapitalien, Verwertbarkeit bei der Erbteilung, bessere wirtschaftliche Auswertung des Grund und Bodens, Verbilli-

---

[1] Siehe Anm. zu § 64.

gung der Baukosten, soziales Gefühl des Eigenbesitzes, Pflege der Selbstverantwortlichkeit und des Selbstbewußtseins, Förderung des Wiederaufbaus auch in der Form der Umlegung in die Horizontale, Sachwertsicherung, rascherer Umschlag der Baugelder, Sicherung von Baukostenzuschüssen, Erhaltung des Wohnungsbaus in (Innen)städten überhaupt, Ermöglichung verdichteter Bauweise, Erleichterung des Hausgehilfinnenproblems, Amortisation des Eigentums statt Miete, Ausschaltung des sozialen Spannungsverhältnisses zwischen Vermieter und Mieter, soziale Gleichordnung. Weitere Chancen bestehen für WE im Bereich der Städtesanierung nach StädtebauförderG (vgl. dort §§ 22 Abs. 3 Nr. 1, 25 Abs. 3 Nr. 2 sowie des BauGB). Auch der Wohnbesitz ermöglichte die Bildung von echtem Eigentum in der Form von WE (s. unten Rz. 20).

3   Das WE hat auch **Vorzüge** gegenüber der gewöhnlichen Bruchteilsgemeinschaft mit Nutzungsvereinbarung nach § 1010 BGB, ganz abgesehen von der Unmöglichkeit, die Aufhebung dieser Bruchteilsgemeinschaft für alle Fälle zu verhindern und damit unliebsame Überraschungen auszuschließen (§ 749 Abs. 2 BGB, § 16 KO). So gibt WE über § 1010 BGB hinaus ein Eigentumsrecht, nicht ein bloßes Benutzungsrecht am SE; die Verwaltung ist eingehender im Gesetz geregelt und ist durch die Gemeinschaftsordnung noch unangreifbarer zu gestalten; WE ist selbständig wirtschaftlich verwertbar; dazu kommt der Vorteil des beschleunigten Verfahrens der freiwilligen Gerichtsbarkeit nach § 43 WEG.

Architektonisch stellt das WE besondere Anforderungen an Planung und Ausführung. Die Bereiche von SE und GemE sollten auch gestalterisch von einander abgesetzt sein. Die Bauweise ist entscheidend für die Höhe der entstehenden Umlagen! Gemeinschaftseinrichtungen müssen ausreichend vorhanden sein. Im allg. bewährt sich ein bürgerlicher Wohnungstyp mit gewissem Komfort.

4   Das WE hat sich inzwischen unzweifelhaft **bewährt**; s. Erfahrungsberichte bei *Diester*, NJW 60, 268; 61, 1329; 70, 1107 und 71, 1153 sowie Rpfl. 60, 109 und 61, 177; ferner *Karstädt*, SchlHA 61, 235 und 62, 135, 231 sowie BlGBW 62, 296 und 311. Über Bedeutung des TE für Geschäftsräume s. *Herold,* BlGBW 60, 342. Über wirtschaftliche Aspekte s. *Schiebel*, Die Eigentumswohnung, Karlsruhe 1963. Kritische Stimmen sind sehr selten geworden (aber *Karstädt* in BlGBW 66, 45). Nach einer Untersuchung des Bundesministeriums für Wohnungs- und Städtebau wird die überwiegende Zahl der EWen von den Eigentümern selbst genutzt. Dabei hat sich als Vorurteil herausgestellt, daß WE Quelle des Zwists zwi-

Einleitung

schen den WEen sei. Die WEer sind im allg. auch mit der Verwaltung zufrieden. Das Ergebnis der Gebäude- und Wohnungszählung 1987 ergab gegenüber der Erhebung 1968 fast eine Verfünffachung der Zahl der Gebäude mit Eigentumswohnungen. Von 56 431 Gebäuden 1968 stieg die Zahl auf 257 901.

Gleichzeitig stieg der Anteil der Gebäude mit Eigentumswohnungen am Gesamtbestand von Gebäuden mit Wohnraum von 0,6% auf 2,1% im Bundesdurchschnitt.

Die **absolute Zahl** der Eigentumswohnungen stieg von 380 543 (1968) auf 1 827 856 zum Stichtag 25. 5. 1987 (Quelle: Auskunft des Statistischen Bundesamts; Wirtschaft u. Statistik 8/89, S. 483). Damit hat sich die Zahl der Eigentumswohnungen in diesem Zeitraum fast verfünffacht. Ca. 80% aller Geschoßwohnungen werden heute in WE errichtet. 1991 wurden ca. 120 000 EWen genehmigt (Hausbau-Informationen 18/1992). Das deutsche Vorbild hat die Schweiz angeregt zu einem eigenen Gesetz (1963, in Kraft getreten zum 1. 1. 1965), ebenso die neuere Gesetzgebung in Spanien, Frankreich und Niederlande beeinflußt.

III. Juristische Grundlagen

1. *Zulässige Formen:* WE ist anwendbar nicht nur auf horizontale Teilung eines Gebäudes, sondern auch auf vertikal geteilte Gebäude oder auf mehrere Gebäude auf demselben Grundstück oder auf Räume in mehreren Geschossen, sofern nur die Abgeschlossenheit der Wohnung bzw. des TEs gewährleistet ist (s. § 5 Rz. 15f). Auch die Zusammenfassung mehrerer abgeschlossener Wohnungen desselben Gebäudes zu einem WE ist möglich. Ein Teil, z. B. auch mehrerer Stockwerke eines Gebäudes oder Lagerhallen, Garagen, Schuppen und dgl., kann zum gemeinschaftlichen Eigentum zugeschlagen werden. Dies gilt z. B. für eine Hausmeisterwohnung.

Auch an noch nicht fertigen Gebäuden oder auch nur geplanten Gebäuden (§ 3 Abs. 1 a. E.) kann WE begründet werden.

2. *Zum Namen des Instituts:* Der Name „WE" ist Verlegenheitslösung, ein wirklich treffender Name fehlt auch im ausländischen Recht (dort condominium, communio pro indiviso, copropriété, Horizontaleigentum, propiedad por pisos und anderes). Die juristisch einwandfreie Bezeichnung lautet **Gemeines Raumeigentum.** Vgl. *Bärmann,* AcP 155, S. 20ff.; RGRK-*Augustin* § 13 Rz. 9.

3. *Theorienstreit.* Es findet sich eine ungewöhnlich große Zahl von Theorien im ausländischen Recht zur dogmatischen Erklärung des Instituts, ausgehend teils vom Sachenrecht, teils vom Gemeinschaftsrecht (Personenrecht). Keine dieser Theorien bietet einen

Oberbegriff, wie er im gewöhnlichen Eigentumsrecht möglich ist. Die Theorie des absoluten Eigentums hat die Zuordnung an eine Mehrheit von Eigentümern begrifflich erschwert (dazu ausführlich *Bärmann*, Einl. Rz. 626 ff.); *ders.* in: Wohnungseigentum, Rz. 16 ff.; *Kurz* in NJW 1989, 1057.

8 4. *Die dreigliedrige Einheit.* Für WE gilt: sachenrechtliche Berechtigung und personenrechtliches Gemeinschaftsverhältnis stehen nicht selbständig nebeneinander. Die Qualifikation der Beteiligung (Mitgliedschaftsrecht an der WEer-Gemeinschaft) bestimmt die sachenrechtlichen Befugnisse und umgekehrt. Dabei entsteht eine Gemeinschaft nach dem WEG (sui generis), nicht nur eine einfache Gemeinschaft römischen Rechtes oder des BGB. Es handelt sich noch nicht um eine juristische Person. Das OVG Schleswig stellt klar, daß die Wohnungseigentümergemeinschaft nicht rechtsfähig ist und als solche nicht Trägerin von Rechten und Pflichten sein kann (OVG Schleswig, NJW-RR 92, 457). Es besteht aber Teilrechtsfähigkeit (*Bärmann*, NJW 89, 1062, spricht von „teilweiser Rechtsobjektivität der WEer-Gemeinschaft"; *ders.* in: Wohnungseigentum Rz. 277 ff.). Es sind aber Anklänge an die Gesamthand vorhanden (vgl. zuletzt *Merle*, Das WE im System des bürgerlichen Rechts, 1979; *Bärmann*, NJW 1989, 1060; *ders.* in: Wohnungseigentum, Rz. 277 ff.; *ders.* PIG Bd. 22, 209 ff.). Wesentlich sind: Unauflösbarkeit durch Dritte und Untrennbarkeit der Elemente: SE (reine Dinglichkeit), ME (limitierte Dinglichkeit), Mitgliedschaftsrecht. Darauf ergibt sich eine **dreigliedrige Einheit:** in Form einer wechselseitigen, akzessorischen Verbundenheit von SE, ME und verdinglichtem Mitgliedschaftsrecht (*Bärmann*, NJW 89, 1057; *ders.* in: Wohnungseigentum, Rz. 25 ff.). Für dreigliedrige Einheit ausdrücklich BayObLG, Beschl. v. 9. 2. 1965 NJW 65, 821 = Rpfleger 65, 224; BGH, Rpfleger 79, 57; 79, 97 und *Wienicke*, Einf. I 1; auf jedes dieser Elemente ist sein Recht anwendbar, vorbehaltlich Einschränkungen und Abwandlungen zufolge akzessorischer Verbundenheit. Die hM, (z. B. RGRK-Augustin, § 1 Anm. 4, § 3 Anm. 1; *Staudinger-Ring*, § 1 Anm. 6 ff.; *Merle*, a. a. O.) hebt das personenrechtliche Element nicht genügend hervor und behandelt es als unverbundene Gemeinschaft i. S. d. §§ 741 ff. BGB.

9 5. *Schlußfolgerung* (aus dem Zweck, causa finalis): Über kein Element kann gesondert verfügt werden: Untrennbarkeit der Komponenten. Eine entspr. Interpretation des Begriffs ergibt: bei dinglichen Rechten an gemeinschaftlichen Sachen und Einrichtungen liegt die Betonung auf ME. Bei dinglichen Rechten an SEs-Räumen und im Zweifel auch bei den obligatorischen Rechten liegt die

Betonung auf SE als Alleineigentum. Reine Forderungsrechte (Rücklagen, Rückstellungen, Beitragsleistungen und -forderungen): Dabei erweist sich der Vorrang des verdinglichen Mitgliedschaftsrechts. Die Akzessorietät ist dem Grade nach nicht an eine Größe der MEs-Anteile gebunden (Substanzwert oder Ertragswert). Die Möglichkeit der Verdinglichung gegenseitiger Rechte und Pflichten durch Vereinbarung nach § 10 Abs. 1 S. 2 i. V. m. § 5 Abs. 4 geht sehr weit: ausgenommen bei nicht abdingbaren Vorschriften: z. B. Verwaltereinsetzung auf Dauer, jedoch sicherlich Befugnisse desselben. Zu den Einzelheiten s. die Erl. zu den jeweiligen Vorschriften. WE ist Typus sui generis mit Dinglichkeitsgrundsatz seiner drei Komponenten.

SE ist im Rahmen des WEs echtes Eigentum. Die §§ 925ff. BGB sind nur einheitlich auf WE anwendbar. §§ 985ff. BGB dagegen sowohl für SE allein, wie auch für WE als Einheit, ebenso §§ 1004 BGB und 1007 BGB. Letztere Ansprüche hat der WEer auch als MEer. Auch dieses ist Eigentum. Das Mitgliedschaftsrecht der WEer an der WEs-Gemeinschaft wird im Rahmen der Eintragung nach § 10 Abs. 2 verdinglicht, allerdings in Grenzen und abhängig von der Erklärung zum Inhalt des SEs nach § 5 Abs. 4. Aus der dreigliedrigen Einheit von SE, ME und Mitgliedschaftsrecht in der verdinglichten Gemeinschaft folgen auch die Schranken der Nutzungen und des Gebrauchs, wie auch die Pflichten, z. B. die Pflicht, alle jene Nutzungen der SEs-Räume wie der gemeinschaftlichen Sache zu unterlassen, welche geeignet wären, die Stabilität und Sicherheit des Gebäudes zu beeinträchtigen. Gleiches folgt aus der Zweckbestimmung des Gebäudes.

Dritten gegenüber hat jeder einzelne Mitbesitzer (WEer) unbeschränkten Besitzschutz (§§ 859–862, 867 BGB), Recht auf Wiedereinräumung des Mitbesitzes. Daneben gilt § 1011 BGB.

WE ist Grundstück im Sinne der GBO wie auch des BGB. Gesondertes WEs-Grundbuchblatt und Hinzutreten räumlich abgegrenzten SEs sowie die Formenvorschriften des § 4 rechtfertigen den Schluß, daß WE – noch eher als das ErbR – einem Grundstück im allgemeinen gleich behandelt wird.

6. *Rechtsmängel bei Begründung:* Rechtsmängel der Begründung machen diese nicht stets ex tunc nichtig oder vernichtbar. Mit der rechtlichen Entstehung des WEs ist gemäß § 11 die Unauflösbarkeit eingetreten, antizipiert schon durch die Bindung nach § 873 Abs. 2 BGB. Die Rechtsfolgen hängen von der Art des Willensmangels ab (im einzelnen *Bärmann,* Wohnungseigentum, Rz. 199ff.). Es kann auch inzwischen gutgläubiger Erwerb einge-

treten sein. U. U. besteht eine Abhilfe bei beachtenswerten Abschluß- oder Willensmängeln nur darin, den Mangel nachträglich zu beseitigen oder im Ausscheiden der betreffenden Person ohne Auflösung der Gemeinschaft. Die verdinglichte Verbindung schränkt Geltendmachung der Nichtigkeit ex tunc, die Anfechtung und selbst die Auflösung ex nunc wesentlich ein (dazu *Gaberdiel*, NJW 72, 847; *Bärmann*, Einl. Rz. 655).

13 7. *Untrennbarkeit der Elemente:* Wegen der Untrennbarkeit der drei Komponenten sind grundsätzlich nur einheitliche Veräußerung, Belastung, Verfügung, Erbfolge möglich (zu Ausnahmen s. § 6 Rz. 5). Der Eintritt des Erwerbers erfolgt immer gleichzeitig in die drei Bestandteile des WEs.

Beendigung der Untrennbarkeit ist nur durch einstimmige Vereinbarung über Aufhebung des SEs möglich. Bei Mehrheit von Eigentümern entsteht dann ME nach § 1008 BGB. Verzicht an ME allein ist nicht möglich, wohl aber Verzicht auf Nutzung und Gebrauch gemeinschaftlicher Teile ohne Beeinträchtigung der Lastentragung. Besondere Gebrauchsregelung kann in diesem Fall erfolgen. Aufgabe des SEs bedeutet zugleich Aufgabe des MEs und des Mitgliedschaftsrechtes. Ein Anwachsungsrecht bzw. Erwerbsrecht der verbleibenden WEer besteht nicht. Zur Aufhebung s. § 4.

14 Die obengenannte wechselseitige Akzessorietät erfaßt insbesondere auch die Mitgliedschaftsrechte. Einzelne Forderungsrechte im Rahmen der Gemeinschaft können von Gläubigern eines WEers nicht gepfändet, auch nicht an sie abgetreten werden. Verfügbarkeit entsteht erst mit Beschluß über Ausschüttung des Nutzungsüberschusses. Das Bruchteils-ME muß dem Werte nach nicht gleich dem Wert der SEs-Räume sein. Ebenso kann die Aufschlüsselung von Nutzungen und Lasten vom ME-Bruchteil abweichen, z. B. wegen besonderer Nutzungsart einzelner Räume. Krasse Abweichungen des Wertes des SEs vom ME-Bruchteil können § 1 Abs. 2 bzw. § 3 widersprechen. Sachlich gerechtfertigte Relation zwischen Anteilen an Nutzungen und Lasten, Rechten und Pflichten einerseits und Größe des Bruchteils bzw. Wert des SEs andererseits sollte bestehen (s. *Bärmann*, Einl. Rz. 651; NJW 1989, 1060; *ders.*, Wohnungseigentum, Rz. 86).

15 8. *Gesamtwirkung jeder Verfügung:* Eine Verfügung (Übertragung, Belastung oder Beschlagnahme) über das WE ist nur im ganzen möglich, nicht über SE oder MEs-Anteil oder Mitgliedschaftsrecht im einzelnen. Die Gesamtwirkung gilt auch für den gutgläubigen Erwerb, auch hinsichtlich eines Forderungsrechtes aus dem Mitgliedschaftsrecht. Das Vermögen der WEer-Gemein-

Einleitung 16–19 **Einl.**

schaft ist nicht konkursfähig. Jedoch kann die Zwangsvollstreckung in dieses Vermögen aus Forderungen gegen die Gesamtheit der WEer als Gesamtschuldner stattfinden. Auch die Gesamtheit der WEer kann nicht über das gemeinschaftliche Eigentum insgesamt verfügen.

9. *Verdinglichung der WEer-Vereinbarung, insbes. nach § 8:* Im Falle **16** der Teilung im eigenen Besitz nach § 8 wird die „Wohnungseigentümervereinbarung" zu einem Realstatut der kommenden Gemeinschaft, soweit sie nach § 10 Abs. 2 eingetragen wird. Sie wird verdinglichte Vertragsnorm und somit allgemeinverbindliche Grundlage für den späteren Erwerber.

10. *Unauflösbarkeit der WEer-Gemeinschaft:* Die Unauflösbarkeit **17** der WEer-Gemeinschaft gilt auch im Hinblick auf das Gemeinschaftsvermögen. Rechtspfändung gemäß § 857 ZPO kann sich erst gegen einen auf Grund Vereinbarung oder Beschluß oder richterlicher Entscheidung dem WEer im einzelnen zur Verfügung stehenden Betrag richten, nicht gegen seinen ideellen Anteil am Gesamtvermögen der Gemeinschaft. Die der Gemeinschaft oder deren Verwalter zur Verfügung gestellten Beträge gelten nicht als eigene Guthaben der WEer, sondern als an die Unauflösbarkeit der Gemeinschaft gebundene Vermögensbestandteile, verbunden mit dem ME und dem SE (KG, DerWEer 89, 17; LG Berlin, JR 62, 220; a. A. BayObLGZ 84, 198; s. § 1 Rz. 10. So kann deshalb auch nicht zum Ausscheiden eines WEes von diesem ein Anteil an der Rückstellung für Instandsetzung verlangt werden (h. M.; KG, Der WEer 89, 17). Das gilt auch für und gegen den Konkursverwalter. § 16 Abs. 2 KO scheidet insoweit aus.

11. *Rechte und Pflichten der WEer:* Für Rechte und Pflichten ergibt **18** sich:
1. Rechte der WEer: Verfügungen über die dreigliedrige Einheit, Gebrauch des SEs-Räume, Gebrauch der gemeinschaftlichen Sachen, immer unter Beachtung des Kollektivinteresses, insbesondere der qualifizierten Nachbarrechte. Gebrauchsregelung nach § 15. Mitgliedschaftsrecht aus verdinglichter Gemeinschaft: Mitwirkung bei der Verwaltung, Anteil am gemeinschaftlichen Vermögen, Anteil an dem Vermögen bei Auseinandersetzung (§ 17), Annäherung an Gesamthand, insbesondere wegen Unselbständigkeit der Anteile am Vermögen. Nichtauflösbarkeit, Mehrheitsprinzip, Anordnungen nach § 21 Abs. 2, Recht auf Verwaltung (§ 21 Abs. 3, 4, 5).
2. Pflichten: Aus dem Sondereigentum: § 14 zum positiven Tun **19** und zur Duldung. Aus dem Miteigentum: § 14 Nr. 1 Beschrän-

kung des Gebrauchs, Einstehen für Dritte, Duldung. Aus der Mitgliedschaft: Duldung des Vollzugs der Beschlüsse, Anordnungen des Verwalters oder Gerichts. Beitragspflicht zu Lasten und Kosten, Wiederaufbaupflicht nach § 22 Abs. 2.

IV. Wohnbesitz

20 Im Zusammenhang mit den gesetzgeberischen Bemühungen um gesicherte Wohnrechte war das G. zur Förderung von WE und Wohnbesitz im sozialen Wohnungsbau v. 23. 3. 1976 (BGBl. I S. 737) in Kraft getreten. Es regelte den Wohnbesitz als eine neue Form der Dauerwohnberechtigung im 2. WoBauG. Wohnbesitz war nach § 12a Abs. 1 2. WoBauG ein mit einer Beteiligung an einem zweckgebundenen Vermögen verbundenes schuldrechtliches Dauerwohnrecht. Zu den Einzelheiten des damals lebhaft diskutierten Gesetzes s. *Pick,* Das neue Recht des Wohnbesitzes, NJW 76, 1049. Die Verbindung zum WE war insofern gegeben, als nach Beendigung des Wohnbesitzes eine Umwandlung in WE erfolgen konnte (§ 62f. Abs. 1 S. 1 2. WobauG; dazu *Pick,* a.a.O. S. 1054).

Da sich die neue Form der Wohnungsnutzung nicht durchsetzen konnte, wurde sie durch das „WohnrechtsvereinfachungsG" v. 11. 7. 1985 (BGBl. I S. 1277) aufgehoben.

V. Novellierungsbestrebungen

21 1. Die von Bayern angeregte Initiative des Bundesrats zur Novellierung des WEG (BTags-Drucks. 8/161 v. 8. 3. 1977) hatte eine lebhafte Diskussion in Gang gesetzt (vgl. *Bärmann,* Für und wider die Novelle zum WEG, Rpfleger 77, 233; *Demharter,* Rpfleger 77, 41; 78, 117).

Die Änderungswünsche betrafen in erster Linie die Begrenzung der Größe von WEer-Gemeinschaften auf 100 Anteile (§ 2 Abs. 2). Die Zustimmung dinglich Berechtigter zu Vereinbarungen der WEer sollte künftig entbehrlich sein (§ 5 Abs. 4, dazu *Bärmann,* a.a.O. S. 235). Die Abänderung von Vereinbarungen der WEer sollte erleichtert werden durch die Aufgabe des Einstimmigkeitsprinzips (§ 10 Abs. 2, 3; dazu *Bärmann,* a.a.O. S. 236ff.). Gemeinschaftliche Gelder gehörten künftig zwingend zur unauflösbaren Gemeinschaft (§ 11; dazu *Bärmann,* a.a.O. S. 239f.). Zu den weiteren Änderungsvorschlägen s. *Bärmann,* a.a.O. S. 240ff.).

22 2. Es lag schließlich ein Referentenentwurf des Bundesministeriums der Justiz vom 20. 12. 1977 vor. Vorgeschlagen wurde in § 6a, den Anteil eines WEers an gemeinschaftlichen Geldern als

Einleitung

wesentlichen Bestandteil des WEes anzusehen. In § 15 Abs. 1 sollte zur Klarstellung eingefügt werden, daß sich der WEer auf Gebrauchsbeschränkungen nur unter bestimmten Voraussetzungen berufen darf, wenn er mehr als unwesentlich beeinträchtigt ist. In § 22a war vorgesehen, die WEer zu verpflichten, einen ins Stocken gekommenen Bau (Bauruine) gegebenenfalls fertig zu stellen. Die Einberufungsfrist zur Versammlung hatte mindestens einen Monat zu betragen (§ 24 Abs. 4 S. 2), wobei die Versammlung ohne Rücksicht auf die Zahl der Erschienenen beschlußfähig sein sollte (§ 25 Abs. 3). In § 25a wurde eine Begrenzung des Stimmrechts eines WEers vorgesehen. Vereinbarungen sollten künftig mit einer Mehrheit von ¾ der Stimmen aufgehoben bzw. geändert werden können (§ 29a), wobei bestimmte Voraussetzungen und Formvorschriften beachtet werden sollten (§§ 29b ff.).

Diese Initiativen haben in der 8. Legislaturperiode nicht zu einem Ergebnis i. F. eines G geführt.

VII. Besondere Entwicklungsformen

Das Time-Sharing (Teilzeiteigentum)

Zum Time-Sharing s. *Bärmann*, Einl. Rz. 661, 717. Auf die Anfrage des Abgeordneten Prof. Dr. *Pick* (Nr. 2/56) nach dem Schutz der Verbraucher hat die Bundesregierung geantwortet, daß sie gesetzgeberische Maßnahmen z. Z. für entbehrlich halte. Mißstände in der Bundesrepublik seien bisher nicht aufgetaucht. Dagegen seien im Ausland Käufer z. T. beträchtlich geschädigt worden.

Aus diesem Grund hat das Europäische Parlament die EG-Kommission am 13. 10. 88 ersucht, einen Richtlinienvorschlag zur Harmonisierung der nationalen gesetzlichen Vorschriften im Bereich des Teilzeiteigentums zu erarbeiten, welcher als Mindestinhalt auch besondere Regelungen zum Schutz der Erwerber und Inhaber von Teilzeiteigentum vorsieht.

Innerhalb der EG haben nur Frankreich und Portugal eine einschlägige Regelung. Auf eine weitere Frage (Nr. 2/330) nach der Bedeutung des Teilzeiteigentums in der Bundesrepublik konnte die Bundesregierung abgesehen von dem sog. „Oberstdorfer Modell" über keine Erkenntnisse berichten.

Es liegt nunmehr ein Vorschlag der EG-Kommission an den Rat für eine Richtlinie zum Schutz der Erwerber bei Verträgen über die Nutzung von Immobilien als Teilzeiteigentum (KOM (92) 220 endg. – C 3 – 0336/92 – SYN 419) vor. Der Ausschuß des Europäischen Parlaments für Umweltfragen, Volksgesundheit und Verbraucherschutz hat dazu eine Reihe von Änderungen gefordert (vgl. den Bericht der Abgeordneten Kuhn vom 7. 5. 93, PE 202.661/endg.; Dok. A 3 – 155/93). Die EG-Kommission hat die Vorschläge zurückgewiesen, so daß der Ausschuß den Bericht zur Erarbeitung eines Kompromisses zurückerhielt.

Die steuerliche Behandlung des Dividendenersatzes (des Wohnrechts!) ist noch streitig (vgl. „Wirtschaftswoche" Nr. 33/89).

VIII. Jüngste Änderungen des WEG

24 1. Seit Erscheinen der 12. Auflage hat das WEG mehrere Änderungen erfahren (zu den damaligen Gesetzentwürfen vgl. die 12. Aufl.).

Das Rechtspflegevereinfachungsgesetz vom 17. 12. 1990 (BGBl. I S. 2847), das Gesetz zur Beseitigung von Hemmnissen bei der Privatisierung von Unternehmen und zur Förderung von Investitionen vom 22. 3. 1991 (BGBl. I S. 766) sowie das Gesetz zur Entlastung der Rechtspflege vom 11. 1. 1993 (BGBl. I S. 50) haben erstmals seit 1984 Änderungen im verfahrensrechtlichen Bereich sowie eine Sonderregelung für die neuen Bundesländer in § 3 Abs. 3 gebracht. Auf die Einzelheiten wird in der Kommentierung zu den §§ 3, 45 und 46a eingegangen.

IX. Kündigungsschutz bei Umwandlung von Miet- in Eigentumswohnungen

25 1. Am 30. 6. 1992 beschloß der Gemeinsame Senat der obersten Gerichtshöfe des Bundes, daß Wohnungen und sonstige Räume in bestehenden Gebäuden auch dann im Sinne von § 3 Abs. 2 S. 1 WEG in sich abgeschlossen sein können, wenn die Trennwände und -decken nicht den Anforderungen entsprechen, die das Bauordnungsrecht des jeweiligen Bundeslandes aufstellt (GmS-OGB 1/91).

Damit wurde eine Streitfrage entschieden, die von der höchstrichterlichen Rechtsprechung unterschiedlich beantwortet worden war. Der Gemeinsame Senat hat sich im Ergebnis der Auffassung der Zivilgerichtsbarkeit angeschlossen (zuletzt der V. Zivilsenat des BGH im Vorlagebeschluß an den Gemeinsamen Senat.

Dagegen hatte das Bundesverwaltungsgericht bis zuletzt (Beschluß vom 18. 4. 1991 – 8 ER 9.91/1) die Ansicht vertreten, daß bei der Prüfung der Abgeschlossenheit gem. § 3 Abs. 2 S. 1 WEG auf die bauordnungsrechtlichen Anforderungen an (Wohnungs-)Trennwände und (Wohnungs-)Trenndecken abzustellen sei, insbesondere hinsichtlich des Brand-, Schall- und Wärmeschutzes (BVerwG Beschluß v. 26. 7. 1989 – 8 B 112.89).

Einleitung

Nach dieser Entscheidung gingen die Anträge auf Erteilung der Abgeschlossenheit sprunghaft in die Höhe.

Insbesondere in den Ballungsgebieten kam es zu enormen Steigerungen. So stiegen lt. dem Schreiben des BundesMin. für Raumordnung, Bauwesen und Städtebau vom 7. 12. 1992 (W III 3 – 20 05 06) die Anträge in den ersten drei Quartalen des Jahres 1992 gegenüber dem Jahr 1991 z.B. in Duisburg von 314 auf 1.582, Frankfurt/M. von 663 auf 3.208, Mannheim von 118 auf 1.475, München von 1.032 auf 7.613 und Nürnberg von 275 auf 3.586.

2. Die damit verbundene zum großen Teil spekulative Umwandlung von bisherigen Miet- in Eigentumswohnungen verbunden mit dem entsprechenden Druck zum Erwerb der Wohnung oder Räumung durch Kündigung wegen Eigenbedarfs ist dann Gegenstand mehrerer Initiativen der gesetzgebenden Körperschaften gewesen. Die Ansätze waren allerdings unterschiedlich. So gingen die Vorschläge von Bundesrat (BT-Drucks. 12/2505) und der SPD-Bundestagsfraktion (BT-Drucks. 12/1856) zunächst von einer Änderung des § 3 WEG, wenn auch unter unterschiedlichen Bedingungen, aus. Später gelangten sowohl der Bundesrat (BRat-Drucks. 665/1/92) als auch die SPD-Bundestagsfraktion (BT-Drucks. 12/3626) unter dem Eindruck der Diskussion zu der Auffassung, daß es sachgerechter sei, Erteilung bzw. Versagung der Genehmigung durch einen neuen § 22a des BauGB zu regeln.

3. Im Zuge der Beratungen des Gesetzes zur Erleichterung von Investitionen und der Ausweisung und Bereitstellung von Wohnbauland-Investitionserleichterungs- und Wohnbaulandgesetz (BT-Drucks. 12/3944, 12/4047, 12/4208, 12/4317, 12/4333) rief der Bundesrat den Vermittlungsausschuß an (BT-Drucks. 12/4494). Er hielt den Schutz der Mieter mittels einer Widerspruchsmöglichkeit gegen die Kündigung nach der sog. „Sozialklausel" in bestimmten Gemeinden für nicht ausreichend.

Im Vermittlungsausschuß wurde dann ein Kompromiß gefunden, der nun im Investitionserleichterungs- und Wohnbaulandgesetz einen Art. 13 „Gesetz über eine Sozialklausel in Gebieten mit gefährdeter Wohnungsversorgung" enthält (BT-Drucks. 12/4614).

Dadurch werden Mieter von Wohnungen, die nach der Umwandlung von Miet- in Eigentumswohnungen veräußert werden, für zehn Jahre vor Kündigungen geschützt. Falls die Kündigung für den Mieter eine besondere Härte darstellt, ist auch darüber hinaus eine Kündigung ausgeschlossen, es sei denn, der Vermieter weist dem Mieter angemessenen Ersatzraum zu zumutbaren Bedingungen nach. Dabei erstreckt sich dieses Gesetz auf Gebiete mit einem besonderen Wohnungsbedarf, die von den Ländern ausgewiesen werden (zu den Einzelheiten vgl. den Gesetzestext im Anh. III 2).

Mit dieser Lösung wurde ein Kompromiß gefunden, der den Ländern eine differenzierte Einwirkungsmöglichkeit auf den Wohnungsmarkt zur Verfügung stellt, ohne neue Bürokratie zu schaffen.

I. Teil. Wohnungseigentum

§ 1 Begriffsbestimmungen

(1) Nach Maßgabe dieses Gesetzes kann an Wohnungen das Wohnungseigentum, an nicht zu Wohnzwecken dienenden Räumen eines Gebäudes das Teileigentum begründet werden.

(2) Wohnungseigentum ist das Sondereigentum an einer Wohnung in Verbindung mit dem Miteigentumsanteil an dem gemeinschaftlichen Eigentum, zu dem es gehört.

(3) Teileigentum ist das Sondereigentum an nicht zu Wohnzwecken dienenden Räumen eines Gebäudes in Verbindung mit dem Miteigentumsanteil an dem gemeinschaftlichen Eigentum, zu dem es gehört.

(4) Wohnungseigentum und Teileigentum können nicht in der Weise begründet werden, daß das Sondereigentum mit Miteigentum an mehreren Grundstücken verbunden wird.

(5) Gemeinschaftliches Eigentum im Sinne dieses Gesetzes sind das Grundstück sowie die Teile, Anlagen und Einrichtungen des Gebäudes, die nicht im Sondereigentum oder im Eigentum eines Dritten stehen.

(6) Für das Teileigentum gelten die Vorschriften über das Wohnungseigentum entsprechend.

I. Sinn und Zweck der Vorschrift

Die Vorschrift stellt mit einer Reihe von Legaldefinitionen die für das gesamte WEG geltenden grundlegenden Begriffe zu Verfügung (vgl. die amtlich nicht veröffentlichte Begründung zum Regierungsentwurf des WEG: BR-Drucks. 75/51). Die Paragraphenüberschriften des WEG – wie z. B. in § 1 „Begriffsbestimmungen" – sind im Gegensatz zu in den meisten anderen Gesetzes gewählten redaktionellen Überschriften amtlich. 1

II. Allgemeines

Zur juristischen Natur siehe Einleitung Rz. 5 ff. 1a
Ein einheitlicher Oberbegriff fehlt. Vier Einzelbegriffe: WE, TE, SE und ME. Dazu das verdinglichte personenrechtliche Mitgliedschaftsrecht.

§ 1 2, 3   I. Teil. Wohnungseigentum

Die oben in der Einleitung entwickelte Theorie von der dreigliedrigen Einheit des Begriffes WE schließt die alten Theorien von ME oder SE als Oberbegriff aus. Vielmehr sind die drei Elemente: ME, SE und Mitgliedschaftsrecht gegenseitig akzessorisch zueinander.

III. Begriffe

2   **WE** ist echtes Eigentum. Alle Vorschriften über das Eigentum finden darum Anwendung. Es besteht auch kein Rangverhältnis zwischen Real-SE und anderen Grundstücksrechten am WE oder am MEs-Anteil. Bei der Bestimmung des **MEsanteils** sind die WEer grundsätzlich frei (BayObLG, DerWEer 81, 27; *Röll*, MittBayNot 79, 4). Dies gilt nicht nur hinsichtlich des Wertes des SEs, sondern auch bezüglich der vom WEer tatsächlich genutzten Fläche, z. B. bei einem Sondernutzungsrecht am Grundstück (BayObLG, DerWEer 83, 30). Allerdings sind extreme Mißverhältnisse zwischen MEsanteil und Wsgröße zu vermeiden. WE und **TE** sind nur dadurch unterschieden, daß zu ersterem das SE an einer Wohnung, zu letzterem das SE an sonstigen Räumen (Abs. 3) gehört, Es muß sich um eine **Wohnung** handeln. Eine Toilette kann nicht für sich allein Gegenstand eines WEes oder TEs sein (OLG Düsseldorf, OLGZ 76, 272 = Rpfleger 76, 215 = ZMR 77, 82 = NJW 76, 1458). Die h. M. sieht in der Verbindung eines TEs (Keller) mit dem SNR an einer Wohnung (sog. **Kellermodell**) keine unzulässige Gesetzesumgehung (BayObLG, MittRhNotK 92, 115; *Pause*, NJW 92, 671; *Eckhardt*, Rpfleger 92, 156; *Blum*, MittRhNotK 92, 109, a. A. *Schäfer*, Rpfleger 91, 307; zu den Risiken s. *Blum*, MittRhNotK 92, 109, s. u. § 3 Rz. 7). Zu den Voraussetzungen für TE an Garagen s. OLG Hamm, NJW 76, 1752 = DNotZ 77, 588.

3   **Verbindung** von **WE** und **TE** zu einem gemischten W- und TE ist nicht ausgeschlossen, BayObLG, NJW 60, 2100 (vgl. § 2 WsGBVerf.). Eine Falschbezeichnung im GB ist für die Eintragung unschädlich (*Bärmann*, Wohnungseigentum, Rz. 102). Grundsätzlich sind WE und TE an jeder Art von Gebäuden möglich (Einfamilienhäuser, Zweifamilienhäuser, Mietskasernen, große Lagerhäuser u. a.). Mindestens sind aber zwei MEsrechte Voraussetzung, die in gleicher Hand liegen können (s. a. § 8). Auch eine Zusammenfassung von selbständigen Gebäuden auf ein und demselben Grundstück oder auf Nachbargrundstücken in der gleichen WEer-Gemeinschaft ist möglich, sofern gemeinschaftliche Einrichtungen vorhanden sind.

Begriffsbestimmungen 4–6 § 1

Zur Abgeschlossenheit s. unten § 3 Rz. 18. **4**
Bruchteilsmiteigentum an einem WE ist möglich, (OLG Neustadt, NJW 60, 295 m. zust. Anm. v. *Bärmann;* BayObLG NJW 69, 883; *Weitnauer,* DNotZ 60, 115; BGH, DNotZ 83, 487 = MDR 83, 568; a. A. OLG Köln, DNotZ 83, 106 = NJW 83, 568, aufgehoben durch BGH a. a. O.). Die Aufteilung in beliebig viele Bruchteile ist dabei gewährleistet (BGH, NJW 81, 455). Berechtigte an einem WE kann auch eine **Gesamthandsgemeinschaft** sein (BGB-Gesellschaft, Ehegatten in Gütergemeinschaft usw.) oder eine OHG bzw. KG. Zur **Haftung** Bruchteilsberechtigter für Lastenbeiträge s. unter §§ 16 Rz. 35, 21 Rz. 49. Der Erwerb von Bruchteilsmiteigentum nach dem 5. VermögensbildungsG ist sehr problematisch wegen der Haftung und der Gefahr von Zwangsversteigerungen. Zur Aufhebung der ehelichen Gemeinschaft an einer EW s. BGH, DB 72, 1230, zum Anspruch eines geschiedenen Ehegatten auf Neuregelung und Verwaltung der im ME stehenden EW vgl. BGH, DerWEer 83, 29. Um gemeinsames WE zu erlangen, müssen Grundstückseigentümer ihre MEs-Bruchteile verbinden, da SE an einer Wohnungseinheit nur mit einem MEs-Anteil verbunden werden kann. Auch bisher war kein WE als SE verbunden mit dem MEs-Anteil an **mehreren** Grundstücken möglich (BayObLG, Rpfleger 70, 346 = MDR 70, 928 = DNotZ 70, 602 = MittBayNot 70, 105 m. Anm. *Promberger* S. 125). Dies wurde mit der Neufassung des **Abs. 4** durch das G vom 30. 7. 1973 (BGBl. I S. 910) klargestellt. Für § 47 GBO reicht es aus, wenn MEs-Bruchteile mit Kennzeichnung „verbunden im WE" vereinigt werden, da WE Eigentumsform sui generis ist (s. *Bärmann,* NJW 60, 295; OLG Neustadt, DNotZ 60, 152). WE kann auch einer Miterbengemeinschaft oder Gesellschaft gehören. Zur Bestellung eines Bevollmächtigten durch die mitberechtigten Stellplatzinhaber an einer Tiefgarage in SE s. AG München, DerWEer 84, 29.

SE beinhaltet praktisch abgesonderte Nutzung. Nicht abgesonderte Verfügung (vielmehr nur in Verbindung mit den beiden anderen Elementen). Es handelt sich aber um eine eigentumsgleiche Nutzung mit Eigentums- und Besitzschutz und nachbarrechtlichem Schutz. Gegenstand und Inhalt sind in § 5 umschrieben. Bei Begründung ist reale Errichtung des Gebäudes nicht erforderlich (s. § 3 Rz. 11). **5**

Gemeinschaftliches Eigentum: Mindestbestimmungen sind in **Abs. 5** enthalten. Dazu kommt § 5 Abs. 2: SE können nicht sein: Teile des Gebäudes, die für dessen Bestand oder Sicherheit erforderlich sind, sowie Anlagen und Einrichtungen, die dem gemeinschaftlichen Gebrauch der WEer dienen. **6**

7 Eine Bezeichnung im Grundbuch als WE oder als TE nimmt als solche nicht am **öffentlichen Glauben** des Grundbuches teil, da Tatsacheneintragung. Sie ist aber mitentscheidend für die Ermittlung des Bestimmungszwecks und die zulässige Nutzung. Ausschluß gewerblicher Nutzung in der GemO, was gemäß § 10 Abs. 2 verdinglicht wird, schließt allerdings gutgläubigen Erwerb aus. Fehlerhafte Bezeichnung als WE oder TE im Grundbuch ist unschädlich. Auch der Aufteilungsplan nimmt am öffentlichen Glauben des GBs teil, soweit er die Abgrenzung von SE und GemE zum Gegenstand hat (BayObLG, Rpfleger 80, 260; 294). Die Umwandlung von WE in TE oder umgekehrt bedarf der Zustimmung aller WEer (OLG Braunschweig, MDR 76, 1023; BayObLG, Der WEer 83, 94). Verpflichtet sich der Verkäufer WE zu verschaffen, so genügt er seiner Verpflichtung nicht, wenn er nur TE verschafft. Er schuldet auch die Umschreibung des TEs in WE (OLG Celle, OLGZ 83, 126 = MittBayNot 83, 115).

IV. Gegenstandsabgrenzung

8 Zum Gegenstand des gemeinschaftlichen Eigentums s. Abs. 4: Grundstück sowie Teile, Anlagen und Einrichtungen des Gebäudes, die nicht im SE oder im Eigentum eines Dritten stehen. Es besteht eine Vermutung für Zugehörigkeit zum gemeinschaftlichen Eigentum, sofern nicht zum Gegenstand des SEs erklärt oder im Eigentum Dritter stehend (OLG Frankfurt, Rpfleger 78, 380), oder bei rechtlichem Mangel der SEserklärung (OLG Hamm, RPfleger 76, 317). Grund dafür ist die Bestandteilslehre des bürgerlichen Rechts (§§ 93 ff. BGB).

9 Bei **Grenzüberbau** entsteht grundsätzlich kein WE, es sei denn eine Grunddienstbarkeit verpflichtet zur Duldung (OLG Hamm, Rpfleger 84, 98; 266 m. Anm. *Ludwig* = MittBayNot 84, 34 = MittRhNotK 84, 14 = DerWEer 84, 29 = OLGZ 84, 54; OLG Stuttgart, BWNotZ 82, 137). Ob dies auch gilt, wenn ein Überbau vom Nachbarn gemäß § 912 BGB zu dulden ist, hat das OLG Hamm, a. a. O. offengelassen (bejahend RGRK-*Augustin,* § 1 Rz. 30; *Palandt-Bassenge,* § 1 Rn. 3; *Röll,* MittBayNot 82, 172). Dazu auch OLG Stuttgart, BWNot 82, 137.

10 Auch **gemeinschaftliche Gelder,** Fonds, Rücklagen usw. sind gemeinschaftliches Eigentum, ebenso gezogene Nutzungen oder Früchte und unterliegen damit der Unauflöslichkeit (str., aber wohl jetzt h. M.: KG, DerWEer 89, 17; *Palandt-Bassenge,* § 27 Rn. 2; LG Berlin, JR 62, 220; a. A. BayObLGZ 84, 198 s. Einl. Rz. 17). Erst mit dem genehmigten und zur Verteilung beschlossenen Saldo der

Jahresrechnung oder Zwischenrechnung entsteht realer Anteil jedes MEers zur freien Verfügung. Vorher ist der Anteil am Gemeinschaftsvermögen Bestandteil eines WEs (so ausdrücklich AG Düsseldorf v. 10. 11. 82 – 33 C 455/82 – zum Ausschluß der Rückforderung von Vorschüssen durch einen früheren WEer). A. A. jetzt offenbar BayObLGZ 84, 198. Danach erwirbt der Ersteher von WE nicht kraft Gesetzes Rechte, die dem früheren Eigentümer im Gemeinschaftsverhältnis mit den übrigen WEern zustanden. Die Entscheidung ist weder dogmatisch noch praktisch haltbar. Ein Grundpfandrecht am WE erfaßt auch das Mitgliedschaftsrecht und die vom ME und SE untrennbare Beteiligung am Gemeinschaftsvermögen.

Abgesondertes Miteigentum an bestimmten Einrichtungen, 11 z. B. Fahrstuhl, Bade- und Trockenräume und Garagen für einzelne WEer erscheint möglich (str., siehe unten § 5 Rz. 3). Damit auch abgesonderte Lastentragung.

V. Verfügungsfähigkeit

1. *Veräußerung:* WE ist veräußerlich, vererblich und belastbar 12 wie gewöhnliches Eigentum. Bei Veräußerung eines Teiles soll der Abgeschlossenheit weiter entsprochen werden. Damit neugebildete MEs-Anteile müssen wieder mit abgeschlossener Wohnung verbunden werden (zur Unterteilung s. § 8 Rz. 16). Nach LG Düsseldorf, ZMR 70, 269 soll eine entspr. Anwendung des § 571 BGB nicht möglich sein bei Veräußerung von TE (zweifelhaft, a. A. LG Mannheim, MDR 64, 1007).

Auswechselung von Räumen zwischen SEern können Verschie- 13 bungen der MEs-Verhältnisse, wie auch der Kosten- und Nutzenanteile ergeben. Die Zustimmung der WEer ist nach h. M. nicht notwendig. Die Eintragung im Grundbuch als Inhalt der SEs ist erforderlich, auch hinsichtlich Änderung der MEs-Anteile (zu den Einzelheiten s. Rz. 16 ff. vor § 10).

Aufgabe des WEs kann nur das ganze Recht, nicht etwa Raum- 14 teile, einzelne Räume, nur das SE oder nur das ME umfassen (zum Verzicht auf ME allg. so schon BGH v. 7. 6. 91 – V ZR 175/90); Folge: §§ 928 Abs. 2, 927 BGB. Die **Schenkung** eines WEsrechts an einen Minderjährigen ist für diesen nicht lediglich rechtlich vorteilhaft gem. § 107 BGB. Im Gegensatz zum Erwerb eines belasteten Grundstücks haftet der Minderjährige auch persönlich für übernommene Verpflichtungen gem. §§ 10 ff., 20 ff. WEG (BGH, NJW 81, 109; a. A. 10. Aufl. m. w. N.).

2. *Vererblichkeit:* Bei der Vererblichkeit bestehen keine Beson- 15 derheiten. Auch Entstehung durch letztwillige Anordnung, bei

freiwilliger Auseinandersetzung einer Erbengemeinschaft, im Rahmen eines amtlichen Vermittlungsverfahrens ist möglich. Nicht durch richterliches Urteil, so die Rspr. (s. unten § 2 Rz. 3).

16 3. *Belastung und Beleihung:* WE ist belastbar wie ein Grundstück. Gesamthypothek bzw. Gesamtgrundschuld belastet sämtliche WEs-Rechte. **Einzelbelastung** ist inzwischen üblich geworden. Zur Zulässigkeit von Vereinbarungen einer Vorfälligkeitsentschädigung s. BGH, MittBayNot 81, 67. Eine **Gesamtbelastung** besteht nicht am Grundstück, sondern an den einzelnen WEs-Rechten. Möglich ist ein verschiedener Rang (a. A. KG, OLGZ 76, 257 = Rpfleger 76, 180). §§ 1174, 1175, 1176, 1172 BGB gelten entsprechend, auch § 1181.

17 Auch ein noch nicht fertiges oder erst geplantes WE ist belastbar; auch bei Teilung im eigenen Besitz nach § 8. Voraussetzung ist jedoch, daß bereits WE entstanden ist. Eine Auslegung des Eintragungsantrags dahingehend, daß an Stelle des noch nicht entstandenen WEs der bereits eingetragene MEsanteil belastet werden soll, ist wegen der Rechtsnatur des WEs (Trinität) nicht möglich (OLG Hamm, Rpfleger 83, 395 = DNotZ 84, 108). Wird ein Grundstück vor Begründung von WE belastet, so ist gemäß § 1132 Abs. 2 BGB auf die einzelnen WEs-Rechte später zu verteilen.

18 Vorschläge zur Abwendung der Gefahren der Gesamtbelastung: Ausfallbürgschaft oder Ausfallversicherung, Vereinbarung der Einrede der Vorausklage, Begrenzung der persönlichen Schuldverbindlichkeit auf den Ausfall, Beschränkung auf einen Kapitalteilbetrag, Beschränkung der Haftung auf den dem Verhältniswert des WEs entsprechenden Betrag, Ausbietungsgarantie u. a. (s. § 50 Saarländisches WEG: Vor-Befriedigungspflicht).

19 Eine Übertragung der Einziehungsbefugnis für Annuitäten aus Belastungen auf den Verwalter kann zweckmäßig sein. Verzug in der Erfüllung als Entziehungsgrund nach § 18.

Zur Bestimmung in der GemO, daß für Bestellung des Verwalters Zustimmung Dritter notwendig sei, s. § 26 Abs. 1 S. 4. WE *an* WE (**Unter-WE**) ist nicht möglich (OLG Köln, RPfleger 84, 268 = MDR 84, 583).

20 Bei Einzelbeleihung werden ggfs. folgende Bestimmungen vorgeschlagen: Sofortige Kündigung, falls unter WEern Vereinbarungen ohne Zustimmung der Bank geschlossen oder falls Mitteilung über beabsichtigte Entziehung, Bestellung oder Abberufung des Verwalters nicht unverzüglich erfolgt; Verpflichtung, keine Veräußerungsbeschränkung nach § 12 zu vereinbaren.

Begriffsbestimmungen 21, 22 § 1

Die Zustimmung Dritter, insbesondere der Grundpfandrechtsgläubiger, zur **Begründung von WE** erscheint formal aus §§ 877, 876 BGB gerechtfertigt. Es ist aber doch zu bedenken, daß der BGB-Gesetzgeber eine solche Änderung des Inhalts des Eigentums nicht für möglich gehalten hat. Das BayObLG, NJW 57, 1840 f. sowie OLG Frankfurt, NJW 59, 1977 (dazu *Weitnauer,* DNotZ 60, 120) halten z. B. die Zustimmung durch Dauerwohnberechtigte am Grundstück bei späterer Aufteilung in WE nicht für erforderlich. Das BayObLG (DNotZ 1959, 91) hält allgemein die Zustimmung der dinglich Berechtigten bei Aufteilung in WE, sei es nach § 3 oder nach § 8 WEG nicht für erforderlich. Nunmehr ist davon auszugehen, daß eine Zustimmung nicht notwendig ist (h. M.). Zur Änderung der Vereinbarung und Zustimmung der Realgläubiger vgl. u. § 10 Rz. 26. Hypothekenbanken helfen sich mit Aufnahme von Bestimmungen in die Hypothekenurkunden über Kündigung ohne Frist für den Fall der Errichtung von WE usw. (a. § 3 Rz. 11). Hinsichtlich der Sicherung des Bauunternehmers s. *Lüdtke-Handjery,* DB 72, 2193.

Im übrigen ist wie auch sonst bei der Belastung eines Grundstücks mit Grundpfandrechten, Dienstbarkeiten, Vorkaufsrechten usw. die **Zustimmung Dritter** entsprechend §§ 867, 877 BGB *erforderlich.*

Bestellung eines **Vorkaufsrechts** an WE ist zweifelsfrei zulässig, 22 nicht allerdings als Inhalt des SEs im Sinne des § 10 Abs. 2; dies wäre mit dem Gedanken des § 12 Abs. 2 WEG nicht zu vereinbaren (OLG Celle, DNotZ 55, 320 ff., HansOLG Bremen, Rpfleger 77, 313).

Das frühere **gesetzliche Vorkaufsrecht** der Gemeinde nach §§ 24 ff. BBauG, das hinsichtlich seines Umfangs bei WE sehr umstritten war, ist nun generell ausgeschlossen „beim Kauf von Rechten nach dem WEG" (§ 24 Abs. 2 BauGB). Gesetzliche Vorkaufsrechte bestehen hingegen **zugunsten des Mieters** in zwei Fällen: erstens nach § 26 WoBindG, falls eine öffentlich geförderte Mietwohnung nach oder vor Umwandlung in eine EW an einen Dritten verkauft wird; zweitens nach dem durch das 4. Mietrechtsänderungs G neu eingeführten § 570 b BGB (s. Anh. III). Für die Mieter umgewandelter und an Dritte verkaufter Wohnungen besteht nun generell ein Vorkaufsrecht.

Das Vorkaufsrecht soll allerdings **nicht eingreifen,** wenn der Eigentümer die umgewandelte Wohnung an einen **Angehörigen** seiner Familie oder seines Hausstandes verkauft. Es kommt auch nicht zum Zuge, wenn der Eigentümer das gesamte Anwesen – also nicht einzelne Eigentumswohnungen – veräußert. Dies ergibt sich aus der Rechtsprechung zu dem insoweit inhaltsgleichen § 2b WoBindG (Rechtsentscheid des BayObLG vom 16. April 1992 – NJW-RR 92, 1039). Das Vorkaufsrecht entsteht mit dem Abschluß eines Kaufvertrags zwischen dem verfügungsberechtigten Vermieter und einem Dritten über die Mietwohnung als durch Umwandlung entstehendes oder noch zu bgründendes WE (BayObLG, NJW-RR 92, 1039 zu § 2b WoBindG).

Das Vorkaufsrecht ist **nicht** rechtsgeschäftlich **übertragbar.** Dies ergibt sich aus § 514 BGB, der – wie auch die §§ 504 bis 513 – im übrigen auf das Vorkaufsrecht des Mieters anzuwenden ist, soweit das Gesetz, wie z. B. in Absatz 3 für den Tod des Mieters, nichts anderes bestimmt.

23 Grundsätzlich sind **beschränkt dingliche Rechte** aller Art an WE zulässig wie Nießbrauch, auch Realgerechtigkeit und Grunddienstbarkeiten sowohl zugunsten (BayObLG, DerWEer 84, 30) als auch zu Lasten eines WEs. Es gelten dabei die allg. Grundsätze, wie bei der Bestimmtheit (BayObLG, DerWEer 85, 126/LS für eine auflösende Bedingung der Grunddienstbarkeit). Allerdings kann ein WEs-Recht mit einer Dienstbarkeit nur insoweit belastet werden, als sich deren Ausübung auf den Gebrauch des SE beschränkt (BayObLG, NJW 75, 59 = Rpfleger 75, 22; KG, OLGZ 76, 257 = Rpfleger 76, 180; BayObLG, Rpfleger 80, 150; MittBayNot 79, 227). Ist das herrschende Grundstück einer Grunddienstbarkeit in WE aufgeteilt worden, so kann diese nach Begründung des WEs auf Grund der Bewilligung nur eines einzelnen WEers auch nicht hinsichtlich des ihm zustehenden WEs (teilweise) gelöst werden (BayObLG, Rpfleger 83, 434 = DerWEer 83, 126). Das **Sondernutzungsrecht** eines WEers am gemeinschaftlichen Eigentum (z. B. Kfz-**Stellplatz**) kann deshalb nicht Gegenstand einer Dienstbarkeit am WE sein (a. a. O.). Ebenso OLG Karlsruhe, Rpfleger 75, 356 für **Tankstellendienstbarkeit** und KG, OLGZ 76, 257 = RPfleger 76, 180 = ZMR 76, 310 zu einer **persönlichen Dienstbarkeit,** die lediglich zur Nutzung von Gemeinschaftseigentum (Garagen) berechtigen soll. Nicht möglich als Inhalt einer Grunddienstbarkeit ist auch die Verpflichtung eines WEers, zu unterlassen, von einer anderen als einer bestimmten Versorgungsanlage (TE) Wärme oder Warmwasser zu beziehen (BayObLGZ 76, 219 = ZMR 77, 62 = Rpfleger 76, 397; ebenso für eine entspr. beschränkte pers. Dienstbarkeit BayObLG, MDR 80, 579). Dasselbe gilt für die Verpflichtung eines WEers, seine EW der Gemeinschaft unentgeltlich als Hausmeisterwohnung ausschließlich zur Verfügung zu stellen (BayObLGZ 79, Nr. 75 = Rpfleger 80, 142; 150).

Zur Belastung eines WEs und einer **Dienstbarkeit** zugunsten des 24
jeweiligen Eigentümers eines anderen WEs mit dem Inhalt, daß die
Ausübung eines Nutzungsrechts an einer best. Gartenfläche ausgeschlossen ist, s. OLG Hamm, Rpfleger 80, 469. Zum zulässigen
Inhalt einer Grunddienstbarkeit, daß auf dem dienenden Grundstück kein Gewerbe ausgeübt und die einheitliche Gestaltung der
umliegenden Wohnsiedlung nicht durch bauliche Maßnahmen verändert werden darf, s. bejahend BGH, MittBayNot 82, 244. Das
Verbot, ein WE nicht länger als 6 Wochen im Jahr selbst zu bewohnen oder durch ein und denselben Dritten bewohnen zu lassen, und
es „zu anderen beruflichen oder gewerblichen Zwecken als denen
eines fremdenverkehrsgewerblichen Beherbungsbetriebs mit ständig wechselnder Belegung zu nutzen" **(Fremdenverkehrsdienstbarkeit)** kann Inhalt einer beschränkten persönlichen Dienstbarkeit
sein (BayObLG, DerWEer 85, 95).

Auch Vorkaufsrecht und **Reallast** zugunsten des jeweiligen Ei- 25
gentümers eines WEs, beschränkte persönliche Dienstbarkeiten sowie DWR sind an WE zulässig, ebenso Nießbrauch (§ 1066 BGB).
Gegen **Vormerkungen nach** § 883 BGB bestehen keine Bedenken.
Für den Haftungsumfang zugunsten von Grundpfandrechten gelten §§ 1120 ff. BGB entsprechend, auch die Bestandteilshaftung.

Grundpfandrechte umfassen nicht nur ME und SE, sondern auch
das verdinglichte Mitgliedschaftsrecht, insbesondere den ideellen
Anteil am Gemeinschaftsvermögen (OLG Hamm, Rpfleger 83,
395 = DNotZ 84, 108).

4. *Vereinigung:* Bei Erwerb mehrerer WEs-Rechte in gleichem 26
Gebäude tritt keine Vereinigung nach § 890 Abs. 2 BGB ein. Vereinigung liegt nur vor, wenn die SEs-Räume zusammengelegt
werden (LG Ravensburg, Rpfleger 76, 303).

5. *Zwangsvollstreckung:* Für die Zwangsvollstreckung in WE gel- 27
ten die allgemeinen Vorschriften über die Zwangsvollstreckung in
Immobilien: §§ 864 ff. ZPO, besonders 864 Abs. 2, und das ZVG.
Die Zwangsverwaltung ist durch § 149 ZVG stark behindert. Eine
Zwangshypothek ist ggf. auf mehrere WEs-Rechte zu verteilen
(§ 867 Abs. 2 ZPO). Bei Gesamtschuld aller WEer ist eine Gesamtzwangshypothek auf sämtlichen WEs-Rechten möglich.

Eine Pfändung des Anteils an der Gemeinschaft, insbesondere
Gemeinschaftsvermögen gemäß § 857 ZPO ist nicht möglich.

Wenn nach Zerstörung des Gebäudes nicht wieder aufgebaut zu
werden braucht (Vereinbarung nach § 11 Abs. 1 Satz 3), erstrecken
sich Grundpfandrecht und Beschlagnahme auch auf den Aufhebungsanspruch.

Die Veräußerungsbeschränkung nach § 12, die auch gegenüber Zwangsvollstreckung gilt, kann ein praktisches Hindernis bilden.
Bei Zwangsversteigerung aus Gesamthypothek auf Antrag Einzelausgebot und Gesamtausgebot.
Zur Vollstreckung in einen gemeinschaftlichen Gegenstand (z. B. Zubehörteil) ist ein Titel gegen alle WEer erforderlich.
Vollstreckungsnotrecht gilt auch hier (z. B. auch § 30a ZVG).

28 6. *Konkurs eines WEers:* WE fällt als Vermögenswert in die Konkursmasse. § 16 Abs. 2 KO und §§ 751, 749 Abs. 2 BGB sind ausgeschlossen. Bei Verwertung durch den Konkurs-Verw. ist ggf. § 12 zu beachten. Konkurs über Vermögen der WEergemeinschaft als Ganzes ist nicht möglich; kein konkursfähiges Sondervermögen.

29 7. *Wohnraumbewirtschaftung:* WEer kann Vermieter i. S. des G über den Abbau der Wohnungszwangswirtschaft und über ein soziales Miet- und Wohnrecht v. 23. 6. 1960 (BGBl. I S. 389) sein bzw. des WoBindG i. d. F. v. 22. 7. 1982 (BGBl. I S. 972). Vgl. auch § 564b Abs. 2 Nr. 2 BGB für den Fall, daß nach der Überlassung einer Wohnung an den Mieter WE begründet und veräußert wird: Ausschluß der Berufung auf Eigenbedarf vor Ablauf von drei Jahren (s. a. § 13 Rz. 10 f.).

VI. WE und Heimstätte

30 WE kann Heimstätte sein, str. a. A. *Diester,* Rpfl. 60, 114 m. w. Nachweisen; bejahend wenigstens für WE an Einfamilienhäusern OLG Frankfurt, DNotZ 63, 442, OLG Neustadt, Rpfleger 63, 85, ebenso *Diester* Rspr., S. 61. Keine höchstrichterliche Entscheidung liegt bisher vor zur Heimstätteneigenschaft von „vertikalem WE", aber zu bejahen. Eine Reichsheimstätte kann auch in WE unterteilt werden (BayObLG MDR 67, 840 = NJW 67, 2363). Das Gesetz zur Aufhebung des ReichsheimstättenG vom 17. 6. 93 (BGBl. I S. 912) beendet das Heimstättenrecht. Es tritt zum 1. 10. 93 außer Kraft. Das Gesetz enthält allerdings in Art. 6 §§ 1–5 Übergangsregelungen für bestehende Forderungen bis zum 31. 12. 98.

VII. Besitz

31 WEer hat teils Alleinbesitz, teils Mitbesitz, auch in der Form des Wechselbesitzes. § 866 BGB ist zu beachten.

Begriffsbestimmungen

VIII. Eigentumsschutz

Zum Eigentumsschutz s. unten § 13 Rz. 38 u. § 14 Anm. 20, **32** Ansprüche aus §§ 985 ff. und § 1004 BGB können bestehen. Zum Anspruch nach § 1004 auf Beseitigung eines Überbaus s. OLG Hamm, OLGZ, 76, 62 = ZMR 77, 85 = Rpfleger 76, 310; *Weitnauer,* ZfBR 82, 97; OLG Stuttgart, Rpfleger, 82, 375 = Die Justiz 82, 332; differenzierend *Ludwig,* DNotZ 83, 411). Zur Beseitigung eines durch den Verwalter eigenmächtig errichteten Spielplatzes s. LG Mannheim, ZMR 76, 51; 77, 85. Auch §§ 987 ff. BGB sind anwendbar.

IX. Rechtsbeziehungen zum Veräußerer

Das Vertragsverhältnis Veräußerer – Erwerber richtet sich bei **33** bereits fertiggestellten und schon gebrauchten EWen grundsätzlich nach **Kaufrecht,** §§ 433 ff. BGB (BGH, WM 69, 296 = DNotZ 69, 353; WM 71, 958; NJW 76, 515 = DNotZ 76, 414; *Deckert* NJW 73, 1073; *Brych,* NJW 73, 1585; *Rosenberger,* BauR 80, 267).

Bei noch zu errichtenden Häusern oder EWen ist nach Auffassung der Rspr. **Werkvertragsrecht** ohne Rücksicht auf den baulichen Zustand der EW bei Abschluß des Vertrags anzuwenden, sofern sich der Veräußerer zur Herstellung verpflichtet hat (BGH, NJW 76, 515; NJW 77, 1336; 79, 1406; 2209; NJW 80, 400 = DNotZ 80, 603 = ZMR 80, 54 = NJW 79, 2207 = BlGBW 80, 70 = BauR 80, 119; 267; WM 81, 944 = ZfBR 81, 219; MDR 80, 135 = Rpfleger 80, 14 = BlGBW 80, 71 = BauR 80, 69; BauR 81, 571 = DNotZ 82, 125).

Im übrigen sind die gesamten Umstände entscheidend. Bei der **34** Veräußerung eines noch zu bebauenden Grundstücks ist dieses Vertragsverhältnis ein kombinierter Vertrag, auf den hinsichtlich des Grundstücks (teils) Kaufrecht, hinsichtlich der Bauverpflichtung (teils) Werkvertragsrecht (§ 651 Abs. 1 S. 2 HS. 2 BGB) Anwendung findet. Zu den Folgen für die Gewährleistung s. § 13 Rz. 42 ff.

Der Eigentümer einer EW hat Anspruch auf Herausgabe von Bauunterlagen gegenüber dem früheren Eigentümer und Verwalter i. F. von Fotokopien gegen Kostenerstattung (OLG Köln, Der WEer 81, 48). Zur Verjährung des Vergütungsanspruchs eines Veräußerers von noch herzustellendem WE/TE bei gewerblicher Tätigkeit (§ 196 Abs. 1 Nr. 1 BGB) s. BGH, NJW 81, 1665.

X. Übergangsregelung

35 Die Übergangsvorschrift des Art. 3 § 1 Abs. 1 des G v. 30. 7. 1973 heilt rückwirkend die häufigen Verstöße gegen § 1 Abs. 2 mittels der Fiktion der Vereinigung der mehreren Grundstücke zum Zeitpunkt der Anlegung des Ws- oder TEs-Grundbuchs.

Ist das SE mit unterschiedlich großen MEsanteilen an mehreren Grundstücken verbunden worden, heilt Art. 3 § 1 Abs. 2 auch diesen bisher schon rechtswidrigen Zustand mit rückwirkender Kraft, sofern nicht sonstige die rechtswirksame Begründung ausschließende Mängel vorliegen. Unklar ist allerdings, ob wie in Art. 1 eine gesetzliche Vereinigung der mehreren Grundstücke stattfindet oder nur der jetzige Zustand sanktioniert wird. Man wird annehmen müssen, daß eine Vereinigung nicht gewollt ist, da sich die Schwierigkeiten bei der Festlegung des Miteigentumsanteils nicht ausräumen lassen. Immerhin besteht in diesen (wohl seltenen) Fällen nun ein Sonderrecht.

1. Abschnitt. Begründung des Wohnungseigentums

§ 2 Arten der Begründung

Wohnungseigentum wird durch die vertragliche Einräumung von Sondereigentum (§ 3) oder durch Teilung (§ 8) begründet.

I. Sinn und Zweck der Vorschrift

1 Die Vorschrift soll die rechtlichen Möglichkeiten aufzeigen, nach denen WE begründet werden kann. Hierbei hat der Gesetzgeber sowohl den Vertrag der Miteigentümer als auch die einseitige Teilungserklärung des Eigentümers (vgl. die amtlich nicht veröffentlichte Begründung zu dem Regierungsentwurf des WEG: BR-Drucks. 75/51) vorgesehen. Andere rechtliche Formen zur Begründung von WE sind damit ausgeschlossen.

II. Bestandteilslehre

1a Grundsätzlich besteht wegen der Bestandteilslehre der §§ 93 ff. BGB keine Vermutung für das Vorhandensein von WE.

III. Bedeutsame Fälle

1. *juristisch:* das Gesetz behandelt:
a) Teilung im eigenen Besitz mit gleichzeitiger Errichtung von WE § 8;
b) Ausgestaltung von ME zu WE § 3.

2. *wirtschaftlich:* Wirtschaftliche Verwendungsmöglichkeit:
a) Erwerb von Gelände, Vorratsbau durch Aufteilung nach § 8 und anschließende Veräußerung. Vor allem unter steuerlichen Gesichtspunkten erfolgt der Erwerb im sog. „Bauherrenmodell" (dazu unten Rz. 10).
b) Aufteilung auf Grund letztwilliger Verfügung.
c) Auseinandersetzung unter Miterben.
d) Zusammenwirken mehrerer Personen zur Errichtung eines Gebäudes in WE.
e) Veräußerung bestimmter Appartements eines Gebäudes durch Eigentümer an verschiedene Erwerber unter gleichzeitiger Einräumung von WE.
f) Aufgliederung, Aufspaltung sonst unverwertbarer großer Baukomplexe.
g) Freiwillige Versteigerung von einzelnen Appartements nach der Aufteilung in Appartements gemäß § 3 oder § 8.
h) Im Verfahren der amtlichen Vermittlung der Auseinandersetzung. Dagegen ist Begründung von WE durch gerichtliches Teilungsurteil nach dtsch. Rspr. bislang nicht zulässig (OLG München, NJW 52, 1297), auch nicht im Verfahren nach der HausratsVO (OLG Hamm, JMBlNRW 58, 103). Im konkreten Fall einer Wiedergutmachungsauflage gemäß § 56b II Nr. 1 StGB: keine Verpflichtung des Schädigers zur Verschaffung des Eigentums an einer EW (OLG Stuttgart, NJW 80, 1114), was allerdings nicht generell ausgeschlossen ist. Es kann im Einzelfall nach Treu und Glauben die Aufhebung einer Gemeinschaft durch Zwangsversteigerung eine unzulässige Rechtsausübung sein, so daß sich der betreibende Teilhaber auf eine vom anderen Teil vorgeschlagene und vom Richter gebilligte Realteilung verweisen lassen muß (BGH, MittBayNot 72, 115).
i) Erleichterung der Umlegung im städtischen Bezirk durch horizontale Aufteilung (zum StädteBauFG, jetzt in das BauGB übernommen, s. *Bettis/Kreutz/Beyer/Löhr,* BauGB, 2. A. 1987).
k) Zur Zweckentfremdung durch Abbruch veralteten Wohnraums und Auferlegung von Zahlungspflichten s. BVerfG v.

1. 12. 80, GWW 81, 173: Grundsatz der Verhältnismäßigkeit ist zu wahren (Art. 6 § 1 MietrechtsverbesserungsG i. V. mit Art. 14 Abs. 1 S. 2 GG).

IV. Vorgänge zur Entstehung des WEs

5 Gliederung des Vorgangs zur Entstehung des WEs:
a) Rein technische Vorarbeit für die Teilung, insbesondere Erstellung des Aufteilungsplanes (§ 7 Abs. 4 Nr. 1 und WsGrundbVfg. im Anh. I 2a).
b) Veräußerung der Bruchteile in der Form des MEs unter gleichzeitiger Einräumung des SEs an sämtlichen dafür vorgesehenen Wohnungen und an Räumen, sofern nicht nach § 8 im eigenen Besitz geteilt wird.
c) Sachenrechtliche Übertragung des errichteten WEs.
d) Vertragliche Inhaltsbestimmung der kraft Gesetzes entstehenden Gemeinschaft.

6 e) Schließt sich eine Vielheit von Personen zum Zweck der Errichtung eines Gebäudes zusammen, so kommen außerdem die vorbereitenden Verträge zwischen ihnen und mit Dritten, z.B. Bauunternehmern und Architekten, hinzu. Die Gesamtheit bildet dabei eine Gesellschaft nach bürgerlichem Recht (nach LG Berlin, JR 62, 220, nur, wenn ausdrücklich vereinbart), wenn nicht eine Aktiengesellschaft oder GmbH eingerichtet wird oder eine OHG gewerbsmäßig die Vorbereitung leitet. U. U. sind aber auch schon auf die Rechtsbeziehungen während der Bauzeit die Bestimmungen des WEG entsprechend anwendbar (LG Berlin, JR 62, 220; OLG Hamburg, NJW 63, 818 und KG, MDR 70, 234; s. besonders Rz. 2 vor § 43).

Zur Inhaltsbestimmung der Gemeinschaft s. § 10, zur Dinglichkeitswirkung dort Abs. 2.

7 Für Erwerber eines Grundstücks zu ME, auf welchem sodann WE errichtet werden soll, gelten die üblichen Genehmigungsvorschriften (Grundstücksverkehrsgesetz, evtl. BauGB, Unbedenklichkeitsbescheinigung des Finanzamts). Im Verhältnis zu den beauftragten Bauträgern, Generalbauunternehmern und Architekten sowie zu den Handwerkern gilt allgemeines Recht, überwiegend **Werkvertragsrecht** und Geschäftsbesorgung. Zur Schadensersatzklage des SEers vgl. *Schneider*, NJW 60, 276; wegen Mängeln am gemeinschaftlichen Eigentum s. unten § 13 Rz. 42 ff.

8 Form des Generalbauvertrages mit einem Unternehmer oder Bauträger kann zweckmäßig sein. Inzwischen haben sich bestimmte Gesellschaften auf den Bau von Eigentumswohnungen im eigenen Namen (**Vorratsbau**) oder auch im fremden Auftrag spezialisiert. Praktisch ist heute der Vorratsbau die häufigste Form der Schaffung von WE. Dafür ist zunächst Teilungserklärung nach § 8 notwendig; sodann GemO als Realstatut. Anschließend werden dann die einzelnen WEs-Rechte aus dem eigenen Besitz des Bauträgers verkauft. Bauunternehmen bleiben meist nach Entstehung des WEs Verwalter desselben auf Grund Vereinbarung (darüber unten bei §§ 20 Rz. 11, 26 Rz. 3 ff.).

V. Gefahren des WEs

Zu den Gefahren des WEs s. *Kleinsimon*, Der Betrieb 58, 156 ff.: **9** Vorsicht bei Auswahl des Verwalters wegen der Aufgaben nach §§ 27, 28; Vorsicht bei der Auswahl der Mitbeteiligten; genaue Regelung der Beteiligung an den Gesamtherstellungskosten; Sicherung durch Eintragung einer Auflassungsvermerkung (§ 24 KO n.F.); Anwendung der **Makler- und Bauträger-VO** (dazu *Bärmann/Seuß*, T. A II Rz. 16 u. ö); zur WEs-Finanzierung allgemein s. *Kreile*, DB 72, 1036 und *Jenkis*, BB 72, 788, insb. im Konkurs des Bauträgers, s. *Müller*, KTS 60, 81; eingehende Regelung von Gebrauch und Verwaltung des gemeinschaftlichen Eigentums, insbesondere hinsichtlich der Änderung nur durch qualifizierte Mehrheit oder einstimmig; Abstimmung nach Verhältnis des WEs-Anteile, nicht nach Köpfen; Gesamthypotheken sind zu vermeiden; Erwerber von WE sollten sich über Gebrauchsbeschränkungen sowie über gefaßte Beschlüsse der WEer-Gemeinschaft wie auch gerichtliche Beschlüsse orientieren, da sie zur dinglichen Wirkung nicht der Eintragung bedürfen (§ 10 Abs. 3 WEG).

VI. Die Baumodelle

Neben dem „klassischen" Modell der Begründung von WE in **10** den Formen des § 3 und § 8 haben sich in der Praxis die unterschiedlichsten Erwerbsformen entwickelt, die aus wirtschaftlichen, vor allem steuerrechtlichen Erwägungen begründet sind. Diese Vertragsgestaltungen können hier nicht dargestellt werden. Es wird hierbei insbesondere auf *Bärmann/Seuß*, T. A IV und XV verwiesen. Während das **Bauherrenmodell** an Bedeutung wesentlich verloren hat, spielen Verträge mit einem Bauträger, Bauträger-Modell und Baubetreuung eine größere Rolle (zu den Einzelheiten s. *Brych/Pause*, Bauträgerkauf und Baumodelle, 1989).

Dabei entstehen Fragen der Abgrenzung zwischen Baubetreu- **11** ung und Bauträgerschaft (dazu *Locher/Koeble*, Baubetreuungs- und Bauträgerrecht, 4. Aufl. 1985; *Jagenburg*, Das private Baurecht im

Spiegel der Rechtsprechung, 1980). Nach BGH, NJW 81, 575 ist Baubetreuer, wer gewerbsmäßig Bauvorhaben im fremden Namen für fremde Rechnung wirtschaftlich vorbereitet oder durchführt; Bauträger, wer im eigenen Namen für eigene oder fremde Rechnung vorbereitet oder durchführt (*Bärmann*, Einl. Rz. 662 ff.; *Bärmann/Seuß*, T. A XV Rz. 3).

§ 3 Vertragliche Einräumung von Sondereigentum

(1) Das Miteigentum (§ 1008 des Bürgerlichen Gesetzbuches) an einem Grundstück kann durch Vertrag der Miteigentümer in der Weise beschränkt werden, daß jedem der Miteigentümer abweichend von § 93 des Bürgerlichen Gesetzbuches das Sondereigentum an einer bestimmten Wohnung oder an nicht zu Wohnzwecken dienenden bestimmten Räumen in einem auf dem Grundstück errichteten oder zu errichtenden Gebäude eingeräumt wird.

(2) Sondereigentum soll nur eingeräumt werden, wenn die Wohnungen oder sonstigen Räume in sich abgeschlossen sind. Garagenstellplätze gelten als abgeschlossene Räume, wenn ihre Flächen durch dauerhafte Markierungen ersichtlich sind.

(3) Unbeschadet der im übrigen Bundesgebiet bestehenden Rechtslage wird die Abgeschlossenheit von Wohnungen oder sonstigen Räumen, die vor dem 3. Oktober 1990 bauordnungsrechtlich genehmigt worden sind, in dem in Artikel 3 des Einigungsvertrages bezeichneten Gebiet nicht dadurch ausgeschlossen, daß die Wohnungstrennwände und Wohnungstrenndecken oder die entsprechenden Wände oder Decken bei sonstigen Räumen nicht den bauordnungsrechtlichen Anforderungen entsprechen, die im Zeitpunkt der Erteilung der Bescheinigung nach § 7 Abs. 4 Nr. 2 gelten. Diese Regelung gilt bis zum 31. Dezember 1996.

I. Sinn und Zweck der Vorschrift

1   Es handelt sich um die grundlegende Vorschrift über die vertragliche Begründung des WE's (dagegen regelt § 8 die einseitige Aufteilung in WE durch den Eigentümer) und bringt die zwei „Eigentumssphären" (vgl. die amtlich nicht veröffentlichte Begründung zu dem Regierungsentwurf des WEG: BR-Drucks. 75/51), die das WEG in sich einschließt, zum Ausdruck: den Anteil am gemeinschaftlichen Eigentum (§ 1 Abs. 4) und das Sondereigentum an der Wohnung oder an den sonstigen Räumen (vgl. hierzu § 5).

Grundsätzlich besteht keine Vermutung für das Bestehen von WE (§§ 93ff. BGB). SE ist „Beschränkung" des MEs, nicht aber etwa beschränktes dingliches Recht. Zum Begriff s. Einleitung Rz. 5ff. **1a**

II. Voraussetzungen

1. *ME am Grundstück als Grundlage:* Kein Gesamthandseigentum (Gesellschaften, Gütergemeinschaft oder Erbengemeinschaft). Für Bildung von ME im eigenen Besitz s. § 8. Heimstätteneigenschaft steht nicht entgegen, s. § 1 Rz. 30. **2**

2. *SE für alle MEer:* Jedem MEer ist SE einzuräumen (OLG Frankfurt, ZMR 70, 273). Ein isolierter MEanteil kann zwar nicht rechtsgeschäftlich begründet werden, er kann aber kraft Gesetzes entstehen, wenn die Begründung von SE an einem Gebäudeteil gegen zwingende gesetzliche Vorschriften verstößt und daher insoweit unwirksam ist, BGH, NJW 90, 447. Der isolierte MEanteil wächst den anderen Miteigentümern nicht entsprechend § 738 I BGB zu, da sie nicht gesamthänderisch verbunden sind, BGH, NJW 90, 447. Ein solcher MEanteil ohne SE oder Anwartschaftsrecht auf SE kann, wenn er neben vollständigem Ws- oder TE besteht, nicht auf Dauer bestehen bleiben (anders, wenn alle MEanteile isoliert sind). Vielmehr ist er durch Änderung des Gründungsakts auf die übrigen Miteigentümer zu übertragen, falls er nicht anderweitig mit SE verbunden wird, OLG Hamm, NJW-RR 91, 335. Kein Nebeneinander von gewöhnlichem ME und WE. Wohl aber können mehrere WEs-Rechte in einer Hand vereinigt bleiben, z. B. in der des bisherigen Grundstückseigentümers (so eindeutig ehem. Saarländisches WEG), wie umgekehrt ein WE mehreren als BruchteilsMEern zustehen kann (s. § 1 Rz. 4). Ein SE an einer bestimmten Wohnungseinheit kann allerdings nur mit **einem** MEs-Anteil verbunden werden (OLG Neustadt, NJW 60, 295, m. Anm. v. *Bärmann;* abw. OLG Köln, DNotZ 83, 106 m. abl. Anm. *Röll* = Rpfleger 83, 7 = NJW 83, 248; aufgeh. durch BGH, DNotZ 83, 487 = MDR 83, 568 = NJW 83, 1683). Ebenso war bisher schon die Verbindung eines SEs mit den MEs-Anteilen an mehreren rechtlich selbständigen Grundstücken nicht möglich (BayObLG, Rpfleger 70, 346 = MDR 70, 928 = DNotZ 70, 693 = MittBayNot 70, 105; OLG Saarbrücken, NJW 72, 691 jetzt § 1 Abs. 4; s. a. dort Rz. 18). Mit **einem** MEs-Anteil können hingegen **mehrere** abgeschlossene Wohnungen verbunden werden. Einschränkend, weil Abgeschlossenheit der jetzt einheitlichen SEs-Räume fordernd, OLG Hamburg, NJW 65, 1765 = Rpfleger 66, 79 **3**

m. zust. Anm. v. *Riedel*. Wie hier auch BayObLG, MittBayNot 71, 169 = DNotZ 71, 473 und KG, NJW-RR 89, 1360. Teilen MEer das Grundstück in selbständige Wohnungen oder sonstige Räume, setzt sich MEsverhältnis an den EWen fort. Zur späteren Aufteilung von WEs-Rechten in mehrere WEs-Rechte, wie auch Veränderung des MEs-Bruchteile (zur Unterteilung s. u. § 8 Rz. 16 und Rz. 12 vor § 10) ist immer die Abgeschlossenheit zu beachten. Diese ist allerdings nur Sollvorschrift (BayObLG, Rpfleger 80, 295). Eine nachträgliche Begründung von SE an Räumen des gemeinschaftlichen Eigentums bedarf der Vereinbarung aller WEer und Eintragung im Grundbuch.

4 **Verbindung** der Begründungsarten nach § 3 u. § 8 ist möglich, etwa wenn bei Begründung nach § 8 durch MEer gleichzeitig ein oder mehrere WEs-Rechte veräußert werden. MEer eines Grundstücks können durch einen dinglichen Vertrag ME nach § 3 auch in der Weise begründen, daß sie sowohl die Zahl der MEs-Anteile verändern (zusammenlegen) als auch an diesen (neuen) Anteilen jeweils das SE an einer Wohnung zuordnen (BGH, Rpfleger 83, 270 = NJW 83, 1672 = BWNotZ 83, 92 = JZ 83, 619 Anm. *Stürmer/Weber*). Bei Teilung eines in Bruchteileigentum stehenden Grundstückes nach § 8 setzt sich die Bruchteilsgemeinschaft an den einzelnen Raumeigentumsrechten fort (BayObLG, ZMR 70, 273).

5 Zum Problem der **Umwandlung** von Sozialwohnungen vgl. *Bärmann/Seuß*, T. A, XX; *Seuß*, Die Eigentumswohnung, 1988, S. 83 f. und *Sonnenschein*, NJW 80, 2057 (dazu Merkblatt des Bundes 1980, Beilage zu H. 8/1980 ZGemWoW i. B.) sowie *Häring*, ZGemWoW i. B. 82, 351. Im Unterschied zu den allg. Schutzvorschriften zug. des Mieters treffen in diesem Fall den Verfügungsberechtigten (i. d. R. den Eigentümer) zusätzliche Informationspflichten nach § 2a WoBindG. Überdies steht dem von der Umwandlung betroffenen Mieter im Fall des Verkaufs an einen Dritten ein gesetzliches **Vorkaufsrecht** nach § 2b WoBindG zu (s. Einl. Rz. 25 ff.).

6 3. *SE nur an „Räumen"*: **Raum** im Sinne des Gesetzes ist immer ein allseits durch ein Gebäude nach außen abgeschlossener Raum. Siehe gelegentlich des Falles einer **Tankstelle** LG Münster, DNotZ 53, 148. SE ist also nicht an bloßen Grundstücksflächen möglich (OLG Karlsruhe, MDR 72, 516 = MittBayNot 72, 163), auch nicht an einer Terrasse mit Plattenbelag ohne jede Höhenabgrenzung (OLG Köln, DerWEer 83, 28), wohl aber an **Nebengebäuden** wie Garagen (OLG Frankfurt, Rpfleger 78, 380), Lagerhallen, Schuppen usw., nicht aber an einer Toilette allein (s. oben § 1 Rz.

Vertragliche Einräumung von Sondereigentum   7, 8   § 3

2). Auch ein **U-Bahnhof** kann Gebäude i. S. des WEG sein (LG Frankfurt, NJW 71, 759).

Zum Schwimmbad als SE s. BGH, BWNotZ 81, 41, bejahend. **7**
Bei einem Doppelwohnhaus ist SE an den konstitutiven Bestandteilen nicht zulässig (BayObLG, MDR 66, 413 = Rpfleger 66, 149; a. A. *Meikel/Imhof/Riedel,* Grundbuchrecht, Vorb. 39 vor § 13). Anders bei **selbständigen Gebäuden** (a. A. die h. M., BGH, NJW 68, 1230; OLG Frankfurt, Rpfleger 75, 79; OLG Karlsruhe, OLGZ 78, 175 u. *Röll,* Teilungserklärung, S. 23; wie hier *Riedel,* a. a. O.). Verschiedentlich werden Konstruktionen praktiziert, bei denen die MEsanteile mit dem SE an einer Garage (oder anderen Nebenräumen), sowie dem Sondernutzungsrecht an bestimmten Wohnräumen verbunden wird, sog. **Kellereigentum.** Dies erscheint wegen der Umgehungsabsicht bedenklich. Sinn und Zweck des Abs. 1 bestehen darin, bei „Wohnungseigentum" den Schwerpunkt im SE an den Wohnräumen zu erblicken und nicht in Nebenräumen. Damit wäre das WE nur eine Hülse (LG Hagen, NJW 93, 402). Nach BayObLG, NJW 92, 700; 671 m. Anm. *Pause* kann die Eintragung jedoch nicht mit der Begründung verweigert werden, dem TE an Kellerräumen werde **später** möglicherweise das Sondernutzungsrecht an einer Wohnung zugeordnet.

Der durch das G v. 30. 7. 1973 (BGBl. I S. 910) eingefügte **8**
Abs. 2 S. 2 enthält eine Fiktion, mit deren Hilfe ausnahmsweise bestimmte Grundstücksflächen als „Räume" behandelt werden. Voraussetzung ist allerdings, daß es sich um **Garagenstellplätze** handelt. Damit ist kein Sondereigentum an Stellplätzen im Freien möglich (OLG Hamm, NJW 75, 60 = DNotZ 75, 108 = MDR 75, 319 = Rpfleger 75, 27; OLG Köln, OLGZ 82, 413 = DNotZ 82, 753; so für plattierte Terrassenflächen ohne vertikale Begrenzung OLG Frankfurt, Rpfleger 83, 482 = MDR 84, 147). Dies gilt auch für Abstellplätze auf einem ebenerdig gelegenen und von der Umgebung nicht abgegrenzten Dach einer **Tiefgarage** (OLG Frankfurt, OLGZ 84, 32). Nach BayObLG, NJW 75, 740 gilt dies auch für die Hebebühne einer **Doppelstockgarage** (a. a. O. nur LS = Rpfleger 75, 90; im Ergebnis zustimmend *Noack,* Rpfleger 76, 5 und OLG Düsseldorf, MittRhNot 78, 85; offen bei OLG Hamm, OLGZ 83, 1 = DNotZ 83, 618 = Rpfleger 83, 19 = MittRhNotK 82, 218 = DerWEer 83, 62). Für SEsfähigkeit von Stellplätzen auf einem nicht überdachten Gebäude *Merle,* Rpfleger 77, 196 und OLG Frankfurt, Rpfleger 77, 312 (a. A. LG Lübeck, Rpfleger 76, 252 = ZMR 77, 82; LG Aachen, Rpfleger 84, 184 m. krit. Anm. *Sauren;* LG Braunschweig, Rpfleger 81, 298 = ZGemWW i. B. 81, 419); s. a. *Röll,* WEM 82, 14. Die Auffassung des LG Nürnberg/

Fürth (DNotZ 88, 321), wonach in der Teilungserklärung nicht nur die Lage der Stellplätze angegeben werden muß, sondern auch die Art ihrer Abgrenzung stellt Anforderungen, wie sie von Gesetzeswegen nicht verlangt werden; im Gegensatz zu dieser absoluten Mindermeinung wird sich das Grundbuchamt mit der Erfüllung der Voraussetzungen der §§ 7 Abs. 4, 3 Abs. 2 WEG mit der Bezeichnung der abgegrenzten Räume begnügen. Folgte man dem LG Nürnberg/Fürth, so müßte eine Baubeschreibung für die Abgeschlossenheit vorgelegt werden; eine solche wird aber in keiner Vorschrift verlangt (vgl. die Kritik von *Röll,* DNotZ 88, 325).

Zu weit gehen die Anforderungen des LG Nürnberg/Fürth auch bezüglich der zur Abgeschlossenheit von Tiefgaragenplätzen notwendigen dauerhaften Markierung. Sie soll dann nicht gegeben sein, wenn dies in der Teilungserklärung wie folgt beschrieben wird: „wie etwa durch andersfarbige eingelegte Steine oder Sockelleisten oder ähnlichem" (LG Nürnberg/Fürth, DNotZ 88, 321 (323). Diese Entscheidung ist aus den o. g. rechtlichen Gründen abzulehnen. Es kommt hinzu, daß es dem Bauträger vorbehalten sein muß, etwa den ursprünglich zur Abgrenzung der einzelnen Stellplätze vorgesehenen Betonsockel durch Holzschwellen, farbige Steine oder das Einbetonieren von aus dem Boden geringfügig herausragenden Eisenpflöcken zu ersetzen. Vgl. hierzu die Kritik von *Röll* (DNotZ 88, 325), wonach bei Erfüllung der vom LG Nürnberg/Fürth verlangten Voraussetzungen der Bau von Eigentumswohnanlagen mit Tiefgaragenplätzen bei engen räumlichen Verhältnissen sehr erschwert, u. a. sogar unmöglich gemacht würde.

9 **Sinn und Zweck** der Regelung sind, Mißverständnisse über die den SEern zustehenden Abstellflächen auszuschließen und eine Abgrenzung zum GemE zu erreichen. Es genügt, daß die Flächen „durch dauerhafte Markierungen" ersichtlich sind. Diese können z. B. aus einem Beton- bzw. Zementsockel oder dauerhafter Kunststoffmasse bestehen. Ein einfacher Farbanstrich dürfte nicht genügen, da er wegen des Überfahrens bald unkenntlich sein würde. Als Markierung sind auch solche Abteilungsmaßnahmen anzusehen, die als Maschen- oder Holzzaun bzw. Brüstung oder eingelassene besondere Steine oder Metallzeichen Gewähr für dauernde Klarheit der Eigentumsverhältnisse bieten (kritisch zum Entwurf des Bundesrats *Diester,* BB 72, 685). Zum Sondernutzungsrecht an Kfz-Stellplätzen s. u. § 15 Rz. 9.

10 Vereinigung mehrerer Wohnungen in einem WE, Vereinigung mehrerer WEs-Rechte in einer Person sind möglich (s. o. Rz. 3). Ebenso die Verbindung von WE und TE zu einheitlichem Woh-

Vertragliche Einräumung von Sondereigentum **11, 12 § 3**

nungsteileigentum. Letzteres ist eine Frage der Zweckmäßigkeit. Steuerfolgen zu beachten: Steuerermäßigungen für Wohnungen, nicht für Gewerberäume. Auch eine Verbindung horizontaler mit vertikaler Teilung ist möglich. WE an selbständigen Gebäuden auf demselben Grundstück ist ebenfalls zulässig (allgem. Ansicht OLG Köln, NJW 62, 162, s. besonders § 5 Rz. 15). Daß eine Teilung des Grundstücks möglich wäre, steht nicht entgegen, OLG Frankfurt, NJW 63, 814.

4. *Nicht notwendige Voraussetzung* ist ein Neubau. Auch an zu **11** errichtenden, geplanten oder projektierten Gebäuden kann die Begründung von WE erfolgen (VG Schleswig-Holstein v. 26. 2. 1970 AZ: 10 A 67/69; OLG Frankfurt, Rpfleger 78, 380; 381). Es muß jedoch ein Aufteilungsplan (§ 7) vorliegen. Auch dann besteht juristisch **echtes WE** als Vollrecht mit Anspruch auf plangemäße Errichtung als gegenseitiges Anwartschaftsrecht (OLG Frankfurt, Rpfleger 78, 381; WEer kann auch die Herstellung selbst übernehmen; BayObLG, DNotZ 73, 611; MDR 80, 142; OLG Hamm, DerWEer 88, 27). Eine Vereinbarung der Aufhebung für den Fall der nicht frist- oder plangerechten Fertigstellung ist ausgeschlossen. Bedingungsfeindlichkeit der WEs-Begründung. Wird nicht genau nach Plan errichtet, ist Berichtigung der Begründungsurkunde mit verändertem Aufteilungsplan erforderlich, und zwar einstimmig; nötigenfalls Bruchteilsverschiebungen (dazu Tasche, DNotZ 72, 710). Zwangsversteigerung während des Baues aus Gesamthaft: Vorbeugung gegen Schäden der Gläubiger durch Auszahlung der Mittel nur nach Bauabschnitten (s. o. § 2 Rz. 9). Bei Gesamtausgebot kann Erwerber WEs-Rechte aufheben. Bei Einzelausgebot treten die einzelnen Erwerber in die bereits verdinglichten Verpflichtungen der GemO und in die WEer-Rechte und -Pflichten ein. Empfehlenswert ist die Aufnahme der Finanzierungsverpflichtungen und der Verpflichtung zum Beitrag zum Aufbau des Gesamtgebäudes in den Inhalt des SEs gemäß § 10 Abs. 2.

Falsche Darstellung des SEs im Aufteilungsplan macht das **12** Grundbuch unrichtig; es entsteht kein SE (BayObLG, NJW 73, 1086; NJW 74, 152), sondern GemE. Es ist eine Änderung des Planes notwendig. Bei faktischen Abweichungen vom Aufteilungsplan kann u. U. gem. § 242 BGB auch eine analoge Anwendung der §§ 912ff. BGB in Betracht kommen (OLG Celle, OLGZ 81, 106). Zur Unrichtigkeit lediglich der Einzelausgestaltung des Gebäudes s. § 7 Rz. 32. Beschreibung der SEs-Räume samt Bauzeichnung (§ 7 Abs. 4) ist amtliches Verzeichnis im Sinne des § 2

GBO. Zur Frage von Mängeln bei der Begründung s. *Gaberdiel,* NJW 72, 847.

Verstößt die Begründung von SE an einem Gebäudeteil gegen zwingende gesetzliche Vorschriften und ist daher unwirksam, so kann ein isolierter MEsanteil – der übrigens nicht rechtsgeschäftlich begründet werden kann – kraft Gesetzes entstehen (BGH NJW 90, 447).

13 Vollständige **Aufteilung** des Gesamtgebäudes in SEs-Räume ist nicht nur nicht notwendig, sondern auch nicht möglich; gemeinschaftliches Eigentum bleibt (§ 1 Abs. 5). Auch Verbindung mehrerer abgeschlossener Wohnungen oder sonstiger Räume mit einem MEs-Anteil ist möglich. Keine Höchst- oder Mindestzahl von WEern in einem Gebäude, auch nicht als Voraussetzung für Verwaltung.

14 Die Freiheit von **Belastungen** des aufzuteilenden Grundstückes ist ebenfalls nicht Voraussetzung. Zur Zustimmungsbedürftigkeit siehe oben § 1 Rz. 21 u. OLG Frankfurt/Main, NJW 59, 1977; danach ist zur Eintragung des WEs nicht die Zustimmung derjenigen erforderlich, für die DWRe am Grundstück eingetragen sind. Zur Vereinbarung von Veräußerungsbeschränkungen siehe § 12 Rz. 4ff.

15 Ein angemessenes **Verhältnis** der MEs-Bruchteile zum Wert des eingeräumten SEs ist nicht erforderlich (s. Einleitung Rz. 14 u. § 1 Rz. 2) und BayObLG, DerWEer 81, 27. Es besteht keine Vermutung der Gleichheit der Bruchteile (§ 742 BGB).

16 Zur **Änderung** des MEs-Anteile bei WE vgl. *Henke,* NJW 58, 897, BayObLG, NJW 58, 2116, BGH, Rpfleger 76, 352 und BayObLG, Rpfleger 76, 403; DerWEer 83, 94.

17 Zur Verpflichtung jedes WEers zum Beitrag zu den Finanzierungskosten entsprechend ursprünglicher Vereinbarung und etwaiger Beschlüsse der WEer-Gemeinschaft s. bejahend BayObLG, BReg. 2 Z 125/59 v. 6. 11. 1959.

18 5. *Abgeschlossenheit:* Sollvorschrift. Dazu die allg. Verwaltungsvorschrift für die Ausstellung von Bescheinigungen gemäß § 7 Abs. 4 Nr. 2 und § 32 Abs. 2 Nr. 2 des WEG im Anhang I 1. **Abgeschlossen** sind Wohnungen, wenn sie baulich von fremden Wohnungen und Räumen abgeschlossen sind. Die bisherigen zusätzlichen Anforderungen an die Abgeschlossenheit, wonach bei der Aufteilung bereits errichteter Gebäude bezüglich der Anforderungen an Schall-, Wärme- und Brandschutz bei Wohnungstrennwänden und Decken diese den vom Bauordnungsrecht des jeweiligen Bundeslandes aufgestellten DIN-Vorschriften (DIN 4109,

4108 und 4102) entsprechen müssen, wurden durch Beschluß des Gemeinsamen Senates der obersten Gerichtshöfe des Bundes vom 30. Juni 1992 (GmS-OGB 1/91) für unzulässig erklärt. Für die Frage, ob Wohnungen im Sinne des § 3 abgeschlossen sind, kommt es nunmehr allein darauf an, daß die betreffenden Wohnungen einen eigenen abschließbaren Zugang unmittelbar von Freien, von einem Treppenhaus oder einem Vorraum haben (vgl. Beschluß des Gemeinsamen Senates der Obersten Gerichtshöfe des Bundes vom 30. Juni 1992 (GmS-OGB 1/91). Zusätzliche Räume außerhalb des Wohnungsabschlusses können dazu gehören.

Der durch das G. zur Beseitigung von Hemmnissen bei der Privatisierung von Unternehmen und zur Förderung von Investitionen vom 22. 3. 91 (BGBl. I S. 766) neu eingeführte **Abs. 3** hat zum Ziel, die Entstehung von Wohnungseigentum in den neuen Bundesländern nicht deswegen scheitern zu lassen, weil die Wohnungen oder sonstigen Räume nicht den Anforderungen eines zeitgemäßen Wärme-, Brand- und Schallschutzes entsprechen. Mittlerweile ist durch die genannte Rspr. des Gemeinsamen Senats diese Rechtslage auf das gesamte Bundesgebiet erstreckt worden. Damit hat die Regelung des Abs. 3 deklaratorischen Charakter. Sie bleibt für den Fall (in den alten Bundesländern) relevant, daß die Rechtsprechung sich wieder änderte. Die Mehrheit des Bundestags war aus wohnungswirtschaftlichen und politischen Gründen bereit, das unterschiedliche Recht in der BRD in Kauf zu nehmen (BT-Drucks 12/449). Im übrigen tritt es mit Ablauf des 31. 12. 96 außer Kraft. Wasserversorgung, Ausguß und Toilette müssen innerhalb der Wohnung liegen (s. Allg. VV, Nr. 5a im Anh. I 1; *Röll,* Rpfleger 83, 380); BayObLG, MittBayNot 84, 184 = MDR 84, 849). Mitbenutzungsmöglichkeit genügt nicht (ebenda). Eine Küche ist unverzichtbar. Eigene Zähler und Meßvorrichtungen sind nicht erforderlich. Zum Begriff der Wohnung i. S. der §§ 21 Abs. 2, 21a Abs. 1 EStG s. BFH v. 7. 12. 82 – VIII R 166/80: Raum oder Zusammenfassung von Räumen, in der die Führung eines selbständigen Haushalts möglich ist; dazu gehört eine Küche oder Kochgelegenheit. Letzteres ist auch dann gegeben, wenn lediglich die Anschlüsse vorhanden sind (BGH, NJW 81, 1064). Das **GBA** kann die Voraussetzung der Abgeschlossenheit an Hand des Aufteilungsplans prüfen (keine Bindung durch die Baubehörde, BayObLG, MittBayNot 71, 169 m. Anm. *Reuss* = BayObLGZ 71, 102, 246 = DNotZ 71, 473 = ZMR 71, 378; a. A. LG Frankfurt/ M., NJW 71, 760; dazu unten § 7 Rz. 37 ff.).

Auch mehrere Zugänge von Treppe oder gemeinschaftlichem Flur sind möglich.

19 Wesentlich sind organische Einheit und Zugänglichkeit von gemeinschaftlichen Teilen. Die Verwendung der Räume muß der vereinbarten oder aus den Umständen sich ergebenden Zweckbestimmung des Gesamtgebäudes entsprechen. Daher ist in reinem Wohngebäude kein Gewerbebetrieb zulässig (im einzelnen s. u. § 13 Rz. 5). Zur Abgeschlossenheitsbescheinigung für Hotelzimmer und -appartements s. OVG Lüneburg, BLGBW 84, 127 m. Anm. *Kahlen.*

Zur **Unterteilung** bestehenden WEs in neue selbständige Raumeinheiten vgl. § 8 Rz. 16.

III. Einräumungsvertrag

20 Er soll jedem MEer Alleineigentum an gewissen Räumen nach Maßgabe des § 5 u. § 1 Abs. 2 verschaffen. Es ist eine Verfügung wegen inhaltlicher Änderung des MEs.

21 1. *Form:* Zunächst schuldrechtlicher Vertrag. Darauf dingliches Geschäft der Bestellung des WEs selbst und die Eintragung im Grundbuch. Näheres bei § 4.

22 2. *Abschlußmängel:* Nichtigkeit bzw. Vernichtbarkeit kann nicht Rückwirkung ex tunc haben, ähnlich neuerer Auffassung zum Gesellschaftsrecht (so auch *Riebandt/Korfmacher,* GemWoW 51, 386, u. *Diester,* § 3 Anm. 18a). Nichtigkeit bzw. Vernichtbarkeit treten überhaupt nicht ein, sondern nur eine Ausscheidung des Beteiligten, in dessen Person der Grund eingetreten ist oder gegeben war. Näheres Einleitung Rz. 12.

23 3. *Ausgestaltung der Verträge:*

a) *GemO:* Die GemO muß nicht gleichzeitig mit Begründung des WE vereinbart werden. Dann gilt das Gesetz, §§ 10 ff. Bei geringer Zahl von WEer-Rechten ist eine differenziert ausgestaltete Ordnung nicht unbedingt erforderlich. Im übrigen ist aber größter Wert auf die Kautelargestaltung zu legen. Dies auch schon bei Teilung im eigenen Besitz nach § 8, da die GemO bei Veräußerung für die Erwerber verbindlich ist.

24 b) *Schuldrechtliche Verträge beim Erwerb:* Veräußert der Verkäufer von WE vor Anlegung der Ws-Grundbücher eine Teilfläche des verkauften gemeinschaftlichen Grundstücks an einen Dritten, so sichert die **Auflassungsvormerkung** den Anspruch auf Verschaffung von ME an der veräußerten Fläche (BayObLG, ZMR 77, 82). Zu den Voraussetzungen einer Vormerkung bei errichtetem Gebäude s. BayObLGZ 88, Nr. 28 = Rpfleger 77, 300. Für den Fall einer erbvertraglichen Verpflichtung des WEers zur Auflassung

Vertragliche Einräumung von Sondereigentum **25, 26** § 3

vgl. BayObLG, Rpfleger 78, 442 = MittBayNot 78, 208. Der Anspruch auf Übereignung wird gem. § 24 KO durch eine Erfüllungsablehnung des **Konkursverwalters** nach § 27 KO auch dann nicht berührt, wenn der zugrunde liegende Vertrag zugleich auf die Erstellung des Bauwerks gerichtet ist (BGH, DNotZ 81, 556). Die Käuferin und Besitzerin eines WEs, zu deren Gunsten seit 14 Jahren eine Auflassungsvormerkung eingetragen ist, kann sich gegenüber der WEer-Gemeinschaft nicht darauf berufen, der Kaufvertrag sei unwirksam wegen fehlender Genehmigung der Wohnungsbauförderungsanstalt (OLG Köln, MDR 81, 408).

Empfehlenswert ist, Verpflichtungen über Finanzierung und Aufbau aufzunehmen. Einschaltung eines Bauträgers, auch wenn die WEer selbst schon grundbuchmäßige Eigentümer sind (als Miteigentümer), ist ggfs. zweckmäßig, aber nicht erforderlich. Zur Sicherung der Erwerber von WE hinsichtlich des Kaufpreises s. *Pleyer/Schleiffer*, WM Nr. 30/1972, Sonderbeilage Nr. 2/72. Auflassungsvormerkung, Zahlung auf Anderkonten, sollten selbstverständlich sein, ebenfalls Vermeidung von Globalbelastungen. Die **Makler- u. Bauträger-VO** (MaBV) ist ggfs. anzuwenden. Sie sieht besondere Sicherungspflichten für Bauträger vor. Nach § 3 Abs. 1 MaBV darf der Bauträger erst dann Vermögenswerte annehmen, wenn ein formgerechter Vertrag nachgewiesen ist und ein Eigentumsverschaffungsanspruch durch Vormerkung an einem **begründeten** Ws- oder TE gesichert ist (dazu *Wilhelmi*, Betr 92, 1815). Im einzelnen s. Anh. III 5. Zur Rechtsprechung des BGH zum Eigenheimbewerbervertrag vgl. *Mattern*, WM 72, 670. Zur Wirksamkeit von **Freizeichnungsklauseln** s. *Walnitz*, NJW 72, 1397, BGH, NJW 74, 1135; 79, 1406 = BlGBW 80, 69; 71 und *Löwe*, NJW 74, 1108. Allgemein zur Vertragsgestaltung *Knöchlein/Friedrich*, MittBayNot 71, 129. Zum **Rücktrittsrecht** s. § 18 Rz. 22. Zum Ganzen auch *Brych*, NJW 73, 1587 und *Jagenburg*, NJW 73, 1728 sowie BGH, JZ 73, 735 m. Anm. *Weitnauer*. 25

Zur **Rechtsnatur** des Vertrags über ein Kaufeigenheim s. BGH, MDR 73, 665. Vertrag kann Kauf- oder Werk(lieferungs)vertrag sein (BGH, BB 74, 15). Auch wenn nur noch geringfügige Restarbeiten durchzuführen sind, wendet der BGH (NJW 79, 1406 = BlGBW 80, 69; 71) **Werkvertragsrecht** an mit der Folge fünfjähriger Gewährleistung. Zur Frage des Verfalls einer Anzahlung nach der Vereinbarung im Kaufvertrag siehe BGH, NJW 74, 849. Dort auch zur Rechtsnatur sog. **Formularverträge** (vgl. insbesondere auch BGH, NJW 74, 1135 = DNotZ 74, 558 und *Ohmen*, DNotZ 75, 344 zur Haftungsfreizeichnung und Aufklärungspflicht des Verkäufers hinsichtlich Dauerbelastung). Wird beim Verkauf einer 26

§ 3 27–29 I. Teil. Wohnungseigentum

EW zugesichert, daß sie termingerecht bezugsfertig sei, ist damit i. allg. nicht die Übernahme einer Gewähr verbunden. Somit kein Schadensersatz bei Verzögerung (OLG Hamm, ZGemWoW i. B. 81, 534). Dies gilt auch für die vertragswidrige Verzögerung von Handwerksarbeiten für einen Zeitraum von 12 Tagen (OLG Düsseldorf, MDR 81, 495).

27 Architektenvertrag, Bauverträge, Bauverpflichtungs-, Treuhand- und Finanzierungsverträge bleiben unberührt. Zur **Verjährung** des Anspruchs auf Erstattung der Zwischenfinanzierungskosten (2 Jahre) s. BGH, NJW 78, 39, zur Verjährung des Werklohnanspruchs eines Bauhandwerkers s. BGH, NJW 81, H. 11, VI. Vom **Schadensersatz** bei verspäteter Fertigstellung der EW handelt BGH, NJW 78, 1805 = DWEer 78, 121. Folge der Verträge nach § 3: Grundstückserwerbsvertrag in der Form des MEs der künftigen WEer; Begründung des WEs nach § 3; ggf. GemO nach §§ 10ff.; ggf. Vertrag mit eingeschaltetem Bauträger. Selbständig daneben die Bauverträge und die Darlehensverträge, ebenso Verwaltervertrag (Dienstvertrag). Zu den Rechtsbeziehungen zwischen Bauträger, Handwerker und Wohnungserwerber s. BGH, NJW 77, 294 und LG Arnsberg, NJW 78, 1588; s. a. *Locher/Koeble,* Baubetreuungs- und Bauträgerrecht, 4. Aufl. 1985.

28 Bei Bauträgen über die Errichtung eines Hauses mit Eigentumswohnungen, durch welche die künftigen Wohnungseigentümer die Bauarbeiten im eigenen Namen vergeben, wird in der Regel anzunehmen sein, daß die Wohnungseigentümer nicht als Gesamtschuldner, sondern nur **anteilig verpflichtet** werden (so BGH, NJW 59, 2160 und NJW 79, 2101 = Rpfleger 79, 377 = DB 79, 1887; ebenso für Bauherren, vertreten durch den Baubetreuer, BGH, ZMR 80, 340). Dies gilt nach OLG Frankfurt, NJW 74, 62 auch für den Anspruch des Bauhandwerkers für Leistungen auf Einräumung einer **Sicherungshypothek:** also nur in Höhe der für die bestimmte EW erbrachten Leistungen (kritisch dazu *Schmalzl* in Anm. a. a. O.; dazu unten § 16 Rz. 59 und *Bärmann/Seuß,* T. A II, 125, 130, T. B I 2a sowie *Locher,* Privates Baurecht, 4. A. 1988, § 8 II). Zur Abgrenzung von Baubetreuer und Bauträger s. BGH v. 20. 11. 80 – VII ZR 289/79: Baubetreuer verpflichtet den Betreuten unmittelbar; der Bauträger wird im eigenen Namen für eigene oder fremde Rechnung tätig.

29 4. *Wesen der Einräumung:* SE ist Rechtsbeschränkung der anderen MEer. Abstrakter Vertrag, unabhängig vom Kausalgeschäft, § 873 BGB; bindende Wirkung im Sinne von Abs. 2. Bedingungsfeindlich (§ 4 Abs. 2).

Kein Vertrag zugunsten Dritter.
Auch Inhaltsänderungen des WEs erfolgen nur nach § 873, z. B. Auswechselung von Räumen von einem SE in ein anderes (§ 4 zu beachten), ebenso Erweiterung des räumlichen Umfangs der SEs-Räume wie Veränderungen des MEs-Anteile bei unverändert bleibendem SE (BayObLG, NJW 58, 2116). Zur Übertragung von Sondernutzungsrechten innerhalb der Gemeinschaft s. u. § 15 Rz. 9 ff. und Rz. 15, 21 f. vor § 10.

5. *Einräumung durch letztwillige Verfügung:* s. § 2 Rz. 2.

6. *Buchersitzung:* § 900 BGB anwendbar, wenn WE schon gebildet; a. A. auch für den Fall des unwirksamen WEs *Soergel-Baur,* § 3 Rdnr. 4. Grundsätzlich ist das allgemeine Eigentumsrecht anwendbar. Auch Erwerb im Aufgebotsverfahren mit Ausschlußurteil nach § 927 BGB ist denkbar.
Aufgabe des WEs bzw. TEs nach § 928 BGB ist möglich, aber nicht Aufgabe einzelner Räume oder des Anteils an den gemeinschaftlichen Sachen und Einrichtungen.

IV. Wirkung

1. *Beschränkung des ME:* es ist nicht Belastung. Auch nicht Veräußerung i. S. d. § 1 WohnGebBefrG (BayObLG, DNotZ 82, 750 = MittBayNot 81, 210). Damit auch keine (erste) Weiterveräußerung (BayObLG, DerWEer 82, 104).

2. *Rangverhältnisse:* Es ergeben sich keine Fragen der Rangordnung zwischen ME und SE. Dingliche Rechte am Grundstück bleiben unverändert an den WEs-Rechten bestehen.

3. *Anwartschaft:* Sofern eine Bestellung im Sinne des § 873 Abs. 2 BGB erfolgt ist, besteht bereits eine Bindung und damit antizipierte Wirkungen des Vollrechts, insbes. Entstehung der Gemeinschaft i. S. des WEG, Unauflösbarkeit (§ 11) und Untrennbarkeit (§ 6).
Rspr. und Lehre haben im Bemühen, den Zeitraum bis zum Erwerb des Vollrechts rechtlich auszufüllen, den Begriff der **„werdenden Gemeinschaft"** geprägt, entsprechend beim späteren Einzeleintritt in eine bestehende Gemeinschaft den des „werdenden Eigentümers" (vgl. *Bärmann,* PIG 22, 219 ff.; *Bärmann-Pick,* § 3 Rz. 84). Die Frage betrifft die Anwendung der §§ 10–29, insbesondere Stimmrecht und Haftung sowie die Anwendbarkeit der §§ 43 ff. (dazu *Röll,* NJW 89, 1070, dem allerdings nicht darin zu folgen ist, daß die Rspr. des BGH zum Ende der faktischen Gemeinschaft führe; ablehnend zur Anwendung der §§ 43 ff. KG, DerWEer 86, 124 = NJW-RR 86, 1274 = MDR 86, 761 = ZMR

86, 295 = WuM 86, 357; DerWEer 87, 97, s. Vor 43 Rz. 2). U. U. folgt daraus auch eine Pflicht zur Mitwirkung bei der Fertigstellung (vgl. § 22 Rz. 49f.).

34   4. *Angleichung der Gemeinschaft* (§§ 741 ff. BGB, §§ 10ff.) an die Gesamthandsformen, insbesondere BGB-Gesellschaft erscheint denkbar und zulässig.

35   5. *Gutglaubensschutz:* §§ 892ff. BGB sind anwendbar auf Einräumung des SEs nach § 3. Es besteht aber Zweifel, ob ein schutzfähiges Verkehrsgeschäft vorliegt, jedoch zu bejahen.

Guter Glaube an Nichtbestehen von Versammlungsbeschlüssen und richterlichen Entscheidungen, die nach § 10 Abs. 3 dingl. Wirkung erlangen, wird nicht geschützt.

Verkehrsschutz nach § 893 BGB.

36   6. *Öffentliche Aufforderung:* Zum Bau eines Gebäudes in WE. Grundsätze über Angebot anwendbar, Bindung im allgemeinen zu verneinen.

V. Internationales Privatrecht

37   Entscheidend ist das Recht der belegenen Sache (Art. 11 Abs. 2 EGBGB). Die Beurkundung findet statt vor deutscher Urkundsperson. Für die Geschäftsfähigkeit gilt das Heimatrecht (Art. 7 EGBGB). Grundpfandrechte und WE richten sich nach Sachstatut. Für die Forderung gilt das Schuldstatut. Im Zweifel Schuldstatut der Forderung, auch gegen Sachstatut gültig (zum WE im Ausland siehe *Bärmann-Pick,* § 3 Rz. 93, 94).

VI. Kosten und Gebühren

38   Siehe § 62.

VII. Grunderwerbsteuer

39   Siehe § 62.

§ 4 Formvorschriften

(1) **Zur Einräumung und zur Aufhebung des Sondereigentums ist die Einigung der Beteiligten über den Eintritt der Rechtsänderung und die Eintragung in das Grundbuch erforderlich.**

(2) **Die Einigung bedarf der für die Auflassung vorgeschriebenen Form. Sondereigentum kann nicht unter einer**

Formvorschriften 1–5 **§ 4**

Bedingung oder Zeitbestimmung eingeräumt oder aufgehoben werden.

(3) Für einen Vertrag, durch den sich ein Teil verpflichtet, Sondereigentum einzuräumen, zu erwerben oder aufzuheben, gilt § 313 des Bürgerlichen Gesetzbuchs entsprechend.

I. Sinn und Zweck der Vorschrift

Die Vorschrift stellt an die Einräumung und Aufhebung von 1 Sondereigentum besondere Formvoraussetzungen, unter denen die dingliche Rechtsänderung möglich ist (vgl. die amtlich nicht veröffentlichte Begründung zu dem Regierungsentwurf des WEG: BR-Drucks. 75/51). Es wurde beabsichtigt, für diese Rechtsänderung die für eine Eigentumsübertragung an Grundstücken geltenden Vorschriften für anwendbar zu erklären (a. a. O.).

II. Einzelheiten

1. *Anlehnung an § 873 Abs. 1 BGB:* Einigung der Beteiligten und 1a Eintragung (Abs. 1). Einigung ist rechtstechnisch als **Auflassung** erklärt (Abs. 2). Gleichzeitige Anwesenheit beider Teile vor der zuständigen Stelle (§ 925 BGB) ist erforderlich.

§ 4 betrifft nur den Fall, daß ME bereits besteht und nur dieses 2 ME mit SE verbunden werden soll. Für die Errichtung von ME gilt allgemeines Recht.

Für Einräumung und Aufhebung des SEs wird nicht einfach auf §§ 873, 925 BGB verwiesen, § 4 gibt vielmehr den wesentlichen Inhalt der Vorschriften in Anpassung an die besondere Lage wieder.

Abs. 2 Satz 1 verweist auf Auflassungsform (§ 925). Nur auf die 3 Form ist verwiesen. Daraus entsteht die Frage, ob nur sogenanntes formelles Konsensprinzip oder materielles Konsensprinzip für das Grundbuchamt gilt (dazu *Bärmann-Pick,* § 4 Rz. 7). Der Verweis auf die Form für Auflassung umfaßt auch formelles Grundbuchrecht.

Auflassungsform gilt nur für Einräumung und Aufhebung, 4 nicht für Inhaltsänderung des SEs, wohl aber bei Aufteilung von gemeinschaftlichen Teilen zu SE oder umgekehrt bzw. zu abgesondertem GemE. Zur Identität eines WEs s. BayObLG, MittBayNot 84, 183.

2. *Einigung und Eintragung:* Letztere ist auch wirksam, wenn die 5 Einigung erst nachfolgt. Einzelnes WE entsteht erst, wenn sämtliche WEs-Rechte bestellt und eingetragen sind. Die Eintragung ist

jedoch nur geschlossen möglich. Sonst Fall des Amtswiderspruchs nach § 53 Abs. 1 Satz 1 GBO. Es ist aber gutgläubiger Erwerb am einzelnen eingetragenen WE möglich.

6 3. *Für Auflassung:* §§ 925, 925a BGB; zulässig nach Inkrafttreten des Beurkundungsgesetzes v. 28. 8. 69 (BGBl. I S. 1513) grundsätzlich nur vor Notar und in gerichtlichen Vergleichen.

Rechtfertigung der Auflassungsform: Wichtigkeit der Aufklärung und der kautelaren Formulierung.

Nur von Einräumung oder Aufhebung des SEs wird in Abs. 1 gesprochen, nicht von Inhaltsänderung. Nachträgliche Inhaltsänderung des SEs (i. S. des § 10 Abs. 2) bedürfte danach nicht der Auflassungsform, es sei denn, daß SEs-Räume verschoben oder MEs-Anteile geändert werden. § 29 GBO ist allerdings zu beachten.

Für Prozeßvergleich nach § 925 Abs. 1 S. 3 BGB s. § 159 ZPO. Mit einer Zwischenverfügung darf nicht aufgegeben werden, eine Auflassung nachzuholen (BayObLG, DerWEer 85, 126/LS).

7 Teilt sich eine BGB-Gesellschaft, der mehrere WEs-Rechte gehören, in personengleiche Gesellschaften in der Weise auf, daß jeder neuen Gesellschaft ein WE zugewiesen wird, so bedarf es der Auflassung; für eine GB-Berichtigung ist kein Raum (BayObLG, BWNotZ 81, 63). Zur Formbedürftigkeit einer Auflassungsvollmacht (Generalvollmacht), in der der die Auflassung erklärende Erwerber von den Beschränkungen des § 181 BGB befreit ist, s. BayObLG, DNotZ 81, 567.

8 Schließt der **Bevollmächtigte** für den Vollmachtgeber einen Vertrag auf Erwerb von WE, kann die Berücksichtigung aller Auslegungsumstände zum Ergebnis führen, daß unterschiedliche Bruchteilsangaben zum ME in der Vollmacht und im Erwerbsvertrag die Gültigkeit des Rechtsgeschäfts und die grundbuchrechtlich erforderliche Form nicht in Zweifel ziehen (OLG Köln, Rpfleger 81, 440 = MittRhNotK 81, 186).

9 4. *Formvorschrift für den schuldrechtlichen Vertrag:* § 4 **Abs. 3** verweist auf § 313 BGB. Der ganze Vertrag muß formgerecht sein, Antrag, Annahme und alle Einzelbestimmungen. Nach LG München, WM 60, 954 gilt das Formerfordernis auch für einen Vertrag, durch den sich ein Bauunternehmer verpflichtet, Grundstücke für eigene Rechnung zu kaufen und das bebaute Grundstück Bewerbern in Form von WE zu überlassen; es gilt für alle Formen von **Vorverträgen** (Anwartschaftsverträgen), OLG Hamm, DNotZ 71, 363, die Verpfl. zur Eigentumsverschaffung beinhalten (BGHZ 12, 303; BGH, WM 71, 1202; MittBayNot 71, 309; NJW 72, 1189).

Formvorschriften 10–12 § 4

Zur Formbedürftigkeit eines Vertrags, durch den ein Grundstückskaufvertrag aufgehoben werden soll s. BGH, NJW 82, 1639, zur Beurkundungspflicht eines „Bauwerkvertrags" über ein Fertighaus vgl. OLG Hamm, MDR 81, 931. Dagegen besteht keine Formbedürftigkeit eines Vertrags, wenn jemand einer KG beitritt, deren Zweck es ist, ihren Gesellschaftern WE zu verschaffen (BGH, NJW 78, 2504 = DNotZ 78, 422). Nur ausnahmsweise ist die Berufung auf einen **Formmangel** rechtsmißbräuchlich (BGH, NJW 79, 2157; BauR 81, 282). Auch die Teilungserklärung unterliegt, wenn sie die im Vertrag selbst geregelten Pflichten erweitert und zudem über die gesetzlich vorgeschriebene Ausgestaltung der Rechtsbeziehungen der WEer hinausgeht, der für das Veräußerungsgeschäft geltenden Beurkundungspflicht (BGH, ZMR 80, 313 = NJW 79, 1498; DNotZ 84, 208).

Zur Übertragung des Erbbaurechtsanteils s. BGH, MittBayNot 84, 21. Wird beim Kauf eines erst noch zu bildenden WEs die Erstellung der Teilungserklärung mit wesentlichen Regelungspunkten dem Ermessen des Veräußerers nach § 315 BGB überlassen, so genügt der Kaufvertrag nicht den Anforderungen des § 313 BGB (OLG Düsseldorf, DNotZ 81, 743). **10**

Zur **Beurkundung**: § 128 BGB, § 167 FGG. Zur Belehrungspflicht des Notars gegenüber dem Käufer einer EW s. OLG Düsseldorf, MDR 77, 588, gegenüber Käufern eines Grundstücks mit steckengebliebenem Bauvorhaben OLG Düsseldorf, VersR 80, 1049; zur Belehrung in steuerlicher und wirtschaftlicher Hinsicht *Kapp*, BB 80, 1815 und OLG Düsseldorf, DNotZ 81, 138. Der Notar muß auf den billigeren Weg bei verschiedenen Gestaltungsmöglichkeiten mit der gleichen Sicherheit und Zweckmäßigkeit hinweisen (OLG Saarbrücken, DNotZ 82, 451 m. Anm. *Appell*). Über Inhalt und Grenzen der Pflicht des Notars zur Beratung und Belehrung über wirtschaftliche Gefahren s. OLG Düsseldorf, VersR 81, 83. Beurkundet der Notar nur ein Angebot zum Abschluß eines Grundstückskaufvertrags, so ist er grundsätzlich nicht verpflichtet, den Adressaten des Angebots über Risiken der Vertragsgestaltung zu belehren. Diese Pflicht obliegt dem die Annahme beurkundenden Notar (BGH, DNotZ 81, 773 = MittBayNot 81, 204). **11**

Aufgrund der Novellierung durch das „Gesetz zur Änderung des Bürgerlichen Gesetzbuches und anderer Gesetze" vom 30. Mai 1973 (BGBl. I S. 501) ist auch die **Verpflichtung zum Erwerb** von SE der Form des § 313 BGB unterstellt. Damit ist die vielfach erörterte Frage der Formbedürftigkeit von Erwerbsverpflichtungen durch den Gesetzgeber positiv entschieden worden. Zum da- **12**

§ 4 13–15   I. Teil. Wohnungseigentum

maligen Meinungsstreit s. *Bärmann-Pick,* 2. Aufl., § 4 Rz. 13. Zur Auslegung, wann ein Vor(vertrag) zustande gekommen ist, s. BGH, JR 73, 197 = BB 73, 308 = NJW 73, 517 = MDR 73, 394.

13   Durch das G. zur Änderung und Ergänzung beurkundungsrechtlicher Vorschriften v. 20. 2. 80 (BGBl. I S. 157) werden rückwirkend Verstöße gegen die §§ 9 Abs. 1 S. 2, 13 BeurkG geheilt (zur Verfassungsmäßigkeit BGH v. 19. 9. 80, MittBayNot 81, 38 und BayObLG, Rpfleger 81, 95 = NJW 81, 228 = MittBayNot 81, 40). Dies gilt auch, wenn auf Karten, Zeichnungen, Abbildungen oder Schriftstücke verwiesen worden ist und sich der Hauptinhalt der durch das Rechtsgeschäft zu begründenden Rechte und Pflichten in hinlänglich klaren Umrissen aus der Niederschrift ergibt. Im übrigen enthält das G. Änderungen der §§ 9 Abs. 1, 13, 37, 44 BeurkG und als neue Vorschrift § 13a BeurkG mit nunmehr eingeschränkter Beifügungs- und Verlesungspflicht des Notars, wenn es sich um andere notarielle Niederschriften oder öffentliche Urkunden handelt (zur früheren Rechtslage s. BGH, NJW 78, 102; 79, 1496; 1498; 2158; und die 10. Aufl.). Bei bereits vollzogener Eintragung im GB genügt regelmäßig ein Hinweis (z.B. bez. der Teilungserklärung bzw. GemO; vgl. *Röll,* MittBayNot 80, 1). Mitbeurkundung ist allerdings zu empfehlen! Zu Einzelheiten weiter *Lichtenberger,* NJW 80, 864; *Winkler,* Rpfleger 80, 169 und *Röll,* MittBayNot 80, 1. Zur Niederschrift i. S. von § 1 Abs. 1 S. 2 BeurkG vgl. BGH, MittBayNot 81, 38. Zum Problem zusammengesetzter Verträge (Kaufvertrag u. Bauwerksvertrag) und ihrer Aufspaltung s. OLG Hamm, MittRhNotK 81, 105. Bauherrenvollmacht und der dieser zugrundeliegende Treuhandvertrag bilden eine Einheit, die insgesamt nach § 313 BGB beurkundungspflichtig ist (LG Aachen, MittRhNotK 81, 242).

14   5. *Behördliche Genehmigungen für Grundstücksverfügungen:* Einräumung des WEs ist nicht Verfügungshandlung in diesem Sinne. Auch gesetzliche Vorkaufsrechte sind hier nicht anwendbar (s. o. § 1 Rz. 22).

Keine Grunderwerbsteuerpflicht für Einräumung, außer etwa bei Änderung der MEs-Anteile. Keine Unbedenklichkeitsbescheinigung des Finanzamts.

15   6. *Vormundschaftsgerichtliche Genehmigung:* Juristisch erscheint deren Notwendigkeit zweifelhaft. Da aber Benachteiligungen eines MEers denkbar sind, muß aus wirtschaftlichen Erwägungen die Genehmigungspflichtigkeit angenommen werden (s. a. o. § 1 Rz. 14).

7. *Zustimmung dinglich Berechtigter:* siehe § 1 Rz. 21, § 3 Rz. 14.

8. *Eintragung:* Siehe § 7.

9. *Für Aufhebung des SEs* gilt gleiches wie für Einräumung. Zunächst tritt gewöhnliches ME nach § 1008 BGB ein. Zur Aufhebung ist die Zustimmung sämtlicher WEer in der Form des § 4 erforderlich (§§ 873, 925, 925a BGB sind zu beachten).

Auch eine Aufhebung des Charakters gemeinschaftlichen Eigentums und Überführung in SE wie umgekehrt bedürfen der Form des § 4. Ebenso Änderung der MEs-Anteile. Gegebenenfalls ist eine entspr. Änderung der Wertbestimmungen, insbesondere für Lasten- und Kostentragung notwendig, wie auch der daraus sich ergebenden Stimmrechte. Zur Änderung v. MEs-Anteilen vgl. BayObLG, NJW 58, 2116; Der WEer 83, 94: keine Anwendbarkeit des § 20 GBO, sondern des § 19 GBO; *Henke,* NJW 58, 897.

10. *Auflassungsverordnungen,* nun § 925a BGB, gleichfalls zu beachten, damit auch § 313 BGB. Str., a.A. *Pritsch,* § 4 Anm. 6a m.w. Nachweisen und *Weitnauer,* § 4 Rdnr. 5.

11. *Beendigungs- und Befristungsfeindlichkeit* (Abs. 2) entsprechend § 925 Abs. 2 BGB (BayObLG, Rpfleger 80, 110). Eine Ausnahme besteht für sogenannte Rechtsbedingungen (*Jauernig* u.a., BGB, 1984, § 925 Anm. 2c).

12. *Bindung an die Erklärungen* gemäß § 873 Abs. 2 BGB.

13. *WohnungserbbR* endet mit *ErbbR,* nicht bei Heimfall.

14. *Vormerkung des Anspruches* auf Einräumung von SE nach § 883 BGB an Grundstück ist möglich. Zu den Voraussetzungen, mindestens Lage- und Aufteilungsplan, s. OLG Stuttgart, MittBayNot 71, 245 = BWNotZ 71, 25 und BayObLG MDR 74, 669 = DNotZ 75, 36. Dazu auch OLG Frankfurt/M., DNotZ 72, 180: Grundstück braucht noch nicht geteilt zu sein (BayObLGZ 77, Nr. 28 = Rpfleger 77, 300; OLG Düsseldorf, ZMR 81, 248). Zu den Anforderungen an die Bezeichnung der berechtigten WEer siehe BayObLG, MittBayNot 75, 93; ZMR 77, 340. Ein Anspruch auf Auflassung einer Teilfläche des Grundstücks ist an einem einzelnen Wsgrundbuch nicht vormerkungsfähig (BayObLG, MDR 74, 699 = DNotZ 75, 36). Auch der Miteigentumsanteil muß beim Erwerb von WE beziffert werden, um vormerkungsfähig zu sein (LG Hannover, Rpfleger 75, 284 m. krit. Anmerkung von *Schmedes*). Wie hier *Meyer-Stolte,* Rpfleger 77, 121 und LG Hamburg, Rpfleger 82, 272. S. auch oben § 3 Rz. 24 zur Wirkung der Vormerkung bei Veräußerung einer Teilfläche vor Anlegung der Ws-Grundbücher.

15. *Kosten* eines Erwerbsgeschäfts richten sich nach § 21 Abs. 2 KostO. Verpflichtung zur Beschaffung eines Grundstücks zur Be-

§ 5 1   I. Teil. Wohnungseigentum

gründung von WE ist dagegen vorausgehendes Erwerbsgeschäft i. S. von § 44 KostO (OLG Hamm, MittBayNot 70, 121).

§ 5 Gegenstand und Inhalt des Sondereigentums

(1) Gegenstand des Sondereigentums sind die gemäß § 3 Abs. 1 bestimmten Räume sowie die zu diesen Räumen gehörenden Bestandteile des Gebäudes, die verändert, beseitigt oder eingefügt werden können, ohne daß dadurch das gemeinschaftliche Eigentum oder ein auf Sondereigentum beruhendes Recht eines anderen Wohnungseigentümers über das nach § 14 zulässige Maß hinaus beeinträchtigt oder die äußere Gestaltung des Gebäudes verändert wird.

(2) Teile des Gebäudes, die für dessen Bestand oder Sicherheit erforderlich sind, sowie Anlagen und Einrichtungen, die dem gemeinschaftlichen Gebrauch der Wohnungseigentümer dienen, sind nicht Gegenstand des Sondereigentums, selbst wenn sie sich im Bereich der im Sondereigentum stehenden Räume befinden.

(3) Die Wohnungseigentümer können vereinbaren, daß Bestandteile des Gebäudes, die Gegenstand des Sondereigentums sein können, zum gemeinschaftlichen Eigentum gehören.

(4) Vereinbarungen über das Verhältnis der Wohnungseigentümer untereinander können nach den Vorschriften des 2. und 3. Abschnittes zum Inhalt des Sondereigentums gemacht werden.

I. Sinn und Zweck der Vorschrift

1   Die Regelung enthält in Abs. 1 und 2 die Vorschriften über den Gegenstand des Sondereigentums; in Abs. 1 wird dieser positiv und in Abs. 2 negativ umschrieben (vgl. die amtlich nicht veröffentlichte Begründung zu dem Regierungsentwurf des WEG: BR-Drucks. 75/51). Hinsichtlich des Inhalts des Sondereigentums enthält Abs. 4 einen Hinweis darauf, daß § 10 Abs. 2 die Möglichkeit vorsieht, wonach die Wohnungseigentümer Vereinbarungen über ihr Verhältnis untereinander zum Inhalt des Sondereigentums machen können. Der Regierungsentwurf verweist noch auf § 13, der die Rechte der WEer näher umschreibt (vgl. BR-Drucks. 75/51).

68

II. Gegenstand

1. *Wiederlegbare Vermutung für gemeinschaftliches Eigentum:* Nach **1a**
nichtamtlicher Begründung sind an Bestandteilen des Gebäudes zu
unterscheiden (vgl. *Bärmann/Pick/Merle,* Anh. I):
a) Bestandteile, die verändert, beseitigt oder eingefügt werden können, ohne daß dadurch das gemeinschaftliche Eigentum oder ein auf SE beruhendes Recht eines anderen WEers über das nach § 14 zulässige Maß hinaus beeinträchtigt oder die äußere Gestaltung des Gebäudes verändert wird **(Abs. 1)**.
b) Teile des Gebäudes, die für dessen Bestand oder Sicherheit erforderlich sind **(Abs. 2)**.
c) Alle jene Teile des Gebäudes, die entweder nicht zu den in SE stehenden Räumen gehören oder bei denen aus anderen Gründen die Voraussetzungen des Abs. 1 nicht gegeben sind.

Bestandteile der in b) und c) bezeichneten Art stehen im gemeinschaftlichen Eigentum, auch dann, wenn sie die in SE stehenden Räume umschließen. **2**

Daneben ist ein **abgesondertes ME** denkbar, z. B. an nicht tragenden Trennwänden zwischen zwei Wohnungen. Soweit dabei der Sinn des Abs. 2 nicht verletzt wird, könnten auch bauliche Veränderungen von den beiden Anliegern gemeinschaftlich an solchen nicht tragenden Zwischenwänden vorgenommen werden. Die Frage ist sehr streitig. Wie hier *Palandt-Bassenge,* § 5 Rn. 3, s. die dort angegebene Literatur; a. A. *Weitnauer,* § 3 Rdnr. 6a, § 5 Rdnr. 17 und OLG Düsseldorf, Rpfleger 75, 308. An einem Treppenhaus, das lediglich der Benutzung der in den Obergeschossen befindlichen Räumen dienen soll, kann nicht Mit-SE der WEer, denen das SE an diesen Räumen zusteht, begründet werden (BayObLG, MittBayNot 82, 26 = BayOblGZ 81, 407 = DNotZ 82, 246). **3**

Grundsätzlich spricht eine **gesetzliche Vermutung** für gemeinschaftliches Eigentum (so auch BayObLG, NJW 74, 152; Rpfleger 80, 435; MDR 82, 148); auf der anderen Seite besteht Dispositionsfreiheit über Bestimmung der Gegenstände des SEs wie des gemeinschaftlichen Eigentums, eingeschränkt lediglich durch § 5 Abs. 2, der zwingend ist (BayObLG, DerWEer 81, 27; OLG Bremen, DerWEer 87, 59). **4**

Der Vermutung des gemeinschaftlichen Eigentums erstreckt sich nur auf jene Teile, die bestimmt sind zum gemeinschaftlichen Gebrauch oder dazu dienen. Fehlt eine solche Bestimmung, so fehlt es an der Vermutung. **5**

Auch den gemeinschaftlichen Teilen können Bestandteile anwachsen.

§ 5 6–9   I. Teil. Wohnungseigentum

Die Vermutung des § 742 BGB (gleiche Anteile) scheidet aus.

6 Wichtig ist eine klare, Zweifel ausschließende **Abgrenzung** des SEs vom gemeinschaftlichen Eigentum, vor allem durch GemO und Aufteilungsplan (OLG Frankfurt, Rpfleger 80, 391; BayObLG, Rpfleger 80, 435). D. h. aus der Eintragung im Ws/TEs-GB und den dort zulässigerweise in Bezug genommenen Unterlagen (Teilungserklärung/Aufteilungsplan), BayObLG, Rpfleger 82, 21. Das BayObLG stellt klar, daß für die Abgrenzung von gemeinschaftlichem Eigentum und Sondereigentum allein die Grundbucheintragung in Verbindung mit den zulässigerweise in Bezug genommenen Eintragungsunterlagen (Teilungserklärung, Aufteilungsplan) maßgebend ist. An eine abweichende Rechtsauffassung der Beteiligten sind die Gerichte nicht gebunden (BayObLG, NJW-RR 91, 1356).

7 2. *Vereinbarungen über Gegenstände des SEs:* Sie sind formbedürftig gemäß § 4.

Auch ganze Wohnungen oder sonstige Räume, ebenso Nebenräume und Nebenanlagen, z. B. Garagen, Keller, Boden- und Speicherräume, können zu gemeinschaftlichem Eigentum erklärt werden. Ebenfalls nicht tragende Zwischenmauern zwischen zwei Appartements. Eine Grenze besteht nur nach Abs. 1 für die notwendigen Gegenstände des gemeinschaftlichen Eigentums. Die nachträgliche **Umwandlung** vom GemE in SE bedarf der Zustimmung aller WEer (BayObLG, NJW 74, 152).

8 3. *Gegenstände des SEs:* Grundsatz des § 93 BGB ist durchbrochen (so Wortlaut des § 3 u. hM; a. A. *Börner,* Festschrift für Dölle I, 201 ff.).

a) Charakterisierung als wesentliche Bestandteile des Gebäudes. Wenn es sich nicht um wesentliche Bestandteile im Sinn der §§ 93, 94 BGB handelt, folgt noch gar keine Anwendung des § 5, da sie sonderrechtsfähig sind.

Abs. 1 stellt für die Gegenstände des SEs ab auf die Vereinbarung gemäß § 3 Abs. 1 und die zugehörigen Bestandteile dieser Räume.

9 b) **Räume:** Zum Begriff s. oben § 3 Rz. 6.

Trag- und Stützmauern des Gebäudes können nicht Gegenstand des SEs sein. Der bloße Luftraum ist res extra commercium, soweit ummauert, allerdings SE als Raum (BayObLG, WEM 80, 31: innerhalb Balkons bzw. Loggia), einschließlich der Trennmauern innerhalb der Wohnung, die nicht Stützmauern sind, des Verputzes, Bodenbelages, Deckenverkleidung, Türen und anderem. Dazu kommen **Nebenräume,** wie Keller, Bodenräume, Garagen, Nebengebäude, Lagerhallen, Werkstätten oder Schwimmbad mit

Sauna (BGH, NJW 81, 455). Bei **selbständigen Gebäuden** auf demselben Grundstück kann WE bzw. TE an jedem der Gebäude selbständig begründet werden (allgem. Ansicht, BGHZ 50, 56 und OLG Köln, NJW 62, 156). Auch an dem einem **Haus** WE, am anderen TE, z. B. bei Doppel- und Reihenhäusern (s. OLG Frankfurt, NJW 63, 814, für Wohnungs- und TeilerbbR und bei Etagenhäusern LG Kiel SchlHA 69, 179). Zur Frage, ob das SE auch die konstitutiven Teile umfaßt, s. unten Rz. 15. Gemeinschaftliche Sachen und Einrichtungen müssen noch vorhanden sein, z. B. das gemeinschaftliche Grundstück; dazu kommen gemeinschaftliche Einrichtungen wie Waschküchen, Trockenplätze, gemeinschaftliche Küchen, Müllabladeplätze. Sind solche nicht vorhanden, empfiehlt sich doch eher die Bildung selbständiger Grundstücke. Ein **Schwimmbad** (mit **Sauna**) kann SE sein (BGH, DNotZ 81, 565 = DerWEer 81, 51 = MittBayNot 81, 78). Es kann deshalb auch TE daran begründet werden.

Zur Frage des SEs an **Sammelgaragen** s. *Stumpp,* MittBayNot 71, 10. Es genügt aber die Vereinbarung von Sondernutzungsrechten an unter- bzw. oberirdischen Abstellplätzen (Tiefgarage) als Gebrauchsregelung i. S. von § 15 Abs. 1 (LG München I, MittBayNot 71, 242; s. a. v. *Heynitz,* DNotZ 71, 645). Andererseits ist es möglich, TEs-Bruchteile mit Sondernutzungsrecht an einem best. Abstellplatz zu bilden (LG München I, MittBayNot 71, 83). Voraussetzung für SE ist die Abgeschlossenheit (OLG Karlsruhe, MDR 72, 516), dazu oben § 3 Rz. 18, vor allem zur Problematik von Kfz-Stellplätzen auf nicht überdachten Oberdecks. **10**

c) Zu den Räumen gehören auch Bestandteile des Gebäudes: § 94 Abs. 2 neben § 93 BGB (RGZ 90, 201; 150, 25), auch wenn die besonderen Voraussetzungen des § 93 nicht erfüllt sind. **11**

Abs. 1 des § 5 nennt aus den wesentlichen Bestandteilen diejenigen, die Gegenstand des SEs sein können (als zu den SEs-Räumen gehörende Bestandteile); **Abs. 2** diejenigen, die es nicht sein können. Letzteres ist Tatfrage, daher auch kein Katalog im Gesetz.

§ 5 sondert gewissermaßen aus den Bestandteilen des Gesamtgebäudes solche heraus, die zum SE und solche, die zum gemeinschaftlichen Eigentum gehören können bzw. müssen. Materielle Bestandteile eines Gebäudes werden also zum Bestandteil eines Rechtes, nämlich des SEs oder des gemeinschaftlichen Eigentums (Umkehrung des § 96 BGB). **12**

Installation für Gas, Wasser und Elektrizität und anderes sind von der Abzweigung in die einzelnen Wohnungen ab SE; niemals allerdings die Gemeinschaftsleitungen.

§ 5 13–15   I. Teil. Wohnungseigentum

13 Str. ist, ob **Veranden, Loggien, Balkone** SE sein können. Bejahend: BayObLG, Beschl. v. 21. 2. 1961 (BReg 2 Z 205/60) und LG München I Rpfleger 69, 245; Gehrmann, Eigenwohner 61, 8 u. BBauBl. 61, 812; *Karstädt,* MDR 63, 190. Verneinend: „Die freie Wohnungswirtschaft" 61, 96 (zusammenfassend *Bielefeld,* Der WEer 82, 72). Richtigerweise ist zu differenzieren: Grundsätzlich SE, aber Außenwände und sonstige Außenbestandteile (z. B. Gitter, BayObLG, Rpfleger 74, 316 = MittBayNot 74, 149), Verkleidungen der **Balkone** usw. sind gemeinschaftl. Eigentum, weil sie zur Gebäudefassade gehören (§ 5 Abs. 1 a. E; BayObLG WEM 80, 31; Der WEer 83, 123: Geländer; *Diester,* NJW 61, 302; ders. Eigenwohner 62, 4 (dort auch für Terrassen); *Kahlen,* ZMR 89, 168; auch LG München I Rpfleger 69, 245 mit Anm. *Diester* und OLG Frankfurt, MittBayNot 75, 225 = Rpfleger 75, 178); ebenso die die Gebäudegestaltung beeinflussende **Balkonplatte** (Ffm OLGZ 89, 422; OLG Hamm, ZMR 89, 98); auch die **Balkonbrüstung** (BayObLG, NJW-RR 90, 784). GemE sind auch die konstruktiven Teile (LG Flensburg, Der WEer 89, 70). SE sind der Balkon- bzw. **Loggieninnenraum** (BayObLG, WEM 80, 31). SE ist zweifelhaft, falls die **Dachterrasse** nicht entsprechende Abgrenzungen enthält. Das OLG Köln (ZMR 76, 310 = OLGZ 76, 142) stellt zu Recht darauf ab, in wieweit die Bauteile der Dachterrasse für den Bestand und die Sicherheit des Gebäudes erforderlich sind (zur Erdgeschoßterrasse s. BayObLG, Der WEer 84, 30). Nach BayObLG kann bei einer Dachterrasse allenfalls die oberste begehbare Schicht des Aufbaus zu SE erklärt werden; die darunterliegenden Schichten zur Feuchtigkeitsisolierung und Wärmedämmung sind zwingend gemeinschaftliches Eigentum (BayObLG, NJW-RR 91, 976). **Tragende Bauteile, Mauerwerk** und **Isolierschichten** sind zwingend Gemeinschaftseigentum (OLG Köln a. a. O.; ebenso OLG Oldenburg, Der WEer 84, 28; OLG Düsseldorf, Der WEer 79, 128; BayObLG, Der WEer 87, 27; 58; KG, WuM 90, 126; BGH NJW 91, 2480; BayOLG, NJW-RR 91, 976); auch die Abgrenzungseinrichtung zwischen verschiedenem Sondereigentum (BayOLG, NJW-RR 91, 722).

14 Veränderung, Beseitigung oder Einfügung von Bestandteilen des SEs-Räume dürfen daher die äußere **Gestalt des Gebäudes** nicht verändern (OLG Stuttgart, WEM 80, 36). Dies kann z. B. durch Fensterläden, Fensteranstrich, Balkone, Dachgarten, Terrasse, Sonnendach und Glasfensterverkleidung eines Balkons (BayObLG, WEM 80, 31; OLG Suttgart, WEM 80, 36) geschehen.

15 4. *Ausgeschlossen als Gegenstand des SEs:* Was für **Bestand** und **Sicherheit** des Gebäudes erforderlich ist; Gleiches gilt für die äußere Gestaltung, schon nach Abs. 1 ist sie zwingender Natur. Aber einengende Auslegung ist geboten, wenn SE an jedem von mehreren Gebäuden desselben Grundstücks bestellt werden soll. Dann ist SE am ganzen Gebäude einschließlich der konstitutiven Teile, auf die § 5 Abs. 2 nach Sinn und Zweck nicht zutrifft, möglich str., OLG Frankfurt, NJW 63, 814 (abl. Anm. *Diester*); OLG Köln, DNotZ 62, 210 (abl. Anm. *Weitnauer*) = Rpfl. 62, 132 (abl. Anm. *Diester*); Vorentscheidung: LG Köln, NJW 61, 322. Ablehnend offenbar – allerdings obiter dictum – BayObLG, NJW 64, 1961; s. a. BayObLG, Rpfleger 66, 149 (m. abl. Anm. *v. Riedel*). Die Frage ist durch die Entsch. des BGH in BGHZ 50, 56 = NJW 68, 1250 auf Vorlage des OLG Schleswig NJW 67, 2080 für die Praxis in verneinendem Sinn entschieden (ebenso OLG Karlsruhe, OLGZ 78, 175 und OLG Frankfurt, Rpfleger 75, 179). Mindestens Gründe der Praktikabilität sprechen für Bejahung von SE auch an konstitutiven Bestandteilen von Einfamilienhäusern.

SE auch ausgeschlossen an **Anlagen** und **Einrichtungen** zum gemeinschaftlichen Gebrauch z. B. Treppen, Aufzüge (OLG Düsseldorf, DerWEer 86, 28), Fahrstühle, Flure (BayObLG, DerWEer 85, 126/LS), Korridore und **Zugangsflächen** zum Gebrauch für mehr als eine EW (OLG Oldenburg, Rpfleger 89, 365), Installationen für Wasser, Gas und Strom, Heizung, soweit gemeinschaftlich; so auch BGH, NJW 81, 455). Ein **Stellplatz** und ein **Verbindungsflur**, die den einzigen Zugang zur gemeinschaftlichen Heizanlage und zu den zentralen Versorgungseinrichtungen des Hauses darstellen, können nicht Gegenstand des Sondereigentums sein (BGH, NJW 91, 2909). Dies gilt auch für eine gemeinschaftlich benützte **Eingangshalle** (BayObLG, DerWEer 81, 27) oder **Fahrradraum** (OLG Frankfurt, DerWEer 87, 28). Messer und Zähler in jeder Wohnung sind SE, ebenso Warmwasserbehälter, Zentralheizungskörper (BayObLG, WEM 79, 85 = Rpfleger 79, 216 = ZMR 79, 211), Lampen, Gas- und elektrische Geräte (s. unten Rz. 22). Für GemE an Thermostatventilen AG Heidelberg, DerWEer 89, 72.

Bei Abfassung der Verträge ist besondere Aufmerksamkeit auf die Abgrenzung dieser Gegenstände zu richten. Unabhängig davon besteht die Haftung des WEers für Benutzbarkeit der Einrichtungen, soweit sie die gemeinschaftlichen Einrichtungen beeinflussen.

Es besteht kein Recht zur Veränderung der Außenwände, Fassaden des Gebäudes, etwa durch Schilder, Anstrich, Veranden, Balkone.

Fenster, Fensterfassungen und -Gläser sind Gemeinschaftseigentum (a. A. noch die 11. Aufl.). Eine Aufspaltung i. S. vertikaler

Aufteilung des Eigentums nach innen bzw. außen erscheint nicht sachgerecht. Dies gilt für alle nach außen gerichtete Fenster (LG Flensburg, DerWEer 89, 70; OLG Bremen, DerWEer 87, 59: Fensterfassungen und Fenstergläser sind GemE auch bei Doppelverglasung; LG Frankenthal, DerWEer 88, 31; OLG Oldenburg, Der WEer 88, 64). **Rolläden** können SE sein (LG Memmingen, Rpfleger 78, 101). **Jalousien** nach außen sind i. Zw. GemE (KG, DerWEer 85, 126/LS).

Vertikale Aufspaltung des Eigentums ist auch bei **Abschlußtüren** zu verneinen (LG Stuttgart, Rpfleger 73, 401 m. Anm. *Diester;* a. A. 11. Aufl). Ebenfalls GemE sind Wohnungseingangstüren, die ins Freie führen (LG Flensburg, DerWEer 89, 70).

19   **Nicht bebaute Grundstücksteile** können nicht Gegenstand des SEs sein. Dies würde reale Teilung bedeuten (allg. M., OLG Frankfurt, Rpfleger 75, 173; OLG Hamm, DerWEer 88, 27) unabhängig von einer etwa vorgesehenen Bebauung eines WS-/TE (OLG Hamm, DerWEer 88, 27; a. A. OLG Frankfurt, Rpfleger 78, 381 = OLGZ 78, 295). Ausnahme ist das SE an **Garagenstellplätzen** (§ 3 Abs. 2 S. 2), falls dauerhafte Markierungen vorhanden sind (s. § 3 Rz. 8f). Aber Einräumung von **Sondernutzungsrechten** (z. B. Abstellplätze) ist möglich (s. oben Rz. 10 und unten § 15 Rz. 9f). Im einzelnen s. *Noack,* Die Veräußerung von Pkw-Abstellplätzen, Rpfleger 76, 193, *Weitnauer,* Die Übertragung des Gebrauchsrechts an Kfz-Abstellplätzen, Rpfleger 76, 341, der der Übertragung lediglich schuldrechtlichen Charakter beilegt, *Merle,* Rpfleger 78, 86 und *Bärmann-Pick,* § 15 Rz. 18. Zur Eintragung des Sondernutzungsrechts an Abstellplätzen s. LG Düsseldorf, Rpfleger 77, 30.

20   5. *Gegenstand des* **gemeinschaftlichen Eigentums:** Was nicht SE ist.

a) **Kraft Gesetzes:** so immer das Grundstück nach § 1 Abs. 4 (entsprechend ErbbR nach § 30). Teile des Gebäudes, Anlagen und Einrichtungen nur, wenn sie nicht SE oder Eigentum Dritter und soweit sie für den Bestand des Gebäudes erforderlich sind (§ 5 **Abs. 2**).

21   Gemeinschaftlich sind also: die **konstitutiven Elemente** des Gebäudes (s. § 5 Abs. 2, Ausnahme oben Rz. 15), d. h. die **Bausubstanz** einer EWsanlage (BGH, DerWEer 85, 93); Grund und Boden, auch eine plattierte **Terrassenfläche** ohne jede Abgrenzung (OLG Köln, DerWEer 83, 28 = MDR 82, 757 = Rpfleger 82, 278); **Fundamente,** gleich welcher Art; **Umfassungsmauern** und innere Mauern, die das Gebäude und das Dach stützen und die gemeinsa-

Gegenstand und Inhalt des Sondereigentums § 5

men Leitungen enthalten, nicht Zwischen- oder Trennmauern, die nicht Tragmauern sind; dagegen ist die Bestimmung einer Teilungserklärung, durch die die **Außenfenster** dem Sondereigentumsbereich zugeordnet werden, gem. § 5 II WEG unwirksam. Eine solche Bestimmung kann im Einzelfall dahin umgedeutet werden, daß der jeweilige Wohnungs- bzw. Teileigentümer die Instandhaltungspflicht in bezug auf die Außenfenster zu tragen hat (OLG Hamm, NJW-RR 92, 148 = MDR 92, 258); das **Dach,** gleich welcher Art, auch Sonnendach, Betondach, **Dachterrasse** (s. oben Rz. 13), Dachgarten, Flachdächer, Terrassendächer; **Treppen** (jedoch kann ein zusätzlicher Treppenabgang zu einem von der Gemeinschaft genutzten Keller in der Teilungserklärung zum Sondereigentum gemacht werden (OLG Hamm, NJW-RR 92, 1296)) und **Aufzüge, Vestibüle, Vorhallen** (für Eingangshalle offengelassen, aber wohl eher zu GemE neigend BayObLG, DerWEer 81, 27, dort auch zur Umdeutung in ein Sondernutzungsrecht), **Eingangsflure, Korridore,** Säulenhallen, **Eingangstüren,** die Wohnungseingangstür, ebenso wie die Fenster; Speicher-, Keller-, Abstellräume können SE sein, ebenso Garagen; an Decken und Böden ist das rohe Mauer- und Balkenwerk gemeinschaftlich. Räumlichkeiten, die den einzigen Zugang zu einem im Gemeinschaftseigentum stehenden Raum bilden, können dann im Sondereigentum stehen, wenn der Raum (hier: nicht ausgebauter **Dachspeicher**) seiner Beschaffenheit nach nicht dem ständigen Mitgebrauch aller WEer dient (BayObLG, NJW-RR 92, 81 in Abgrenzung zu BayObLGZ 1986, 26). Unterfutter, Deckenbewurf, **Estrich** (BayObLG, Wohnung u. Haus 80, 102) und **Fußbodenbelag** sind SE oder können es sein (OLG Frankfurt, DerWEer 83, 121: Plattenbelag und Mörtelbett). Die **Bodenplatte** eines Balkons, die gleichzeitig Kellerdecke ist, steht zwingend im Gemeinschaftseigentum (BayObLGZ 74, 269 = Rpfleger 74, 316 = MittBayNot 74, 149 = MDR 74, 936; WEM 80, 31; OLG Frankfurt, DerWEer 83, 121; OLG Hamm, ZMR 89, 98), desgl. die **Dachunterspannbahn,** falls sie teilweise mit der Decke der darunter liegenden EW identisch ist (OLG Hamm, a.a.O.), auch die **Isolierung** (OLG Frankfurt, a.a.O.; OLGZ 84, 148; BayObLG, Rpfleger 82, 278 = DerWEer 82, 102; BGH, DerWEer 85, 92) allg. von Dächern, Terassen, Balkonen und Loggien (BayObLG, DerWEer 87, 27; NJW 89, H. 32 VIII); gleichfalls die Schichten zur Wärmedämmung (BayObLG, NJW 89 H. 43, VIII = NJW-RR 89, 1293); ebenso ein **Kellerraum,** der den WEern als Zugang zum Kellerausgang dient (BayObLG, MittBayNot 80, 212); **Räume** für gemeinschaftliche Dienste im Gebäude, wie Hausmeisterbüro u. -wohnung, Zentralheizungsraum (BGH, NJW 79, 2391 = Rpfleger 79, 255). Trockenplätze usw. sind im Zweifel gemeinschaftliches Eigentum. Dagegen sind **Anlagen, Einrichtungen,** Vorrichtungen zum gemeinschaftlichen Gebrauch und Nutzen, wie Aufzug, Kamine, Wassergräben, Abwässerkanäle, Müllabzüge (abgesehen von dem Zugang in der Wohnung), Kanalisationen aller Art stets Gemeinschaftseigentum. Zu beurteilen ist dies nach der Zweckbestimmung der Anlage (BGH, Rpfleger 81, 96 = MDR 81, 216 = DNotZ 81, 565 = NJW 81, 455 = MittBayNot 81, 78 mit konkreten Voraussetzungen.

Anstricharbeiten an den im Bereich von Balkonen zurückspringenden Außenwänden einschließlich der Fensterlaibungen, an den aus Sichtbeton bestehenden Decken der Balkone, an den Balkongittern und an den Seitenwänden, auch wenn diese keine tragende Funktion haben, betreffen das Gemeinschaftseigentum. Das gilt ebenfalls für den Anstrich der Innenseiten von aus Sichtbeton bestehenden Balkonbrüstungen (OLG Düsseldorf, ZMR 91, 486).

22 **Heizungsanlagen** (LG Bonn, Rpfleger 84, 14; OLG Stuttgart, OLGZ 84, 137; umfassend *Hurst,* DNotZ 84, 66 ff., 140 ff.), abgesehen von den **Heizungskörpern** in den Wohnungen, sind kraft G gemeinschaftliches Eigentum, selbst wenn es sich um eine Anlage handelt, die *auch* der Versorgung weiterer Gebäude dient (so a. *Gonitz,* Rpfleger 73, 390; OLG Zweibrücken, ZMR 84, 33; a. A. LG Bayreuth, Rpfleger 73, 401 und BGH, NJW 75, 688 = WM 75, 179 = MittBayNot 75, 103 = DNotZ 75, 553 = MDR 75, 389 = Rpfleger 75, 124 = ZMR 76, 84 = ZMR 77, 82)., deren Entscheidung wegen der Verkennung des rechtspolitischen Zwecks des § 5 Abs. 2 abzulehnen ist (dazu *Pick,* FWW 74, 130 und *Bärmann-Pick,* § 5 Rz. 33). Dazu auch *Diester,* Rpfleger 72, 451 und *Schopp,* Rpfleger 74, 91. Der BGH hat nunmehr aber deutlich gemacht, daß eine Heizungsanlage jedenfalls dann nicht SE sein kann, wenn sie ausschließlich der Versorgung der Anlage dient (NJW 79, 2391 = Rpfleger 79, 255; ebenso BayObLG, Rpfleger 80, 230 = ZMR 80, 185 = ZGemWoW i. B. 81, 49 = MittBayNot 80, 76; kritisch *Seuss,* PIG VI, 1980, 91). Fernsprech-, Radio- und Fernsehanlagen in Wohnungen sind im Zweifel SE. Zum gemeinschaftlichen Eigentum gehören auch Instandhaltungsrücklagen (so AG Wiesbaden, Urt. v. 10. 9. 1965, 31/Wiesb.-Bl. 6131, MDR 67, 126 f., *Palandt-Bassenge,* § 27 Rn. 2 und *Weitnauer* § 27 Rdnr. 17).

23 b) **Kraft Vereinbarung: Abs. 3** ermöglicht Gemeinschaftseigentum kraft Vereinbarung an Bestandteilen des Gebäudes, die Gegenstand des SEs sein können. Zu denken ist z. B. an nichttragende

Gegenstand und Inhalt des Sondereigentums 24–27 § 5

Wände, Heizkörper im SE usw. SE ist auch an **Heizungsgeräten** innerhalb des GemEs (Keller) möglich, wenn sie voneinander getrennt und unabhängig jeweils nur **einer** einzigen EW zugeordnet sind (LG Frankfurt, NJW-RR 89, 1166). Grenzen der Vertragsfreiheit werden im übrigen durch § 5 Abs. 2 und § 1 Abs. 4 gezogen (abgesehen vom Erbbaurecht nach § 30).

c) **Wertverhältnis:** keine gesetzliche notwendige Relation zwischen MEs-Anteil und Wert des SEs. Dennoch sind pathologische Ausnahmefälle abzulehnen (vgl. Einleitung Rz. 14, § 3 Rz. 15). 24

6. *Abgesondertes ME* z. B. an Zwiswischenwand zwischen zwei Wohnungen oder etwa an einer Aufzugseinrichtung nur bis zu einem gewissen Stockwerk oder von einem gewissen Stockwerk ab oder an Lastenaufzügen nur für bestimmte Teileigentumsräume erscheint zulässig (s. oben Rz. 3). Dazu kann sich dann auch ein abgesondertes Vermögen in den Händen dieser abgesonderten Gemeinschaft entwickeln. Auch an Garagenbauten ist dergleichen denkbar, wenn nicht die einzelnen Garagen mit den einzelnen WEs-Rechten verbunden werden. Aufteilung von gemeinschaftlichen Teilen zur abgesonderten Gemeinschaft bedarf der Form des § 4, ebenso die Überführung in SE. Für abgesondertes Miteigentum auch an Räumen, LG Kempten, MittBayNot 75, 166; dagegen OLG Düsseldorf, Rpfleger 75, 308. 25

III. Inhalt des SEs

1. *Vereinbarungen* **(Abs. 4)** können auch über Abgrenzung von SE und gemeinschaftlichem Eigentum getroffen werden. Sie entfalten dingliche Wirkung gemäß § 10 Abs. 2 als Inhalt des SEs (BayObLGZ 83, 79 = MDR 83, 671 = DNotZ 84, 104; BGH, Rpfleger 79, 57 = BGHZ 73, 145; KG, OLGZ 82, 436). Wirkungen solcher Vereinbarungen bestehen unter den WEern schon vor der Eintragung entsprechend der Bindung nach § 873 Abs. 2 BGB, Dritten gegenüber erst mit Eintragung. Auch für eine abgesonderte Gemeinschaft gelten Unauflösbarkeit nach § 11 und die Bestimmungen der §§ 13, 14, 15 und 16 entsprechend. Ein Austausch von **Sondernutzungsrechten** an zwei Abstellplätzen, die durch Gebrauchsregelung entstanden sind, bedarf nicht der Zustimmung aller WEer (Näheres s. o. § 15 Rz. 9ff.). 26

2. *Typischer Inhalt.* S. die Formulare, insbesondere das Formularbuch *Bärmann/Seuß*, T. B und unten § 10 Rz. 20. Vor allem Nutzungen des gemeinschaftlichen Eigentums, Beteiligung und Mitgebrauch daran. Das **Sondernutzungsrecht** braucht sich nicht 27

§ 6 I. Teil. Wohnungseigentum

auf bestimmte einzelne Nutzungen zu beschränken (BayObLGZ 81, 56). Die Grenze ist jedoch dort, wo es sich auch auf solche baulichen Veränderungen bezieht, die nach dem Gesetz der einstimmigen Beschlußfassung der WEer bedürfen (KG, OLGZ 82, 436 = Rpfleger 83, 20). **Natur** und **Bestimmungszweck** des Gebäudes oder der gemeinschaftlichen Teile oder eine bestehende Übung sind zu achten. Außer §§ 13 ff. gelten auch die allgemeinen Eigentumsschranken der §§ 903–924 BGB. Zur Ausübung einer ärztlichen **Kassenpraxis** in einer EW s. AG Hamburg, MDR 57, 43 (unten § 13 Rz. 10).

28 Erwerb eines erhöhten Nutzungsrechtes an gemeinschaftlichen Sachen durch Zeitablauf, Ersitzung und Verwirkung finden nicht statt.

Eine getrennte Verfügung über gemeinschaftliches Eigentum ist nicht möglich.

Auch eine Verbindung zwischen zwei Eigentumswohnungen in gleicher Hand bedarf dann der Zustimmung aller, wenn eine Trag- oder Stützmauer durchbrochen wird.

29 3. *Inhalt des SEs, nicht des WEs:* Diese Bestimmung des **Abs. 4** hat grundbuchtechnische Gründe. Vorbild war offenbar § 2 der ErbbRVO. Selbst die Vereinbarung einer Veräußerungsbeschränkung nach § 12 ist Inhalt des SEs, obgleich sie den MEs-Anteil mitumfaßt. Letztlich handelt es sich dann doch um den Inhalt des WEs.

30 4. *Mitgliedschaftsrechte aller Art verdinglicht:* Vereinbarungen verschiedenartigsten Inhalts können gemäß § 10 Abs. 2 durch Erklärung zum Inhalt des SEs und Eintragung im GB **verdinglicht** werden, mit absoluter Wirkung auch gegenüber Rechtsnachfolgern (BayObLG, MittBayNot 84, 183) und der Folge des öffentlichen Glaubens des GBs. Selbst Vereinbarungen über Art und Weise der Rechnungslegung, der Verwaltung, Führung gemeinschaftlicher Fonds, Rücklagen, Gelder schlechthin, Voranschlag usw. sowie Finanzierungsverpflichtungen, Beauftragung des Verwalters zum Einzug der Annuitäten auf Gesamt- wie Einzelbelastungen usw. sind zulässig. Die dingliche Wirkung entfaltet sich auch unter den WEern selbst.

§ 6 Unselbständigkeit des Sondereigentums

(1) **Das Sondereigentum kann ohne den Miteigentumsanteil zu dem es gehört, nicht veräußert oder belastet werden.**

(2) **Rechte an dem Miteigentumsanteil erstrecken sich auf das zu ihm gehörende Sondereigentum.**

Unselbständigkeit des Sondereigentums 1–4 § 6

I. Sinn und Zweck der Vorschrift

In § 6 wird eine Verbindung von Miteigentumsanteil und Sondereigentum durch den Gesetzgeber (vgl. die amtlich nicht veröffentlichte Begründung zu dem Regierungsentwurf des WEG: BR-Drucks. 75/51) festgelegt. Es kommt zum Ausdruck, daß es nicht möglich ist, Sondereigentum ohne den Miteigentumsanteil am Grundstück zu erwerben (BayObLGZ 1984, 10 ff., 13). Dies hat zur Konsequenz, daß Veräußerung, Belastung, Verpfändung und Pfändung von Sondereigentum allein nicht vorgenommen werden können. 1

II. Grundsatz der Trinität

Siehe Einleitung Rz. 8 ff. WE ist die Verbindung von MEs-Anteil, SE und verdinglichtem Mitgliedsrecht zu einer dreigliedrigen Einheit. Das Mitgliedschaftsrecht ist mit den beiden Sachenrechten verbunden als Inhalt des SEs nach § 5 Abs. 4 und § 10 Abs. 2. 1a

III. Wechselseitige Abhängigkeit

Es wird grundsätzlich auf die Ausführungen in der Einleitung Rz. 8 ff. verwiesen, sie besteht sowohl 2
a) dem Grunde, wie
b) dem Grade nach, sowie hinsichtlich der Frage
c) der Gesamtwirkung jeder Verfügung.
d) Devastationsansprüche stehen dem Gläubiger aus einem Grundpfandrecht auch gegenüber dem WEer zu (§§ 1133 bis 1135 BGB).
e) Schuldrechtliche Wirkung: Da WE wie Eigentum zu behandeln ist, gelten auch §§ 433, 313, 571 BGB, 57c und d ZVG. Die Rechte des Käufers ergeben sich in erster Linie aus der Sachmängelhaftung bei Veräußerung (§§ 459 ff. BGB), falls ein vertragsmäßig zugesagter Bestandteil des WEs fehlt, ggfs. aus Rechtsmängelhaftung (§§ 434–436 BGB) insoweit, als die Art der Berechtigungen aus dem Verhältnis der einzelnen Eigentümer zueinander und aus dem Verhältnis des Gemeinschaftseigentums zum SE in Frage steht. 3
f) Gutglaubensschutz (s. auch § 3 Rz. 35). 4
Für den Erwerb eines Einzelrechtes aus der dreigliedrigen Einheit ist jeder gutgläubige Erwerb ausgeschlossen; ebenso für den Erwerb eines Rechtes an einer gemeinschaftlichen Sache durch Verfügung eines einzelnen; die Verfügung bzgl. eines abgetrennten Zubehörstücks ist durch sämtliche MEer denkbar. Verfügt dann

ein einzelner WEer, handelt es sich um eine bewegliche Sache, für die der öffentliche Glaube nicht mehr gilt, sondern die §§ 932ff. BGB.

5   Eine **Ausnahme** vom Akzessorietätsprinzip lassen OLG Celle, MDR 74, 669 = Rpfleger 74, 438; 267 = DNotZ 75, 42 = ZMR 76, 84 und BayObLGZ 84, 10 zu, wenn Miteigentümer untereinander über einen Raum verfügen. Dieser Auffassung ist zuzustimmen (s. unter Rz. 14 vor § 10 und *Bärmann-Pick,* § 6 Rz. 4; a. A. die 9. Aufl). Der BGH (Rpfleger 76, 352 = ZMR 77, 81 = MDR 77, 41) läßt auch eine Änderung der Miteigentumsanteile untereinander ohne Beteiligung der übrigen WEer zu. Dasselbe gilt für die Abspaltung (Unterteilung) durch einen WEer, wenn dadurch gleichzeitig SE verbunden wird (BayObLGZ 76, Nr. 36 = ZMR 77, 82 = MDR 77, 53; *Bärmann-Pick,* § 3 Rz. 47, 72, § 4 Rz. 6, § 7 Rz. 50, § 8 Rz. 41, § 10 Rz. 45, 69).

IV. Beendigung der Untrennbarkeit

6   Siehe Einleitung Rz. 13f. Die Aufhebung von SE oder GemE kann nur durch einstimmige Erklärung aller WEer erfolgen. Eine Verfügung kann in Ausnahmefällen durch Mehrheitsbeschluß vorgenommen werden, wenn sie ordnungsmäßiger Verwaltung entspricht. Zum Problem des **Tausches** von Räumen unter WEern s. *Tasche* DNotZ 72, 710 und unten Rz. 14 vor § 10, § 12 Rz. 24f.

V. Verhältnis zu § 11

7   § 6 regelt die Untrennbarkeit der begrifflichen Bestandteile ME, SE und verdinglichtes Mitgliedschaftsrecht; § 11 die Unlösbarkeit der verdinglichten Gemeinschaft. Es handelt sich um zwei Seiten des gleichen Problems, einmal die sachenrechtliche, zum anderen die gemeinschaftsrechtliche.

§ 7 Grundbuchvorschriften

(1) Im Falle des § 3 Abs. 1 wird für jeden Miteigentumsanteil von Amts wegen ein besonderes Grundbuchblatt (Wohnungsgrundbuch, Teileigentumsgrundbuch) angelegt. Auf diesem ist das zu dem Miteigentumsanteil gehörende Sondereigentum und als Beschränkung des Miteigentums die Einräumung der zu den anderen Miteigentumsanteilen gehörenden Sondereigentumsrechte einzutragen. Das Grundbuchblatt des Grundstücks wird von Amts wegen geschlossen.

Grundbuchvorschriften **1, 1a § 7**

(2) Von der Anlegung besonderer Grundbuchblätter kann abgesehen werden, wenn hiervon Verwirrung nicht zu besorgen ist. In diesem Falle ist das Grundbuchblatt als gemeinschaftliches Wohnungsgrundbuch (Teileigentumsgrundbuch) zu bezeichnen.

(3) Zur näheren Bezeichnung des Gegenstandes und des Inhalts des Sondereigentums kann auf die Eintragungsbewilligung Bezug genommen werden.

(4) Der Eintragungsbewilligung sind als Anlagen beizufügen:
1. eine von der Baubehörde mit Unterschrift und Siegel oder Stempel versehene Bauzeichnung, aus der die Aufteilung des Gebäudes sowie die Lage und Größe der im Sondereigentum und der im gemeinschaftlichen Eigentum stehenden Gebäudeteile ersichtlich ist (Aufteilungsplan);
alle zu demselben Wohnungseigentum gehörenden Einzelräume sind mit der jeweils gleichen Nummer zu kennzeichnen;
2. eine Bescheinigung der Baubehörde, daß die Voraussetzungen des § 3 Abs. 2 vorliegen.
Wenn in der Eintragungsbewilligung für die einzelnen Sondereigentumsrechte Nummern angegeben werden, sollen sie mit denen des Aufteilungsplanes übereinstimmen.

(5) Für Teileigentumsgrundbücher gelten die Vorschriften über Wohnungsgrundbücher entsprechend.

I. Sinn und Zweck der Vorschrift

Die Vorschrift enthält die für das WE geltenden besonderen **1** Grundbuchvorschriften. Es werden u. a. die für eine Grundbucheintragung von der zuständigen Baubehörde zu bestätigenden bzw. auszustellenden und dem Grundbuchamt vorzulegenden Pläne bzw. Bescheinigungen (Aufteilungsplan, Abgeschlossenheitsbescheinigung) genannt (zu näheren Einzelheiten vgl. die amtlich nicht veröffentlichte Begründung zu dem Regierungsentwurf des WEG: BR-Drucks. 75/51).

II. Grundsatz

Siehe auch Verfügung über die grundbuchmäßige Behandlung **1a** der WEs-Sachen vom 1. 8. 1951 (BAnz. Nr. 152 S. 1; abgedruckt im Anhang I 2a) und landesrechtl. Bestimmungen (z. B. LV des JM von Rheinland-Pfalz vom 8. 6. 1953, Justizblatt vom 15. 7. 1953

§ 7 2–5   I. Teil. Wohnungseigentum

Nr. 11). Ferner die Allg. Verwaltungsvorschrift für die Ausstellung von Bescheinigungen gemäß § 7 Abs. 4 Satz 2, § 32 Abs. 2 Satz 2 vom 19. 3. 1974 (BAnz. Nr. 58; s. unten Anhang I 1). Zum Landesrecht weiter *Bärmann/Pick/Merle,* Anh. II 3.

Vorbild war § 3 Abs. 3 GBO: Verbindung eines MEs-Anteils mit einem anderen Eigentum.

2   **Grundsatz** des § 7 ist, für jedes WE ein eigenes Grundbuchblatt, für jedes TE ein eigenes TEs-Grundbuchblatt anzulegen. Dort wird nicht nur der MEs-Anteil verzeichnet, sondern zugleich das zugehörige SE in entsprechender Bezeichnung und mit Hinweis auf die mit den anderen MEs-Anteilen verbundenen SEs-Räume. Ausnahme nach Abs. 2 s. unten.

Dies gilt auch für die Eintragung mehrerer WEs- oder TEs-Rechte des gleichen Eigentümers auf einem WEs-(TEs)Blatt.

Auch **Verbindung von WE und TE** im gleichen Blatt als WEs- und TEs-Grundbuch ist möglich (§ 3 Satz 2 der WsGBVfg.).

Neben den genannten Vorschriften sind die GBO und allgemeine GrundbVfg. vom 8. 8. 1935 anwendbar.

3   a) *Buchungsgegenstand:* Der MEs-Anteil (grundbuchmäßig zu bezeichnen), mit dem ME verbundenes SE an bestimmten Räumen und Beschränkung des MEs durch die Einräumung der zu den anderen MEs-Anteilen gehörenden SEs-Rechte (s. Eintragungsmuster in der WsGBVfg. im Anhang I 2a).

4   **Nicht eingetragen** wird, was zu dem gemeinschaftlichen Eigentum im einzelnen gehört, auch nicht, wenn ganze Wohnungen oder selbständige Räume nicht zum SE, sondern zum gemeinschaftlichen Eigentum gehören. **Mängel** des **Aufteilungsplans** – z. B. die fehlende Bezeichnung von Garagen als Sondereigentum – haben die Entstehung von Gemeinschaftseigentum zur Folge (BayObLG, NJW 74, 152 = MDR 74, 138; MDR 82, 148; OLG Frankfurt, Rpfleger 78, 380; OLG Stuttgart, Justiz 81, 82 = Rpfleger 81, 109 = OLGZ 81, 160 = MittBayNot 81, 132). Dies gilt auch, wenn sich Eintragungsbewilligung (Teilungserklärung) und Aufteilungsplan widersprechen (OLG Stuttgart, Rpfleger 81, 109 = MittBayNot 81, 132). Es besteht insoweit kein Vorrang einer der beiden Erklärungsgehalte (OLG Stuttgart, a. a. O.; OLG Köln, NJW-RR 93, 204).

5   Hinsichtlich des Inhalts des SEs kann im übrigen auf die **Eintragungsbewilligung** Bezug genommen werden (durch Angabe der entsprechenden Nummer des Aufteilungsplanes). Nach LG Düsseldorf (Rpfleger 77, 30) sind Kfz-Abstellplätze im Lageplan kennzeichnungsfähig. Der Bestimmtheitsgrundsatz verlangt, daß die

Eintragungsbewilligung die Teilfläche genau bezeichnet, an der ein **Sondernutzungsrecht** bestellt werden soll (BayObLG, DerWEer 85, 95). Die Eintragung von **Sondernutzungsrechten** erfolgt im Bestandsverzeichnis und zwar auf allen WsGrundbuchblättern (*Ertl,* Rpfleger 79, 82, dort auch zur Formulierung des Eintragungsvermerks; a. A. *Röll,* MittBayNot 79, 218). Die nachträgliche Einräumung eines Sondernutzungsrechts ist nicht in den WsGBern der WEer einzutragen, die durch eine im GB eingetragene Gebrauchsregelung vom Mitgebrauch einer genau bestimmten Gemeinschaftspflicht ausgeschlossen sind (BayObLG, DerWEer 85, 61). Das Verhältnis WEer zueinander kann nicht aus dem Grundbuch selbst ersehen werden, sondern nur aus den Grundakten, nämlich dem Gemeinschaftsvertrag und etwaigen Änderungen. Anders bei **Veräußerungsbeschränkungen** nach § 12, die ausdrücklich einzutragen sind (§ 3 Abs. 2 Halbsatz 2 der WsGrundbVfg).

Über das gemeinschaftliche Eigentum kann nur durch eigene **6** Anschauung und Zusammenstellung der SEs-Räume insgesamt Aufschluß erlangt werden.

Das Gesagte gilt auch für die Eintragung in dem Bestandsverzeichnis. Für Abteilung 1, 2 und 3 des Ws-Grundbuchblattes gilt das allgemeine Recht.

Wird ein Grundstück an mehrere MEer zu Bruchteilen und unter **7** gleichzeitiger Einräumung von SE veräußert, so sind unmittelbar die einzelnen Ws-Grundbücher anzulegen, ohne daß die Anlegung eines Grundbuches über das Grundstück für die neuen Erwerber mit Bezeichnung der MEs-Anteile dazwischengeschaltet werden müßte (s. *Bärmann,* Anm. zu OLG Neustadt, NJW 60, 295).

Auf dem bisherigen Grundstücks-Grundbuchblatt kann auch **8** nicht ein einzelnes WE stehenbleiben. Es kommt höchstens Neubenutzung des Grundbuchblattes nach Abschluß der bisherigen Eintragungen in Frage.

Das Grundbuchblatt des Grundstücks ist von Amts wegen zu schließen (§ 36 GrundbVfg. vom 8. 8. 1935).

Grundakten sind für jedes WEs-Grundbuch besonders anzulegen; **9** daher je eine Abschrift der Urkunden für jeden Grundakt.

Für das formelle Grundbuchrecht liegt die Betonung auf dem ME; dies ergibt sich schon aus der Art der Eintragung in das Bestandsverzeichnis.

b) *Art der Eintragung:* Grundsätzlich **Realfolium** (§ 3 GBO) für **10** jedes WE, wie nach § 3 GBO für jedes Grundstück. Wohl aber kann gemäß § 4 Abs. 1 GBO ein Grundbuchblatt für mehrere

WEs-Rechte des gleichen Eigentümers angelegt werden. Dies ist einheitliches Grundbuchblatt nach § 4 Abs. 1 GBO, nicht gemeinschaftliches Ws-Grundbuch nach § 7 Abs. 2. Auch hier ist maßgebend, daß keine Verwirrung zu besorgen ist (zu diesem Begriff s. BayObLG, Rpfleger 77, 251). Sie kann sich schon im Bestandsverzeichnis durch die Häufung von Beschreibungen der mit dem MEs-Anteil verbundenen SEs-Rechte usw. ergeben. Zur Anwendung des § 3 Abs. 3 Buchst. a und b GBO s. OLG Düsseldorf, Rpfleger 70, 394.

11 **Vereinigung** nach § 890 Abs. 1 BGB ist bei WEs-Rechten des gleichen Eigentümers denkbar. Verwirrung durch Verschiedenheit der Belastungen ist zu bedenken. Der Rechtspfleger entscheidet nach pflichtgemäßem Ermessen. Näheres *Meikel/Imhof/Riedel,* § 5 Anm. 12 f.; *Hesse/Saage/Fischer,* GrundbVfg., § 6 Anm. II 1, V 2 b; § 13 Anm. I.

12 Für das Eigentumsverzeichnis gilt § 21 Nr. 8 der Aktenordnung. Zur Vereinigung von Grundstücken ist stets ein Antrag erforderlich. Bei späterer unterschiedlicher Belastung folgt die Rückgängigmachung der Vereinigung. Zur **Zuschreibung** eines im gewöhnlichen ME stehenden Grundstücks zum WE s. OLG Oldenburg, Rpfleger 77, 22 = MittRhNotK 77, 13.

Die Überschrift des Grundbuchblattes bei gemeinschaftlichem WE und TE lautet: Ws- und TEs-Grundbuch.

13 c) *Inhalt der Eintragung:* Der MEs-Anteil ist gemäß § 47 GBO auf dem Ws-Grundbuchblatt anzugeben. Dazu Bemerkungen im Sinne des § 7 Abs. 1. Es genügt, wenn sich das maßgebliche Gemeinschaftsverhältnis durch Auslegung der Urkunde entnehmen läßt (LG Nürnberg-Fürth, MittBayNot 81, 16). Über den Umfang der Eintragung vgl. auch *Diester,* Rpfleger 60, 112 f. Zur Bezeichnung als „Gesamtberechtigte" s. OLG Frankfurt, Rpfleger 80, 417 (Vorlagebeschluß). Zum Erfordernis des Bestimmtheitsgrundsatzes und Auslegung von GBerklärungen s. BayObLG, MittBayNot 80, 207.

14 In Spalte 6 des Bestandsverzeichnisses: Vermerk, woher MEs-Anteil übertragen wurde, Änderung am Gegenstand und Inhalt des SEs. Hierwegen ist Bezugnahme auf die Eintragungsbewilligung zulässig. Unterschrift in Spalte 6 deckt auch den Eintragungsvermerk in Spalte 3 (OLG Celle, Rpfleger 71, 184 = DNotZ 71, 305).

15 Bei **Gesamtbelastungen** ist nur Eintragung auf sämtlichen Ws-Grundbuchblättern möglich: ein Grundbuchblatt des Grundstückes existiert nicht mehr. Zur umstrittenen Frage, ob ein Grundstück im Rechtssinn fortbesteht, s. zuletzt (bejahend) OLG Oldenburg, Rpfleger 77, 22.

16 Zur Bestellung und Eintragungsfähigkeit beschränkter dinglicher Rechte s. oben § 1 Rz. 23f. (hinsichtlich Grunddienstbarkeiten, Dienstbarkeiten, Vorkaufsrecht, Reallast, Nießbrauch, Vormerkung u. a.). Nach *Röll* (MittBayNot 79, 218) brauchen Veränderungen, die sich auf Nebenräume, MEsanteile oder Sondernutzungsrechte beziehen, nur auf dem entsprechenden WsGB eingetragen zu werden (a. A. *Ertl,* Rpfleger 79, 82).

17 Falls das Gebäude schon errichtet ist, bedarf es zur Eintragung einer Vormerkung nicht zwingend der Vorlage eines Aufteilungsplans. Es genügt zweifelsfreie Beschreibung der Wohnung (BayObLGZ 77, Nr. 28 = Rpfleger 77, 300 = ZMR 77, 340).

18 Anlage 1 zur WsGrundVfg. (s. Anhang I 2a) sieht im Bestandsverzeichnis lfd. Nr. 3 zu 2 Eintragung eines Licht- und Fensterrechtes am Gesamtgrundstück vor. Die Eintragung erfolgt jedoch nur in den einzelnen WEs-Grundbuchblättern. Dies gilt nicht nur für das belastete, sondern auch für das dienende Grundstück (s. ebenda, Eintragung 2. Abt. lfd. Nr. 1). Auch bei der Eintragung auf herrschendem WE oder TE für Grunddienstbarkeiten, Vorkauf, Reallast ergibt sich aus dem Ws-Grundbuchblatt das berechtigte WE, z. B. i. S. d. § 1018 BGB.

19 Bestehende Belastungen werden auf die einzelnen Ws-Grundbuchblätter übertragen (§ 48 GBO).

Abgesonderte Gemeinschaft (s. oben § 5 Rz. 25) kommt im Grundbuch nicht zum Ausdruck; sie ergibt sich nur aus der GemO.

20 WE ist vertraglich gestaltbar, nicht wie Eigentum dogmatisch unveränderlich. Daher sind Veränderungen möglich in bezug auf das Verhältnis der WEer untereinander (zu den Einzelheiten s. unten Rz. 24f. vor § 10). Auch Beschlüsse der WEer-Versammlung ändern den Inhalt, ebenso richterliche Entscheidungen nach § 43. Deren Verdinglichung tritt selbst ohne Eintragung oder Einreichung zu den Grundakten ein (§ 10 Abs. 3). Zum GB-Vollzug von Änderungen *Ertl,* Rpfleger 79, 83 und *Röll,* MittBayNot 79, 218.

21 Zur Inhaltsänderung ist die Zustimmung aller i. S. des § 19 GBO erforderlich, soweit Dinglichkeitswirkung erst mit der Eintragung eintritt.

22 Für die **Berichtigung** des Grundbuchs (z. B. bei Unrichtigkeit zufolge tatsächlicher Veränderung der Zugehörigkeit der SEs-Räume) sind §§ 14, 22 GBO zu beachten, bzw. § 894 BGB. Der Nachweis der Unrichtigkeit erfolgt durch öffentliche Urkunde (BayObLG, DerWEer 85, 126/LS).

23 d) *Bezugnahme auf die Eintragungsbewilligung:* Sie ist sowohl für den Gegenstand wie den Inhalt des SEs zulässig (§ 5, § 10 Abs. 2),

Verfügungsbeschränkungen sind besonders anzugeben (§ 3 Abs. 2 der WsGrundbVfg). Bauzeichnung als Anlage der Eintragungsbewilligung ist deren Bestandteil (s. auch § 874 BGB). Zur Frage der Mitbeurkundung der Baubeschreibung s. o. § 4 Rz. 9f.

Beschlüsse der WEer-Versammlung und richterliche Entscheidungen (§ 10 Abs. 3 mit §§ 23 u. 43) werden auch ohne Eintragung wirksam und verdinglicht.

24 e) *Form der Eintragung:* Besondere Vorschrift in § 3, bes. Abs. 3–7 der WsGrundbVfg., § 1 ff. GrundbVfg. v. 8. 8. 1935. Besonderheiten beziehen sich ausschließlich auf das Bestandsverzeichnis.

25 Besonderes gilt für ein gemeinschaftliches WsGrundbuch (als Ausnahme). Angaben über Gegenstand und Inhalt des SEs als Bezeichnung des Gemeinschaftsverhältnisses i. S. des § 47 GBO gem. § 9 Buchstabe b der WsGrundbVfg. sind in Spalten 2 u. 4 der ersten Abteilung einzutragen; beim einzelnen WsGrundbuch dagegen in Spalte 3.

Im übrigen siehe § 8 der allgemeinen GrundbVfg. (*Meikel/Imhof/Riedel* § 3 Anm. 8, 26ff. u. 97; *Hesse/Saage/Fischer,* Grundbuchordnung, 4. Aufl. 1957, S. 368).

26 f) *Schließung des Grundstücks-Grundbuchs:* Gemäß §§ 34–36 der Allgemeinen GrundbVfg. (*Meikel/Imhof/Riedel* § 3 Anm. 215ff.; *Hesse/Saage/Fischer,* a. a. O., § 34 Grundbuchverfügung Anm. I 2 u. II). Eine Schließung unterbleibt nur, wenn keine Ws-Grundbücher im einzelnen angelegt werden oder auf dem Blatt des betroffenen Grundstücks weitere Grundstücke verzeichnet sind gem. § 4 Abs. 1 GBO.

Durchkreuzungs- und Schließungsvermerk mit Angabe des Grundes erfolgt nach § 36 GrundbVfg. Siehe auch dort § 34 Buchst. b.

III. Gemeinschaftliches Grundbuchblatt als Ausnahme

27 Siehe schon oben Rz. 10. Bezeichnung „Gemeinschaftliches Ws-Grundbuch" oder „Gemeinschaftliches TEs-Grundbuch" oder „Gemeinschaftliches Ws- und TEs-Grundbuch".

Über Fragen, ob Verwirrung zu besorgen ist, entscheidet der Grundbuchrichter nach Ermessen (§ 3 Abs. 3, §§ 4–6 GBO, *Meikel/Imhof/Riedel,* § 4 Anm. 9).

IV. Voraussetzungen der Eintragung

28 1. *Eintragungsantrag:* § 13 GBO, formlos. Bedingungs- und befristungsfeindlich (§ 16 GBO).

Grundbuchvorschriften 29–33 § 7

2. *Eintragungsbewilligung:* § 19 GBO formelles Konsensprinzip. Daneben ist am materiellen Konsensprinzip festzuhalten (gegen *Weitnauer* und *Diester;* s. o. Rz. 3). 29

Eintragungsgrundlagen bedürfen der Form des § 29 GBO (*Bärmann-Pick,* § 7 Rz. 62 m. w. N.).

3. *Anlagen* a) **Aufteilungsplan:** Ziff. 2 ff. der Allg. Verwaltungsvorschrift für die Ausstellung von Bescheinigungen gem. § 7 Abs. 4 Nr. 2 u. § 32 Abs. 2 Nr. 2 des WEG (s. u. Anhang I 1) über Anforderungen an **Bauzeichnung,** Maßstab 1 : 100. Weitere Einzelheiten dort. Farbumrandungen bezeichnen lediglich die Räume, die in SE stehen, und treffen keine Bestimmung über SE an Wänden usw. (LG Frankenthal, MittBayNot 78, 60). Zur Voraussetzung der Abgeschlossenheit und zusätzliche Räume (s. oben bei § 3 Rz. 18 f. und § 5 Rz. 15). Über die Folgen von Mängeln in Teilungserklärung und Aufteilungsplan siehe oben Rz. 4. Der Aufteilungsplan dient in Verbindung mit der Teilungserklärung der Abgrenzung von S- und ME (OLG Frankfurt, Rpfleger 80, 391). 30

Die **Bezugnahme** auf die Eintragungsbewilligung umfaßt auch die Bauzeichnung als deren Anlage und Bestandteil (§ 176 Abs. 2 FGG; OLG Frankfurt, Rpfleger 78, 380; BayObLG, Rpfleger 80, 260; OLG Stuttgart, Rpfleger 81, 109). 31

Daher macht eine **Änderung** des Aufteilungsplanes oder tatsächliche Änderung der Aufteilung der SEs-Räume untereinander oder im Verhältnis zu den gemeinschaftlichen Teilen das **Grundbuch unrichtig** (BayObLG, NJW 73, 1086 = Rpfleger 74, 111 = ZMR 74, 55; OLG Karlsruhe, Justiz 83, 307; DerWEer 85, 126/LS; BayObLGZ 80, 226 = Rpfleger 80, 435; Rpfleger 80, 260 = 294; 435: Teilnahme am öffentlichen Glauben des GBs, soweit es um die Abgrenzung von SE und GemE geht); es besteht ein Recht auf **Grundbuchberichtigung** aller betroffenen WEer. Keine Unrichtigkeit, wenn lediglich die Einzelausgestaltung des Gebäudes vom Aufteilungsplan abweicht (BayObLG, NJW 67, 986). Bei Abweichung der Bauausführung **innerhalb** einer mit dem Plan übereinstimmenden WEseinheit s. OLG Köln, DNotZ 83, 618 = MDR 82, 1021 = Rpfleger 83, 374 = MittRhNotK 82, 221. SE entsteht auch dann, wenn entgegen dem Aufteilungsplan 2 Wen zu einer **zusammengefaßt** werden (BayObLG, DNotZ 82, 242). 32

Die **Bauzeichnung** muß auch Lage und Größe der SEs-Räume wie des gemeinschaftlichen Eigentums beschreiben. Die zeichnerische Darstellung nur eines Teils des Gebäudes, insbesondere nur der im SE stehenden Gebäudeteile, genügt nicht (LG Lüneburg, Rpfleger 79, 314; LG Köln, MittRhNotk 84, 16). Die Bauzeich- 33 nung muß außer **Grundrissen** auch **Schnitte** und **Ansichten** des Gebäudes enthalten (LG Lüneburg a. a. O.; BayObLG, Rpfleger 80, 435; = DNotZ 80, 747 = OLGZ 81, 159 = MittBayNot 80, 162; LG Köln, MittRhNotK 84, 17). Sollen mehrere Bauwerke errichtet werden, ist neben der Größe auch der Standort im Lageplan festzulegen (HansOLG Bremen, Rpfleger 80, 68 = DNotZ 80, 489). Zur Bauzeichnung allg. s. BayObLG, Rpfleger 84, 314.

34 Der neu formulierte § 7 **Abs. 4** soll der Klarheit des Ws-GBs dienen (LG Bayreuth, MittBayNot 75, 102). Um eindeutiger Zuordnung willen sollen Einzelräume, die zu einem WE gehören, mit der gleichen Nummer des Aufteilungsplanes gekennzeichnet werden (a. A. OLG Zweibrücken, OLGZ 82, 263 m. w. N). Dies kommt seiner Übersichtlichkeit zugute.

35 Ist in der Teilungserklärung als Gegenstand des SEs „ein ebenfalls dazugehöriger Hobbyraum im Keller" angegeben, dieser Raum jedoch im Aufteilungsplan nicht (mit Nummer und/oder Farbe) gekennzeichnet, so entsteht insoweit GemE (BayObLG, Rpfleger 82, 21). Zum umgekehrten Fall: Räume sind lediglich im Aufteilungsplan, aber nicht in der Teilungserklärung als SE bezeichnet, s. OLG Stuttgart, Rpfleger 81, 109. Mit **„Einzelräume"** sind insbesondere Keller, Speicher oder Garagen bzw. Stellplätze (Näheres LG Düsseldorf, Rpfleger 77, 30 = ZMR 80, 63) gemeint, nicht auch kleinste Räume (LG Bayreuth, a. a. O.). Außerdem sollen Eintragungsbewilligung und Aufteilungsplan hinsichtlich der Numerierung der Sondereigentumsrechte übereinstimmen.

36 Die Überleitungsvorschrift des Art. 3 § 3 des G v. 30. 7. 1973 nimmt davon allerdings alle Anträge aus, die vor Inkrafttreten des Änderungsgesetzes (1. Okt. 1973) beim Grundbuchamt gestellt wurden.

37 b) **Bescheinigung** der Baubehörde: s. Anlage zur Allg. Verwaltungsvorschrift vom 19. 3. 74 (Anh. I 1). Sie soll ausweisen, daß die Voraussetzungen des § 3 Abs. 2 vorliegen. Wie die Bauzeichnung ist sie mit Unterschrift sowie Siegel oder Stempel zu versehen (allgemein zur Abgeschlossenheitsbescheinigung *Trendel*, BauR 84, 215).

38 **Zuständig** ist grundsätzlich die Bauaufsichtsbehörde. Die Verbindung von Abgeschlossenheitsbescheinigung und Bauzeichnung ist nur **eine** Möglichkeit zur Kenntlichmachung der Zusammengehörigkeit. Daneben kann die Zusammengehörigkeit auch durch übereinstimmende Aktenbezeichnung ersichtlich gemacht werden (LG Köln, MittRhNotK 84, 16).

39 Abgeschlossenheit der Wohnung ist nur **Sollvorschrift** (§ 3

Abs. 2); Verstoß macht die Eintragung nicht ungültig und das GB nicht unrichtig (BayObLG, Rpfleger 80, 295; MittBayNot 84, 184), auch wenn Bescheinigung irrigerweise erteilt wurde. Anders wenn die Wirklichkeit von Aufteilungsplan abweicht. Ist Gegenstand des SEs ein Etagenhaus, so genügt eine Bescheinigung über die Abgeschlossenheit der einzelnen Wen (LG Kiel SchlHA 69, 179). Das **GBA** hat materielles **Prüfungsrecht.** Es ist nicht Aufgabe des GBA, bei der Anlegung von Wohnungsgrundbüchern zu prüfen, ob die Baubehörde bei Erteilung der Abgeschlossenheitsbescheinigung die Erfüllung bautechnischer Anforderungen an die Wohnungstrenndecken und Wohnungstrennwände überprüft und zutreffend bejaht hat (BayObLG, NJW-RR 90, 212; vgl. oben § 3 Rz. 18). Es besteht keine Bindung an die Bescheinigung der Baubehörde (BayObLG, DNotZ 71, 473; OLG Frankfurt, Rpfleger 77, 312; s. § 3 Rz. 18; a. A. LG Frankfurt/M, NJW 71, 760). Zum Umfang des Prüfungsrechts und einer eventuellen Prüfungspflicht s. *Bärmann-Pick,* § 7 Rz. 76 u. BayObLG, Rpfleger 80, 105, zur Prüfung, ob WE oder TE vorliegt, s. *Trendel,* BauR 84, 215 ff.). Stellt sich nach Teilung eines WEs in neue selbständige WEs-Rechte heraus, daß die Bauausführung vom ursprünglichen Aufteilungsplan abweicht, beschränkt sich die Prüfung des GBAs darauf, ob die Abgrenzung der im GemE und im SE stehenden Gebäudeteile nach wie vor mit dem Aufteilungsplan übereinstimmt (OLG Köln v. 23. 6. 82 – 2 Wx 17/82, Rpfleger 82, 374).

Bei der **Umwandlung** von Altbau(miet)wohnungen wurde – **40** auch unter dem Eindruck der Wohnungsnot – die Abgeschlossenheitsbescheinigung immer mehr als Instrument zur Sicherung des Mietwohnungsbestandes eingesetzt. Nach der Rspr. des BVerwG (Beschluß v. 26. 7. 89, 8 B 112.89; ebenso BayVerwGH v. 8. 5. 89, NJW-RR 90, 27) waren nur Wohnungen abgeschlossen, die u. a. durch feste Wände und Decken, die den bauordnungsrechtlichen Anforderungen an (Wohnungs-)Trennwände und (Wohnungs-)Trenndecken – insbesondere des **Brand-, Schall-** und **Wärmeschutzes** – entsprechen und baulich vollkommen von fremden Wohnungen und Räumen getrennt sind. Dabei wurde auf die jeweils aktuelle **Sach-** und **Rechtslage,** vor allem auf die derzeitigen bauordnungsrechtlichen Anforderungen des Brand-, Schall- und Wärmeschutzes abgestellt. Dieser bisherigen Rechtspraxis ist nunmehr die Grundlage entzogen; durch Beschluß vom 30. Juni 1992 entschied der Gemeinsame Senat der Obersten Gerichte des Bundes (GmS-OGB 1/91), daß Wohnungen und sonstige Räume in bestehenden Gebäuden auch dann im Sinne von § 3 Abs. 2 Satz 1 in sich abgeschlossen sein können, wenn die Trennwände und Trenndecken nicht den Anforderungen entsprechen, die das Bauordnungsrecht des jeweiligen Bundeslandes aufstellt (Beschluß vom 30. Juni 1992, GmS-OGB 1/91; BGH, NJW 93, 592). Damit sind die Baubehörden gehalten, etwa zurückbehaltene Abgeschlossenheitsbescheinigungen zu erteilen (vgl. Einl. Rz. 25 ff.).

Gegen die Verweigerung der Bescheinigung sind Widerspruch und Verwaltungsrechtsweg eröffnet.

41 Die Baubehörde kann den Aufteilungsplan für kraftlos erklären, aber nicht ihrerseits Berichtigung des Grundbuchs verlangen. Ein Amtswiderspruch (§ 53 GBO) kommt nur unter besonderen Voraussetzungen in Frage: ordnungswidrige Eintragung, Unrichtigkeit des GBs und Gefahr gutgläubigen Erwerbs (Horber, GBO, § 53 Anm. 3).

42 Aufteilungsplan und Bescheinigung sind auch erforderlich, wenn offensichtlich mehrere in sich abgeschlossene Gebäude auf dem gleichem Grundstück in WE errichtet wurden (anders für DWR LG Münster, DNotZ 53, 148).

43 Die Abgeschlossenheitsbescheinigung trifft keine verbindliche Feststellung über den Umfang der **baurechtlich** zulässigen Nutzung des SEs (BVerwG, DerWEer 83, 62). Zur Frage einer zusätzlichen Erlaubnis nach dem DenkmalschutzG (hier: Bayern) s. BayObLG, DerWEer 84, 30.

44 Aufteilungsplan und Abgeschlossenheitsbescheinigung müssen nicht neu sein. Es genügen auch ältere Unterlagen (LG Landau v. 26. 2. 82 – 4 T 19/82, in MittBayNot 82, 134 für die Umwandlung eines Sondernutzungsrechts an einer abgeschlossenen Wohnung in WE). Es gelten die oben Rz. 40 bez. Anforderungen.

V. TEs-Grundbuch

45 Alles Gesagte gilt entsprechend für das **TEs-Grundbuch** (Abs. 5). Zur Abgeschlossenheit der nicht zu Wohnzwecken dienenden Räume sagt Ziff. 5b der Allg. Verwaltungsvorschrift: Bei nicht zu Wohnzwecken dienenden Räumen gelten diese Erfordernisse sinngemäß, also die Erfordernisse, die an eine abgeschlossene Wohnung gestellt werden (im Anh. I 1). Vgl. § 3 Rz. 19 für Hotelzimmer bzw. Appartement.

VI. Einzelheiten der Eintragung

46 Es gelten die GBO und die GrdbVfg. von 1935, also das allgemeine Grundbuchrecht, auch hinsichtlich Grundbucheinsicht, Zwischenverfügungen und Rechtsmittel hiergegen, Aufbewahrung der Urkunden u. a., ebenso § 55 GBO über Bekanntmachung

Teilung durch den Eigentümer **§ 8**

der Eintragung. Grundbucherklärungen sind **auslegungsfähig** (BayObLG, MittBayNot 79, 227). Veränderungen eines WEs berühren sämtliche übrigen WEer, nicht allerdings Eintragungen in Abt. 1, 2 und 3. Mitteilungen an Vermessungsämter nach AVRJM vom 20. 1. 1940, DJ 214 (zum Prüfungsrecht des GBAs s. *Bärmann-Pick*, § 7 Rz. 75f. und § 10 Rz. 53). Eine Eintragung kann jedenfalls versagt werden, wenn die Unwirksamkeit einer Klausel der GemO nach Überzeugung des GBAs zu einer Unrichtigkeit des GBs führt (BayObLG, Rpfleger 80, 105; vgl. a. LG Traunstein, MittBayNot 78, 218: bei Nichtigkeit einer Bestimmung wegen Verstoßes gegen unabdingbare Vorschriften des WEG oder §§ 134, 138 BGB). Vereinbarungen in Abweichung von den Vorschriften des WEG sind vom GBA nur dann auf ihre Übereinstimmung mit den zwingenden Vorschriften des WEG zu **überprüfen,** wenn diese Vereinbarungen durch Eintragung im GB verdinglicht werden sollen (OLG Köln, Rpfleger 82, 62 = DNotZ 82, 756). Zum Umfang und den Grenzen der Ermittlungspflicht im GB-Eintragungs-Antragsverfahren s. BayObLG, DNotZ 81, 567. Das AGBG hat an den hergebrachten Grundsätzen des GBverfahrens nichts geändert (OLG Hamm, OLGZ 80, 86). Kritisch *Schmidt,* PIG 9, 82 u. ZGemWoW i. B. 81, 21; *H. Schmid,* BB 79, 1639. Zur Anwendung des AGBG s. Rz. 9f. vor § 10.

Beschwerderecht nach § 71 GBO. Gegen eine GemO, die durch Bezugnahme Teil der Eintragung im Ws-GB wurde, ist eine Beschwerde nur unter den eingeschränkten Voraussetzungen des § 71 Abs. 2 S. 2 GBO zulässig (BayObLG, Rpfleger 82, 15). 47

Ist ein die Vereinbarung ändernder (Mehrheits)beschluß nicht rechtzeitig angefochten, und werden diese Tatsachen in grundbuchmäßiger Form nachgewiesen, hat das GBA auf Antrag einzutragen (ohne Prüfungsrecht), LG Bielefeld, Rpfleger 81, 355 (**Pseudovereinbarung**). 48

VII. Gebühren

Siehe bei § 62.

§ 8 Teilung durch den Eigentümer

(1) **Der Eigentümer eines Grundstücks kann durch Erklärung gegenüber dem Grundbuchamt das Eigentum an dem Grundstück in Miteigentumsanteile in der Weise teilen, daß mit jedem Anteil das Sondereigentum an einer bestimmten Wohnung oder an nicht zu Wohnzwecken dienenden be-**

§ 8 1–3 I. Teil. Wohnungseigentum

stimmten Räumen in einem auf dem Grundstück errichteten oder zu errichtenden Gebäude verbunden ist.

(2) **Im Falle des Absatzes 1 gelten die Vorschriften des § 3 Abs. 2 und der §§ 5, 6, § 7 Abs. 1, 3 bis 5 entsprechend. Die Teilung wird mit der Anlegung der Wohnungsgrundbücher wirksam.**

I. Zweck und praktische Bedeutung

1   Trotz dogmatischer Bedenken aus der grundsätzlichen Ablehnung der Bildung von Eigentumsteilen in der gleichen Hand und deren unterschiedlicher Belastungsmöglichkeit hat man sich der praktischen Notwendigkeit nicht verschlossen, den **Vorratsbau**, insbesondere durch Bauträger und Baugesellschaften zu fördern, und darum den § 8 geschaffen. Inzwischen hat sich der Vorratsbau weitgehend durchgesetzt. Die ursprünglich befürchteten steuerlichen Nachteile sind durch die Gesetzgebung großenteils ausgeschaltet. § 8 kann darüber hinaus auch der Auflösung unwirtschaftlicher Großobjekte dienen, die auf diese Weise in Teilen veräußert werden können. Da die GemO meist vorher festgelegt werden wird, besteht die Gefahr, daß künftige Interessenten sie nicht billigen. Andererseits der Schutz der Erwerber vor unbilligen Regelungen zu beachten (s. Rz. 8 ff. Vor § 10). Zur Anwendbarkeit des **AGBG** auf GemOen s. *Bärmann-Pick,* § 8 Rz. 16 u. unten Rz. 9 f. Vor § 10).

2   Über das Verhältnis zu § 3 und die Möglichkeit der Verbindung beider Verfahren s. oben bei § 3 Rz. 4. Da die Bruchteilsgemeinschaft an nur einem WE für zulässig erachtet wird, wäre auch denkbar, daß mehrere MEer eines Grundstückes WE in der Form errichten, daß sie alle oder auch nur einzelne von ihnen an allen oder auch nur einzelnen neugebildeten WEs-Rechten als MEer beteiligt sind (s. auch BayObLG, NJW 69, 883: Teilung nach § 8 verändert die bisherige **Gemeinschaft** der MEer nicht, da nur rechtstechnische Maßnahme). Ein grunderwerbsteuerpflichtiger Vorgang liegt hierin allerdings nicht, es sei denn, daß eine Verschiebung der WEs-Bruchteile eintritt.

II. Juristische Natur der Teilungserklärung

3   a) *Sachenrechtliche Teilung:* Es muß sich um **MEs-Bruchteile** handeln, nicht etwa um Gesamthandseigentum. Die Begründung ist nur dann wirksam, wenn die Teilungserklärung von demjenigen abgegeben wird, der im Zeitpunkt der Anlegung der Ws-

Grundbücher Eigentümer des betreffenden Grundstücks ist (OLG Düsseldorf, DNotZ 76, 168). Die Teilungserklärung nach § 8 an das Grundbuchamt ist kein Vertrag mit sich selbst, sondern eine an das Grundbuchamt gerichtete **Erklärung** mit Bestimmung der Bruchteile i. S. des § 19 GBO (LG Köln, MittRhNotK 84, 16). Die Veräußerung eines solchen nach § 8 gebildeten WEs unterliegt den allgemeinen Vorschriften. Mit **einem** Veräußerungsfall entsteht eine echte WEer-Gemeinschaft i. S. der §§ 10 ff., 20 ff. (LG Frankfurt, ZMR 89, 351).

Verfügungsgegenstand braucht kein Grundstück im grundbuchrechtlichen Sinne zu sein. Es genügt ein bestimmter räumlich abgegrenzter Teil der Erdoberfläche i. S. eines Wirtschaftsgrundstücks (OLG Saarbrücken NJW 72, 691 = MittBayNot 72, 120). **4**

Bei Vorratsbau erfolgt die Teilung nach § 8 und anschließend die Veräußerung der WEs-Rechte vor Baubeginn, während des Baues oder nach Fertigstellung des Baues im einzelnen (zur Teilungserklärung in der Praxis vgl. *Karstädt,* MDR 65, 256; dazu auch die Beispiele bei *Bärmann/Seuß,* Formularbuch). Der Verkäufer von WE verliert seine **Verfügungsbefugnis** über das als Gemeinschaftseigentum verkaufte Grundstück erst mit der Anlegung der Ws-Grundbücher und der Veräußerung mindestens **eines** WEs (BayObLG, Rpfleger 76, 13). Er kann dann auch nicht mehr die Teilungserklärung einseitig ändern (OLG Frankfurt, DerWEer 89, 32). Ein etwaiger **„Alleinbeschluß"** ist unwirksam (ebenda). Eine wirkliche Gemeinschaft entsteht spätestens mit Veräußerung und Eintragung mindestens eines WEs, antizipiert aber schon mit Bindungswirkung des Veräußerungsvertrages nach § 873 Abs. 2 BGB und Bezug, nicht erst mit Eintragung (zu den Einzelheiten s. Rz. 2 Vor § 43). Zur Bevollmächtigung des Bauträgers in den Erwerbsverträgen zur Aufstellung einer Benutzungsregelung am Kfz-Abstellplatz s. BayObLG, WEM 80, 171. **5**

Bei der Anwendung des § 17 Abs. 1 KO auf **Konkurs** eines WEers vor Eintragung ist Erfüllung objektiv auszulegen. Der Konkursverwalter kann vor Eintragung noch über Erfüllung des Vertrages entscheiden, es sei denn, daß der Eintragungsantrag durch den Erwerber gestellt ist. Wählt der Konkursverwalter Nichterfüllung, hat dies jedoch nicht die Aufhebung der Gemeinschaft und des WEs der anderen zur Folge. Dies gilt auch für den Fall des Konkurses des Veräußerers. Etwas anderes gilt, wenn der Auflassungsanspruch des Erwerbers durch **Vormerkung** gesichert ist. In diesem Fall ist er entspr. § 24 KO nF. durchsetzbar, auch wenn der Veräußerer weitere Verpflichtungen nicht oder nicht vollständig erfüllt hat (§ 24 S. 2 KO). Ein durch Vormerkung gesi- **6** cherter Anspruch auf Grundstücksübereignung wird gemäß § 24 KO durch eine Erfüllungsablehnung nach § 17 KO auch dann nicht berührt, wenn der dem Übereignungsanspruch zugrunde liegende Vertrag zugleich auf die Erstellung eines Bauwerks gerichtet ist (BGH, DNotZ 81, 556).

7 b) *Verdinglichung der Vereinbarung der WEer:* s. Einleitung Rz. 16.

III. Voraussetzungen

8 1. **Alleineigentum** einer natürlichen oder juristischen Person, einer Gesamthandsgemeinschaft (z. B. Miterbengemeinschaft) bzw. einer Bruchteilsgemeinschaft am Grundstück i. S. der §§ 1008 ff. BGB (s. o. Rz. 2).

9 2. *Erklärung gegenüber dem Grundbuchamt:* Hier ist keine Auflassung notwendig, nur Erklärung an das Grundbuchamt in der Form des § 29 GBO; sie ist rein grundbuchrechtlicher Natur. § 4 gilt nicht. Daher auch keine Bindung an Einigung i. S. des § 873 Abs. 2 BGB (LG Köln, MittRhNotk 84, 16). Die Erklärung muß Aufteilung in MEs-Anteile ergeben (§ 47 GBO) und Einräumung des SEs. Hierbei müssen Aufteilungsplan und Inhalt der Teilungserklärung übereinstimmen (OLG Köln, NJW-RR 93, 204). Die Teilungserklärung unterliegt den **Auslegungsgrundsätzen** für GB-Inhalte (KG, MDR 82, 149). Eine beigefügte **GemO** wird durch Bezugnahme Teil der Eintragung im Ws-GB (BayObLG, Rpfleger 82, 15). Hierbei ist der Berechtigte in der Gestaltung im Rahmen der Gesetze frei. Spätere Änderungen werden (bis zur ersten Veräußerung) nur durch Eintragung im GB für Rechtsnachfolger verbindlich (LG Frankfurt, ZMR 89, 351). Aufteilungsplan und Bescheinigung der Baubehörde sind beizufügen (Abs. 2). Mehrere selbständige Grundstücke müssen spätestens mit der Erklärung vereinigt werden gemäß § 890 BGB (BayObLG, MDR 70, 928; OLG Saarbrücken, NJW 72, 691 = MittBayNot 72, 120; vgl. § 3 Rz. 3). Bezüglich der Klage auf Bewilligung der Eintragung des Eigentümers hat der BGH grundsätzlich festgestellt, daß das Rechtsschutzinteresse bereits vor Anlegung des Wohnungsgrundbuches zu bejahen sei, wenn dem Grundbuchamt die Teilungserklärung mit Aufteilungsplan und Abgeschlossenheitsbescheinigung vorliegt (im Anschluß an BGH, NJW 1986, 1867 = LM § 894 BGB Nr. 10, und NJW 1988, 415 = LM § 19 GBO Nr. 10), BGH Urt. v. 2. 4. 93, NJW-RR 93, 840.

10 3. *Zustimmung Dritter* (s. dazu oben bei § 1 Rz. 21).
Nach h. M. (BayObLG 15. 3. 1957, BReg 2 Z 226–231/1956) ist

Teilung nach § 8 jedoch keine inhaltliche Änderung des Alleineigentums, sondern **Teilung** des Vollrechtes; ebenso BayObLG NJW 69, 883; §§ 877, 876 BGB sind nicht anwendbar (s. a. *Weitnauer,* DNotZ 60, 115 ff.); ebenso nicht § 875 Abs. 2 BGB (LG Köln, MittRhNotk 84, 16) und § 878 BGB analog (LG Köln, a. a. O).

4. *Eintragung:* §§ 5, 6, 7 Abs. 1 sind entsprechend anwendbar. Für jedes WE ist von Amts wegen ein besonderes GBlatt anzulegen. Nicht anwendbar ist § 7 Abs. 2, also niemals gemeinschaftliches Grundbuchblatt; dies ist aber nur Ordnungsvorschrift. Für Gegenstand und Inhalt des SEs ist entscheidend die **Bezugnahme** auf die Eintragungsbewilligung, damit auch auf den Aufteilungsplan (OLG Köln, NJW-RR 93, 204; a. A. OLG Zweibrücken, OLGZ 82, 263). Die Teilungerklärung unterliegt damit der **Auslegung** (zur Auslegung eines in der Teilungserklärung bezeichneten SEs als Gebrauchsregelung s. BayObLG, NJW-RR 89, 719). Zur Frage der Beurkundung der Erwerbsverträge und mit ihnen verbundener Urkunden s. o. § 4 Anm. 4. Die **GemO** des Alleineigentümers als Satzung oder Realstatut wird Inhalt des SEs (OLG Stuttgart, Justiz 81, 82 = Rpfleger 81, 109 = OLGZ 81, 160 = MittBayNot 81, 132; BGH, DerWEer 87, 23). Er kann grundsätzlich all das regeln, was sonst Gegenstand einer Vereinbarung der WEer sein kann. Auch hierfür gilt Gestaltungsfreiheit in den Grenzen der §§ 134, 138, 242 BGB (BGH, a. a. O). Das LG Regensburg weist darauf hin, daß der Inhalt der vom teilenden Grundstückseigentümer in der Teilungserklärung gesetzten GemO im Rahmen des Grundbucheintragungsverfahrens der Kontrolle unterliegt, zumindest im Hinblick auf ‚offensichtliche' Verstöße gegen Treu und Glauben (LG Regensburg, NJW-RR 91, 1169); so liegt ein solcher offensichtlicher Verstoß gegen Treu und Glauben vor, wenn aufgrund einer Bestimmung in der GemO der Umfang des Stimmrechts eines WEers erst nach erfolgter Abstimmung endgültig feststeht (LG Regensburg, NJW-RR 91, 1169). SEs- und MEs-Anteil sowie Mitgliedschaftsrecht werden untrennbar, WE unauflösbar. Solange jemand Alleineigentümer ist, kann dieser allerdings wieder aufheben, wie auch ganz allein Inhaltsänderungen vornehmen.

IV. Inhalt der Eintragung

Hierbei bestehen keine Besonderheiten.

V. Wirkung

13 Teilung im eigenen Besitz ist mit Anlegung der Ws-Grundbücher eingetreten. Es besteht keine Bindung an die Einigung i. S. des § 873 BGB, da eine solche nicht vorliegt. Mit der Eintragung entsteht WE, auch bereits vor Errichtung des Gebäudes. Der Erwerber kann **Anwartschaftsrecht** gegenüber Veräußerer auf Erstellung der Substanz des WEs haben (OLG Frankfurt, Rpfleger 78, 381). Mit der Veräußerung **eines** WEs entsteht echte WEer-Gemeinschaft. Der Eigentümer kann bis dahin seine Teilungserklärung einseitig ändern (BayObLG, NJW 74, 1134 = MDR 74, 847 = Rpfleger 74, 314 = DNotZ 75, 31). Die vom Alleineigentümer getroffenen Bestimmungen wirken nunmehr im Verhältnis der WEer untereinander wie eine **Vereinbarung** (OLG Hamm, Rpfleger 78, 60; BayObLG, MittBayNot 78, 212; 81, 29, 31; AG München, DerWEer 83, 95; kritisch *Schmidt,* MittBayNot 81, 12). Der Eigentümer (Bauträger) kann deshalb auch festlegen, daß Rechtsnachfolger für Wohngeldrückstände des Veräußerers haften (OLG Frankfurt, Rpfleger 80, 349). Zur Auslegung einer Teilungserklärung s. BayObLG, DerWEer 83, 94 und NJW-RR 89, 719 (oben Rz. 11).

14 Für den Widerruf der Teilungserklärung s. § 31 GBO (Form wie § 29 Satz 1 GBO). Siehe auch § 9 Abs. 1 Nr. 3.

Bei Veräußerung oder Belastung, also jeder Verfügung über WE, sind §§ 313, 873, 925, 925a BGB zu beachten.

Zur Erstreckung der Bauhandwerkersicherungshypothek auf die entstehenden WEsrechte siehe unten § 16 Rz. 59.

VI. Aufhebung

15 Dazu § 9 Abs. 1 Nr. 3. Es ist jedoch nicht nur ein Antrag i. S. der §§ 13, 30 GBO erforderlich, sondern auch eine Eintragungsbewilligung nach § 29 GBO. Mit Anlegung des Grundstücks-Grundbuchblattes ist das WE beendet und Eigentum am Gesamtgrundstück wieder hergestellt und die rechtliche Aufgliederung in SEs-Räume beseitigt.

VII. Unterteilung

16 Diese ist bei Teilungsfähigkeit (Abgeschlossenheit) möglich **analog § 8** (BGH JZ 68, 562 m. zust. Anm. v. *Bärmann* = BGHZ 49, 250 = NJW 68, 499; ebenso OLG Schleswig, MDR 65, 46; BayObLG, Rpfleger 76, 403 = ZMR 77, 341; BayObLGZ 77, 1 = Rpfleger 77, 126, 140, OLG Saarbrücken, Rpfleger 78, 165: in

Teilung durch den Eigentümer 17–19 § 8

einem Vorlagebeschluß auch bei Umwandlung einer EW in TE, und OLG Braunschweig, MDR 76, 1023). Regelung in GemO ist empfehlenswert. Die Teilung eines WEsrechts lediglich zum Zwecke der Quotenbelastung ist unzulässig (BayObLG, Rpfleger 75, 90). Die Frage, wie sich die Unterteilung auf die Berechtigungen an Gemeinschaftseigentum und Mitgliedschaftsrecht auswirkt, bleibt offen; s. dazu unten Rz. 12f. Vor § 10, *Bärmann* a. a. O. und OLG Stuttgart, OLGZ 73, 179 = MittBayNot 73, 361 = MittBayNot 74, 16 m. krit. Anm. von *Meier-Kraut* sowie unten § 25 Rz. 25. Der BGH (NJW 79, 870 = Rpfleger 79, 96) sieht die Interessen der WEer auch bei Veräußerung des unterteilten WEs nicht tangiert. Hinsichtlich des Stimmrechts erwägt er eine entspr. Anwendung des § 25 Abs. 2 S. 2 (ebenso *Schoene,* NJW 81, 435. Ein Zustimmungsvorbehalt gemäß § 12 ist zulässig (BGH, ebenda). Wird TE in ein WEs- und in ein TEsrecht aufgeteilt, so bedarf dies der Zustimmung der übrigen WEer (BayObLGZ 83, 79 = MDR 83, 671 = DNotZ 84, 104 = MittBayNot 83, 124). Auch die **Form** richtet sich entsprechend § 8 Abs. 1. Nach BayObLG kann ein Wohnungseigentümer seinen Miteigentumsanteil in mehrere selbständige Wohnungseigentumsrechte unterteilen. Dadurch darf grundsätzlich der Status der übrigen Wohnungseigentümer nicht verändert werden (BayObLG, NJW-RR 91, 910).

Allgemein zu Problemen der Unterteilung *Sauren,* Unterteilung von WE, jur. Diss. Mainz 1983.

VIII. Kosten

Überträgt bei **Vorratsteilung** der Bauträger WE, so gelten für den Erwerber die allgemeinen Bestimmungen. Eine besondere Gebührenbegünstigung ist mit dem G. v. 30. 6. 89 (BGBl. I S. 1267) entfallen. **17**

Der **Geschäftswert** einer Teilungserklärung richtet sich nach dem Wert des Grundstücks nach der beabsichtigten Bebauung (OLG Hamm, DNotZ 72, 115). Erfolgt die Bebauung durch den Veräußerer, aber für Rechnung und im Auftrage des Erwerbers, ist § 20 Abs. 2 S. 2, 2. Hs. KostO anzuwenden (OLG a. a. O.). Finanzierungsvereinbarungen fallen als Sicherungsgeschäfte unter § 44 Abs. 1 KostO (OLG a. a. O.). **18**

IX. Wohnraumkündigungsschutz

Ein WEer kann sein WE grundsätzlich vermieten (s. dazu *Moritz,* EW und Vermietung, WEM 82, 13). Er muß Beschlüsse der Gemeinschaft gegenüber dem Mieter durchsetzen. Zur Abwälzung **19** des sog. Wohngelds auf den Mieter s. LG München, ZMR 81, 205 zu § 10 MHG. Nach § 564b Abs. 2 Nr. 2 S. 2 BGB kann sich der Erwerber einer vermieteten EW vor Ablauf von 3 Jahren seit Veräußerung nicht auf **Eigenbedarf** berufen (s. Anh. III 1). Zur entspr. Anwendung auf den Fall des Erwerbs vom ME mit dem ausschließlichen Nutzungsrecht an einer Wohnung nach § 1010 BGB und der alsbaldigen Begründung von WE s. OLG Karlsruhe, NJW 93, 405.

20 Eigenbedarf, der durch den Kauf einer vermieteten EW erst geschaffen worden ist (sog. gekaufter Eigenbedarf) ist grundsätzlich kein verschuldeter Eigenbedarf. Seine Geltendmachung verstößt im allg. nicht gegen Treu und Glauben (BayObLG, Wohnung u. Haus 82, 136). Die 3-Jahresfrist (entspr. auch 5-Jahresfrist, s. u.), innerhalb deren sich der Vermieter nicht auf berechtigte Interessen i. S. des § 564b Abs. 2 S. 1 BGB berufen kann, beginnt mit Eintragung der ersten Erwerbers des nach Überlassung des Wohnraums an den Mieter begründeten und sodann veräußerten WEs im WsGB (BayObLG, NJW 82, 451). § 571 BGB gilt auch dann, wenn sämtliche MEer eines Grundstücks, die zugleich dessen Vermieter sind, das Eigentum an dem Grundstück durch Begründung von WE nach § 8 teilen und sodann einem MEer das alleinige WE an einer bestimmten Wohnung übertragen (BayObLG, a. a. O.). Eine Kündigung des Erwerbers wegen Eigenbedarfs kann wirksam nicht vor Ablauf der dreijährigen Wartefrist ausgesprochen werden (OLG Hamm, OLGZ 81, 71 = ZGemWW i. B. 81, 312). Eine Kündigung kann erst *nach* Ablauf der Wartefrist ausgesprochen werden (OLG Hamm, NJW 81, 584). Diese Frist verlängert sich nach § 564b Abs. 2 Nr. 2 S. 3 auf **fünf Jahre** in einer Gemeinde bzw. einem Teil einer Gemeinde, wenn die ausreichende Versorgung der Bevölkerung mit Mietwohnungen zu angemessenen Bedingungen besonders gefährdet ist. Diese Gebiete werden durch RVO der Landesregierungen für die Dauer von jeweils höchstens fünf Jahren bestimmt (zu den Einzelheiten s. Anh. III 1).

Im Falle der sog. **Verwertungskündigung** (§ 564b Abs. 2 Nr. 3) gilt unter den Voraussetzungen der Nr. 2 S. 4 ebenfalls eine Frist von fünf Jahren, innerhalb derer sich der **Erwerber** nicht darauf berufen kann, daß er die Mieträume veräußern will. Im übrigen kann der **Vermieter** überhaupt nicht geltend machen, daß er die Mieträume im Zusammenhang mit einer beabsichtigten oder nach Überlassung an den Mieter erfolgten Begründung von WE veräußern will (Nr. 3 S. 3).

Durch das Investitionserleichterungs- und WohnbaulandG werden weitere Schutzvorschriften zugunsten der Mieter eingeführt (s.

Schließung der Wohnungsgrundbücher § 9

im einzelnen Anh. III 2). Danach werden die Landesregierungen ermächtigt, durch RVO Gebiete zu bestimmen, in denen die ausreichende Versorgung der Bevölkerung mit Mietwohnungen zu angemessenen Bedingungen in einer Gemeinde oder in einem Teil einer Gemeinde besonders gefährdet ist. Insoweit gelten dieselben Voraussetzungen wie in § 564b Abs. 2 Nr. 2 S. 3 BGB. Abweichend von den Bestimmungen des BGB gilt nun eine **zehnjährige Frist** beginnend mit der Veräußerung, innerhalb derer berechtigte Interessen des **Vermieters** nicht berücksichtigt werden. Auch danach werden berechtigte Interessen des Vermieters i. S. des § 564b Abs. 2 Nr. 2 und 3 BGB nicht berücksichtigt, wenn die vertragsmäßige Beendigung des Mietverhältnisses für den Mieter oder ein bei ihm lebendes Mitglied seiner Familie eine nicht zu rechtfertigende Härte bedeuten würde, es sei denn, der Vermieter weist dem Mieter angemessenen Ersatzwohnraum zu zumutbaren Bedingungen nach. Der Vermieter kann zwecks Veräußerung (sog. Verwertungskündigung) dem Mieter nicht kündigen, wenn er das Verfahren zur Begründung von WE bereits vor der Überlassung an den Mieter eingeleitet hat (LG Duisburg, NJW 89, Heft 39, VI). Entscheidend ist der Zeitpunkt der Anlegung der WsGBer. Im übrigen gilt das allg. Mietrecht der §§ 535ff. BGB, auch § 565 II BGB (OLG Hamm, a. a. O.).

X. Bundesbaugesetz (BauGB)

Eine Aufteilung des Grundstücks stellt keine Grundstücksteilung i. S. des § 19 Abs. 2 BBauG (BauGB) dar (VG Regensburg, Rpfleger 74, 432). 21

§ 9 Schließung der Wohnungsgrundbücher

(1) Die Wohnungsgrundbücher werden geschlossen:
1. **von Amts wegen, wenn die Sondereigentumsrechte gemäß § 4 aufgehoben werden;**
2. **auf Antrag sämtlicher Wohnungseigentümer, wenn alle Sondereigentumsrechte durch völlige Zerstörung des Gebäudes gegenstandslos geworden sind und der Nachweis hierfür durch eine Bescheinigung der Baubehörde erbracht ist;**
3. **auf Antrag des Eigentümers, wenn sich sämtliche Wohnungseigentumsrechte in einer Person vereinigen.**

(2) Ist ein Wohnungseigentum selbständig mit dem Rechte eines Dritten belastet, so werden die allgemeinen Vorschrif-

§ 9 1–5   I. Teil. Wohnungseigentum

ten, nach denen zur Aufhebung des Sondereigentums die Zustimmung des Dritten erforderlich ist, durch Absatz 1 nicht berührt.

(3) **Werden die Wohnungsgrundbücher geschlossen, so wird für das Grundstück ein Grundbuchblatt nach den allgemeinen Vorschriften angelegt; die Sondereigentumsrechte erlöschen, soweit sie nicht bereits aufgehoben sind, mit der Anlegung des Grundbuchblatts.**

I. Allgemeines

1   § 9 ist formellrechtliche Vorschrift entspr. der materiellrechtlichen des § 4 für den Fall der Aufhebung des WEs. Sie gilt auch für den Fall gemeinschaftlichen Ws-Grundbuchs.

II. Gründe

2   a) *Vertragliche Aufhebung* (**Nr. 1**): Nicht nur bei vertraglicher Aufhebung nach § 4, sondern auch bei Aufhebung durch Rücknahme der Teilungserklärung nach § 8. Im Falle des § 4 ist materiellrechtlich wirksame Einigung Voraussetzung, nach § 8 nur einseitige Erklärung in der Form des § 29 GBO. Die Aufhebung tritt nach § 4 Abs. 1 ein durch Einigung und Eintragung im Grundbuch. Die Eintragung besteht nur im Schließungsvermerk (dazu § 36 Allgemeine GrundbVfg.). Bei Aufhebung gem. § 4 entsteht gewöhnliche **Bruchteilsgemeinschaft** nach §§ 1008 f. BGB.

3   b) *Gegenstandsloswerden der SEs-Rechte, Zerstörung* (**Nr. 2**): Es ist keine Einigung i. S. des § 4 vorausgesetzt, vielmehr genügt Antrag sämtlicher WEer. Voraussetzung ist völlige Zerstörung des Gebäudes; Nachweis erfolgt durch **Bescheinigung** der Baubehörde. Die Allg. Verwaltungsvorschrift (im Anhang I 1) enthält hierüber nichts. Baubehörde müßte sich überzeugen, daß eine Wiederaufbaupflicht auch vertragsmäßig nicht übernommen ist, etwa in Abänderung des § 22 Abs. 2. Nach Nr. 2 genügt also einfache, der Form des § 29 GBO entsprechende Erklärung. Nach § 4 müssen materiell-rechtliche Einigung nach § 873 BGB und auch schuldrechtliche Vereinbarung nach § 313 BGB vorliegen.

Wird das Gebäude nie fertiggestellt, besteht nur die Möglichkeit der Aufhebung nach § 4, nicht nach Nr. 2.

4   c) *Vereinigung aller Rechte:* Gleich aus welchem Grund, dies gilt auch wenn sie (noch) bestehen infolge der Erklärung des Alleineigentümers gem. § 8.

5   Person i. S. der **Nr. 3** können auch juristische Person, Personen-

mehrheit, Gesamthand sein. Nicht hierher gehört die Vereinigung von mehreren WEs-Rechten zu einheitlichem WE. Dann sind nur eines oder mehrere Ws-Grundbücher zu schließen durch Übertrag der Rechte auf ein anderes Ws-Grundbuch.

III. Durchführung

a) *Antrag:* Bei Nr. 1 liegt der Antrag im Eintragungsantrag zur **6** Einigung über Aufhebung nach § 4. Dagegen ist bei Nr. 2 Antrag sämtlicher WEer, bei Nr. 3 des nunmehrigen Alleineigentümers erforderlich. Beide Anträge sind als Bewilligung i. S. der §§ 29, 30 GBO aufzufassen. §§ 873 Abs. 2 und 875 Abs. 2 BGB sind nicht anwendbar. Zur Auslegung einer Auflassung bei Übertragung eines MEsanteils und gleichzeitiger Aufhebung des SEs vgl. OLG Frankfurt, Rpfleger 78, 213.

Keine Schließung der Wohnungsgrundbücher erfolgt analog § 9 **7** Abs. 1 Nr. 1, wenn an Stelle der ursprünglich geplanten größeren EWen in deren Grundrissen jeweils mehrere kleine EWen errichtet worden sind (OLG Düsseldorf DNotZ 70, 42 = Rpfleger 70, 26 = OLGZ 70, 72).

b) *Zustimmung Dritter:* Es gilt gleiches wie bei der Errichtung des **8** WEs (s. oben § 1 Rz. 21). Nach der h. M. kann auch im Falle der Nr. 2 (völlige Zerstörung des Gebäudes) eine Zustimmung der Gläubiger bei Gesamtbelastung nicht mehr in Betracht kommen. Etwas anderes gilt nach **Abs. 2** dann, wenn ein WE selbständig mit dem Recht eines Dritten belastet ist.

Ein Vorbehalt der Veräußerungsbeschränkung nach § 12 ist hier belanglos, da keine Veräußerung vorliegt.

c) **Ausführung:** § 34 Allg. GrundbVfg. **9**

IV. Folgen der Schließung

a) *Erlöschen der SEs-Rechte* **(Abs. 3),** es entsteht gewöhnliches **10** ME, bzw. Alleineigentum. SEs-Rechte und -Räume werden wieder Bestandteil des Grundstücks (§§ 93 ff. BGB). Im Fall der Nr. 1 (und entsprechend § 4) tritt die Rechtswirkung erst mit der Schließung der Ws-Grundbücher ein und der darauf folgenden Anlegung des Grundbuchblattes für das Grundstück.

b) *Formell:* Zug um Zug mit der Schließung der Ws-Grundbücher hat die Anlegung des Grundbuchs für das Grundstück zu **11** erfolgen. Es entstehen dabei keine Katasterfortführungsgebühren (BayObLGZ 79, 86 = Rpfleger 79, 264).

V. Gemeinschaftliches Ws-Grundbuch

12 Die Bezeichnung „gemeinschaftliches Ws-Grundbuch" ist zu löschen, desgleichen in der 1. Abteilung der Zusatz über die Verbindung mit SE und alle damit zusammenhängenden Vermerke über Gegenstand und Inhalt des SEs usw. Dies kann Verwirrung herbeiführen, weshalb eine Schließung zweckmäßiger erscheint.

VI. Hypotheken-, Grundschuld- und Rentenschuldbriefe

13 Siehe § 5 WsGrundbuchVfg. Über die Muster für die Ausfertigung von Hypotheken- und Grundschuldbriefen s. die Anlagen 3 bis 8 der GrundbVfg., geändert durch G. v. 1. 12. 77 (BGBl. I S. 2313).

2. Abschnitt. Gemeinschaft der Wohnungseigentümer

Vorbemerkungen vor § 10

I. Notwendigkeit der Sonderregelung

1 Die §§ 741 ff. BGB erweisen sich für eine auf Dauer und Unauflöslichkeit angelegte Gemeinschaft unzulänglich. Daher sind die §§ 749–751 BGB über Auflösbarkeit unanwendbar, auch für die Gläubiger eines WEers. Diese können nur das WE als selbständiges Recht verwerten, d. h. zur Zwangsversteigerung bringen oder in Zwangsverwaltung nehmen bzw. Zwangshypothek eintragen lassen. Auch § 16 Abs. 2 KO ist ausgeschlossen.

2 Auch der Ausbau der Mehrheitsentscheidung ist erforderlich; daher sind die §§ 743 bis 746 BGB im wesentlichen durch §§ 15 ff., 20 ff. ersetzt. Ein Ausnahme gilt nur für § 745 Abs. 3 Satz 2 (Beeinträchtigung des Nutzungsanteils nur mit Zustimmung).

Schließlich mußten Verwaltung und Bestellung des Verwalters gesetzlich geordnet werden.

3 Ausgangspunkt war nach der (nichtamtlichen) Begründung § 1010 BGB, insbesondere Abs. 2. Nun wird aber die Nutzungsvereinbarung dinglicher Inhalt des SEs durch Eintragung im Grundbuch bzw. Bezugnahme auf die Eintragungsbewilligung.

4 Wegen abschreckender Beispiele des früheren Stockwerkseigentums ist eine Mindestordnung für die WEer-Gemeinschaft in §§ 10 ff. notwendig. Daneben gilt der Grundsatz der Vertragsfreiheit (s. unten Rz. 7f.). Der Ausgestaltung der GemO ist die größte Sorgfalt zuzuwenden. Sie und der gute Verwalter sind das Rückgrat der WEs-Idee.

II. Juristische Gestalt der Gemeinschaft

Wie schon in Einleitung (Rz. 8f.) gesagt, steht die WEer-Gemeinschaft theoretisch als Kollektivität zwischen einfacher Gemeinschaft und juristischer Person (so im Ergebnis auch *Schmid*, BlGBW 81, 142; siehe hierzu die Entscheidung des OVG Schleswig, der zufolge die WEer-Gemeinschaft als solche nicht Trägerin von Rechten und Pflichten sein kann (OVG Schleswig, NJW-RR 92, 457). Sie enthält zugleich Annäherungen an die Gesamthand (Unauflösbarkeit, Folgen der Zerstörung, Untrennbarkeit, wechselseitige Akzessorietät, Folgen von Rechtsmängeln der Begründung, nicht aber Anwachsungsrecht). Das Verhältnis der WEer zueinander ist gemischter Natur: sachenrechtliche und personenrechtliche Elemente bestehen nebeneinander (s. Einleitung Rz. 8f. über die dreigliedrige Einheit). Das hat Bedeutung für die Interpretation des Gesetzes. Zur Dogmatik s. *John*, Die organisierte Rechtsperson, 1977 und *Hennecke*, Das Sondervermögen der Gesamthand, 1976 und *Bärmann*, Wohnungseigentum, Rz. 270ff.

III. Typus sui generis

Siehe Einleitung Rz. 8f.: dreigliedrige Einheit aus ME, SE und verdinglichtem Mitgliedschaftsrecht.

IV. Vertragsfreiheit

In erster Linie ist das WEG maßgebend, sodann die Vereinbarung der WEer. Für diese besteht grundsätzlich Vertragsfreiheit (BGH, DerWEer 85, 120) mit folgenden Ausnahmen:
§ 5 Abs. 2 hinsichtlich gemeinschaftlicher Teile des Gebäudes, die für dessen Bestand oder Sicherheit erforderlich sind usw.
§ 6 Unselbständigkeit des SEs.
§ 11 Unauflösbarkeit der Gemeinschaft.
§ 12 Abs. 2 Zustimmung zur Veräußerung darf nur aus wichtigem Grund versagt werden.
§ 18 Abs. 4 hinsichtlich Anspruch auf Entziehung des WEs. Auch das Recht auf Beschlußfassung hierüber nach § 18 Abs. 3 kann nicht einseitig beschränkt werden.

§ 20 Abs. 2 Bestellung eines Verwalters.

§ 26 Abs. 1 Beschränkungen bei der Wahl des Verwalters (LG Lübeck, DerWEer 85, 128/LS = 86, 64).

§ 27 Abs. 3 Einschränkung der Aufgaben und Befugnisse des Verwalters.

Örtliche und sachliche Zuständigkeiten nach §§ 43 ff., 53.

Verfahren nach §§ 43 ff., z. B. das Recht eines Miteigentümers an WE, Beschlüsse anzufechten (BayObLG, DerWEer 83, 30).

Verfahren der freiwilligen Versteigerung nach §§ 53 ff.

Benutzungsregelungen über ein im bloßen ME der WEer stehendes Nachbargrundstück (OLG Frankfurt, Rpfleger 75, 179; s. a. HansOLG Hamburg, Rpfleger 80, 122).

8 Im übrigen sind die **allg. Grenzen** (§§ 134, 138 BGB) zu beachten. So kann der Verwalter nicht zur Übertragung der Verwaltung ohne Mitsprache der WEer ermächtigt werden (BayObLG, Wohnung u. Haus 80, 101). Zum Problem der Haftung von **Rechtsnachfolgern** s. § 16 Rz. 31 f. Soweit Vereinbarung und WEG nicht ausreichen, ist das allgemeine Recht, insbesondere das BGB anwendbar. Zur Wirksamkeit vor **Währungsgleitklauseln** in der Vereinbarung siehe LG Nürnberg-Fürth, MittBayNot 75, 161.

9 Vereinbarungen verdrängen das (dispositive)Recht nur, wenn Abweichung erkennbar **gewollt** (BayObLG, Rpfleger 72, 260). Sie unterliegen der Auslegung gemäß §§ 133, 157 BGB (BayObLG, Rpfleger 79, 427 = WEM 79, 171), auch durch das Gericht der Rechtsbeschwerde (*Bärmann*, Wohnungseigentum, Rz. 149). Regelungen in der GemO sind keine Vertragsbedingungen i. S. des **AGBG** (*Ulmer*, Festgabe für H. *Weitnauer*, 1980, S. 205 ff.; *Bärmann-Pick*, § 8 Rz 16; a. A. LG Frankfurt, DerWEer 83, 121; vgl. zuletzt BayObLG, wonach die Bestimmungen der Gemeinschaftsordnung nicht einer Kontrolle nach dem AGB-Gesetz unterliegen (BayObLG, NJW-RR 92, 83). Wegen ihres dinglichen Charakters (Inhaltsbestimmung von S- und GemE) und mangelnder Unterwerfung unter sie erscheint auch eine analoge Anwendung nicht möglich. Das AGBG gilt seinem Zweck nach nur für Austauschverträge (a. A. im Ergebnis *Ulmer* a. a. O.; wie hier *Schmidt* MittBayNot 79, 139; *Bärmann*, Wohnungseigentum, Rz. 139; offengelassen von BGH, DerWEer 87, 23).

10 Eine andere, häufig vertretene Auffassung gelangt ebenfalls zu dem hier vertretenen Ergebnis, indem sie davon ausgeht, daß die GemOen der WEer unter die Ausnahme des § 23 Abs. 1 AGBG fallen (*Ertl* in: *Kuntze/Ertl/Herrmann/Eickmann* (KEHE), Grundbuchrecht, 2. A. 79, Einl. Rz E 87; *ders.*, PIG VII, 1981, 123 u. ZGemWoW i. B. 81, 21; *ders.*, DNotZ 81, 149; *Röll*, DNotZ 78,

721; *Schippel/Brambring*, DNotZ 77, 152). I. ü. beschränken sich **Prüfungsrecht** und **-pflicht** auf Fragen, aus deren Beantwortung die Richtigkeit bzw. Unrichtigkeit des GBs sich ergeben könnte. Eine dem AGB widersprechende Bestimmung in einer GemO macht jedoch das GB nicht unrichtig. Anderes gilt für entsprechende Erwerbsverträge hinsichtlich WEs (*Weitnauer*, DNotZ 77, Sonderheft, S. 47). D. h. nicht, daß auch eine entsprechende Inhaltskontrolle der GemOen nicht stattfindet. Hier bewendet es bei den hergebrachten Grundsätzen richterlicher **Inhaltskontrolle** gemäß § 242 BGB (*Schmidt*, BauR 79, 194; *Palandt-Bassenge*, § 8 Rn. 1; *Ertl* a. a. O). Auch das GBA hat im Rahmen des Eintragungsverfahrens im Rahmen seines Ermessens eine Prüfungsbefugnis (s. dazu LG Traunstein, MittBayNot 78, 218 und o. § 7 Rz. 46). Es darf gegen zwingendes Recht verstoßende Vereinbarungen nicht eintragen (BayObLG, WEM 81, 64).

V. Änderungen des WEs und seiner Elemente

Rechtsprechung und Literatur haben die Möglichkeiten einer rechtlichen oder faktischen **Änderung** des WEs und seiner Elemente über den Gesetzeswortlaut hinaus fortentwickelt. Im folgenden soll eine vorläufige Zusammenfassung versucht werden (*Bärmann*, Festschrift O. Mühl, 1981). **11**

1. **Unterteilung** des WEs **12**
Der BGH (Urt. v. 17. 1. 68, JZ 68, 563 = NJW 68, 499 mit zustimmender Anm. *Bärmann*) geht aus von der Anwendung des § 8 WEG (s. a. BayObLG, Rpfleger 77, 126, 140 = BayObLGZ 77, 1; OLG Saarbrücken, Rpfleger 78, 165 und erneut BGH, NJW 79, 870 = DB 1979, 464). Schwierigkeiten ergeben sich, wenn infolge Veräußerung bei Abstimmung nach Köpfen eine zusätzliche Stimme entstehen würde. BGH regt entsprechende Anwendung des § 25 Abs. 2 S. 2 WEG an. Durchführung bleibt bedenklich (*Bärmann-Pick*, § 8 Rz 41 ff.).

Behutsamer wohl OLG Stuttgart (B. v. 12. 1. 73, MittBayNot 73, 361 = OLGZ 73, 179; Anm. von *Meier-Kraut*, MittBayNot 74, 16).

Durch Wegveräußerung eines Teiles nach Unterteilung dürfen die **Mitgliedschaftsrechte** der übrigen WEer nicht beeinträchtigt werden (OLG Stuttgart a. a. O.; BGH NJW 79, 871; *Merle*, Das WE im System d. bürg. Rechts, 1979, S. 185; *Bärmann-Pick*, § 8 Rz 44). Das OLG Stuttgart (a. a. O. verlangt wohl mit Recht Zustimmung der übrigen WEer bei Veräußerung (zum Eingriff in die Mitgliedschaftsrechte der anderen s. *Bärmann*, JZ 68, 565). Vermö- **13** gensrechte sind grundsätzlich teilbar (§ 16), ebenso Gebrauchsrechte (§ 15) und Pflichten (§ 14). Für Verwaltungsrechte nach §§ 20ff., insbesondere § 21 WEG, sind Schlußfolgerungen zu ziehen aus der allgemeinen Gemeinschaftsbindung, dem Gebot von Treu und Glauben (dazu auch *Tasche,* DNotZ 72, 719 mit Nachweisen). Zur Form s.o. § 8 Rz. 16 und *Bärmann-Pick,* § 4 Rz 41. Grundsätzlich ist neuer Aufteilungsplan dem Antrag beizugeben (*Röll,* MittBayNot 79, 219; s. aber BayObLG v. 3. 4. 80, Rpfleger 80, 295). § 6 WEG über untrennbare Verbindung ist kein Hindernis für Unterteilung (s.o. § 6 Rz 5 und *Bärmann-Pick,* § 6 Rz 7).

14 2. **Vereinigung,** Zuschreibung, Bestandteilserklärung
Vereinigung zweier WEsrechte ist grundsätzlich möglich i. S. des § 890 Abs. 1 BGB (s. o. § 3 Rz 10, 18; § 1 Rz 26; *Bärmann-Pick,* § 3 Rz. 48, 18; KG, NJW-RR 89, 1360). Sie setzt nicht die Abgeschlossenheit (§ 3 Abs. 2) der vom nunmehr einheitlichen WEs Recht umfaßten Raumgesamtheit als solcher voraus (KG, a. a. O.). Zuschreibung gilt als ausgeschlossen (s. allerdings OLG Frankfurt, Rpfleger 73, 394; OLG Oldenburg, MittRhNotK 77, 13 = Rpfleger 77, 22; *Bengel,* JA 75, 90). Zuschreibung von WE untereinander ist zulässig (*Weitnauer,* § 3 Rz 25 b; *Röll,* Rpfleger 76, 285; *Bärmann-Pick,* § 3 Rz 49).

15 3. **Neukonstruktionen**
Werden bei mehreren Bauabschnitten nach Vollendung des ersten Bauabschnittes auf den weiteren Bauabschnitt abweichend vom Aufteilungsplan neue Anlagen, z. B. Garagen, Kfz-Stellplätze, Kinderspielplätze, Hobbyräume usw. geschaffen, so werden diese auf jeden Fall, wegen Abweichung vom Plan, gemeinschaftliches Eigentum (*Bärmann/Seuß,* T. A II Rz 93 mit Hinweisen; *Röll,* Teilungserklärung, S. 36 Ziff. 6.2 will Zustimmungspflicht auf Wohnungseigentümer des zweiten Bauabschnittes beschränken). Zustimmung sämtlicher Wohnungseigentümer ist auch erforderlich für Einräumung von Sondernutzungsrechten gemäß § 15 Abs. 1 WEG z. B. an neu einzurichtenden Pkw-Stellplätzen (BayObLG, DNotZ 75, 32; *Röll* a. a. O. S. 40 mit Hinw. auf Gefahren).

16 4. **Verschiebung** (Zu- und Abschreibung) von Miteigentumsanteilen
Schon das BayObLG (NJW 58, 2116) hat Verschiebung im eigenen Besitz eines WEers gebilligt (s. o. § 1 Rz 13; *Bärmann-Pick,* § 1 Rz 21; *Bärmann,* ebenda, Einl. Rz 658). Zulässig ist auch die Verschiebung von Miteigentumsanteilen unter mehreren Wohnungseigentümern ohne Änderung des damit verbundenen SEs (LG Bre-

Vorbemerkungen 17–22 **Vor § 10**

men, DerWEer 85, 95). **Form** nach § 4 WEG, § 925ff. BGB (Auflassung! So auch BayObLG, DerWEer 85, 126/LS u. *Bärmann-Pick,* § 4 Rz 6, § 3 Rz 72; unten Rz 37).

Zur Frage der Veränderung des Miteigentumsanteils durch den 17 ursprünglichen Eigentümer nach erstem Verkauf einer Einheit wegen behördlich angeordneter Verlegung von Hobbyräumen s. BGH v. 18. 6. 1976 (NJW 76, 1976 = Rpfleger 76, 352). Abtrennung von Teilen mehrerer Miteigentumsanteile und Vereinigung zu einem neuen Miteigentumsanteil mit gleichzeitiger Einräumung von SE ist möglich (BayObLG v. 25. 8. 1976 BayObLGZ 76, Nr. 36).

Umwandlung gemeinschaftlichen Eigentums in SE bedarf der 18 Vereinbarung aller WEer sowie der Form des § 4 (s. o. § 4 Rz 16f.; *Bärmann-Pick,* § 4 Rz 6). Zur Form der „Inhaltsänderung", d. h. der **Quotenänderung** des MEs, wie oben dargestellt, und zur hier angenommenen Auflassungsform nach § 4 WEG s. *Merle,* a. a. O. S. 190, der die Inhaltsänderung nicht dieser Form, sondern nur §§ 877, 873 BGB unterwerfen will (s. o. § 4 Rz 17); *Bärmann-Pick,* § 8 Rz 41ff.). Die Zustimmungspflicht beschränkt sich auf die unmittelbar an der Quotenverschiebung Beteiligten (a. a. O. und *Merle,* a. a. O. S. 191). Ein WEer hat grundsätzlich keinen Anspruch auf Änderung der MEs-Quoten (BayObLG, DerWEer 85, 60).

5. Veränderungen an **Sondereigentumsteilen** 19

Grundsätzlich kann jeder WEer mit seinem SE nach Belieben verfahren, sofern er dadurch nicht gemeinschaftliches Eigentum oder Einrichtungen beeinträchtigt, auch nicht die Stabilität, den Bestand, und das architektonisch-ästhetische Aussehen des Gebäudes (s. o. § 13 Rz 8f.; *Bärmann-Pick,* § 13 Rz 46; § 1 Rz 36ff.). Der Austausch oder die bloße Abgabe realer Teile des Sondereigentums (z. B. Kellertausch) ist als Inhaltsänderung des WEs für zulässig zu halten (s. o. § 6 Rz 5; *Bärmann-Pick,* § 6 Rz 4; *Merle* a. a. O. S. 187; *Tasche,* DNotZ 72, 710), ebenso der vollständige Austausch des SEs zwischen WEern unter Beibehaltung ihres jeweiligen MEs-Anteils (BayObLGZ 84, 10 = DerWEer 84, 62 = Rpfleger 84, 268).

Es genügt die Vereinbarung unter den am Tausch oder an der 20 Abgabe beteiligten WEern. Einigung nach § 877, 873 BGB und Auflassung nach § 4 Abs. 1 WEG, § 925 BGB; über Vollzug s. o. § 7 Rz 13ff., 28ff. u. *Bärmann-Pick,* § 7 Rz 27, 76.

6. Veränderungen an **Sondernutzungsrechten** 21

Ein Sondernutzungsrecht kann nicht Gegenstand einer Dienstbarkeit am Wohnungseigentum sein (s. o. § 3 Anm. I 3; *Bärmann-Pick,* § 3 Rz 24; anders *Merle* a. a. O. S. 194).

Vor § 10 23, 24   I. Teil. Wohnungseigentum

22   Einräumung von Sondernutzungsrechten ist grundsätzlich nur mit Zustimmung aller durchführbar. Zweifelhaft ist, ob der Gebrauch gemeinschaftlichen Eigentums durch Mehrheitsbeschluß bestimmten Wohnungseigentümern zur **Alleinnutzung** zugewiesen werden kann (s. u. § 15 Rz 2; *Bärmann-Pick,* § 15 Rz 3, 4, § 22 Rz 2 ff., 63). Auch wird Einstimmigkeit zu verlangen sein z. B. für dauernde Gebrauchsregelung gemeinschaftlicher Garagen (BayObLG, ZMR 72, 224 = Rpfleger 72, 260 = MDR 72, 607 = NJW 72, 1286/LS = WM 73, 769 = MittBayNot 72, 162; KG, MDR 72, 239). Zur Frage zulässigen Mehrheitsbeschlusses für den Austausch von Gemeinschaftsräumen mit vereinbarungsgemäß festgelegter Zweckbestimmung gegen im Sondereigentum stehende andere Räumlichkeiten BayObLG (NJW 62, 492).

23   Die Zulässigkeit der Übertragung dinglicher bzw. verdinglichter Sondernutzungsrechte unter den WEern derselben Anlage wird grundsätzlich bejaht (s. u. § 15 Rz 9 ff.; *Bärmann-Pick,* § 15 Rz 18 mit Hinw.). Einigung nach § 877, 873 BGB und Eintragung im Grundbuch sind erforderlich (BGH, NJW 79, 548 = DNotZ 79, 168). Einstimmigkeit jedoch für Änderung der Zweckbestimmung bestimmter Räume oder Einrichtungen zugunsten eines anderen Gebrauchs (s. u. § 15 Rz 2; *Bärmann-Pick,* § 19 Rz 55, § 15 Rz 19; BayObLG, NJW 62, 492). Diese Grundsätze für die Übertragung von Sondernutzungsrechten gelten nicht, wenn Miteigentum (hier an einer Garagenanlage) nach §§ 1008, 741 ff. BGB besteht (BayObLG, Rpfleger 80, 478). Die Rechtsprechung ist nachgiebig bei Nutzungsänderung z. B. für die Einrichtung einer Arztpraxis oder eines gutbürgerlichen Restaurants (s. u. § 13 Rz 9 f.; *Bärmann-Pick,* § 13 Rz 62, 50, 59, § 15 Rz 8), jedoch nicht bei der Umwandlung von einem „Laden" in Biersalon bzw. Spielsaal oder Gewerberaum in Bordell (BayObLGZ 78, 214 = Rpfleger 78, 414 = MittBayNot 78, 212; 79, 169 m. Anm. *Meier-Kraut;* BayObLG, Rpfleger 80, 348 und BayObLG v. 19. 12. 80, 2 Z 74/79 (vgl. LG Passau, Rpfleger 80, 330).

24   7. Änderung der **Gemeinschaftsordnung** i. S. des § 10 WEG
Grundsätzlich besteht Vertragsfreiheit für die Gestaltung der Vereinbarung nach § 10 (s. o. Rz 7 ff.; *Bärmann-Pick,* § 10 Rz 43 ff.). Jedoch bedarf es immer der **Einstimmigkeit** aller, grundsätzlich auch für Änderungen, selbst bezüglich der Verwaltungs- und Gebrauchsregelung in der Vereinbarung. Hier bestehen jedoch Ausnahmen z. B. hinsichtlich der Hausordnung (BayObLG v. 9. 6. 75, ZMR 76, H. 10). Die Einstimmigkeitsbindung gilt jedenfalls für grundlegende und wesentliche Regelungen betreffend das Zusammenleben (s. u. § 10 Rz 5 ff.; *Bärmann-Pick,* § 10 Rz 24, 45; § 25

Rz 5; AG Köln, ZMR 77, 84; BayObLG, Rpfleger 79, 108; OLG Oldenburg, ZMR 78, 245; BayObLGZ 70, 1). Zur Identität eines WEs bei Veränderungen des GemEs und bei Änderung der GemO s. BayObLG, MittBayNot 84, 183.

In den Vereinbarungen selbst kann erleichterte Änderbarkeit, **25** durch **Mehrheitsbeschluß nicht generell** vorgesehen werden (a. A. *Weitnauer* § 10 Rz 12; *Palandt-Bassenge* § 10 Rn. 6; wohl auch BayObLG, DerWEer 88, 140; s. *Bärmann-Pick,* § 10 Rz 54). Diese Ermächtigung muß vielmehr bestimmt sein und darf zu keiner Aushöhlung des Eigentumsrechts führen (OLG Köln, Rpfleger 82, 278 = MDR 82, 757 = DNotZ 82, 731). Dagegen besteht dieses Bedenken nicht im Falle der Beschränkung auf eine **konkrete Regelung,** so auch der BGH hinsichtlich der Änderung des vereinbarten Verteilungsschlüssels für die Kosten des gemeinschaftlichen Eigentums (DerWEer 85, 120; BayObLG, DerWEer 88, 140). Eine Änderung ist aber auch im Fall der Ermächtigung zur Änderung der GemO durch (Mehrheits)Beschluß nur zulässig, wenn **sachliche Gründe** vorliegen und einzelne WEer gegenüber dem bisherigen Rechtszustand nicht unbillig beanachteiligt werden (BGH a. a. O.). Pauschalierte **Verzugszinsen** bei Rückständen hinsichtlich des Wohngelds sind nur mittels einer Vereinbarung möglich (BGH V ZB 24/90). Ist eine Regelung der GemO mit der erforderlichen (ggfs. qualifizierten) Mehrheit geändert, ist eine Aufhebung bzw. Änderung dieses Beschlusses auch nur mit der gleichen Mehrheit möglich (BayObLG, DerWEer 88, 140). Zur Frage, ob ein einstimmiger Beschluß schon als Vereinbarung anzusehen ist und ins Grundbuch eingetragen werden kann, s. unten § 10 Rz 29; bejahend *Bärmann-Pick,* § 10 Rz 64; anders *Weitnauer* § 10 Rz 18; *Diester,* Rpfleger 1965, 193, 210; *Palandt-Bassenge,* § 10 Rn. 7.

Tasche (DNotZ 73, 464) will auch eine Veränderung von **Vertei- 26 lungsschlüsseln,** die in der GemO festgelegt sind, durch Mehrheitsbeschluß zulassen, insbes. bei wichtigem Grund, vor allem wegen der Unmöglichkeit der Kündigung aus wichtigem Grund nach Treu und Glauben wie bei Dauerschuldverhältnissen. Sofern der Verteilungsschlüssel Vereinbarungsqualität hat, besteht nur über § 242 BGB die Möglichkeit einer Anpassung. Nicht angefochtene Beschlüsse in Wirtschaftsplänen können nur für das betreffende Jahr verbindlich sein (*Bärmann-Pick,* § 10 Rz 64 ff.). Die Tatsache allein, daß über Jahre hinweg Jahresabrechnungen entgegen der GemO erstellt und genehmigt wurden, führt nicht zu einer Änderung der Vereinbarung (BayObLG, DerWEer 86, 57). Der Kreis derjenigen, die für einen solchen Mehrheitsbeschluß in Betracht kommen können, kann beschränkt sein auf die Bewohner eines Hauses bei einer **Mehrhausanlage**. Grundsätzlich ist die Beschränkung des Kreises der Beteiligten anerkannt (s. u. § 15 Rz 19; *Bärmann-Pick,* § 15 Rz 24; § 10 Rz 70; § 16 Rz 150; § 25 Rz 14ff.; § 23 Rz 8 mit weiteren Hinw.).

27 Leistungsgerechte **Verteilung**, z. B. der Fahrstuhlkosten, wollen OLG Köln (DWEer 78, 87) und LG Mannheim (DWEer 77, 27) sowie BayObLG (WEM 79, 171) erreichen durch die gerichtliche Befugnis zur selbständigen Auslegung einer Vereinbarung. Werden solche, dem Grundsatz nach nicht zulässige, Mehrheitsbeschlüsse zur Veränderung des Inhalts von Vereinbarungen innerhalb der Frist des § 23 Abs. 4 WEG nicht angefochten, so werden sie rechtsgültig, sofern sie nicht den guten Sitten oder einem gesetzlichen Verbot widersprechen, insbes. also auch den nicht abdingbaren Regeln des Gesetzes selbst (s. u. § 23 Rz 16; *Bärmann-Pick,* § 23 Rz 25, 26 ff.).

28 **8. Planabweichung, Planänderung**
Der Aufteilungsplan wird durch Eintragung grundsätzlich, ebenso wie die Bescheinigung der Baubehörde, Bestandteil der Eintragungsbewilligung und damit **Inhalt des Grundbuches** (s. o. § 7 Rz 30 f.; *Bärmann-Pick,* § 7 Rz 66; § 4 Rz 15 ff. und o. § 4 Rz 9 ff. zur Mitbeurkundung). Spätere **Änderung** des Aufteilungsplanes bedarf der Einstimmigkeit. Aufteilungsplan oder Bauplan nehmen am öffentlichen Glauben des Grundbuchs teil (s. o. § 1 Rz 7; *Bärmann-Pick,* § 7 Rz 68; § 1 Rz 29). Bei einem **Widerspruch** zwischen Teilungserklärung und Aufteilungsplan kann von der Entstehung von GemE ausgegangen werden (OLG Frankfurt, DerWEer 88, 141). Im Widerspruch zum Plan erfolgte Errichtungen, die Gemeinschaftseigentum über das im Plan vorgesehene Maß hinaus in Anspruch nehmen, können Sondereigentum nicht begründen (s. o. § 1 Rz 7; *Bärmann-Pick,* § 1 Rz 37, § 7 Rz 67: Vermutung für Gemeinschaftseigentum). Unrichtige Bescheinigung über die Abgeschlossenheit i. S. des § 3 Abs. 2 WEG macht aber das Grundbuch nicht unrichtig (s. o. § 7 Rz 39; *Bärmann-Pick,* § 7 Rz 75). **Abweichungen** vom Plan machen grundsätzlich das Grundbuch unrichtig (s. o. § 7 Rz 32; *Bärmann-Pick,* § 7 Rz 66; § 1 Rz 31). Davon jedoch Ausnahmen je nach ihrem Charakter und der Bedeutung der Abweichungen (*Röll,* Teilungserklärung, 1975, S. 49 ff.). Werden nur kleinere Wohnungen entgegen dem Aufteilungsplan, ohne Veränderung der Gesamtplanung errichtet, entstehen dennoch Wohnungseigentum und auch Sondereigentum (OLG Düsseldorf, Rpfleger 70, 26 = DNotZ 70, 42; s. o. § 7 Rz 32; *Bärmann-Pick,* § 8 Rz 41 ff. über analoge Anwendung wie bei Auf-

Vorbemerkungen **30, 31 Vor § 10**

teilung im eigenen Besitz). Errichtung von nicht vorgesehenen Garagen auf Gemeinschaftsgrundstück führt zu gemeinschaftlichem Eigentum, wenn keine Einstimmigkeit vorhanden (s. o. § 7 Rz 33f.; *Bärmann-Pick,* § 7 Rz 67; § 1 Rz 37; *Röll,* a. a. O. S. 50ff.). Zur Aufbaupflicht der Wohnungseigentümer im Falle des Konkurses des Bauträgers (s. u. § 22 Rz 49; *Bärmann-Pick,* § 3 Rz 26; § 22 Rz 128.

Grundsätzlich hat jeder Eigentümer bei Abweichungen, die rechtsgültig geworden sind, Anspruch auf Berichtigung des Grundbuchs nach § 894 BGB im Verfahren nach § 43 Abs. 1 Nr. 1 WEG.

9. Änderungen an **gemeinschaftlichen Teilen** und **Einrichtungen** **30**

Der Autonomie des Wohnungseigentümers in Bezug auf die Handhabung seiner Eigentumsräume – vorbehaltlich nachbarrechtlicher Beschränkungen – steht der Schutz der gemeinschaftlichen Teile und Einrichtungen gegenüber. Dabei gilt die grundsätzliche **Vermutung** der Zugehörigkeit der Bestandteile eines Gebäudes zum gemeinschaftlichen Eigentum (s. o. § 5 Rz 1ff.; *Bärmann-Pick,* § 5 Rz 40ff.; zum Nachbarrecht s. u. § 13 Rz 34ff.; *Bärmann-Pick,* § 13 Rz 158ff., 162, 185ff., 189; s. a. die Komm. zu § 906–908 BGB). Auch dürfen selbst bei erlaubten Maßnahmen in Beziehung auf das SE niemals Stabilität, Bestand und auch architektonisch-ästhetischer Charakter des Gebäudes verletzt werden, sowenig wie der Bestimmungszweck (s. u. § 13 Rz 5ff; *Bärmann-Pick,* § 13 Rz 122). Jeder WEer kann das Gericht nach § 43 Abs. 1 Ziff. 1 WEG anrufen oder aus Gründen des Nachbarrechtes und des Eigentumsschutzes, abgesehen von seinem Einspruchsrecht aus Notverwaltung (s. u. § 21 Rz 12ff.; *Bärmann-Pick,* § 21 Rz 17ff., 26 über die Pflicht hierzu; auch § 16 Rz 68). Zur entsprechenden Pflicht des Verwalters s. u. § 27 Rz 12 (vgl. *Bärmann-Pick,* § 27 Rz 20ff.).

§ 22 Abs. 1 WEG hat eine Einschränkung des Einstimmigkeits- **31** prinzips für bauliche Veränderungen und Aufwendungen, die über die ordnungsgemäße Instandhaltung oder Instandsetzung des gemeinschaftlichen Eigentums hinausgehen, getroffen. Das erste Problem ist die Abgrenzung zu den baulichen Veränderungen usw. von den der Verwaltung obliegenden Maßnahmen der Instandhaltung und Instandsetzung nach § 21 Abs. 5 Ziff. 2 WEG (dazu u. § 22 Rz 9ff.; *Bärmann-Pick,* § 22 Rz 2ff. und die Beiträge in PIG Nr. 7 1981, insbes. von *Deckert:* Instandsetzung, Instandhaltung und bauliche Maßnahmen; zum Begriff „Änderungen" s. u. § 22 Rz 2; *Bärmann-Pick,* § 22 Rz 23ff.). Jüngere Entscheidungen haben wesentliche Konzessionen auch noch zur Erleichterung der Anwendung des § 22 Abs. 1 WEG gebracht, unter Einengung der Zustimmung auf die unmittelbar am Vorgang Beteiligten (BGH, NJW 79, 817 = WEM 79, 63 = ZfBR 79, 115; s. a. WEM 80, 7). Siehe auch OLG Stuttgart (WEM 80, 75) unter Berufung auf den BGH, wonach die Zustimmung der anderen Wohnungseigentümer überhaupt entbehrlich ist, wenn diese dadurch nicht beeinträchtigt werden.

32 Für einen **Mauerdurchbruch** zwischen zwei Wohnungen durch eine Tragmauer, die immer gemeinschaftliches Eigentum ist, bedarf es nicht nur der Zustimmung der beteiligten beiden Nachbarn. Hier muß ein Vorbehalt gemacht werden in Bezug auf die Gewährleistung der Stabilität und des Bestandes. Ein Mehrheitsbeschluß der Versammlung dürfte im allg. nicht genügen. OLG Frankfurt v. 5. 11. 1979 (OLGZ 80, 78) setzt die genannte Rechtsprechung fort.

33 Wichtig bleibt aber immer die Abgrenzung von Instandhaltung und Instandsetzung einerseits, von Maßnahmen der baulichen Veränderungen usw. nach § 22 Abs. 1 WEG andererseits (s. *Deckert,* a. a. O. und *Bärmann-Pick,* § 22 Rz 50a).

34 Das weitere Problem des § 22 Abs. 1 WEG ist die Auslegung der „Beeinträchtigung nicht über das in § 14 WEG bestimmte Maß hinaus". Die Wahrung des geordneten Zusammenlebens, aber auch der Stabilität, des Bestandes, der Sicherheit und des architektonisch-ästhetischen Bildes des Gebäudes ist Pflicht (s. u. § 22 Rz 9 u. *Bärmann-Pick,* § 22 Rz 61, 29 ff.). Auch der Bestimmungszweck ist zu wahren (LG Mannheim, ZMR 76, 51; s. a. eingehend BGH, NJW 79, 819 = WEm 79, 83). Ergibt sich die Entbehrlichkeit der Zustimmung wegen Nichtbeeinträchtigung der Rechte, so braucht nach der Rechtsprechung auch ein Mehrheitsbeschluß nicht gefaßt zu werden, abgesehen von etwaiger Garantie für Stabilität usw. des Gebäudes (s. u. § 22 Rz 18 ff.; *Bärmann-Pick,* § 22 Rz 70, 81 ff.).

35 10. Änderungen des **Bestimmungszweckes**

Das kann zunächst die **SEsräume** und deren Einrichtung betreffen, z. B. durch Lärm und sonstige Belästigungen, Einrichtung eines Hotels, eines Ballsaales, einer Tanzschule, einer Klinik usw. Nutzungsänderungen müssen insbesondere auf den Bestimmungszweck Rücksicht nehmen (s. § 13 Rz 3 und *Bärmann-Pick,* § 13, Rz 29 ff., 47 ff., 58 und Vor § 13 Rz 21). Bei **Mehrhausanlagen** kann die Zustimmungsbedürftigkeit beschränkt sein auf die Gruppe der Bewohner eines bestimmten Hauses bzw. der Nutzer, z. B. von Garagen (s. u. § 5 Rz 19; *Bärmann-Pick,* § 13 Rz 30, § 23 Rz 8).

Nutzungsbeschränkungen in einer **Vereinbarung** nach § 10 **36** WEG können nicht durch Hausordnungen eines Verwalters oder durch Mehrheitsbeschluß abgeändert werden (s. u. § 15 Rz 1; *Bärmann-Pick,* § 15 Rz 5, 8, 18; BayObLGZ 83, 79 = MDR 83, 671 m. w. N. = DNotZ 84, 101). Daher ist es auch nicht zulässig – weil zu unbestimmt – in der GemO vorzusehen, daß zukünftige Änderungen der GemO oder der Teilungserklärung durch **Mehrheitsbeschluß** getroffen werden können (OLG Köln, OLGZ 82, 413 = DNotZ 82, 753; s. o. Rz 25 u. *Bärmann-Pick,* § 10 Rz 54). Jeder WEer hat das Recht, das Gericht anzurufen nach § 21 Abs. 4, § 43 Abs. 1 Ziff. 1 od. 4 (*Bärmann-Pick,* § 21 Rz 57 ff.).

11. Zustimmung Dritter **37**
Zur **Umwandlung** von Grundeigentum in WE bedarf es der Zustimmmung von **Grundpfandgläubigern** nicht (s. o. § 1 Rz 21, § 8 Rz 10; *Bärmann-Pick,* § 1 Rz 83 mit Hinw.; s. aber *Röll,* Teilungserklärung, S. 36). Dagegen kann als herrschende Meinung angesehen werden, daß für die **Inhaltsänderung** des Wohnungseigentums selbst durch Raumverschiebung oder Zusammenlegung eine **Zustimmung Dritter** erforderlich ist, da es sich um Inhaltsänderungen handelt (s. o. Rz 16; *Bärmann-Pick,* § 1 Rz 86; *Röll,* a. a. O. S. 36 Ziff. 6.3 Abs. 2), bei denen im allg. die Rechte der Gläubiger betroffen werden. Auch eine mit der Änderung der MEsanteile vorgenommene **Verkleinerung** der EW bedarf der Zustimmung der dinglich Berechtigten (LG Bremen, DerWEer 85, 95). Entsprechend ist im Fall der Betroffenheit der Realgläubiger deren Zustimmung für erforderlich zu halten bei Änderungen der Vereinbarung nach § 10 (s. u. § 10 Rz 14, 26; *Bärmann-Pick,* § 10 Rz 55; *Ertl,* DNotZ 1979, 281 ff. will von Fall zu Fall entscheiden. Wie hier bei Begründung von Sondernutzungsrechten an Kfz-Abstellplätzen BGH, NJW 84, 2409 = MDR 84, 830 und für den Fall der Umwandlung von WE in TE oder umgekehrt BayObLGZ 89, Nr. 7 = DerWEer 89, 132).

Die **Zustimmung** anderer **WEer** kann schon in der Vereinbarung delegiert werden auf den Verwalter, insbesondere bei Veräußerungsbeschränkungen nach § 12 WEG (s. u. § 10 Rz 20; *Bärmann-Pick,* § 10 Rz 48). Grundsatz des wichtigen Grundes für Versagung ist zu beachten (BayObLGZ 80, 8). Die Mitwirkung der WEer kann aber auch über GemO schon ganz ausgeschlossen sein. In diesem Fall bedarf es auch nicht die Zustimmung der Grundpfandrechtsgläubiger (BayObLGZ 89, Nr. 7 = DerWEer 89, 132). Schwierig ist die Rechtslage, wenn inhaltliche Änderungen der Vereinbarung durch einen Beschluß infolge Nichtanfechtung nach **38**

§ 23 Abs. 4 WEG rechtsgültig werden. Hier besteht keine Kontrollmöglichkeit. Erlangt ein Dritter, ein Hypothekengläubiger, Kenntnis davon, kann er sein Zustimmungsrecht im Zivilprozeß geltend machen, nicht über § 43 WEG. Er kann sich aber schützen durch die formularmäßige Klausel der Fälligkeit (BGH, Rpfleger 80, 271 mit Anm. *Gasteier;* BB 80, 859; NJW 80, 1625) für den Fall der ganzen oder teilweisen Veräußerung, auch im Rahmen des § 9 Abs. 2 Nr. 1 AGBG; dies kann dann auch für den Fall von Veränderungen von Vereinbarungen vorgesehen werden. Es liegt auf der Hand, daß sich hier im ganzen Schwierigkeiten für das Prüfungsrecht des Grundbuchamtes ergeben (s. o. § 7 Rz 46; *Bärmann-Pick,* § 7 Rz 76, § 8 Rz 16 u. a.).

39 Die Zustimmung muß nur in grundbuchmäßiger **Form** nach § 29 GBO nachgewiesen werden. Auch wird anzunehmen sein, daß eine Änderung der Vereinbarung, auch durch nicht angefochtenen Mehrheitsbeschluß, Dritten gegenüber wie Rechtsnachfolgern gegenüber erst mit der Eintragung wirksam wird (s. u. § 10 Rz 29; *Bärmann-Pick,* § 10 Rz 56ff.).

40 Da die Unterteilung analog § 8 WEG behandelt wird, kommt auch hier eine Zustimmung der Grundpfandrechtsgläubiger oder sonstiger Dritter nicht in Frage (*Palandt-Bassenge,* § 4 Rn. 1, § 6 Rn. 6).

41 **12. Form**
Siehe oben zu den Einzelfragen. Grundsatz ist für Vereinigung, Quotenverschiebung, Raumverschiebung, Einigung und Eintragung gemäß § 873 (877) BGB. Zweifel erheben sich bezüglich der Anwendung der Auflassungsform nach § 4 WEG, §§ 925, 925a wie auch 313 BGB (s. § 4 Rz 16f.; *Bärmann-Pick,* § 4 Rz 6).

42 Nicht der Auflassungsform bedarf eine Änderung der Vereinbarung nach § 10 WEG; für deren Eintragung genügt Einigung und Eintragungsantrag der Beteiligten bzw. die Vorlage des Beschlusses mit Eintragungsantrag (s. o. § 3 Rz 29; *Bärmann-Pick,* § 3 Rz 72). *Merle* lehnt grundsätzlich die Auflassungsform nach § 4 ab (a. a. O. S. 190). Die **Unterteilung,** die sich nach § 8 WEG analog vollzieht, bedarf der Form des § 4 WEG, also der Auflassung nicht (s. o. § 8 Rz 9; *Bärmann-Pick,* § 4 Rz 7). Auch hier halten an der Auflassungsform fest *Haegele/Schöner/Stöber,* Grundbuchrecht, Nr. 1586.

43 Die **Berichtigung** des Grundbuches bei Abweichung vom Aufteilungsplan erfolgt über § 14, § 22 GBO, sofern nicht eine einstimmige Änderung der Teilungserklärung und der Vereinbarung erforderlich ist (s. o. § 7 Rz 22; *Bärmann-Pick,* § 7 Rz 44). Für den

Allgemeine Grundsätze § 10

Tausch von Sondernutzungsrechten lehnen *Haegele* u.a. (Nr. 1586c) die Auflassungsform ab. Zum grundbuchmäßigen Vollzug s. *Röll,* DNotZ 78, 218; BayObLG, NJW 58, 2116; *Röll,* MittBayNot 79, 219.

13. Ganze oder teilweise **Aufhebung des Sondereigentums** 44
Sie ist nur mit Einigung aller Eigentümer in der Form der Auflassung nach § 4 WEG möglich. Die Wohnungsgrundbücher sind zu schließen (§ 9 Abs. 1 WEG). Bei ganzer oder teilweiser Zerstörung i. S. des § 22 Abs. 2 WEG kann auch ein einzelner Wohnungseigentümer die Aufhebung verlangen. Die Aufhebung der Gemeinschaft erfolgt nach § 17 WEG (s. o. § 17 Rz 1 ff.; *Bärmann-Pick,* § 17 Rz 7, *Weitnauer,* § 17 Rz 5).

14. Die **Reformpläne** der Gesetzgebung 45
Zu einem Endergebnis ist es nicht gekommen. Zu den einzelnen Entwürfen und ihrer Kritik s. *Bärmann/Seuß,* T. XIX u. oben Einl. Rz 20 ff. Der erste Entwurf des Bayer. Justizministeriums vom 15. Februar 1976 sah eine Ergänzung des § 5 WEG dahingehend vor, daß keine Änderung einer Zustimmung der Grundpfandrechtsgläubiger bedürfe.

§ 10 Allgemeine Grundsätze

(1) **Das Verhältnis der Wohnungseigentümer untereinander bestimmt sich nach den Vorschriften dieses Gesetzes und, soweit dieses Gesetz keine besonderen Bestimmungen enthält, nach den Vorschriften des Bürgerlichen Gesetzbuches über die Gemeinschaft. Die Wohnungseigentümer können von den Vorschriften dieses Gesetzes abweichende Vereinbarungen treffen, soweit nicht etwas anderes ausdrücklich bestimmt ist.**

(2) **Vereinbarungen, durch die die Wohnungseigentümer ihr Verhältnis untereinander in Ergänzung oder Abweichung von Vorschriften dieses Gesetzes regeln, sowie die Abänderung oder Aufhebung solcher Vereinbarungen wirken gegen den Sondernachfolger eines Wohnungseigentümers nur, wenn sie als Inhalt des Sondereigentums im Grundbuch eingetragen sind.**

(3) **Beschlüsse der Wohnungseigentümer gemäß § 23 und Entscheidungen des Richters gemäß § 43 bedürfen zu ihrer Wirksamkeit gegen den Sondernachfolger eines Wohnungseigentümers nicht der Eintragung in das Grundbuch.**

§ 10 1–3   I. Teil. Wohnungseigentum

(4) **Rechtshandlungen in Angelegenheiten, über die nach diesem Gesetz oder nach einer Vereinbarung der Wohnungseigentümer durch Stimmenmehrheit beschlossen werden kann, wirken, wenn sie auf Grund eines mit solcher Mehrheit gefaßten Beschlusses vorgenommen werden, auch für und gegen die Wohnungseigentümer, die gegen den Beschluß gestimmt oder an der Beschlußfassung nicht mitgewirkt haben.**

I. Grundsätzliches

1   Zur Rechtsnatur des WEs siehe Einleitung Rz 5 ff. Zur Rechtsnatur der WEer-Gemeinschaft s. insbesondere die Entscheidung des OVG Schleswig aus Anlaß der Rechtsfrage, ob sie Schuldnerin einer Abfallgebühr sein könne; dies wird verneint mit der Feststellung, die WEer-Gemeinschaft sei nicht rechtsfähig und könne als solche nicht Trägerin von Rechten und Pflichten sein kann (OVG Schleswig, NJW-RR 92, 457); damit sei ein an die WEer-Gemeinschaft zu Händen des Verwalters gerichteter Gebührenbescheid nichtig (OVG Schleswig, a. a. O.). Zur Teilung durch den Eigentümer nach § 8 und der von ihm zugrundegelegten Gemeinschaftsordnung siehe oben § 8 Rz 13.

2   Mit Eintritt der dinglichen Bindung i. S. des § 873 Abs. 2 BGB, sogar schon mit Bindung in der Form des § 313 für den schuldrechtlichen Vertrag kann in Folge der §§ 3, 8 die spezifische WEer-Gemeinschaft i. S. der §§ 10 ff. entstehen, nicht erst mit Eintragung aller WEs-Rechte. Auf diese Gemeinschaft sind u. U. schon §§ 10 ff. anwendbar (a. A. für den Fall einer Erbengemeinschaft OLG Hamm, MDR 68, 413; s. unten Rz 2 f. vor § 43); §§ 741 ff. BGB sind nur mit Einschränkung anwendbar. Der Erwerber tritt ggfs. schon vor Eintragung in die WEer-Gemeinschaft ein. LG Wuppertal, Rpfleger 72, 451: Voraussetzungen sind jedoch Veräußerung, Bezug, Auflassungsvormerkung (s. auch KG, NJW 70, 330 und BayObLG, NJW 74, 1134 = Rpfleger 74, 314).

3   Verhältnis zu §§ 741 ff., 1008 ff: Sie sind grundsätzlich anwendbar, jedoch scheiden §§ 749–758 BGB wegen § 11 aus; anders beim Ausnahmefall des § 11 Abs. 1 Satz 2 oder bei Beschluß der WEer über die Aufhebung. § 742 BGB wird nicht praktisch. Bezüglich § 743 siehe § 16, §§ 13 Abs. 2, 14 und 15. Wegen §§ 744–746 s. §§ 20–29. § 747 BGB entspricht dem Verfügungsrecht über das WE als solches. Über das Grundstück können nur alle WEer gemeinschaftlich verfügen (Einstimmigkeit auch für den Hinzuerwerb eines Grundstücks; s. § 21 Rz 37). Die gegenständlich abge-

Allgemeine Grundsätze 4–6 **§ 10**

grenzte Gebrauchsregelung für eine Garagenanlage bedarf der **einstimmigen Vereinbarung** (BayObLG, NJW 74, 152), ebenso die nicht unbeträchtliche Veränderung des optischen Gesamteindrucks der Wohnanlage (OLG Frankfurt, Rpfleger 80, 112). Zur **Vollstreckung** in einen gemeinschaftlichen Gegenstand, soweit derselbe überhaupt selbständig pfändbar ist, insbesondere Zubehör oder unwesentlichen Bestandteil, ist Titel gegen alle erforderlich (§ 736 ZPO). Bei Feststellung gemeinschaftlichen Rechtes, z. B. bei Besitzentziehung, sind die WEer notwendige Streitgenossen (§ 62 ZPO Fall 1). § 748 BGB istdurch § 16 neugeregelt. §§ 749–751 BGB sind grundsätzlich wegen § 11 unanwendbar. §§ 752–758 sind anwendbar, falls die WEer-Gemeinschaft durch Aufhebung des SEs aufgehoben wird. Zu § 1009 Abs. 1 BGB s. o. § 1 Rz 23 f. über die Belastung mit Grunddienstbarkeiten usw.; § 1010 Abs. 1 ist durch §§ 20 ff. ersetzt.

Im Falle einer **Gesamtbelastung** kann Interesse der WEer bestehen, eine Vereinbarung im Sinne des § 1010 Abs. 2 BGB in das Grundbuch einzutragen oder von vornherein in die Vereinbarung i. S. des § 10 aufzunehmen (Berichtigung der Gesamtschuld aus dem gemeinschaftlichen Gegenstand im Falle der Aufhebung der Gemeinschaft). Gleiches gilt für § 756. Andere Regelungen sind unbenommen (§§ 677, 812 ff., 273 BGB). Aus § 1011 BGB ergibt sich auch für den WEer Geltendmachung der Rechte in Ansehung der gemeinschaftlichen Teile, Herausgabeanspruch gem. § 432 BGB nur an alle. Auch die Feststellung des Eigentums aller WEer kann vom einzelnen eingeklagt werden, ebenso Ansprüche aus Besitz, jedoch nur mit Wirkung für und gegen alle. Auch Ansprüche nach §§ 987, 989, 990 BGB können vom einzelnen geltend gemacht werden, soweit teilbar, auch für seinen Teil allein zur Leistung an ihn. **4**

II. Juristische Natur der Vereinbarung

Vgl. Einleitung Rz 16. Verdinglichtes Rechtsgeschäft, soweit die Eintragung als Inhalt des SEs erfolgt. **5**

Unter Vereinbarung i. S. des § 10 **Abs. 1 S. 2** ist das vertraglich bzw. einseitig (gemäß § 8) festgelegte **Realstatut** der Gemeinschaft, d. h. die **Grundordnung** zu verstehen (*Bärmann-Pick,* § 10 Rz 24; BayObLG, Rpfleger 79, 108). Sie hat den Charakter einer **Satzung** (BGH, DerWEer 87, 23). Mit ihr regeln die WEer ihre Rechtsbeziehungen hinsichtlich des SEs, GemEs und des Mitgliedschaftsrechts, vergleichbar der Satzung des Vereins (vgl. a. *Ritzinger,* BWNotZ 81, 153). **6**

7 Wird eine Vereinbarung nach § 10 nicht getroffen, besteht gesetzliches Schuldverhältnis nach WEG. Kein Austauschverhältnis. Schutz- und Treupflichten nach § 242 BGB (s. *Staudinger-Weber*, Einführung 351 ff., 425, 402 ff. vor § 242). **Auslegung** erfolgt entspr. §§ 133, 157 BGB (BayObLG, DerWEer 85, 125/LS), im Verfahren durch den Tatrichter (BayObLG, DerWEer 85, 126/LS). Als Bestandteil der Eintragung unterliegt sie auch der selbständigen Auslegung durch das Rechtsbeschwerdegericht (BGHZ 37, 148; OLG Hamm, DerWEer 88, 27; RGRK-Augustin, § 10 Rz 36). Der **Vorrang** einer Vereinbarung vor den abdingbaren Regeln des WEG ist nur dann und nur insoweit anzuerkennen, als der Wille vom Gesetz abzuweichen, erkennbar zum Ausdruck gebracht ist (BGHZ 53, 307; BayObLG, MDR 72, 691; AG Köln, ZMR 77, 84).

8 Insbesondere nicht anwendbar sind die §§ 320 ff., 323 ff. BGB. Verzug, Nicht-Leistung und Unvermögen eines Teils berühren Gültigkeit einer Vereinbarung oder des gesetzlichen Schuldverhältnisses nicht, auch nicht die Verpflichtung der anderen. Einrede des nichterfüllten Vertrages nach § 320 BGB ist ausgeschlossen.

9 Es besteht die allgemeine Haftungsumfang des BGB, nicht nur culpa in concreto. Erleichterte Haftung des § 708 BGB gilt nicht.

10 Mit der **Eintragung** der Vereinbarung als Inhalt des SEs erfolgen ihre Verdinglichung und Wirkung für Sondernachfolger im WE, ohne Rücksicht auf deren Kenntnis (OLG Frankfurt, DerWEer 83, 121; vgl. OLG Köln, NJW-RR 93, 844). Die GemO ist durch Bezugnahme **Teil der Eintragung** im Ws-GB (BayObLG, Mitt-BayNot 82, 30 = Rpfleger 82, 15).

11 §§ 823 ff. BGBG sind uneingeschränkt anwendbar. Dies gilt auch für die Konkurrenz der Haftung aus Vertrag und unerlaubter Handlung.

12 Zu **unterscheiden** ist zwischen **Vereinbarung** i. S. des § 10 und **Beschlüssen** (§ 23) mit Mehrheit (vgl. *Bärmann* zu BayObLG, NJW 59, 1277; s. a. BayObLG, MDR 73, 673). Auch letztere werden dinglich mit ihrem ordnungsgemäßen Zustandekommen (§ 10 Abs. 3), selbst ohne Eintragung (LG Köln, ZMR 77, 377). Ob eine Vereinbarung oder ein (einstimmiger) Beschluß vorliegt, ist **Auslegungsfrage** (BayObLG, NJW 74, 1134; OLG Hamm, Rpfleger 78, 60). Beschlüsse beruhen auf gleichgerichteten Willenserklärungen, Vereinbarungen haben gegenseitige korrespondierende Verpflichtungen zum Gegenstand (OLG Köln, NJW-RR 92, 598). Nicht alles, was in der GemO geregelt ist, hat Vereinbarungsqualität (OLG Hamm, a. a. O.). Für die Vereinbarung kann nur **Einstimmigkeit** gelten. Eine (allgemein) abweichende Regelung

Allgemeine Grundsätze 13–15 § 10

durch Vereinbarung einer (künftigen) Mehrheit ist unzulässig (OLG Köln, OLGZ 82, 413 = DNotZ 82, 753 = Rpfleger 82, 278 = DerWEer 83, 28; OLG Frankfurt, OLGZ 84, 146; a. A. *Röll* in MK, § 10 Anm. 22 und *Weitnauer*, § 10 Rz 17c; s. a. *Bärmann-Pick*, § 10 Rz 54 und oben Rz 25, 36 Vor § 10).

III. Begründung (Änderung) der Vereinbarung

Siehe § 2 Rz 9, § 7 Rz 21, § 8 Rz 9ff. und Einleitung Rz 24ff. **13** Vor § 10. Während keine Zustimmung der Realgläubiger bei Begründung von Wohnungseigentum erforderlich ist (s. § 1 Rz 21), bedarf jede Inhaltsänderung des WEs der Zustimmung der **Grundpfandrechtsgläubiger** nach §§ 876, 877 BGB (LG Berlin, Rpfleger 75, 59 und OLG Frankfurt, Rpfleger 75, 309 m. weiteren Nachweisen), z. B. im Fall der Einräumung von Sondernutzungsrechten (BayObLG, MittBayNot 80, 211) oder Umwandlung von Ws- in Te oder umgekehrt (BayObLGZ 89, Nr. 7 = der WEer 89, 132). Sachgerecht erscheint, auf das Kriterium der **Betroffenheit** der Realgläubiger abzustellen (wie hier auch BayObLGZ 89, Nr. 7 = DerWEer 89, 132; *Röll*, Rpfleger 80, 90; vgl. *Bärmann-Pick*, § 10 Rz 37, 55f.). Zur Änderung der Teilungserklärung s. *Röll*, Rpfleger 76, 283.

Grundsätzlich ist **Einstimmigkeit** notwendig für Vereinba- **14** rung, auch beim Zustandekommen nach § 8 (AG München, DerWEer 83, 95). Sie kann auch in der Weise wirksam werden, daß ein Teil der WEer in der Versammlung der andere Teil nachträglich schriftlich zustimmt (KG, DerWEer 89, 69), **sukzessive** Vereinbarung. Es besteht keine Pflicht zur **Zustimmung,** außer wenn Treupflichten aus Mitgliedschaft (§ 242 BGB) dies fordern (*Tasche*, DNotZ 73, 464; *Schmid*, BlGBW 81, 128; OLG Frankfurt, Rpfleger 79, 109; OLGZ 84, 146). Dazu ist § 21 Abs. 4 und § 22 Abs. 1 Satz 2 zu beachten. Streitig ist, inwieweit ein WEer an seine ursprüngliche Zustimmung zur Änderung der Vereinbarung gebunden ist (vgl. bejahend BayObLG, ZMR 79, 220; verneinend OLG Stuttgart, BWNotZ 75, 93). Grundsätzlich ist davon auszugehen, daß Entscheidungen in Versammlungen fallen und bis dahin **Widerruflichkeit** besteht. In Ausnahmefällen kann ein abredewidriges Abstimmungsverhalten gegen Treu und Glauben verstoßen (vgl. BayObLG a. a. O.). Für eine Bindung nur innerhalb angemessener Zeit auch BayObLGZ 80, 154 = Rpfleger 80, 260 = ZMR 80, 251.

§ 313 BGB ist nicht anwendbar, obgleich die Vereinbarungen **15** durch Eintragung dinglicher Inhalt werden.

16 Wird die Vereinbarung mit einer Änderung an dem Eigentumsbestandteil (ME und SE) verbunden, dann ist die Form der §§ 873 und 925 BGB zu wahren (dazu oben § 4 Rz 1 ff.).
Verdinglichung erfolgt nach § 10 **Abs. 2** mit der Eintragung. Das materielle Konsensprinzip und das Legalitätsprinzip gelten insoweit nicht. Es genügt die Abgabe einer Eintragungsbewilligung i. S. der §§ 19, 22 GBO (BayObLG, Rpfleger 80, 111 = ZMR 80, 122).

17 Eine **Vormerkung** zur Sicherung des Anspruchs auf Eintragung des Inhalts des SEs nach § 883 BGB ist möglich, auch bei Teilung des Alleineigentümers nach § 8, wenn ein Dritterwerber hinzutritt.

Weicht die Eintragung vom materiellrechtlich vereinbarten Inhalt ab, ist das Grundbuch unrichtig (§ 894 BGB anwendbar).

Wegen Bezeichnung des Inhalts s. § 7 Abs. 3: **Bezugnahme** auf Eintragungsbewilligung.

18 Auch **Änderungen** bedürfen wegen der oben beschriebenen Rechtsnatur grundsätzlich der Einstimmigkeit (zum **Vorbehalt** der Änderung im Beschlußweg s. Rz 25 f. vor § 10). Ausnahmsweise kann sich eine Versagung der Zustimmung durch einen WEer als **Verstoß** gegen **Treu** und **Glauben** darstellen (OLG Köln, Der-WEer 83, 28 = OLGZ 82, 413 = DNotZ 82, 753; AG München, DerWEer 83, 95; OLG Frankfurt, DerWEer 84, 62). Damit sind an die Durchsetzung der Änderung mittels Anspruches auf Zustimmung außerordentlich strenge Anforderungen zu stellen (BayObLG, DerWEer 85, 57), ähnlich OLG Düsseldorf (DerWEer 85, 95/LS = 85, 122). Ein bloßer Mehrheitsbeschluß reicht aber auch in diesem Fall nicht aus (OLG Düsseldorf, a. a. O.: notfalls Verfahren nach § 43 Abs. 1 Nr. 1 gerichtet auf Zustimmung der die Zustimmung verweigernden WEer).

IV. Vertragsfreiheit als Grundsatz

19 Siehe Rz 7 ff. vor § 10.

a) *Ausnahmen:* Siehe Rz 7 vor § 10.

b) *Möglicher Inhalt der Vereinbarung:* Grundsätzlich alles, was das **Verhältnis der WEer** zueinander betrifft, sei es in Bezug auf die Gegenstände des SEs, sei es auch (trotz der Charakterisierung als Inhalt des SEs) in Bezug auf das ME (zuletzt BayObLGZ 81, 56 = Rpfleger 81, 299 = WEM 81, H. 2 S. 62), die gemeinschaftlichen Gegenstände und die Mitgliedschaftsrechte in der WEer-Gemeinschaft (BayObLG, Rpfleger 79, 108). Es muß sich um die **Grundlagen** des Gemeinschaftslebens handeln, vergleichbar mit der **Satzung** des Vereins (z. B. Stimmrecht nach Bruchteilen statt nach Köpfen, OLG Hamm, Rpfleger 75, 401 = ZMR 76, 310). So etwa, daß zur Überlassung der Wohnung an einen Dritten **Zustimmung** des **Verwalters oder** der **WEer**-Gemeinschaft erforderlich ist (BGHZ 37, 203 = DNotZ 63, 180, mit zustim. Anm. v. *Weitnauer* auf Vorlage des BayObLG, DNotZ 62, 315, gegen OLG Frankfurt, DNotZ 59, 476, m. w. Nachweisen; allg. zur Ermächtigung dieser Art unten § 15 Rz 14) oder daß das Gebäude durch Verpachtung an eine Hotelgesellschaft oder sonstige geeignete Personen gewerblich genutzt wird und daß die Einzelheiten der Beschlußfassung durch die TEer unterliegen (BayObLG, Rpfleger 82, 15, 63), daß mehrere Mitberechtigte an einem WE verpflichtet sind, Bevollmächtigten zur Ausübung des Stimmrechts zu bestellen (*Diester*, Rpfleger 63, 69).

Das gilt auch für die **Beschränkung der Vertretung** eines WEers 20 in der Versammlung auf einen bestimmten Personenkreis (OLG Karlsruhe, OLGZ 76, 273 = MDR 76, 758). Auch eine Vereinbarung über Art und Weise der Aufhebung der Gemeinschaft, spätere Teilung usw. ist möglich. Handelt es sich dabei um Verpflichtungen zur Übertragung des Eigentums, dann ist § 313 BGB zu beachten (OLG Köln, NJW 49, 64), sofern nicht die Vereinbarung selbst schon wegen Aufnahme im Begründungsakt für WE diese Form hat. Vereinbarungscharakter kann nach LG Mannheim (ZMR 76, 281 = WM 76, 210) auch der einstimmige Beschluß über die Fahrstuhlkosten haben. Ebenso die Zuweisung des Gartens zur ausschließlichen Nutzung einzelner WEer (AG Köln, ZMR 77, 84). Für zulässig hält das LG München (Rpfleger 78, 381) den Ausschluß eines WEers von der Teilnahme an Versammlungen bei Verzug mit der Zahlung von Beiträgen an die Gemeinschaft (bedenklich!). Ein **Verbot** der **Hundehaltung** bedarf einer Vereinbarung, ein Beschluß reicht dazu nicht aus (KG v. 13. 1. 92 – 24 W 2671/91).

Ein **Vorkaufsrecht** ist nicht als Inhalt des WEs, sondern nur als 21 Belastung möglich (OLG Celle, DNotZ 55, 320 = NJW 55, 953, s. § 1 Rz 22). Nicht zulässig sind auch Vereinbarungen, durch die unmittelbar Verpflichtungen gegenüber Dritten eingegangen werden, da Vereinbarungen nur das Verhältnis der WEer **untereinander** regeln (BayObLG, NJW 74, 2134 = Rpfleger 74, 360 = MittBayNot 74, 208 = MDR 74, 1020; OLG Frankfurt, MDR 83, 580). Ein Ausschluß des § 5 Abs. 2 in der GemO ist ebenfalls unzulässig (BayObLG, DerWEer 81, 27).

Dagegen ist die Vereinbarung einer **Konkurrenzschutzklausel** 22 unbedenklich (BGH, NJW 74, 2317; OLG Hamm, DerWEer 86, 90), ebenfalls von **Sondernutzungsrechten** einzelner Wohnungseigentümer (BayObLG, NJW 75, 59, allg. M.). Zur Ermächtigung

§ 10 23–27 I. Teil. Wohnungseigentum

zu künftigen Eingriffen in die Rechte der Wohnungseigentümer, durch Dritte in der Vereinbarung (z. B. Begründung von Sondernutzungsrechten) siehe unten § 15 Rz 14.

23 Die Unterwerfung unter **Zwangsvollstreckung** wegen **Wohngeld** (Zinsen, Verwaltungskosten) ist zulässig, wenn das Wohngeld bestimmbar aus gegebenen Rechnungsgrößen ist (OLG Celle, ebenda). Die Vereinbarung kann von § 288 BGB abweichende Höhe der Verzugszinsen vorsehen (OLG Celle, ZMR 85, 103; AG Hamburg, DerWEer 89, 77).

24 c) *Form und Zustandekommen:* Sie oben Rz 14 ff. und § 4: §§ 873 ff. BGB sind anwendbar, da es sich zwar nicht um die Änderung des Inhalts eines Rechtes an einem Grundstück i. S. des § 877 handelt, aber um die Änderung eines Elementes des WEs selbst.

25 Zur **Zustimmung Drittberechtigter**, insbesondere Grundpfandrechtsgläubiger siehe oben § 1 Rz 21. Zur Änderung der Vereinbarung (GemO) ist ihre Zustimmung im allgemeinen nicht erforderlich, sondern nur dann, wenn sie von der Änderung **betroffen** sein können (*Bärmann-Pick,* § 10 Rz 55; BayObLG, MDR 74, 847; DNotZ 75, 31; LG Stuttgart, BWNotZ 74, 133; *Ertl,* DNotZ 79, 281; *Röll,* Rpfleger 80, 90). Dies ist z. B. der Fall bei Veräußerungsbeschränkungen nach § 12, Benutzungsbeschränkungen bez. des MEs, des SEs und der Veräußerung von Sondernutzungsrechten. So bedarf die Vereinbarung der WEer über eine Benutzungsregelung am Kfz-Abstellplatz der Zustimmung dinglich Berechtigter (BayObLG, WEM 80, 171 = MittBayNot 80, 211; BGH, NJW 84, 2409; OLG Stuttgart, Die Justiz 83, 49 = Rpfleger 83, 7; a. A. OLG Frankfurt, Rpfleger 75, 309). Sie ist auch dann erforderlich, wenn sie in der Vereinbarung der WEer diese Zustimmung ausdrücklich **vorbehalten** worden ist. Haben die Grundpfandrechtsgläubiger die Änderung der Vereinbarung zum Kündigungsgrund gemacht, so ist diese Folge von den WEern wirtschaftlich zu beachten. Die Zustimmung der Grundpfandrechtsgläubiger ist **nicht** erforderlich, wenn in der GemO die Mitwirkung der übrigen WEer ausgeschlossen ist (BayObLGZ 89, Nr. 7 = DerWEer 89, 132).

26 Dingliche Wirksamkeit der Vereinbarung entsteht erst mit Eintragung; über die Bindungswirkung siehe aber § 3 Rz 33.

27 §§ 19, 29 GBO sind zu beachten: d. h. es bedarf der **Bewilligung** aller WEer (BayObLG, Rpfleger 79, 108 = DNotZ 79, 174 = WEM 80, 171 = MDR 81, 56; ZMR 79, 382; OLG Frankfurt, Rpfleger 79, 109). Dies gilt auch für die Vollmacht des Vertreters (BayObLG, a. a. O.). Zum Prüfungsrecht des GBAs s. o. § 7 Rz 46.

d) *Vertragliche Veräußerungsbeschränkungen:* Siehe § 12.

Allgemeine Grundsätze 28–32 § 10

V. Beschlüsse der WEer

Sie entfalten **dingliche Wirkung** auch ohne Eintragung und ohne besondere Formerfordernisse gemäß **Abs. 3** (LG München, DerWEer 83, 124). Dies schließt aber Eintragungsfähigkeit nicht aus, als Inhalt des SEs (*Bärmann-Pick,* § 10 Rz 64; a. A. die h. M. zuletzt OLG Frankfurt, Rpfleger 79, 315; 80, 231). Nach BayObLG (DerWEer 83, 94) soll dies auch gelten, wenn ein (nicht angefochtener) Beschluß eine Vereinbarung ändert (a. A. zur sog. **Pseudovereinbarung** LG Bielefeld, Rpfleger 81, 355). Auch können einzelne WEer die Eintragung solcher Beschlüsse verlangen; nach § 13 GBO ist bei Eintragungsfähigkeit jeder antragsberechtigt, dessen Recht betroffen oder der begünstigt wird. Siehe auch den Anspruch auf ordnungsmäßige Verwaltung nach § 21 Abs. 4. 28

Die Zuständigkeit zu Beschlüssen kann durch Vereinbarung geregelt werden. Sonst siehe §§ 23 ff., 15 Abs. 3, 21 Abs. 3, 28 Abs. 4, 5; 29 Abs. 1. 29

Empfehlenswert ist, dem Verwalter in der Vereinbarung die Verpflichtung aufzuerlegen, die Beschlüsse genau zu protokollieren und einschlägige Urkunden sowie richterliche Entscheidungen zuverlässig aufzubewahren. Auf Erwerber gehen alle Rechte und Pflichten aus den Beschlüssen über, auch bei Gutgläubigkeit. Er übernimmt auch darin enthaltene Lastenbeitragsverpflichtungen. 30

VI. Richterliche Entscheidungen

Es gilt das oben Gesagte. Nur die Entscheidung nach 43 gehört hierher. 31

VII. Wirkung der Mehrheitsbeschlüsse

Aus der Gesamtwirkung aller Mehrheitsbeschlüsse folgt die gesamtschuldnerische **Haftung** nach §§ 427, 830 BGB sowie die unmittelbare Verpflichtung auch der **Minderheit** und der **Abwesenden** (OLG Karlsruhe, Justiz 83, 416). Dies gilt auch zugunsten des durch Mehrheit beauftragten Verwalters gewissermaßen für den Rahmen seiner Vollmacht. Ein überstimmter WEer kann aber das Gericht gem. § 43 Abs. 1 Nr. 4 anrufen, wenn der Beschluß der Ordnungsmäßigkeit der Verwaltung (§ 21 Abs. 4) widerspricht. §§ 226, 242 BGB sind daneben anwendbar. **Nicht befugt** ist die Gemeinschaft zu Beschlüssen, die sich mit Materien befassen, die nur durch Vereinbarungen gem. § 10 II WEG geregelt werden 32 können; dies hat zur Folge, daß solche Beschlüsse die betroffenen Wohnungseigentümer auch dann nicht binden, wenn sie nach § 23 IV WEG bestandskräftig geworden sind (OLG Köln, NJW-RR 92, 598); die Einräumung eines ausschließlichen Sondernutzungsrechts am Grundstückseigentum bedarf grundsätzlich einer Vereinbarung; ein unangefochten gebliebener Mehrheitsbeschluß wie auch ein einstimmiger Beschluß ist insoweit unzureichend (OLG Köln, NJW-RR 92, 598); auch Wohnungseigentumsanlagen mit hoher Wohndichte rechtfertigen nicht das generelle Verbot der Hundehaltung ohne Vorliegen konkreter Belästigungen. Ein untersagender Mehrheitsbeschluß der Wohnungseigentümer ist unwirksam, selbst wenn er nicht angefochten worden ist (KG, NJW 92, 2577); die Wohnungseigentümergemeinschaft ist nicht befugt, durch Mehrheitsbeschluß auf rückständige Beiträge zu den Lasten und Kosten des gemeinschaftlichen Eigentums unabhängig von Eintritt und Höhe eines Verzugsschadens pauschal 10% Zinsen zu erheben, es sei denn, sie wäre dazu durch Teilungserklärung oder Vereinbarung ermächtigt (BGH, NJW 91, 2367, Anm. Weitnauer, JZ 92, 369 Entscheidungssammlung). Nach BayObLG hat die Regelung einer Materie – die einer Regelung durch Mehrheitsbeschluß nicht zugänglich ist – zur Folge, daß regelmäßig Vereinbarung anzunehmen ist (BayObLG, NJW-RR 92, 81).

33 Über Beschlußfähigkeit s. § 24 Abs. 3. In Angelegenheiten, die Einstimmigkeit verlangen, sind Mehrheitsbeschlüsse verbindlich, insbesondere auch bei allen Verfügungsbehandlungen, falls sie nicht angefochten sind (s. § 23 Rz 17). Zu Verwaltungshandlungen siehe § 20 Rz 6 ff.

34 Einstimmigkeit gilt vor allem für Änderung des Bestimmungszweckes, etwa grundsätzliche Zulassung von gewerblichen Betrieben (s. a. § 13 Rz 5 ff).

Zur Gebrauchsregelung siehe § 15.

35 **Vertragsstrafen** sind möglich für Übertretungen der Vereinbarungen (§§ 339 ff. BGB); ebenfalls sind Geldstrafen für Zuwiderhandlungen gegen Gemeinschaftspflichten in der GemO begründbar, die Verhängung erfolgt dann durch Mehrheitsbeschluß (OLG Frankfurt, OLGZ 79, 25). Nach BayObLG, NJW 60, 292 haben solche Strafen die Rechtsnatur von **Vereinsstrafen** mit der Nachprüfung durch das Gericht (i. S. des § 43).

VIII. Begünstigende Vereinbarungen und Beschlüsse

36 Sie wirken ebenfalls für und gegen den Sonderrechtsnachfolger.

§ 11 Unauflöslichkeit der Gemeinschaft

(1) **Kein Wohnungseigentümer kann die Aufhebung der Gemeinschaft verlangen. Dies gilt auch für eine Aufhebung aus wichtigem Grund. Eine abweichende Vereinbarung ist nur für den Fall zulässig, daß das Gebäude ganz oder teilweise zerstört wird und eine Verpflichtung zum Wiederaufbau nicht besteht.**

(2) **Das Recht eines Pfändungsgläubigers (§ 751 des Bürgerlichen Gesetzbuches) sowie das Recht des Konkursverwalters (§ 16 Abs. 2 der Konkursordnung), die Aufhebung der Gemeinschaft zu verlangen, ist ausgeschlossen.**

I. Rechtslage nach §§ 741 ff. BGB, 16 KO

Nach § 749 BGB kann die Aufhebung der Gemeinschaft erzwungen werden. Selbst der Ausschluß hindert nicht das Verlangen derselben aus wichtigem Grund. Auch die Wirkung einer Kündigungsfrist wird dadurch beseitigt. Gemäß § 750 endet die Vereinbarung über zeitlichen Ausschluß der Aufhebung mit dem Tod eines Teilhabers. Pseudodingliche Wirkung für und gegen Sonderrechtsnachfolger, nicht aber gegenüber Gläubigern eines Teilhabers (§ 751).

Dagegen schließt das **WEG** ein Aufhebungsverlangen (§ 749 bis 751) aber auch Teilungsvorschriften (§§ 752 ff.) aus: § 11 bestimmt Unauflösbarkeit. Die sachenrechtliche Entsprechung hierzu ist § 6.

II. Voraussetzungen

§ 11 ist **unabdingbar,** nicht dispositives Recht (BayObLG, Rpfleger 80, 110). Auch das **Gemeinschaftsvermögen** unterliegt der unauflöslichen Verbindung mit ME und SE. Auflösung des Überschusses erfolgt möglicherweise nach Jahresrechnung: dann sind Verteilung des Überschusses an die einzelnen WEer und Vollstreckung in das Guthaben möglich (a. M. *Weitnauer*, § 27 Rz. 17, § 11 Rz. 8: wie hier *Palandt-Bassenge*, § 1 Rn. 16).

Die **Zwangsvollstreckung** gegen WEer richtet sich gegen das WE als Ganzes, nicht getrennt in ME oder SE oder Mitgliedschaftsrecht. Die Vollstreckung richtet sich nach §§ 864 ff. ZPO und ZVG.

Die Rechte eines Pfändungsgläubigers eines WEers nach § 751 BGB und eines Konkursverwalters nach § 16 Abs. 2 KO sind ausdrücklich durch Abs. 2 ausgeschlossen.

§ 11 5–10   I. Teil. Wohnungseigentum

5   Vereinbarte **Veräußerungsbeschränkungen** nach § 12 oder Vorkaufsrechte sind nach allgemeinem Recht zu beachten, auch im Falle der Zwangsversteigerung (s. § 12).

III. Ausnahmen

6   1. *Allgemeines* (insbesondere Vereinbarungen): Eine entsprechende Vereinbarung ist nicht als Bedingung bei Begründung des WEs anzusehen (Abs. 1 Satz 3). Sie ist ein Fall des § 4, also sind Einigung und Eintragung erforderlich. Form nach § 4 Abs. 2, §§ 313, 925, 925a BGB und vor allem § 4 Abs. 3. Schließung der Ws-Grundbücher nach § 9 Abs. 1 Nr. 1 erfolgt bei Aufhebung. Wird SE aufgehoben, entsteht gewöhnliches ME und Gemeinschaft nach §§ 741 ff. Dann kann jeder MEer Aufhebung nach § 749 verlangen: auch § 751 BGB und § 16 KO werden wieder anwendbar. Entsteht Alleineigentum, dann ist Antrag auf Schließung der Ws-Grundbücher nach § 9 Abs. 1 Nr. 3 möglich.

7   Beim Heimfall einer Heimstätte an WE schließt sich keine unmittelbare Aufhebung des WEs an. Ebenso bei WohnungserbbR.

Bei Auseinandermessung eines Grundstücks mit mehreren selbständigen Gebäuden bedürfte es einstimmiger Einigung aller über die Entstehung von Alleineigentum und Aufhebung der Gemeinschaft und des WEs. Einigung und Eintragung sind auch nötig bei Verschiebung der Bestandteile eines SEs oder Aufteilung unter einige MEer am gesonderten ME (§ 4). Nach Begründung kann eine Aufhebung der Gemeinschaft im Wege der Vereinbarung jederzeit erfolgen (BayObLG, Rpfleger 80, 110 für den Fall der im Anschluß an die Begründung folgenden Aufhebungsvereinbarung).

8   2. *Zerstörung:* Ist die Verpflichtung zum **Wiederaufbau** vereinbart, ist ein Verlangen auf Aufhebung der Gemeinschaft auch nicht bei Zerstörung berechtigt. Selbst gänzliche Zerstörung hebt das WE nicht auf, es besteht als ideelle Berechtigung weiter.

9   Ob eine Verpflichtung zum Wiederaufbau besteht, bestimmt sich ausschließlich nach § 22 Abs. 2 und einer hierfür getroffenen Vereinbarung. § 22 Abs. 2 ist abdingbar. Nur wenn Vereinbarung nicht getroffen und Verpflichtung aus § 22 Abs. 2 nicht besteht, kann nach ganzer oder teilweiser Zerstörung ohne Rücksicht auf den Zerstörungsgrad die Auflösung nach § 11 Abs. 1 Satz 3 verlangt werden.

10   3. *Wichtiger Grund:* Im Gegensatz zu § 749 Abs. 2 BGB berechtigt auch dieser nicht, Aufhebung zu verlangen. Dagegen ist die Vereinbarung möglich, daß ein gewisser Grad der Zerstörung als wichtiger Grund für Verlangen auf Auflösung anzusehen ist und die Wiederaufbauverpflichtung entfällt.

4. *Zustimmungsersetzung:* Eine Vereinbarung nach § 11 Abs. 1 **11**
Satz 3 ist auch dann (einstimmig) erforderlich, wenn keine Wiederaufbaupflicht nach § 22 Abs. 2 besteht. Ausweg ist in diesem Fall die Zustimmungsersetzung durch das Verfahren nach § 43. Ansprüche aus Durchführung der Teilung sind dagegen im ordentlichen Rechtsweg aus §§ 753, 755, 756 BGB zu verfolgen. Das Gericht nach § 43 müßte auch über Aufhebung der SEs-Rechte im Sinne des § 4 entscheiden. Das Urteil über die Aufhebung der Gemeinschaft ist Grundlage für §§ 753 ff. und für eine Zwangsversteigerung zum Zwecke der Aufhebung der Gemeinschaft mit anschließender Versteigerung des Grundstücks samt Gebäude.

5. *Vereinbarung nach § 11 Abs. 1 Satz 3:* Sie kann bereits in die **12**
anfängliche GemO oder in den Begründungsakt aufgenomen werden als Inhalt des SEs mit Eintragung, dann verdinglicht gem. § 10 Abs. 2 (s. a. BayObLGZ 79, 71 = Rpfleger 80, 110). Es ist empfehlenswert, zugleich damit die Regelung der Ausgleichsansprüche nach §§ 755, 756 BGB zu verbinden.

Eine Vereinbarung der Aufhebung ist für den Fall der nicht frist- **13**
gemäßen Fertigstellung bei Errichtung nicht zulässig. Die ursprüngliche Aufbauverpflichtung ist immanenter Inhalt des WEs und unabdingbar wegen Bedingungsfeindlichkeit des WEs.

6. *Ausscheiden durch Verzicht:* Die **Aufgabe** des Eigentums richtet **14**
sich nach § 928 BGB. Sie ist nicht möglich an bestimmten gemeinschaftlichen Gegenständen oder nur am SE. Dafür ist einstimmige Vereinbarung nötig. Verzicht auf bestimmte Nutzungen ist hingegen zulässig. Entlassung aus der Kostentragung ist aber nur mit Zustimmung aller möglich, sofern Vereinbarung dadurch geändert wird: sonst durch Mehrheitsbeschluß.

7. *WohnungserbbR:* Erlischt das ErbbR, dann auch ein Woh- **15**
nungserbbR.

IV. Zwangsvollstreckung und Konkurs

Vollstreckung erfolgt nach §§ 864 ff. ZPO und ZVG in das WE **16**
als Ganzes. Bei Zerstörung und Verzicht auf Wiederaufbau erstrecken sich die Pfandrechte auf etwaige Versicherungssummen. Der Anspruch auf Aufhebung der Gemeinschaft ist in diesem Falle pfändbar. Als Vollstreckungsmaßnahmen kommen Zwangsversteigerung, Zwangsverwaltung und Eintragung einer Sicherungshypothek am WE in Betracht.

Das Recht, Aufhebung zu verlangen, ist künftiges Recht (Zur **17**
Zwangsvollstreckung s. §§ 839, 857 ZPO). Eine Pfändung ist nur

zusammen mit dem WE möglich. Nach Durchführung des Aufhebungsanspruches erfolgt die Zwangsversteigerung nach §§ 181 ff. ZVG.

Im **Konkurs** ist das WE selbständiges Rechtsobjekt. Ein Konkurs der WEer-Gemeinschaft ist ausgeschlossen (siehe a. unter § 16 Rz. 40).

§ 12 Veräußerungsbeschränkung

(1) **Als Inhalt des Sondereigentums kann vereinbart werden, daß ein Wohnungseigentümer zur Veräußerung seines Wohnungseigentums der Zustimmung anderer Wohnungseigentümer oder eines Dritten bedarf.**

(2) **Die Zustimmung darf nur aus einem wichtigen Grunde versagt werden. Durch Vereinbarung gemäß Absatz 1 kann dem Wohnungseigentümer darüber hinaus für bestimmte Fälle ein Anspruch auf Erteilung der Zustimmung eingeräumt werden.**

(3) **Ist eine Vereinbarung gemäß Absatz 1 getroffen, so ist eine Veräußerung des Wohnungseigentums und ein Vertrag, durch den sich der Wohnungseigentümer zu einer solchen Veräußerung verpflichtet, unwirksam, solange nicht die erforderliche Zustimmung erteilt ist. Einer rechtsgeschäftlichen Veräußerung steht eine Veräußerung im Wege der Zwangsvollstreckung oder durch den Konkursverwalter gleich.**

I. Zweck

1 § 12 soll ein Mitbestimmungsrecht der WEer bei Wechsel eines Eigentümers wahren. Wegen der Unauflösbarkeit der Gemeinschaft haben die WEer ein gesteigertes Interesse, erkennbar problematischen Eintritten in die Gemeinschaft zu begegnen. Er ist **dispositives** Recht, keine gesetzliche Veräußerungsbeschränkung, Vorbild ist § 5 Abs. 1 ErbbRVO. Nicht gestattet ist eine Belastungsbeschränkung.

2 Die Veräußerungsbeschränkung nach § 12 ist **Inhalt des SEs,** einzutragen gem. § 10 Abs. 2. Zum Fall der Erstveräußerung s. unten Rz. 23.

3 Bedeutungsvoll war der ehem. § 47 Saarl. WEG: Verbot der Veräußerung eines versteigerten WEs (auf Grund Entziehung) an den verurteilten WEer. Er ging damit weiter als § 46 WEG.

Veräußerungsbeschränkung   4–8 § 12

II. Verhältnis zu § 137 BGB

Eine Durchbrechung ist insofern gegeben, als Veräußerung eines 4 WEs abhängig gemacht werden kann von der **Zustimmung** anderer WEer oder eines Dritten, und zwar mit dinglicher Wirkung (§ 10 Abs. 2). Es handelt sich nicht um ein Veräußerungsverbot. Auch bei entsprechender Vereinbarung kann nur aus wichtigem Grund die Zustimmung versagt werden. Eine Beschränkung auf Fälle freiwilliger Veräußerung ist möglich.

III. Wesen der Veräußerungsbeschränkung

1. *Keine gesetzliche Veräußerungsbeschränkung:* Sie entsteht viel- 5 mehr rechtsgeschäftlich, aber sie hat eine dingliche Wirkung. Sie ist vom **Grundbuchamt** von Amts wegen zu beachten (BayObLG, DNotZ 62, 312: MittBayNot 81, 27). Die Vereinbarung entfaltet keine Beschränkung bei erbrechtlichen Verfügungen, außer bei vermächtnisweisem Verkauf.

Eine unterschiedliche Ausgestaltung ist vertraglich möglich, ab- 6 gesehen von der Unabdingbarkeit des wichtigen Grundes. Eine solche Regelung ist jedoch eng und zugunsten des Veräußerers auszulegen (LG Mannheim, BB 77, 319: OLG Schleswig, Der WEer 83, 26).

Daneben sind öffentlich-rechtliche Veräußerungsbeschränkungen aus Grundstücksverkehrsgesetz usw. zu bedenken.

2. *Dinglicher Inhalt des SEs:* Als solcher ist er ausdrücklich einzu- 7 tragen (§ 3 Abs. 2 Ws-GrundbVfg.): eine Bezugnahme auf die Eintragungsbewilligung ist nicht zulässig (LG Marburg, Rpfleger 60, 336: LG Mannheim, Rpfleger 63, 301, AG Göppingen, Rpfleger 66, 14 und LG Kempten, Rpfleger 68, 58). Vor der Eintragung besteht lediglich schuldrechtliche Wirkung: als solche ist sie im Rahmen des § 137 BGB gültig.

Eine Beschränkung auf Teile von SE (z. B. Lagerraum, Garage, Terrasse) ist nicht zulässig.

Die Veräußerungsbeschränkung nach § 12 gilt grundsätzlich auch bei freiwilliger **Versteigerung** nach §§ 53 ff. Das GBA hat Zustimmungserfordernis von Amts wegen zu prüfen (BayObLG, DNotZ 84, 553).

3. *Zustimmungsberechtigte:* Die anderen WEer. Fraglich, ob dies 8 auch für Hypothekengläubiger gilt wegen § 1136 BGB (zum Verhältnis von § 1136 zu § 9 AGBG vgl. BayObLG, Jur. Büro 80, 1570). Anders als in § 1136 handelt es sich bei § 12 nicht um die Verpflichtung, das Grundstück nicht zu veräußern. Da auch die

Zustimmung Dritter vereinbart werden kann und der Begriff des „Dritten" hier nicht eingeschränkt ist, kann ein solcher Dritter auch ein Hypothekengläubiger sein. Ebenso der **Verwalter** als Treuhänder in mittelbarer Stellvertretung (BayObLGZ 80 Nr. 8: DNotZ 84, 559; AG Köln, WEM 81, 55; OLG Düsseldorf, Der WEer 85, 29). Das gilt auch für den gerichtlich bestellten (unentschieden OLG Hamm DNotZ 67, 686). Da der Verwalter insoweit als **Treuhänder** tätig wird, kann die Gemeinschaft vor erteilter Zustimmung anderweitig entscheiden (BayObLG, Rpfleger 80, 142 = BayObLGZ 80, 29 = DNotZ 80, 751; OLG Zweibrücken, DNotZ 89, 439). Der WEer hat das Zustimmungserfordernis selbst zu prüfen (KG, NJW-RR 89, 975). Dort auch zur Frage der **Sondervergütung** des Verwalters.

9 Fehlt ein Verwalter, ist die **Gemeinschaft** zuständig (LG Traunstein, MittBayNot 81, 134). Der vom LG gemachten Einschränkung, falls kein WE mit Grundpfandrechten belastet ist, ist nicht zu folgen. Veräußert der Verwalter eine ihm gehörende in dieser Anlage gelegene EW, ist er durch § 181 BGB nicht gehindert, eine erforderliche Verwalterzustimmung zu erklären (BayObLG Rpfleger 83, 350; NJW-RR 86, 1077 OLG; Düsseldorf, MittBayNot 84, 258 = MittRhNotK 84, 216 = DerWEer 85, 29; a. A. 11. Aufl. und LG Traunstein, MittBayNot 80, 164; s. a. *Bärmann-Pick,* § 12 Rz. 21 und BayObLG, DerWEer 83, 94; DNotZ 84, 559). Die Zustimmungsvereinbarung gilt aber noch nicht für **Erstveräußerung** beim Vorratsbau (LG München, MittBayNotV 61, 253 und LG Bielefeld, Rpfleger 74, 111). Zur Auslegung des Begriffs „Bauträger" i. S. von Bauherr" s. OLG Köln, NJW-RR 92, 1430. Gegen die bisher h. M. nun der BGH, wonach – falls die Teilungserklärung die Veräußerung des WEs von der Zustimmung des Verwalters abhängig macht – dies auch für die Veräußerung aus der Hand des teilenden Eigentümers nach Entstehung der WEergemeinschaft gilt (BGH, NJW 91, 1613; OLG Köln, a. a. O.). Ob dies auch für eine Veräußerung viele Jahre nach Errichtung der Teilungserklärung gilt, ist str. (mit Recht dafür OLG Frankfurt, DerWEer 89, 32; OLG Köln NJW-RR 92, 1430; ablehnend die h. M. *Diester,* Rpfleger 74, 245; *Kuntze/Ertl/Herrmann/Eichmann,* Grundbuchrecht Einl. E 66; LG Wuppertal, Rpfleger 85, 190 = MittRhNotk 85, 11). Nicht zustimmungsbedürftig ist auch die Weiterveräußerung eines TEs „Traforaum" an die Gemeinde zum Zwecke der öffentlichen Stromversorgung (BayObLG, DerWEer 83, 94 = DNotZ 84, 559). Dies gilt auch für den umgekehrten Fall (OLG Köln, a. a. O.). S. auch unter § 61.

Die Zustimmungsbedürftigkeit kann auf **einzelne** WEs-Rechte beschränkt oder auf **bestimmte** z. B. spätere Veräußerungsfälle (OLG Köln, NJW-RR 92, 1430) werden.

IV. Grenzen der Zustimmungsverweigerung

Allgemein zur Anwendbarkeit des § 12 s. *Diester*, Rpfleger 74, 245. Die Frage der Erteilung der Zustimmung zur Veräußerung eines WEs darf nicht mit der Auseinandersetzung über eine andere, bereits in den bisherigen Verhältnissen der WEergemeinschaft begründete Streitfrage verknüpft werden, weil eine solche Verknüpfung dem Zweck der Vorschrift des § 12 WEG widerspricht (OLG Hamm, NJW-RR 92, 785). **10**

Wichtiger Grund: z. B. Ungeeignetheit des beabsichtigten Erwerbers, sich in die Gemeinschaft standesgemäß einzuordnen (BayObLG, DerWEer 83, 26); als ein weiterer wichtiger Grund zur Versagung der Zustimmung des Verwalters kommt gemeinschaftsschädigendes Verhalten des Erwerbers – der bereits WEer der Wohngemeinschaft ist – in Betracht (OLG Düsseldorf, ZMR 92, 68). Gefahr der Veränderung des Bestimmungszwecks, z. B. bei Veräußerung an Gewerbetreibende, Anwalt usw. mit Folge der Störung des reinen Wohncharakters; persönliche oder finanzielle Unzuverlässigkeit (BayObLGZ 77, 40); mangelnde Sicherheit für Erfüllung der Lastenbeitrags- und Finanzierungsverpflichtungen (OLG Frankfurt, DerWEer 83, 61; BayObLG, DerWEer 84, 60) usw. Nur **schutzwürdige Gemeinschaftsinteressen** sind zu berücksichtigen (BayObLG, NJW 73, 125 = MDR 73, 138; DerWEer 83, 26; DerWEer 84, 60), also Gründe in der **Person** des **Erwerbers.** Deshalb kann die Zustimmung nur aus Gründen in der Person des Erwerbers versagt und nicht aus anderen Gründen zurückgehalten werden (BayObLG, NJW-RR 93, 280). Der Zustimmungsberechtigte kann deswegen auch kein Zurückbehaltungsrecht, etwa aus § 16, einwenden (BayObLGZ 77, 40 = Rpfleger 77, 173 = MDR 77, 670; MittBayNot 81, 190. DerWEer 83, 26; OLG Schleswig, Der WEer 83, 26). Den Veräußerer trifft zumindest eine Nebenpflicht alles ihm Zumutbare zu tun, um dem Verwalter (oder Gemeinschaft) die Erfüllung der **Prüfungspflicht** zu erleichtern (BayObLG, DerWEer 83, 26). Diesen steht damit ein Auskunftsanspruch zu (BayObLG, a. a. O); ebenso OLG Köln, DNotZ 84, 162 für die WEer selbst.

Abs. 2 S. 1 ist **unabdingbar** (BayObLGZ 80 Nr. 8 = Rpfleger 80, 142 = DNotZ 80, 751; OLG Schleswig, DerWEer 83, 26). Die Gründe, aus welchen die Zustimmungen nicht versagt werden können, können auch erweitert, aber nicht beschränkt werden (s. auch § 7 Abs. 2 Satz 2 ErbbRVO). **11**

Bei **Verweigerung** kann ein Verfahren nach § 43 Abs. 1 Nr. 1 eingeleitet werden. Dies hat zur Folge, daß der Kaufvertrag bis zur **12** rechtskräftigen Entscheidung in diesem Verfahren schwebend unwirksam bleibt (OLG Hamm, DNotZ 92, 232). Verweigert ein „Dritter", nicht der Verwalter, die Zustimmung, dann ist sie im ordentlichen Verfahren zu überprüfen. Das Gericht nach § 43 hat inhaltlich nachzuprüfen, ob die Verweigerung gerechtfertigt ist. Unwirksam ist z. B. die Verweigerung der Zustimmung mit diskriminierender Begründung wie z. B. „Ausländer" (AG Velbert, Haus u. Grund 82, 10; BayObLG, WEM 81, 56). Nach OLG Hamm, NJW-RR 93, 279 ist ein entspr. Beschluß nichtig, wenn ein wichtiger Grund zur Verweigerung der Zustimmung nicht vorlag. Die erforderliche Zustimmung kann nicht durch das Gericht ersetzt werden. Für die Vollstreckung gilt § 894 ZPO (BayObLG, ZMR 77, 376 = Rpfleger 77, 173).

13 Eine Zustimmung muß in der **Form** des § 29 GBO dem Grundbuchamt nachgewiesen werden (OLG Hamm, NJW-RR 89, 974). Der Anspruch des WEers bezieht sich neben der Form (§ 29 GBO) auch auf den Inhalt der Zustimmung(serklärung), so daß der Vollzug der Eigentumsumschreibung im Grundbuch zweifelsfrei möglich ist (OLG Hamm, NJW-RR 92, 785).

Bedarf die Veräußerung des WEs der Zustimmung des Verwalters, so hat das Grundbuchamt nicht nur einen formgerechten Nachweis der Verwalterbestellung zu verlangen, sondern auch einen solchen Nachweis für die **Fortdauer** der Verwalterstellung, sofern konkrete Zweifel daran bestehen, daß die Verwaltereigenschaft bei Abgabe der Zustimmungserklärung noch fortbestand (BayObLG, NJW-RR 91, 978). Niederschrift über Beschlußfassung der WEerversammlung mit öffentl. beglaubigter Unterschrift der in § 24 Abs. 5 genannten Personen reicht aus (BayObLG, DNotZ 62, 312; LG Bielefeld, Rpfleger 81, 356). Ob das Grundbuchamt die Nichtigkeit des Eigentümerbeschlusses, durch den der zustimmende Verwalter erstellt worden ist, zu prüfen hat unabhängig von der Feststellung der Nichtigkeit durch das fG-Gericht, ist streitig (dafür BayObLG, NJW 89 1112/LS; dagegen OLG Frankfurt, NJW-RR 88, 139 = Rpfleger 88, 184 = DNotZ 88, 707). Richtig ist, daß das GBA nicht sehenden Auges zur Unrichtigkeit des GBs beitragen darf (vgl. *Bärmann-Pick,* § 7 Rz. 76). Es müssen allerdings Anhaltspunkte für die Nichtigkeit des Beschlusses vorliegen.

14 § 12 ist wie § 35 kein Schutzgesetz im Sinne des § 823 Abs. 2 BGB.

Klageberechtigt ist nur der Veräußerer, nicht der Erwerber.

15 Dem Anspruch auf Zustimmung kann ein **Zurückbehaltungsrecht** nicht entgegengehalten werden (BayObLGZ 77, 40 = ZMR 77, 376 = Rpfleger 77, 173 = BayObLG, MittBayNot 77, 122),

z. B. nicht der Anspruch des Verwalters auf Zahlung einer Aufwandspauschale (BayObLG, DerWEer 83, 26), oder wegen rückständiger Wohngelder (BayObLGZ 77, 40 = MittBayNot 77, 122). Die Zustimmung kann auch nicht von einer Kostenübernahme abhängig gemacht werden (OLG Hamm, NJW-RR 89, 974).

V. Wirkung

1. *Schwebende Unwirksamkeit* (BayObLGZ 81, 384 = Rpfleger **16** 81, 13 = MDR 81, 320 = DerWEer 81, 55 = MittBayNot 81, 27; BayObLGZ 82, 46/49 = MDR 82, 496 = Rpfleger 82, 177; DNotZ 84 559; OLG Hamm, DNotZ 92, 232). Aber **Vormerkung** eintragbar (BayObLG, NJW 64, 1962 = DNotZ 64, 722 mit Anm. *Diester*). §§ 182ff. BGB sind anwendbar (BayObLG, DNotZ 84, 559). Das BayObLG betont hierzu allerdings, daß sich die Zustimmung nur auf einen **bestimmten** Vertrag erstreckt. Ist die zur Veräußerung von WE erforderliche Zustimmung zu einem bestimmten Veräußerungsvertrag erteilt, kann die Auslegung ergeben, daß damit nur der Veräußerung durch diesen Vertrag zugestimmt wird, nicht aber auch der Veräußerung an denselben Erwerber in einem nach der Zustimmung zu veränderten Bedingungen neu abgeschlossenen Vertrag (BayObLG, DNotZ 92, 229). Die Zustimmung ist bedingungsfeindlich und bis zum Abschluß des Veräußerungsvertrages widerruflich.

Auf Aufforderung haben sich Zustimmungsverpflichtete binnen **17** angemessener Frist zu äußern, sonst ist Versagung anzunehmen (s. §§ 108 Abs. 2, 177 Abs. 2 u. 1829 Abs. 2 BGB entsprechend).

Gleiches gilt für die Fälle der **Zwangsversteigerung** und Veräußerung durch den Konkursverwalter sowie Versteigerung nach §§ 18, 19, 53ff. Bei verspäteter Zustimmung entsteht unter den Voraussetzungen der §§ 284, 285 BGB (Verzug) ein Schadensersatzanspruch des Veräußerers (BayObLG, DerWEer 84, 60), dagegen kein Schadensersatzanspruch des Erwerbers (LG Ansbach, DerWEer 82, 129).

2. *Verweigerung der Zustimmung:* Bei Verweigerung der Zustimmung folgt absolute **Unwirksamkeit** des Verpflichtungs- und des **18** Verfügungsgeschäftes. Es ist kein gutgläubiger Erwerb möglich. Die Wirkung ist stärker als die einer Vormerkung, stärkt das Grundbuch, wenn auch eine dem § 15 ErbbRVO entsprechende Bestimmung fehlt. Das Grundbuchamt hat die Voraussetzungen zu prüfen (a. A. LG Frankenthal, Rpfleger 84, 183).

Gegen die **Versagung** der Zustimmung (oder die Nichterteilung **19** binnen angemessener Frist) steht der Rechtsweg nach §§ 43ff. offen. Zulässig ist auch ein in der GemO festgelegtes außergerichtliches **Vorschaltverfahren** in Form der Anrufung der Versammlung (BayObLG, DerWEer 82, 137). Der Anspruch auf Erteilung der Zustimmung kann nur Erfolg haben, wenn die Nichtigkeit des die Zustimmung verweigernden Eigentümerbeschlusses festgestellt ist (OLG Hamm, NJW-RR 93, 279). Für die Beurteilung dieses Anspruches kommt es auf die tatsächlichen Verhältnisse zum Zeitpunkt der letzten mündlichen Verhandlung in den Tatsacheninstanzen an (ebenda). Zur Passivlegitimation des Verwalters für das Zustimmungsverfahren nach §§ 12, 43 Abs. 1 Nr. 2 s. BayObLG, Der WEer 82, 137.

20 3. *Zwangsvollstreckung und Konkurs:* Abs. 3 Satz 2. Die Ausdehnung bezieht sich auf Zwangsvollstreckung u. Konkurs, nicht auf Arrest und einstweilige Verfügungen.

Wird bei der Zwangsvollstreckung oder Konkursverwertung die Zustimmung verweigert, ist besondere Pfändung und Überweisung des Anspruchs auf Zustimmung erforderlich.

21 Bei der Zwangsversteigerung bedarf nur der **Zuschlag** der Zustimmung nach § 12 (ebenso LG Berlin, Rpfleger 76, 149). Vorher muß diese nicht vorliegen. Daher sind auch Erinnerung nach § 766 ZPO und Widerspruchsklage nach § 772 ZPO für Berechtigte nicht zulässig. Die im Vollzug eines Aufhebungsvertrags erklärte **Rückauflassung** ist ein Veräußerungsgeschäft i. S. des Abs. 1 (BayObLGZ 76, 328 = ZMR 77, 342 = Rpfleger 77, 104, 126 = BB 77, 318).

Der Konkurs erfaßt alle Erträgnisse, Nutzungen und Früchte des WEs.

22 4. *Bei gesetzlichen Veräußerungsfällen* ist § 12 nicht anwendbar, z. B. bei Gesamtrechtsnachfolge in Folge Erbgangs, Verfügung eines Miterben über seinen Anteil am Nachlaß, selbst wenn es sich ausschließlich um ein WE handelt (OLG Hamm, MittBayNot 79, 180 = Rpfleger 79, 461 = DNotZ 80, 53 = BlGBW 80, 76 = MDR 80, 56; 1397; BayObLGZ 82, 46/50 = Rpfleger 82, 177 = MDR 82, 496). Dagegen bedarf die Übertragung eines WEs von der Erbengemeinschaft auf einen der Miterben auch dann als „Veräußerung – bei entspr. Vereinbarung nach § 12 – der Zustimmung des Verwalters, wenn sie der Erfüllung eines Vermächtnisses oder einer Teilungsanordnung dient (BayObLGZ 82, 46 = MDR 82, 496 = Rpfleger 82, 177).

23 Nicht anwendbar ist die Vorschrift auch in anderen Fällen der Gesamtrechtsnachfolge wie Vereinbarung einer Gütergemeinschaft, Eintritt in eine Gesamthand oder Ausscheiden aus derselben, Fusion usw. Ebenso nicht bei der **Erstveräußerung** des ehemaligen Alleineigentümers (LG Bielefeld, Rpfleger 74, 111).

5. *Sonderfälle:* Nach OLG Celle, Rpfleger 74, 267 = NJW 74, **24** 1909 = DNotZ 75, 42 ist die Zustimmung bei der Veräußerung von Wohnungseigentumsrechten unter den **bisherigen Wohnungseigentümern** nicht erforderlich. Dies erscheint im Hinblick auf anhängige Verfahren gegen den betreffenden Wohnungseigentümer oder Gefahr der Majorisierung nicht unproblematisch (wie hier OLG Celle, Rechtspfleger 74, 438 mit abl. Anm. von *Schmedes,* a.a.O. S. 421; BayObLG, ZMR 77, 376 = Rpfleger 77, 173; KG Rpfleger 78, 382 = DNotZ 79, 31 = ZMR 79, 51; LG Nürnberg-Fürth, MittBayNot 80, 75; mißverständlich insoweit BayObLGZ 77, 1 = Rpfleger 77, 126, 140).

Unter den Voraussetzungen des § 12 ist auch die Veräußerung an **25** einen Gläubiger „zur Rettung seines Grundpfandrechts" zustimmungsbedürftig, selbst wenn die Veräußerung von WE im Wege der Zwangsvollstreckung keiner Zustimmung bedarf (LG Düsseldorf, Rpfleger 81, 193). Beim Tausch von **Sondernutzungsrechten** ist nach h.M. die Zustimmung der Wohnungseigentümer nicht erforderlich (dazu § 15 Rz. 9f). Sie kann aber entspr. § 12 vereinbart werden. Die Vereinbarung eines Gebots, das WE nur an best. Personen zu veräußern, ist nicht zulässig (BayObLG, Rpfleger 84, 404).

6. Bei *Vereinigung:* sind alle WEs-Rechte in einer Hand, kann **26** § 12 bei Veräußerung nicht Anwendung finden.

7. *Geschäftswert:* Der Wert der Veräußerung (Kaufpreis) ist für **27** die Beurkundung der Zustimmung maßgeblich (OLG Hamm, MittBayNot 82, 263 = DerWEer 83, 62 gegen DNotZ 80, 772 = JurBüro 80, 749). Ebenso bei der Festsetzung des Geschäftswerts durch das Gericht nach § 48 Abs. 2 (BayObLG, DerWEer 84, 62). Bei unentgeltlicher Veräußerung ist nicht der volle Verkaufswert als Geschäftswert anzunehmen (OLG Frankfurt, DerWEer 88, 141: der halbe).

VI. Vorkaufsrecht

Es besteht kein gesetzliches Vorkaufsrecht der WEer untereinander (BayObLG, NJW 73, 152), auch nicht an einer Hausmeisterwohnung (BayObLG a.a.O.). Es gelten die allgemeinen Vorschriften für ein rechtsgeschäftliches Vorkaufsrecht. Unabhängig deren bestehen gesetzliche Vorkaufsrechte der Mieter z.B. nach § 2b WohnungsBindG (dazu BayObLG, DerWEer 85, **28**

Vor § 13 1, 2   I. Teil. Wohnungseigentum

125/LS) und § 570 b BGB gegenüber dem Eigentümer (s. o. § 1 Rz. 22).

29   OLG Celle DNotZ 55, 320 f. = NJW 55, 953 lehnt zutreffend ein Vorkaufsrecht als Inhalt des WEs ab. Die Berufung auf §§ 5, 2 ErbbRVO geht allerdings fehl (dazu und zum gesetzlichen Vorkaufsrecht s. § 1 Rz. 22 und BGH, MittBayNot 77, 183).

VII. Zustimmung zur Vermietung, Verpachtung oder zur Bestellung eines DWRs

30   Solche Beschränkungen können nach heute ganz hM als **Inhalt des SEs** i. S. des § 10 Abs. 2 vereinbart werden (s. § 10 Rz. 19). Nach OLG Frankfurt (Rpfleger 79, 109) auch durch Beschluß (zweifelhaft). Wie hier BayObLG, ZMR 76, 313. Ein solcher Beschluß ist unwirksam, bei Nichtanfechtung u. U. dennoch gültig bis zu einem ändernden Mehrheitsbeschluß (ebenda). Fehlende Zustimmung zu einem Mietvertrag berührt dessen Rechtswirksamkeit nicht; Abs. 3 ist nicht entsprechend anwendbar (BayObLG, DerWEer 83, 61). S. a. BayObLGZ 82, Nr. 2 zur Frage der Zulässigkeit der Vermietung eines WEs an wechselnde **Feriengäste,** wenn in der GemO eine nur aus wichtigem Grund zu verweigernde Verwalterzustimmung für Nutzungsüberlassungen vorgesehen ist. Es besteht jedenfalls keine Verpflichtung des Verwalters zu einer generellen Zustimmung (ebenda). Auch die Zustimmung zur Übertragung von **Sondernutzungsrechten** kann vorbehalten werden (BGH, NJW 79, 548 = Rpfleger 79, 57).

Vorbemerkung zu § 13

Rechte und Pflichten der WEer

1   Aus der dreigliedrigen Einheit des Begriffs folgt eine dreigeteilte Grundlage für Rechte und Pflichten: aus SE, aus ME und aus Mitgliedschaftsrecht (s. Einleitung Rz. 5 ff).

Ausgangspunkt ist einerseits die Eigentümerstellung und andererseits die Mitgliedschaft. Die gesetzliche Regelung ist notwendig, weil §§ 741 ff. mit 1008 ff. BGB ungenügend sind.

Zu den §§ 13–16 über Rechte und Pflichten kommen noch §§ 12, 17, 18 u. 22.

2   Es handelt sich um die Modifizierung der allgemeinen Eigentumsvorschriften durch die aus der Natur der Sache (der Nachbarlage im gleichen Gebäude) sich ergebenden Beschränkungen.

Die Eigentümerstellung gibt das freie **Verfügungsrecht** wie bei

Vorbemerkungen 3–9 **Vor § 13**

jedem Eigentum. Allgemeine Eigentumsschranken gelten auch hier. Ebenso aber auch Eigentums- und Besitzschutz.

Besondere **Schranken** ergeben sich für den WEer daraus, daß jeder die Bestimmung des Ganzen zu respektieren hat, keiner das Recht des anderen durch den Gebrauch der eigenen Sache beeinträchtigen darf und die Kollektivinteressen der Gemeinschaft nicht dem Nutzen eines Einzelnen geopfert werden dürfen. 3

Das ausschließliche Herrschaftsrecht jedes WEers beschränkt sich auf sein SE.

Gesetz und GemO obliegen **Harmonisierung** der Interessen. Dazu besteht noch die allgemeine Verpflichtung aller WEer z. B. zum Unterlassen gefährlichen Gewerbes, übermäßigen Lärms, Beeinträchtigungen aller Art; diese Beschränkungen gehen über gewöhnliche Nachbarrechtsbeschränkungen und Immissionsverbote hinaus, ebenso die besonderen Instandsetzungs- und Instandhaltungsverpflichtungen des SEs. 4

Der **Grundsatz** lautet: die Nutzung der gemeinschaftlichen Sache ist auszuüben mit Rücksicht auf ihre Bestimmung und ohne Behinderung der Rechte der anderen. Auch die architektonische Gestalt des Gebäudes darf nicht geändert werden. 5

Der Gebrauch der SEs-Räume unterliegt gleichfalls den Beschränkungen aus dem Bestimmungszweck des Gemeinschaftsgebäudes. 6

Aus dem Mitgliedschaftsrecht ergibt sich die Mitberechtigung am Gemeinschaftsvermögen, an Früchten und Erträgnissen, das Recht zur Mitwirkung bei der Verwaltung, aber auch die Pflicht zur Lastentragung und zur Mitwirkung bei der Verwaltung. 7

Diese Beschränkungen auf Grund Gesetzes oder auf Grund vereinbarten Inhalts des SEs haben (durch Eintragung nach § 10 Abs. 2) dinglichen Charakter.

Überblick

1. Verfügungen

Sie unterliegen nur Beschränkungen nach allgemeinem Recht des Eigentums, ggf. auch Veräußerungsbeschränkungen nach § 12. 8

2. Gebrauch der SEs-Räume

§ 13 Abs. 1: Respektierung des Bestimmungsrechts, Nichtbeeinträchtigung des gleichen Rechts der anderen, Kollektivinteresse darf dem Eigeninteresse nicht geopfert werden. Es besteht ein qua- 9

§ 13 I. Teil. Wohnungseigentum

lifiziertes Nachbarrecht. Früchte der SEs-Räume nach § 99 BGB unterliegen allgemeinen Bestimmungen.

3. Gebrauch der gemeinschaftlichen Sachen

10 § 13 Abs. 2: Quotenmäßig aufgeteiltes Vollrecht. Dazu kommt die Gebrauchsregelung nach § 15 für SE wie für gemeinschaftliche Sachen. Für die Früchte der gemeinschaftlichen Sachen i. S. des § 99 BGB gilt die Sonderregelung des § 16 Abs. 1.

4. Mitgliedschaftsrechte

11 Aus verdinglichter WEer-Gemeinschaft: Sie umfassen die Mitwirkung bei der Verwaltung (besonders § 25), Anteil am gemeinschaftlichen Vermögen und am Auseinandersetzungsguthaben. Zu beobachten ist eine gewisse Annäherung an die Gesamthand.

5. Pflichten

12 Hinsichtlich des SEs: § 14 enthält Verpflichtungen zum positiven Tun, Instandhaltung, bestimmte Gebrauchsausrichtung, Einstehen für Dritte, Verpflichtung zur Duldung.

Hinsichtlich der gemeinschaftlichen Sachen: aus § 14 Nr. 1 ergibt sich eine Beschränkung des Gebrauchs auf nichtstörende Weise, ebenso Duldungspflichten. Dazu kommen wiederum die verstärkten nachbarrechtlichen Verpflichtungen.

13 Aus der Mitgliedschaft: Duldung des Vollzugs der Beschlüsse der Versammlung, der zulässigen Anordnungen des Verwalters und der Beschlüsse des Gerichts. Beitragspflicht zu Kosten und Lasten (§ 16 Abs. 2–5), Wiederaufbaupflicht nach § 22 Abs. 2 oder Vereinbarung.

§ 13 Rechte des Wohnungseigentümers

(1) **Jeder Wohnungseigentümer kann, soweit nicht das Gesetz oder Rechte Dritter entgegenstehen, mit den im Sondereigentum stehenden Gebäudeteilen nach Belieben verfahren, insbesondere diese bewohnen, vermieten, verpachten oder in sonstiger Weise nutzen, und andere von Einwirkungen ausschließen.**

(2) **Jeder Wohnungseigentümer ist zum Mitgebrauch des gemeinschaftlichen Eigentums nach Maßgabe der §§ 14, 15 berechtigt. An den sonstigen Nutzungen des gemeinschaft-**

lichen Eigentums gebührt jedem Wohnungseigentümer ein Anteil nach Maßgabe des § 16.

I. Verfügungsrechte

SE ist echtes Eigentum. § 13 Abs. 1 ist an § 903 BGB angelehnt 1 bei Einschränkung auf die in SE stehenden Gebäudeteile. Doch kann SE für sich nicht Gegenstand einer Verfügung sein. Dies folgt aus der notwendigen dreigliedrigen Einheit. Die Verfügungsfreiheit über WE ergibt sich aus der Natur der Sache und aus § 903. § 13 Abs. 1 meint nicht die Verfügungsrechte in seiner Aufzählung. Die SEs-Räume entsprechen der Sache i. S. des § 903 BGB, ohne selbständige Sache im Sinne der §§ 90ff., 93 BGB zu sein. § 13 spricht nur vom Ausschluß von „Einwirkungen", nicht wie § 903 BGB von „jeder Einwirkung". Die Rechtfertigung dafür ergibt sich aus dem Zusammenhang der Eigentümergemeinschaft. Beschränkungen in Form von Gebrauchsregelungen durch Vereinbarung oder Beschluß sind in den Grenzen ordnungsmäßiger Verwaltung zulässig.

§ 13 Abs. 1 enthält die positive Seite, „nach Belieben zu verfah- 2 ren", und die negative Seite der Verteidigung (§§ 1004ff., 985ff. BGB).

§ 13 Abs. 2 beschränkt sich auf das Mitgebrauchsrecht aller Eigentümer.

Weder Abs. 1 noch Abs. 2 behandeln das jus disponendi, auch nicht das jus fruendi (dazu § 16), sondern nur das jus utendi.

II. Gemeinsame Grundsätze des Gebrauchs für SE und ME

Zu unterlassen sind: 3
1. Verrichtungen, die geeignet sind, Bestand, Stabilität und Sicherheit des Gebäudes zu beeinträchtigen.
2. Verrichtungen, die das architektonische Aussehen des Gebäudes ändern.
3. Maßnahmen, die den Bestimmungszweck des Gebäudes im ganzen wie der gemeinschaftlichen Sachen verändern können.
4. Nutzungen und Gebrauch des SEs, die geeignet wären, Gebrauch und Nutzungen der gemeinschaftlichen Sachen und Dienste über die Grenzen des eigenen Anteils hinaus herbeizuführen und damit den Mitgebrauch der anderen zu beeinträchtigen. Ein Erwerb erhöhten Nutzungsrechtes durch Zeitablauf oder Verwirkung findet nicht statt. Auch für einen Schaden durch nichtgebrauchtes Eigentum ist aufzukommen.

III. Rechte aus dem SE

4 1. *Grundsatz:* **Erlaubt** ist jede Form der Nutzung und des Gebrauchs des SEs, die nicht eine Inanspruchnahme der gemeinschaftlichen Sachen und Dienste über die Grenzen des eigenen Anteils hinaus zur Folge hat. Hierfür kann die Prognose erstellt werden, ob eine Beeinträchtigung der übrigen WEer auf Grund bestimmter Tatsachen für die Zukunft zu befürchten sei (OLG Hamm, NJW-RR 93, 786). Eine Änderung der inneren Aufteilung und Ordnung der SEs-Räume ist zulässig, solange die Festigkeit der übrigen Gebäudeteile nicht gefährdet ist. Eine Änderung der Außenteile des Eigentums, z.B. Eingangstür, Balkone, Fenster, Außenmauern ist unzulässig, ebenso ein Gewerbe in Wohnräumen ohne Zustimmung. Zweifelhaft ist je nach Umständen die Ausübung eines **freien Berufes,** z. B. einer **Anwaltspraxis** (zur freiberuflichen oder gewerblichen Nutzung von WE s. a. OLG Frankfurt v. 4. 3. 82, Rpfleger 82, 417: Änderung der Zweckbestimmung). Unzulässig ist der Betrieb einer **Klinik** oder **Praxis** mit ansteckenden Krankheiten und dergleichen. Zum Betrieb eines Massageinstituts HansOLG Hamburg, MDR 74, 138. S. a *Röll,* Gewerbebetriebe und Berufsausübung in EWsanlagen, WEM 81, 48. Die Genehmigung zu einer anderweitigen Nutzung einer Wohnung kann in der GemO vorbehalten sein (BayObLG, NJW-RR 90, 83). Dort auch zur Zulässigkeit eines Beschlusses, der zunächst eine öff.-rechtl. **Zweckentfremdungsgenehmigung** verlangt.

5 2. *Positive Wirkungen:* **Abs. 1:** nach Belieben zu verfahren, insbesondere bewohnen, vermieten und verpachten oder in sonstiger Weise nutzen (vgl. OLG Frankfurt/Main, DNotZ 59, 476).

a) **Schranken** der positiven Befugnisse folgen aus der **Bestimmung** des Gebäudes (BayObLG, DerWEer 83, 94), dem Wesen des WEs, der räumlichen Verbundenheit, der **Teilungserklärung** (BayObLG, NJW-RR 93, 149), aus besonderen Vereinbarungen (BayObLG, DerRpfleger 82, 15) oder Gebrauchsregelungen nach § 15 Abs. 2, dem Rechtstitel oder den guten Sitten. Ob eine EW für freiberufliche oder gewerbliche Tätigkeit genutzt werden darf, ist unter Berücksichtigung der **örtlichen** und **baulichen Verhältnisse** wie auch der Art und des Umfangs der Nutzung zu entscheiden (BayObLG, DerWEer 84, 62: zur Nutzung eines als „gutes Wohnhaus" bezeichneten Anwesens; über Grenzen s. auch: *Kürzel* DWW 61, 212 u. BlGWB 61, 84). Keine stärkere Benutzung der Waschküche ist z. B. erlaubt wegen **Pension,** keine Einrichtung von **Kino** oder öffentlichem Fernsehempfang, keine **Umwandlung** von **Wohnräumen** in gewerbliche Räume (OLG Frankfurt, OLGZ 82, 419; DerWEer 83, 61), besonders Schankräume oder Gaststätte (OLG Celle, DerWEer 83, 59), Blumenladen mit Zeitungsverkauf (BayObLG, NJW-RR 93, 149), Kliniken und dgl. (BayObLG, DerWEer 85, 125/LS: Ballettstudio in EW). Es ist schon zweifelhaft bei Anwaltspraxis. Die Bezeichnung „**Ladenräume**" hat i. d. R. nicht die Bedeutung einer Nutzungsbeschränkung (BayObLG DNotZ 89, 426 = DerWEer 89, 27).

Nicht vereinbar mit der Zweckbestimmung eines TEs als „**Laden**" ist der Betrieb einer **Chemischreinigung** unter Einsatz umfangreicher Reinigungsmaschinen und -geräte (OLG Hamm, Rpfleger 78, 60) oder der Betrieb eines **Tanzcafés** (BayObLG, Rpfleger 78, 414 = 437 = BayObLGZ 78 Nr. 44 = ZMR 78, 380 = MittBayNot 78, 212 = 79, 170 m. Anm. *Meier-Kraut;* BayObLGZ 83, 73) bzw eines **Cafés** oder einer **Gaststätte** (BayObLGZ 80 Nr. 28 = Rpfleger 80, 260; 349; DerWEer 83, 94; DerWEer 85, 60; OLG Zweibrücken, DerWEer 87, 54), ebenso nicht der Betrieb einer Teestube mit Spielsalon (BayObLG, DerWEer 84, 62 = Rpfleger 84, 269), der Betrieb einer **Pilsbar** sowie der Betrieb einer Weinstube (AG Dachau, DerWEer 86, 93) oder der Betrieb eines „**Salatrestaurants**" ohne Alkoholausschank (KG DerWEer 85, 61). Mit der Zweckbestimmung „**Ladenraum**" ist der Betrieb eines Waschsalons mit Getränkeausschank nicht zu vereinbaren (OLG Frankfurt, DerWEer 87, 28). Dasselbe gilt für den Betrieb einer Pilsstube in einem als „**Blumenladen**" bezeichneten TE (BayObLGZ 80, 154 = ZMR 80, 251 = Rpfleger 80, 349), den Betrieb eines Pilslokals (Pilsbar) in einem TE „**Eisdiele und Café**" (OLG München, NJW-RR 92, 1492), den Betrieb eines Bierpavillons in einem als „**Café- u. Ziergarten**" bez. TE (AG Passau, Rpfleger 84, 269), eines Restaurants in einem „**Eis-Café**" (OLG Hamm, DerWEer 86, 90) oder eines Spielsalons in einem TE, das als „**Büro**" bezeichnet ist (AG Passau, Rpfleger 80, 23). Der Betrieb einer Arztpraxis ist in einem als „**Büro**" bezeichneten TE nicht zulässig (OLG Stuttgart, DerWEer 88, 139). Zur grundsätzlichen Zulässigkeit des Betriebs eines Speiserestaurants in einem mit „**Geschäftsräumen**" bezeichneten TE s. BayObLGZ 82, 1 = MittBayNot 82, 72 oder eines Cafés in einem TE im Erdgeschoß „**für gewerbliche Zwecke**" (OLG Zweibrücken, DerWEer 87, 54); dies gilt nicht für die Einrichtung eines Nachtlokals (Bar) im TE „**Geschäftsräume**" einer ruhigen Wohnanlage (KG, 24 W 1240/88), oder die Nutzung eines TEs „**Café**" auch für „sonstige" gewerbliche Zwecke

(OLG Zweibrücken, DerWEer 87, 54). Die Zweckbestimmung „Laden, Büro, Arzt(praxis) oder Wohnung", steht der Nutzung eines TEs als Billard-Café entgegen (OLG Zweibrücken, DerWEer 87, 54). So z. B. können in der Teilungserklärung Räume als **Praxis/Büro** bezeichnet werden; diese dürfen dann nicht als Ballettstudio genutzt werden (LG Bremen, NJW-RR 91, 1423); ebenso kann Teileigentum zur Schulung und Unterrichtung von **Asylbewerbern** und **Aussiedlern** in der Zeit von Montag bis Freitag von 8–15.30 Uhr benutzt werden (BayObLG, NJW 92, 919). Allerdings geht die Belegung einer Eigentumswohnung, – die in der Teilungserklärung als Einfamilienhaus ausgewiesen ist – mit mehreren Aussiedlerfamilien (Übergangsheim) über die vereinbarte Nutzung hinaus (OLG Hamm, NJW-RR 93, 786). Die Regelung in der Gemeinschaftsordnung kann für die Eigentümer die Verpflichtung enthalten, die Eigenart des Bauwerks als gutes Wohnhaus zu wahren und zu schützen; dies schließt nicht schlechthin aus, eine Wohnung zum dauernden Bewohnen durch eine von der Verwaltungsbehörde eingewiesenen asylberechtigten Familie zu überlassen (BayObLG, NJW 92, 917). Im Rahmen der Benutzungsregelung „zu Wohnzwecken" hält sich die Gebrauchsüberlassung von Wohnungseigentum an jeweils eine Familie von Aus- und Übersiedlern für eine Übergangszeit, wenn ungefähr ein Richtwert von 3 Personen je Zimmer und eine Verweildauer nicht unter einem halben Jahr eingehalten wird (OLG Stuttgart, NJW 92, 3045 u. 3046). Nicht zulässig ist dagegen die Nutzung einer in der Teilungserklärung als **Laden** erklärten Fläche als **Pizzeria** (LG Bremen, NJW-RR 92, 1297), ebenfalls nicht die Nutzung eines TEs „Ladenlokal" als Stehpizzeria (OLG Düsseldorf, NJW-RR 93, 587 = ZMR 93, 122). Mit der Zweckbestimmung des Sondereigentums als Laden läßt sich der Betrieb einer **Kindertagesstätte** bzw. eines **Schülerladens** bei Betreuung bis zu 13 Kindern im Alter von 6–12 Jahren und in der Zeit von Montag bis Freitag zwischen 8.00 Uhr bis 17.00 Uhr allenfalls dann vereinbaren, wenn zuvor besondere Nutzungseinschränkungen – wie z. B. Einhaltung der Mittagsruhe, Durchführung zusätzlicher **Schallschutz**maßnahmen) festgelegt werden (KG, NJW-RR 92, 1102). Zum Ganzen s. *Gerauer*, Rpfleger 80, 330 sowie *Röll/Gerauer*, Rpfleger 81, 50 und oben Rz. 23. Vor § 10 und unten Rz. 34 ff.; *Schmidt*, MittBayNot 81, 12.

7 Nach allg. M. (BayObLG, DerWEer 83, 94; BayObLGZ 89, Nr. 7 = DerWEer 89, 132; Rpfleger 86, 177; OLG Braunschweig, MDR 76, 1023) bedarf auch die **Umwandlung** eines

Rechte des Wohnungseigentümers 8, 9 § 13

(Teils eines) bisherigen **TEs** in ein **WE** der Zustimmung durch die übrigen WEer, wenn es sich hierbei um eine materielle Änderung der Zweckbestimmung handelt (BayObLG, Rpfleger 84, 409 m. Anm. *Sauren* bei Umwandlung einer Kellergarage in eine Diele). Dies wird regelmäßig der Fall sein. Dann ist auch die Zustimmung der Grundpfandrechtsgläubiger erforderlich (BayObLG, DerWEer 89, 132). Ebenfalls keine eigenständige Wohnung zulässig in einem als „Hobbyraum" bezeichneten TE (BayObLG, DerWEer 85, 126/LS; LG Lübeck, DerWEer 88, 29). DerWEer hat eine vereinbarungswidrige Nutzung (zu Wohnzwecken) zu unterlassen (OLG Düsseldorf, DerWEer 89, 176).

Zum Problem des **Widerspruches** zwischen Teilungserklärung und GemO s. BayObLG, DerWEer 89, 27. Danach kann die Auslegung ergeben, daß Gebrauchsregelungen in der GemO enthalten sind, die die Teilungserklärung überlagern (ebenso zum Betrieb eines Speiserestaurants in einem TE „Ladenräume"). Zum Widerspruch zwischen Teilungserklärung und Aufteilungsplan s. BayObLG, WuM 85, 238 und BGH, NJW-RR 90, 81.

Grundsätze für die Beschränkung der Ausübung der Rechte 8
des SEs wären:
1. Bestand, Stabilität, Sicherheit und architektonisch-ästhetisches Aussehen (s. § 5 Abs. 2) zu beachten.
2. Bestimmungszweck des Gebäudes zu wahren.
3. Sicherheit und Ruhe sowie das Ornungsbedürfnis der anderen zu achten.
4. Verpflichtung, für Einhaltung auch durch alle anderen Mitbewohner der SEs-Räume zu sorgen.
5. Rücksicht auf gute Sitten, Gewohnheiten des Ortes, der Zeit und den Leumund zu nehmen.

b) **Unzulässige** Nutzungsarten des SEs: Ausübung **ärztlicher Pra-** 9
xis für ansteckende und gefährliche Krankheiten, Gesang-, Musik-, Tanzschule, öffentliches Büro, **Bordell** (BayObLG v. 21. 11. 80 2 Z 72/80), Vermietung einer WE zur gewerblichen Unzucht (LG Hamburg, DerWEer 84, 28), u. U. Sex-Shop und -Kino (LG Passau, DerWEer 83, 95) in einem Geschäfts- und Bürohaus (dazu auch AG München, DerWEer 82, 127), Nachtlokal (differenzierend LG Konstanz, I T 24/78), Druckerei, Autoreparaturwerkstatt, Garage, Maschinenbau, Spenglerei, gesundheitsgefährdendes Unternehmen, übermäßige Haustierhaltung (s. § 14 Rz. 10), insbesondere Tierzucht, kein störender Publikumsverkehr (z. B. Zurverfügungstellung an einen Verein

zur Betreuung von Jugendlichen: OLG Frankfurt, Rpfleger 81, 148 = OLGZ 81, 156; s.a. BayObLG, ZMR 80, 125); keine Veränderung durch Vermietung, Beachtung der Hausordnung. Durch Beschluß kann nicht die Benutzung eines Gartengrills auf dem Balkon allgemein gestattet werden (AG Wuppertal, Rpfleger 77, 445). Der Betrieb elektrischer Wäschetrocknungsgeräte kann in den zur EW gehörender „Wirtschaftskellern" unter der Veraussetzung untersagt werden, daß entsprechende Gemeinschaftsräume zur Verfügung stehen (OLG Düsseldorf, DerWEer 85, 127/LS.

10 c) **Zulässig:** Überlassung, insbes. durch **Vermietung.** Der WEer bleibt verantwortlich für einen vom Mieter gemachten illegitimen Gebrauch, insbes. bei Zweckentfremdung (zur Haftung für Hilfspersonen s. § 14 Rz. 12ff.). Die Zweckbestimmung kann weder durch die Zustimmung des Verwalters noch durch das Einverständnis mehrerer WEer geändert werden (BayObLG, Rpfleger 80, 348). Keine Zustimmung der übrigen WEer ist zu einer Vermietung erforderlich, auch kein Vorzugsrecht derselben. Doch können Zustimmungsfälle **vereinbart** werden (s. § 15 Rz. 17ff). Nach LG Mannheim (ZMR 79, 319) können die WEer im Beschlußweg bestimmen, daß im Vermietungsfall sachbezogene Angaben über den künftigen Mieter zu machen sind. Nach OLG Karlsruhe (OLGZ 76, 145 = ZMR 77, 343), kann unter dem Gesichtspunkt des wichtigen Grundes die Vermietung einer EW als **Facharztpraxis** normalerweise nicht verweigert werden; anders bei schwerwiegender Beeinträchtigung anderer WEer (BayObLG, ZMR 80, 125; einschränkend wohl OLG Frankfurt, DerWEer 83, 61). Zur Nutzung einer EW als Krankengymnastikpraxis s. BayObLG, DerWEer 84, 62. Zur Häufigkeit von Vermietungen s. *Pick,* BlGBW 69, 127.

11 Das BayObLG (Rpfleger 78, 437, 444 = BayObLGZ 78 Nr. 60 = MittBayNot 78, 210) bejaht das Recht zur Vermietung an wechselnde **Feriengäste** in einem bevorzugten Erholungs- und Sportgebiet unter dem Gesichtspunkt der **Ortsüblichkeit.** Doch besteht keine Verpflichtung des **Verwalters** zu einer generellen Zustimmung, wenn in der GemO eine nur aus wichtigem Grund zu verweigernde Verwalterzustimmung vorgesehen ist (BayObLG, DerWEer 83, 25). Zur Frage der Zulässigkeit von Teilvermietung u. Untervermietung AG Karlsruhe, Rpfleger 69, 131. Das OLG Frankfurt (OLGZ 83, 61) gestattet die Überlassung an Aktionäre einer AG zu Erholungszwecken mit der Begründung, daß der berufsmäßige Geschäftsbetrieb nicht **in** der Wohnung ausgeübt werde. Diese Begründung ist jedoch zu

formalistisch und deswegen bedenklich. Daß WEer zu Überlassung der Wohnung an Dritten Zustimmung des Verwalters oder WEergemeinschaft bedarf, kann aber gemäß § 10 Abs. 2 vereinbart werden (s. § 10 Rz. 20; *Bärmann/Seuß,* T. A VI Rz. 3, V Rz. 3; *Röll,* WEM 79, 154; 80, 27).

d) Bauliche Veränderungen: Zum Begriff siehe § 22 Rz. 2. Untersagt ist z. B. Durchbrechen von kleineren Öffnungen gegen den Hof, um Licht und Luft zu schaffen, Anbringung von Jalousien oder Markisen über dem Balkon, Durchbrechen von Stützmauern im Inneren, Durchbrechen von Türen zur Treppe, Ausgraben von Kellerräumen zum Zwecke einer Kantine, Errichtung von Läden und Verkaufsräumen, Veränderung der Fassade, Reklameanbringung (s. unten Rz. 23). Grundsätzlich erlaubt ist die Bepflanzung von Balkonen und Terrassen, sofern keine nachteilige Veränderung des optischen Gesamteindruckes damit verbunden ist (BayObLG, DerWEer 84, 62). **12**

e) Benutzung der Außenmauer: Diese ist schon Ausübung der Rechte aus dem ME und damit grundsätzlich untersagt: **13**

3. *Negative Wirkungen:* Verteidigung, jus prohibendi. Dritten gegenüber hat jeder WEer für sich, auf Grund Delegation (nicht kraft Gesetzes) unter Umständen auch der Verwalter, Ansprüche aus §§ 1004ff., §§ 985ff. BGB, z. B. gegen den **Pächter** eines TEs, der dies bestimmungswidrig macht, allerdings nicht im WEG-, sondern Zivilverfahren (OLG München, NJW-RR 92, 1492). Gegen Beeinträchtigung durch anderen WEer besteht die Möglichkeit der Anrufung des Richters nach § 43. Zur Frage der Beseitigung nachträglicher geräuschverstärkender Einbauten in einer EW (Holzpodest, Wasserarmaturenschrank, s. BayObLG, DerWEer 82, 103). Mängelansprüche gegen den Veräußerer richten sich nach §§ 459ff. BGB oder Werk(lieferungs)vertragsrecht (s. unten Rz. 42ff.). **14**

IV. Rechte aus dem ME

1. *Grundsätze:* Ähnlich wie in § 743 BGB besteht das Recht auf Mitgebrauch nach Maßgabe der §§ 14 und 15 und auf den Anteil an den Nutzungen gemäß § 16. Dabei ist der Bestimmungszweck der gemeinschaftlichen Sache objektiv maßgebend. **15**

Es sind zu beachten:
a) Grenzen, die bei der Nutzung des SEs einzuhalten sind wegen der benachbarten SEer.
b) Schranken im Gebrauch des gemeinschaftlichen Eigentums, um den anderen gleiche Nutzung zu gestatten.

c) Beschränkungen, die sich jeder aufzuerlegen hat, damit auch die anderen über ihr SE die Befugnisse ausüben können, die den Inhalt ihres Rechtes bilden.

16 Daher sind zu unterscheiden:
a) Verhalten hinsichtlich gemeinschaftlicher Sachen, Verbot nach den allgemeinen Regeln der Gemeinschaft: nicht den Bestimmungszweck zu ändern und nicht den gleichen Gebrauch der anderen zu hindern.
b) Verbotenes Verhalten, z. B. Veränderungen und Neuerungen, die das architektonische Aussehen beeinträchtigen, die Schaden oder Nachteile für die anderen Eigentümer verursachen, auch an SE.
c) Grenzen des Verhaltens und Pflichten zur Tätigkeit, um die Existenz sowohl des darüber liegenden sowie des darunter liegenden Eigentums zu gewährleisten und auch das der Nachbarn. § 22 Abs. 1 gehört gesetzestechnisch zu § 13.

17 Abgesonderte Nutzungsberechtigungen für einzelne WEer können bestehen. Allg. gilt, daß öffentlich-rechtliche **(Bau)genehmigungen** im Verhältnis zu den WEern kein Recht auf Einrichtung der Anlage geben (BayObLG, DerWEer 85, 61; KG, DerWEer 87, 97; OLG Hamburg, DerWEer 87, 98). Der WEer kann in solchen Fällen nicht im Verwaltungsprozeß gegen eine Genehmigung vorgehen sondern nur im WEG-Verfahren, um die Nichtausnutzung ihm gegenüber geltend zu machen (BVerwG, DerWEer 88, 107).

18 Nutzung der gemeinschaftlichen Sache ist Funktion der Nutzung des SEs. Nutzung der gemeinschaftlichen Sache vollzieht sich in den Grenzen des Rechtes für jeden; dabei ist nicht auf den MEs-Bruchteil abzustellen, sondern auf die Bedeutung der SEs-Räume im Rahmen des Gesamtkomplexes (ebenso BayObLG, NJW 72, 1286 = MDR 72, 607 = DNotZ 72, 613; s. § 15 Rz. 1ff.) und unter Ausschluß des Mitgebrauchs Dritter (BayObLG, NJW-RR 90, 82). Zur Nutzung von **Gärten** s. *Weimar,* MDR 76, 115 und AG Köln, ZMR 77, 84 (zur Sondernutzung AG Köln a. a. O.). Zur Aufstellung einer Tischtennisplatte auf einem **Kinderspielplatz** als Änderung des Bestimmungszwecks s. AG Berlin-Charlottenburg, Der-WEer 84, 28. Dagegen hält sich die Aufstellung eines **Kinderhauses** auf einer Rasenfläche im Rahmen des Mitgebrauchs nach Abs. 2 S. 1, wenn keine Gebrauchsregelung i. S. von § 15 Abs. 1 entgegensteht (AG Reinbek, DerWEer 84, 29).

Es handelt sich um ein gegenseitiges jus utendi und jus fruendi.

19 2. *Mitgebrauch* (§ 100 BGB): Gebrauchsvorteile müssen aus dem Gebrauch selbst fließen, nicht etwa aus rechtsgeschäftlicher Verwertung (hinsichtlich gemeinschaftlichen Eigentums). Vorbild ist § 743 Abs. 2 BGB. Es besteht **keine quotenmäßige Berechtigung,** sondern eine allgemeine Gebrauchsbefugnis unter Einschränkung durch die Pflichten des § 14 und die Gebrauchsregelung des § 15. Weder MEs-Bruchteilsverhältnis noch Wertverhältnis der SEs-Räume sind entscheidend, vielmehr **Gebrauchsvorteil** in seiner Einschränkung durch die Interessen der sonstigen Beteiligten (§ 14 u. 15; s. § 15. Rz. 1 ff.). Dazu kommt die Beteiligung an den wertmäßig teilbaren Nutzungen und Lasten nach § 16. Ein **Lift** kann nicht durch Mehrheitsbeschluß stillgelegt werden (AG München, WM 75, 216 = ZMR 76, 312). Auf einer gemeinschaftlichen Parkfläche ist das Abstellen eines **Wohnmobils** unzulässig (BayObLG, DerWEer 85, 58). Ebenso der Anschluß eines offenen Kamins an einen Schornstein, wenn dadurch keine anderen Öfen mehr angeschlossen werden können (BayObLG, DerWEer 85, 60).

Das Verhältnis zwischen **WEer** und **Nießbraucher** richtet sich nach allgemeinen Grundsätzen. Nießbraucher wirkt bei der Verwaltung nur im Rahmen seiner eigenen Rechte (§ 1006 Abs. 1) mit. Siehe auch § 1039 und § 1041. Auch §§ 1042, 1044, 1045, 1046 und 1047 BGB finden entsprechend Anwendung.

3. *Schranke:* Aus den Rechten der anderen gemäß §§ 14 und 15. Zu unterscheiden sind: allgemeine Gebrauchsvorteile für jeden an der ganzen Sache, beschränkt nur durch die gleichen Rechte der anderen im Rahmen der §§ 14 und 15; dazu Nutzungen in einem gewissen Wertverhältnis oder in einer im voraus festgelegten Nutzungsart ausschließlich (Turnusnutzung z. B.)

Bei Zuwiderhandlung ist das Verfahren nach § 43 Abs. 1 Nr. 1, in schweren Fällen Entziehung nach § 18 möglich.

4. *Turnusnutzung:* z. B. an Waschküchen, Fahrstühlen, Brunnen, Pumpen, Telefonanlagen, Trockenplätzen, Terrassen, sie ist meist durch Hausordnung zu regeln. Ein Mieter nutzt in den Grenzen des Eigentümers.

5. *Plakate, Schilder, Reklamen, Antennen:* Für Antennen sind die Grundsätze für das Recht der Mieter entsprechend anzuwenden (RG 116, 93; LG Düsseldorf, MDR 52, 614. Zu UKW-Antenne, s. AG Hamburg MDR 53, 422; *Palandt-Putzo,* § 550 Rn. 2). Die Anbringung muß Fachvorschriften entsprechen. Eine Genehmigung nach § 3 AFuG gibt dem Amateurfunker (WEer) nicht das Recht, die Mitbewohner im Empfang von Fernseh- oder Rundfunksendungen zu stören (BayObLG, DerWEer 83, 30 = WEM 82, 114). Zum Erfordernis der Zustimmung durch alle WEer s. OLG Celle,

4 Wx 29/81). Dazu *Glaser,* ZGemWW i. B. 81, 336 und *Häring,* ZGemWW i. B. 81, 436). Ein Ausländer hat das Recht, auf dem Dach des Hauses an unauffälliger Stelle, eine Parabolantenne anzubringen, wenn er sonst heimatsprachige Sender nicht empfangen kann (OLG Düsseldorf, 3 Wx 159/92, NJW 93, 1274).

24 **Werbeschilder** sind nur zu versagen, wenn unzumutbare Beeinträchtigung damit verbunden ist: Abwägung eines berechtigten Werbebedürfnisses mit Gemeinschaftsinteresse (siehe *Glaser,* MDR 55, 644; OLG Hamm, OLGZ 80, 274). Immer ist ästhetisches Aussehen des Gebäudes zu beachten. Ein generelles Verbot der Werbung erscheint unzulässig (a. A. *Zimmermann,* Rpfleger 78, 124), dagegen aber Bestimmungen über die Art und Weise (*Zimmermann,* a. a. O.). Zu Schaukästen s. OLG Stuttgart, WEM 80, 38. Der TEer, der (erlaubterweise) ein Geschäft in der Anlage betreibt, darf ortsüblich und angemessen werben (OLG Frankfurt, Rpfleger 82, 64; BayObLG, DerWEer 87, 56).

25 6. *Überlassung der Nutzung* an gemeinschaftlichem Eigentum an Dritte ist mit einfacher Mehrheit zu beschließen, auch an WEer. Mieter genießt Besitzschutz. Es besteht kein gesetzliches Vormieterecht für die WEer. Allgemeine Nutzungs- und Gebrauchsbeschränkungen des WEers sind auch durch den Mieter zu achten. DerWEer hat für die Einhaltung zu sorgen. Sonst entsteht möglicherweise ein Entziehungsgrund nach § 18.

26 7. *Aufgabe des Rechtes:* Nur das gesamte WE kann aufgegeben werden. Dagegen ist teilweise Nutzungsaufgabe denkbar, ohne daß daraus Freistellung von Lasten folgt (s. § 16 Rz. 37).

27 8. *Sonstige Nutzungen:* (dazu unten § 16 Rz. 1). Gemeint sind Früchte im Sinne des § 99 BGB.

28 9. *Abgesonderte Nutzung:* Denkbar z. B. bei mehreren Treppen, Höfen, Eingängen, Korridoren, Terrassen, Abstellplätzen (s. § 5 Rz. 10). Dann folgt i. d. R. auch abgesonderte Lastentragung. Über die Zulässigkeit von Dienstbarkeiten für gewisse besondere Nutzungen s. § 1 Rz. 23). Für eine Dienstbarkeit am gemeinschaftlichen Eigentum ist immer die Zustimmung aller notwendig: Eintragung an sämtlichen WEs-Rechten mit Zustimmung aller.

V. Mitgliedschaftsrechte

29 1. *Mitwirkung bei der Verwaltung,* insbesondere auch bei Vermietung von gemeinschaftlichen Teilen und Räumen. Mitbestimmung über Maßnahmen nach § 16, § 21 Abs. 1, Teilnahme an WEer-Versammlungen § 25. Zu den Einzelheiten s. die §§ 20–29.

2. *Mitbestimmung über außerordentliche Instandsetzungsarbeiten:* § 22 **30**
Abs. 1 und 2. Bei außerordentlichen baulichen Veränderungen und
Aufwendungen Einstimmigkeit mit Ersetzungsmöglichkeit (siehe
§ 22 Rz. 9ff.). Ein Wiederaufbaubeschluß nach Zerstörung zu
mehr als der Hälfte kann nur einstimmig erfolgen, nicht mit Mehrheit nach § 21 Abs. 3 oder auf Verlangen nach § 21 Abs. 4.

3. *Befugnisse zur selbständigen Vornahme von juristischen und mate-* **31**
riellen Erhaltungsakten: Siehe § 21 Abs. 2–4 und § 27. § 21 Abs. 2
gibt jedem WEer das Recht, ohne Zustimmung der anderen die
Maßnahmen zu treffen, die zur Abwendung eines dem gemeinschaftlichen Eigentum unmittelbar drohenden Schadens notwendig sind. Nach Abs. 4 des § 21 kann jeder WEer ordnungsmäßige
Verwaltung verlangen.

Erhaltungsakte sind teils juristischer Natur, teils tatsächlicher **32**
Art. Zur Geltendmachung eines vertraglichen Anspruchs gegen
den Veräußerer durch einen Wohnungseigentümer siehe BGH,
Rpfleger 74, 351 = NJW 74, 1552 = MDR 74, 1008 = BB 74, 1045
(hier Beseitigung von Kfz-Stellplätzen).

Zum Ersatz der Aufwendungen s. unten bei § 21 Rz. 1ff. u. **33**
12ff., § 22 Rz. 6. Dabei ist auch entscheidend, ob die Aufwendungen notwendig oder nur nützlich oder gar überflüssig waren und
für wen.

VI. Nachbarrecht

Es besteht ein intensiviertes Nachbarschaftsverhältnis mit einer **34**
qualifizierten Anwendung von §§ 906, 907, 908 BGB (OLG Hamburg, DerWEer 89, 31). Nur eine normale Nutzung des SEs ist zu
dulden. Jede Störung und Immission sind untersagt, die die normale Duldungspflicht überschreiten. Ein Mietvertrag, der einer vereinbarten Gebrauchsregelung widerspricht, ist nicht unwirksam,
jedoch auf Verlangen der WEer zum nächst zulässigen Termin zu
kündigen (LG Lübeck, DerWEer 88, 29; OLG Stuttgart, DerWEer
88, 139). Ist aufgrund langfristig abgeschlossener Mietverträge, in
denen die zweckwidrige Nutzung wirksam vereinbart wurde, eine
sofortige Kündigung des Miet(Pacht)vertrags nicht möglich, steht
der beeinträchtigten Gemeinschaft ein Anspruch auf **Entschädigung** analog § 906 Abs. 2 S. 2 BGB wegen nicht zu duldender
Immissionen zu (AG Dachau, DerWEer 86, 93). Gefahrdrohende
Anlagen sind unzulässig. Veränderungen an Außenmauern und
Tragmauern sind Störungen der gemeinschaftlichen Gegenstände.
Bei Gefahr eines Einsturzes aus Nachbar-SE hat der Betroffene
einen Anspruch auf Vorkehrungen (§ 908 BGB). Grenzeinrichtun-

gen, Abteilungsmauern zwischen zwei Wohnungen oder Räumen, die nicht Stütz- oder Hauptmauern des Gebäudes sind, können unter Umständen nach §§ 921, 922, 743 Abs. 1, 744 bis 746 und 748 BGB unter Beschränkung auf die beiden Anlieger zu behandeln sein (s. § 5 Rz. 25).

35 Ein beeinträchtigter WEer hat die Abwehrklage (actio negatoria nach § 1004 BGB). Z. B. den Anspruch auf Beseitigung einer Markise (BayObLG, DerWEer 85, 126/LS). Den Anspruch auf Beseitigung unzulässiger baulicher Veränderungen am Gemeinschaftseigentum kann jeder WEer allein geltend machen (BayObLG, ZMR 76, 84; WEM 80, 31; OLG Stuttgart, WEM 80, 36; s. a. BayObLG, MDR 83, 134). Zum Anspruch eines WEers gegen den früheren Grundstückseigentümer im ordentlichen Verfahren s. BGH, NJW 74, 1552 = MDR 74, 1008 = BGHZ 62, 388 = ZMR 76, 218/LS. Abdingbare Vorschriften länderrechtlicher NachbarschaftsGe unterliegen der Regelungskompetenz der WEer (so für die Errichtung von Zäunen in einer Mehrhausanlage OLG Düsseldorf, DerWEer 85, 127/LS).

36 Kein Unterlassungs- oder Schadensersatzanspruch, wenn
a) die Einwirkung niemandem schadet oder keinen substantiellen Schaden verursacht, bei unwesentlicher Beeinträchtigung, auch nicht hinsichtlich der Nutzung des Nachbargrundstücks,
b) zwar ein Schaden entsteht, aber innerhalb des üblichen Gebrauchs entsprechend den lokalen Gegebenheiten.

37 Als unzulässige Einwirkungen im Sinne des Nachbarrechts sind anzusehen: Rauch, Geräusch, Lärm und Schall in übermäßiger und unerträglicher Form (OLG Frankfurt, OLGZ 84 Nr. 38 zu störendem Musizieren), Gerüche, Feuchtigkeit, Wasser, Schmutz, Erschütterungen, Vibration, Nutzung für ein verbotenes bzw. unmoralisches Gewerbe, Krankenhäuser, Erholungsheime (s. aber auch § 1004 Abs. 2 und die Kommentare zu § 906 BGB). Dazu auch *Glaser*, Lärm im Mehrfamilienhaus, ZGemWW i. B. 81, 448; *Meisner/Stern/Hodes/Dehner,* Nachbarrecht im Bundesgebiet (ohne Bayern), 6. Aufl. 1981.

VII. Eigentumsschutz

38 Ansprüche aus den §§ 985ff. BGB stehen auch dem WEer zu, allerdings nicht im Verfahren des § 43 Abs. 1 Ziff. 1, sondern vor dem ordentlichen Gericht, außer wenn sich der Anspruch aus der Gemeinschaft der WEer und aus der Verwaltung des gemeinschaftlichen Eigentums ergibt, wie häufig bei nachbarrechtlichen Störungen (s. a. § 43 Rz. 2). Auch §§ 986ff. und § 1004 sind dann im fG-

Rechte des Wohnungseigentümers 39–41 § 13

Verfahren anwendbar (zu § 1004 s. OLG Hamm, OLGZ 76, 62 = Rpfleger 76, 100 = ZMR 77, 85, LG Mannheim, ZMR 76, 41 und BayObLG, ZMR 76, 84). **Schadensersatzansprüche** wegen Schäden am SE (z. B. durch schadhafte Außenmauer) gegen die übrigen WEer bestehen nur bei schuldhafter Verursachung bzw. Unterlassung (BayObLG, DerWEer 85, 58; OLG Frankfurt, DerWEer 85, 61/LS = 85, 121). Zur Anzeigepflicht s. BayObLG, DerWEer 87, 27, zur Sorgfalt für Versorgungseinrichtungen anderer (Einfrieren von Wasserleitungen) s. BayObLG, DerWEer 89, 135. Zum Unterlassungsanspruch bezüglich eines Bordellbetriebs s. BayObLG v. 21. 11. 80, 2 Z 72/80. Das **Rechtsschutzinteresse** für die Titulierung eines Anspruchs auf Unterlassung bestimmungswidriger Nutzung des SEs besteht auch dann, wenn der entspr. WEer infolge langfristiger Vermietung nicht in der Lage ist, den mit dem Unterlassungsanspruch begehrten Zustand kurzfristig herbeizuführen (KG, DerWEer 85, 61).

Zur Duldungspflicht bei Störungen s. *Palandt-Bassenge*, § 906 Rn. 22, RGRK § 906 Anm. 13.

VIII. Besitz und Besitzschutz (ius prohibendi)

1. Bei SE gilt das allgemeine Besitzrecht ohne wesentliche Abweichungen. **39**

2. An gemeinschaftlichen Teilen besteht im allgemeinen Mitbesitz, auch alleiniger Teilbesitz oder Mitbesitz nur einiger WEer ist denkbar. **40**

Bei Mitbesitz im Sinne des § 866 sind zu unterscheiden Besitzentziehung, dann voller Besitzschutz im Sinne der §§ 859 ff. BGB, und Besitzstörung, dann Klage im Sinne der §§ 13 bis 15 und 43 Abs. 1 Nr. 1 (BayObLG, MDR 71, 301 = ZMR 71, 162; 243 (LS) = NJW 71, 436). Zur Besitzberechtigung eines Ehegatten aufgrund einer Vereinbarung für die Zeit nach der Scheidung vgl. AG Mannheim, NJW 75, 1037.

IX. Gefahrtragung

Jeder WEer trägt die Gefahr für den Bereich seines SEs allein u. für den Bereich des gemeinschaftl. Eigentums mit den anderen zusammen. **41**

Nach § 21 Abs. 4 kann jeder auch die Mitwirkung zur Wiederherstellung eines ursprünglichen Zustandes von allen WEern verlangen.

X. Mängel des Gemeinschaftseigentums

42 Erwerber von WE haben auch bezüglich Mängel am Gemeinschaftseigentum (nicht nur des SE) unter den Voraussetzungen der §§ 459ff. BGB **Gewährleistungsansprüche** (OLG München, NJW 73, 2027); damit ist auch **Rücktritt** vom Vertrag nach §§ 326 Abs. 1 S. 2, 327 S. 1, 346 S. 1 BGB möglich (BGH, WM 71, 958 = DB 71, 1350 = ZMR 71, 323/LS; BGH, WM 71, 1251 = MittBayNot 71, 357; OLG Düsseldorf, NJW 71, 1847 = MittBayNot 71, 357; dazu auch *Knöchlein/Friedrich*, MittBayNot 71, 135). Ein Nachbesserungsanspruch aus dem Erwerbsvertrag wegen Mängeln am GemE kann schon vor der Eintragung im GB geltend gemacht werden (OLG Frankfurt, NJW-RR 93, 339). Ist die EW noch nicht vollkommen fertig gestellt, gilt **Werkvertragsrecht** (BGH, MDR 76, 484; NJW 77, 1336; 79, 2207; 80, 400 m. A. *Weitnauer;* MDR 80, 135 = BlGBW 80, 71 = WM 79, 839). Im einzelnen s. zusammenfassend *Pause,* NJW 93, 553. Ein solcher nach Werksvertrag zu beurteilender Erwerbsvertrag liegt auch dann vor, wenn der Veräußerer in einem früher gewerblich genutzten Gebäudeteil nach entsprechenden Umbauten eine EW erstellt (BGH, NJW 88, 1972). Gleiches gilt, wenn ein Altbau in EWen umgewandelt wird und mit dem „Verkauf" der Wohnungen eine **Herstellungsverpflichtung** verbunden ist (BGHZ 100, 391). Wenn dies nicht der Fall ist, gilt beim Erwerb umgewandelter EWen **Kaufrecht** (BGH, NJW 89, 2534; krit. *Sturmberg,* NJW 89, 1832). Nach Auffassung des BGH braucht der einzelne WEer die **Abnahme** durch die Mehrheit der WEer nicht gegen sich gelten zu lassen (DerWEer 85, 92). Es genügt, daß die Mehrheit der WEer rechtzeitig gerügt hat, damit die Gemeinschaft **Nachbesserungsansprüche** wegen Mängel am **Gemeinschaftseigentum** geltend machen kann (BGH, DB 71, 1350 = WM 71, 960; BayObLG, NJW 73, 1086 = ZMR 74, 59; a. A. OLG Köln, Rpfleger 69, 54 und OLG Frankfurt, MDR 74, 848). Ein WEer, der selbst keinen Vertragsanspruch hat, kann nach dem OLG München (OLGZ 80, 233) bez. des GemEs keine Mängelansprüche geltend machen. S. die Übersicht über die Rspr. des BGH von *Deckert,* ZfBR 84, 161; s. a. *Weitnauer,* JZ 92, 1054.

43 Streitig war, ob auch ein **Beschluß** der Wohnungseigentümer erforderlich ist (BayObLG, Betrieb 73, 766; LG Dortmund, BauR 76, 211; KG, NJW 76, 522 m. Anm. *Brych,* NJW 76, 1097; OLG Frankfurt, MDR 76, 224), oder ob auch ein **einzelner** Wohnungseigentümer (so offenbar BGH, NJW 74, 1552 und NJW 77, 1336, besonders für den **Kostenerstattungsanspruch** nach § 633 Abs. 3

BGB) zumindest bis zu einer Beschlußfassung der Versammlung (OLG München, NJW 73, 2027; DWEer 78, 104) solche Ansprüche geltend machen kann. Mit Urt. v. 11. 10. 79 hat der BGH entschieden (Rpfleger 80, 14), daß es keines ermächtigenden Beschlusses der WEer bedarf. Dies gilt auch für die Einleitung eines **Beweissicherungsverfahrens** (BGH a. a. O.). Der BGH differenziert nun nach der Art der geltend gemachten Gewährleistungsrechte. Die Wahl zwischen Minderung und Schadensersatz statt Nachbesserung steht den WEern gemeinschaftlich zu (BGH, NJW 79, 2207). **Nachbesserung** oder **Mängelbeseitigung** ist dagegen vom einzelnen WEer verfolgbar (a. zuletzt a. a. O. und DerWEer 85, 92), ebenfalls gem. § 633 Abs. 2 BGB Ersatz der Aufwendungen für die Mängelbeseitigung (a. zuletzt a. a. O.). Somit kann auch ein individueller Mängelbeseitigungsanspruch durch nachfolgenden, anders lautenden Beschluß hinfällig werden, und zwar aus dem Grund der Unmöglichkeit der Leistung (BGHZ 68, 372).

Die WEer können auch durch Mehrheitsbeschluß bestimmen, **44** daß der **Verwalter** Nachbesserungsansprüche wegen Mängeln am GemE im eigenen Namen geltend machen soll (BGH, Rpfleger 81, 346). Ansprüche auf **Wandlung** oder **großen Schadensersatz** bedeuten die Rückgängigmachung des Erwerbsvertrags. Zur Diskussion stehen somit nur die Ansprüche auf Nachbesserung, Minderung oder kleinen Schadenersatz. Es ist Kollektivaufgabe der Gemeinschaft, durch Mehrheitsbeschluß hierüber zu entscheiden. Wird von der Mehrheit **Minderung** des Werklohns beschlossen, ist ein überstimmter WEer nicht mehr befugt, die Beseitigung der Mängel zu verlangen (OLG Düsseldorf, NJW-RR 93, 89). Wird Nachbesserung nicht verlangt, so käme nur noch Minderung oder kleiner Schadenersatz in Betracht. Die offene Frage ist die, ob im Falle eines Beschlusses über das Nichtverlangen der Nachbesserung den einzelnen WEern ein Wahlrecht verbleibt zwischen Minderung und **kleinem Schadensersatz.** *Weitnauer* will diese Frage noch dadurch qualifizieren, daß er bei Entscheidung für Nicht-Nachbesserung, dem einzelnen WEer die Alternativentscheidung für Minderung oder kleineren Schadensersatzanspruch überlassen will (so zuletzt *Weitnauer* in: PIG Nr. 7 zusammenfassend; s. a. derselbe PIG Nr. 6 S. 111 ff. und Anm. zum BGH-Urteil S. 147; derselbe in ZfBR 79, 84; *ders.* ZGemWoW i. B. 81, 63; zum BGH-Urteil s. a. *Korff*, DWEer 80, 72; s. *Bärmann-Pick*, § 1 Rz. 154; *Bärmann/Seuß,* T. A XXI; *Wolfsteiner,* Welches ist die richtige Rechtsordnung der Bauträgerverträge? in: PIG Nr. 5 S. 71; zum BGH-Urteil auch noch *Weitnauer,* NJW 80, 400; *Kellmann,* NJW 80, 401; *Rosenberger,* BauR 80, 267). Für das **Werkvertragsrecht** hat

§ 13 45–48   I. Teil. Wohnungseigentum

der BGH ausgesprochen, daß die WEer nur als Gemeinschaft bestimmen können, ob wegen Mängeln am GemE Minderung oder kleiner Schadensersatz gefordert werden solle. Begründet wird dies zurecht mit der Gemeinschaftsbezogenheit (BGH 74, 258; BGHZ 81, 35; BGH, NJW 83, 453). Offengelassen hat der BGH die Frage, ob diese Rspr. auch für die Gewährleistungsansprüche aus **Kaufrecht** gilt (NJW 89, 3534). Es sind allerdings keine Gründe ersichtlich, warum der Grundsatz im Kaufrecht nicht gelten sollte (so jetzt OLG Frankfurt, NJW-RR 93, 121). Nach Auffassung des BGH haftet der Verkäufer von WE für Fehler des GemEs nach § 459f. BGB für Sachmängel nur zu seinem rechnungsmäßigen Anteil (ebenda). Zum Schadenersatz wegen Nichterfüllung bei vorbehaltsloser Abnahme einer als mangelhaft erkannten Werkleistung s. *Peters*, NJW 80, 705 und *Kellermann*, DB 79, 2261. Zur Frage, ob der Beschluß, in dem die WEer einen vom Bauträger erhaltenen Abgeltungsbetrag für Baumängel anteilig an die WEer auszahlen, ein Verzicht auf Mängelbeseitigung darstellt, s. BayObLG, NJW-RR 89, 1165.

45   Erhebliche Folgen hat die Entscheidung des OLG Schleswig vom 17. 8. 1979 (GemWoW IV/1980, 199). Dort wurde die Beseitigung von auf Baumängeln beruhenden Schäden grundsätzlich den Instandsetzungsverpflichtungen des Verwalters i. S. des § 27 Abs. 1 Nr. 2 WEG zugerechnet. Dies wird als Folge der Instandsetzungsaufgabe in Verbindung mit der allgemeinen Verwalterpflicht angesehen, die Gemeinschaft vor vermeidbaren Schäden zu bewahren, insbesondere den schutzwürdigen Interessen der Wohnungseigentümer nicht die eigenen Interessen voranzustellen (BGH, NJW 1977, 44; dazu *Deckert*, Wohnung und Haus 79, 179ff.; dazu *Bärmann-Pick*, § 1 Rz. 154).

46   Eine formularmäßige **Freizeichnungsklausel**, in der der Veräußerer von WE seine Gewährleistung auf den Umfang beschränkt, in dem er die Baubeteiligten „mit zweifelsfrei begründeter Erfolgsaussicht" in Anspruch nehmen kann, ist unwirksam (BGH, ZMR 77, 48); ebenso die Bestimmung, daß ein Veräußerungsvertrag kein Werkvertrag, sondern Kaufvertrag sei, falls er in der Tat Werkvertrag ist (BGH, NJW 79, 2207).

47   Hat der Verkäufer von EWen die Gewährleistungsansprüche an die Käufer abgetreten, so muß er die entsprechenden Unterlagen an die Käufer herausgeben (OLG Hamm, ZMR 76, 142).

48   Nach h. M. (LG München, MittBayNot 71, 310 = MittRhNotK 72, 95 und MittBayNot 72, 11) ist keine völlige **Freizeichnung** beim Verkauf einer **neuen EW** möglich (oben § 3 Rz. 25). Eine formularmäßige Freizeichnungsklausel vermag jedenfalls die Ei-

genhaftung des Veräußerers nicht endgültig zu beseitigen. Sie ist vielmehr nur insoweit abbedungen, als sich der Erwerber aus den abgetretenen Ansprüchen gegen die übrigen Baubeteiligten auch tatsächlich schadlos halten kann (BGH, MDR 80, 135 = BlGBW 80, 71). Nach BGH, Urt. v. 11. 10. 79, NJW 80, 282 lebt die Haftung eines Bauträgers, der seine Ansprüche auf Nachbesserung und Schadenersatz zum Zwecke der Freizeichnung an den Erwerber abgetreten hat, auch auf, wenn der Bauträger dem Erwerber nicht mitteilt, oder nicht mitteilen kann, wer der für den Mangel Verantwortliche ist (s. a. *Bärmann-Seuß,* T. A IV 5 Rz. 86). Zur Freizeichnung des Bauträgers in Formularverträgen s. a. BGH, MittBayNot 80, 198. Zur Verjährungsfrage auch *Booz,* Die Verjährung bauvertraglicher Gewährleistungsansprüche, Jur. Diss. Freiburg 1979; *Schmalz,* Die Haftung des Architekten und Bauunternehmers, 4. Aufl. 1980; *Korbion* in: PIG Nr. 5, S. 113; ebenso *Bucher* in: PIG 5, S. 167 und *Brych,* NJW 76, 1072).

Zum Zurückbehaltungsrecht am Kaufpreis s. OLG Bamberg v. 22. 12. 77 (WEM 79, 169). **49**

Zum Umfang der Mängelansprüche s. BGH v. 28. 2. 80 (NJW 80, H. 20 S. VIII: Nicht als entschädigungspflichtiger Vermögensschaden ist anzusehen, wenn ein zu einem Bauwerk gehörendes Schwimmbad während der Mängelbeseitigung vorübergehend nicht benutzt werden kann).

Die vom BGH entwickelten **Grundsätze** zur **Unwirksamkeit** des formelhaften Ausschlusses der Gewährleistung für Sachmängel in einem notariellen Individualvertrag gelten auch beim Erwerb einer EW, die durch **Umwandlung** eines **Altbaus** geschaffen worden ist (BGH, DerWEer 89, 37) oder durch Umwandlung eines Bungalows in ein Haus mit zwei EWen entstanden ist (BGH, ZIP 89, 1200). **50**

Ein besonderes Problem ist die Aufnahme des § 13 VOB/B in den Bauträgervertrag mit der Folge der Abkürzung der Verjährungsfrist auf 2 Jahre. Die Meinungen darüber halten sich im Gleichgewicht. Ausführlich dazu vor allem *Schmidt* (MittBayNot 80, 237). Nach ihm kann der Umstand, daß jemand mehr schuldet als nur eine Bauleistung, nicht dazu führen, daß das für Bauleistungen geltende Recht nicht angewendet werden dürfe (anders vor allem *Brych,* Kauf vom Bauträger, 5. Aufl. Rz. 35, 285 ff. und ZfBR 79, 222; siehe auch *Bärmann-Seuß,* T. A IV Rz. 33 ff., 69, 73, 79, II Rz. 130; Text in Teil C XVI). **51**

Zur Frage, wann bei einer großen EWsanlage das GemE abgenommen ist, s. OLG Stuttgart, MDR 80, 495; jedenfalls nicht **52**

§ 14 I. Teil. Wohnungseigentum

automatisch mit Bezug der letzten Wohnung. „Wohnungsüberga-
beprotokoll" bedeutet nicht ohne weiteres auch **Abnahme** des
GemEs (OLG Düsseldorf v. 21. 9. 79 – 22 U 49/79).

53   Zum Problem der Abnahme der Bauleistungen allgemein *Bühl,*
BauR 84, 237, der der individualrechtlichen Lösung bezüglich des
GemEs folgt und *Pause,* NJW 93, 553.

Die regelmäßige **Verjährungsfrist** von Mängeln beträgt 5 Jahre
nach Abnahme. Die **Vorschußklage** einzelner WEer wegen Mängeln am GemE unterbricht die laufende Gewährleistungsfrist auch
für einen später begründeten Anspruch auf Zahlung eines höheren
Vorschusses zur Behebung desselben Mangels (OLG Düsseldorf,
BauR 91, 798: Wechsel von der Vorschlußklage zum Anspruch auf
Kostenerstattung).

54   Im übrigen richten sich Reparaturen am GemE nach Erwerb, die
durch die Gemeinschaft vergeben werden, nach §§ 631 ff. BGB.
Zur Verjährung des Werklohnanspruches eines Bauhandwerkers s.
BGH, NJW 81, H. 11 S. VI = 81, 112. Zur vorbehaltlosen Abnahme eines Werks und §§ 635 BGB, 13 VOB/B vgl. BGH, NJW 80,
1752 = JR 80, 501 m. Anm. *Schubert.*

55   Bezüglich des **SEs** gilt das Werkvertragsrecht bzw. Kaufrecht
des BGB ohne Besonderheiten. Bei mangelhaftem Schallschutz einer EW gelten z. B. die entsprechenden Gewährleistungsregeln (s.
OLG Zweibrücken v. 13. 2. 80 – 7 U 8/78: Schadensersatz). Dem
Eigentümer eines Stellplatzes an einer Doppelstockgarage steht gegenüber dem Veräußerer ein Schadensersatzanspruch zu, wenn
dieser Stellplatz unbrauchbar ist (BGH, DerWEer 85, 125).

56   Die Wohnqualität einer EW kann Geschäftsgrundlage des Erwerbsvertrags sein (BGH, Wohnung u. Haus 81, 138; OLG Frankfurt v. 9. 1. 80 – 17 U 180/78).

57   Wie jeder Bauherr hat auch der Erwerber einer EW vom Bauträ-
ger das Recht, die Zahlung einer nach Baufortschritt fälligen Rate
des Erwerbspreises jedenfalls wegen bis dahin am SE aufgetretener
Baumängel in angemessenem Verhältnis zum voraussichtlichen
Beseitigungsaufwand zu verweigern (BGH, NJW 84 H. 5, VI =
DNotZ 84, 478).

§ 14 Pflichten des Wohnungseigentümers

Jeder Wohnungseigentümer ist verpflichtet:
**1. die im Sondereigentum stehenden Gebäudeteile so in-
standzuhalten und von diesen sowie von dem gemeinschaftlichen Eigentum nur in solcher Weise Gebrauch zu
machen, daß dadurch keinem der anderen Wohnungsei-**

gentümer über das bei einem geordneten Zusammenleben unvermeidliche Maß hinaus ein Nachteil erwächst;
2. für die Einhaltung der in Nummer 1 bezeichneten Pflichten durch Personen zu sorgen, die seinem Hausstand oder Geschäftsbetrieb angehören oder denen er sonst die Benutzung der in Sonder- oder Miteigentum stehenden Grundstücks- oder Gebäudeteile überläßt;
3. Einwirkungen auf die im Sondereigentum stehenden Gebäudeteile und das gemeinschaftliche Eigentum zu dulden, soweit sie auf einem nach Nummer 1, 2 zulässigen Gebrauch beruhen;
4. das Betreten und die Benutzung der im Sondereigentum stehenden Gebäudeteile zu gestatten, soweit dies zur Instandhaltung und Instandsetzung des gemeinschaftlichen Eigentums erforderlich ist; der hierdurch entstehende Schaden ist zu ersetzen.

I. Vorbemerkung

Hierzu kommt noch § 15 über Gebrauchsregelung und § 16 Abs. 2 bis 5 über Beitragspflichten. Zu den Pflichten entspr. dem modernen Eigentumsbegriff vgl. die Kommentare zu § 903 BGB. 1

Gegen Pflichtverletzung richten sich Ansprüche aus Besitz- und Eigentumsstörung, auch die Klage auf Entziehung nach § 18. Streitigkeiten über den Gebrauch zwischen den WEern unterliegen § 43 Abs. 1 Nr. 1.

II. Die dem Raumeigentum im besonderen immanenten Pflichten

Nr. 1: Instandhaltung und Gebrauchmachen in gegenseitiger Rücksichtnahme; **Nr. 2:** Ausdehnung auf zum Hausstand oder Geschäftsbetrieb gehörende Personen; **Nr. 3** und **4:** Duldungspflichten. § 14 betrifft das Gebrauchsmaß, nicht die Gebrauchsart. Eine gewisse Toleranz ist allerdings zumutbar. Rechtsmißbrauch und Schikane sind wie allgemein verboten. Die Priorität eines Rechts ist dabei ohne Bedeutung. 2

III. Die nachbarrechtlichen Verpflichtungen im besonderen

Siehe § 13 Rz. 34 ff. 3

§ 14 4–6 I. Teil. Wohnungseigentum

IV. Das verdinglichte Gemeinschaftsverhältnis als Grundlage

4   (Mitgliedschaftsrechte: Siehe § 13 Rz. 29 ff.)

Zu unterscheiden sind:
a) Juristische oder materielle Erhaltungsakte (s. § 21 Rz. 25 ff., § 13 Rz. 31 f.; s. auch § 16 über Lasten- und Kostentragung und Nutzungen).
b) Mitwirkung bei der Verwaltung: Anspruch eines jeden WEers aus § 21 Abs. 3 und 4.
c) Bauliche Veränderungen und Erneuerungen: § 22 Abs. 1 (dazu dort Rz. 2 ff., § 13 Rz. 4 ff.).
d) Pflichten zum Wiederaufbau: § 22 Abs. 2.
e) Versicherungspflicht: § 21 Abs. 5 Nr. 3: innerhalb der ordnungsmäßigen Verwaltung (Feuerversicherung, Haus- und Grundbesitzerhaftpflicht).
f) Aufopferungspflichten, nach allgemeinen Grundsätzen, s. insbesondere § 910 (*Palandt-Bassenge,* § 906 Rn. 42).

V. Zu Nr. 1

5   a) *Instandhaltung des SEs:* Sie steht unter einer gewissen Einschränkung des Grundsatzes, über SEs-Räume beliebig verfahren zu können. Insbesondere sind alle Anschlußleitungen, die an Gemeinschaftsleitungen hängen (Wasser, Gas, Elektrizität, Heizung), in einem solchen Zustand zu erhalten, daß Schäden für die übrigen und Beeinträchtigung ihrer gleichartigen Rechte nicht entstehen. Mißbrauch des SEs durch Verwahrlosung findet seine Grenze in den Notwendigkeiten des geordneten Zusammenlebens. Die Sicherung eines einem WEer zur ausschließlichen Nutzung zugewiesenen Kfz-Abstellplatzes durch Absperrpfähle ist u. U. unzulässig (BayObLG, Rpfleger 82, 15). Nur bei wesentlicher Beeinträchtigung besteht ein Anspruch auf Durchführung **schalldämmender Maßnahmen** gegen einen MEer (BayObLG, Wohnung u. Haus 80, 102). Normale **Wohngeräusche** (Gehen, Putzen des Bodens, Badbenutzung, Telefonieren sind ortsüblich und hinzunehmen (LG Frankfurt, NJW-RR 93, 281). Eine Haftung des WEers setzt grundsätzlich **Verschulden** voraus (AG Mühlheim, DerWEer 84, 29 für Schäden an der Terrassenisolierung durch Wurzelwerk).

6   Durch Vereinbarung können Pflichten nach § 14 noch präzisiert und erweitert werden. Zur Rücksichtnahme unter eng verwandten WEern s. BayObLG, NJW-RR 93, 336 = WuM 93, 88.

Zu den Devastationsansprüchen s. §§ 1133 bis 1135 BGB.

Pflichten des Wohnungseigentümers 7 § 14

b) *Gebrauchsrechte am SE und gemeinschaftlichen Eigentum:* Keinem 7
der anderen WEer darf ein **Nachteil** über das bei einem geordneten
Zusammenleben unvermeidliche Maß hinaus entstehen. Eine ganz
geringfügige Beeinträchtigung ist kein Nachteil i. S. der Nr. 1
(BayObLG, ZMR 80, 381), doch ist darunter nicht nur eine erhebliche Beeinträchtigung oder Gefährdung zu verstehen (BayObLG,
WEM 80, 33), sondern jede **nicht ganz unerhebliche Beeinträchtigung** (BayObLGZ 79, 267/272; NJW 81, 690). Hierzu reicht es
aus, daß eine Beeinträchtigung der übrigen WEer auf Grund bestimmter Tatsachen zu befürchten ist (OLG Hamm, NJW-RR 93,
786). Ein Nachteil i. S. des § 14 Nr. 1 WEG kann auch in einer sich
negativ auswirkenden Veränderung des **optischen Bildes** eines Gebäudes bestehen. Ob ein solcher Fall vorliegt, muß **objektiv** feststehen; es genügt nicht eine subjektiv als störend empfundene Beeinträchtigung (BayObLG, NJW-RR 92, 150; OLG Hamburg,
Der WEer 89, 31 für das Aufstellen von Gartenzwergen), sondern
was eine übermäßige Nutzung des gemeinschaftlichen Eigentums
bzw. eine schwerwiegende Beeinträchtigung der Rechte anderer
WEer darstellt (= OLG Hamburg, NJW 88, 2052); die **Verglasung**
eines Balkons als nicht hinzunehmende Beeinträchtigung,
BayObLG, NJW-RR 93, 337; der Einbau zusätzlicher **Heizkörper**
im SE bei nicht ausreichender Auslegung der Zentralheizungsanlage (OLG Schleswig, NJW-RR 93, 24); der Einbau eines **Dachflächenfensters** ist eine sichtbare, nicht ganz unerhebliche Veränderung des optischen Gesamteindrucks der Wohnanlage, die ein
Wohnungseigentümer nicht hinzunehmen braucht; ein Nachteil im
Rechtssinne kann in solchen Fällen nicht durch Anlegung eigener
ästhetischer Wertmaßstäbe des Tatrichters verneint werden (KG,
NJW-RR 92, 1232); zur Duldung einer durch gemeinschaftliches
Eigentum führenden elektrischen Leitung zwecks Anschluß der
Räume des Sondereigentums an den Hausanschluß des Stromversorgungsunternehmens s. OLG Hamburg, ZMR 92, 118. Dazu
zählt eine vermehrte **Geräuschbelästigung** (BayObLG, DerWEer
83, 31); zur Frage des (unzulässigen) Einbaus von Schränken im
Treppenhaus s. § 22 Rz. 4; ein TEer, der beim erlaubten Ausbau
seiner **Dachgeschoßräume** zu Wohnzwecken einen nicht den anerkannten Regeln der Baukunst entsprechenden Estrich einbaut,
kann vom Eigentümer der darunterliegenden Wohnung unmittelbar auf Verbesserung des Schallschutzes in Anspruch genommen
werden (BayObLG, NJW-RR 92, 974); zu weit geht allerdings ein
Eigentümerbeschluß, der nächtliches **Baden** verbietet (er kann
grob unbillig sein und damit gegen Treu und Glauben verstoßen,
BayObLG NJW 91, 1620); Nachteil ist auch eine nicht unerhebli-

§ 14 8–10   I. Teil. Wohnungseigentum

che Beeinträchtigung des **Lichteinfalls** (BayObLG, DerWEer 84, 27) oder der **Luftzufuhr** (BayObLG, DerWEer 84, 30), u. U. auch psychische Beeinträchtigungen eines WEers oder dessen Mieters (KG, DerWEer 88, 23), wenn sie von dem räumlich-gegenständlichen Bereich des SEs oder GemEs ausgehen. Es besteht das Verbot übermäßigen Gebrauchs sowohl am SE wie gemeinschaftlichem Eigentum. Wie bei a) werden auch hier nicht nur in SE stehende Gebäudeteile, sondern alle Gegenstände des SEs erfaßt.

8   Auf **Verkehrspflichten** in der Gemeinschaft der WEer ist in erster Linie die vertragliche Haftung aus dem Gemeinschaftsverhältnis auf der Grundlage von §§ 276, 278 BGB anwendbar. §§ 823 ff. BGB bleiben unberührt. §§ 1004 BGB, 14 Nr. 1 WEG sind Schutzgesetze i. S. von § 823 Abs. 2 BGB (KG, DerWEer 88, 23). Die schuldhafte Verletzung der Verpflichtung aus § 14 Nr. 1 stellt eine positive Forderungsverletzung dar (BayObLG, DerWEer 89, 135 = ZMR 89, 349: Vorsorge gegen Einfrieren der Wasserleitungen im Bereich des SEs).

9   Auch **Störungen** durch Haus- und Besitzangehörige sind zu vermeiden, auch durch nur anstößiges Verhalten (bezügl. Bordellbetriebs s. BayObLG, Rpfleger 81, 13 = WEM 81, 57, dort auch zum Begriff des Nachteils). Belästigung eines Mieters durch einen WEer beeinträchtigt den anderen WEer in zulässiger Nutzung des WEs durch Vermietung. WEer kann diese Belästigung seines Mieters in eigenem Namen geltend machen nach § 43 Abs. 1 Nr. 1 (OLG Frankfurt, NJW 61, 324).

10   Zur Frage der **Haustierhaltung** vgl. BayObLG, NJW 72, 880 = ZMR 72, 226 = MDR 72, 516; OLG Karlsruhe, DerWEer 88, 68. Danach ist ein Verbot der Haustierhaltung nur bei vertraglicher Unterwerfung verbindlich. Ein generelles Verbot kann deshalb nicht durch einen Versammlungsbeschluß ausgesprochen werden (so bez. Hunde KG, v. 13. 1. 92 – 24 W 2671/91). Im übrigen ist dies auch beim Vorliegen einer entspr. Hausordnung Entscheidung des Einzelfalls (s. a. § 15 Rz. 6). Auch bei ihrem Fehlen ist konkret zu ermitteln, ob und wieweit die Tierhaltung wegen unzumutbarer Belästigung oder im Interesse einer ordnungsgemäßen Hausverwaltung zu untersagen ist (OLG Karlsruhe, DerWEer 88, 68). Durch Mehrheitsbeschluß kann die Beschränkung auf eine bestimmte Anzahl von Haustieren ausgesprochen werden (BayObLGZ 72, 90; a. A. *Schmidt*, BlGBW 80, 99, der auf eine konkrete Beeinträchtigung abstellt). Einen Anhaltspunkt hierfür bietet die Entscheidung des KG, wonach ein WEer das Maß des ordnungsgemäßen Gebrauchs des SEs jedenfalls dann überschreitet, wenn er in seiner 42 qm großen Ein-Zimmer-Wohnung mehr

als vier **Katzen** hält, NJW-RR 91, 1116). Dasselbe gilt für den Fall, daß ein WEer mehrere **Schlangen** und dazu erforderliche Futtertiere hält (OLG Frankfurt, 20 W 149/90). Ein generelles **Musizierverbot** ist unzulässig (OLG Hamm, NJW 81, 465 = Rpfleger 81, 149), dort auch zur zeitlichen Beschränkung (vgl. auch BayObLG, Der-WEer 85, 61). Zum Anspruch auf Unterlassung störenden Musizierens s. OLG Frankfurt, OLGZ 84 Nr. 38.

Aus der Obhutspflicht folgt Anzeigepflicht von Mängeln an gemeinschaftlichem Eigentum. Zur Entbehrlichkeit der Zustimmung eines WEers s. § 22 Rz. 13, 18.

Zu Duldungspflichten s. § 14 Nr. 4.

VI. Zu Nr. 2

Es handelt sich um eine Haftung für Hilfspersonen unter Anwendung der zum Mietrecht entwickelten Grundsätze. Nr. 2 gibt nähere Umschreibung des Personenkreises, für den nach § 278 BGB einzustehen ist. Darunter fallen auch Mieter und Untermieter (BayObLG MDR 70, 586 = ZMR 70, 221 = NJW 70, 1550; vgl. *Kirchhoff,* ZMR 89, 323). Von der Verpflichtung nach Nr. 2 kann sich der WEer auch nicht dadurch befreien, daß er gegenüber einem Mieter Bindungen eingeht, die dem Interesse der übrigen WEer widersprechen (LG Hamburg, DerWEer 84, 28). Es kann ggfs. die Kündigung eines auf zweckwidriger Wohnnutzung beruhenden Mietverhältnisses verlangt werden (OLG Düsseldorf, Der-WEer 89, 176).

Zum Mietrecht s. *Palandt-Heinrichs,* § 278 Rn. 16.

Der **Haftungsumfang** richtet sich nach allgemeinem Recht. Ein deliktischer Schadenersatz kommt höchstens für Verrichtungsgehilfen nach § 831 in Frage. § 14 Nr. 2 ist **Schutzgesetz** im Sinne § 823 Abs. 2 BGB.

VII. Zu Nr. 3

Nr. 3 enthält die Verpflichtung zur Duldung von Einwirkungen, die nach Nr. 1 und 2 zulässig sind, einbezogen die Rechtsausübung nach § 13. Siehe dazu auch § 21 Abs. 5 Nr. 6 (Herstellung von Fernsprechteilnehmereinrichtungen, Rundfunkempfangsanlagen, Umbau von Fernsehantennen zum Empfang weiterer Programme: AG Wiesbaden MDR 67, 126; Energieversorgungsanschluß, Umstellung einer Etagenheizung auf Gas: AG Hannover Rpfleger 69, 132). Nicht zu duldende Einwirkungen sind Besitz- und Eigentumsstörungen und Sonderwünsche einzelner WEer (BayObLGZ 71, 281 = MDR 72, 52; KG, WM 72, 709), z. B. durch unzulässige bauliche Veränderungen an der Fassade (s. dazu § 22 Rz. 9ff.). Zum Maß der zu duldenden Beeinträchtigung vgl. BayObLGZ 79 Nr. 46; WEM 80, 33.

VIII. Zu Nr. 4

15   Benutzung und Betreten der SEs-Räume: Es handelt sich um eine Ausdehnung der Verpflichtung nach Nr. 3, dem Aufopferungsanspruch verwandt. Der Anspruch geht auf Ersatz des Schadens, der adäquat verursacht ist (BayObLG, DerWEer 87, 58). Verschulden ist nicht erforderlich (BayObLG, DerWEer 87, 58). Ein Schadensersatzanspruch in Geld kann auch bestehen, wenn dem WEer der Eigengebrauch (von Teilen) der EW (z. B. Terrasse) für nicht unerhebliche Zeit entzogen wird (BGH, NJW 87, 50; BayObLG, DerWEer 87, 58). Nicht gemeint ist die Anbringung ständiger Einrichtungen (s. aber OLG Düsseldorf, BauR 81, 477 = DerWEer 82, 62 zur Duldung der Einsetzung neuer Fenster); keine Duldungspflicht besteht z. B. für Anbringung von Dachreklamen. Im Rahmen des Gemeinschaftsverhältnisses sind die WEer verpflichtet, dem Verwalter, einem Architekten und Handwerkern Zutritt zur Behebung von (auch nur vermuteten) Schäden zu ermöglichen, auch wenn sie die Wohnung nicht bewohnen (LG Bochum, DerWEer 88, 69).

IX. Gebäudeschadenshaftung

16   Die Grundsätze des § 836 BGB gelten auch für Einsturz oder Ablösung von Gebäudeteilen innerhalb des Gebäudes oder auch auf dem Grundstück usw., wenn andere WEer in Mitleidenschaft gezogen werden. Es besteht ein Anspruch dann gegen die WEer-Gemeinschaft bei Schädigung durch gemeinschaftliches Eigentum; anders bei Schaden durch Teile des SEs.

17   Auch eine Haftung des Verwalters (§ 26) als Gebäudeunterhaltungspflichtiger und nach Maßgabe des § 838 BGB kommt in Betracht (über seine Pflichten s. § 27 Abs. 1 Nr. 2).

18   Mit dem Übergang der ausschließlichen Verfügungsmacht vom Bauträger auf die WEer ist der WEer für den bauordnungsrechtlichen Zustand der Wohnanlage verantwortlich (BayVGH, DerWEer 81, 48).

X. Sanktionen

19   1. § 43 Abs. 1 Nr. 1 ist anwendbar in allen Fällen einer **Pflichtverletzung** nach § 14, § 15 oder 16 oder **Rechtsüberschreitung**

Gebrauchsregelung **§ 15**

nach § 13 (sowohl bei Pflichtverletzung gegen das gemeinschaftliche Eigentum wie gegen das SE). Antragsrecht hat jeder betroffene WEer.

2. §§ 1004, 1007 BGB (s. § 13 Rz. 38f.). Bevor **konkrete** Zuwiderhandlungen vorliegen oder unmittelbar zu erwarten sind, kann ein WEer nicht verlangen, daß vom Gericht Ordnungsmittel für den Fall von Verstößen gegen die Hausordnung oder gegen Pflichten nach § 14 Nr. 1 angedroht werden (KG, DerWEer 85, 126/LS = 86, 89). Dem Verlangen, eine bauliche Veränderung zu beseitigen, kann grundsätzlich nicht der Einwand rechtsmißbräuchlichen Verhaltens entgegengesetzt werden, weil bereits mehrere WEer das Erscheinugsbild der Anlage durch (teils) genehmigte, teils nicht genehmigte Maßnahmen verändert haben (BayObLG, NJW-RR 93, 337). 20

3. *Schadensersatz:* Haftung wie aus Vertrag (Vereinbarung oder gesetzlichem Schuldverhältnis nach §§ 10ff.); §§ 276, 278, 249ff., ggfs. 823, 831 BGB (OLG Stuttgart, WEM 80, 75; KG, DerWEer 87, 23; s. o. Rz. 7f.). Die Geltendmachung erfolgt im Verfahren nach § 43. Bei Verletzung gemeinschaftlichen Eigentums besteht ein Anspruch gem. § 420 BGB nur mit Wirkung für alle, aber auch im Verfahren nach § 43. Dies gilt auch für Schadensersatz nach Nr. 4. 21

4. *Entziehungsklage:* § 18. Daneben bleibt das Verfahren nach § 43 zulässig. 22

§ 15 Gebrauchsregelung

(1) **Die Wohnungseigentümer können den Gebrauch des Sondereigentums und des gemeinschaftlichen Eigentums durch Vereinbarung regeln.**

(2) **Soweit nicht eine Vereinbarung nach Absatz 1 entgegensteht, können die Wohnungseigentümer durch Stimmenmehrheit einen der Beschaffenheit der im Sondereigentum stehenden Gebäudeteile und des gemeinschaftlichen Eigentums entsprechenden ordnungsmäßigen Gebrauch beschließen.**

(3) **Jeder Wohnungseigentümer kann einen Gebrauch der im Sondereigentum stehenden Gebäudeteile und des gemeinschaftlichen Eigentums verlangen, der dem Gesetz, den Vereinbarungen und Beschlüssen und, soweit sich die Regelung hieraus nicht ergibt, dem Interesse der Gesamtheit der Wohnungseigentümer nach billigem Ermessen entspricht.**

Vorbemerkung

1 Gebrauchsregelung betrifft sowohl SE wie gemeinschaftliches Eigentum. Für beides sind Vereinbarungen zulässig, auch Mehrheitsbeschluß, aber beschränkt auf Gebrauchsregelung (LG Köln, ZMR 77, 377 = WEM 78, 53; unklar BayObLG, WEM 79, 87 = Rpfleger 79, 216 bez. Mehrheitsbeschluß). „**Gebrauch**" i. S. des § 15 entspricht der „Benutzung" i. S. der §§ 745 ff. BGB. Eine Gebrauchsregelung setzt voraus, daß entweder eine Zweckbestimmung der von ihr betroffenen Teile der Anlage noch nicht vorliegt, oder daß zwar eine Zweckbestimmung schon gegeben ist, diese aber noch einer näheren Regelung bedarf (BayObLG, MDR 81, 937; OLG Stuttgart, NJW 61, 1359). Allerdings kann nicht durch Beschluß in das SE der WEer dadurch eingegriffen werden, daß Heizkostenverteiler angebracht werden sollen oder Thermostatventile, abgesehen von gesetzlicher Verpflichtung dazu, z. B. nach der HeizkostenVO (AG Heidelberg, DerWEer 89, 72). Nutzungsrechte einzelner WEer können nicht gegen ihren Willen durch Beschluß willkürlich beeinträchtigt werden (BayObLG NJW 62, 492).

2 Mangels Vereinbarung steht jedem Wohnungseigentümer das Recht zum **Mitgebrauch** gemeinschaftlicher Einrichtungen im gleichen Umfang zu (BayObLG, NJW 72, 1286 = MDR 72, 607 = Rpfleger 72, 260 = ZMR 72, 224). Damit kann eine gemeinschaftliche Einrichtung nicht einzelnen WEern zur teilweisen Alleinnutzung zugewiesen werden (BayObLG, NJW 74, 152; OLG Karlsruhe, Die Justiz 83, 459 = MDR 83, 672; OLG Zweibrücken, DerWEer 86, 27 zur Einrichtung und Vermietung von Pkw-Stellflächen auf einer gemeinschaftlichen Fläche; dazu § 22 Rz. 12).

3 Abs. 2 ist § 745 BGB nachgebildet. Auch § 746 ist zu beachten (quasi-dingliche Wirkung).

I. Inhalt

4 a) **Verkehrspflichten:** Nicht hierher gehören Verfügungen und Verpflichtungen zu Verfügungen. Gebrauchsregelung ist dispositiver Natur; gemeint ist Benutzung im Sinne der §§ 745 ff. BGB, sowohl hinsichtlich SEs wie gemeinschaftlichen Eigentums. Zur Verwaltung s. aber §§ 20 ff., sie erfaßt nur das **gemeinschaftliche Eigentum.** Zur Erstreckung einer Benutzungsregelung auf ein nicht dem WEG unterliegendes Nachbargrundstück siehe OLG Frankfurt, Rpfleger 75, 179.

Gebrauchsregelung 5, 6 § 15

b) **Hausordnung:** Sie enthält im allg. eine Umschreibung der 5
Sorgfaltspflichten der WEer: Schließen der Türen (LG Wuppertal,
Rpfleger 72, 451), Verwahrung von Schlüsseln, Benutzung der
Aufzüge, Schließen der Fenster bei Frost, Anordnung, daß auch
Reparaturen und **Änderungen** innerhalb der SEs-Räume nur durch
geeignete fachmännisch vorgebildete Handwerker erfolgen dürfen,
Reinigung in bestimmter Weise und in bestimmten Abständen,
Hausreinigung (LG Mannheim, MDR 76, 582), **Reinigung** des
Bürgersteigs durch Erdgeschoßeigentümer scheint nicht unbedenklich (unentschieden OLG Hamm, MittBayNot 70, 109). S.
aber OLG Hamm, WEM 5/81, 32 = DerWEer 81, 125, wonach ein
Beschluß über die **Streupflicht** als persönliche Leistungspflicht der
WEer selbst im Turnus anfechtbar ist (a. A. OLG Stuttgart, DerWEer 87, 99). Die Streupflicht hinsichtlich des GemEs ist Verwaltung i. S. des § 21 Abs. 1 (OLG Hamm, NJW 82, 1108). Dazu auch
BayObLG, WEM 82, 35. Sie obliegt aber dem Inhaber eines **Sondernutzungsrechts** (z. B. zu einem Hauszugangsweg) in erster Linie (BayObLG, DerWEer 85, 95). Streuen des Bürgersteigs, Benutzungsordnungen für die Treppe und Aufzüge, Treppen- und
Gangbeleuchtung, Benutzung der Waschküche und Trockenspeicher, Feuer- und Kälteschutz fallen darunter. Einem berufstätigen
WEer muß die Möglichkeit gegeben werden, die gemeinschaftliche
Waschküche auch am späten Nachmittag zu benutzen (KG, DerWEer 85, 61). Einhaltung von **Ruhestunden** (auch bei Musikausübung, s. OLG Hamm, NJW 81, 465). Je nach den konkreten
Umständen kann die zulässige **Spieldauer** 1½ Stunden und mehr
betragen (OLG Frankfurt, DerWEer 85, 30). Für Beschränkung
auf 3 Stunden BayObLG, DerWEer 85, 61), dabei keine Ausnahme
für Berufsmusiker (ebenda). Ein generelles Verbot des **Musizierens**
durch Beschluß ist nichtig (OLG Hamm, DerWEer 81, 128).

Grundsätzliches Verbot der **Tierhaltung** ist nicht Sache der 6
Hausordnung, sondern Beschränkung des SEs (KG, NJW 56,
1679f.; dazu BayObLG, MDR 72, 516 = Rpfleger 72, 175; OLG
Stuttgart, OLGZ 82, 301 = DerWEer 83, 29 = Justiz 82, 230; vgl.
a. BayObLG, DerWEer 82, 135; vgl. § 14 Rz. 10; zur Tierhaltung
(Katzen) vgl. auch KG, MDR 92, 50 u. oben Rz. 10); deshalb ist
Einstimmigkeit erforderlich (LG Wuppertal, Rpfleger 78, 23 =
MDR 78, 318; OLG Karlsruhe, DerWEer 88, 68). In einer Hausordnung kann das Spielen von Kindern hinsichtlich Zeit, Art und
Umfang eingeschränkt werden (BayObLG für Ferienwohnungsanlage. Bedenklich! DerWEer 82, 98). S. aber BayOblG, DerWEer 82, 67 zur Benutzungsregelung eines Kinderspielplatzes. Eine Gebrauchsregelung, durch die eine im GemE stehende Grünflä-

§ 15 7–9   I. Teil. Wohnungseigentum

che von Kindern zum Spielen – mit Ausnahme von Ballspielen – benützt werden darf, kann mit Mehrheit beschlossen werden (OLG Düsseldorf, NJW-RR 89, 1167; OLG Saarbrücken, NJW-RR 90, 24). Eine **Hausordnung** kann vom **FG-Richter** im Verfahren nach § 43 erlassen werden (OLG Hamm NJW 69, 884 = MDR 69, 484).

7   § 21 Abs. 5 Nr. 1 erklärt Aufstellung einer Hausordnung zum Inhalt ordnungsmäßiger Verwaltung. Die GemO kann die Aufstellung einer Hausordnung durch den Verwalter vorsehen; dadurch wird die Zuständigkeit der Eigentümergemeinschaft – eine Hausordnung zu beschließen – nicht ausgeschlossen (KG, ZMR 92, 68). Zum Recht des Verwalters, auf Feststellung der Pflichten aus der Hausordnung zu klagen (OLG Hamm, OLGZ 70, 399 u. unten § 21 Rz. 42); zu seiner Verpflichtung für ihre Durchführung zu sorgen s. BayObLG, WEM 81 H. 6, 32. Für eine Hausordnung genügt grundsätzlich **Mehrheitsbeschluß** (BayObLG, ZMR 76, 190, 310; 77, 84; OLG Karlsruhe, MDR 76, 758). Die bloße Bezugnahme in der Teilungserklärung auf eine Hausordnung, die vom Verwalter erstellt und von den WEern mehrheitlich beschlossen ist, macht deren Inhalt nicht zu einer Vereinbarung (OLG Karlsruhe, DerWEer 88, 68). Das Abstellen von Kfz auf einer Grünfläche ist grundsätzlich ausgeschlossen, wenn die GemO darüber nichts aussagt (BayObLG, WEM H. 6/81, 32). Dort auch zum Aufstellen eines sog. Oldtimers auf einer Terrasse (= MDR 81, 937). Zum Betrieb einer elektrischen Sprech- und Öffneranlage s. BayObLG, Rpfleger 82, 218.

8   Zur Gebrauchsregelung für eine **Tiefgarage** s. LG München I, MittBayNot 71, 83; 242 (vgl. oben § 5 Rz. 10). Die WEer können auch, soweit keine Vereinbarung entgegensteht, ein angemessenes **Nutzungsentgelt** bezüglich der Abstellplätze auf dem GemE festsetzen (BayObLG, ZMR 79, 214 = Rpfleger 79, 265). Sind weniger Kfz-Stellplätze im GemE als Interessenten vorhanden, entspricht die Vergabe der Plätze durch **los** für eine begrenzte Zeit eher ordnungsmäßigem Gebrauch als eine **Versteigerung** unter den Interessenten mit Vermietung auf unbegrenzte Zeit (BayObLG, NJW-RR 93, 205). Gegebenenfalls kann die Befugnis, den gemeinschaftlichen Heizungsraum zu betreten, beschränkt oder u. U. ausgeschlossen werden (BayObLG, Rpfleger 72, 176/LS = ZMR 72, 227).

9   c) **Sondernutzungsrecht:** Durch Vereinbarung können Sondernutzungsrechte, z. B. an **Abstellplätzen,** begründet werden (allg. M., vgl. BayObLG, NJW 75, 59 = Rpfleger 75, 22; DerWEer 83,

166

Gebrauchsregelung 10 § 15

30; *Röll,* Rpfleger 78, 352). Dabei ist zwischen schuldrechtlichen und dinglichen Sondernutzungsrechten zu unterscheiden (*Merle,* a. a. O.; dazu *Bärmann-Pick,* § 15 Rz. 18). Ein Beschluß durch die Mehrheit genügt nicht (BayObLG, DerWEer 82, 31 für die Zuweisung eines Kellerraums zur ausschließlichen Nutzung). Materiellrechtlich ist **Zustimmung aller WEer** notwendig (OLG Frankfurt, DerWEer 84, 30), grundbuchrechtlich (BayObLG, Rpfleger 80, 111) ist eine **Bewilligung** der WEer erforderlich. Zum Recht der WEer auf Grundbuchberichtigung und Beschwerde (§ 71 GBO) im Falle der Grundbucheintragung eines nicht entstandenen Sondernutzungsrechts s. BayObLG, Rpfleger 91, 308. Die Einräumung muß sich nicht auf bestimmte einzelne Nutzungsarten beschränken (BayObLGZ 81, 56). Ihre **Grenze** findet die Zulässigkeit einer solchen Vereinbarung dort, wo sie sich auf (einstimmig zu treffende) **bauliche Veränderungen** bezieht (KG, DerWEer 83, 31; einschränkend LG Berlin, MDR 82, 149). Der Inhalt ist ggfs. durch **Auslegung** zu ermitteln (BayObLG, DerWEer 85, 95). So braucht ein Sondernutzungsrecht am Garten nicht die Befugnis zu gewähren zur Errichtung eines den optischen Gesamteindruck der Wohnanlage störenden Gartenhäuschens (BayObLG, a. a. O.; OLG Frankfurt, DerWEer 86, 60). Dies schließt bauliche Veränderungen aus (OLG Frankfurt, Rpfleger 83, 20; DerWEer 88, 141 m. w. N.). A. A. für den Fall, in denen das Grundstück nach dem Inhalt des SNRs mit mehreren völlig getrennten Häusern einschließlich baulicher Veränderungen bebaut werden kann (LG Oldenburg, Rpfleger 89, 59). Dies kommt einer Realteilung gleich. Im Rahmen des entspr. SNRs liegt auch die Errichtung eines **Schaukelgerüsts** auf einer Grünfläche (OLG Düsseldorf, NJW-RR 89, 1167).

Sondernutzungsrechte können ohne Zustimmung der übrigen 10 WEer innerhalb der Gemeinschaft **übertragen** werden (BGH, NJW 79, 548; *Merle,* Rpfleger 78, 86; *Weimar,* DerWEer 81, 117). Die Übertragung des Sondernutzungsrechts **kann** jedoch von der **Zustimmung** der Gemeinschaft oder eines Dritten entspr. § 12 abhängig gemacht werden (BGH, a. a. O. = Rpfleger 79, 57 = DNotZ 79, 168 m. Anm. *Ertl*). Zum Zustimmungserfordernis **dinglich Berechtigter** (oben Rz. 37 f. vor § 10; § 10 Rz. 26). Auch die Eintragung einer **Vormerkung** zur Sicherung des Anspruchs eines WEers auf Übertragung eines Sondernutzungsrechts bedarf nicht der Zustimmung der übrigen WEer (BayObLG, MittBayNot 79, 18 = Rpfleger 79, 219). Sind einzelne WEer durch eine im GB eingetragene Gebrauchsregelung vom Mitgebrauch einer genau bestimmten Gemeinschaftspflicht ausgeschlossen, so bedarf es nicht ihrer Mitwirkung bei einer Vereinbarung, durch die einem bestimmten MEer ein Sondernutzungsrecht an dieser Fläche eingeräumt wird (BayObLG, DerWEer 85, 61).

Zur **Abgrenzung** von Gebrauchsbefugnissen des Sondernutzungsberechtigten gegenüber Verwaltungsbefugnissen der Gemeinschaft (Bestimmung der Ausgestaltung einer das Grundstück einheitlich umfriedenden Hecke) s. BayObLG, DerWEer 85, 61. Zu einer (möglichen) Bepflanzungsbeschränkung zum Schutz einer Tiefgarage s. BayObLG, WuM 93, 206.

Umgekehrt trägt der Inhaber des Sondernutzungsrechts im Zweifel die **Kosten** für Instandhaltung und Verkehrssicherung (BayObLG, DerWEer 85, 95). Zu den Anforderungen an die Vollmacht bzw. die Erklärung des Veräußerers zur Nutzungsregelung am Kfz-Abstellplatz s. BayObLG, WEM 80, 171. Zur Frage des Austausches von Sondernutzungsrechten s. § 5 Rz. 26 und Rz. 37 vor § 10.

11 Die Grundsätze eines Sondernutzungsrechts gelten nicht, wenn Garagenanlagen im ME nach §§ 1008, 741 BGB stehen (BayObLG, MittBayNot 80, 209; DNotZ 85, 250). Zur Gewährung einer Gebrauchserlaubnis an Nichteigentümer vgl. BayObLG, ZMR 77, 84, zur Auslegung einer Ausübungsbefugnis aus einer **Baulast** zugunsten der WEer s. HansOLG Hamburg, Rpfleger 80, 112 = OLGZ 80, 416. Durch eine **öffentlich-rechtliche Erlaubnis** kann ein Sondernutzungsrecht nicht begründet werden (OLG Frankfurt, OLGZ 80, 416 = Rpfleger 80, 391). Zur Gebrauchsregelung hinsichtlich einer Doppelhaushälfte s. LG Traunstein (MittBayNot 78, 218) und *Röll,* MittBayNot 79, 51).

12 Die Umdeutung einer nichtigen Teilungserklärung in ein Sondernutzungsrecht ist möglich (BayObLG, DerWEer 81, 27; DerWEer 84, 30; OLG Frankfurt, DerWEer 88, 141). Zum Sondernutzungsrecht an einem abweichend vom Aufteilungsplan abgegrenzten Kellerabteil s. BayObLG, DNotZ 82, 242 = WEM 82, 28. Ein Sondernutzungsrecht beinhaltet z. B. den **Anspruch** auf **Herausgabe** des betr. Gartenteils und auf **Unterlassung** der Beeinträchtigung der gärtnerischen Nutzung (BayObLG, DerWEer 83, 30 = Rpfleger 82, 418; Rpfleger 83, 14).

Ob ein Sondernutzungsrecht von einem WEer oder der Gemeinschaft **gepfändet** werden kann, erscheint zweifelhaft (a. A. LG Stuttgart, DerWEer 89, 72). Das Sondernutzungsrecht ist mit seinem Entstehen Teil des Rechts „Wohnungseigentum" und unterliegt damit der Untrennbarkeit des § 6. Auch ein mit den SE verbundener Keller oder eine Garage in TE können nicht selbständig zugunsten der Gemeinschaft gepfändet werden.

II. Wirkung

§ 15 Abs. 1 spricht von Vereinbarung. Nach Abs. 2 ist eine Gebrauchsregelung aber auch durch Beschluß (vgl. KG, ZMR 92, 68) und richterliche Entscheidung nach § 10 Abs. 3 möglich. Eine beschlußmäßig aufgestellte Hausordnung oder Gebrauchsregelung hat nach § 10 Abs. 3 **dinglichen Charakter** ohne Eintragung, auch wenn sie nicht einstimmig getroffen wurde (s. a. *Bärmann-Pick*, § 15 Rz. 14). 13

III. Zustandekommen

Drei Wege: 14

a) **Vereinbarung** *(Abs. 1)*, also Zustimmung aller betroffenen WEer (BayObLG, NJW 74, 1134 = MDR 74, 847 = DNotZ 75, 31). Zur Eintragung bedarf es nach dem formellen Konsensprinzip der **Bewilligung** aller WEer in der Form des § 29 Abs. 1 S. 1 GBO (BayObLG, ZMR 80, 122 = MittBayNot 80, 18 = Rpfleger 80, 111). Vorzugsrechte einzelner WEer sind in der Form von Dienstbarkeiten möglich (s. § 13 Rz. 28, § 1 Rz. 23f.). Auch die Regelung der Verwertung gemeinschaftlichen Eigentums, wie Läden, Werkstätten, Garagen u. dgl. durch Vermietung, Überlassung an Verwalter oder an Dritte kann Gegenstand der Gebrauchsregelung sein. Allerdings müssen Umfang der **Ermächtigung** und Eingriff in die Rechte der Wohnungseigentümer erkennbar sein, wenn sie in der Teilungserklärung vorgesehen sind (BayObLG, Rpfleger 74, 400 = DNotZ 75, 308). Eine Gebrauchsregelung kann sich auch aus einer in der Teilungserklärung enthaltenen Zweckbestimmung ergeben, die damit Vereinbarungscharakter hat (LG Lübeck, DerWEer 87, 29; OLG Stuttgart, DerWEer 88, 139; s. § 13 Rz. 6ff.). Die Vereinbarung ist anhand der Teilungserklärung einschließlich des Aufteilungsplans auszulegen (OLG Stuttgart, a. a. O.). Es ist allein auf Wortlaut und Sinn der Eintragung abzustellen, wie es sich für einen unbefangenen Betrachter als nächstliegende Bedeutung des Eingetragenen ergibt (BayObLG, WMR 85, 238; OLG Stuttgart, DerWEer 88, 139). Die **Umwandlung** von WE in TE und umgekehrt bedarf der Einstimmigkeit (OLG Braunschweig, MDR 76, 1023; BayObLGZ 83, 79 = MDR 83, 671).

Auch Vereinbarungen sind **nicht schrankenlos** zulässig. Übermäßige Beschränkungen sind nichtig gemäß §§ 134, 138 BGB, insbesondere wenn sie das Eigentumsrecht aushöhlen. Zu weiteren Einschränkungen s. KG, OLGZ 82, 413; a. A. BayObLGZ 81, 56 = Rpfleger 81, 299 = WEM 81 H. 2, 62 = BWNotZ 81, 81 = 15

MittBayNot 81, 135; s.a. *Bärmann-Pick*, § 15 Rz. 20 m.w.N.). Danach ist es nach dem WEG nicht zwingend, daß am GemE notwendigerweise irgendeine Form der gemeinschaftlichen Nutzung bestehen bleiben muß (BayObLG a.a.O.). Ein Wettbewerbsausschluß durch Steuerung der Nutzung dürfte zulässig sein (*Zimmermann*, Rpfleger 78, 124). Zur Abgrenzung zum Mehrheitsbeschluß s.o. § 10 Rz. 12; BayObLGZ 71, 273; OLG Stuttgart, Rpfleger 74, 361.

16 Da nur das Verhältnis der WEer **untereinander** durch Vereinbarung geregelt werden kann, sind Verpflichtungen gegenüber Dritten unzulässig (BayObLG, NJW 74, 2134 = Rpfleger 74, 360 = MittBayNot 74, 208 = MDR 74, 1020; OLG Frankfurt, MDR 83, 580). In einer Hotelanlage kann das selbständige Recht zur Vermietung zugunsten eines anderen ausgeschlossen sein (BayObLG, Rpfleger 82, 15).

17 b) **Mehrheitsbeschluß** *(Abs. 2)*, Vorbild § 475 Abs. 1 S. 1 BGB (dazu § 21 Abs. 5). Der Beschluß muß einen der Beschaffenheit der in SE stehenden Gebäudeteile und des gemeinschaftlichen Eigentums entsprechenden und außerdem ordnungsgemäßen Gebrauch zum Zweck haben. Sonst ist das Verfahren nach § 43 Abs. 1 Nr. 1 eröffnet. Beispiel für einen Beschluß ist die Regelung der Hausreinigung (LG Mannheim, WM 76, 210 = ZMR 77, 342). **Umzugsvergütungen** (Umzugskostenpauschalen) können nicht mit Mehrheit beschlossen werden, allerdings in Form einer Vereinbarung (BayObLG v. 25.7.77 – 2 Z 87/76; OLG Stuttgart, BWNotZ 81, 90 = Justiz 81, 207 = WEM 81 H. 3, 20; a.A. AG Bonn, DerWEer 83, 95 = ZMR 82, 95; LG Wuppertal, Rpfleger 78, 23 = MDR 78, 318 u. 10. Aufl.; wie hier *Schmid*, BlGBW 80, 203). Eine solche Regelung erfaßt dann auch den Auszug aus einer möblierten Wohnung (AG Cham/Kötzting, DerWEer 84, 29). Zur Erhebung eines **Nutzungsentgelts** für Sauna und Tennisplatz s. BayObLG, DerWEer 84, 30. Dies gilt auch für die Einführung von **Vertragsstrafen** (a.A. OLG Frankfurt, Rpfleger 79, 109 u. d. 10. Aufl.) und Vermietungsbeschränkungen.

18 **Unzulässig** ist etwa völliges Verbot des Vermietens, Ausübung eines freien Berufs, wo dies der Zweckbestimmung des Gebäudes nicht widerspricht, völliges Verbot der Veränderung der Inneneinrichtung, des Unterhaltens, Verbot der Musikausübung (*Zimmermann*, Rpfleger 78, 122; OLG Hamm, NJW 81, 465) oder Beschränkung auf bestimmte Tage (*Diester*, Rspr. zum WEG, Rz. 197; OLG Hamm, a.a.O.) und ähnliches. Wohlerworbene Rechte dürfen nicht verletzt werden (vgl. auch oben Vorbem.).

Gebrauchsregelung 19–23 § 15

Mitbestimmungsberechtigt sind nur die Betroffenen, also etwa 19
beim Beschluß über Einrichtung in *einem* Haus eines **Mehrhauswohnblocks** nur die Bewohner dieses Hauses (BayObLG, NJW
62, 492; LG Wuppertal, Rpfleger 72, 451). Sind mehrere gleichartige gemeinschaftliche Anlagen dabei vorhanden, steht die Nutzung
nur den betreffenden WEern zu (AG Bonn, DerWEer 84, 29). Zum
Mitgebrauchsrecht aller WEer an gemeinschaftlichen Wäschepflegeräumen vgl. BayObLG, DerWEer 83, 94.

Die Ausübung eines Gewerbes oder Berufes kann von der 20
Zustimmung des Verwalters abhängig gemacht werden
(BayObLGZ 71, 273, 276; OLG Frankfurt, DerWEer 83, 61 =
Rpfleger 82, 417) oder der Versammlung (OLG Frankfurt, ebenda), ebenso die Vermietung und Verpachtung (BGHZ 37, 203).
Die Erlaubnis kann auch an die **Zustimmung der Versammlung**
geknüpft werden (*Zimmermann*, Rpfleger 78, 121). Dies ist schon in
der Teilungserklärung möglich (BayObLG a. a. O.). Das **Grillen**
mit einem Gartengrill kann nach AG Wuppertal, Rpfleger 77, 445,
nicht allgemein durch Beschluß gestattet werden. Ein Beschluß,
daß weder auf den Balkonen noch auf den Terrassen und auch nicht
auf der Rasenfläche gegrillt werden darf, ist hingegen zulässig
(OLG Zweibrücken, 3 W 50/93). Die Hausordnung ist in der Regel
durch Mehrheitsbeschluß abänderbar (BayObLG, ZMR 76, 310;
77, 84; OLG Karlsruhe, MDR 76, 758). Die Anlage eines Kinderspielplatzes aufgrund **behördlicher Auflage** unterliegt Mehrheitsbeschluß (LG Freiburg, ZMR 79, 382). Durch Beschluß kann auch
das **Spielen** auf den Grünanlagen einer Wohnanlage gestattet werden (OLG Frankfurt, NJW-RR 91, 1360); ebenso kann durch
Mehrheitsbeschluß die Vermietung der im gemeinschaftlichen Eigentum stehenden **KFZ-Stellplätze** beschlossen werden (BayObLG, NJW-RR 92, 599).

Der nach § 43 angerufene Richter hat ein sachliches Nachprü- 21
fungsrecht. Bis zur rechtskräftigen Entscheidung bleibt der Beschluß wirksam.

Eine bestehende Vereinbarung geht Beschlüssen nach Abs. 2 vor 22
(*Zimmermann*, Rpfleger 78, 122; OLG Frankfurt, Rpfleger 79, 109).

c) **Richterliche Entscheidung** *(Abs. 3);* es bestehen zwei Mög- 23
lichkeiten: Aufhebung oder Änderung einer Vereinbarung oder eines Beschlusses wegen Verletzung des Rechtes auf ordnungsmäßigen Gebrauch, wegen Täuschung des Antragstellers, Geschäftsunfähigkeit eines Beteiligten, oder aus allgemeinen Rechtsgründen
wie Verstoß gegen gute Sitten, gesetzliches Verbot, unmögliche
Leistung, eigentumsfremde Beschränkungen, wie etwa das völlige

§ 16　I. Teil. Wohnungseigentum

Verbot der Vermietung oder Musikausübung (OLG Hamm, NJW 81, 465 = MDR 81, 320 = Rpfleger 81, 149). Anfechtung wegen Irrtums oder arglistiger Täuschung ist zu berücksichtigen.

24　Das **Gericht** kann nur eine solche Gebrauchsregelung treffen, die von den WEern mit Mehrheit beschlossen werden könnte, also keine Beschlüsse, die der Einstimmigkeit bedürfen (KG, NJW 72, 691 = MDR 72, 239; BayObLG, DerWEer 81, 27; OLG Frankfurt, DerWEer 84, 30). Es kann dabei den den WEern zustehenden **Beurteilungsrahmen** ausfüllen (KG, MDR 72, 239).

25　Möglich ist auch der **Antrag,** die zur Durchführung der Vereinbarung oder des Beschlusses **erforderlichen Maßnahmen** zu ergreifen (dazu § 44 Abs. 4). Kein Anspruch des WEers auf Durchführung von baulichen Maßnahmen zur Gewährleistung von Tritt-, Luft- und Körper**schallschutz** bei notwendigen Eingriffen in das GemE (LG Frankfurt, NJW-RR 93, 281). Es kommt hierzu auf den Einzelfall an. Fehlt eine Vereinbarung oder ein Mehrheitsbeschluß, kann jeder WEer im Weigerungsfalle Maßnahmen durch Anrufung des Gerichts herbeiführen. Auch hier ist maßgebend das Verfahren nach §§ 43 ff. Es richtet sich gegen widersprechende WEer. Die Anordnung nach § 44 Abs. 4 kann auch in einer Anweisung an den Verwalter bestehen. Das Verfahren kann sich auch gegen den Verwalter selbst richten, der sich weigert, Maßnahmen durchzuführen.

§ 16 Nutzungen, Lasten und Kosten

(1) **Jedem Wohnungseigentümer gebührt ein seinem Anteil entsprechender Bruchteil der Nutzungen des gemeinschaftlichen Eigentums. Der Anteil bestimmt sich nach dem gemäß § 47 der Grundbuchordnung im Grundbuch eingetragenen Verhältnis der Miteigentumsanteile.**

(2) **Jeder Wohnungseigentümer ist den anderen Wohnungseigentümern gegenüber verpflichtet, die Lasten des gemeinschaftlichen Eigentums sowie die Kosten der Instandhaltung, Instandsetzung, sonstigen Verwaltung und eines gemeinschaftlichen Gebrauchs des gemeinschaftlichen Eigentums nach dem Verhältnis seines Anteils (Absatz 1 Satz 2) zu tragen.**

(3) **Ein Wohnungseigentümer, der einer Maßnahme nach § 22 Abs. 1 nicht zugestimmt hat, ist nicht berechtigt, einen Anteil an Nutzungen, die auf einer solchen Maßnahme beruhen, zu beanspruchen; er ist nicht verpflichtet, Kosten, die durch eine solche Maßnahme verursacht sind, zu tragen.**

Nutzungen, Lasten und Kosten 1–4 **§ 16**

(4) **Zu den Kosten der Verwaltung im Sinne des Absatzes 2 gehören insbesondere Kosten eines Rechtsstreits gemäß § 18 und der Ersatz des Schadens im Falle des § 14 Nr. 4.**

(5) **Kosten eines Verfahrens nach § 43 gehören nicht zu den Kosten der Verwaltung im Sinne des Absatzes 2.**

Übersicht

	Rz.
I. Nutzungen und Früchte (Abs. 1)	1
II. Lasten und Kosten (Abs. 2)	9
III. Sonderfälle (Abs. 3–5)	61

I. Nutzungen und Früchte (Abs. 1)

a) *Begriff:* Nur die **Früchte** im Sinne der §§ 99, 100 BGB sind 1 gemeint. Zu unterscheiden: Nutzungen des SEs, die jedem WEer für sich zustehen, des gemeinschaftlichen Eigentums, die wieder in das gemeinschaftliche Eigentum fallen, und des gemeinschaftlichen Vermögens (Fonds und Konten).

b) *Einziehung der Früchte:* Diese ist Angelegenheit der Verwal- 2 tung nach § 21 Abs. 1, also der WEer; des Verwalters nur bei besonderer Überlassung nach § 27. Für den **Eigentumserwerb** an Früchten gelten die allgemeinen Vorschriften der §§ 953 ff. BGB. Der dem Anteil entsprechende Bruchteil der Nutzungen ist unübertragbar und nicht pfändbar, solange er nicht durch Beschluß zur Verteilung bestimmt ist. Selbst ein gemeinsamer **Gläubiger** aller WEer (z. B. i. F. Gesamthypothek) kann die Bruttomieten nicht pfänden, ohne Lasten und Kosten aus denselben zu befriedigen. Es ist also nur ein Jahresüberschuß pfändbar. Auch die Pfändungspfandgläubiger sind an Gesetz und Vereinbarung gebunden.

c) *Anspruch auf Bruchteil:* § 745 Abs. 3 Satz 2 BGB ist entspre- 3 chend anzuwenden. § 16 Abs. 2 ist nur einstimmig abdingbar.

d) *Rücklagenbildung:* **Rücklagen** und **Rückstellungen** werden ge- 4 meinschaftliches Eigentum; sie sind z. B. für künftige Dachreparatur, Erneuerung des Hausverputzes, Reparatur der Treppen, des Aufzuges usw. zu bilden. Die untrennbare Verbindung des Gemeinschaftsvermögens mit dem MEs- und SEs-Rechten schließt Verlangen auf Aufhebung des Gemeinschaftsvermögens und Verteilung vor Jahresabrechnung aus, es sei denn, daß alle WEer zustimmen. Auch **Vorschüsse** fallen mit der Einziehung in das gemeinschaftliche Vermögen der (aktuellen) WEer. Damit besteht weder ein Rückzahlungsanspruch eines ausgeschiedenen WEers noch ein Auskunftsanspruch (AG Düsseldorf v. 10. 11. 82 – 33 C

§ 16 5–9 I. Teil. Wohnungseigentum

455/82). Ebenso besteht kein Anspruch auf Rückerstattung (vor einer Beschlußfassung), wenn der Verwalter einen Überschußbetrag aus einem Vorschuß einem best. Konto zuführt (BayObLG v. 23. 7. 82 – 2 Z 65/61).

5   Gleiches gilt auch für Instandhaltungsrücklagen nach § 21 Abs. 5 Nr. 4, die nach § 28 Abs. 1 Nr. 3 vom Verwalter in den Wirtschaftsplan aufzunehmen sind.

6   e) *Zuteilung der Nutzungen:* Auf der Grundlage der MEs-Bruchteile gem. § 47 GBO. Dieser Modus ist nicht immer zweckentsprechend, insbesondere bei vorrangiger Nutzung einzelner WEer, z. B. der WEer in den oberen Stockwerken am Aufzug, wie auch an der Treppe usw. Die **Vereinbarung** wird also die Nutzungszuteilung besonders regeln, ebenso wie Lastentragung (s. auch § 755 BGB). Werden durch Mehrheitsbeschluß Nutzungen verteilt vor Lasten- und Kostendeckung, ist die Anrufung des Richters gem. § 43 Abs. 1 Nrn. 1, 4 möglich. Ebenso bei Verweigerung der Herausgabe der zur Verteilung beschlossenen Erträgnisse. **Unterschiedliche Verteilung** der Nutzungen kommt insbesondere bei besonderen Beiträgen von WEern zum Bau von Nebenräumen, Garagen, Lagerhäusern usw. in Frage, die gemeinschaftliches Eigentum geblieben sind. Wegen Vorwegbefriedigung von Lasten und Kosten siehe auch § 102 BGB.

7   Nur den Anspruch auf anteilsmäßigen Reinertrag nach Jahresrechnung kann ein Gläubiger **pfänden.**

8   Soweit es sich um **Gebrauchsvorteile** handelt, hat jeder MEer i. Zw. den gleichen Anteil (BayObLG, NJW 72, 1286; s. oben §§ 13 Rz. 15, 15 Rz. 1 f.).

II. Lasten und Kosten (Abs. 2)

9   Vorbild § 748 BGB, auch § 103 BGB ist zu beachten.

Als **notwendige** Ausgaben (s. auch § 22 Rz. 1) für Erhaltung und Nutzung der gemeinschaftlichen Sachen werden angesehen: Spesen für die gewöhnliche Unterhaltung in jedem Zustand, in welchem sie den WEern denjenigen Nutzen bringen, der ihnen von Natur aus eigen ist. Nur **nützliche** Ausgaben müssen von der Mehrheit beschlossen werden; Verwalter oder einzelner WEer kann sie nicht anordnen (s. § 21 Abs. 3). **Willkürliche** Ausgaben können auch bei Mehrheitsbeschluß vom einzelnen WEer verweigert werden, falls er das Gericht der fG anruft (dazu § 22 Abs. 1 Rz. 26). Träger des Anspruchs nach Abs. 2 gegen einen WEer sind die WEer in ihrer **Gesamtheit** (BayObLG, ZMR 80, 383). Ansprüche gegen WEer auf Zahlung von Kosten und Lasten verjähren erst nach 30 Jahren (BayObLG, MDR 84, 317 = DerWEer 84, 30). Die eigenmächtige Erneuerung von Fenstern (GemE) auf eigene Kosten entbindet den betr. WEer nicht von der Verpflichtung, die Kosten für die Instandhaltung der Fenster anderer WEer anteilig zu tragen (LG Bremen, DerWEer 89, 33).

a) **Lasten** *des gemeinschaftlichen Eigentums:* Grundsätzlich sind Lasten nur **schuldrechtliche** Verpflichtungen zu einer Leistung, nicht aber dingliche Belastungen, wie Nießbrauch, Vorkaufsrecht, Grunddienstbarkeiten oder auch Grundpfandrechte (Palandt § 103 Anm. 2). § 1047 BGB unterscheidet öffentliche und privatrechtliche Lasten. Die WEer-Gemeinschaft hat jedoch keine Verwandtschaft mit Nießbrauch. 10

Unter § 16 Abs. 2 fällt auch die Verpflichtung jedes WEers gegenüber den anderen WEern, die Lasten einer **Gesamthypothek**, auch in bezug auf die Kapitalrückzahlung, nach dem Verhältnis seines Anteils zu tragen und entsprechend an die Verwaltung abzuführen; die Abführung wird gemeinschaftliches Vermögen in allgemeiner Verwaltung, ohne Zugriff der Gläubiger der einzelnen WEer. Bei Gesamtbelastung entsteht damit gegebenenfalls auch ein Ausgleichsanspruch des für einen anderen WEer leistenden WEers (BayObLG, NJW 73, 1881 = DNotZ 74, 78 m. insoweit abl. Anm. *Weitnauer* = MDR 73, 848). 11

Da der **Dauernutzungsberechtigte** grundsätzlich nicht aus § 16 Abs. 2 verpflichtet ist, steht der Gemeinschaft insoweit auch kein Erstattungsanspruch gegen ihn wegen bezahlter Kosten des GemEs zu (BGH, Rpfleger 79, 58). 12

b) **Kosten** *des gemeinschaftlichen Eigentums:* Es werden unterschieden **Kosten** der Instandhaltung und Instandsetzung der gemeinschaftlichen Teile, der sonstigen Verwaltung der Gemeinschaft, eines gemeinschaftlichen Gebrauchs des gemeinschaftlichen Eigentums. Dazu kommt auch **Ersatz** der **Aufwendung** nach § 21 Abs. 2. Über sonstige Verwaltung siehe § 21 Abs. 5 (Kosten für Versicherung, Verwalter, Hilfspersonen, Hausmeister (BayObLG, DerWEer 85, 125/LS), Prüfung des Wirtschaftsplanes, Rechnungslegung, Kosten für Bankkonten, Kosten für laufende Unterhaltung aller Dienste im Haus, Müllabfuhr, Kaminreinigung, Aufzugskosten (OLG Düsseldorf, DerWEer 86, 28) u. dgl.; vgl. BayObLG, Rpfleger 72, 260 = NJW 72, 1376). 13

Wieweit Kosten gemeinsam zu tragen, ergeben Vereinbarungen und Beschlüsse. Zur Kostenverteilung bei der Instandsetzung einer gemeinschaftlichen Brüstungsmauer s. BayObLG, ZMR 79, 316. 14

§ 16 15–18 I. Teil. Wohnungseigentum

15 Auch **Vorschüsse** gehören dazu. Der Anspruch auf diese entfällt nicht vor Genehmigung der Jahresrechnung (BayObLGZ 77, Nr. 13 = Rpfleger 77, 286 = ZMR 77, 378; OLG Frankfurt, Rpfleger 78, 383). U. U. sind die WEer verpflichtet, nach Vorliegen der Jahresabrechnung auf den Anspruch auf Nachzahlung umzustellen (OLG Frankfurt, Rpfleger 78, 383). Eine rückwirkende Wohngelderhöhung kann von der Versammlung der WEer beschlossen werden, ohne daß es dazu eines vollständigen **Nachtragswirtschaftsplans** bedarf (BayObLG v. 22. 12. 82 – 2 Z 96/81). In der Zwangsverwaltung eines WEs (§§ 16 Abs. 2 WEG, 155 ZVG) hat der Zwangsverwalter den vollen Nachzahlungsbetrag aufgrund einer während der Beschlagnahme von den WEern beschlossenen Jahresabrechnung auch dann vorweg zu bestreiten, wenn vor der Beschlagnahme aufgrund des Wirtschaftsplans fällig gewordene Vorschüsse nicht bezahlt wurden (BayObLG, NJW-RR 91, 723).

16 Zur Behebung von Liquiditätsschwierigkeiten kann eine **Sonderumlage** beschlossen werden (BayObLG, DerWEer 82, 128 = WEM 82, 112). Dient sie zur Deckung eines Wohngeldausfalls, ist auch der WEer anteilig einzubeziehen, der den Ausfall verursacht hat und über dessen Vermögen (Nachlaß) Konkurs eröffnet ist (BGH, NJW 89, 3018 = NJW-RR 90, 17). Sonderumlage kann auch bei akutem Reparaturbedarf beschlossen werden; sie ist im Zweifel sofort fällig (KG, NJW-RR 91, 912). Ein Beschluß über eine Sonderumlage ist nicht deshalb für ungültig zu erklären, weil er den Verteilungsschlüssel nicht angibt (BayObLG, NJW 93, 603). Der Gesamtbetrag ist dann noch dem allg. geltenden Schlüssel auf die WEer zu verteilen (ebenda). Bei einer späteren Aufhebung von Umlagebeschlüssen ist eine Beeinträchtigung schutzwürdiger Belange eines WEer dann nicht gegeben, wenn die alten Umlagebeschlüsse bereits durch folgende Abrechnungsbeschlüsse überholt sind (KG, NJW-RR 93, 528 = WuM 93, 137).

17 Zu **Erhaltungskosten** gehören auch die Kosten, um die Sache in nutzbaren Zustand wieder zu versetzen (z. B. nach Brand, Luftunfällen, Sturm-, Wasserschäden; dabei ist § 22 Abs. 2 zu beachten, auch § 22 Abs. 1 über bauliche Veränderungen); auch Kosten der (erstmaligen) **Fertigstellung** sind hierher zu zählen (*Röll,* NJW 78, 1507; 81, 467; BayObLG, MittBayNot 83, 68; DerWEer 83, 60). Zur Frage des Verteilungsmaßstabs bei Erwerb in der Zwangsversteigerung s. BayObLG ebenda (vgl. auch BayObLG, NJW-RR 91, 723).

18 Als Kosten zur Verhinderung einer Verschlechterung sind Kosten für eine Erhaltung in brauchbarem Zustand anzusehen. Überhaupt Kosten für die Erhaltung aller gemeinschaftlichen Sachen (dazu § 5 Rz. 20f.), z. B. Heizungskosten (AG Neuss, ZMR 77,

149, dort auch zur Beanstandungsmöglichkeit abgelesener Verbrauchswerte); OLG Stuttgart, Justiz 83, 122 = OLGZ 83, 172 = MDR 83, 581).

Schäden durch Arbeiten innerhalb eines SEs trägt der Verursacher nach allgemeinen Grundsätzen; § 836 BGB ist zu beachten. Auch reine Verwaltungskosten zählen hierher. **19**

c) *Rechtsstreit:* **Abs. 4** zählt dazu nur einen Rechtsstreit gem. § 18 auf Entziehung. Abs. 4 gilt auch für eine nur aus zwei WEern bestehende Gemeinschaft (BayObLGZ 83, 109; OLG Stuttgart, DerWEer 86, 25) und er erstreckt sich auch auf Kosten eines Richterablehnungsverfahrens (ebenda = DerWEer 83, 95). Näheres s. unten Rz. 61. **Nicht** gemeint sind Verfahrenskosten nach § 43. Für solche gilt **Abs. 5**. Diese sind immer Angelegenheiten der Beteiligten. Vorschüsse auf Verfahrenskosten sind (abgesehen von den Beteiligten) nicht umlagefähig (BayObLG, Rpfleger 76, 422). Ob Abs. 5 abdingbar ist, hat das KG (DerWEer 87, 135) offengelassen, dürfte aber wohl zu bejahen sein. Ein einfacher Beschluß genügt jedenfalls nicht, um diese Vorschrift außer Kraft zu setzen (KG, a. a. O.). **20**

Einrechnungsfähig sind aber Kosten für Prozesse, die der Verwalter auf Grund Ermächtigung führt, z. B. für ein Verfahren, das er gegen einen früheren Verwalter für die Gemeinschaft führt (OLG Hamm, OLGZ 89, 47). Geht die Gemeinschaft gegen einen WEer wegen rückständiger Leistungen vor, ist sie nicht als **ein** Auftraggeber des betreffenden Anwalts anzusehen (BGH, DerWEer 87, 131; a. A. LG Köln, Rpfleger 77, 455). **21**

Auch **der** WEer hat die Kosten mitzutragen, der einer Maßnahme nach § 18 **nicht** zugestimmt hat (OLG Karlsruhe, Justiz 83, 416). Abweichend von Abs. 5 können Gerichtskosten der Gemeinschaft auferlegt werden (BayObLGZ 73, 246). Zum Verwalter vgl. BayObLGZ 75, 239, 369. Der WEer, der die Verwaltungskosten aufgebracht hat, kann von den übrigen WEer jeweils den zu tragenden Anteil unmittelbar verlangen (OLG Stuttgart, DerWEer 86, 25). **22**

d) *Kapitalkosten:* Auch Kapitalverpflichtungen aus gesamtschuldnerischen Belastungen gehören zu den gemeinschaftlichen Lasten. Forderungen an einzelne WEer auf Einzahlung der Finanzierungsbeiträge gehören zum gemeinschaftlichen Vermögen. **23**

e) *Änderungen und Erneuerungen:* (siehe § 22 Abs. 1 Rz. 2). Sie sind grundsätzlich nur **einstimmig** zu beschließen. Zum Problem jahrelanger vereinbarungswidriger Abrechnung siehe BayObLG, MDR 74, 760 = Rpfleger 74, 268 = DNotZ 75, 100. Diese Tatsa- **24** che allein genügt nicht, damit eine die GemO ändernde Vereinbarung anzunehmen (BayObLG, DerWEer 86, 57). Eine **Ausnahme** besteht in § 22 Abs. 1 Satz 2; in diesem Fall braucht der Widersprechende die Kosten einer solchen Maßnahme nicht mitzutragen (OLG Frankfurt, OLGZ 81, 313; BayObLG, NJW 81, 690 = ZMR 81, 285 = WEM 81, 62; OLG Celle, DerWEer 86, 54), z. B. wenn eine Garage errichtet wird. Entsprechend besteht auch kein Anteil des Widersprechenden an den Mieterträgen.

25 f) *Ersatz von Aufwendungen:* Aus vorbeugenden Handlungen eines WEers nach § 21 Abs. 2 oder des Verwalters nach § 27 Abs. 1 Nr. 2, 3, Abs. 2 Nr. 4. Hat ein WEer im Rahmen eines gültigen Beschlusses oder richterlicher Entscheidung nach § 43 gehandelt, oder im Rahmen der Verpflichtung nach § 21 Abs. 4 und 5 Nr. 2, wird ein Anspruch auf **Auslagenersatz** gegeben, als Ausgleichsanspruch nach § 426 BGB.

26 g) *Vorleistungen:* Beiträge fallen ins Gemeinschaftsvermögen. Eine Vorleistung für einen anderen ist ggfs. nach Bereicherungsrecht zu ersetzen (s. o. Rz. 11).

27 h) *Einziehung:* § 27 Abs. 1 Nrn. 1 u. 2: Erstens durch den **Verwalter**. Zu den Nebenpflichten eines WEers im Rahmen des Abs. 2 s. BayObLG, DerWEer 83, 94, zur Erteilung einer **Einzugsermächtigung** s. § 27 Rz. 23 f. Keine Befreiung tritt ein durch eine Leistung an eine nicht mit dem Verwalter identische Person (BayObLG, ZMR 80, 393; DerWEer 83, 95). Eine gerichtliche Geltendmachung durch ihn ist erst nach Beschluß der WEer möglich, sofern nicht bereits Vollmacht erteilt ist (BayObLG, MDR 80, 57; AG Hamburg, DerWEer 89, 77). Es ist nicht rechtsmißbräuchlich, wenn der Verwalter, gegen die WEer gerichtlich vorgeht, dessen gewerblicher Zwischenmieter er gleichzeitig ist (AG Hamburg, DerWEer 89, 77).

28 Zweitens durch jeden **einzelnen WEer**, nur im Falle des § 21 Abs. 2 (Notgeschäftsführung) oder wenn es im wohlverstandenen Interesse aller anderen WEer liegt, daß er Beiträge gerichtlich geltend macht (so BGH, NJW 89, 1091 für Forderungen gegen den Verwalter und OLG Celle, DerWEer 89, 174 für Rückstände eines anderen WEers, wenn die Gemeinschaft beschlossen hat, die Rückstände nicht (gerichtlich) geltend zu machen). Überträgt man diese Rspr. auf den vorliegenden Fall, können ansonsten keine Ansprüche auf Zahlung der Lasten- und Kostenbeiträge (gem. § 432 BGB an die Gemeinschaft) mehr gerichtlich geltend gemacht werden (so wohl schon BGH, DerWEer 85, 26; a. A. OLG Karlsruhe, Justiz 77, 310 = WEM 77, 118 = DWEr 78, 56; BayOBLGZ 79, 56 =

Nutzungen, Lasten und Kosten 29 § 16

NJW 79, 2214 = Rpfleger 79, 217; ZMR 80, 383; a. A. KG, ZMR 84, 100 = DerWEer 84, 29 = Rpfleger 84, 180; OLG Hamm, DerWEer 88, 100). Zur Fälligkeit von Vorschüssen, wenn keine grundsätzliche Weigerung des WEers vorliegt und der Verwalter ohne Antwort auf eine entspr. Vorbehaltserklärung klagt s. BayObLG v. 15. 9. 83 – 2 Z 110/82. Der Grundsatz der Gültigkeit und Durchführbarkeit lediglich anfechtbarer Beschlüsse läßt es nicht zu, ein Verfahren, in dem strittige Forderungen nach § 16 Abs. 2 geltend gemacht werden, bis zum Abschluß des Anfechtungsverfahrens auszusetzen (LG Hamburg, DerWEer 89, 34). **Sanktionen,** z. B. durch Ausschluß des säumigen Beitragspflichtigen von der Mitbenutzung der gemeinschaftlichen Sachen, sind im Gesetz nicht vorgesehen. Auch kein Rücktritt vom Vertrag, nur Schadensersatzanspruch. Gemeinschaft hat auch kein Zurückbehaltungsrecht etwa bei Veräußerung des WEs (s. u. Rz. 39). Eine **Zwangshypothek** für Wohngeldrückstände, wie sie denkbar ist, begegnet Schwierigkeiten bei der Eintragung „der Gemeinschaft" und dürfte in vielen Fällen wirtschaftlich nicht zu realisieren sein (vgl. Böhringer BWNotZ 88, 1). Sie kann aber gelegentlich von Nutzen sein. Eine Eintragung auf den Verwalter als Prozeßstandschafter soll nicht zulässig sein (LG Bochum, DerWEer 85, 59). Das LG verlangt Eintragung aller WEer als Berechtigte.

Ebenso steht dem einzelnen WEer kein **Zurückbehaltungsrecht** 29 gegenüber der Gemeinschaft zu, falls er aus § 16 Abs. 2 in Anspruch genommen wird (BayObLG MDR 72, 145; DerWEer 84, 61; OLG Frankfurt, OLGZ 79, 391). Die Anfechtung eines Eigentümerbeschlusses über die Jahresabrechnung durch einen WEer entbindet diesen, solange der Beschluß nicht rechtskräftig für ungültig erklärt worden ist, nicht von der sofortigen Zahlung des Wohngeldes; sie gebietet auch nicht ohne weiteres die Aussetzung des Verfahrens, in dem der Wohngeldanspruch geltend gemacht wird (BayObLG, NJW-RR 93, 788). Es besteht ebenfalls keine **Aufrechnungsbefugnis,** abgesehen von Ansprüchen aus Notgeschäftsführung (BayObLG, ZMR 77, 378) und anerkannten Gegenforderungen (BayObLG, WEM 79, 173 = MDR 80, 57 = BlGBW 80, 74; 220; WEM 80, 129; DerWEer 83, 30; 84, 61; 62; Rpfleger 83, 14; OLG Stuttgart, NJW-RR 89, 841). Dies gilt auch für einen WEer, der gleichzeitig Verwalter ist oder war (BayObLG, WEM 80, 129). Der ausgeschiedene WEer kann ebenfalls nicht aufrechnen (LG Köln, NJW-RR 93, 148 = MDR 93, 144; a. A. *Weitnauer,* § 16 Rz. 17). Ein WEer kann auch nicht mit abgetretenen Forderungen des Verwalters gegen Ansprüche der Gemeinschaft aufrechnen (BayObLG, Rpfleger 76, 422; BayObLG,

§ 16 30–31   I. Teil. Wohnungseigentum

WEM 80, 130). Zur Frage der **Einrede** gegenüber Ansprüchen der Gemeinschaft, die vor der Änderung des Verteilungsschlüssels beschlossen wurden, s. u. Rz. 42.

30   Der Ausschluß von Aufrechnungen und Zurückbehaltungsrecht gilt nicht gegenüber anderen Ansprüchen der Gemeinschaft (als aus § 16 Abs. 2); die Frage ist offengelassen von BayObLG, DerWEer 84, 62. Für eine nicht veräußerte EW hat der **Bauträger** ohne Rücksicht auf tatsächliche Nutzung Lasten und Kosten anteilig zu tragen (BayObLG, DWEer 80, 27).

31   **Universal-** wie **Sonderrechtsnachfolger** haften für laufende und rückständige Lastenanteile, für letztere sogar solidarisch mit dem Veräußerer (LG Krefeld, ZMR 80, 189), unbeschadet des Regreßanspruches. Dies gilt auch dann, wenn der Vorgänger der teilende WEer ist (OLG Frankfurt, OLGZ 80, 420 = Rpfleger 80, 142). Für rückständige Verpflichtungen folgt dies aus der untrennbaren Verbindung von ME und SE mit Mitgliedschaftsrecht und der Beteiligung am Gemeinschaftsvermögen (a. A. die h. M., zuletzt BGH, NJW 89, 2697 für **vor** dem Eigentümerwechsel begründete und fällige Forderungen; OLG Karlsruhe, MDR 79, 58 = ZMR 80, 122; DerWEer 87, 131; OLG Braunschweig, MDR 77, 230, OLG Stuttgart, OLGZ 77, 125; BGH, WM 83, 1390). Allerdings bewegt sich die Rspr. auf die hier dargestellte Linie hin. So haftet nach OLG Stuttgart (MDR 80, 937; DerWEer 89, 32) der Erwerber für die Rechtsforderung aus der Jahresabrechnung, wenn sie erst **nach** seinem Eintritt in die Gemeinschaft erstellt wird. Der BGH, MDR 88, 765; OLG Karlsruhe, DerWEer 87, 131 und LG Frankfurt NJW-RR 87, 596 stellen auf die Fälligkeit der Forderungen nach § 16 Abs. 2 ab, d. h. auf den **Zeitpunkt** der **Beschlußfassung** durch die WEer (BGH, a. a. O.), unter Aufgabe seiner bisherigen Rspr. (BGHZ 95, 118), das KG (DerWEer 86, 138; DNotZ 89, 152 m. Anm. *Weitnauer*) auf die **Umschreibung.** Die Verpflichtung zur Nachzahlung von Wohngeld aufgrund der Jahresabrechnung ist **Nachlaßverbindlichkeit** i. S. von § 1967 I BGB, es sei denn, der Erbe entschließt sich, Eigentümer der Wohnung zu bleiben (OLG Köln, NJW-RR 92, 460). Für den Ersteher von WE in der **Zwangsversteigerung** wird eine Haftung in Bezug auf Verbindlichkeiten des Rechtsvorgängers von der h. M. abgelehnt (BGH, Rpfleger 85, 409; DerWEer 85, 121; MDR 88, 205 m. krit. Anm. Pick = NJW 87, 1638 = ZMR 89, 291 m. Anm. *Blumenthal*); BayObLG, Rpfleger 79, 352 = BlGBW 80, 71; BGH, WM 83, 1390 = Rpfleger 84, 70 m. Anm. *Schiffhauer* = BauR 84, 74 = BlGBW 84, 13 = MDR 84, 222 = MittBayNot 83, 127). Dies soll auch dann gelten, wenn die Abrechnung eines vor dem Zuschlag

Nutzungen, Lasten und Kosten 32–34 § 16

abgelaufenen Wirtschaftsjahres erst **nach** dem Zuschlag erstellt und bekanntgemacht wird (BGH, DerWEer 85, 121).

Nach ganz h. M. ist jedoch eine **Haftung** des Rechtsnachfolgers 32 durch entspr. Regelung **in der GemO** zulässig (BGH, MDR 88, 203 m. Anm. *Pick;* BayObLG, Rpfleger 79, 352), sogar wenn diese Bestimmung vom teilenden Eigentümer (Bauträger) stammt (OLG Frankfurt, Rpfleger 80, 349). Eine Regelung, nach der der Erwerber gesamtschuldnerisch für etwaige Rückstände haftet, ist nach BGH, DerWEer 84, 26 = Rpfleger 84, 70 dahingehend auszulegen, daß nur **rechtsgeschäftliche** Erwerber gemeint sind, nicht auch Ersteher in der Zwangsversteigerung. Ein entspr. Beschluß ist nach BayObLG v. 25. 7. 84 – 2 Z 108/83 nichtig, der die Haftung des Erstehers für Rückstände vorsieht. Dies gilt auch für eine entsprechende Vereinbarung (BGH v. 21. 1. 87 – VZB 3/86). Dies wird mit einem Verstoß gegen die Bestimmung des § 56 S. 2 ZVG mit der Nichtigkeitsfolge des § 134 BGB begründet. Der Eintritt in die Gemeinschaft ist allerdings nicht mit den Sonderregelungen der §§ 419, 571, 746 usw. BGB zu negieren. Im übrigen geht das WEG als die jüngere gesetzliche Regelung vor (im Ergebnis wie hier OLG Köln, DNotZ 81, 584). Zur Haftung Bruchteilsberechtigter an WE s. § 21 Rz. 49.

Der sein WE **veräußernde WEer** bleibt, wenn er den Besitz an 33 der Wohnung vor Eintragung des Eigentumswechsels im GB überträgt, bis zur Eintragung des Erwerbers als Eigentümer zur Tragung der Bewirtschaftungskostenanteile verpflichtet, ggf. als Gesamtschuldner mit dem die Wohnung nutzenden Erwerber (LG Krefeld, ZMR 80, 189 = ZGemWoW i. B. 81, 49; OLG Stuttgart, OLGZ 79, 34; OLG Düsseldorf, Rpfleger 83, 8; BGH, MDR 83, 747 = NJW 83, 615 = MDR 83, 1016 = WM 83, 734 = ZfBR 83, 163 = BauR 83, 191 = DNotZ 84, 32 = DerWEer 83, 93; LG Köln, DerWEer 89, 34 für vor GB-Umschreibung fälligen Vorschuß; OLG Celle, DerWEer 83, 122: einschränkend auf unklare Rechtslage; BGH läßt **Mithaftung** des Erwerbers offen (ebenda). Gegen eine Haftung des Erwerbers für Wohngeldforderungen oder andere Verbindlichkeiten, die noch **vor** seinem Eigentumserwerb begründet oder fällig geworden sind, nunmehr BayObLG, NJW-RR 90, 81. Für Haftung des Erwerbers in diesem Fall auch OLG Köln, MittBayNot 79, 19; BayObLG, WuM 86, 29; ZMR 88, 349 und OLG Stuttgart, WEM 79, 42.

Der ausgeschiedene WEer haftet für Verwaltungsschulden, die 34 während seiner Zugehörigkeit zur Gemeinschaft entstanden sind, weiter als Gesamtschuldner (BGH, NJW 81, 282; Rpfleger 85, 401; a. A. OLG Köln, MDR 89, 359; LG Frankfurt, DerWEer 87, 138:

keine Haftung für Kosten, die sich erst aus einer **nach** seinem Ausscheiden beschlossenen Jahresabrechnung ergeben). Der frühere Eigentümer einer EW kann durch einen später gefaßten Beschluß der Eigentümerversammlung auch dann nicht zur Begleichung von Wohngeldnachforderungen bezüglich dieser Wohnung verpflichtet werden, wenn er als Eigentümer einer anderen EW der Eigentümergemeinschaft weiterhin angehört (OLG Köln, NJW-RR 92, 460). Der Erwerber wird in seinem **Vertrauen** auf einen bestimmten Wohngeld(rück)-stand bei falscher Mitteilung an den Notar nicht geschützt (BayObLG, DerWEer 84, 62).

35   **Mitberechtigte an WE** haften als Gesamtschuldner (AG Düsseldorf v. 26. 5. 83 – 30 II 95/82; OLG Stuttgart, DerWEer 86, 25; OLG Hamm, DerWEer 89, 140). Dies gilt bis zur Berichtigung des GBs, es sei denn es wird der Nachweis der Abtretung bzw. Erlaubnis bzw. Zustimmung der Mitgesellschafter (i. F. der BGB-Gesellschaft) gem. § 29 GBO erbracht (OLG Hamm, a. a. O.). Ein **Nießbraucher** hat laufende Erhaltungs- und Unterhaltungskosten zu tragen (s. §§ 1030 ff., bes. 1036 Abs. 2 1037, 1041, 1042–1045, 1047 BGB), jedoch nicht ein DW- oder DN-Berechtigter am WE (BGH, ZMR 79, 318 = DWEer 80, 41). Ebenfalls nicht der **Mieter.** Anderes ist Sache des Mietvertrags im Verhältnis WEer–Mieter. Nach § 27 BerechnungsVO jedenfalls nicht Verwaltungsgebühren und Instandhaltungsrückstellung (AG Kiel, DerWEer 85, 95).

36   Lasten nach § 16 Abs. 2 sind Ausgaben der Verwaltung durch den **Zwangsverwalter** nach § 155 ZVG (AG Dorsten, ZMR 77, 383 = NJW 77, 1246, LG Darmstadt, Rpfleger 77, 332; LG Oldenburg, DerWEer 88, 70; LG Köln, DerWEer 88, 70; AG Hamburg, DerWEer 89, 76; s. a. AG Düsseldorf – 65 L 62/81 zur Rechtslage, wenn der Zwangsverwalter keine Nutzungen ziehen kann; BayObLG, NJW-RR 91, 723: auch die Pflicht zur Nachzahlung rückständiger Vorschüsse) bzw. den **Konkursverwalter** als Masseverbindlichkeiten (OLG Karlsruhe, DerWEer 88, 67; BGH, DerWEer 89, 130 = NJW 89, 3018 = NJW-RR 90, 17). Diese Zahlungsverpflichtung gilt auch für den Sequester nach § 106 KO (OLG Karlsruhe, a. a. O.).

Werden bei einer Zwangsverwaltung Mieten nicht erzielt, so hat der **Gläubiger** gem. § 161 Abs. 3 KO den für die Zahlung des Hausgeldes erforderlichen Betrag vorzuschießen (LG Oldenburg, DerWEer 88, 70).

Neben dem Zwangsverwalter haftet der Eigentümer der zwangsverwalteten EW weiter (OLG Köln, DerWEer 89, 30).

Auch an einer sachgerecht beschlossenen Reparaturumlage hat

Nutzungen, Lasten und Kosten 37–40 § 16

sich der Zwangsverwalter zu beteiligen (AG Hamburg, DerWEer 89, 76).

Ebenso ist in die Erhebung einer Sonderumlage zur Deckung eines Wohngeldausfalls auch der WEer anteilig einzubeziehen, der den Ausfall verursacht hat und über dessen Vermögen das Konkursverfahren eröffnet ist (BGH, DerWEer 89, 130).

i) **Entziehung** *aus Lasten- und Kostentragung:* Nur bei Neuerungen deren Nutzung abgetrennt für einzelne WEer oder Gruppen von solchen unter Ausschluß anderer überhaupt praktisch möglich ist, z. B. Einbau eines Fahrstuhles, Zentralheizung, Garage, Trockenplätze oder Waschküche. Sonst keine Entziehung möglich, auch nicht bei Nichtinanspruchnahme (BGH, MDR 84, 928; OLG Düsseldorf, DerWEer 86, 28). 37

k) **Leerstehen** *von WE:* Leerstehende EWen sind grundsätzlich nicht befreit (BayObLGZ 78, Nr. 55 = Rpfleger 78, 437, 444; *Röll,* NJW 76, 1434; *Bärmann-Pick,* § 16 Rz. 112 m. w. N.). Dies gilt auch für den Bauträger (BayObLG a. a. O.). Zu einer Regelung, die den Bauträger von den Gemeinschaftskosten befreit, s. OLG Frankfurt, DerWEer 84, 62. Eine Befreiung von verbrauchsabhängigen Kosten bei Hausgeldvorschüssen kommt auch bei Leerstehen einer EW nicht in Betracht (AG Köln, DerWEer 89, 36). Anders, solange sich die EW noch im **Rohbauzustand** befindet, für Verbrauchskosten mit Recht AG Hildesheim ZMR 89, 195. 38

l) **Sanktionen:** Bei beharrlicher Weigerung besteht ein **Entziehungsgrund** nach § 18, jedoch kein gesetzliches Pfandrecht an den in das SE eingebrachten Sachen zugunsten der Gemeinschaft. Unter den entsprechenden Voraussetzungen sind (gem. § 288 BGB) **Verzugszinsen** zu zahlen (AG Hamburg, DerWEer 89, 76), ggfs. eine sog. **Mahngebühr,** falls sie vereinbart ist und dem WEer die angemahnten Wohngeldrückstände bekannt sein müssen (BayObLG, DerWEer 85, 125/LS). Es ist hingegen nicht zulässig, durch Mehrheitsbeschluß eine pauschalierte Verzugszinsenregelung zu treffen (BGH V ZB – 24/90; KG, 24 W 6701/89; a. A. BayObLG, 2 Z 140/87). Eine **Vereinbarung** ist zulässig (BGH a. a. O.). Falls das Gemeinschaftskonto wegen des Rückstands mit Bankzinsen (Überziehungszinsen) belastet wird, können diese als **Verzugsschaden** geltend gemacht werden (BayObLG, DerWEer 86, 23). 39

m) **Konkurs:** hinsichtlich der nach Konkurseröffnung enstandenen Verwaltungsbeiträge sollen die anderen WEer Massegläubiger i. S. des § 59 Nr. 1 KO sein (OLG Düsseldorf MDR 70, 426 = KTS 70, 310; dazu *Naumann,* KTS 71, 158, krit.). Angemessener 40 erscheint es, von Massekosten zu sprechen i. S. von § 59 Nr. 2 KO (*Röll,* NJW 76, 1475). Die WEer können Ansprüche, die **vor** Konkurseröffnung entstanden sind, nicht durch Umlagebeschluß in Masseverbindlichkeiten umwandeln (OLG Stuttgart, Rpfleger 78, 383 = WEM 79, 38; MDR 80, 142 = BlGBW 80, 74; OLG Karlsruhe, DerWEer 88, 67).

41 n) **Verjährung:** Ansprüche gegen WEer auf Zahlung von Rückständen aus Eigentümerbeschlüssen über Umlagen oder (nicht) genehmigte Jahresabrechungen verjähren nach 30 Jahren (BayObLG, DerWEer 84, 30 = MDR 84, 317; 670). Dagegen verjähren **Zinsen** auf rückständiges Wohn(Haus)geld in 4 Jahren, auch wenn der Zinssatz durch Beschluß festgelegt ist (BayObLG, DerWEer 85, 95; ZMR 86, 127 m. Anm. *Sauren*).

III. Verteilungsschlüssel

A. Die verschiedenen Schlüssel

42 1. *Grundsätzlich ist maßgeblich der* **MEs-Bruchteil,** wenn nichts anderes als Inhalt des SEs vereinbart ist, denn die Regelung des **§ 16 Abs. 2 ist dispositiv** (BayObLG, NJW 74, 1910; ZMR 77, 346; DerWEer 88, 140; LG Mannheim, ZMR 76, 218; AG Sobernheim, ZMR 77, 344 m. Anm. *Weimar;* LG Flensburg, DerWEer 89, 70). Der MEs-Anteil gilt auch für Garagenabstellplätze (OLG Frankfurt, DerWEer 83, 121) und auch für die Vergütung des Verwalters (KG, DerWEer 85, 126/LS). Es kann jedoch eine andere Verteilung z. B. nach Wohneinheiten vereinbart werden (KG, a. a. O.). Ob ein Schlüssel vereinbart ist, ist Auslegungsfrage. So kann auch die Heizkostenverteilung Vereinbarung im materiellen Sinne sein (BayObLG, WEM 79, 85 = Rpfleger 79, 216 = ZMR 79, 211). S. besonders *E. G. Schmidt,* WEM 80, 52; 78, 105 (objekt- oder personenbezogen), *Bärmann/Seuß,* T. A V 12; *Bärmann-Pick,* § 16 Rz. 116.

Ein Beschluß der zu einer der GemO widersprechenden Verteilung der Kosten oder Arbeiten für die Hausbetreuung führt, ist anfechtbar (BayObLG, DerWEer 85, 125/LS). Eine vom Gericht ausgesprochene **Änderung** des Kostenverteilungsschlüssels ist erst bei den **nach** Rechtskraft gefaßten Beschlüssen zugrunde zu legen (KG, NJW-RR 92, 1433). Ein Anspruch auf Änderung des Kostenschlüssels kann vor rechtskräftiger Entscheidung auch nicht einredeweise gegen vorher ergangene Beschlüsse eingewendet werden (ebenda).

43 2. Im allgemeinen ergibt sich die Lastenverteilung im gleichen Maße wie Teilhabe an den Nutzungen; Grundlage ist der Wert des

SEs. Das bedeutet, daß jeder WEer für Betriebs- und Instandhaltungskosten entsprechend auch dann aufzukommen hat, wenn er bestimmte Einrichtungen wie z. B. Treppenhaus, Aufzug Kinderspielplatz, Fahrradkeller, Waschmaschinen- oder Tischtennisraum **nicht nutzt** (BGH, DerWEer 85, 82). Ein allg. Grundsatz, wonach ein WEer Kosten für solche Einrichtungen nicht zu tragen hat, die ihm persönlich keinen Nutzen bringen, besteht nicht (BGH, a. a. O.; a. A. OLG Köln, DerWEer 78, 87 f.). **Abweichende Bestimmungen** sind in der GemO jedoch möglich, bes. bei unterschiedlichem Gebrauch an Treppen, Fahrstühlen (LG Mannheim, MDR 76, 582 = WM 76, 210 = Justiz 76, 475) auch bei **Mehrhausanlagen** (OLG Frankfurt, DerWEer 83, 61) usw. Möglich ist z. B. eine Verteilung entsprechend den Wohnflächen (AG Oldenburg, DerWEer 83, 27) oder eine unterschiedslose (OLG Frankfurt, DerWEer 83, 61).

3. **Revision** *des Verteilungsschlüssels* ist grundsätzlich nur einstimmig möglich, wenn nichts anders vorbehalten (LG Mannheim a. a. O.; AG Kassel, DerWEer 84, 29; OLG Frankfurt, OLGZ 83, 180 = DerWEer 83, 121, der in dem Hinweis auf die gesetzliche Regelung keine Vereinbarung sieht). Z. B. kann die GemO vorsehen, daß der Verteilungsschlüssel durch (qualifizierte) Mehrheit geändert werden kann (BayObLG, DerWEer 88, 140). Eine von Abs. 2 abweichende Verteilung der Kosten für die Instandhaltung und Instandsetzung des GemEs kann sich nicht weiter erstrecken als der ausschließliche Gebrauch des WEer reicht (LG Flensburg, DerWEer 89, 70). Etwas anderes wäre nur im Wege der Vereinbarung möglich. Eine Änderung ist durch ggfs. bei **Wegfall der Geschäftsgrundlage** möglich, § 242 BGB (vgl. AG Oldenburg, DerWEer 83, 27), in extremen Ausnahmefällen (AG Kassel, DerWEer 84, 29; Frankfurt, DerWEer 83, 61). Gewisse Unbilligkeiten sind in Kauf zu nehmen (OLG Frankfurt, a. a. O.). Auch eine jahrelang praktizierte Abweichung von einer Vereinbarung ist als deren Änderung anzusehen (BayObLG v. 3. 2. 83 – 2 Z 21/82). Führt der gesetzliche Kostenverteilungsschlüssel wegen einer nicht sachgerechten Festlegung der Miteigentumsanteile zu grob unbilligen, gegen Treu und Glauben verstoßenden Ergebnissen, so kann jeder Wohnungseigentümer eine Änderung des Kostenverteilungsschlüssels durch gerichtliche Entscheidung verlangen (BayObLG, NJW-RR 92, 342).

4. *Versicherung:* Siehe § 21 Abs. 5 Nr. 3.

5. *Hausmeisterei:* Kostenverteilung nach Wert der MEs-Anteile. Wer Hausmeistereidienst nach objektiver Sachlage nicht benutzt,

kann nicht ausscheiden. Ob ein WEer, der Hausmeisterdienste selbst (z. T.) leistet, von den Hausmeisterkosten entlastet werden kann, s. im konkreten Fall verneinend (BayObLG, DerWEer 85, 125).

47 6. *Betrieb und Verbrauch gemeinschaftlicher Dienste:* Ebenfalls nach Nutzungsgrad. Zur Kostentragung einer Hebepumpenanlage beim Betrieb einer Pizzeria s. BayObLG, DerWEer 83, 55.

48 7. *Maßstab:* Die II. BVO i. d. F. v. 18. 7. 79, insbesondere die §§ 24 ff., kann zur Berechnung der Werte herangezogen werden.

49 8. *Heizkostenverordnung:* Zum 1. 3. 1981 ist die Verordnung über Heizkostenabrechnung (HeizkostenV) in Kraft getreten, neugefaßt 1989 (Anh. I 4; dazu *Ropertz/Wüstefeld,* NJW 89, 2365). Sie gilt gemäß ihrem § 3 auch für WE. Bezüglich vor dem 1. 7. 1981 bezugsfertig gewordener EWen, die noch keine entsprechende Ausstattung zur Erfassung des anteiligen Verbrauchs der WEer an Wärme und Warmwasser haben, galt eine Frist zur Ausstattung bis zum 30. 6. 1984. Allerdings konnten die WEer mit Mehrheit einen früheren Termin beschließen (§ 12 Abs. 1 Nr. 2); dazu *Keith/Meler,* DerWEer 81, 73; *Bielefeld,* DerWEer 81, 72.

50 Die Gemeinschaft hat einen Verteilungsschlüssel für die Kosten der Versorgung mit Wärme und Warmwasser gemäß §§ 6, 7, 8 im Rahmen der dort festgelegten Prozentsätze festzulegen. Sollten mehr als 70% der Kosten der Versorgung mit Wärme und Warmwasser nach dem erfaßten Verbrauch abgerechnet werden, ist eine Vereinbarung der WEer erforderlich (OLG Düsseldorf, DerWEer 87, 26). Ein **Verzicht** auf die Heizkostenverbrauchserfassung ist unzulässig (OLG Düsseldorf, DerWEer 89, 29) und anfechtbar (AG Duisburg, DerWEer 89, 35). Außerdem trifft die Gemeinschaft die Festlegung, nach welchem Maßstab (Wohn- oder Nutzfläche bzw. umbauter Raum) die übrigen Kosten verteilt werden.

Außerdem entscheidet sie in den in den §§ 9–9b, 11 erwähnten Fällen. Der Richter hat im Verfahren nach § 43 eine behördliche Befreiung von den Anforderungen der VO zu beachten (OLG Hamm, DerWEer 87, 25). Zum Begriff der Unverhältnismäßigkeit i. S. von § 11 Abs. 1a s. OLG Düsseldorf, DerWEer 89, 29. Mehrheitsbeschluß ist notwendig (AG Duisburg, DerWEer 89, 35).

51 Sofern die WEer Vereinbarungen über die Art und Weise der Heizkostenabrechnung getroffen haben, z. B. gemäß §§ 7, 8, sollen sie offenbar weitergelten (§ 3 S. 2; s. a. BayObLG, WEM 81, 36; MDR 83, 134 = ZMR 84, 36). Dies dürfte bei eventuell vorgesehener Einstimmigkeit zu Schwierigkeiten bei der Durchführung der HeizkostenV führen (zu den Einzelheiten vgl. den Abdruck der VO im Anh. I 4). Die **erstmalige** Festlegung eines der VO entsprechenden Verteilungsschlüssels kann durch Mehrheitsbeschluß erfolgen. Dagegen bedarf die **folgende** Umstellung der Abrechnung auf eine andere Abrechnungsart der Vereinbarung (KG, DerWEer 89, 23). Die Versorgung einer Wohnanlage mit „Fernwärme" und „Fernwarmwasser" i. S. der §§ 7 IV, 8 IV Heizkosten kann auch dann gegeben sein, wenn sie auf dem Grundstück der Gemeinschaft durch einen Dritten erzeugt werden (BayObLG, NJW-RR 89, 843).

Ein Eigentümerbeschluß über die **Kostenverteilung** ist nicht nichtig, wenn diese der HeizkostenV nicht entspricht (BayObLG, DerWEer 85, 60/LS; 123; AG Duisburg, DerWEer 89, 35). Dies gilt auch, wenn er den WEern im Interesse einer gleichmäßigen Messung des Wärmeverbrauchs verbietet, Heizkörper zu entfernen, die zum SE gehören (BayObLG, DerWEer 85, 61). Allerdings ist die Anwendung **unterschiedlicher** Abrechnungsmaßstäbe innerhalb der Gemeinschaft wegen Verstoßes gegen § 6 Abs. 1, 7 Abs. 1 HeizkostenV unzulässig (KG, DerWEer 85, 61).

Unabhängig vom Verhältnis der WEer untereinander können **Mieter** entspr. der HeizkostenV vorgehen. Sie sind bei einer entspr. Formularklausel im Mietvertrag an einen best. Verteilungsschlüssel („Nebenkosten") der WEer untereinander gebunden (AG Düsseldorf, DWW 91, 373). Die HeizkostenV verbietet es einer Gemeinschaft nach WEG nicht, ein in die Wohnanlage eingebautes Heizwerk durch einen Dritten betreiben zu lassen, der nicht nach dem konkreten Aufwand, sondern nach Grund- und Arbeitspreisen abrechnet (OLG Stuttgart, ZMR 84, 99 = Justiz 84, 103). Zur **Aufteilung** der Heizkosten zwischen aus- bzw. einziehenden Mietern s. AG Charlottenburg, DerWEer 85, 62. Ein WEer, der nachweislich die Heizkörper dauernd abgesperrt hält, kann nicht verlangen, von den verbrauchsabhängigen Kosten völlig freigestellt zu werden (BayObLG, DerWEer 89, 26). Es ist vielmehr der günstigste Verbrauch einer vergleichbaren Wohnung maßgebend (BayObLG, a. a. O.). 52

B. Werterrechnung

Bei Neuerrichtung wird man von den für die verschiedenen Wohnungen und Stockwerke unterschiedlichen Baukosten ausgehen können. Hinsichtlich der Räume im Erdgeschoß sind u. U. Abweichungen erforderlich, insbesondere wenn diese Räume ge- 53 werblich genutzt werden. Ohne allen Einfluß sind besondere Ausstattungen auf Kosten des WEers selbst. Entscheidend kann sein Höhe des Stockwerks, Sonnenlage, nicht so sehr die innere Aufteilung, die durch den Eigentümer selbst verändert werden kann. Periodische **Revision** der Rechnungsschlüssel kann in der Vereinbarung vorgesehen werden. Feinere Unterscheidungen können gemacht werden nach besonders ausgezeichneter Lage, Straßenfront, höherem oder geringerem Wert des verwendeten Materials, Zugang zur gemeinschaftlichen Straße, besondere Höhe, besonderer Zugang von der Straße, Wertung bestimmter Stockwerke oder Wohnungstypen, spezielle Ausstattungen, Sonnenlage, Nähe und Entfernung vom Aufzug, Vorhandensein von Aufzügen usw.

C. Aufschlüsselungsbeispiele

54   Dazu wird verwiesen auf das Formularbuch (*Bärmann/Seuß*, T. A S. 42 ff.).

55   Die Praxis insbesondere hat verschiedene Schemata entwickelt (Formularbuch, S. 42 ff.). Auszugehen ist vom Rauminhalt des SEs. Dieser Rauminhalt ist mit soviel Koeffizienten zu vervielfältigen, als dem festzustellenden qualitativen Merkmal der Wohnung bzw. Räume entspricht. Dabei sind für den Wertkoeffizienten zu berücksichtigen: weiträumige oder engräumige Anlage der Wohnung bzw. der Raumeinheit, Lage und Aussicht der Wohnung, Helligkeit, Höhe des Stockwerks, besondere Eignung, z. B. leichte Zugängigkeit, Erbauungszeitpunkt, Nebenräume und Ausstattung.

56   Für Instandhaltung und Instandsetzung sowie Reinigung der Treppen, des Fahrstuhls, und sonstiger nur in unterschiedlichem Maß von den WEern zu nutzenden Einrichtungen (Tiefgaragenplätze: OLG Frankfurt, DerWEer 83, 61) können **besondere Verteilungsschlüssel** aufgestellt werden (dazu *Bärmann/Seuß*, S. 174 ff.). Zu dem Verteilungsmodus bei Fahrstuhlkosten s. *Bärmann/Seuß*, S. 175 (s. a. LG Mannheim, ZMR 76, 218 = MDR 76, 582 und OLG Frankfurt, DerWEer 83, 61); zur Kostenverteilung bei einer Doppelstockgarage s. OLG Hamm, DerWEer 83, 62 = Rpfleger 83, 19). Angemessen erscheint, nur **die WEer** an den Aufzugskosten zu beteiligen, in deren **Haus** sich der Aufzug befindet (BayObLG, Rpfleger 79, 427 = WEM 79, 171). Eine entsprechende Auslegung ist möglich (BGHZ 92, 18/22; BayObLG, Rpfleger 79, 427; DerWEer 88, 140). Dies schließt jedoch eine andersartige Regelung in der GemO nicht aus (OLG Hamm, DerWEer 84, 29 = Rpfleger 84, 179; OLG Düsseldorf, DerWEer 86, 28; BGH, MDR 84, 928 in Abweichung von OLG Köln, DerWEer 78, 87).

Nutzungen, Lasten und Kosten　　　　　57–59　§ 16

Für die Zentralheizung kann entscheidend sein der Rauminhalt der beheizten Räume, die Heizfläche der Heizkörper usw. (o. Rz. 49 ff.). 57

Im Falle der **Vermietung** ist es nicht unbillig, daß die Verteilung der Nebenkosten entsprechend der Vereinbarung erfolgt, falls der Mietvertrag einen bestimmten Umlegungsschlüssel nicht vorsieht (LG Düsseldorf, DerWEer 89, 35). Der Mieter kann sich durch Einsicht in die GemO und in die der Abrechnung zugrunde liegenden Rechnungen vergewissern (LG Düsseldorf, a. a. O).

IV. Haftung gegenüber Dritten

Grundsätzlich haftet der Handelnde. Der **Verwalter** ist nur in beschränktem Umfang gesetzlicher Vertreter, daher besteht die Notwendigkeit, sich über seine Befugnisse Klarheit zu verschaffen durch Vorlage einer Vollmacht (im übrigen s. § 27 Rz. 7 ff.). Handelt ein **WEer** nach § 21 Abs. 2, kann er als Beauftragter gelten; daraus folgt die **gesamtschuldnerische Haftung** sämtlicher WEer (a. A. OLG Frankfurt, OLGZ 83, 180; s. § 21 Rz. 10 ff.). 58

Für Verpflichtung aus **Bauaufträgen** wird nach BGH, NJW 59, 2160 und Rpfleger 79, 377 = DWEer 80 H. 1 keine Solidarhaftung der WEer angenommen, sondern **anteilige Haftung.** Zur anteiligen Haftung dem Verwalter gegenüber für diesem entstandene Prozeßkosten s. § 21 Rz. 10. Nach OLG Frankfurt steht dem Bauhandwerker nur ein Anspruch auf Eintragung einer **Sicherungshypothek** in Höhe der auf die einzelne EW gemachten Aufwendungen zu (NJW 74, 62). A. A. (Gesamthypothek auf allen Wohnungseigentumsrechten) LG Frankfurt, MDR 74, 579; 75, 315; OLG Frankfurt, NJW 75, 785 = MittBayNot 75, 161 = Rpfleger 75, 174; OLG München, NJW 75, 221 und OLG Celle, BauR 76, 365, dazu *Jagenburg,* NJW 77, 2152. Richtigerweise ist zu differenzieren (*Bärmann-Pick,* § 1 Rz. 82). Mit den Voraussetzungen einer **Vormerkung** im Wege der einstweiligen Verfügung zur Sicherung einer Bauhandwerkersicherungshypothek befaßt sich OLG Celle, NJW 77, 1731. Das **Bauhandwerkersicherungsgesetz** hat den Anspruch des Unternehmers auf Leistung von Sicherheit über § 648 BGB (Einräumung einer Sicherungshypothek) hinaus erweitert. Nach dem neuen § 648 a Abs. 1 BGB besteht nun ein gesetzlicher unabdingbarer Anspruch des Unternehmers auf Leistung von Sicherheit durch eine Garantie oder sonstiges Zahlungsversprechen eines Kreditinstituts/Kreditversicherers gegenüber dem Besteller. Die Vorschrift findet immer dann Anwendung, wenn die WEer bei Neuerrichtung oder wesentlichen Baumaßnahmen (Umbau, Er- 59 weiterung, Sanierung usw.) einen Baubetreuer einschalten (§ 648a Abs. 6 Nr. 2 2. HS BGB). Führen sie diese Maßnahmen in eigener Regie bzw. den Verwalter durch, ergibt sich aus der allgemeinen Gleichstellung der EW mit dem Einfamilienhaus (Eigenheim) nach § 62, daß ein Anspruch nach § 648a Abs. 6 Nr. 2 1. HS BGB nicht besteht. Dem Gesetzgeber kam es darauf an, private Bauherrn aus dem Anwendungsbereich herauszunehmen. Dieses Privileg gilt wegen derselben Interessenlage auch für WEer. Dementsprechend haftet auch jeder WEer wiederum nur **anteilig** entsprechend seinem MEs-anteil. Zu den Einzelheiten s. Anh. III, 6. Zur Haftung der WEsrechte für **Erschließungsbeiträge** s. LG Lüneburg, Rpfleger 76, 68 (jetzt in § 134 Abs. 1 BauGB **anteilmäßig** geregelt).

60 Im übrigen besteht allerdings Gesamthaftung; soweit der Verwalter befugt handelt, verpflichtet er WEer gesamtschulderisch (so bei Heizölkauf BGH, NJW 77, 1964; KG, MDR 84, 495; s. § 21 Rz. 10). Eine Beschränkung der Haftung auf das Vermögen der Gemeinschaft besteht nicht.

V. Sonderfälle (Abs. 3–5)

61 **Abs. 3:** Näheres bei § 22 Abs. 1 (Rz. 17ff.) insbesondere zur Frage, ob die Zustimmung des WEers zu einer Maßnahme nach § 22 Abs. 1 entbehrlich erscheint. Etwaige Kosten für eine Maßnahme nach Abs. 3 sind von den an der Maßnahme Beteiligten zu tragen (s. a. unter § 22 Rz. 22). Abs. 3 ist **abdingbar** (BayObLG, DerWEer 82, 136).

Abs. 4: Demnach gehören zu den Kosten der Verwaltung ausdrücklich zunächst die Kosten eines **Rechtsstreits** nach § 18. Das bedeutet, daß sich auch der obsiegende WEer an den Prozeßkosten entsprechend Abs. 2 zu beteiligen hat (allg. M. BayObLGZ 83, 109; OLG Stuttgart, DerWEer 86, 25). Die Vorschrift ist dahingehend zu verstehen, daß sie eine abschließende Regelung im Innenverhältnis darstellt und damit § 91 ZPO insofern vorgeht (OLG Stuttgart, a. a. O.). Dagegen trägt der WEer im Falle des Unterliegens sämtliche Prozeßkosten gemäß § 91 ZPO (OLG Stuttgart, a. a. O. = NJW-RR 86, 379).

Zum anderen gehört nach Abs. 4 der **Schadenersatz** im Falle des § 14 Nr. 4 zu den Kosten der Verwaltung. Dies gilt auch für die daraus entstehenden Gerichtskosten.

Abs. 5: Nicht zu den Kosten der Verwaltung zählen Kosten eines Verfahrens nach § 43 (s. o. Rz. 20f.). Sie sind deswegen auch nicht in die Jahresabrechnung nach § 28 Abs. 3 aufzunehmen (BayObLG v. 6. 3. 87, 2 Z 26/86; LG Frankenthal, Der WEer 88, 31).

VI. Mehrheitsgrundsatz

Er gilt nicht für Änderung der **vereinbarten** Verhältnisse der Verteilung von Nutzungen und Lasten und Kosten; dafür ist Einstimmigkeit außer bei abgesonderter Nutzung notwendig (LG Mannheim, MDR 76, 582, für Fahrstuhlkosten; BGH, ZMR 79, 51). Aber § 21 Abs. 3 ist zu beachten. Die Einstimmigkeit bezieht sich nur auf den **vereinbarten** Verteilungsschlüssel. Beschlüsse, die gegen einen vereinbarten Verteilungsschlüssel verstoßen, sind jedoch nicht nichtig, sondern lediglich anfechtbar (BayObLG, WEM 80, 78; DerWEer 85, 125/LS; KG, DerWEer 85, 126/LS). Sie ändern jedoch nicht den Verteilungsschlüssel für die Zukunft (KG, a. a. O.), sondern nur für die entspr. Abrechnungsperiode (BayObLG, DerWEer 86, 89). S. dazu unten § 23 Rz. 20. 62

Ob und welche Ausgaben zu machen sind, unterliegt grundsätzlich dem Mehrheitsbeschluß, sofern nicht Einstimmigkeit nach § 22 Abs. 1 vorgeschrieben ist. Das Recht des Verwalters nach § 27 Abs. 1 Nr. 2 besteht daneben. 63

Eine **Ergänzung** bzw. **Abweichung** von § 16 muß erkennbar in der Vereinbarung gewollt sein (BayObLG, MDR 72, 691 = NJW 72, 1376). Nach der Rspr. (BayObLG, a. a. O., OLG Frankfurt, DerWEer 83, 121) stellt der **Hinweis** in der GemO auf die gesetzliche Regelung keine Vereinbarung dieses Inhalts der (a. A. die Literatur, s. *Bärmann-Pick,* § 16 Rz. 119). 64

§ 17 Anteil bei Aufhebung der Gemeinschaft

Im Falle der Aufhebung der Gemeinschaft bestimmt sich der Anteil der Miteigentümer nach dem Verhältnis des Wertes ihrer Wohnungseigentumsrechte zur Zeit der Aufhebung der Gemeinschaft. Hat sich der Wert eines Miteigentumsanteils durch Maßnahmen verändert, denen der Wohnungseigentümer gemäß § 22 Abs. 1 nicht zugestimmt hat, so bleibt eine solche Veränderung bei der Berechnung des Wertes dieses Anteils außer Betracht.

I. Voraussetzungen

Eine Aufhebung der Gemeinschaft erfolgt grundsätzlich nur in zwei Fällen; durch **Vereinbarung** sämtlicher WEer (BayObLG, Rpfleger 80, 110); auf einseitiges **Verlangen eines WEers** nur dann, wenn das Gebäude ganz oder teilweise zerstört ist, ein Wiederaufbau nach Maßgabe des § 22 Abs. 2 nicht beschlossen oder verlangt werden kann, eine Deckung des Schadens durch Versicherung oder 1 in anderer Weise nicht vorliegt und die frühere Vereinbarung eine Auflösbarkeit der Gemeinschaft in diesem Falle gem. § 11 Abs. 1 Satz 3 ausdrücklich vorsah.

2 § 9 Abs. 1 Nr. 2 und § 4 Abs. 1 behandeln nur den Fall der Aufhebung des **SEs,** also nicht den der Aufhebung der Gemeinschaft. Folge der Aufhebung des SEs ist der Eintritt gewöhnlichen MEs. Folge der Aufhebung der Gemeinschaft ist unmittelbar und ohne weitere Erklärung die Anwendung der §§ 752 ff. BGB. Die Auseinandersetzung ist durchzuführen. Bis zum Zeitpunkt des Auflösungsverlangens bestehen WEs-Rechte auch ohne Substanz fiktiv weiter.

II. Zweck

3 Ziel ist die Bestimmung der einzelnen Auseinandersetzungsguthaben. Teilung in natura, § 752 BGB, kommt ohne Vereinbarung aller nicht in Betracht. § 14 erfaßt nur den Fall der Aufhebung der Gemeinschaft im ganzen, also sowohl der SEs- wie der MEs-Rechte. Nicht hierher gehört Fall der bloßen Aufhebung des SEs- unter Weiterbestehen des MEs-Verhältnisses. Auch im letzteren Fall können Wertausgleiche notwendig erscheinen; dann kommt eine analoge Anwendung des § 17 in Betracht.

III. Wertberechnung

4 1. *Grundlagen* sind die Werte der SEs-Rechte im Augenblick der Aufhebung, also der gegenwärtige Wert unter Berücksichtigung aller gemachten Aufwendungen in den SEs-Räumen. MEs-Bruchteilverhältnis ist nicht ausschließlich maßgebend, sondern der Wert der SEs-Räume plus angemessenem MEs-Anteil.

5 2. *Berücksichtigung von baulichen Veränderungen und Aufwendungen* im Sinne des § 22 Abs. 1, denen ein WEer nicht zugestimmt hat. Da dieser nach § 22 Abs. 1 an den Nutzungen wie an den Lasten und Kosten nicht teilnimmt, kann er auch an den dadurch eingetretenen Werterhöhungen nicht teilhaben.

IV. Verfahren

6 Liegt eine Vereinbarung vor, dann kann eine Klage auf Durchführung der Auseinandersetzung erhoben werden. Aus dem vollstreckbaren Urteil auf Aufhebung der Gemeinschaft kann die Zwangsversteigerung zum Zwecke der Aufhebung gem. §§ 180 ff. ZVG betrieben werden.

V. Schuldenregelung

Gesamtschulden der WEer sind gem. § 755 BGB auf Verlangen aus dem Erlös zu befriedigen, wenn nicht eine schuldbefreiende Übernahme durch einen Erwerber eingetreten ist. Für Verpflichtungen der WEer untereinander gilt § 756 BGB. Einzelverpflichtungen eines WEers gehen nur diesen an.

§ 18 Entziehung des Wohnungseigentums

(1) **Hat ein Wohnungseigentümer sich einer so schweren Verletzung der ihm gegenüber anderen Wohnungseigentümern obliegenden Verpflichtungen schuldig gemacht, daß diesen die Fortsetzung der Gemeinschaft mit ihm nicht mehr zugemutet werden kann, so können die anderen Wohnungseigentümer von ihm die Veräußerung seines Wohnungseigentums verlangen.**

(2) **Die Voraussetzungen des Absatzes 1 liegen insbesondere vor, wenn**
1. **der Wohnungseigentümer trotz Abmahnung wiederholt gröblich gegen die ihm nach § 14 obliegenden Pflichten verstößt;**
2. **der Wohnungseigentümer sich mit der Erfüllung seiner Verpflichtungen zur Lasten- und Kostentragung (§ 16 Abs. 2) in Höhe eines Betrages, der drei vom Hundert des Einheitswertes seines Wohnungseigentums übersteigt, länger als drei Monate in Verzug befindet.**

(3) **Über das Verlangen nach Absatz 1 beschließen die Wohnungseigentümer durch Stimmenmehrheit. Der Beschluß bedarf einer Mehrheit von mehr als der Hälfte der stimmberechtigten Wohnungseigentümer. Die Vorschriften des § 25 Abs. 3, 4 sind in diesem Falle nicht abzuwenden.**

(4) **Der in Absatz 1 bestimmte Anspruch kann durch Vereinbarung der Wohnungseigentümer nicht eingeschränkt oder ausgeschlossen werden.**

I. Grundgedanke

Die Unauflösbarkeit der Gemeinschaft zwingt zu einem anderen Mittel, sich eines ungeeigneten Mit-WEers zu entledigen. U. U. ist § 18 schon vor Eintragung aller WEs-Rechte im Grundbuch anwendbar, nach notariellem Abschluß des WEer-Gemeinschaftsvertrages und selbst schon mit der notariellen Begründung des WEs

§ 18 2–7 I. Teil. Wohnungseigentum

durch Einräumung der SEs-Rechte. Gleiches kann beim Verkauf eines WEs schon vor dessen Vollzug im Grundbuch gelten. Entscheidend ist die **Bindung** der Beteiligten an § 873 Abs. 2 BGB, aber auch schon nach einem in der Form des § 313 BGB abgeschlossenen schuldrechtlichen Vertrag.

2   Ähnliche Bestimmungen enthalten die §§ 737 mit 723 Abs. 1, § 626 BGB und §§ 140 ff. HGB.

3   **Wichtiger Grund** nach § 18: Eine so schwere Verletzung der gegenüber anderen WEern obliegenden Verpflichtungen, daß diesen die Fortsetzung der Gemeinschaft mit dem Verletzer nicht mehr zugemutet werden kann (zum Begriff des wichtigen Grundes s. BGH, WM 66, 31; RGRK § 626 Anm. 3, § 723 Anm. 4; RG 65, 37 f.). Er setzt kein Verschulden voraus. Diese Lehre ist entsprechend auf § 18 anwendbar (str. s. *Weitnauer,* § 18 Rz. 4a; *Bärmann-Pick,* § 18 Rz. 5; s. a. Anm. *Grauer,* Rpfleger 84, 412).

4   Die Verwirkung des Entziehungsrechts durch jahrelanges Dulden ist denkbar, wenn spätere Geltendmachung als gemeinschaftsschädlich und anstößig erscheinen muß; sonst gilt die normale Verjährungsfrist (30 Jahre).

II. Voraussetzungen

5   1. *Generalklausel des Abs. 1:* Fortsetzung des bestehenden Zustandes muß nach Treu und Glauben als unzumutbar erscheinen. Verschulden ist nicht entscheidend, wenngleich Gesetz von „schuldig gemacht" spricht. § 18 ist schwerstes und darum letztes Mittel, u. U. muß bei einem Streit über Rechte und Pflichten eines WEers erst Klärung nach § 43 I 1 versucht werden (AG München, ZMR 61, 304).

6   Nach besonderer Lage und gesamten Umständen darf ersprießliches Zusammenarbeiten nicht mehr möglich und die Fortsetzung der Gemeinschaft vernünftigerweise nicht mehr zumutbar sein (LG Passau, Rpfleger 84, 412 m. Anm. *Grauer*). Ein Zerwürfnis zwischen einzelnen Gemeinschaftern kann genügen, wenn dadurch der gesamte Hausfriede gestört ist.

Bei Nichterfüllung der Lasten- und Kostentragung kann es nicht auf Verschulden ankommen.

Die Verletzung obliegender Verpflichtungen muß eine schwere sein. Ist ein WEer zugleich Verwalter, kann unredliches Verhalten als solches zur Entziehung führen.

7   Dazu gehören Handlungen, die das Ansehen der Gemeinschaft nach außen herabsetzen oder den Gemeinschaftsfrieden und das Vertrauensverhältnis stören, auch Schmähungen eines Gemein-

Entziehung des Wohnungseigentums 8–11 § 18

schafters gegenüber Dritten, dauernde Mißtrauensbezeugungen, Beleidigungen und Tätlichkeiten, dauernde Ehrverletzungen. Auch die Störung des Gemeinschaftsfriedens durch ständige Prozesse, Anzeigen, Intrigen, Einschüchterungen, falsche Behauptungen usw. können Entziehungsgrund sein. Die Analogie zum Gesellschaftsrecht aber auch zum Mietrecht ist möglich.

Unsittliches Verhalten muß sich nicht gegen WEer richten.

2. *Art der Verletzung:* Schwere Pflichtverletzung. § 554a BGB **8** für Mietverträge kann zur Auslegung herangezogen werden.

Ist eine Personenmehrheit Eigentümer, dann ist die Entziehungsklage gegen die Mehrheit zulässig, auch wenn nur einer der mehreren eine Entziehungshandlung begeht. Sie haben gegenseitig die nach § 14 Nr. 2 für Angehörige des Hausstands und Betriebes obliegende Veranwortung verletzt (s. vergleichsweise ehem. § 49 des saarländischen Gesetzes).

3. *Sondertatbestände des Abs. 2:* **9**

a) **Verstöße** gegen § 14, gegen jeden der dort aufgeführten Tatbestände, wiederholt gröbliche Verletzung. Frage der Zumutbarkeit der Störung streng zu prüfen. Zur Rechtsnatur des Abs. 2 betont das BayObLG, daß es sich nicht um eine abschließende Spezialregelung handelt (BayObLG, NJW-RR 92, 787 L.). Eine **Abmahnung,** im allgemeinen durch den Verwalter, muß vorausgegangen sein. Haftung für Erfüllungsgehilfen (BayObLG MDR 70, 586; s. a. o. § 14 Rz. 12 f.).

b) **Zahlungsverzug,** der gutes Funktionieren der WEer-Ge- **10** meinschaft stört. Verschulden ist nicht vorausgesetzt, § 279 BGB. Verzugsbetrag und Verzugsdauer sind entgegenkommend gehalten, etwa einer Vierteljahresmiete entsprechend (vgl. das Beispiel in AG Mülheim/Ruhr (DerWEer 86, 92)). Außerdem können die Folgen des Urteils noch bis zur Erteilung des Zuschlags (§§ 51 ff.) abgewendet werden durch Bezahlung der Rückstände. Mehrheit der WEer entscheidet immer noch darüber, ob von dem Urteil zum Zwecke der Vollstreckung durch Zwangsversteigerung Gebrauch gemacht werden soll.

Verzug muß im Zeitpunkt der letzten mündlichen Verhandlung nach § 19 noch bestehen.

4. *Beschlußfassung (Abs. 3):* **Mehrheitsentscheidung.** Sachliche **11** Entscheidung trifft das Gericht. Mehrheit von mehr als der Hälfte der stimmberechtigten WEer (absolute Mehrheit: KG, NJW-RR 92, 1298) nach Maßgabe der ihnen zustehenden Stimmen. Abs. 3 weicht von § 25 hinsichtlich der Beschlußfähigkeit ab. Der betroffene WEer stimmt nicht mit.

Zunächst erfolgt also Einberufung der Versammlung, dann Beschluß, dann der Antrag auf gerichtliches Urteil nach § 19.

12 Die Beschlußfassung kann nicht durch Entscheidungsbefugnis eines oder mehrerer bestimmter WEer oder des Verwalters oder des Dritten (z. B. Gläubiger) ausgeschaltet werden; dies widerspräche Abs. 4. Qualifizierte Mehrheit für Beschluß kann nicht vereinbart werden (a. A. offenbar *Weitnauer,* § 18 Rdnr. 10 u. OLG Celle DNotZ 55, 325).

13 Beim Streit über die Wirksamkeit eines Entziehungsbeschlusses hat das FG-Gericht aber nicht zu prüfen, ob der Entziehungsanspruch besteht oder nicht (OLG Frankfurt, DerWEer 84, 62). Dies ist Sache des Zivilgerichts, vor dem der Anspruch auf Entziehung geltend zu machen ist (*Bärmann-Pick,* § 18 Rz. 46).

14 5. *Verwirkung:* Möglich bei Verzögerung der Geltendmachung des Rechtes auf Entziehung.

III. Die Entziehungsklage

15 Es besteht ein volles richterliches Nachprüfungsrecht hinsichtlich des Mehrheitsbeschlusses der Entziehung (s. a. KG, BB 67, 1270 = NJW 67, 2268).

16 Für die Klageerhebung existieren drei Möglichkeiten: Erhebung durch alle WEer, durch die Beschlußfassenden, nur durch die Zustimmenden oder durch jeden WEer schlechthin oder auch durch jeden derjenigen WEer, die den Beschluß mitgefaßt haben. Der Verwalter ist zwar verpflichtet, Beschlüsse durchzuführen, aber nicht zur Vertretung vor Gericht ohne besondere Vollmacht ermächtigt. Bevollmächtigung durch Beschluß oder Vereinbarung ist zulässig (OLG Zweibrücken, DerWEer 87, 137). Grundsätzlich enthält das mit absoluter Mehrheit beschlossene Veräußerungsverlangen gem. § 18 Abs. 1 und Abs. 3 WEG regelmäßig die Ermächtigung zur Mandatserteilung für die Entziehungsklage gegen den Störer (KG, NJW-RR 92, 1298). Jeder WEer hat einen Anspruch, daß übrige WEer an der Durchführung der Beschlüsse mitwirken, sonst Verfahren nach § 43 Abs. 1 Nr. 1. Ein einzelner WEer kann die Klage nur erheben, wenn sie erforderlich wäre zur Abwendung eines dem gemeinschaftlichen Eigentum unmittelbar drohenden Schadens (§ 21 Abs. 2).

17 Der Antrag auf Versteigerung nach Vorliegen des Entziehungsurteil gem. § 54 Abs. 1 kann von jedem WEer gestellt werden, der das Urteil miterwirkt hat. Tat dies der Verwalter, dann ist auch dieser antragsberechtigt.

18 Der Klageantrag geht auf Veräußerung des WEs schlechthin, nicht an eine bestimmte Person.

Wirkung des Urteils **§ 19**

Die Kosten des Verfahrens fallen der Gemeinschaft als Verwaltungskosten zur Last.

IV. Grenzen der Abdingbarkeit (Abs. 4)

Die Entziehung aus Gründen der Generalklausel nach Abs. 1 ist 19
grundsätzlich **unabdingbar** (nicht durch Enumeration von Gründen einzuengen). Modifizierung der Voraussetzungen ist nach Abs. 2 möglich. Erschwerende Vereinbarungen sind unbenommen. Einschränkungen der Entziehungsgründe auf Beeinträchtigung eines engeren Kreises der WEer ist nicht zulässig. Auch Abs. 3 ist unabdingbar. Auch eine qualifizierte Mehrheit kann nicht vereinbart werden (anders OLG Celle, DNotZ 55, 323).

Die Vereinbarung von Ankaufsrechten bei Entziehung, Erstrek- 20
kung eines Vorkaufsrechts oder einer Veräußerungsbeschränkung nach § 12 auf die Entziehung sind möglich. Nicht dagegen das Ruhen des Stimmrechts im Falle eines Beschlusses nach Abs. 3 (KG, DerWEer 86, 121).

V. Sittenwidrige Vereitelung

Denkbar zum Beispiel durch übermäßige Belastung des WEs. 21
Eine einstweilige Anordnung nach § 44 Abs. 3 zur Sperre weiterer Belastung kann in Frage kommen. Eine Vorbeugung gegen späteren Rückerwerb ist, abgesehen von § 12, nicht vorgesehen.

VI. Rücktrittsrecht

Vor dem dinglichen Erwerb des Käufers gelten die allg. Vor- 22
schriften des BGB zwischen Veräußerer und Erwerber. Damit ist an Stelle des § 18 ein Rücktrittsrecht möglich (BGH, MDR 72, 853 = DB 72, 1669 = BB 72, 1031 = NJW 72, 1667).

VII. Geschäftswert

Beim Streit über die Wirksamkeit eines Entziehungsbeschlusses 23
nach Abs. 3 orientiert sich der Geschäftswert am Verkehrswert der EW (OLG Frankfurt, DerWEer 84, 62).

§ 19 Wirkung des Urteils

(1) **Das Urteil, durch das ein Wohnungseigentümer zur Veräußerung seines Wohnungseigentums verurteilt wird, ersetzt die für die freiwillige Versteigerung des Wohnungseigentums und für die Übertragung des Wohnungseigentums auf den Ersteher erforderlichen Erklärungen. Aus dem Ur-**

teil findet zugunsten des Erstehers die Zwangsvollstreckung auf Räumung und Herausgabe statt. Die Vorschriften des § 93 Abs. 1 Satz 2 und 3 des Gesetzes über die Zwangsversteigerung und Zwangsverwaltung gelten entsprechend.

(2) Der Wohnungseigentümer kann im Falle des § 18 Abs. 2 Nr. 2 bis zur Erteilung des Zuschlags die in Absatz 1 bezeichnete Wirkung des Urteils dadurch abwenden, daß er die Verpflichtungen, wegen deren Nichterfüllung er verurteilt ist, einschließlich der Verpflichtung zum Ersatz der durch den Rechtsstreit und das Versteigerungsverfahren entstandenen Kosten sowie die fälligen weiteren Verpflichtungen zur Lasten- und Kostentragung erfüllt.

(3) Ein gerichtlicher oder vor einer Gütestelle geschlossener Vergleich, durch den sich der Wohnungseigentümer zur Veräußerung seines Wohnungseigentums verpflichtet, steht dem in Absatz 1 bezeichneten Urteil gleich.

I. Ungewöhnliche Verfahrensart

1 1. *Wegen der Notwendigkeit der Erleichterung des Ausscheidens* besteht kein gesetzliches Vor- oder Ankaufsrecht der übrigen WEer.

2 2. *Sinn der freiwilligen Versteigerung:* Das Entziehungsurteil ersetzt die Zustimmung des WEers zur Veräußerung. Keine Zwangsversteigerung, sondern vereinfachtes, dem preußischen FGG nachgebildetes Verfahren der freiwilligen Versteigerung. Sie erfolgt durch freihändigen Verkauf an den Meistbietenden.

3 3. *Keine Zuschlagswirkung im Sinne von § 90 ZVG.* Es sind vielmehr Auflassung notwendig und formgerechter Veräußerungsvertrag (§§ 156, 313 BGB).

4. Der *Eigentumsübergang* erfolgt erst mit Eintragung.

4 5. *Klagebefugnis (auf Räumung):* Stellt der Ersteher keinen Antrag auf Vollzug, würde der alte WEer in der Gemeinschaft verbleiben (*Friese,* NJW 51, 510). Es ist anzunehmen, daß die anderen WEer das Recht haben, den durch die freiwillige Versteigerung zustandegekommenen Kaufvertrag durch eigenen **Antrag** zum grundbuchmäßigen Vollzug zu bringen. Der Erwerber kann aber Vollzug durch Nichtzahlung der Grunderwerbsteuer aufhalten. Es besteht auch das Recht der WEer, die Besitzaufgabe des durch die Entziehung Betroffenen zu verlangen.

5 6. *Rechtsnatur des Urteils:* Abgabe einer Willenserklärung i. S. des § 894 ZPO. Es ist keine Vollstreckungsklausel nötig, auch eine

Zustellung entfällt. Der Betroffene kann durch Zahlung der Rückstände die Vollstreckung abwenden.

7. *Zuständigkeit:* Zur Frage des zuständigen Notars s. u. § 53.

8. *Streitwert:* Nach § 12 Abs. 1 GKG i. V. m. § 3 ZPO entsprechend dem Interesse der Gemeinschaft an dem Eigentumswechsel i. d. Regel der **Verkehrswert** der zu veräußernden Wohnung (LG München I Rpfleger 70, 93; LG Stuttgart, AnwBl. 72, 232; OLG Karlsruhe, Rpfleger 80, 308: Belastungen bleiben außer Betracht). 6

II. Inhalt und Wirkung des Urteils

Vollstreckung a) durch freiwillige Versteigerung des WEs. b) durch Zwangsvollstreckung auf Räumung und Herausgabe zugunsten des Erstehers. Zu a) siehe §§ 53–58, zu b) gilt § 93 Abs. 1 ZVG: 7

1. *Das Urteil ersetzt:* Schuldrechtliche Erklärung auf Veräußerung und dinglich-rechtliche Auflassung seitens des Veräußerers, nicht die Erklärung des Erwerbers. Auch die Bewilligung des berechtigten WEers nach § 19 GBO ist ersetzt, sofern man sie überhaupt für erforderlich hält (KG, Rpfleger 79, 198 = ZMR 79, 218 = BlGBW 80, 75). Auch eine **Vormerkung** entspr. § 895 ZPO gilt als bewilligt (KG a. a. O. = OLGZ 79, 146 = ZMR 79, 218). 8

Die Vollstreckung auf Räumung und Herausgabe erfolgt nur zugunsten des Erwerbers, aber auch auf Geltendmachung durch andere WEer. 9

Eine Räumungsvollstreckung findet statt auf Grund Urteilsausfertigung nach Nachweis der Umschreibung im Grundbuch.

2. *Vormundschaftsgerichtliche Genehmigung und andere Genehmigungen:* wie bei Kaufvertrag. 10

3. *Vorbeugung gegen Vereitlung* (s. § 18 Rz. 21): Eintragung einer Vormerkung nach § 895 ZPO (s. o. Rz. 8). Der zur Veräußerung verurteilte WEer kann bis zur Vollendung des Rechtserwerbs eines Ersteigerers rechtswirksam anderweitig veräußern (KG a. a. O.). 11

III. Abwendung bei Zahlungsverzug

durch Zahlung bis zum Zuschlag. Bei neuen Gründen ist ein neues Urteil notwendig, wie auch ein neuer Beschluß. Sonst ist keine Abwendung möglich. 12

Die Einstellung des Versteigerungsverfahrens kann auch durch den Notar nach § 769 Abs. 2 ZPO unter Fristsetzung erfolgen. 13

Vor § 20 1–3   I. Teil. Wohnungseigentum

Der Betroffene hat das Recht aus § 767 ZPO (Vollstreckungsgegenklage); auch § 771 ZPO ist anwendbar.

14 Gegen jede Entscheidung des Notars (Zuschlag zu erteilen oder zu versagen, Verfahren einstweilen einzustellen) besteht die Beschwerdemöglichkeit nach § 58.

IV. Verwirkung

15 Verwirkung wegen unzulässiger Rechtsausübung:
Sittenwidrigkeit einer formalberechtigten Vollstreckung aus §§ 242, 226, 826 BGB.

V. Vergleich

16 Gerichtliche oder Gütestellenvergleiche ersetzen ein Urteil (§ 19 Abs. 3). Hier ist auf ehem. § 47 saarländisches WEG hinzuweisen.
Ein Ersteher, der sich weigert, aus dem Zuschlag zu vollstrecken, kann seinerseits der Entziehung unterstellt werden. Eine Vollmacht des Notars, aus dem Kauf auf Abnahme zu klagen, ist dem Gesetz nicht zu entnehmen. Ggfs. ist ein Vorkaufsrecht ausübbar; § 12 betrifft auch die freiwillige Versteigerung gemäß § 18 (*Bärmann-Pick*, § 18 Rz. 52).

3. Abschnitt. Verwaltung

Vorbemerkung vor § 20

I. Allgemeines

1 Eine vernünftige, sachlich und gewandt geführte Verwaltung bestimmt das Schicksal einer WEer-Gemeinschaft. Die Ausgestaltung der Verwaltung durch die Vereinbarung ist daher sehr wesentlich.

2 §§ 20 ff. regeln Verwaltung des „gemeinschaftlichen Eigentums"; aber nicht außer Zusammenhang mit den Gegenständen des SEs. Darauf ist das Augenmerk zu richten bei der GemO. Auch die Gläubiger (Kreditinstitute) haben Interesse an ordnungsmäßiger Verwaltung und Erhaltung der SEs-Räume, also an der Ausgestaltung der Verwaltung. Ungewöhnliche Einschränkung der SEs-Rechte (Beschränkungen der Vermietung und Verpachtung sowie der Veräußerung) sind nach Möglichkeit zu vermeiden.

3 Hauptorgan der Verwaltung ist die WEer-**Versammlung.** Daneben der **Verwalter,** der nach § 20 Abs. 2 nicht ausgeschlossen wer-

Vorbemerkung 4–9 **Vor § 20**

den kann; Mindestaufgaben und -befugnisse sind bestimmt in § 27. Ein **Verwaltungsbeirat** zur Unterstützung des Verwalters nach § 29 ist fakultativ.

Die Anlehnung der §§ 20ff. an §§ 744ff. BGB ist evident.

Es besteht **Dispositionsfreiheit** hinsichtlich der Ausgestaltung 4 der Verwaltung, abgesehen von den oben Rz. 7 vor § 10 genannten Fällen.

II. Einzelheiten

1. **Begriff** *der Verwaltung:* Geschäftsführung im Interesse aller, 5 zum allgemeinen gemeinschaftlichen Besten, im Gegensatz zum Gebrauch; sie geht über Erhaltung hinaus (*Palandt-Thomas,* § 744 Rn. 2; RGRK § 44 Anm. 2; s. auch BGH, BB 54, 913, OLG Düsseldorf MDR 57, 298 und BGHZ 6, 76ff., BGH NJW 53, 1427, BB 53, 666, der Wiederaufbau eines Dauergebäudes als Verwaltungshandlung abgelehnt hat).

Grenzen der Verwaltung sind rechtlich: die über die Ordnungs- 6 mäßigkeit hinausgehende Verfügung; wirtschaftlich: die wesentliche Veränderung.

Gesetzliche Inhaltsbestimmung fehlt; aus §§ 2038, 2040 BGB ist 7 nichts Maßgebliches zu gewinnen. Mehrheit hat kein Verfügungsrecht über gemeinschaftliche Gegenstände abgesehen von § 22 Abs. 1 Satz 2, § 21 Abs. 2. 3 (s. auch grundsätzliche Ausführungen in BGH NJW 53, 1252, allerdings zu § 2038 Abs. 1 Satz 2 Halbsatz 2 BGB).

2. *Befugnisse der Versammlung:* Siehe §§ 23, 25 und § 21 Abs. 4.

3. *Mehrheitsprinzip:* Nach § 25 Abs. 2 Satz 1 hat jeder WEer eine 8 Stimme; Grundsatz des Gesetzes ist also nicht Stimmrecht nach Größe des Anteils, wie § 745 Abs. 1 Satz 2 BGB. Allerdings ist eine Vereinbarung des Stimmrechts nach Größe der Anteile, und zwar der MEs-Anteile möglich und ggfs. zweckmäßig (vgl. *Bärmann-Seuss,* S. 205ff.). Zur Auslegung von Vereinbarungen über die Gewährung von Stimmrechten vgl. BayObLG MDR 65. 334 m. zust. Anm. v. *Diester.* Auch für Minderheiten besteht ein Recht auf Gehör und zwar in der Versammlung.

4. *Bindung der Minderheiten durch den Mehrheitsbeschluß.* Aber es ist 9 grundsätzlich eine Versammlung abzuhalten. Ein Quorum kann vereinbart werden. Zum Minderheitenrecht s. §§ 10 Abs. 4, 43 Abs. 1 Nr. 1, 2, 4 § 24 Abs. 2; unten § 23 Rz. 13f., § 22 Rz. 13f.; *Bärmann-Pick,* § 10 Rz. 68, § 15 Rz. 19, § 22 Rz. 70, § 23 Rz 21, 71; Rz. 20 Vor § 20, § 24 Rz. 4, 6.

§ 20 1–5 I. Teil. Wohnungseigentum

10 5. *Verwalter als Beauftragter:* Siehe § 27. Seine Auswahl geschieht ebenfalls durch Mehrheitsbeschluß, sofern er nicht in der Vereinbarung bindend auf Zeit (höchstens 5 Jahre) festgelegt ist.

11 6. *Richterliche Nachprüfung:* Siehe § 43. Ein Gerichtsbeschluß ersetzt angefochtenen Beschluß. Nach § 21 Abs. 4 kann das Gericht gem. § 43 auch zur Gestaltung angerufen werden.

§ 20 Gliederung der Verwaltung

(1) **Die Verwaltung des gemeinschaftlichen Eigentums obliegt den Wohnungseigentümern nach Maßgabe der §§ 21 bis 25 und dem Verwalter nach Maßgabe der §§ 26 bis 28, im Falle der Bestellung eines Verwaltungsbeirats auch diesem nach Maßgabe des § 29.**

(2) **Die Bestellung eines Verwalters kann nicht ausgeschlossen werden.**

1 1. *Übersicht über die Gliederung der Verwaltung:* WEer und Verwalter. WEer (§§ 21–25) und Verwalter (§§ 26–28), eventuell Verwaltungsbeirat (§ 29). Verwaltung ist Pflicht der WEer (Abs. 1). § 21 Abs. 1 entspricht § 744 Abs. 1 BGB; § 21 Abs. 2 dem § 744 Abs. 2; § 21 Abs. 3 dem § 745 Abs. 1 Satz 1. Anders als Satz 2 bestimmt § 25 Abs. 1: Je Kopf eine Stimme. § 21 Abs. 4 entspricht § 745 Abs. 2.

2 Hausmeister oder Pförtner (ggfs. vom Verwalter nach § 27 Abs. 1 Nr. 2 bestellt), ist nicht Organ; nur Angestellter der „Verwaltung". Sie sind nach Maßgabe des Arbeits- und Sozialversicherungsrechts zu behandeln.

3 2. Weder die *Verwaltung* als solche noch die *Gesamtheit der Wohnungseigentümer* sind juristische Person, auch kein Organ im rechtstechnischen Sinne.

4 3. *Gleiches Recht aller WEer:* Recht aller auf eigene Mitwirkung und auf Mitwirkung der anderen (bei Verlangen) zur ordnungsgemäßen Verwaltung (§ 21 Abs. 4 und § 43 Abs. 1 Nr. 1).

5 Für die Teilnahme an der Verwaltung sind zu unterscheiden:
a) Vornahme von Verwaltungshandlungen durch einen einzelnen, soweit andere WEer und deren Rechte nicht berührt werden (insbesondere innerhalb des eigenen SEs); vor allem zur Abwendung eines dem gemeinschaftlichen Eigentum unmittelbar drohenden Schadens (§ 21 Abs. 2).
b) Im übrigen durch Teilnahme an der Beschlußfassung in der Versammlung (§ 21 Abs. 3). Nur diese Handlungen sind unter gemeinschaftlicher Verwaltung zu verstehen.

Verwaltung durch die Wohnungseigentümer §21

c) Art und Umfang des Gebäudes sowie Kopfzahl der Gemeinschafter sind ohne Bedeutung für die Verwaltung; die Verpflichtung zur Bestellung eines Verwalters ist immer gegeben (§ 26 Rz. 1).

4. *Verwaltung:* Nicht Geschäftsbesorgung, sondern unmittelbares Recht aus der Mitgliedschaft. 6

Zu verwalten sind: Die gemeinschaftlichen Teile; die für den gemeinschaftlichen Gebrauch bestimmten Sachen und Dienste; die gemeinschaftlichen Interessen schlechthin, also die Gesamtheit des Eigentums, der Nutzung und des gemeinschaftlichen Vermögens.

Verwaltung **umfaßt**: Gewöhnliche Erhaltungshandlungen (auch 7 Zahlung von Steuern usw.: s. § 21 Abs. 5); auch Ersatzbeschaffungen, Anschaffungen und Veräußerungen im Rahmen des § 21 Abs. 3; juristische Erhaltungshandlungen (Unterbrechung der Verjährung, Registrierung und Eintragung, Klagen gegen verbotene Eigenmacht § 21 Abs. 2), auch gerichtl. Geltendmachung von Mängeln des Gemeinschaftseigentums (a. A. OLG Köln NJW 68, 2063; s. vor allem § 13 Rz. 42ff., § 27 Rz. 36ff.); dringende Erhaltungsakte, zu denen auch ein einzelner WEer befugt ist (§ 21 Abs. 2) und normale Erhaltungsakte (Sache des Verwalters).

Wird ein Erhaltungsakt von der Mehrheit abgelehnt, ist trotzdem Anrufung des Gerichts nach § 43 Nr. 1 und 4 möglich. Zur 8 Verwaltung gehören Bestellung, Abberufung des Verwalters, Vertragsabschluß, Kündigung usw. (BGH v. 12. 7. 82 – II ZR 130/81). Ein WEer kann eine **Liste** der WEer verlangen (BayObLG, MDR 84, 850).

5. *Verwalter kann nicht ausgeschlossen werden:* Die Verwalterbestellung kann aber de facto unterbleiben, wenn kein Eigentümer oder 9 Dritter einen Antrag nach § 26 Abs. 2 bei Gericht stellt (LG Hannover, DerWEer 83, 124).

Aus der Unterlassung der Verwalterbestellung folgt noch keine 10 Schadensersatzpflicht. Eine Bestellung von Amts wegen durch das Gericht ist nicht möglich.

Eine langfristige Bindung durch Aufnahme eines bestimmten 11 Verwalters (höchstens auf fünf Jahre) ist bereits in der Vereinbarung möglich, auch gegenüber Gläubigern. Wichtiger Grund berechtigt aber immer zur Abberufung (s. § 26 Rz. 8f).

§ 21 Verwaltung durch die Wohnungseigentümer

(1) **Soweit nicht in diesem Gesetz oder durch Vereinbarung der Wohnungseigentümer etwas anderes bestimmt ist,**

§ 21   I. Teil. Wohnungseigentum

steht die Verwaltung des gemeinschaftlichen Eigentums den Wohnungseigentümern gemeinschaftlich zu.

(2) Jeder Wohnungseigentümer ist berechtigt, ohne Zustimmung der anderen Wohnungseigentümer die Maßnahmen zu treffen, die zur Abwendung eines dem gemeinschaftlichen Eigentum unmittelbar drohenden Schadens notwendig sind.

(3) Soweit die Verwaltung des gemeinschaftlichen Eigentums nicht durch Vereinbarung der Wohnungseigentümer geregelt ist, können die Wohnungseigentümer eine der Beschaffenheit des gemeinschaftlichen Eigentums entsprechende ordnungsmäßige Verwaltung durch Stimmenmehrheit beschließen.

(4) Jeder Wohnungseigentümer kann eine Verwaltung verlangen, die den Vereinbarungen und Beschlüssen und, soweit solche nicht bestehen, dem Interesse der Gesamtheit der Wohnungseigentümer nach billigem Ermessen entspricht.

(5) Zu einer ordnungsmäßigen, dem Interesse der Gesamtheit der Wohnungseigentümer entsprechenden Verwaltung gehört insbesondere:
1. die Aufstellung einer Hausordnung;
2. die ordnungsmäßige Instandhaltung und Instandsetzung des gemeinschaftlichen Eigentums;
3. die Feuerversicherung des gemeinschaftlichen Eigentums zum Neuwert sowie die angemessene Versicherung der Wohnungseigentümer gegen Haus- und Grundbesitzerhaftpflicht;
4. die Ansammlung einer angemessenen Instandhaltungsrückstellung;
5. die Aufstellung eines Wirtschaftsplans (§ 28);
6. die Duldung aller Maßnahmen, die zur Herstellung einer Fernsprechteilnehmereinrichtung, einer Rundfunkempfangsanlage oder eines Energieversorgungsanschlusses zugunsten eines Wohnungseigentümers erforderlich sind.

(6) Der Wohnungseigentümer, zu dessen Gunsten eine Maßnahme der in Absatz 5 Nr. 6 bezeichneten Art getroffen wird, ist zum Ersatz des hierdurch entstehenden Schadens verpflichtet.

Verwaltung durch die Wohnungseigentümer 1–5 § 21

I. Grundsatz der gemeinsamen Verwaltung (Abs. 1)

1. *Begriff und Inhalt der Verwaltung:* Siehe § 20 Anm. 4. **Verwal-** 1
tung umfaßt alle Maßnahmen, die im Interesse einer ordnungsmäßigen Verwaltung des WEs notwendig sind und wirtschaftlich nicht wesentliche Änderungen sind. Dem Grundsatz der **Autonomie** der WEer entspricht auch, daß sie grundsätzlich jederzeit den Gegenstand der Beschlußfassung (neu) bestimmen können. Dies gilt auch für eine bereits geregelte Angelegenheit (BayObLG, DerWEer 85, 60). Auch ein allstimmig gefaßter Eigentümerbeschluß kann durch einen bloßen Mehrheitsbeschluß abgeändert oder aufgehoben werden, wenn er die Verwaltung des gemeinschaftlichen Eigentums betrifft (BayObLG, NJW-RR 92, 403). Eine auswahlweise Aufzählung der nötigen Verwaltungshandlungen findet sich in § 21 Abs. 5, allerdings nicht erschöpfend.

Fonds der Gemeinschaft, Einnahmen aus dem gemeinschaftli- 2
chen Eigentum werden **Gemeinschaftsvermögen** und untrennbar bis zur Ausschüttung nach Rechnungslegung durch Versammlung. Dies gilt auch für Finanzierungsbeiträge der WEer. Zieht der Verwalter kraft Auftrags und Vollmacht vom Gesamtgläubier Annuitäten ein, fallen diese bereits mit der Einziehung in das Vermögen des Gläubigers.

Die Saldotheorie ist anzuwenden: Erst der Überschuß auf Grund 3
Rechnungslegung und Beschlußfassung nach § 28 ist frei und pfändbar.

Gebrauchmachen nach § 15 ist keine Verwaltung.

Der Verwaltung unterliegt gemeinschaftliches Eigentum, auch 4
das Gemeinschaftsvermögen (Rücklagen, Rückstellungen, Fonds und Konten der Gemeinschaft). Auch **Gebrauchsregelung** im Sinn des § 15 ist Gegenstand der Verwaltung, und zwar sowohl ihre Aufstellung (§ 15 Abs. 1) als auch ihre Überwachung (wohl zu eng BayObLG, Rpfleger 79, 216 = ZMR 79, 211 = BlGBW 80, 74).

Einziehung und Verwaltung der Früchte (Nutzungen des ge- 5
meinschaftlichen Eigentums) sind Aufgabe der allgemeinen Verwaltung durch die WEer; sie muß dem Verwalter besonders übertragen werden. Daraus folgt aber keine gesonderte Verwaltungsführung i. S. eines eigenen und übertragenen Wirkungskreises des Verwalters. **Vermietung** von GemE an Dritte ist Verwaltung, auch wenn ein Treuhänder z. B. ein Verein, dazwischengeschaltet ist (BayObLG DerWEer 85, 126/LS). Die Kündigung eines gemeinschaftlichen Fahrradabstellraums durch den Verwalter als ordnungsmäßige Verwaltung, wenn WEer den Raum bestimmungsgemäß nutzen wollen (OLG Frankfurt, DerWEer 87, 28). Die

WEer sind auch Gläubiger hinsichtlich des Wohngeldanspruchs nach § 16 Abs. 2 (BayObLG, ZMR 80, 383).

6 2. *Verhältnis zu §§ 744, 745 BGB:* Vorbild für § 21 Abs. 1 und 2. Dazu Besonderheiten des Abs. 4 und Aufzählung in Abs. 5.

7 3. *Verwaltung ist gemeinschaftlich:* Aber **Mehrheitsverwaltung** nach Abs. 3 und 5; s. auch §§ 26, 28, 29. Nach Abs. 4 kann jeder WEer eine Verwaltung verlangen, die den Vereinbarungen und Beschlüssen, und soweit solche nicht bestehen, dem Interesse der Gesamtheit der WEer nach billigem Ermessen entspricht. Gegebenenfalls ist die Anrufung des Richters nach § 43 Abs. 1 Nr. 1 am Platz. Darüber hinaus gilt der Grundsatz der Einstimmigkeit. Für eine Gebrauchsregelung genügt u. U. Mehrheitsbeschluß (§ 15 Abs. 2). Im Zweifel allerdings Einstimmigkeit, nicht Mehrheitsbeschluß. Ein genereller **Ausschluß** eines WEers von der Verwaltung ist nicht zulässig, auch nicht im Wege der Vereinbarung (LG München I, Rpfleger 78, 381). Zum **Auskunftsanpruch** eines WEers gegen einen anderen WEer auf Erteilung der Auskunft über Einnahmen und Ausgaben s. KG, NJW-RR 93, 470 = WuM 93, 142. Die Entscheidung ist abzulehnen, soweit sie Übertragbarkeit der Befugnisse an einen WEer durch konkludentes Verhalten hinsichtlich der Befugnisse zur Mitwirkung bei der gemeinschaftlichen Verwaltung des GemEs zuläßt.

8 Grundsätzlich ist die **Mitwirkung Dritter** bei der Verwaltung ausgeschlossen, sofern nichts anderes vereinbart ist: Mitbestimmungsrecht bei der Wahl des Verwalters seitens eines Hypothekengläubigers ist nicht mehr möglich (§ 26 Abs. 1). Eine Regelung in der GemO, durch die der Verwalter zur Übertragung der Verwaltung ohne Mitspracherecht der WEer ermächtigt wird, ist nichtig (BayObOLG, Wohnung und Haus 80, 101).

9 4. *Abweichungen:* § 21 Abs. 3, § 15 Abs. 2, §§ 26–29, § 21 Abs. 5 Nr. 1–6. Betonung der Einstimmigkeit in § 22 für bauliche Veränderung und Aufwendungen usw.

10 5. *Haftung für Verwaltungsschulden:* Sie ist unbeschränkt solidarisch für die in ihrem Namen begründeten **Verwaltungsschulden** (BGHZ 67, 232 = NJW 77, 44; 77, 1686, 1964 = ZMR 78, 81 = 79, 51; ZMR 79, 314), z. B. für den Fall der Heizölbestellung auf Grund Ermächtigung (BGH, a. a. O.) oder Geschäftsführung ohne Auftrag (KG, MDR 84, 495 = ZMR 84, 249). Es besteht keine Beschränkung auf Gemeinschaftsvermögen. Auch eine Minderheit oder Abwesende haften wie die Mehrheit. Auch der **Ausgeschiedene** haftet für die während seiner Zugehörigkeit zur Gemeinschaft begründeten Verwaltungsschulden als Gesamtschuldner (BGH,

Verwaltung durch die Wohnungseigentümer 11, 12 § 21

NJW 81, 282 = Rpfleger 81, 97). Der Verwalter ist Vertreter bzw. bloßer Beauftragter. Macht er Ansprüche der WEer im eigenen Namen gegen einen früheren Verwalter geltend, so haften für die dem Verwalter in diesem Verfahren entstandenen Kosten die WEer anteilig nach § 16 Abs. 2 (OLG Hamm, OLGZ 89, 47). Da Gemeinschaftsvermögen vorhanden ist, kann aus einem Titel gegen alle WEer auch in dieses Gemeinschaftsvermögen vollstreckt werden, analog Gesellschaftsvermögen (§ 718 BGB; *Palandt/Thomas,* § 718 Rn. 6f.). Zur Haftung für Herstellungskosten s. § 3 Rz. 28. Verwaltungsschuld ist auch der Vergütungsanspruch des Verwalters (BGH, NJW 1980, 2466).

Bei Verfahren nach § 43 kann das Gericht Befriedigung aus Gemeinschaftsvermögen anordnen. 11

II. Ausnahmen vom Grundsatz des Abs. 1

1. *Recht auf selbständiges Handeln des einzelnen:* Es ist noch gegenüber § 744 Abs. 2 BGB eingeschränkt. OVG Münster bringt die Regelung mit dem Rechtsinstitut des Nachbarrechts in Verbindung, welches aus dem gemeinschaftlichen Eigentum (Grundlage § 1 WEG) fließe; dieses könne nur unter den Voraussetzungen des § 21 II WEG vom einzelnen SEer geltend gemacht werden (OVG Münster, NVwZ-RR 92, 11). Nach **§ 21 Abs. 2** kann ein einzelner WEer nur die zur Abwendung unmittelbar drohender Schäden für das gemeinschaftliche Eigentum notwendigen Maßnahmen ergreifen. Dies ist vom Standpunkt eines verständigen Eigentümers zu beurteilen, auch danach, ob Verwalter und/oder übrige WEer hinzugezogen werden können (OLG Oldenburg, DerWEer 88, 64). Eine Maßnahme muß sich im Rahmen ordnungsmäßiger Verwaltung halten und darf keine bauliche Veränderung i. S. des § 22 Abs. 1 darstellen (OLG Oldenburg, a. a. O.). Dann sind selbst **Verfügungshandlungen,** auch Prozeßführung zulässig (so für ein **Beweissicherungsverfahren** wegen Mängel am GemE BGH, Rpfleger 80, 14) oder die Einholung eines **Gutachtens** zur Schadensermittlung (OLG Frankfurt, DerWEer 85, 61/LS = 85, 121). Der **Ausnahmecharakter** des Abs. 2 von der grundsätzlichen Zuständigkeit der Gemeinschaft zur Geltendmachung gemeinschaftsbezogener Ansprüche wird – abgesehen von Ansprüchen gegen außenstehende Dritte – auch vom BGH betont (NJW 89, 1092 = DB 89, 572 = DerWEer 89, 66). In diesem Fall ist auch die Geltendmachung durch einen WEer allein zur Leistung an die Gesamtheit möglich. Demnach kann der einzelne WEer Ansprüche auf Zahlung der Lasten- und Kostenbeiträge an die Gemeinschaft nicht 12

entspr. § 432 BGB gerichtlich geltend machen (a. A. BayObLGZ 79, 56 = NJW 79, 2214 = Rpfleger 79, 217; DerWEer 83, 30; OLG Karlsruhe WEM 77, 118), da die WEer insgesamt Träger dieser Ansprüche sind (BayObLG, ZMR 80, 383; s. im einzelnen *Bärmann-Pick,* § 21 Rz. 17; so a. KG, ZMR 84, 100 = DerWEer 84, 29, wenn ein Beschluß nach § 28 Abs. 5 nicht zustande gekommen ist.) Dies gilt auch für die Geltendmachung von Schadensersatzansprüchen gegen den Verwalter OLG Celle MDR 70, 679; OLG Celle, DerWEer 88, 102; BGH NJW 89, 1092; a. A. OLG Hamm, DerWEer 88, 100; BayObLG, DerWEer 84, 30 = ZMR 84, 288. Offengelassen von OLG Zweibrücken, ZMR 84, 166. Die Einschränkung des BGH (a. a. O.), eine Geltendmachung durch einen einzelnen WEer komme dann in Betracht, „wenn es mit allen Interessen der WEergemeinschaft ohne weiteres vereinbar wäre", ist wenig präzise. Über die Rspr. des BGH hinaus hat das OLG Düsseldorf (DerWEer 89, 140; BGH, NJW 92, 978; bestätigend BGH, NJW 93, 727; ebenso OLG Frankfurt, NJW-RR 93, 121; vgl. auch OLG Düsseldorf, NJW-RR 93, 89) dem einzelnen WEer auch die Befugnis abgesprochen, Ansprüche der Gemeinschaft **gegen Dritte** im eigenen Namen entsprechend §§ 428, 432 BGB geltend zu machen.

§ 744 Abs. 2 Halbsatz 2 BGB ist nicht in das WEG übernommen.

13 Anwendung der Vorschriften über **Geschäftsführung ohne Auftrag** kommt in Betracht, z. B. für Maßnahmen, die über § 21 Abs. 2 hinausgehen, etwa wenn die Erfüllung im öffentlichen Interesse liegt oder eine gesetzliche Unterhaltungspflicht erfüllt wird (z. B. Wegeverbesserung, Verkehrssicherung). Auch §§ 680 ff. BGB sind anwendbar, insbesondere auch § 683 (BayObLG, DerWEer 83, 30; OLG Frankfurt, OLGZ 84, 148) bei Notgeschäftsführung.

14 Wer im Rahmen des § 21 Abs. 2 zulässigerweise handelt, kann **Aufwendungen** als Kosten der Instandhaltung gem. § 16 Abs. 2 verlangen. Er kann damit auch aufrechnen (BayObLG, ZMR 77, 278; WEM 80, 129; DerWEer 83, 30).

15 Ob eine Pflicht zum Handeln im Sinne des § 21 Abs. 2 oder gar des § 679 BGB bestand, ist Billigkeitsfrage.

16 2. *Mehrheitsbeschluß:*

a) Mehrheit nach **Abs. 3:** Einzelheiten bei § 25 Anm. Rz. 32f. Die Vorschrift ist nach h. M. **abdingbar** (zweifelnd zuletzt BayObLG, DerWEer 89, 27). Über die Einschränkung der Anwendung des Mehrheitsbeschlusses s. oben Anm. 12f. Mehrheitsbeschluß ist **Rechtsgeschäft** (h. M.: *Palandt-Thomas,* Rn. 13 vor

§ 709), aber Rechtsgeschäft besonderer Art, da Einzelrechtsgeschäfte (Stimmabgaben) zu einem einheitlichen Akt zusammengefaßt sind. Keine stillschweigende Stimmabgabe (§ 23 Abs. 3). Ein Mehrheitsbeschluß gestaltet nur im **Innenverhältnis.** Der Verwalter kann auch auf Grund Ermächtigung tätig werden, ist nicht nur gesetzlicher Vertreter. Nach § 27 Abs. 1 Nr. 2 kann er zur **Durchführung** von Beschlüssen als berechtigt und verpflichtet angesehen werden, woraus auch seine Vertretungsbefugnis Dritten gegenüber folgen würde. WEer können **Verwaltungsrichtlinien** für den Verwalter erlassen (LG Hamburg, MDR 70, 762).

Die **Nichtigkeit** eines Beschlusses folgt bei: Unsittlichkeit (OLG Hamm, NJW 81, 465), Verstoß gegen gesetzliches Verbot (zum ev. Verstoß gegen eine Baumschutzsatzung vgl. BayObLG, DerWEer 85, 61). Die Überschreitung der Zuständigkeit des Mehrheitsgrundsatzes hat keine Unwirksamkeit zur Folge (h. M. BayObLG, BlGBW 80, 220, s. § 23 Rz. 17). Allerdings ist ein über die gärtnerische Gestaltung gefaßter Eigentümerbeschluß für ungültig zu erklären, wenn WEer durch die vorgesehene gärtnerische Gestaltung unbillig benachteiligt werden (BayObLG, NJW-RR 91, 1362). Das gilt nicht für einen Beschluß, der bestehende Anpflanzungen billigt, weitere durch einzelne WEer aber nicht zuläßt (BayObLG, WuM 93, 206).

Bei Nichtanhörung der Minderheit, Verletzung des Grundsatzes der gleichmäßigen Behandlung, Mehrheitsbeschluß statt obligator. Einstimmigkeit (OLG Hamm DNotZ 67, 38; BGH, MDR 70, 753), ist Beschluß zunächst gültig, bis er gem. § 43 Abs. 1 Nr. 4 für ungültig erklärt wird. Das Stimmrecht selbst ist Recht zur Mitwirkung an der Verwaltung.

Eine Mehrheitsbildung ist grundsätzlich nur in der Versammlung möglich, außer wenn das Zirkularbeschlußverfahren in Vereinbarung vorgesehen. Die Minorität muß immer gehört werden.

Wird der Antrag nach § 23 Abs. 4 Satz 2 nicht fristgerecht gestellt, gilt der Beschluß weiter, „es sei denn, daß er gegen eine Rechtsvorschrift verstößt, auf deren Einhaltung rechtswirksam nicht verzichtet werden kann" (Näheres bei § 23 Rz. 16).

b) **Zuständigkeit:** Sie ist eingeschränkt auf ordnungsmäßige Verwaltung, also nicht außergewöhnliche Verwaltung, z. B. bauliche Veränderung (zur Abgrenzung s. § 22 Rz. 1 f.). Eine **Darlehensaufnahme** für Maßnahmen der Gemeinschaft wird regelmäßig nur einstimmig zu beschließen sein (Feuerborn, ZIP 88, 146). Ein Mehrheitsbeschluß ist wohl nicht nur anfechtbar, sondern nichtig, weil er in die Dispositionsbefugnis des Einzelnen eingreift und ihn gesamtschuldnerischer Haftung unterwirft (a. A. insoweit: Anfechtbarkeit, Feuerborn, a.a.O.). Eine Ausnahme für einen **Überziehungskredit** wird dann zu machen sein, wenn weder die Ausgaben vermeidbar noch liquide Mittel zur Vermeidung verfügbar waren (KG, DerWEer 85, 126/LS). Durch Vereinbarung kann der Rahmen der Mehrheitsentscheidung erweitert oder eingeschränkt werden (so auch OLG Braunschweig, OLGZ 66, 571, 573). Keine Erstreckung auf Verfügungshandlung über das Grundstück und über ein **Nachbargrundstück** (BayObLG, DerWEer 84, 30). Kein Mehrheitsbeschluß zulässig, der die WEer zur Kostentragung hinsichtlich GemEs (hier Fenster) bei Instandsetzung und Ersatzbeschaffung verpflichtet (LG Bremen, DerWEer 89, 33). Keine Beschlußfassung ist über das **SE** ohne Zustimmung des Betroffenen (KG, OLGZ 76, 56) wirksam. Deswegen kann z. B. nicht abweichend von der GemO beschlossen werden, daß die Heizkostenverteilung neu geregelt und Heizkostenverteiler an den Heizkörpern der WEer angebracht werden sollen (BayObLG, WEM 79, 85 = Rpfleger 79, 216 = ZMR 79, 221). Dagegen kann über die Nachtabsenkung der Heizung mehrheitlich beschlossen werden (BayObLG, DerWEer 85, 56). Kein Beschluß ist über **persönliche Leistungen** möglich (KG, OLGZ 78, 156 = Rpfleger 78, 146; WEM 78, 54), etwa tätige Mithilfe bei der Instandhaltung des GemEs (OLG Hamm, OLGZ 80, 261) oder Verpflichtung zum Winterdienst (OLG Hamm, MDR 82, 150; a. A. OLG Stuttgart, DerWEer 87, 99: für Verpflichtung im Wechsel). Die Einrichtung und Vermietung von Pkw-Stellflächen auf einer im GemE stehenden Fläche ist keine Maßnahme der ordnungsmäßigen Verwaltung (OLG Zweibrücken, DerWEer 86, 26).

22 Zur Rechtslage nach der HeizkostenV s. den Abdruck im Anh. I 4 sowie § 16 Rz. 49f., § 22 Rz. 30ff. und 27 Rz. 16.

Die **Mehrheit** ist insbesondere **zuständig** für:

23 Maßnahmen der ordnungsmäßigen Instandhaltung und Instandsetzung des gemeinschaftlichen Eigentums, Art und Weise der Nutzung desselben. Zur **gärtnerischen** Gestaltung des Grundstücks und zur Gewährung einer Gebrauchserlaubnis an Dritte s. BayObLG, ZMR 76, 310. Die Pflege und Instandhaltung des Gartens einschließlich der Pflege des vorhandenen Baumbestandes (Auslichten, ev. sogar Entfernen einzelner Bäume) gehören zur ordnungsmäßigen Verwaltung (AG Hamburg-Blankenese, DerWEer 85, 95). Dies gilt auch für das Schneiden eines Durchgangs in eine Hecke, um das ungehinderte Betreten des GemEs zu ermöglichen (BayObLG, ZMR 89, 192). S. a. § 22

Verwaltung durch die Wohnungseigentümer 24–28 § 21

Rz. 3. Zur unbilligen Benachteiligung eines WEers durch die vorgesehene gärtnerische Gestaltung s. o. Rz. 17.

Veränderungen im Sinne des § 22 Abs. 1, wenn die Voraussetzungen des Satzes 2 von Abs. 1 des § 22 gegeben sind.

Zustimmungserklärung zu Handlungen eines WEers innerhalb 24 seines SEs, die über § 13 Abs. 1 hinausgehen. Bestellung, Abberufung, Besoldung des Verwalters, Hausmeisters und Bestimmung des Inhalts eines Vertrages mit ihm. Genehmigung des Wirtschaftsplanes. Verlangen auf Rechnungslegung und Genehmigung der Abrechnung des Verwalters.

Außerordentliche, wenn auch ordnungsgemäße Instandset- 25 zungsarbeiten, wenn die Voraussetzungen des § 22 Abs. 1 Satz 1 noch nicht gegeben sind, Bildung eines Sonderfonds, gerichtliche **Geltendmachung** von **Mängeln** des Gemeinschaftseigentums (BayObLG, NJW 73, 1086; BGH, DNotZ 80, 602 = ZMR 80, 54 = NJW 79, 2207 = NJW 80, 400 m. Anm. *Weitnauer* = BlGBW 80, 70 = BauR 80, 119; 267 m. Anm. *Rosenberger*); Rpfleger 80, 14 = MDR 80, 222 = BauR 80, 69; für Minderungsansprüche: MDR 83, 391 = ZfBR 83, 163 = NJW 83, 453 = DNotZ 84, 99 = MittBayNot 83, 116). Ein Wohnungseigentümer kann den aus dem Erwerbsvertrag herrührenden Nachbesserungsanspruch wegen Mängeln am Gemeinschaftseigentum auch schon vor der Eintragung im Grundbuch geltend machen (OLG Frankfurt, NJW-RR 93, 339). Haben sich die WEer für Minderung entschieden, kann ein WEer nicht Beseitigung des Mangels verlangen (OLG Düsseldorf, NJW-RR 93, 89). In den Einzelheiten s. o. § 13 Rz. 42 ff.

Kontrolle des Verwalters, Präzisierung eines mehrdeutigen Be- 26 griffs in der GemO (LG Mannheim, ZMR 79, 319),

Versicherung des Gebäudes, Schadensersatzansprüche gegen den Verwalter (BayObLG, ZMR 84, 288; OLG Celle, DerWEer 88, 102), Vollmacht für den Verwalter,

Stillegung eines Aufzugs, fall kein Aufzugswärter bestellt ist (OLG Hamm, DerWEer 85, 127/LS = 86, 61); Regelung zur Erfüllung der Verkehrssicherungspflicht (OLG Stuttgart, DerWEer 87, 99), mit der die WEer belastet sind (BGH, DerWEer 89, 170);

Schlichtung von Streitigkeiten unter WEern oder mit dem Verwalter,

Beschlußfassung über **Prozeßführung,** z. B. die Ermächtigung 27 des Verwalters zur gerichtlichen Klärung einer zwischen den WEern strittigen Frage (BayObLG, DerWEer 83, 94).

Beschlußfassung über Art und Weise des **Wiederaufbaus,** nicht 28 des Wiederaufbaus selbst (dazu § 22 Rz. 38 ff.). Allgemein dürfte bei Zerstörung oder Verfall ein Wiederaufbau (unabhängig vom Grad der Zerstörung) nicht dem Mehrheitsbeschluß unterliegen.

29 c) **Antragsrecht:** hat jeder WEer. Ein Anspruch auf Befassung besteht aber nur bei Beachtung der Formvorschriften des § 24 Abs. 2.

30 d) Richterliche **Nachprüfung:** Im Verfahren nach § 43 Abs. 1 Nr. 4 ist nicht nur das formgerechte Zustandekommen zu prüfen, sondern auch, ob die Zuständigkeit des Mehrheitsbeschlusses noch gegeben ist (materielle Prüfung, OLG Oldenburg, MDR 70, 761 = NdsRpfl. 71, 205). Die Anrufung muß in der Frist des § 23 Abs. 4 Satz 2 erfolgen.

31 Absolute Nichtigkeitsgründe wie Verstoß gegen ein gesetzliches Verbot und gute Sitten unterliegen keiner Frist. Richterliche Nachprüfung geht auch dahin, ob der Inhalt eines Beschlusses nicht die Zuständigkeiten für Mehrheitsbeschlüsse überhaupt übersteigt; die Nachprüfung ist also auch materiell, soweit dies im Vereinsrecht für die Nachprüfung von Vereinsbeschlüssen, insbesondere Vereinsstrafen, die auf die Vereinssatzung gestützt werden, gilt. Außerdem besteht ein Abänderungsrecht des Richters (OLG Hamm, MDR 71, 662 = MittBayNot 71, 167 = ZMR 71, 381/LS).

32 e) Die dingliche Wirkung der Beschlüsse besteht auch ohne Eintragung im Grundbuch (§ 10 Abs. 3), ebenso wie die der Urteile nach § 43.

III. Anspruch auf ordnungsmäßige Verwaltung

33 1. *Individueller Rechtsanspruch* jedes WEers **(Abs. 4)** richtet sich gegen die anderen WEer, aber auch gegen den Verwalter im Rahmen seiner Aufgaben und Befugnisse nach § 27 (OLG Frankfurt, DerWEer 83, 58).

34 2. *Individuelle Pflicht* für jeden WEer (§ 14), bei der ordnungsmäßigen Verwaltung mitzuwirken. Auch liegt schon Verstoß vor, wenn durch ständiges Nichterscheinen Beschlußfähigkeit nach der Vereinbarung verhindert wird.

35 Es besteht keine Pflicht, sich ständig über den Zustand des gemeinschaftlichen Eigentums zu orientieren und selbst Nachforschungen anzustellen. Auch eine Unterlassung der Anzeige von Mängeln ist nur bei grober Fahrlässigkeit vorwerfbar. Es besteht aber eine Beteiligungspflicht an Umrüstung der Gemeinschaftsantenne (AG Starnberg, MDR 70, 679). Wesentliche Bestandteile (Lift) können nicht durch Mehrheitsbeschluß stillgelegt werden (AG München, WM 75, 216 = ZMR 76, 312). Das gilt auch für die

Entfernung oder Stillegung einer gemeinschaftlichen Gasleitung (BayObLG, Rpfleger 76, 291).

3. *Gegenstand des Anspruchs:* Abs. 4 enthält **Generalklausel:** Eine 36 dem Interesse der Gesamtheit der WEer nach billigem Ermessen entsprechende Verwaltung.

4. *Wenn ein Mehrheitsbeschluß nicht zu erreichen:* Erwirkung einer 37 Anordnung des Gerichts nach §§ 43, 44, z. B. auf Wiederherstellung des ursprünglichen Zustands nach Vornahme einer unzulässigen baulichen Veränderung (AG Siegburg, DerWEer 88, 70). Die Anordnung kann auch in einer Anweisung an den Verwalter bestehen, wenn die WEer zur Zustimmung für eine Maßnahme verpflichtet sind (OLG Frankfurt, DerWEer 87, 28). In besonderen Ausnahmefällen kann das Gericht sogar die **Abberufung** des Verwalters anordnen, auf Antrag auch nur eines WEers, wenn eine solche Maßnahme ordnungsmäßiger Verwaltung entspricht (KG, DerWEer 89, 18; OLG Stuttgart, OLGZ 77, 433; BayObLG, NJW-RR 86, 455; MK-*Röll,* § 26 Rz. 12; *Weitnauer,* § 21 Rz. 12; a. A. RGRK-*Augustin,* § 26 Rz. 16; *Soergel-Baur,* § 26 Rz. 12). Dies gilt selbst in Fällen, in denen Einstimmigkeit oder qualifizierte Mehrheit vorgesehen ist, vor allem gegenüber einer terrorisierenden Minderheit, auch zur Ersetzung der Zustimmung eines einzelnen WEers, wenn Einstimmigkeit verlangt ist (so auch OLG Hamm, MDR 71, 662). Grundsätzlich besteht kein Anspruch auf Zustimmung zum Erwerb eines weiteren Grundstücks; Einstimmigkeit ist erforderlich (BayObLG, NJW 73, 1378); Grenze: § 242 BGB.

5. **Richterliche Entscheidung:** Siehe § 43 (echtes Streitverfahren). 38 Konkretisierter Antrag notwendig, gerichtet gegen diejenigen WEer, die der im Rahmen des Abs. 4 verlangten Verwaltung nicht zustimmen. Eine gerichtliche Entscheidung (Beseitigung einer eigenmächtig angelegten Terrasse) hindert eine Beschlußfassung über die nachfolgende Gestaltung nicht (BayObLG, MDR 80, 142). Bei rechtswidrigem Verhalten kann sich ein WEer nicht auf den Gleichbehandlungsgrundsatz berufen (OLG Frankfurt, DerWEer 89, 70; s. o. § 14 Rz. 20).

6. **Unabdingbarkeit** *des Verwaltungsanspruchs:* Sie besteht nicht 39 hinsichtlich des Rechts auf ordnungsmäßige Verwaltung im Sinne des Abs. 4 und des Abs. 5. Anderslautende Vereinbarungen sind möglich. Diese sind allerdings durch Mehrheitsbeschluß nur abänderbar, wenn dies vorgesehen ist.

IV. Die Beispiele des Abs. 5

40 1. *Grundsätzlich:* Es handelt sich nicht um eine erschöpfende Aufzählung, sondern nur um einige Beispiele für den Inhalt einer ordnungsgemäßen Verwaltung.

41 2. *Die einzelnen Beispiele:*

a) **Hausordnung** (s. § 15 Rz. 5): Die **Abgrenzung** zur GemO ist nicht immer leicht, aber wichtig wegen Einstimmigkeit oder Mehrheitsprinzip. Nur ausnahmsweise ist die Hausordnung Bestandteil der GemO (BayObLG, Rpfleger 75, 367 = ZMR 77, 84). Die GemO kann aber vorsehen, daß der Verwalter eine Hausordnung aufstellt; dies steht jedoch unter dem Vorbehalt einer Abänderung durch Mehrheitsbeschluß der WEer oder gerichtliche Entscheidung (BayObLG, NJW-RR 92, 343). S. a. allgemein zum Inhalt der Hausordnung *Schmid,* BlGBW 80, 96.

42 Der **Inhalt** der Hausordnung umfaßt im allgemeinen: Häusliche Ruhe, Sperrfristen für Lärm und Geräusch, Sorgfaltspflichten der Hausbewohner, wie Öffnen und Schließen der Haus- und Hoftüren, kurzfristiges Außer-Betrieb-Setzen des Schließmechanismus (KG, DerWEer 85, 126/LS = 86, 89), Kellerfenster (OLG Karlsruhe, MDR 76, 758) usw., Reinhaltungs- und Reinigungspflichten (LG Mannheim, MDR 76, 582); Reinigung des Treppenhauses (BayObLG 92, 373); Abstellen von **Kinderwagen** (OLG Hamburg, WuM 93, 78 = ZMR 93, 126); Waschordnung, Feuer- und Kälteschutz, Behandlung von Pkws: z. B. ist der Verwalter verpflichtet, bei verbotswidrigem Parken in der Anlage Verbotsschilder aufzustellen (BayObLG, DerWEer 82, 64). Der Verwalter kann **Feststellung** der Pflichten aus der Hausordnung beantragen (OLG Hamm, MittBayNot 70, 108, s. § 15 Rz. 7). Nur zu befürchtende Zuwiderhandlungen gegen die Hausordnung rechtfertigen im allg. noch keine Androhung von Ordnungsmitteln durch das Gericht (s. o. § 14 Rz. 20.

43 Die Hausordnung zeitigt Wirkung für und gegen Sonderrechtsnachfolger gem. § 10 Abs. 2 bzw. 3.

Die Hausordnung kann auch im Verfahren nach § 43 vom **fG-Gericht** erlassen werden (OLG Hamm, NJW 69, 884).

44 b) **Instandhaltung und Instandsetzung:** In erster Linie ist die Gemeinschaft (mehrheitlich: OLG Hamm, DerWEer 87, 54) zuständig, dann der Verwalter nach § 27 Abs. 1 Nr. 2 (BGH NJW 77, 44 = Rpfleger 77, 97). Deswegen ist es nicht möglich, durch Beschluß die WEer zur tätigen Mithilfe bei der Instandsetzung des GemEs zu verpflichten (OLG Hamm, OLGZ 80, 261; KG, OLGZ

Verwaltung durch die Wohnungseigentümer 45 **§ 21**

78, 146 = Rpfleger 78, 146). Unter den Begriff ordnungsgemäßer Instandhaltung können auch Maßnahmen fallen, die die Erneuerung von Bauteilen betreffen, bevor konkrete Schäden daran erkennbar geworden sind, wenn Anhaltspunkte für eine **Schadanfälligkeit** vorliegen (BayObLG, NJW-RR 91, 976). **Ordnungsmäßige Instandsetzung** ist nicht nur die Wiederherstellung des ursprünglichen Zustands, sondern auch die aufgrund Baurechts erforderliche Anpassung des vorhandenen Zustands (so für den Einbau einer Fahrkorbtür am Aufzug, VGH Mannheim, NJW 74, 74) und die Beseitigung ursprünglicher **Baumängel** sowie die erstmalige **Herstellung** eines einwandfreien Zustands (BayObLG, NJW 89 H. 43, VIII = NJW-RR 89, 1293: fehlende **Wärmedämmung;** NJW-RR 90, 82: für Beseitigung eines durch faktische Nutzung entstandenen Fußwegs; AG Bergisch Gladbach, DerWEer 83, 62; OLG Hamm, DerWEer 87, 54), auch wenn sie mit Eingriffen in die Substanz des GemEs verbunden ist (OLG Hamm, ebenda). Zum Anspruch, dem Einbau einer im Aufteilungsplan eingezeichneten **Wohnungsabschlußtür** zuzustimmen s. BayObLG, DerWEer 84, 30. Zum Anspruch gegen die übrigen WEer auf **Verkleidung** einer Außenwand zur Beseitigung von Feuchtigkeitsschäden (Thermohaut) s. BayObLG, DerWEer 84, 59 oder auf **Wärmedämmung** s. OLGZ 84, 129 u. BayObLG, NJW-RR 89, 1293. Das gleiche gilt für die **Ersatzbeschaffung** von Gerätschaften (BayObLG, NJW 75, 2296 = ZMR 76, 87; dazu Anm. *Amann,* NJW 76, 1321; Wohnung u. Haus 80, 102) oder nachträgliche Ausstattung aller Wohnungen mit Thermostatventilen (AG Heidelberg, DerWEer 89, 72). Zum Einbau von **Warmwasserzählern** s. a. § 22 Rz. 31.

Auch **Sanierungsmaßnahmen** fallen darunter (offengelassen von 45 OLG Frankfurt, OLGZ 79, 144 = Rpfleger 79, 217). Kosten hierfür sind solche im Sinne des § 16 Abs. 2. Das BayObLG (Rpfleger 77, 439; Wohnung u. Haus 80, 102) bejaht die Verwendung der Instandhaltungsrückstellung zur Beseitigung von Anfang an vorhandener Mängel, wenn diese vom Verwalter nicht ohne besondere Schwierigkeiten zu erreichen ist. Zur ordnungsmäßigen Verwaltung gehört u. U. auch ein Anspruch gegenüber der Gemeinschaft und dem Verwalter auf sachverständige Feststellung eines Baumangels (BayObLG, MDR 82, 757). Zur grundlegenden **Altbausanierung** s. LG Freiburg v. 25. 9. 84 – 1 O 199/84 (keine gesamtschuldnerische Haftung der WEer). Es entspricht ordnungsmäßiger Verwaltung vor der Vergabe größerer Instandsetzungsarbeiten **Konkurrenzangebote** einzuholen (BayObLG, NJW 89 H.43, VIII = NJW-RR 89, 1293). Werden erforderliche Instandsetzungsarbeiten am gemeinschaftlichen Eigentum von den Wohnungseigentümern nicht oder verspätet ausgeführt, kann dies **Schadensersatzansprüche** eines WEers wegen dadurch verursachter Schäden an seinem SE begründen; Voraussetzung ist aber ein Verschulden der WEer (BayObLG, NJW-RR 92, 1102). WEer dürfen durch eine vorgesehene Instandsetzungsmaßnahme (gärtnerische Gestaltung) nicht unbillig benachteiligt werden; ansonsten ist der entsprechende Eigentümerbeschluß für ungültig zu erklären (BayObLG, NJW-RR 91, 1362). Unabhängig von der Rechtslage nach dem WEG kann ein **Mieter** gegenüber dem betr. WEer einen Anspruch auf Beseitigung von Mängeln geltend machen. Der Hinweis auf die Zuständigkeit der Gemeinschaft gem. § 22 für eine **Sanierung** entlastet den WEer nicht (KG v. 25. 6. 90 – 8 RE Miet 2643/90).

46   c) **Versicherung:** Es ist keine öffentliche Versicherungspflicht gemeint. Sie bezieht sich nur auf **gemeinschaftliches Eigentum.** Ein einzelner WEer kann Herbeiführung eines Beschlusses über die Feuerversicherung zum Neuwert verlangen und auch den Richter nach § 43 Abs. 1 Nr. 1 anrufen; nicht so etwa eine Versicherungsanstalt oder interessierter Dritter (z. B. Gläubiger). Dieses Recht des WEers ist auch nicht für sich pfändbar.

47   Die Versicherungspflicht fällt nicht unter die gesetzlichen Aufgaben und Befugnisse des Verwalters nach § 27.

48   Nicht einbezogen ist eine Versicherung des Wertes der **SEs-Räume.** Zweckmäßigerweise ist sie aber in der Vereinbarung vorzusehen, schon wegen der schwierigen Trennung von SE und gemeinschaftlichen Sachen. Erstreckt sich die Gebäudefeuerversicherung auf das „SE und das gemeinschaftliche Eigentum als ganzes" fällt sie in die gemeinschaftliche Verwaltung (KG, MDR 84, 584). Auch über die zu beauftragende Gesellschaft ist zu beschließen, eventuell ist der Richter anzurufen. Zur Pflicht zum Abschluß einer Gewässerschädenhaftpflichtversicherung bei Lagerung eines Öltanks im zum SE gehörenden Keller s. OLG Braunschweig, OLGZ 66, 571.

49   d) **Rückstellungen** für Instandhaltung: Eine hiergegen verstoßende Vereinbarung oder Beschluß ist Verletzung ordnungsmäßiger Verwaltung; durch den Richter ist er nach § 43 aufzuheben. Rückstellungen dienen der Vorsorge für Großreparaturen. Solange die Instandhaltungsrückstellung noch nicht die der Gemeinschaft und der Wohnanlage angemessene Höhe erreicht hat, können die WEer beschließen, Reparaturen nicht aus der Instandhaltungsrückstellung zu finanzieren, sondern auf die WEer **umzulegen** (BayObLG, Rpfleger 81, 284 = WEM 81, 31). Ist eine ausreichende Rückstellung vorhanden, kann es ordnungsmäßiger Verwal-

Verwaltung durch die Wohnungseigentümer 50–52 § 21

tung widersprechen, Instandhaltungsmaßnahmen durch Umlagen statt aus der Rückstellung zu finanzieren (OLG Hamm, OLGZ 71, 96; BayObLG, DerWEer 85, 57). Die GemO kann die Pflicht zur Entnahme aus der Rücklage vorsehen (OLG Hamm, BayObLG a. a. O.). WEer werden Bruchteilseigentümer (AG Wiesbaden MDR 67, 126, 127; *Palandt-Bassenge* § 27 Rn. 2). **Bruchteilsberechtigte** an WE haften für Rückstände von Lastenbeiträgen als Gesamtschuldner (LG Stuttgart, Justiz 68, 127 und OLG Stuttgart NJW 69, 1176 = OLGZ 69, 232). Dies gilt auch für Gesellschafter einer BGB-Gesellschaft (OLG Hamm, DerWEer 89, 49).

Nach OLG Frankfurt, MDR 74, 848, können Rechtsanwalts- und Sachverständigenhonorare im Zusammenhang mit der Bereinigung von Sachmängeln gegen den Willen einzelner Wohnungseigentümer nicht der Rückstellung für Instandhaltung entnommen werden (fraglich, s. oben Rz. 45). Zur Behandlung im Konkurs s. § 16 Rz. 40. Zur Instandhaltungsrücklage allg. s. Einl. Rz. 17; *Röll,* NJW 76, 937 und *Palandt-Bassenge,* § 21 Rn. 6f. **50**

e) **Wirtschaftsplan:** s. § 28; er ist durch Mehrheitsbeschluß aufzustellen. Nach Absatz 4 erzwingbar. Auch die Feststellung der **Jahresrechnung** und die Einteilung der sich hieraus ergebenden **Beiträge** gehören zur ordnungsmäßigen Verwaltung. Hierauf hat jeder WEer einen gerichtlich durchsetzbaren Anspruch (BGH, DerWEer 85, 26). **51**

f) **Duldungspflicht:** Für die genannten Anlagen, auch für Fernsehempfangsanlage und Breitbandkabel (dazu *Bielefeld,* DerWEer 83, 117; siehe hierzu auch BayObLG, NJW-RR 92, 664. Ermöglicht die vorhandene **Gemeinschaftsantenne** aufgrund des ungünstigen Standorts der Eigentumswohnanlage nur einen erheblich gestörten Fernsehempfang, so stellt der mehrheitlich beschlossene Anschluß an das **Breitbandkabelnetz** der Bundespost eine Maßnahme ordnungsmäßiger Instandsetzung i. S. von § 21 V Nr. 2 WEG dar (OLG Hamburg, NJW-RR 91, 1119). Z. B. liegt **keine Beeinträchtigung** i. S. des § 14 Nr. 1 vor, wenn bei zulässiger Verkabelung auch Installationsarbeiten in einer EW durchgeführt werden müssen, dessen Eigentümer selbst keinen Anschluß wünscht (AG Charlottenburg, DerWEer 85, 62). In diesem Fall haben die anschlußwilligen WEer die Kosten für Anschluß und Umrüstung für die widersprechenden mitzuübernehmen (OLG Celle, DerWEer 86, 54). Eine **Parabolantenne** darf ein WEer auch bei Berücksichtigung des Grundrechts der Informationsfreiheit auf dem Dach einer EWsanlage grundsätzlich nur anbringen, wenn alle WEer damit einverstanden sind (BayObLG, NJW-RR 92, 16). An- **52** ders, wen ein Ausländer nur so fremdsprachige Sender empfangen kann (OLG Düsseldorf, 3 Wx 159/92). So auch für das Mietrecht BVerfG, NJW 93, 1252. Zur Duldung einer durch gemeinschaftliches Eigentum führenden elektrischen Leitung zwecks Anschluß der Räume des SEs an den Hausanschluß des Stromversorgungsunternehmens s. OLG Hamburg, OLGZ 92, 186. Zum Fall der Umstellung einer Etagenheizung auf Gas s. AG Hannover Rpfleger 69, 132. Werden durch solche Maßnahmen SEs-Räume berührt, ist die Zustimmung des betroffenen WEers erforderlich; sie ist nur aus wichtigem Grund zu versagen. Parallel dazu betrifft § 27 Abs. 2 Nr. 6 die Befugnisse des Verwalters.

53 g) **Geltendmachung von Mängeln:** bezüglich Gemeinschaftseigentums s. § 13 Rz. 42f. Bis zu einer entspr. Beschlußfassung ist auch der einzelne WEer dazu berechtigt. Siehe auch zur Konkurrenz sonstiger Individualansprüche, z. B. auf Beseitigung von Pkw-Stellplätzen gegenüber dem Veräußerer § 13 Rz. 28.

V. Schadensersatzanspruch

54 Es besteht einerseits ein Schadensersatzanspruch der Duldungspflichten für die nach Abs. 6 zu duldenden Maßnahmen entsprechend Aufopferungspflicht. § 22 Abs. 1 Satz 2 ist zu beachten. Im übrigen gilt allg. Schadensersatzrecht bei Verschulden (s. § 13 Rz. 38). Entstehen z. B. am Sondereigentum eines WErs Schäden aufgrund einer nicht fachgerechten Instandsetzung des gemeinschaftlichen Eigentums durch das von den WEern beauftragte Sanierungsunternehmen, so haften die übrigen WEer für das Verschulden dieses Unternehmens als ihres Erfüllungsgehilfen – § 278 BGB – (BayObLG, NJW-RR 92, 1102).

§ 22 Besondere Aufwendungen, Wiederaufbau

(1) **Bauliche Veränderungen und Aufwendungen, die über die ordnungsmäßige Instandhaltung oder Instandsetzung des gemeinschaftlichen Eigentums hinausgehen, können nicht gemäß § 21 Abs. 3 beschlossen oder gemäß § 21 Abs. 4 verlangt werden. Die Zustimmung eines Wohnungseigentümers zu solchen Maßnahmen ist insoweit nicht erforderlich, als durch die Veränderung dessen Rechte nicht über das in § 14 bestimmte Maß hinaus beeinträchtigt werden.**

(2) **Ist das Gebäude zu mehr als der Hälfte seines Wertes zerstört und ist der Schaden nicht durch eine Versicherung oder in anderer Weise gedeckt, so kann der Wiederaufbau**

nicht gemäß § 21 Abs. 3 beschlossen oder gemäß § 21 Abs. 4 verlangt werden.

A. Zu Abs. 1

I. Allgemeines

1. **§ 22 Abs. 1** geht von Einstimmigkeit aus, unter Modifizierung **1** des § 745 Abs. 3 BGB. Gleichzeitig enthält er eine Ausnahme von der Einstimmigkeit in Satz 2, soweit durch eine Veränderung die Rechte eines WEers, der nicht zustimmt, nicht über § 14 hinaus beeinträchtigt werden. Er betrifft nur bauliche Veränderungen und Aufwendungen, die über die ordnungsmäßige Instandhaltung und Instandsetzung des gemeinschaftlichen Eigentums (darüber § 21 mit Mehrheitsentscheidung) hinausgehen; § 21 Abs. 4 ist hier nicht anwendbar. Insbesondere besteht **kein Anspruch** des Einzelnen oder einer Minderheit auf Durchführung einer baulichen Veränderung (KG, BB 67, 1270). Die Vorschrift ist nach allg. M. **abdingbar** (OLG Zweibrücken, DerWEer 88, 26). Abs. 1 gilt schon mit dem Entstehen einer **faktischen** Eigentümergemeinschaft; dann kann z. B. der Bauträger das Bauwerk nicht mehr einseitig ändern (OLG Frankfurt, ZMR 93, 125).

2. **Abgrenzung** *gegen bauliche Veränderungen:* **Instandhaltung** und **Instandsetzung** bedeuten grundsätzlich Erhaltung des ursprünglichen ordnungsmäßigen Zustandes (so auch BayObLGZ 71, 280; BayObLG, ZMR 72, 219, siehe § 21 Rz. 44). Dazu gehört aber auch die Anpassung des vorhandenen Zustands an durch **zwingendes Recht** wirksam begründete neue baurechtliche Anforderungen (BayObLG, WM 80, 60; ZMR 81, 251 = Rpfleger 81, 284; OLG Frankfurt, OLGZ 83, 29 = DerWEer 83, 58) und die **erstmalige** Vervollständigung der Garagenanlage und die erstmalige **Herstellung** eines einwandfreien Zustands (OLG Frankfurt, a. a. O. und OLGZ 84, 129; OLG Hamm, DerWEer 88, 27).

Demgegenüber bedeutet **bauliche Veränderung** jede darüber **2** hinausgehende Umgestaltung des GemEs in seiner bestehenden Form (OLG Frankfurt, Rpfleger 80, 112), die auf Dauer angelegt ist (OLG Zweibrücken, DerWEer 88, 26). Dabei ist von der (ggfs. faktischen) Zweckbestimmung des GemEs auszugehen (AG Siegburg, DerWEer 88, 70). Wie niedrig die Schwelle ist, zeigt die Entscheidung des BayObLG, wonach die Errichtung eines Maschendrahtzaunes zwischen den beiden Stellflächen einer Doppelgarage eine bauliche Veränderung darstellt, selbst wenn der WEer den Maschendrahtzaun ausschließlich auf seiner Sondereigentumsfläche errichtet hat (BayObLG, NJW-RR 91, 722). Die **Auswechselung** eines schadhaften Asphaltbodens durch Plattenbelag kann ordnungsmäßige Instandhaltung bedeuten (OLG Schleswig, SchlHA 68, 70), nach KG (DerWEer 85, 95) auch der Einbau von **Betonschwellen** in das vorhandene Verbundsteinpflaster. Letzteres erscheint zweifelhaft, auch wenn die Maßnahme fachgerecht durchgeführt wird und der Verkehrsberuhigung dient. **Außerhalb** der ordnungsmäßigen Verwaltung liegen: Vorzeitige Instandhaltung und Instandsetzung vor Eintritt des Bedürfnisses; über die notwendige Erhaltung hinausgehende Maßnahmen (KG, WM 72, 709); **Umbaumaßnahmen,** die eine Veränderung der Statik, erhöhte Wartungsanfälligkeit für das Dach als Ganzes und eine Veränderung des **optischen Gesamteindrucks** zur Folge haben (KG, OLGZ 92, 426); ebenso bei Veränderung des **architektonischen Gesamteindrucks** (BayObLG, NJW-RR 13, 337); Umbau der Fernsehantenne für Erweiterung des Empfangsbereichs (AG Wiesbaden MDR 67, 126, heute zweifelhaft); a. A. AG Starnberg MDR 70, 679, wenn eine Pflicht z. Teilnahme besteht.

3   Bauliche Veränderungen i. S. des Abs. 1 S. 1 sind z. B. Veränderungen an **unbebauten Grundstücksteilen,** z. B. durch **Bebauung** (auch schon Umwandlung der Grünfläche in Abstellplätze, so OLG Stuttgart, NJW 61, 1359, dazu Bespr. in BlGBW 62, 144; Rpfleger 74, 361; BayObLG, MDR 75, 844 = Rpfleger 75, 310; OLG Frankfurt, DerWEer 83, 58; differenzierend OLG Düsseldorf, MDR 83, 320 = ZMR 84, 70; anders jedoch, wenn auf einem bestehenden Parkplatz anstatt bisher 10 nun 14 Parkplätze ausgewiesen werden, OLG Köln, OLGZ 78, 287). Bauliche Veränderung ist die Umgestaltung einer Grünfläche in eine **befestigte** umfriedete Fläche zum Aufstellen von Müllbehältern (OLG Zweibrücken, DerWEer 88, 26), keine bauliche Veränderung ist das Pflanzen einer Hecke auf dem gemeinschaftlichen Grundstück (BayObLG, NJW-RR 91, 1362), dagegen das ersatzlose **Fällen** von Bäumen (LG Frankfurt, NJW-RR 90, 24; Schmid, DerWEer 87, 76), die Errichtung einer **Betonplatte** angrenzend an SE (OLG Hamburg, OLGZ 89, 309) oder die Anlage einer **Terrasse** auf einer Grünfläche (KG, WM 72, 708 = OLGZ 71, 492), die Errichtung einer Terrasse samt darunter liegendem Keller zum alleinigen Gebrauch (BayObLG NJW-RR 93, 85). Ein gleichwohl gefaßter und unangefochten gebliebener Mehrheitsbeschluß ist wirksam (BayObLG a. a. O., unter Abweichung von OLG Karlsruhe, WuM 91, 54 und OLG Köln, DerWEer 91, 155); **Betonieren** der Zufahrt für Garagen (OLG Celle, Grundeigentum 68, 115 = MDR 68, 48); jede **grundsätzliche Neuerung** (BayObLG, Wohnung u. Haus 80,

Besondere Aufwendungen, Wiederaufbau 4 § 22

102), aber auch jede Veränderung der SEs-Gegenstände, die in das gemeinschaftliche Eigentum eingreift: **Durchbrüche** durch Stützmauern (Brandmauer: BayObLGZ 71, 281 = MDR 72, 52/LS; = ZMR 72, 219; OLG Köln, DerWEer 88, 29; BayObLG, NJW-RR 91, 1490), Geschoßdecken (AG Hamburg-Altona, DerWEer 85, 128/LS; BayObLG, NJW-RR 92, 272), oder eines Flachdaches eines Hochhauses zum Anschluß eines Kaminschornsteins (OLG Hamburg, DerWEer 87, 98), die **Umgestaltung** eines Wohnungsfensters in eine auf einen gemeinsamen Innenhof führende Türe (BayObLG, DerWEer 83, 30 = Wohnung u. Haus 82, 207), **Zumauern** eines Fensters (OLG Düsseldorf, DerWEer 89, 176), Aufstellung von **Fertiggaragen** (KG BB 67, 1270 = NJW 68, 160, BayObLG, ZMR 74, 55) sowie **Anbau** einer Terrasse (BayObLG, DerWEer 84, 27) oder **Dachausbauten** (OLG Stuttgart NJW 70, 102, 103 = OLGZ 70, 74; BayObLG, DerWEer 83, 31), der **Einbau** eines **Dachfensters** sowie Vergrößerung und Umgestaltung von Giebelfenstern (BayObLG, a. a. O.), die Öffnung eines **Giebels** (AG Hamburg, DerWEer 89, 78), der Anbau eines **Balkons** (BayObLG, DerWEer 84, 27), der erstmalige Einbau einer **Wasserenthärtungsanlage** (BayObLG, DerWEer 84, 62 = MDR 84, 406), einer **Gegensprechanlage** (AG Bremen, DerWEer 85, 128/LS) oder Errichtung von **Garagen** auf Abstellplätzen (KG, OLGZ 70, 58) bzw. Anbringung von **Schaukästen** an den Außenwänden eines Ladengeschäfts (OLG Stuttgart, WEM 80, 38).

Bauliche Veränderungen sind auch die **Errichtung** einer zusätzli- 4 chen **Wohnung** oder **Aufstockung** (KG, OLGZ 76, 56; BayObLG, MDR 83, 134), Ausbau des **Dachgeschosses** (BayObLG, NJW-RR 93, 336 = WuM 93, 88, die Errichtung eines **Kinderspielplatzes** (LG Mannheim, ZMR 76, 51; OLG Frankfurt, DerWEer 83, 58), die Errichtung eines **Gerätehauses** auf einer Grünfläche (KG, Rpfleger 77, 314), einer **Gartenhütte** (OLG Frankfurt, DerWEer 86, 60; BayObLG, NJW-RR 92, 975), das Verlegen eines **Wäschetrockenplatzes** (BayObLG, DerWEer 87, 56), die Schaffung von **Abstellplätzen** durch Versetzung eines **Containers** und Entfernung der **Müllbox** (OLG Frankfurt, Rpfleger 80, 112), die **Versetzung** einer Böschungsstützmauer (OLG Karlsruhe, OLGZ 78, 172), das Anbringen einer **Leuchtreklame** (OLG Hamm, OLGZ 80, 274) unter Berücksichtigung der Ortsüblichkeit, die Verlegung von Bodenplattenreihen im Garten vor der **Loggia** einer EW (OLG Stuttgart, WEM 80, 75), Einbau einer **Terrassentüre** an Stelle eines Fensters (BayObLG, DerWEer 84, 27), Errichtung einer **Pergola** (BayObLG, Rpfleger 81, 244; OLG Frankfurt, DerWEer 89, 70), die Errichtung einer **Markise** (OLG Frankfurt, DerWEer 86, 59;

anders, wenn sie sich in die Umgebung unauffällig einpaßt (OLG Düsseldorf, DerWEer 89, 176), **Vollverglasung** eines Balkons (ObLG Stuttgart, Justiz 80, 474 = WEM 80, 36; BayObLG, NJW-RR 93, 337), **Verglasung** einer Loggia (BayObLG, DerWEer 83, 123) bzw. Balkons (BayObLG, NJW-RR 93, 337), und die Anbringung eines **Plattenbelags** über die Balkontiefe hinaus (BayObLG, ZMR 76, 84). Der Einbau einer Betontreppe in die Böschung einer Terrasse stellt eine bauliche Veränderung dar, die den Eigentümer der darüberliegenden Wohnung dadurch beeinträchtigt, daß ein zusätzlicher Zugang zu der Terrasse und damit der Wohnung geschaffen wird (BayObLG, ZMR 91, 444). Die Erweiterung einer **Terrassenüberdachung** und die Rundumverglasung eines **Freisitzes** sind ebenfalls nur einstimmig durchführbar (OLG Saarbrücken, OLGZ 89, 181). Bauliche Veränderung ist auch der Einbau von Schränken im Bereich der Wohnungstür auf dem **Treppenpodest** des gemeinschaftlichen Treppenhauses; ebenso das Aufstellen von Garderobeneinrichtungsgegenständen (KG, NJW-RR 93, 403 = WuM 93, 83).

5   Auch der Anschluß an das **Breitbandkabelnetz** bedarf der Zustimmung aller WEer (OLG Karlsruhe, NJW-RR 89, 1041; OLG Oldenburg, MDR 89, 823; AG Neustadt a. d. W., NJW 83, 2949 = DerWEer 83, 125; a. A. LG Konstanz, DerWEer 89, 71; mit Recht differenzierend OLG Celle, DerWEer 86, 54; 88, 66; AG Hamburg-Altona, DerWEer 88, 30; *Bielefeld,* DerWEer 83, 117; *Florian,* ZMR 89, 128; a. A. Helmstedt, DerWEer 85, 62: Individualanspruch des WEers; 85, 4; so auch OLG Hamburg, NJW-RR 91, 1119). Dies gilt zumindest dann, wenn eine funktionsfähige **Antennenanlage** bzw. Einzelantennen vorhanden sind (OLG Celle, DerWEer 86, 54; AG Charlottenburg, DerWEer 85, 62). Ein **Mehrheitsbeschluß** ist nicht nur dann zulässig, wenn bisher keine Gemeinschaftsantenne vorhanden war und die nichtzustimmenden WEer nicht zu den Anschlußkosten beitragen müssen (AG Charlottenburg, a. a. O.), sondern auch dann, wenn einzelne WEer unabhängig von der Gemeinschaftsantenne Kabelanschlüsse wünschen (OLG Celle, a. a. O.). Sie haben dann nicht nur die Installations- und Anschlußkosten der Nichtinteressierten mitzutragen, sondern auch die Kosten der Gemeinschaftsantenne (OLG Celle, a. a. O.). Ist die Reparatur der alten Gemeinschaftsantenne unwirtschaftlich, kann die Umstellung auf Kabelfernsehen ordnungsmäßiger Verwaltung entsprechen (AG Hamburg-Altona, DerWEer 88, 30). Dies kann auch dann der Fall sein, wenn die Reparaturkosten für eine defekte Gemeinschaftsantenne den Kosten für den Kabelanschluß annähernd entsprechen (OLG Celle, DerWEer 88,

66). Zu den Einzelheiten s. a. *Deckert,* PIG VII, 1981; *Röll,* NJW 84, 106 und OLG Stuttgart, DerWEer 80, 62. Nach OLG Hamburg stellt der mehrheitlich beschlossene Anschluß an das Breitkabelbandnetz der Bundespost eine Maßnahme ordnungsgemäßiger Instandsetzung i. S. von § 21 Abs. 5 Nr. 2 WEG dar (OLG Hamburg, NJW-RR 91, 1119). Auch der Einbau einer **Parabolempfangsanlage** zum Fernsehempfang stellt eine bauliche Veränderung dar: Das Grundrecht auf Informationsfreiheit gibt einem WEer jedoch grundsätzlich einen Anspruch gegen die anderen WEer auf Zustimmung zum Einbau (LG Heilbronn, Beschluß vom 3. 3. 1993 – 16 T 169/92 Ha; NJW-RR 93, 588). In dieser Allgemeinheit nicht zutreffend (so auch OLG Düsseldorf, NJW 93, 1274) bejahend für die fachgerechte Anbringung auf dem Dach an unauffälliger Stelle) und OLG Hamm, NJW 93, 1276 = MDR 93, 233 (verneinend, wenn die vorhandene Antennenanlage die öffentl.-rechtl. Fernsehprogramme und zwei weitere Privatsender umfaßt).

3. *Begriff der* **besonderen Aufwendungen:** S. oben Rz. 2; es sind nicht nur bauliche Veränderungen, sondern auch Aufwendungen, die über ordnungsmäßige Instandhaltung und Instandsetzung hinausgehen. Dazu gehört z. B. eine unnötig teuere Ersatzbeschaffung oder Instandsetzung zur Unzeit. Daher Einstimmigkeit.

4. **Abdingbarkeit:** Zulässig (BGH, MDR 70, 753; KG NJW 69, 2205; OLG Stuttgart, WEM 80, 38; OLG Frankfurt, DerWEer 84, 30; h. M.); auch ein Mehrheitsbeschluß kann vereinbart werden, z. B. Dreiviertelmehrheit (OLG Stuttgart, WEM 80, 75) oder Zustimmung des Verwalters (OLG Frankfurt, DerWEer 84, 30 = OLGZ 84, 60). Dies ist Frage der Zweckmäßigkeit. Zum Fall der Anlage eines Spielplatzes durch den Veräußerer ohne Verstoß gegen Teilungserklärung oder Vereinbarung vor Abschluß der gärtnerischen Gestaltung des Gesamtgrundstücks vgl. OLG Düsseldorf, DerWEer 83, 31. Ist Abs. 1 S. 1 durch Vereinbarung abbedungen, dürfen im Rahmen des öff.-rechtl. Zulässigen bauliche Veränderungen durchgeführt werden (BayObLG, ZMR 89, 347).

5. **Aufstockungsrecht:** Im deutschen Gesetz ist es nicht vorgesehen. Es ist möglich aber in der Form, daß ein Interessent in die Gemeinschaft der WEer mit einem MEs-Bruchteil aufgenommen wird unter Veränderung der Bruchteilsverhältnisse und daß ihm zugleich das SE an der Aufstockung bestellt wird. Es steht nicht dem Eigentümer des obersten Stockwerkes ausschließlich zu. Es kann von den WEern **einstimmig** beschlossen werden (KG, OLGZ 76, 56); dabei ist die Zustimmung widersprechender WEer

unbeachtlich, wenn durch die Aufstockung deren Rechte nicht über das in § 14 bestimmte Maß hinaus beeinträchtigt werden. Die Befugnis zur Aufstockung kann schon in der Teilungserklärung vorbehalten werden (vgl. OLG Zweibrücken v. 2. 6. 92 – 3 W 16/92). Verfahren nach § 43. Bestand und Sicherheit des Gebäudes, Erhaltung des Bestimmungszwecks, Nichtbeeinträchtigung der Rechte der anderen WEer sind zu garantieren. Für eine Schmälerung der MEs-Anteile ist zu entschädigen, wobei allerdings dies gegen den Willen eines WEers nicht durchsetzbar sein dürfte. Entsprechend ist auch die durch Einbau eines WC im **Dachraum** ermöglichte Benutzung als selbständige Wohnung als Nachteil i. S. von Abs. 1 S. 2 anzusehen (BayObLG v. 4. 7. 85, DerWEer 85, 125/LS; s. o. OLG Zweibrücken, a. a. O.)

6. Die **Zusammenfassung** von drei Kellerräumen, die zu zwei verschiedenen Wohnungen gehören, und ihre Ausstattung mit Sauna, Dusche und WC ermöglicht eine intensivere Nutzung der Kellerräume, auch als eigene Wohnung; sie darf daher nur mit Zustimmung aller anderen WEer vorgenommen werden (BayObLG, NJW-RR 92, 272).

II. Zuständigkeitsverteilung

9   1. **Einstimmigkeit** ist notwendig bei Neuerungen sowie Veränderungen, wenn diese Stabilität, Solidität und Sicherheit des Gebäudes beeinträchtigen, architektonisches Aussehen verändern, vermehrte **Geräuschbelästigung** eines MEers zur Folge haben (BayObLG, DerWEer 83, 31), Beschränkung des **Lichteinfalls** (BayObLG, DerWEer 84, 27), den optischen Gesamteindruck der Fassade nicht unerheblich beeinträchtigen (BayObLG, WEM 80, 31; DerWEer 83, 123; OLG Frankfurt, DerWEer 83, 59; 61; 86, 59; Rpfleger 83, 64) z. B. **durch** Vollverglasung des Balkons (OLG Stuttgart, WEM 80, 36) oder der WEsanlage überhaupt (OLG Frankfurt, DerWEer 89, 70: Errichtung einer Pergola).

10   Anders jedoch, wenn nach der GemO bauliche Veränderungen mit qualifizierter **Mehrheit** beschlossen werden können (OLG Frankfurt, OLGZ 81, 313). Geringfügige optische Beeinträchtigungen sind ohnehin hinzunehmen (OLG Köln, NJW 81, 585; BayObLG, ZMR 80, 381 m. w. N.; OLG Frankfurt, DerWEer 83, 59).

11   Auch Maßnahmen, die die gemeinschaftliche Sache für Gebrauch oder Nutzung auch nur eines einzigen WEers ganz oder teilweise **unbrauchbar** machen (BayObLG, MDR 75, 844 = Rpfleger 75, 310), Verbesserung nur zugunsten einzelner WEer, **Ände-**

Besondere Aufwendungen, Wiederaufbau **12, 13** **§ 22**

rung des **Bestimmungszweckes** oder Beseitigung einer gemeinschaftlichen Einrichtung, Beeinträchtigung der Nutzungen und Dienste an gemeinschaftlichen Einrichtungen, mit der Folge eines Schadens für einen WEer, ebenso die Änderung des Bestimmungszwecks einer Wohnung sind grundsätzlich nur **einstimmig** zulässig.

Auch einzelne Teile einer gemeinschaftlichen Anlage können bestimmten WEern nicht durch Mehrheitsbeschluß zur **Alleinnutzung** zugewiesen werden (a. A. KG Rpfleger 72, 62 = NJW 72, 691 = WM 72, 711 = MDR 72, 239; kritisch dazu *Pick,* NJW 72, 1741; wie hier BayObLG, NJW 62, 493; Rpfleger 74, 111; NJW-RR 93, 85 u. OLG Stuttgart, NJW 61, 1360 sowie OLG Zweibrücken, DerWEer 86, 26; h. M.). Die ausschließliche Nutzung kann aber in Form einer **Vereinbarung** bestimmten WEern zugewiesen sein (AG Köln, ZMR 77, 84). Zu den Befugnissen im Rahmen eines SNRs s. § 15 Rz. 9. Zur gleichen Nutzung des Gartens s. BayObLG, NJW 72, 1286 u. oben § 15 Rz. 1. **12**

2. **Mehrheitsentscheidung:** Sie gilt grundsätzlich nur bei ordnungsmäßiger Verwaltung, z. B. dann, wenn bauliche Veränderungen aufgrund behördlicher Anordnung oder aufgrund baurechtlicher Vorschriften (Kinderspielplatz: LG Freiburg, ZMR 79, 382; BayObLG, ZMR 80, 382; OLG Frankfurt, OLGZ 83, 29 = DerWEer 83, 58; 61) vorgenommen werden müssen oder Ersterrichtung bedeuten (OLG Frankfurt, a. a. O.; s. o. Rz. 1 und § 21 Rz. 44). Auch wenn eine ordnungsmäßige Instandsetzung des GemEs eine bauliche Veränderung (zwangsläufig) mit sich bringt (BayObLG, DerWEer 88, 101). Dasselbe gilt, wenn die Durchführung einer Maßnahme wirksam beschlossen ist, für die Festlegung der näheren **Einzelheiten** (BayObLG, DerWEer 88, 101), also den Folge- und Ausführungsbeschluß. § 22 Abs. 1 Satz 2 spricht nicht von Mehrheitsentscheidung, sondern nur von der **Entbehrlichkeit** der Zustimmung einzelner WEer (BGH, NJW 79, 817 = WEM 79, 83 = ZMR 79, 146 = ZMR 80, 160 = ZMR 81, 123; 287 = BlGBW 80, 72 = BauR 80, 118; a. A. KG, NJW 68, 160; RGRK-*Augustin,* Rz. 10 ff. u. *Soergel-Baur,* Rz. 3 je zu § 22 WEG). Haben die WEer mit **Stimmenmehrheit** eine bauliche Veränderung beschlossen oder genehmigt, die über die ordnungsmäßige Instandhaltung oder Instandsetzung des GemEs hinausgeht, ist der Beschluß nicht für ungültig zu erklären, wenn feststeht, daß kein WEer durch die bauliche Veränderung über das in § 14 Nr. 1 bestimmte Maß in seinen Rechten beeinträchtigt wird (BayObLG, NJW-RR 93, 206). **13**

§ 22 14–18   I. Teil. Wohnungseigentum

14 Eine **baubehördliche Genehmigung** hinsichtlich baulicher Veränderungen greift jedoch grundsätzlich nicht in das privatrechtliche Verhältnis zwischen den WEern ein (BayObLG, DerWEer 83, 31); DerWEer 85, 61; KG, DerWEer 87, 97; OLG Hamburg, DerWEer 87, 98; BVerwG, DerWEer 88, 107).

15 3. *Einzelner WEer:* Er ist immer **zuständig** bei Veränderungen innerhalb des SEs (s. aber § 13 Rz. 4ff.). Stabilität und Sicherheit, architektonisch-ästhetisches Aussehen des Gebäudes dürfen aber auch dadurch nicht verändert werden.

16 Der Verwalter kann im Rahmen seiner gesetzlichen oder vertraglichen Befugnisse auch in Angelegenheiten des § 22 Abs. 1 tätig werden (s. § 27 Rz. 9f.).

17 Das Recht, eine Mitwirkung zu verlangen im Sinne des § 21 Abs. 2 entfällt, soweit eine Maßnahme unter § 22 Abs. 1 zu rechnen wäre. So besteht kein Anspruch, die (verbotswidrige) Beseitigung gemeinschaftlicher Wohnungstrennwände zu genehmigen (BayObLG, Rpfleger 83, 14). Widerspricht die äußere Gestaltung der Wohnanlage (z. B. die Gartengestaltung der Gemeinschaftsfläche) der Teilungserklärung, wirkt sie für den **Neuerwerber** wie eine Erstherstellung, deren Änderung er nicht verlangen kann (KG, DerWEer 89, 138; OLG Hamburg, NJW-RR 91, 910). Dies schließt eine Neuregelung durch die Gemeinschaft nicht aus (KG, a. a. O.).

18 4. *Duldungspflicht durch Übergehen der Zustimmung eines WEers.* Aus dem angezogenen § 14 kommen Nr. 1, 3 u. 4 in Betracht. Es dürfen keine **schutzwürdigen Rechte** des widersprechenden WEers beeinträchtigt sein (OLG Hamburg, MDR 77, 230; BGH, ZMR 79, 146 = ZMR 80, 160 = ZMR 81, 123; 287 = BlGBW 80, 72 = BauR 80, 118; BayObLG, NJW 81, 690: jede nicht ganz unerhebliche Beeinträchtigung ist Nachteil i. S. des § 14 Nr. 1; vgl. auch OLG Hamburg, OLGZ 89, 309 zur Geringfügigkeit einer baulichen Veränderung). Über **Neueinrichtungen** wie Zentralheizung, Kühlanlagen, Fahrstuhl usw. genügen in der Regel nur einstimmige Beschlüsse, da sie eine Beeinträchtigung des WEers über das in § 14 bestimmte Maß hinaus beinhalten. Die Duldungspflicht besteht nicht nur für solche baulichen Veränderungen am gemeinschaftlichen Eigentum, die für das geordnete Zusammenleben der WEer zwingend erforderlich sind (BayObLGZ 71, 273 = MDR 72, 52; ähnlich KG, WM 72, 709); es besteht allerdings kein Vorrang des Nutzens der Gemeinschaft gegenüber der Belastung des Einzelnen (KG, Rpfleger 77, 314). BayObLG, MDR 75, 844 = Rpfleger 75, 310 stellt auf eine tatsächliche Beeinträchtigung ab.

Bauliche Veränderungen, durch die nicht die Rechte aller WEer **19** beeinträchtigt werden, bedürfen der Zustimmung nur derjenigen WEer, die von der beabsichtigten Maßnahme in ihren **Rechten betroffen** werden (BGH, NJW 79, 817 = WEM 79, 83 = Rpfleger 79, 130; OLG Frankfurt, Rpfleger 80, 112; OLG Stuttgart, WEM 79, 178; 80, 75; vgl. OLG Hamburg, MDR 77, 230 u. OLG Karlsruhe, OLGZ 78, 172 zur Entbehrlichkeit der Zustimmung eines WEers). Ob dies selbst für den **Durchbruch** einer Tragmauer gilt, bei dem nur die betroffenen Nachbarn zustimmen müßten, erscheint zweifelhaft (so aber für den Durchbruch einer im räumlichen Bereich des SEs befindlichen tragenden Wand OLG Köln, DerWEer 88, 24; s. o. Rz. 3). Ein **Grenzfall** ist auch die Entscheidung des OLG Karlsruhe (DerWEer 85, 127/LS = ZMR 85, 209), nach der ein Dachdurchbruch und der Einbau eines Fensters im konkreten Fall keine wesentliche architektonisch-ästhetische Beeinträchtigung darstellt. Die Befürchtung, bauliche Veränderungen könnten andere WEer zur Nachahmung veranlassen, ist an sich kein Grund, einen Nachteil anzunehmen (OLG Karlsruhe, a. a. O.). Dies gilt auch für die bloße Befürchtung eines Nachteils (ebenda; a. A. bei abweichendem Sachverhalt OLG Hamburg, DerWEer 87, 98). Nach OLG Hamburg wird die Grenze der **Geringfügigkeit** i. S. von §§ 22 I S. 2, 14 WEG nicht ohne weiteres überschritten, wenn ein Teileigentümer – dessen SE aus Kellerräumen besteht – unter teilweiser Verwendung eines vorhandenen Fensters in die Außenmauer zwischen einem seiner Kellerräume und dem seinem Sondernutzungsrecht unterliegenden Lichthof eine Tür einbaut (OLG Hamburg, ZMR 92, 118).

Beeinträchtigung des Empfangs durch Kabelanschluß und Kostentragungspflicht brauchen nicht hingenommen zu werden (AG Hamburg-Altona, DerWEer 88, 30). Ein Nachteil kann in der Gefährdung von Kindern durch rangierenden Autoverkehr auf einer Kfz-Stellfläche liegen (AG Siegburg, DerWEer 88, 70).

Ersatz schadhafter Holzzäune durch eine Hecke bzw. schmiede- **20** eisernen Zaun ist bauliche Veränderung (dagegen ist das Pflanzen einer **Hecke** – ohne daß Vorhandenes ersetzt wird – keine bauliche Veränderung, BayObLG, NJW-RR 91, 1362), BayObLG, MDR 82, 852, jedoch kann Zustimmung widersprechender WEer entbehrlich sein (ebenda). Eine ganz geringfügige Beeinträchtigung ist kein Nachteil i. S. des § 14 Nr. 1 (BayObLG, ZMR 80, 381; DerWEer 84, 27; OLG Köln, NJW 81, 585; OLG Hamburg, DerWEer 87, 98), z. B. wenn die Änderung der Fassade optisch nicht stört (OLG Düsseldorf, DerWEer 89, 176). Zum **Einbau** von Vortüren und damit der Schaffung eines Zwischenraums s. OLG Stuttgart,

WEM 80, 75. Zur Errichtung einer Terrasse, Ersetzung eines Gartenfensters durch eine Türe und Anbau eines Balkons vgl. BayObLG, DerWEer 84, 27. Das Anbringen eines Werbeschildes an der Außenwand einer Wohnungsanlage kann – wenn es ortsüblich und angemessen ist – zu dulden sein (BayObLG, DerWEer 87, 56). Der Austausch der **Elektroheizung** gegen eine **Gasetagenheizung,** die ein Eigentümer in seiner Wohnung ohne Zustimmung der anderen vornimmt, ist zwar bauliche Veränderung, muß jedoch von den übrigen WEen geduldet werden, weil sich diese dadurch nach der Verkehrsanschauung nicht beeinträchtigt fühlen können (OLG Frankfurt, NJW-RR 92, 1494).

21 5. *Minderheitenrechte:* Auch ein einzelner WEer könnte theoretisch eine Maßnahme im Sinne des § 22 Abs. 1 Satz 2 herbeiführen; die Zustimmung der übrigen könnte unbeachtlich sein (OLG Köln, DerWEer 88, 24; BGH, NJW 79, 817; *Weitnauer,* § 22 Rdnr. 3; a. A. *Diester,* § 22 Rdnr. 5a; KG, NJW 68, 160).

22 **Ausscheiden des Nichtinteressierten:**
   a) Von der Lasten- und Kostentragungspflicht: § 16 Abs. 3 Halbs. 2. D. h. keine Beteiligung an den Herstellungskosten noch an den späteren Folgekosten wie Reparaturen (OLG Karlsruhe, DerWEer 85, 127/LS; OLG Celle für den Anschluß an das Kabelfernsehen). Dies trifft auch zu bei Führung eines Prozesses. Kosten für Maßnahmen, denen ein WEer nicht nach § 22 Abs. 1 zugestimmt hat, dürfen nicht aus der Instandhaltungsrücklage gedeckt werden, da dies sonst Beteiligung an der Kostentragung i. S. des § 16 Abs. 3 Hs. 2 darstellen würde (AG Wiesbaden, MDR 67, 126).

23 b) Von den **Nutzungen:** § 16 Abs. 3 Halbs. 1, sofern eine solche Abscheidung aus den Nutzungen überhaupt praktisch durchführbar ist; wenn nicht, dann bleibt auch die Beitragsverpflichtung bestehen, jedenfalls für die laufenden Instandsetzungs- und Instandhaltungskosten.
   c) Vom **Wertzuwachs:** s. § 17 Rz. 4f.
   d) Auswirkung auf die Einheitsbewertung.

24 7. *Späterer Beitritt zur Neuerung:* Er ist zulässig, sofern die anderen einstimmig zustimmen, da eine Änderung der (dinglich wirkenden) Nutzung vorliegt. Ein Anspruch darauf besteht nicht. Über Veränderungen der Verwaltung ist gem. § 21 Abs. 3 durch Mehrheit zu beschließen.

25 8. *Eigentum an der Neuerung:* In der Regel für alle WEer. So BayObLG (DerWEer 84, 62) zur Errichtung und Beseitigung einer von einem WEer auf seinem Balkon angebrachten Trennmauer.

Besondere Aufwendungen, Wiederaufbau 26–29 **§ 22**

An Neuerungen, die den Charakter eines selbständigen Rechtsobjekts haben, ist auch abgesondertes ME denkbar (s. § 5 Rz. 25).

9. *Anrufung des Richters nach § 43 Abs. 1 Nr. 1* ist dahingehend **26** möglich, ob Mehrheitsentscheidung oder Einstimmigkeit erforderlich ist, über die Entbehrlichkeit einer Zustimmung nach § 22 Abs. 1 Satz 2, schon vor Beschlußfassung (KG, BB 67, 1270 = NJW 68, 160), über die Lasten und Kostentragungspflicht, über Duldungspflichten, nicht aber für Fragen der Wertzurechnung (§ 17).

Bei mißbräuchlicher Änderung können **Wiederherstellung/Be-** **27** **seitigung** verlangt werden und **Schadensersatz.** Rechtsgrundlagen sind das Gemeinschaftsverhältnis und § 1004 Abs. 1 S. 1 BGB (BayObLG, WEM 80, 31). Hierzu kann die WEer-Versammlung durch Mehrheitsbeschluß eine Konzeption zur Wiederherstellung des äußeren Erscheinungsbilds des GemEs festlegen, wenn gegen früher erfolgte eigenmächtige bauliche Maßnahmen einzelner keine Beseitigungsansprüche mehr erhoben werden können (KG, NJW-RR 91, 1299). Zum Anspruch auf Beseitigung einer von einem WEer auf seinem Balkon angebrachten Trennmauer vgl. BayObLG, DerWEer 84, 62, einer ohne Zustimmung der übrigen WEer angebrachten Markise s. BayObLG, DerWEer 85, 126/LS.

Zum **Beseitigungs-** und **Unterlassungsanspruch** hinsichtlich eines eigenmächtigen Kellervorbaus unter dem Garten und einer Terrasse s. BayObLG, DerWEer 84, 30. Damit besteht auch grundsätzlich kein Anspruch des WEers, der unbefugt bauliche Veränderungen vorgenommen hat, auf nachträgliche (teilweise) **Genehmigung** (BayObLG, DerWEer 83, 30). Allerdings steht auch § 1004 BGB unter dem Vorbehalt von Treu und Glauben (AG Mannheim, DerWEer 84, 29 zur **Verwirkung**). Wird ein Beseitigungsbeschluß nicht angefochten, ist das Beseitigungsverlangen grundsätzlich gerechtfertigt (BayObLG, DerWEer 84, 62).

Zum Beseitigungs- und Wiederherstellungseinspruch hinsicht- **29** lich den Gesamteindruck einer Wohnanlage beeinträchtigender Fenster-Tür-Kombinationen vgl. BayObLG, WEM 82, 109 (dort auch zur Beseitigung des eingetretenen optischen Nachteils durch gerichtliche Verpflichtung). Zur Beseitigung eines den optischen Gesamteindruck einer Wohnanlage störenden Gerätehäuschens s. BayObLG, DerWEer 85, 95 (o. § 15 Rz. 9) und OLG Frankfurt, DerWEer 86, 60.

III. Maßnahmen zur Energieeinsparung und Modernisierung

30 Immer wieder werden Maßnahmen zur **Energieeinsparung** unter WEern streitig. Auch hierbei bedarf es, insbes. wenn es sich um damit verbundene bauliche Veränderungen handelt, einer sorgfältigen **Abwägung der Interessen** im Einzelfall (OLG Köln, Beschl. v. 30. 7. 80, NJW 80 H. 47, VI = 81, 585). Geringfügige optische Beeinträchtigungen der Fassade durch nachträglichen Einbau von Thermopane-Fenstern sind hinzunehmen (OLG Köln a. a. O.), nicht jedoch eine erhebliche sichtbare Umgestaltung.

31 Ob der **einzelne WEer** solche Maßnahmen verlangen oder die **Mehrheit** sie durchsetzen kann, hängt nicht zuletzt von einer vernünftigen **Kosten-Nutzen-Analyse** ab (Verhältnis von Aufwand und Ersparnis). So BayObLG, ZMR 89, 317 und OLG Frankfurt, OLGZ 84, 129 zur nachträglichen **Wärmedämmung** einer Außenwand. Für die Anbringung einer wärmedämmenden Vorhangfassade bei einer ohnehin notwendigen Fassadenerneuerung s. AG Bergisch Gladbach, DerWEer 83, 62. Der Einbau einer **Rauchgasklappe** ist keine bauliche Veränderung, die über die ordnungsmäßige Instandhaltung hinausgeht, wenn sie ohne besonderen technischen Aufwand möglich ist und eine erhebliche Einsparung an Energiekosten mit sich bringt (LG Passau, Beschl. v. 12. 11. 79 – 2 T 48/797, bestätigt vom BayObLG, NJW 81, 690, ohne die Frage der Abgrenzung zu entscheiden). An diesem entspr. Maßstab sind alle Maßnahmen der Modernisierung zu messen. Dies gilt auch für Ersatzbeschaffungen (BayObLG, Wohnung u. Haus 80, 102). Die Umrüstung der **Ölzentralheizung** auf **Erdgasbefeuerung** kann als Maßnahme einer **modernisierenden Instandsetzung** mehrheitlich beschlossen werden, falls der Ausfall der veralteten Ölheizungsanlage absehbar ist (OLG Celle, WuM 93, 89). So widerspricht auch nicht ein Beschluß ordnungsmäßiger Verwaltung, die Anbringung von **Warmwasserzählern** zu unterlassen, wenn die Kosten für Anbringung und laufenden Unterhalt höher sind als die zu erwartenden Einsparungen (ZMR 89, 317). Auch der Bau einer **Hebeanlage** dürfte im allg. einem Mehrheitsbeschluß zugänglich sein (*Gerauer*, DerWer 87, 42), der Austausch einer **Elektroheizung** durch eine **Gasetagenheizung** soll nach OLG Frankfurt (NJW-RR 92, 144) auch durch **einen** WEer zulässig sein (wohl nicht in jedem Fall!).

32 Die HeizkostenV (vgl. Anh. I 4) sieht nach ihren §§ 3–5 auch hinsichtlich von WE die Ausstattung zur Erfassung des Verbrauchs an Wärme und Warmwasser in Form von Wärmezählern bzw. Heizkostenverteilern vor (zu den Einzelheiten s. o. § 16 Rz. 49 ff). Die HeizkostenV ist zwingend, soweit es um das „ob" solcher

Maßnahmen geht (so wohl auch AG Berlin-Charlottenburg, Der-WEer 83, 125). Deswegen ist ein Ausschluß der gesetzlich vorgeschriebenen Ausstattung nicht möglich. Nach Ablauf der Übergangsfrist (30. 6. 84) ist sie durchsetzbar.

Grundsätzlich haben die WEer mit Mehrheit über die Frage des 33 „wie" zu entscheiden, wobei sie im Rahmen ordnungsmäßiger Verwaltung einen Spielraum haben. Bestehen entgegenstehende Vereinbarungen i. S. von § 10 WEG, die die Heizkostenverteilung z. B. detailliert anders regeln, besteht zumindest ein Anspruch jedes einzelnen WEers auf erneute Beschlußfassung, wobei das Ermessen im Rahmen des „ob" eingeschränkt sein dürfte. Denn sonst könnte dem Sinn und Zweck der VO nicht Rechnung getragen werden. Im übrigen wäre nicht einzusehen, daß erst über das Verlangen eines Mieters Druck auf die WEer ausgeübt werden müßte, um die Ausstattung mit Meßeinrichtungen herbeizuführen.

Aus §§ 7, 8 HeizkostenV ergibt sich keine Ermächtigung der 34 WEer, einen in einer GemO festgelegten Heizkostenverteilerschlüssel durch Mehrheitsbeschluß zu ändern, wenn sich erster innerhalb des Rahmens dieser Vorschriften hält (BayObLG, Der-WEer 83, 30).

B. Zu Abs. 2

I. Zerstörung

1. *Allgemeines:* Der Grund der Zerstörung ist gleichgültig. Wie- 35 deraufbaupflicht kann sich schon aus einem Versicherungsvertrag ergeben. Sonst ist aber eine Vereinbarung im einzelnen darüber zweckmäßig. Der Gesetzgeber mußte zwischen Kollektivinteresse und Einzelinteresse der durch die Zerstörung Betroffenen entscheiden. Die WEer-Gemeinschaft bleibt jedenfalls bis zur einstimmigen Auflösung erhalten (s. § 11 Rz. 6ff.). Allgemein zu den Rechtsverhältnissen beim zerstörten WE s. *Alsdorf,* BlGBW 77, 88. Abs. 2 ist **abdingbar** (*Bärmann-Pick,* § 22 Rz. 112; *Weitnauer,* § 22 Rz. 7; offengelassen von BayObLG, MittBayNot 83, 68; DerWEer 83, 60).

2. *Wertgrad der Zerstörung:* Mehr als die Hälfte des Wertes des 36 **Gebäudes.** Wert des Grund und Bodens scheidet dabei aus. Wert der SEs-Räume ist einzurechnen, abgesehen von besonderen Ausstattungen (*Alsdorf,* a. a. O.). Jedoch ist § 17 nicht analog anzuwenden, da dort der Erlös für ein Gebäude unter Berücksichtigung gerade der Sonderausstattungen zur Aufteilung gelangen soll.

37 3. *Wertermittlung:* Eine Mehrheit kann nicht über den Zerstörungsgrad entscheiden. Mangels Einstimmigkeit bedarf es der Anrufung des Richters nach § 43 Abs. 1 Nr. 1, unter Anwendung von § 315 Abs. 3 BGB.

II. Wiederaufbau

38 Eine Pflicht dazu besteht grundsätzlich nur, wenn sie durch **Vereinbarung** festgelegt ist; wenn nicht, ist Einstimmigkeit notwendig, sofern mehr als die Hälfte des Gebäudes dem Wert nach zerstört, Schaden nicht durch Versicherung oder in anderer Weise gedeckt ist. Ein **Mehrheitsbeschluß** genügt also nur: wenn nicht mehr als die Hälfte des Wertes zerstört ist, oder trotz Zerstörung von mehr als der Hälfte, wenn der Schaden durch Versicherung oder in anderer Weise gedeckt ist. Letzteres bedeutet: Bildung von Rücklagen und Reservefonds, Schadensersatzansprüche gegen Dritte. Die Deckung muß ausreichend sein.

§ 22 Abs. 2 ist auf das Gesamtgebäude anzuwenden, nicht etwa analog lediglich auf ein Teilgebäude.

39 Versicherungssummen usw. unterstehen der Verwaltung der WEer-Gemeinschaft; die Leistung kann nur an die Gemeinschaft erfolgen, nicht an einzelnen WEer, im Zweifel gem. § 27 Abs. 1 Nr. 4 an den Verwalter.

Vertragsfreiheit besteht auch hier (s. Rz. 7 vor § 10). § 11 Abs. 2 begründet hier sogar Ausnahmen von der Unauflösbarkeit (s. § 11 Rz. 6).

40 Hinsichtlich der Zustimmung dinglich Berechtigter zum Beschluß, nicht wieder aufzubauen, gilt das oben § 1 Rz. 21 allgemein Gesagte. Die überstimmte Minderheit ist durch ordnungsmäßigen Mehrheitsbeschluß gebunden. Der Nichtgewillte kann nur sein WE veräußern. Bei Nichtleistung besteht evtl. Entziehungsgrund.

Der alte Zustand ist im Zweifel wiederherzustellen, wenn nicht Abweichungen einstimmig vereinbart werden.

41 Die Durchführung der Beschlüsse für den Wiederaufbau obliegt dem Verwalter (§ 27 Abs. 1 Nr. 1), auch die Beitreibung der Beiträge, evtl. gerichtliche Geltendmachung bei Ermächtigung (§ 27 Abs. 2 Nr. 5).

42 Eine Veränderung in Form der Aufstockung bedarf im allgemeinen einstimmigen Abkommens (s. aber wegen § 22 Abs. 1 Satz 2 oben Rz. 8).

Besondere Aufwendungen, Wiederaufbau 43–49 § 22

III. Folgen fehlender Wiederaufbaupflicht

Zur Vereinbarung über Auflösung bzw. Übertragung der Anteile s. § 4, § 10, § 22 Abs. 2, §§ 873, 925 und 313 BGB. Besteht keine Wiederaufbaupflicht, wird dadurch weder WE als solches noch die Gemeinschaft aufgehoben. Auch eine automatische Verwandlung in eine gewöhnliche Gemeinschaft nach §§ 741 ff. BGB findet nicht statt. Besteht keine Wiederaufbaupflicht, wäre Einstimmigkeit für Aufhebung der Gemeinschaft Härte. Daher, auch mit Begründung aus § 21 Abs. 4, ist die Entbehrlichkeit der Zustimmung Widersprechender anzunehmen. **43**

Kann ein Wiederaufbau nicht beschlossen oder wegen mangelnder Vereinbarung nicht verlangt werden, muß eine Auflösung der Gemeinschaft auch zulässig sein, wenn eine dahingehende Vereinbarung ursprünglich nicht vorgesehen war. Bei Auflösung sind die Werte des unzerstörten SEs entsprechend als Erlös zu berücksichtigen und nach § 17 zu verfahren. **44**

Hinzuweisen ist auf § 11 Abs. 1 Satz 3, wonach die Auflösung der Gemeinschaft verlangt werden kann, wenn die Verpflichtung zum Wiederaufbau nicht besteht und gem. § 22 Abs. 2 mit Mehrheit nicht beschlossen werden kann. **45**

Eine Anwachsung der Rechte des zerstörten WEs zugunsten der anderen WEer kommt nicht in Betracht. **46**

Ein gutgläubiger Erwerb des Wiederaufbauanspruchs seitens des Erwerbers des zerstörten WEs ist durch § 22 Abs. 2, § 11 Abs. 1 Satz 3 bzw. durch den nach § 10 Abs. 2 verdinglichten Inhalt der Vereinbarung ausgeschlossen. **47**

IV. Richterliche Beteiligung

Die Anrufung des Richters ist allgemein nach § 43 Abs. 1 Nr. 1, 2 u. 4 gegeben (weiteres unten bei § 43). Für die Prüfung der Frage der Aufhebung des WEs (SEs) als Voraussetzung für Auflösung der Gemeinschaft ist das ordentliche Streitgericht zuständig. **48**

V. Bauruine

Das OLG Karlsruhe, Justiz 79, 336 = NJW 81, 466 m. zust. Anm. *Röll, Weitnauer* (DNotZ 77 [Sonderheft], 45 f.) und *Röll* (NJW 78, 1507) sowie BayObLG, MittBayNot 83, 68; DerWEer 83, 60 wollen im Fall der Nichtfertigstellung durch den Bauträger (Erstellung zu weniger als der Hälfte des Wertes) § 22 Abs. 2 analog anwenden. Die Interessenlage ist jedoch anders gelagert als im Fall der Zerstörung (s. *Bärmann-Pick,* § 22 Rz. 128). Deswegen ist **49** grundsätzlich von einer Mitwirkungspflicht der WEer zur Errichtung auszugehen, auch wenn erst zu weniger als der Hälfte erstellt ist (arg. aus § 11), so auch im Ergebnis die h. M.

50 Auch der Zwangsverwalter ist gemäß § 52 ZVG grundsätzlich verpflichtet, im Bau befindliche, für Wohnzwecke vorgesehene Gebäude zu vollenden, um alsbald hieraus Mieteinnahmen zu erzielen (OLG Schleswig v. 9. 8. 83 – 1 W 196/83). Zur Beratungspflicht eines Notars gegenüber Käufern eines Grundstücks mit steckengebliebenem Bau s. OLG Düsseldorf, VersR 80, 1049.

§ 23 Wohnungseigentümerversammlung

(1) **Angelegenheiten, über die nach diesem Gesetz oder nach einer Vereinbarung der Wohnungseigentümer die Wohnungseigentümer durch Beschluß entscheiden können, werden durch Beschlußfassung in einer Versammlung der Wohnungseigentümer geordnet.**

(2) **Zur Gültigkeit eines Beschlusses ist erforderlich, daß der Gegenstand bei der Einberufung bezeichnet ist.**

(3) **Auch ohne Versammlung ist ein Beschluß gültig, wenn alle Wohnungseigentümer ihre Zustimmung zu diesem Beschluß schriftlich erklären.**

(4) **Ein Beschluß ist nur ungültig, wenn er gemäß § 43 Abs. 1 Nr. 4 für ungültig erklärt ist. Der Antrag auf eine solche Entscheidung kann nur binnen eines Monats seit der Beschlußfassung gestellt werden, es sei denn, daß der Beschluß gegen eine Rechtsvorschrift verstößt, auf deren Einhaltung rechtswirksam nicht verzichtet werden kann.**

I. Allgemeines

1 §§ 23 bis 25 enthalten formelles Organisationsrecht für die WEer-Versammlung. §§ 26–28 für den Verwalter, § 29 für Verwaltungsbeirat. Die Ausgestaltung ist Vereinsrecht und Genossenschaftsrecht entnommen. Es kann daraus allerdings nicht auf eine juristische Person der Gemeinschaft geschlossen werden.

2 Auch hier besteht im Grundsatz **Vertragsfreiheit** der WEer durch einstimmige Vereinbarung. Ein Mehrheitsbeschluß über Abweichungen von §§ 23–25 genügt im allgemeinen nicht.

Die Notwendigkeit solcher Vereinbarungen hängt z. B. von Umfang, Größe und Bedeutung einer Gemeinschaft ab. Zur Abgrenzung zwischen Beschlüssen und Vereinbarungen stellt OLG

Köln klar, daß Beschlüsse – auch einstimmige Beschlüsse – nicht in eine Vereinbarung umgedeutet werden, da Beschlüsse auf gleichgerichteten Willenserklärungen beruhen, während Vereinbarungen gegenseitige, also korrespondierende Verpflichtungen zum Gegenstand haben (OLG Köln, NJW-RR 92, 598).

Oft ist eine neutrale **Schiedsinstanz** zu empfehlen, da das Verfahren nach § 43 langwierig sein kann. 3

II. Beschlußfassung

1. *In Versammlung als Grundsatz:* **Abs. 1:** Abgesehen von Abs. 3 4 (bei schriftlicher Einstimmigkeit) ist immer eine **Versammlung** notwendig. Dies gilt auch und gerade dann, wenn mehr als die Hälfte aller EWen in einer Hand vereinigt ist (OLG Zweibrücken, OLGZ 83, 339). Eine **Minderheit** muß sich äußern können. Zum Stimmrecht der WEer in einer Mehrhauslage s. § 25 Rz. 14. Ein Stimmrecht aller WEer besteht nur in Angelegenheiten, die alle betreffen. D. h. aber auch, daß in Teilversammlungen nicht über solche (gemeinschaftlichen) Ansprüche beschlossen werden kann (BayObLG, DerWEer 84, 61). Eine Beschlußfassung setzt mindestens zwei WEer voraus (LG Frankfurt, ZMR 89, 351).

2. *Gültigkeitsvoraussetzung:* **Abs. 2:** Angabe des Gegenstandes 5 **(Tagesordnung);** Vorschrift ist nach h. M. **abdingbar** (BayObLG NJW 70, 1136; DerWEer 83, 126; AG Mannheim, DerWEer 84, 29; OLG Hamm, Rpfleger 79, 342 = WEM 79, 175 = OLGZ 79, 296 = BlGBW 80, 73), jedoch von Amts wegen zu berücksichtigen, wenn keine Anhaltspunkte dafür vorliegen, daß die WEer insoweit eine von den gesetzlichen Gültigkeitsvoraussetzungen abweichende Vereinbarung getroffen haben (OLG Hamm, a. a. O.). Nicht genannt sind Einhaltung der **Einberufungsfrist** und ordnungsmäßige **Bekanntmachung** (§ 24 Abs. 3). Im übrigen siehe § 32 Abs. 1 BGB. Zur Anfechtungsbefugnis nach Abs. 4 s. a. vergleichsweise das Aktienrecht (§§ 243 ff. AktG: Ungültigkeitserklärung).

Die Bedeutung eines zweiten Beschlusses in gleicher Sache ist 6 nach § 133 BGB auszulegen (BayObLG, ZMR 77, 85). Zur Wirkung eines sog. **Zweitbeschlusses** s. u. Rz. 31 f. Beschlüsse der WEer haben keine Wirkung auf ein **Mietverhältnis** zwischen WEer und Mieter (LG Darmstadt, WM 76, 156 = ZMR 77, 87). Dies kann aber vereinbart werden.

Einhaltung von **Form-** und **Fristvorschriften** für die Einberu- 7 fung ist nicht absolute Gültigkeitsvoraussetzung (s. § 24 Rz. 10). Ohne gerichtliche Ermächtigung gegen den Willen des Verwalters

§ 23 8–10 I. Teil. Wohnungseigentum

einberufene Versammlung kann aber keine Beschlüsse fassen (BayObLG, MDR 70, 507 = ZMR 70, 274 = NJW 70, 1136).

8 Auch eine Mitwirkung **Geschäftsunfähiger** oder -beschränkter macht die Beschlußfassung, schon nach BGB, nicht ohne weiteres unwirksam. Ein Anfechtungsrecht besteht nur für eigene Erklärungen und sofern Beschluß im Ergebnis davon beeinflußt ist.

9 Die **Tagesordnung** muß die Möglichkeit der Vorbereitung geben (RGRK-*Augustin*, § 23 Rz. 6; OLG Frankfurt, OLGZ 83, 29 = DerWEer 83, 58) und den Einberufenen vor Überraschungen schützen (OLG Frankfurt, a. a. O.; LG Flensburg, DerWEer 89, 70). Darüber hinaus hat Abs. 2 eine Ordnungsfunktion (OLG Düsseldorf, DerWEer 86, 23). Erforderlich, aber auch genügend ist jede Angabe, die erkennen läßt, worüber verhandelt und Beschluß gefaßt werden soll (BayObLG, NJW 62, 492; 73, 1086 = ZMR 74, 59; OLG Stuttgart, Rpfleger 74, 361 = NJW 74, 2137 = DNotZ 75, 311 unter Aufabe von OLG Stuttgart, NJW 61, 1359). Maßgeblich ist das berechtigte **Informationsbedürfnis** (BayObLG, Rpfleger 78, 445). Der Hinweis „Wohngelderhöhung" genügt z. B. nicht (BayObLG a. a. O.), ebensowenig die Ankündigung „Reparatur- und Erneuerungsmaßnahmen 1987" (LG Wuppertal v. 16. 3. 88, 6 T 168/88) oder „Änderung der Hausordnung" (OLG Köln, DerWEer 88, 24). In der Einladung zu einer WEer-Versammlung ist eine stichwortartige Bezeichnung des Beschlußgegenstandes vor allem dann ausreichend, wenn schon eine frühere Eigentümerversammlung sich mit dem Gegenstand befaßt hatte (BayObLG, NJW-RR 92, 403). Unter dem Tagesordnungspunkt „Verschiedenes" können keine Beschlüsse gefaßt werden (AG Hamburg, DerWEer 89, 78). Ebenso wie beim Tagungsordnungspunkt „Sonstiges" wird man davon auszugehen haben, daß darunter nur über Angelegenheiten von untergeordneter Bedeutung beschlossen werden kann (OLG Hamm, NJW 93 H. 14, S. VIII = NJW-RR 93, 468).

Ein **Verzicht** auf die Bezeichnung des Gegenstandes der Beschlußfassung in der Einladung bedarf der Zustimmung aller WEer (OLG Hamm a. a. O.). Zur rechtsmißbräuchlichen Berufung auf den Einberufungsmangel s. ebenda. Erfährt der WEer außerhalb der Einladung, worüber abgestimmt werden soll, heilt dies den Verstoß gegen das Gebot der Bezeichnung des Gegenstandes in der Tagesordnung nicht (OLG Hamm a. a. O.).

10 3. **Schriftlicher** *Universalbeschluß in der Form der Vereinbarung:* **Abs. 3.** Er entspricht § 32 Abs. 2 BGB aus dem Vereinsrecht.

Schriftliche Zustimmung ist nicht nur zum Modus der schriftlichen Abstimmung notwendig, sondern auch zum materiellen Inhalt eines vorgeschlagenen Beschlusses, also **einstimmiger Beschluß,** auch wenn sonst Mehrheit genügen würde (so auch Hans-OLG Hamburg, MDR 71, 1012 = ZMR 72, 87/LS). Es gilt keine Vertragsfreiheit, soweit Einstimmigkeit in Frage steht (*Groß,* ZMR 79, 36; OLG Köln, WEM 77, 52 und OLG Hamm, Rpfleger 78, 319 = MDR 78, 759; BayObLG, MittBayNot 81, 27 = MDR 81, 320 = Rpfleger 81, 13 = OLGZ 81, 384; kein Mehrheitsbeschluß vereinbar; s. *Bärmann-Pick,* § 23 Rz. 16). Auch die **Bestellung des Verwalters** dürfte im Wege des schriftlichen Verfahrens zulässig sein. Allerdings müssen in diesem Fall die Abstimmungsmodalitäten (Zugang und Kontrolle) unzweifelhaft sein.

Die **Anregung** zum Zirkularbeschluß kann durch jeden WEer 11 erfolgen. § 24 Abs. 2 gilt dabei nicht. Ungenügender Versammlungsbeschluß kann auf diese Weise ergänzt werden. Dann müssen allerdings alle zustimmen oder es muß neue Versammlung stattfinden. Der Beschluß kommt erst zustande, wenn dem Verwalter die letzte Einverständniserklärung zugeht (BayObLG, MDR 72, 145). Eine Vereinbarung der WEer kann auch in der Weise zustandekommen, daß ein Teil der WEer in der Versammlung, der restliche Teil nachträglich schriftlich zustimmt (KG, OLGZ 89, 43 = Der WEer 89, 69), sog. **Sukzessivbeschluß.**

4. *Nicht schriftliche Vereinbarung:* Sie ist damit nicht ausgeschlos- 12 sen (mündlich, konkludentes Handeln, Dulden). Doch kann dabei nicht die dingliche Wirkung nach § 10 Abs. 3 eintreten; auch nicht die Wirkung nach § 746 BGB.

5. **Verbindlichkeit** des Beschlusses: Grundsätzlich berechtigt 13 und verpflichtet ein bestandskräftiger Mehrheitsbeschluß der WEer alle WEer (vgl. BayObLG, NJW-RR 91, 976; dies gilt auch dann, wenn er eine Angelegenheit zum Gegenstand hat, die einem Mehrheitsbeschluß nicht zugänglich ist). Verbindlichkeit *gegenüber Minderheit:* Auch ohne Eintragung (§ 10 Abs. 3). Dies gilt auch für Nichteingeladene oder sonst (rechtswidrig) Ausgeschlossene (BayObLG, DerWEer 85, 126/LS). Nicht gebunden ist der **vor** Beschlußfassung ausgeschiedene WEer (BGH, Der-WEer 89, 58).

Die Minderheit wird auch nach außen kraft gesetzmäßig gefaßten Beschlusses durch die Mehrheit oder deren Bevollmächtigten mit vertreten (RGRK-*Augustin,* § 25 Rz. 1).

Es ist Pflicht des Verwalters, nicht erschienene WEer vom Inhalt gefaßter Beschlüsse unverzüglich zu unterrichten.

Zur Beschlußfassung nach Gruppen vgl. OLG Stuttgart, Der- 14

§ 23   15, 16   I. Teil. Wohnungseigentum

WEer 80, 62; BGH, WEM 79, 83; OLG Stuttgart, WEM 80, 75 und u. § 25 Rz. 14 sowie oben Rz. 4.

III. Nichtigkeit und Anfechtbarkeit der Beschlüsse

15   1. *Beschluß ist Rechtsgeschäft eigener Art,* **Gesamtakt** (BayObLGZ 77 Nr. 44 = NJW 78, 1387 = ZMR 79, 21; OLG Stuttgart, Der-WEer 86, 60). Die Stimmabgabe ist empfangsbedürftige **Willenserklärung** (*Palandt-Heinrichs,* § 32 Rn. 8). Die Mitwirkung Geschäftsunfähiger oder -beschränkter macht Beschlußfassung nicht ohne weiteres unwirksam (OLG Stuttgart, DerWEer 85, 95; 86, 60). Anfechtbarkeit wegen Irrtums oder arglistiger Täuschung ist nur relevant, wenn dadurch das Ergebnis beeinflußt wird (OLG Stuttgart, OLGZ 76, 8; OLG Frankfurt, OLGZ 79, 144 = Rpfleger 79, 217) oder wenn bei Geschäftsunfähigkeit eines WEers der Beschluß auf der ungültigen Stimmabgabe beruht (OLG Stuttgart, DerWEer 86, 60).

16   2. *Absolute Nichtigkeit:* Vom WEG ist die Frage offengelassen; sie ist jedoch zu bejahen bei **Verstoß** gegen ein gesetzliches **Verbot, gute Sitten** und **Unmöglichkeit** (*RGRK-Augustin,* § 23 Rz. 12). Z. B. ist ein Beschluß wegen Verstoßes gegen die **KonkursO** unwirksam, nach dem Konkursforderungen gegen einen WEer vom Konkursverwalter als Masseverbindlichkeiten befriedigt werden müssen (OLG Stuttgart, OLGZ 78, 183 = Rpfleger 78, 383 = OLGZ 80, 70 = BlGBW 80, 74 = MDR 80, 142). Dies gilt allerdings nicht für **nach** Konkurseröffnung entstehende Kosten des WEs; dabei handelt es sich um Masseverbindlichkeiten i. S. von § 58 Nr. KO (BGH, NJW 86, 3206; OLG Karlsruhe WEZ 88, 134; BGH, DerWEer 89, 130). Der Beschluß, das Abstellen eines Rollstuhls im Treppenhaus zu verbieten, kann gegen die guten Sitten (§ 138 BGB) verstoßen (OLG Düsseldorf, ZMR 84, 161). All zwingende gesetzliche Verbote gelten auch die **unabdingbaren Vorschriften** des WEG (s. Rz. 8 vor § 10), z. B. ein Beschluß bei absoluter **Unzuständigkeit** der WEerversammlung (BayObLG, WEM 80, 78; DerWEer 83, 30; vgl. a. BayObLG, MDR 73, 584 zum Eingriff eines Beschlusses in SEs-Rechte), etwa bei Eingriff eines Beschlusses in ein Sondernutzungsrecht (unklar BayObLG, DerWEer 89, 133 = NJW-RR 89, 720). Z. B. ist ein die Jahresabrechnung billigender Eigentümerbeschluß wegen absoluter Unzuständigkeit der Eigentümerversammlung jedenfalls insoweit nichtig, als die Jahresabrechnung offene Altschulden aus der Zeit vor Entstehung der Eigentümergemeinschaft und aus einer anderen Bewirtschaftungsperiode ausweist (KG, NJW-RR 92, 1168, in Abgrenzung zu Senat, NJW-RR 1986, 1274 = ZMR 1986, 295). Nichtig ist ein Beschluß, der eine Verzinsung für Wohngeldrückstände von 36,5% Zinsen vorsieht (BayObLG, DerWEer 85, 126/LS), somit von § 288 BGB abweicht (AG Hamburg, DerWEer 89, 76) oder die Bestellung einer BGB-Gesellschaft zum **Verwalter** (BGH, NJW 89, 2059; BayObLG, NJW 89, 1112/LS; BGH, DerWEer 89, 130; a. A. OLG Frankfurt, NJW-RR 88, 139 = Rpfleger 88, 184). Beschlüsse einer Versammlung, zu der **nicht** der Verwalter eingeladen hat, sollen nach OLG Frankfurt (DerWEer 85, 61/LS = 86, 23) nicht per se nichtig, sondern nur anfechtbar sein. Dies dürfte nur dann anzunehmen sein, wenn alle WEer anwesend sind. Ansonsten widerspricht ein solches Verfahren den Geboten der Rechtsklarheit und der Zuständigkeitsverteilung (wie hier wohl BayObLG NJW 70, 1136).

Wenn ein Mehrheitsbeschluß gefaßt wird, wo Einstimmigkeit **17** vorgeschrieben oder vereinbart ist, folgt keine Nichtigkeit (BGH MDR 70, 753 = NJW 70, 1316 = NJW 70, 2061 m. Anm. *Pick* = WM 70, 1025 = ZMR 70, 334; 71, 162/LS = DB, 70, 1268 = BB 70, 863; OLG Hamm DNotZ 67, 38; KG NJW 69, 2205 = MDR 69, 915 = ZMR 70, 57; 274; BayObLG, NJW 74, 152; ZMR 79, 213; Wohnung u. Haus 80, 102; DerWEer 83, 30; 88, 101; OLG Braunschweig, MDR 77, 583; OLGZ 89, 186; OLG Frankfurt, OLGZ 79, 144 = Rpfleger 79, 217; KG NJW-RR 92, 720; BayObLG, NJW-RR 92, 83). Ein unter Mißachtung des **Einstimmigkeitserfordernisses** gefaßter Mehrheitsbeschluß kann mit Ablauf der Anfechtungsfrist **bestandskräftig** werden (h. M., OLG Frankfurt, NJW-RR 93, 86; BayObLG, NJW-RR 93, 85). S. auch § 21 Rz. 17. So ist ein Beschluß, der die Instandsetzung von GemE (Außenseiten der Fenster) entgegen der GemO den WEern überträgt, nur anfechtbar und entlastet den Verwalter bei Nichtanfechtung von dieser Aufgabe (OLG Hamburg, OLGZ 89, 164). Bei Fristversäumnis kommt eventuell **Wiedereinsetzung** in den vorigen Stand in Betracht (BGH a. a. O.).

Grundsätzlich ist von einem Verbot der Stimmabgabe eines **18** wegen **Interessenkollision** Ausgeschlossenen auszugehen (§ 25 Abs. 5), a. A. LG Hamburg NJW 62, 1867 (s. u. § 25 Rz. 36ff.). Doch folgt auch hier die Ungültigkeit eines Beschlusses nur bei Kausalität der Stimme für das Zustandekommen (LG Wuppertal, Rpfleger 72, 451 m. Anm. *Diester*). Die Geltendmachung der absoluten Nichtigkeit ist nicht befristet (BayObLG, ZMR 79, 213 = WEM 79, 135). Trotzdem sollte das Verfahren nach § 43 Abs. 1 Nr. 4 aus Zweckmäßigkeitsgründen folgen (Feststellungsklage). Unabhängig davon ist die Nichtigkeit in einem gerichtlichen Verfahren **von Amts wegen** zu berücksichtigen (BGH, NJW 89, 2059 = JZ 89, 798 m. Anm. *Weitnauer* = DerWEer 89, 130).

Ein sog. **Nichtbeschluß** liegt vor, wenn die WEer unter der Voraussetzung abgestimmt haben, daß eine bestimmte Mehrheit erforderlich ist und diese Mehrheit ohne Zweifel nicht erreicht wurde (BayObLG, DerWEer 85, 56). In diesem Fall bedarf es keiner Anfechtung. Darüber, ob ein Beschluß oder Nichtbeschluß vorliegt, hat weder der Verwalter allein noch die Niederschrift ausschlaggebende Bedeutung (BayObLG, a. a. O.; s. § 25 Rz. 7, 32). Findet ein Antrag in der Eigentümerversammlung nicht die erforderliche Mehrheit und wird er deshalb abgelehnt, so wird dieser ‚Negativ-Beschluß' bestandskräftig, wenn nicht innerhalb der Monatsfrist des § 23 Abs. 4 S. 2 WEG seine Ungültigerklärung sowie die Verpflichtung der Eigentümergemeinschaft beantragt wird (AG Kerpen, NJW-RR 91, 1236).

19 3. *Anfechtbarkeit:* **Abs. 4** verlangt **Ungültigkeitserklärung** durch das Gericht (anders im Vereinsrecht). Ob auch hier Vertragsfreiheit herrscht, z. B. zur Verlängerung der Anfechtungsfrist oder gar Einschränkungen wie Ausschluß des Anfechtungsrechts, ist str., aber wohl abzulehnen (AG Mannheim, DerWEer 84, 29; a. A. die 9. Aufl. und BayObLG, Rpfleger 83, 14).

20 a) *Voraussetzungen:* Fehler in der **Einberufung** (z. B. durch nicht oder nicht rechtswirksam gewählten Verwalter, LG Hannover, MDR 83, 1027; BayObLG, NJW-RR 92, 910; Einberufung durch einen WEer, dessen Bestellungszeit als Verwalter abgelaufen ist (OLG Hamm, NJW-RR 92, 722 LS), unterlassene **Einladung** bzw. Nichtzulassung (BayObLG, DerWEer 85, 126/LS; LG Hamburg, DerWEer 89, 34), mangelnde Anzeige der **Tagesordnung** (stichwortartige Angaben können u. U. ausreichen: vgl. BayObLG, NJW-RR 92, 403), sachlicher Inhalt, der **Gesetz** und **Vereinbarung** widerspricht (vgl. hierzu BayObLG, NJW-RR 93, 206), z. B. fehlerhafter Abrechnungsbeschluß (OLG Karlsruhe, WEM 80, 80; s. BayObLG, wonach beim Fehlen wesentlicher Bestandteile einer Jahresabrechnung, der Eigentümerbeschluß hierüber nicht für ungültig erklärt werden kann. Vielmehr besteht nur ein Anspruch auf Ergänzung der Jahresabrechnung (BayObLG, NJW-RR 92, 1169), Verstoß gegen den vereinbarten **Verteilungsschlüssel** (BayObLG, WEM 80, 78; DerWEer 86, 89; KG, DerWEer 85, 127/LS) oder **Treu und Glauben** (BayObLG, BlGBW 80, 220), z. B. mangelnde **inhaltliche Bestimmtheit** (KG, MDR 81, 500 = OLGZ 81, 307; s. a. BayObLG, WEM 81, 35, DerWEer 82, 137; DerWEer 85, 56), mangelnde **Beschlußfähigkeit.**

Bei Anfechtung der Stimmabgabe ist der Beschluß nur anfecht- 21
bar, wenn die fehlende Stimme das Ergebnis beeinflußt hätte (s. o.
Rz. 15, 18), z. B. im Fall mangelnder Geschäftsfähigkeit und fehlender Vertretungsbefugnis.

Verstoß gegen Einberufungsvorschriften (OLG Hamm, OLGZ 22
81, 24 = MDR 80, 1022), fehlerhafte Protokollierung oder Stimmrechtszählung (LG Lübeck, DerWEer 85, 128/LS = 86, 63; OLG
Braunschweig, OLGZ 89, 186), Unregelmäßigkeit bei der Stimmabgabe, Mangel einer schriftlichen Abstimmung nach § 23 Abs. 3
führen zur Anfechtbarkeit. Es besteht im allg. keine **Informationspflicht** des WEers, der an der Versammlung nicht teilgenommen
hat, beim Verwalter dahingehend, ob in der Versammlung Beschlüsse gefaßt worden, die nicht in der Einladung bezeichnet waren (BayObLG, NJW-RR 89, 656).

Die Anfechtung nach Abs. 4 ist nicht anwendbar bei absoluter 23
Nichtigkeit wegen Verstoß gegen gute Sitten oder gesetzliches
Verbot usw. (s. oben Rz. 18). Das Gericht hat ggfs. auf eine Änderung des Antrags hinzuwirken, z. B. Feststellung der Nichtigkeit.

Die Mitwirkung trotz Kenntnis des Mangels (z. B. der Tagesordnung) kann Verzicht auf den Einwand bedeuten (Einwand der
Arglist, wenn er sich ausdrücklich mit der Beschlußfassung einverstanden erklärt hatte: OLG Hamm, NJW-RR 93, 448). Im übrigen
kann auch der **zustimmende** WEer einen (nachträglich als fehlerhaft erkannten) Beschluß anfechten (BayObLG, DerWEer 89, 27;
OLG Düsseldorf, DerWEer 89, 28). Grenzen ergeben sich aus
§ 242 BGB, z. B. im Fall der Treuwidrigkeit (OLG Düsseldorf,
a. a. O.), z. B. bei jahrelangem Nichtbetreiben eines Verfahrens
(OLG Braunschweig, OLGZ 89, 186).

Für die Anfechtung von Beschlüssen, durch die lediglich ein 24
Antrag abgelehnt wird, fehlt außer im Fall des § 28 Abs. 5 das
Rechtsschutzbedürfnis (OLG Frankfurt, OLGZ 80, 418;
BayObLG, DerWEer 82, 31; 67; 104; DerWEer 84, 59; NJW-RR
90, 83).

b) **Anfechtungsbefugte:** Sowohl die WEer als auch Verwalter 25
(nicht Verwaltungsbeirat), auch der werdende und wirtschaftliche
WEer vor Eintragung (BayObLGZ 81, 50 = Rpfleger 81, 285 =
ZMR 81, 249 = MDR 81, 675), und die übrigen Beteiligten z. B.
im Sinne des § 43 Abs. 4 Nr. 2, bei **Mitberechtigten** an einem WE
jeder einzelne (LG Bremen, DerWEer 89, 33). Zum Anfechtungsrecht des Verwalters von Bestellungs- bzw. Abberufungsbeschluß
s. § 26 Rz. 17. **Jeder** WEer muß aber auch den Antrag selbst fristgerecht stellen, denn mit dem Eintritt in ein anhängiges Verfahren,

kann der Mangel fristgerechter Anfechtung nicht geheilt werden (OLG Frankfurt, DerWEer 89, 70). Jeder einzelne WEer kann zwar gerichtlich anfechten, doch bilden mehrere zur gleichen Zeit in derselben Instanz anhängige Anfechtungsanträge ein **einziges** gerichtliches Verfahren (KG, WuM 93, 93).

26 c) **Anfechtungsfrist:** Ein Monat, vom Tag der Beschlußfassung an ohne Rücksicht auf die Kenntnis. Der Antrag ist zu unterschreiben. U. U. kann auch ein (versehentlich) nicht unterschriebener Antrag genügen (KG, DerWEer 86, 121). Gegebenenfalls ist **Wiedereinsetzung** in den vorigen Stand möglich (§ 22 Abs. 2 FGG; so auch BGH NJW 70, 2061 m. Anm. *Pick;* OLG Hamm, DerWEer 85, 127/LS; LG Köln, DerWEer 85, 128/LS; AG Hamburg-Blankenese, DerWEer 89, 74; OLG Oldenburg, MDR 89, 916), allerdings nur bei Versäumung der Beschwerdefrist, nicht bei Versäumung der Notfrist (wie § 233 ZPO). Der Antragsteller muß unverschuldet verhindert sein, die Frist einzuhalten (AG Hamburg-Blankenese, a. a. O.), z. B. dann, wenn ein WEer von dem betreffenden Beschluß zu spät Kenntnis erlangt hat (BayObLG, NJW-RR 89, 656). Es genügt ein Antrag beim örtlich **unzuständigen** Gericht in der Frist des Abs. 4, wenn alsbald Abgabeantrag erfolgt (BayObLG, NJW 69, 191 = ZMR 68, 334; a. A. OLG Braunschweig, OLGZ 89, 186).

27 Auch in der **Beschwerdeinstanz** ist eine Anfechtung gem. Abs. 4 noch möglich (OLG Frankfurt, DerWEer 84, 30). Eine Begründung des Antrags innerhalb der Frist ist nicht erforderlich (BayObLG, NJW 74, 1136 = BB 74, 1227 = Rpfleger 74, 401). Die dem Wiedereinsetzungsantrag stattgebende Entscheidung ist durch das Beschwerdegericht nachprüfbar (OLG Oldenburg, MDR 89, 916). Beim Streit über den **Inhalt** eines Beschlusses der WEer gilt ebenfalls die Frist, selbst wenn es sich bei dem Beschluß nur um eine Vorfrage handelt (OLG Köln, WEM 79, 132; ebenso OLG Hamm, DerWEer 85, 127/LS). Angesichts der Spezialität der Vorschrift des Abs. 4 erscheint diese Auffassung bedenklich.

28 Nichtbekanntgabe des Beschlusses durch Verwalter oder Unterlassung ordnungsgemäßer Ladung verlängern die Frist nicht. Auch der Zugang des Versammlungsprotokolls ist ohne Einfluß auf die Anfechtungsfrist (BayObLG, Wohnung u. Haus 80, 102; WEM 80, 78). Dies gilt auch im Falle einer Bevollmächtigung eines anderen WEers (LG Köln, DerWEer 85, 128/LS).

29 §§ 203 ff. BGB sind nicht anwendbar. Die Frist kann nicht durch Vereinbarung verlängert oder verkürzt werden. Einer Verlängerung steht der Zweck der Vorschrift des § 23 Abs. 4 S. 2 entgegen,

alsbald Klarheit über die Rechtslage zwischen den WEern zu schaffen (BayObLGZ 81, 21 = Rpfleger 81, 285 = MDR 81, 499; OLG Schleswig, DerWEer 87, 133; OLG Frankfurt, DerWEer 89, 70).

d) Anfechtungs- (Ungültigkeits-) **Klage** nach § 43 Abs. 1 Nr. 4. **30** Der Richter kann nicht neu gestalten; dies nur bei Antrag nach § 43 Abs. 1 Nr. 1 (so wohl auch OLG Hamm, MDR 71, 662 = Mitt-BayNot 71, 168). Es besteht aber materielles **Prüfungsrecht** des Richters (OLG Oldenburg, NdsRpfl. 71, 205; vgl. OLG Stuttgart, NJW-RR 91, 913). Auch ein Eigentümerbeschluß, der nur die **Grundzüge** einer beabsichtigten Regelung festlegt, kann aus verfahrensökonomischen Gründen im Beschlußanfechtungsverfahren auf seine Ordnungsmäßigkeit zu prüfen sein (KG, NJW-RR 91, 1117). Auch Verbindung mit Feststellungsantrag ist u. U. zulässig (OLG Hamm, Rpfleger 79, 342 = WEM 79, 175). Falls ein falsches Beschlußergebnis protokolliert wurde, kann bei Aufklärbarkeit ein abweichendes Ergebnis durch den Richter festgestellt werden (KG, Rpfleger 79, 65; OLG Hamm, Rpfleger 79, 342 = WEM 79, 175; OLG Frankfurt, NJW-RR 93, 86). Eine einstweilige Anordnung nach § 44 Abs. 3 kann er nicht treffen.

e) Wirkung: Die Anfechtung hat keine aufschiebende Wirkung **31** (KG, Rpfleger 78, 257; BayObLGZ 77 Nr. 44 = Rpfleger 77, 446). Deswegen sind Beschlüsse durchführbar (LG Hamburg, DerWEer 89, 34). Ein Verfahren, in dem Forderungen nach § 16 Abs. 2 geltend gemacht werden, kann nicht bis zum Abschluß eines Verfahrens, das die Anfechtung des betr. Beschlusses beinhaltet, ausgesetzt werden (LG Hamburg, a. a. O). Jedoch folgt eine Rückwirkung der Ungültigkeitserklärung ex tunc (BayObLG, Rpfleger 76, 364 = ZMR 77, 345; KG, Rpfleger 78, 257 BGH NJW 89, 1088). Durch nachfolgenden Beschluß können formelle Fehler des ersten nicht geheilt werden, denn die Beteiligten haben ein Recht darauf, daß Beschlüsse in einem ordnungsgemäßen Verfahren gefaßt werden (BGH, NJW 89, 1088 = DerWEer 89, 63 auf Vorlage des KG, DerWEer 88, 136; a. A.: analog §§ 144 BGB, 244 AktG BayObLG, Rpfleger 77, 446 u. Voraufl.). Der BGH (a. a. O) hat dies zwar auf den Fall beschränkt, daß der (ebenfalls angefochtene) **Zweitbeschluß** die formellen Fehler des ersten vermeidet, gibt aber zu erkennen, daß er der Argumentation des BayObLG generell nicht folgt. Er hält in solchen Fällen eine Aussetzung des Verfahrens der Anfechtung in Bezug auf den ursprünglichen Beschluß für angemessen (a. a. O). Kritisch zur Rückwirkung schon K. Schmidt (NJW 79, 409), der die Frage des Rechtsschutzbedürfnisses aufwirft.

32 f) Eine Anfechtung nach BGB bleibt unberührt. Ein lediglich anfechtbarer Beschluß wird nach Ablauf der Anfechtungsfrist wirksam und kann die Grundlage von Beseitigungs- und Unterlassungsansprüchen sein (BayObLG, WEM 80, 174; BGH, WM 83, 1412).

33 g) § 139 BGB (**Teilnichtigkeit**) ist auf Beschlüsse der WEer anwendbar (BayObLG, DerWEer 83, 30; OLG Celle, DerWEer 88, 66). Die Anfechtung kann auf nach Themen abgegrenzte einzelne Beschlüsse (z. B. einzelne Punkte der Tagesordnung) begrenzt werden (KG, DerWEer 86, 93). Die nicht angefochtenen Beschlüsse derselben Versammlung bleiben unberührt (KG, a. a. O).

34 h) Ersetzung: ein zunächst anfechtbarer Beschluß kann durch nachfolgene Beschlußfassung ersetzt, nicht geheilt werden (s. o. Rz. 31). Zur überlagernden Wirkung von Beschlüssen s. BayObLG, DerWEer 84, 62.

§ 24 Einberufung, Vorsitz, Niederschrift

(1) **Die Versammlung der Wohnungseigentümer wird von dem Verwalter mindestens einmal im Jahre einberufen.**

(2) **Die Versammlung der Wohnungseigentümer muß von dem Verwalter in den durch Vereinbarung der Wohnungseigentümer bestimmten Fällen, im übrigen dann einberufen werden, wenn dies schriftlich unter Angabe des Zweckes und der Gründe von mehr als einem Viertel der Wohnungseigentümer verlangt wird.**

(3) **Fehlt ein Verwalter oder weigert er sich pflichtwidrig, die Versammlung der Wohnungseigentümer einzuberufen, so kann die Versammlung auch, falls ein Verwaltungsbeirat bestellt ist, von dessen Vorsitzenden oder seinem Vertreter einberufen werden.**

(4) **Die Einberufung erfolgt schriftlich. Die Frist der Einberufung soll, sofern nicht ein Fall besonderer Dringlichkeit vorliegt, mindestens eine Woche betragen.**

(5) **Den Vorsitz in der Wohnungseigentümerversammlung führt, sofern diese nichts anderes beschließt, der Verwalter.**

(6) **Über die in der Versammlung gefaßten Beschlüsse ist eine Niederschrift aufzunehmen. Die Niederschrift ist von dem Vorsitzenden und einem Wohnungseigentümer und, falls ein Verwaltungsbeirat bestellt ist, auch von dessen Vorsitzenden oder seinem Vertreter zu unterschreiben. Jeder**

Einberufung, Vorsitz, Niederschrift 1–6 **§ 24**

Wohnungseigentümer ist berechtigt, die Niederschriften einzusehen.

I. Vorbild

Vorbild sind die §§ 36, 37 BGB, allerdings den Erfordernissen der WEer-Gemeinschaft angepaßt. Siehe auch §§ 121 ff. AktG, § 49 GmbHG. 1

II. Keine Vertragsfreiheit

Die Vorschrift des **Abs. 1** dient dem Schutz der WEer, insbesondere einer Minderheit; daher ist sie nicht von vornherein in der GemO abdingbar (AG München, Rpfleger, 75, 254 m. w. Nachweisen). Nachträglich kann einstimmig auf die Form des Abs. 4 verzichtet werden (s. unten Rz. 11). 2

III. Einberufung

1. *Gründe:* Regelmäßig mindestens **einmal** im Jahr, ferner in den durch die Vereinbarung bestimmten Fällen, außerdem wenn mehr als ein Viertel der WEer (nach Kopfzahl, wenn nicht anders vereinbart) es verlangt, schriftlich unter Angabe des Zwecks und der Gründe. Ansonsten sooft dies eine ordnungsmäßige Verwaltung erfordert (*Bärmann-Pick*, § 24 Rz. 5; OLG Frankfurt, OLGZ 83, 29 = DerWEer 83, 58). Der Verwalter hat jedoch kein Ermessen bei seiner Entscheidung. Auch eine bereits vorhandene Einigkeit der Mehrheit entbindet nicht von Einberufung (OLG Zweibrücken, OLGZ 83, 339). 3

2. *Verpflichtete und Berechtigte:* Verpflichtet zur Einberufung ist der **Verwalter.** WEer können gegen ihn auf Einberufung klagen (*Palandt-Bassenge*, § 24 Rn. 2). Das Gericht prüft rechtfertigende Gründe inhaltlich nicht; es kann den Verwalter zur Einberufung anhalten (§ 43 Abs. 1 Nr. 2) oder auch die Antragsteller zur Einberufung ermächtigen (BayObLG, MDR 70, 507 = ZMR 70, 274, 275; DerWEer 84, 59). Eine § 37 Abs. 2 BGB entsprechende Bestimmung fehlt zwar, doch ist eine analoge Anwendung notwendig. 4

Dagegen besteht ohne weiteres kein Einberufungsrecht einzelner WEer (BayObLG a. a. O. = NJW 70, 1136 = OLGZ 70, 399) oder auch einer Mehrheit (OLG Düsseldorf, DerWEer 85, 127/LS = 86, 23). Die WEer können den Verwalter abberufen, wenn er nicht einberuft. 5

Eine Abberufung durch das Gericht ist nicht vorgesehen. Vorsorgende Regelung in der Vereinbarung erscheint zweckmäßig. 6

7 Minderheitenanspruch auf Einberufung besteht bei Einhaltung der Formalien des § 24 **Abs. 2**, er ist **unabdingbar** (BayObLG, NJW 73, 151 = Rpfleger 72, 453 = MDR 73, 49). Auf die Höhe der Miteigentumsanteile kommt es dabei nicht an (OLG Hamm, MDR 74, 138), sondern auf die **Kopfzahl** (BayObLG, DerWEer 84, 59). Die gleiche Minderheit, nicht aber ein einzelner, kann verlangen, daß bestimmte Punkte auf die Tagesordnung der normalen WEer-Versammlung gesetzt werden (LG Hamburg, NJW 62, 1867 und BayObLG, MDR 70, 507).

8 Eine wesentliche Verbesserung gegenüber dem bisherigen Rechtszustand enthält der geänderte § 24 **Abs. 3**. Hiernach hat der Vorsitzende des Verwaltungsbeirats oder sein Vertreter in Fällen, in denen ein Verwalter überhaupt fehlt oder dieser sich pflichtwidrig weigert, eine Versammlung einzuberufen, ein Einberufungsrecht. Nach LG Krefeld (v. 27. 4. 83 – 1 T 180–181/81) ist die Einberufung durch den Verwaltungsbeirat unschädlich, wenn auch der Verwalter verpflichtet gewesen wäre. In der Verlegung einer WEerversammlung liegt i. d. R. keine Weigerung des Verwalters i. S. des Abs. 3 (OLG Hamm, MDR 80, 1022 = OLGZ 81, 24).

9 Durch Abs. 3 kann das langwierige Verfahren nach § 24 Abs. 2 bzw. die Ermächtigung durch den FG-Richter vermieden werden. Voraussetzung ist aber, daß ein Verwaltungsbeirat vorhanden ist (OLG Düsseldorf, DerWEer 85, 127/LS = 86, 23). Pflichtwidrig handelt der Verwalter, wenn er gemäß § 24 Abs. 2 nicht einberuft.

10 3. *Form und Inhalt der Einberufung:* **Schriftlichkeit** ist vorgeschrieben. Verletzung des § 24 **Abs. 4** führt aber nicht zur Ungültigkeit. Daß Einberufung die Tagesordnung zu enthalten hat, ist indessen Gültigkeitsvoraussetzung (§ 23 Abs. 2). Es liegt nicht im nicht nachprüfbaren Ermessen des Verwalters, zu welcher Tageszeit er eine Versammlung einberuft. Der **Zeitpunkt** muß verkehrsüblich und zumutbar sein (OLG Frankfurt, DerWEer 83, 61 = NJW 83, 398 für eine Wiederholungsversammlung an einem Werktagvormittag).

11 4. *Frist:* **Abs. 4** reine Sollvorschrift. Bei Verletzung erfolgt keine Ungültigkeitserklärung (OLG Hamm, DerWEer 87, 54). Unbenommen bleibt eine persönliche Schadensersatzverpflichtung des Verwalters.

12 5. **Absage** *einer einberufenen Versammlung:* sie hat grundsätzlich durch den Einberufungsberechtigten zu erfolgen. Auch die unberechtigte Absage ist im Interesse der Rechtssicherheit als wirksam anzusehen (*Merle,* GemWoW 80, 438; OLG Hamm, MDR 80, 1022).

IV. Vorsitz

Abs. 5: ihn führt der Verwalter, wenn die Versammlung selbst 13
nichts anderes beschließt (Mehrheitsbeschluß genügt). Die Vereinbarung kann von vornherein anderes vorsehen. Vorsitzender hat – vorbehaltlich der gerichtlichen Nachprüfung – über die Annahme bzw. Ablehnung eines Antrags zu entscheiden (OLG Hamm, Rpfleger 79, 342 = WEM 79, 175 = OLGZ 79, 296 = BlGBW 80, 73). Die Zulässigkeit eines Mehrheitsbeschlusses für den Vorsitz bei künftigen Versammlungen ist zweifelhaft, da damit eine Änderung des § 24 Abs. 5 verbunden wäre.

V. Niederschrift

1. *Form und Inhalt* (**Abs. 6**): Niederschrift ist Pflicht, sie ist damit 14
jedoch keine öffentliche Urkunde, sondern **Privaturkunde** (BayObLG, DerWEer 84, 62 = MDR 84, 495; DerWEer 87, 56; KG, DerWEer 89, 136). Wegen der dinglichen Wirkung nach § 10 Abs. 3 besteht die Verpflichtung der Verwaltung, Beschlüsse aufzubewahren; Niederschriften sind innerhalb eines Monats anzufertigen (LG Freiburg NJW 68, 1973 = ZMR 68, 337). Allerdings so rechtzeitig, daß Kontrolle und ggfs. Wahrung der Anfechtungsfrist möglich sind. Am besten erscheint die Führung eines Protokollbuchs und Sicherung des Einsichtsrechts durch Vereinbarung.

Die Einreichung zu Grundakten ist nach h. M. ausgeschlossen. Notarielle Beurkundungen sind zulässig. 15
Zur Verkündung der Beschlußergebnisse vgl. *Merle,* ZGemWoW i. B. 80, 29. Die **Feststellung** des **Ergebnisses** der **Abstimmung** in der Niederschrift ist für die Frage des Zustandekommens eines Beschlusses nicht entscheidend (BayObLG, DerWEer 84, 62 = MDR 84, 495). Nach a. A. ist die Feststellung des Verwalters im Protokoll über die Annahme oder Ablehnung eines Antrags konstitutiv (OLG Hamm, OLGZ 79, 296; offengelassen von OLG Frankfurt, NJW-RR 93, 86).

Die inhaltliche Gestaltung eines Ablaufprotokolls, das über den 16
gesetzlichen Mindestinhalt der Niederschrift nach Abs. 6 S. 1 hinausgeht, unterliegt dem grundsätzlich freien Ermessen des Verwalters (OLG Hamm, OLGZ 89, 314). Mit den Niederschriften sind das Verzeichnis der Teilnehmer und Belege bei Einberufung zu sammeln.

2. *Die Gültigkeit des Beschlusses wird durch* **Fehlen** *einer* **Nieder-** 17
schrift *oder* **Mängel** *derselben nicht berührt* (OLG Hamm, DNotZ 67, 38 = ZMR 67, 22). Mögliche Anfechtungsgründe bestehen nach

§ 23 Abs. 4, 43 Abs. 1 Nr. 4. Grundsätzlich kann Korrektur inhaltlicher Fehler im Protokoll verlangt werden, aber im Interesse des Rechtsfriedens nicht wegen jeder Bagatelle (BayObLGZ 82, 445). D.h. nur dann, wenn ein WEer durch den Inhalt eines Protokolls rechtswidrig beeinträchtigt wird oder falls eine rechtsgeschäftlich erhebliche Willenserklärung falsch protokolliert worden ist (KG, DerWEer 89, 136 = MDR 89, 742) oder bei einem eindeutigen Ermessensfehlgebrauch (OLG Hamm, OLGZ 89, 314). Die **„Genehmigung"** der Niederschrift in einer folgenden Versammlung ist kein (anfechtbarer) Beschluß im materiellen Sinne, weil er keine Bindungswirkung zu erreichen vermag (BayObLG, DerWEer 87, 56). Zum Rechtsschutzbedürfnis eines Antrags auf Feststellung des Protokolls s. § 43 Rz. 15.

Die Unterzeichnung der Niederschrift kann auch nachgeholt werden.

18 Die Unterlassung der Niederschrift kann Schadensersatzansprüche zur Folge haben (§ 675 BGB), und zwar gegen Niederschriftsverpflichtete, sie hat jedoch keinen Einfluß auf die Anfechtungsfrist (s. § 23 Rz. 28). Zur Beweiskraft des Protokolls s. BayObLG, Wohnung u. Haus 80, 102. Die Niederschrift begründet nicht den Beweis der Richtigkeit ihres Inhalts (BayObLG, DerWEer 84, 62 = MDR 84, 495; 87, 56; KG, DerWEer 89, 136). Sie ist lediglich eine **Privaturkunde** i. S. von § 416 ZPO (BayObLG, DerWEer 85, 57; 87, 56). Verspätet ist jedenfalls die Versendung der Niederschrift, wenn sie 4 Monate nach der Versammlung erfolgt (BayObLG, Wohnung u. Haus 80, 102). Zur Erstellung und Übersendung vgl. auch BayObLG, DerWEer 82, 137.

19 3. *Wirkung gegenüber Rechtsnachfolgern, Minderheit und Dritten:* Siehe § 10 Rz. 5ff., 33ff. Sie ergibt sich aus § 10 Abs. 3 (unabhängig von der Protokollierung). Bindung Dritter an die Beschlüsse (z. B. Hypothekengläubiger, Bauunternehmer) ist nur im Rahmen des allgemeinen Vertragsrechts möglich.

VI. Einsichtsrecht

20 Abs. 6 Satz 3: Jeder WEer. Die Vereinbarung kann anderes vorsehen. Ein WEer kann Dritten ermächtigen, es besteht aber kein originäres Recht Dritter auf Einsicht, auch der Hypothekengläubiger nicht, wenn es nicht vorbehalten ist. Für sie sind aber doch die Grundsätze des § 12 GBO zu beachten. Auch Anfertigung von Abschriften möglich. Die Entscheidung über ein (verweigertes) Einsichtsrecht erfolgt im Verfahren nach § 43 Abs. 1

Nr. 1 oder 2. Das Verlangen eines Dritten ist durch ein ordentliches Streitgericht zu entscheiden (§ 259 BGB oder Vertrag).

Das Einsichtsrecht gilt auch für Zirkularbeschlüsse nach § 23 Abs. 3 und für gerichtliche Entscheidungen. 21

Es besteht die Pflicht des Verwalters zur unverzüglichen Mitteilung der Beschlüsse. Dieser hat innerhalb eines Monats Einsicht zu gewähren (LG Freiburg NJW 68, 1973 = ZMR 68, 337). 22

Gleiche Grundsätze gelten hinsichtlich gerichtlicher Entscheidungen nach § 43, gleich, wen sie betreffen. Die dingliche Wirkung besteht nicht nur gegenüber Sonderrechtsnachfolgern, sonder auch unter den WEern selbst. Hieraus folgt das Recht auf Unterrichtung. 23

§ 25 Mehrheitsbeschluß

(1) **Für die Beschlußfassung in Angelegenheiten, über die die Wohnungseigentümer durch Stimmenmehrheit beschließen, gelten die Vorschriften der Absätze 2 bis 5.**

(2) **Jeder Wohnungseigentümer hat eine Stimme. Steht ein Wohnungseigentum mehreren gemeinschaftlich zu, so können sie das Stimmrecht nur einheitlich ausüben.**

(3) **Die Versammlung ist nur beschlußfähig, wenn die erschienenen stimmberechtigten Wohnungseigentümer mehr als die Hälfte der Miteigentumsanteile, berechnet nach der im Grundbuch eingetragenen Größe dieser Anteile, vertreten.**

(4) **Ist eine Versammlung nicht gemäß Absatz 3 beschlußfähig, so beruft der Verwalter eine neue Versammlung mit dem gleichen Gegenstand ein. Diese Versammlung ist ohne Rücksicht auf die Höhe der vertretenen Anteile beschlußfähig; hierauf ist bei der Einberufung hinzuweisen.**

(5) **Ein Wohnungseigentümer ist nicht stimmberechtigt, wenn die Beschlußfassung die Vornahme eines auf die Verwaltung des gemeinschaftlichen Eigentums bezüglichen Rechtsgeschäfts mit ihm oder die Einleitung oder Erledigung eines Rechtsstreits der anderen Wohnungseigentümer gegen ihn betrifft oder wenn er nach § 18 rechtskräftig verurteilt ist.**

§ 25 1–7 I. Teil. Wohnungseigentum

I. Grundsätzliches

1   Siehe Vorbem. vor § 20 und Einl. Die Vorschrift ist ein Ausgleich für die Unauflösbarkeit. Eine besondere Bedeutung hat die Versammlung wegen dinglicher Wirkung der Mehrheitsbeschlüsse nach § 10 Abs. 3. Grundsätzlich sind Beschlüsse auch bei Form- und Inhaltsmängeln gültig bis zur Ungültigkeitserklärung auf Grund Anfechtung innerhalb eines Monats (§ 23 Abs. 4).

II. Anwendungsfälle

2   § 25 ist **abdingbar** durch einstimmige Vereinbarung (BayObLG, ZMR 79, 213 = WEM 79, 135; BayObLGZ 81, 50 = Rpfleger 81, 285 = ZMR 81, 249 = MDR 81, 675), **außer Abs. 5** und wohl auch **Abs. 4** (a. A. OLG Frankfurt, OLGZ 83, 29 = DerWEer 83, 58 m. w. N. und DerWEer 83, 61). Grenzen hierfür sind Verbotsgesetze, Sittenwidrigkeit und Interessenkollision. Eine Änderung der Vereinbarung hat immer einstimmig zu erfolgen (§ 33 BGB ist nicht anwendbar: OLG Frankfurt, OLGZ 81, 154).

3   Mehrheitsbeschlüsse sind in allen Angelegenheiten der Gemeinschaft zulässig, wenn es sich um Verwaltung und Gebrauch handelt, insbesondere also nach §§ 13 ff., 15, 20 ff., 21 Abs. 3, 26 Abs. 4, 5, § 29 Abs. 1, soweit nicht Einstimmigkeit unabdingbar ist. Grundsätzlich ist die Beschlußfassung beschränkt auf das gemeinschaftliche Eigentum und die gemeinschaftliche Nutzung, umfaßt aber auch Angelegenheiten des SEs, die gemeinschaftliches Eigentum und gemeinschaftliche Nutzung berühren.

4   § 25 ist Ergänzung der §§ 23, 24 mit Sonderbestimmungen über das Stimmrecht (Abs. 2), Beschlußfähigkeit (Abs. 3 und 4) und Ausschluß des Stimmrechts (Abs. 5).

5   Es ist immer richterliche Kontrolle nach § 43 mit inhaltlicher Nachprüfung zulässig. Von jedem WEer kann nach § 21 Abs. 4 ggfs. eine entspr. Beschlußfassung verlangt werden.

6   Die Beschlußfähigkeit kann abhängig gemacht werden von der Anwesenheit einer gewissen Kopfzahl, wie auch von einer gewissen Anteilshöhe.

7   Die Mehrheit kann qualifiziert werden. Eine qualifizierte Stimmenmehrheit ist nur dann erreicht, wenn eine entsprechende Anzahl von Ja-Stimmen abgegeben wurde (OLG Celle, NJW-RR 92, 86, im Anschluß an BGH, NJW 89, 1090). Es ist auch eine Vereinbarung möglich, nach der in bestimmten Angelegenheiten Einstimmigkeit erforderlich ist. Ein Fall der qualifizierten Mehrheit ist § 18 Abs. 3: Mehrheit von mehr als der Hälfte der Stimmberechtigten (nicht nur der Erschienenen oder vertretenen WEer). Damit

scheiden Beschlußfähigkeitsvorschriften (vgl. zur Beschlußfähigkeit OLG Düsseldorf: mehr als die Hälfte der MEanteile müssen vertreten sein, MDR 92, 374) aus.

Wird die Mehrheit nicht erreicht, ist kein Beschluß zustandegekommen (**Nicht-** oder **Scheinbeschluß**). Er kann auch nicht durch die entspr. Verlautbarung des Versammlungsergebnisses zum (anfechtbaren) Beschluß werden (*Palandt-Bassenge*, § 23 Rn. 13f.; a. A. OLG Schleswig, DerWEer 87, 133). Anderes gilt ev. für Wahlen (s. § 26 Rz. 18) bei mehreren Kandidaten. Zu den Voraussetzungen eines sog. Nichtbeschlusses s. OLG Frankfurt, NJW-RR 93, 86.

III. Stimmrecht

1. **Kopf-** *oder* **Wertprinzip:** Anders als § 745 Abs. 1 Satz 2 BGB, § 12 AktG und § 47 GmbHG räumt § 25 **Abs. 2** ein Stimmrecht nach Köpfen ein, sofern nichts anderes vereinbart ist. Der Grund ist, Majorisierung zu vermeiden. Diese ist aber sowieso richterlich nachprüfbar (KG, Rpfleger 79, 65: Mehrstimmrecht kann nicht als einfaches Stimmrecht fingiert werden). Das OLG Hamm (Rpfleger 78, 182 = OLGZ 78, 185) hält im Einzelfall die **Beschränkung** eines WEers auf 25% der **Gesamtzahl** der Stimmen für angemessen. Das LG Berlin (DerWEer 86, 62) sieht dagegen eine Beschränkung des Mehrheitseigentumes auf 25% **seiner** Stimmen für sachgerecht, ohne daß für die Annahme eines **Rechtsmißbrauches** weitere Umstände hinzukommen müssen. Mit dem KG (NJW-RR 86, 643 = ZMR 86, 174; DerWEer 87, 24; 89, 24; 89, 139) ist festzuhalten, daß allein die Nutzung eines Stimmenübergewichts nicht unzulässig ist. Es kommt damit auf die Überprüfung im Einzelfall an (OLG Zweibrücken, Rpfleger 89, 453). Eine Beschränkung des Stimmrechts auf einen Prozentsatz ist dem Gesetzgeber vorbehalten (a. A. OLG Düsseldorf, OLGZ 84, 289). Zur unzulässigen Rechtsausübung durch eine majorisierte Stellung eines WEers s. a. KG, Rpfleger 78, 25. Dies ist jedoch nur ausnahmsweise anzunehmen (BayObLG v. 15. 12. 82 – 2 Z 18/82).

Die Abweichung vom **Kopfprinzip** durch das **Wertprinzip** ist grundsätzlich zulässig (OLG Hamm, Rpfleger 75, 401 = ZMR 76, 310; BayObLG, MDR 80, 142; OLG Frankfurt, OLGZ 83, 29 = DerWEer 83, 58; OLG Zweibrücken, Rpfleger 89, 453). Dies gilt auch für die Berechnung des Stimmrechts nach Wohn- bzw. Raumeinheiten (LG Berlin, DerWEer 86, 62; vgl. BayObLG, wonach die GemO für den Fall der Aufteilung eines MEanteils eine Erhöhung der Zahl der Stimmen entsprechend der Anzahl der neu gebildeten MEanteile vorsehen kann, NJW-RR 91, 910). Auch für die Wahl und Abberufung des **Verwalters** ist es zulässig, das Stimmrecht abweichend von Abs. 2 S. 1 dergestalt zu regeln, daß den einzelnen WEern für jede ihnen gehörende Wohnungseinheit eine Stimme zusteht (KG, Rpfleger 78, 24 m. zust. Anm. *Merle,* 79, 65; OLG Hamm, Rpfleger 78, 182; OLG Karlsruhe, Justiz 83, 412; a. A. *Groß,* ZMR 78, 250 und *Pfennig/Duske,* ZMR 76, 289; *Schoene,* NJW 81, 435).

10 Zur Auslegung der Bestimmung „jedes WE gewährt dem jeweiligen WEer ein Stimmrecht" s. LG Flensburg, ZMR 77, 343. Eine Bestimmung, die Änderungen der GemO von der „Mehrheit von 3/4 aller Stimmberechtigten" abhängig macht, führt nicht automatisch zur Pro-Kopf-Abstimmung (BayObLG v. 15. 12. 82 – 2 Z 18/82).

11 Nur eine einzige Stimme steht auch dem WEer zu, der **mehrere WEsrechte** innehat (so auch LG Hamburg, NJW 74, 1911 u. h. M.) oder MEer verschiedener EWen ist (a. A. *Schoene,* NJW 81, 435, dem entgegenzuhalten ist, daß seiner Ansicht der Wortlaut des Gesetzes sowie die ratio legis widersprechen). Bei unterschiedlicher Rechtsträgerschaft, z. B. wenn ein WEer gleichzeitig Alleineigentümer einer EW und Miteigentümer einer weiteren EW ist, haben die Miteigentümer eine (gemeinsame) Stimme (KG, DerWEer 89, 23). Denn sonst würde das Stimmrecht der Rechtsgemeinschaft ersatzlos wegfallen. Grundsätzlich zum Stimmrecht *Ziege,* NJW 73, 1285.

12 Zum Rechtsmißbrauch durch Stimmenmehrheit eines WEers vgl. OLG Karlsruhe, OLGZ 76, 145 = ZMR 77, 343, OLG Hamm und KG a. a. O.

13 Die Vereinbarung muß **Ausgleich** zwischen der Gefahr der Majorisierung und dem stärkeren Interesse aus größerem Anteil versuchen. Vereinbarungen gehen grundsätzlich vom Wertverhältnis aus, meist der Einfachheit halber vom Miteigentumsanteil. Dies ist grundsätzlich zulässig (OLG Hamm, Rpfleger 75, 401). Auch eine unterschiedliche Bewertung für einzelne Angelegenheiten ist möglich.

14 In einer **Mehrhausanlage** sind nur die SEer des betreffenden Gebäudes in Angelegenheiten stimmberechtigt, von denen nur sie berührt werden und die über den Bereich dieses Hauses auch nicht hinauswirken (BayObLG, NJW 62, 492; MDR 75, 844 = Rpfleger 75, 310; ZMR 76, 84; OLG Stuttgart, WEM 80, 75). Bei einer Beschlußfassung über die Verteilung der gemeinschaftlichen Kosten sind alle WEer stimmberechtigt, hier: Beteiligung der Garageneigentümer an Gemeinschaftskosten (BayObLG v. 27. 2. 81, DerWEer 82, 131).

Das Stimmrecht steht auch dem zu, dessen WE noch nicht er- 15
richtet ist (BayObLG, MDR 80, 142).

2. **Ausübung** *des Stimmrechts:* Sie ist einseitige **Willenserklärung,** 16
empfangsbedürftig, ausdrücklich oder stillschweigend (BayObLGZ 81, 161 = Rpfleger 81, 285) und anfechtbar nach allgemeinem Recht. **Stimmrechtsverbindungen** usw. sind zulässig, für Beschlußergebnis sind sie unbeachtlich, kein Grund zu Ungültigkeitserklärung. Schadensersatzverpflichtung daraus richtet sich nach allgemeinen Grundsätzen. Für Geschäftsunfähige oder Geschäftsbeschränkte gelten die allgem. Grundsätze. Auch der Erwerber wird i. allg. bereits vor dem Rechtsübergang als zur Ausübung des Stimmrechts ermächtigt anzusehen sein (KG, Rpfleger 79, 316).

3. **Übertragbarkeit** *des Stimmrechts:* Als Teil des Mitgliedschafts- 17
rechts ist es unübertragbar, wohl aber ist **Vertretung zulässig,** sowohl im Willen als auch in der Erklärung, wenn die Vereinbarung nichts anderes bestimmt (BGH, DerWEer 87, 23; BayObLG, DerWEer 88, 140). Bei einem Beschluß über die Entlastung des Verwalters ist ein Verwalter, der zugleich WEer ist, auch dann nicht stimmberechtigt, wenn er von den Beschränkungen des § 181 BGB befreit ist; eine Ausübung des Stimmrechts durch einen vom Verwalter bevollmächtigten WEer ist ebenfalls ausgeschlossen (AG Frankfurt, NJW-RR 92, 86). Zur Auslegung einer Bestimmung in der GemO zur Vertretung durch schriftlich Bevollmächtigte s. BayObLGZ 84, 15 = DerWEer 84, 62 = MDR 84, 495.

Eine **Beschränkung** der **Vertretung** auf bestimmte Personen 18
(Ehegatten, WEer) ist grundsätzlich zulässig (BGH, DerWEer 87, 23; Beschl. v. 29. 1. 93 – V ZB 24/92 (NJW 93, 1329); BayObLG, DerWEer 88, 140; OLG Karlsruhe, OLGZ 76, 273 = MDR 76, 758, OLG Frankfurt, OLGZ 79, 134 = Rpfleger 79, 218; AG Baden-Baden, MDR 84, 941), wenn auch **nicht** durch Vertrag der Gemeinschaft mit dem Verwalter (AG Düsseldorf, DerWEer 87, 102) oder im Beschlußwege (LG Hamburg, Rpfleger 79, 65; BayObLG, DerWEer 88, 140; a. A. für den Ausschluß der Vertretung durch einen Anwalt LG Hamburg, Rpfleger 79, 65 und KG, DerWEer 86, 58 für die Beschränkung der Vertretung auf Ehegatten, Ws-/TEer oder Verwalter), sondern nur durch Vereinbarung (allg. M.). Grenzen ergeben sich gemäß §§ 134, 198, 242 BGB (BGH, a. a. O.; BayObLGZ 81, 161 = Rpfleger 81, 285). Die GemO kann allerdings die Anwesenheit fremder Personen (Berater, Zuhörer) ausschließen (KG, DerWEer 86, 59). Deshalb ist in diesem Fall ein Rechtsanwalt i. d. R. nicht teilnahmeberechtigt (auch

§ 25 19, 20   I. Teil. Wohnungseigentum

wenn die GemO schweigt), nur ausnahmsweise bei einem berechtigten Interesse des betr. WEers (BGH v. 29. 1. 93 – V ZB 24/92 auf Vorlage des KG, NJW-RR 93, 25 LS; a. A. BayObLGZ 81, 161 = Rpfleger 82, 285 u. OLG Karlsruhe, WuM 86, 229). Rechtliche Gründe oder der Schwierigkeitsgrad der Angelegenheit können ein berechtigtes Interesse begründen (BGH a. a. O.). Ob eine Vertretung generell durch Vereinbarung ausgeschlossen werden kann, ist zweifelhaft (a. A. offenbar AG Düsseldorf, DerWEer 87, 102), durch Beschluß jedenfalls nicht.

19 Zulässig ist auch die Überlassung der Berechtigung zur Ausübung des Stimmrechts, z. B. an Verwalter, Mieter, Pächter oder Nießbraucher, allerdings nur für bestimmte Angelegenheiten. Vertritt ein WEer andere, muß die ihm erteilte Vollmacht regelmäßig dahingehend ausgelegt werden, daß sie sich nur auf die Abstimmung zu den in dem Einladungsschreiben vorgesehenen Tagesordnungspunkten erstreckt (OLG Hamm, NJW-RR 93, 468). Zur Bevollmächtigung des Anwartschaftsberechtigten s. *Bärmann-Pick,* § 25 Rz. 19 u. KG, Rpfleger 79, 316 = OLGZ 79, 290 = BlGBW 80, 73. Nach Auffassung des BGH steht dem werdenden bzw faktischen WEer (noch) kein Stimmrecht neben bzw. anstelle des nicht eingetragenen Veräußerers zu (NJW 89, 1087 = DerWEer 89, 63; a. Vorlage des KG, DerWEer 86, 122; 86, 136). Begründet wird dies mit Erfordernissen der Rechtsklarheit aufgrund des GBstands. Dies kann wegen des formalen Kriteriums zu unbefriedigenden Ergebnissen führen, z. B. wenn der Nocheigentümer sein Stimmrecht nicht (mehr) ausüben will. Es bleibt nur Bevollmächtigung bzw. Ermächtigung, im eigenen Namen (BGH, a. a. O). Zur sog. **verdrängenden Vollmacht** siehe *Tasche,* DNotZ 74, 586 und *Bärmann-Pick,* a. a. O. sowie *Schmid,* DNotZ 75, 138. Zur Vertretungsregelung, wenn es sich bei dem WEer um eine Kommanditgesellschaft handelt, s. OLG Frankfurt, OLGZ 79, 134 = Rpfleger 79, 218.

20 **Pfändung** oder **Verpfändung** des WEs begründen kein Recht auf Stimmrechtsausübung (s. auch *Küster,* Inhalt und Grenzen der Rechte der Gesellschafter, insbesondere des Stimmrechts, Berlin 1954). Zum Stimmrecht eines Wohnungsberechtigten nach § 1093 BGB s. BGH ZMR 77, 182 = Rpfleger 77, 55 = DNotZ 78, 157. Dieser hat nur ein Stimmrecht im Rahmen des § 15 Abs. 2. Während der **Zwangsverwaltung** hat der Zwangsverwalter auch das Stimmrecht in der Versammlung auszuüben (OLG Hamm, DerWEer 87, 54). Hat ein WEer für mehrere EWen nur eine Stimme und ist nicht für alle seine EWen ein Zwangsverwalter eingesetzt, kann die Stimme nicht gezählt werden, wenn sich WEer und

Zwangsverwalter über die Stimmabgabe **nicht einig** sind (KG, NJW-RR 89, 1162).

Die **Bevollmächtigung** zur Stimmrechtsausübung ist keine Verfügung über das Stimmrecht. Eine Schriftform ist hierfür nicht vorgeschrieben, jedoch durch Vereinbarung zulässig (BayObLGZ 84, 15 = DerWEer 84, 62 = MDR 85, 495). Ein Vertreter kann zurückgewiesen werden, wenn dem Vorsitzenden der Versammlung ein schriftlicher Nachweis der Vertretungsmacht nicht vorliegt (BayObLG, a.a.O.). Der Nachweis einer Dauervollmacht muß in jeder Versammlung erneut vorgelegt werden (BayObLG, a.a.O. für eine Prokura). Eine Abstimmung ist aber nicht deswegen unwirksam, weil kein schriftlicher Nachweis der Vertretungsvollmacht vorlag (BayObLG, a.a.O.). 21

4. **Nießbraucher:** (s. § 1 Rz. 23, § 13 Rz. 20; *Palandt-Bassenge,* § 1068 Rn. 4). Nießbraucher ist zur Stimmrechtsausübung in Angelegenheiten nach §§ 15, 16 und 21 befugt, nicht aber bei Verfügungshandlungen, nicht bei Ausübung des Entziehungsrechts und bei besonderen Aufwendungen samt Wiederaufbau (s.a. KG, Rpfleger 79, 316 = OLGZ 79, 290 = BlGBW 80, 73; DerWEer 87, 134). Zum Stimmrecht des Nießbrauchers allgemein s. *Schöner,* DNotZ 75, 78 und *Weimar,* BlGBW 80, 169, der sich gegen eine Stimmrechtsspaltung ausspricht. 22

Bei Meinungsverschiedenheiten zwischen Nießbraucher und Eigentümer über die Stimmrechtsausübung ruht das Stimmrecht bis zur Einigung. Fungiert der Nießbraucher als Verwalter, ist er bei der Abstimmung über die Verwalterentlastung von der Ausübung des Stimmrechts nach § 25 Abs. 5 ausgeschlossen (KG, DerWEer 87, 134). In diesem Fall hat der WEer ein subsidiäres Stimmrecht (KG, a.a.O.). Er ist deshalb zu Versammlungen zu laden (ebenda). 23

5. *Einheitliche Ausübung durch* **mehrere Berechtigte: Abs. 2 Satz 2** (dazu *Ziege,* NJW 73, 2185). Für eine analoge Anwendung des Abs. 2 Satz 2 auf den Fall der **Unterteilung** sind OLG Braunschweig, MDR 76, 1023 und BGH, Rpfleger 79, 96 = NJW 79, 870. Kommt keine Einigung unter den Mitberechtigten zustande, ruht das Stimmrecht. Für einen entspr. Rechtsstreit unter den Mitberechtigten ist das ordentliche Gericht zuständig (AG München, BlGBW 84, 94 m. zust. Anm. *Schmid*). 24

6. **Verzicht:** Ein allgemeiner Verzicht ist nicht möglich. Wohl aber durch Nichtausübung des Stimmrechts im Einzelfall. 25

7. **Ruhen:** Eine Bestimmung in der GemO für bes. Fälle – z.B. Nichterfüllung von Verpflichtungen – ist möglich, aber eng auszulegen (BayObLG, NJW 65, 821; KG, DerWEer 86, 121; dazu *Die-* 26

ster, Rspr. S. 114ff.). Die Bestimmung, daß ein WEer bei Verzug von der Teilnahme **und** der Abstimmung ausgeschlossen werden kann, erscheint bedenklich (vgl. *Bärmann-Pick*, § 25 Rz. 33; a. A. LG München I, Rpfleger 78, 381 = MittBayNot 78, 158 = DNotZ 78, 630). Zum Verlust des Stimmrechts im Falle Beitragsverzugs bei entspr. Vereinbarung s. LG München I, ZGemWoW i. B. 80, 135; hierzu konkretisierend vertritt das LG Regensburg (NJW-RR 91, 1169) die Auffassung, daß die Bestimmung in der GemO, wonach ein WEer, der mit der Zahlung von Wohngeld mehr als einen Monat im Verzug ist, von der Teilnahme an der Versammlung ausgeschlossen werden kann, offensichtlich gegen § 242 BGB verstößt. Durch Vereinbarung (GemO) kann nicht bestimmt werden, daß das Stimmrecht bei dem WEer ruht, gegen den ein Beschluß nach § 18 Abs. 3 gefaßt worden ist (KG, DerWEer 86, 121).

IV. Beschlußfähigkeit

27   **Abs. 3:** Sie ergibt sich aus einem Vergleich zwischen der Gesamtzahl und der Größe der MEs-Anteile der erschienenen oder vertretenen stimmberechtigten WEer, nicht nach Köpfen. Die Versammlung der WEer ist (nur) beschlußfähig, wenn die erschienenen stimmberechtigten WEer mehr als die Hälfte der Miteigentumsanteile, berechnet nach der im Grundbuch eingetragenen Größe dieser Anteile, vertreten. Die Anteile von WEern, die zwar erschienen, aber nicht stimmberechtigt sind, werden nicht mitgezählt (OLG Düsseldorf, MDR 92, 374).

Sind aber wegen § 25 Abs. 5 mehr als die Hälfte der WEer vom Stimmrecht ausgeschlossen, dann ist § 25 Abs. 3 nicht anwendbar: Die Versammlung ist auch beschlußfähig, wenn die Voraussetzungen nicht erfüllt sind (BayObLG, NJW-RR 93, 206). Maßgebend ist die Beschlußfähigkeit im Augenblick des Beschlusses, im Augenblick der Abstimmung (OLG Köln, DerWEer 88, 24). Von der Gesamtzahl der Anteile ist bei Feststellung der Beschlußfähigkeit auch beim Ausschluß einzelner Wohnungseigentümer auszugehen (so KG, Rpfleger 74, 438 = MDR 75, 144). Bei entsprechenden Anhaltspunkten kann jederzeit die Feststellung der Beschlußfähigkeit verlangt werden (OLG Köln, DerWEer 88, 24). Die Grenzen eines solchen Verlangens liegen im Mißbrauch. Zur Auslegung einer Bestimmung in der GemO, wonach die Versammlung ohne Rücksicht auf die Zahl der erschienenen WEr beschlußfähig ist, s. OLG Hamburg, OLGZ 89, 318.

28   Das Wertprinzip der Beschlußfähigkeit schafft einen gewissen Ausgleich gegenüber dem Kopfprinzip der Abstimmung.

Der Mangel der Beschlußfähigkeit ist nur ein Grund zur Ungültigkeitserklärung nach § 23 Abs. 4 (LG Hamburg, NJW 62, 1867; BayObLGZ 81, 50 = Rpfleger 81, 285 = ZMR 81, 249 = MDR 81, 675). Dagegen liegt gar kein Beschluß vor, wenn sich einige WEer versammeln und Entscheidungen treffen (OLG Celle, DerWEer 83, 62), wenn dies weder in der GemO vorgesehen noch ein nur diese Gruppe betreffender Gegenstand behandelt wird. Es handelt sich in Abs. 3 nicht um eine unabdingbare Vorschrift (BayObLGZ 77 Nr. 44 = NJW 78, 1387 = ZMR 79, 21; OLG Hamburg, OLGZ 89, 318). 29

Die zweite Versammlung ist nach **Abs. 4** ohne Rücksicht auf Zahl der Anwesenden beschlußfähig. Eine **gleichzeitige** Einberufung der zweiten mit der ersten Versammlung **(Eventualeinberufung)** ist **unwirksam** wegen Verstoßes gegen Sinn und Zweck des § 23 Abs. 2 (Gelegenheit zur Vorbereitung). Wie hier *Stöber,* Rpfleger 78, 10; OLG Celle, NdsRpfl. 78, 149; OLG Bremen, Rpfleger 80, 295; OLG Köln, DerWEer 82, 130; NJW-RR 90, 26; *Drasdo/Geloudemans,* BlGBW 84, 129; a. A. LG Wuppertal, Rpfleger 78, 23 = MDR 78, 318; *Deckert,* NJW 79, 2291 und *Seuß,* GemWoW i. B. 80, 434. Dazu *Tasche,* DNotZ 74, 581. Die Versammlung darf nicht zu einem Termin angesetzt werden, zu dem nur wenige Gelegenheit zur Teilnahme haben (OLG Frankfurt, OLGZ 82, 418 = NJW 83, 398; DerWEer 83, 61). 30

Erreicht die zweite Versammlung, die unter Verstoß gegen die Hinweispflicht des Abs. 4 Satz 2 einberufen worden ist, trotzdem Beschlußfähigkeit, ist Beschlußfassung anfechtbar (AG Hamburg, DerWEer 89, 78; a. A.: Heilung OLG Frankfurt, OLGZ 83, 29 = DerWEer 83, 58; 61). Eine Wiederholungsversammlung kann gleichzeitig eine Erstversammlung sein, z. B. wenn ein zusätzlicher neuer Tagesordnungspunkt angekündigt wird (OLG Frankfurt, a. a. O.). 31

V. Stimmenmehrheit

Nach Köpfen der Erschienenen (a. A. *Schmid,* BlGBW 80, 26), anders in § 18 Abs. 3. Die Vereinbarung ist in jeder Hinsicht frei. Erst mit der Mehrheitsentscheidung ist ein Beschluß der WEer vorhanden (BayObLG, MDR 80, 142; a. A. OLG Schleswig, DerWEer 87, 133). Bei **Stimmengleichheit** kommt kein Beschluß zustande. Danach ist ggfs. gemäß § 21 Abs. 4 Anrufung des Richters nach § 43 Abs. 1 Nr. 1 zur Entscheidung geboten. Problematisch ist vor allem die **Zweiergemeinschaft,** wenn beide WEer gleiches Stimmrecht haben (dazu OLG Köln, Rpfleger 80, 349). Die **Fest-** 32

stellung des Beschlußergebnisses durch den Vorsitzenden hat keine konstitutive Bedeutung (OLG Schleswig, DerWEer 87, 133). Dies gilt auch für die Protokollierung eines Beschlusses aufgrund falscher **Stimmenzählung** (KG, NJW-RR 89, 1162). Das OLG will allerdings der Verlautbarung des Abstimmungsergenisses durch den Vorsitzenden i. V. mit dem Willen der Teilnehmer u. U. Bedeutung für die Abgrenzung Beschluß/**Nichtbeschluß zumessen.**

33   Nachträglich festgestellte ungültige Stimmen berechtigen nur zur Ungültigkeitserkärung nach § 23 Abs. 4, wenn die fehlerhafte Stimmenmehrheit dadurch beeinflußt war (LG Wuppertal, Rpfleger 72, 451). Art und Weise der Abstimmung sind im Gesetz nicht geregelt. Jeder Stimmberechtigte muß das Stimmrecht wahrnehmen können. Es besteht ein **Recht** auf **Teilnahme** an der Abstimmung und an der Versammlung überhaupt.

34   **Stimmenthaltungen** zählen nach der Rspr. des BGH bei der Berechnung der Stimmenmehrheit **nicht** mit (ZIP 89, 572 = JR 89, 327 m. Anm. *Merle* = NJW 89, 1090 = DerWEer 89, 68). Der BGH hat sich damit der wohl überwiegenden Ansicht in der Literatur, Enthaltungen wie Ablehnung zu werten, nicht angeschlossen (LG Wuppertal a. a. O.; *Bärmann-Pick,* § 25 Rz. 47, *Weitnauer,* § 25 Rz. 6; *Achelis,* NJW 75, 1348; OLG Celle, NJW 58, 307; BayObLG, WEM 79, 38 = Rpfleger 79, 66; KG, NJW 78, 1439 = WEM 78, 54 = Rpfleger 78, 146; OLG Frankfurt, OLGZ 80, 163; OLG Köln, NJW-RR 86, 698). Wie der BGH schon OLG Celle, DerWEer 83, 59 = Rpfleger 83, 271; KG, BlGBW 84, 200 = DerWEer 85, 28; *Merle,* NJW 78, 1440; *Ziege,* NJW 75, 292 u. *Schmid,* BlGBW 80, 25. Die Gleichbehandlung mit dem Vereinsrecht ist allerdings weder dogmatisch zwingend noch soziologisch angemessen. Im übrigen wirft die Entscheidung dann bei jeder Beschlußfassung die Frage auf, ob die erforderliche Mehrheit zur Beschlußfassung gegeben war. Die Bem. des BGH (a. a. O): „Er will auf die Beschlußfassung nicht anders einwirken, als wenn er der Versammlung ferngeblieben wäre oder sich vor der Abstimmung entfernt hätte", ist höchst mißverständlich (dem BGH folgend AG Hamburg-Blankenese, DerWEer 89, 73).

35   Für das **Vereinsrecht** hat der BGH (NJW 82, 1585 = BGHZ 83, 35) ebenfalls entschieden, daß nur die abgegebenen Ja- und Neinstimmen zu berechnen sind (dazu *Trouet,* NJW 83, 2865; kritisch *Weitnauer,* DerWEer 82, 108). Allerdings kann die Vereinssatzung anderes vorsehen (BGH, NJW 87, 2430). Klärende Funktion hat in diesem Zusammenhang nunmehr die Entscheidung des BayObLG, wonach die WEer rechtswirksam **vereinbaren** kön-

nen, daß Stimmenthaltungen als Gegenstimmen gelten (BayObLG, NJW-RR 92, 83).

VI. Interessenkollision

1. **Abs. 5** entspricht § 34 BGB, § 136 Abs. 1 AktG, § 47 **36** GmbHG, § 47 GenG. Hauptfall ist der Abschluß eines **Rechtsgeschäfts** mit der Gemeinschaft, mit Bezug auf die Verwaltung des gemeinschaftlichen Eigentums, z. B. beim Abschluß eines Vergleichs mit einem WEer als Bauträger (BayObLG, DerWEer 83, 30; s. a. WEM 82, 109/111). Die Vorschrift findet Anwendung auch auf **geschäftsähnliche Handlungen** oder **Rechtshandlungen**, nicht auf Tathandlungen (Realakte wie Verbindung, Verarbeitung, Vermischung, Fruchttrennung, Besitzerwerb oder Besitzaufgabe, Finden, Entdecken). Auch starke **wirtschaftliche Verflechtung** zwischen WEer (z. B. GmbH) und Verwalter (z. B. KG) führt zum Ausschluß vom Stimmrecht (OLG Frankfurt, DerWEer 83, 61; OLG Zweibrücken, DerWEer 83, 95; BayObLG, DerWEer 89, 134). Dies gilt, soweit es die Genehmigung der Jahresrechnung betrifft, nicht dagegen bei der Beschlußfassung über den Wirtschaftsplan (OLG Zweibrücken, a. a. O). Bei der Abstimmung über den Abschluß eines Pachtvertrags mit ihrer persönlich haftenden Gesellschafterin (GmbH) ist die KG auf der Seite der WEer ausgeschlossen (BayObLG, DerWEer 89, 134).

Bloße **Vorteilhaftigkeit** für einen einzelnen WEer genügt nicht; **37** es muß ein Rechtsgeschäft abgeschlossen werden. Beschließen der WEer, gegen einen WEer in seiner Eigenschaft als Bauträger wegen der Mängel am GemE gerichtlich vorzugehen und wegen der Kosten eine **Sonderumlage** zu erheben, ist der betr. WEer nicht stimmberechtigt. An der Sonderumlage hat er sich gleichwohl anteilmäßig zu beteiligen (BayObLG, NJW 93, 603).

Das Prinzip muß auch gelten für eine **Entlastung** (BayObLG, **38** WEM 79, 38 = Rpfleger 79, 66; DerWEer 83, 30; OLG Frankfurt, OLGZ 83, 175 = MDR 83, 672; KG, DerWEer 87, 24; AG Emmendingen, ZMR 84, 101: sogar für die Ehefrau des Verwalters bei Eigentum je zur Hälfte) oder Befreiung von Verbindlichkeiten eines WEers. Immer auf gemeinschaftliches Eigentum bezüglich. Der Verwalter(eigentümer) hat auch kein Stimmrecht, wenn es um seine **Abberufung** geht (*Gerauer*, ZMR 87, 165).

Der Ausschluß ergreift zugleich auch eine Abstimmung als **Ver- 39 treter** eines anderen WEers (BayObLG, DerWEer 83, 30; OLG Zweibrücken, DerWEer 83, 95; LG Lübeck, DerWEer 85, 62; 93). Dies gilt auch für den Fall, daß die Jahresabrechnung **zugleich** die

Entlastung enthält (LG Lübeck, a. a. O.). Sind Ehegatten Miteigentümer eines Wohnungseigentums nach Bruchteilen oder in Gütergemeinschaft und ist einer von ihnen gem. § 25 Abs. 5 nicht stimmberechtigt, so wirkt der Ausschluß auch gegen den anderen Ehegatten (BayObLG, NJW-RR 93, 206). Zum Fall, daß mehr als die Hälfte der WEer wegen Abs. 5 vom Stimmrecht ausgeschlossen sind, s. o. Rz. 27. Zur Frage der Entlastung des Nießbraucher/Verwalters s. o. Rz. 22 f.

40 Abs. 5 bestimmt das Ruhen des Stimmrechts, wenn die Entziehung rechtskräftig durch Urteil ausgesprochen ist.

41 2. Ausschluß des Stimmrechts besteht auch bei Einleitung oder Erledigung eines Rechtsstreits der anderen WEer gegen den Ausgeschlossenen. Gemeint sind alle Verfahren. Auch solche nach § 43. Dies gilt auch für den Fall, daß der betroffene WEer in seiner Eigenschaft als **Verwalter** in Anspruch genommen werden soll (BGH, NJW 89, 1093 = DerWEer 89, 66).

3. Entziehung als dritter Fall.

42 4. Die Mitwirkung eines WEers bei Wahrung von Interessen, die seine Person betreffen, ist dagegen grundsätzlich zulässig.

43 5. Das Verbot der Stimmrechtsausübung wegen Interessenkollision ist **unabdingbar.** Dies ist aus § 40 mit § 34 BGB zu schließen (a. A. LG Hamburg, NJW 62, 1867; offengelassen von OLG Zweibrücken, DerWEer 83, 95). Soll einem MEer ein Posten entzogen werden, so darf er mitstimmen, wenn nicht gleichzeitig sein Anstellungsvertrag damit aufgehoben werden soll (KG, OLGZ 79, 28; LG Düsseldorf, MittRhNot 73, 442; LG Dortmund, Rpfleger 66, 335 = MDR 66, 843; *Weitnauer,* § 25 Rz. 11 a; *Palandt-Bassenge,* § 25 Rn. 10; *Soergel-Baur,* § 25 Rz. 10; *Bärmann-Pick,* § 25 Rz. 59; a. A. 10. Aufl.). Zulässig ist auch die Mitwirkung des WEers bei **Wahlen,** die seine Person betreffen (h. M. *Weitnauer,* § 25 Rz. 11 a; OLG Karlsruhe, Justiz 83, 412; a. A. *Schmid,* BlGBW 79, 41).

44 § 181 BGB ist im Rahmen des § 25 Abs. 5 nicht anwendbar, da dieser eine abschließende Regelung darstellt (OLG Karlsruhe, OLGZ 76, 145 = ZMR 77, 343; LG Lübeck, DerWEer 85, 62/LS; 93; s. a. BayObLG, DerWEer 83, 126). Eine in diesem Zusammenhang dem Verwalter erteilte Befreiung von § 181 BGB gilt daher nur mit Wirkung nach außen (LG Lübeck, a. a. O.).

VII. Teilnahmerecht

45 Es folgt aus Mitgliedschaft und Recht auf Teilnahme an der Verwaltung. Ausschluß ist nur bei Vorliegen eines Entziehungs-

Bestellung und Abberufung des Verwalters **§ 26**

grundes möglich (s. o. Rz. 26), dann durch Beschluß im Sinne des § 18. Denkbar ist im Extremfall, daß zur Teilnahme ungeeigneter WEer durch Beschluß gezwungen werden kann, einen geeigneten Vertreter zu schicken; gerichtliche Anordnung nach §§ 43, 44 ist möglich (s. o. Rz. 26).

§ 26 Bestellung und Abberufung des Verwalters

(1) **Über die Bestellung und Abberufung des Verwalters beschließen die Wohnungseigentümer mit Stimmenmehrheit. Die Bestellung darf auf höchstens fünf Jahre vorgenommen werden. Die Abberufung des Verwalters kann auf das Vorliegen eines wichtigen Grundes beschränkt werden. Andere Beschränkungen der Bestellung oder Abberufung des Verwalters sind nicht zulässig.**

(2) **Die wiederholte Bestellung ist zulässig; sie bedarf eines erneuten Beschlusses der Wohnungseigentümer, der frühestens ein Jahr vor Ablauf der Bestellungszeit gefaßt werden kann.**

(3) **Fehlt ein Verwalter, so ist ein solcher in dringenden Fällen bis zur Behebung des Mangels auf Antrag eines Wohnungseigentümers oder eines Dritten, der ein berechtigtes Interesse an der Bestellung eines Verwalters hat, durch den Richter zu bestellen.**

(4) **Soweit die Verwaltereigenschaft durch eine öffentlich beglaubigte Urkunde nachgewiesen werden muß, genügt die Vorlage einer Niederschrift über den Bestellungsbeschluß, bei der die Unterschriften der in § 24 Abs. 6 bezeichneten Personen öffentlich beglaubigt sind.**

I. Der Verwalter

Er ist nächst der Versammlung **wichtigstes Organ** (aber nicht 1 im Rechtssinne). § 26 Abs. 1 enthält **unabdingbare** Vorschriften für die Bestellung und Abberufung des Verwalters (LG Lübeck, DerWEer 85, 128) LS = 86, 64) sogar ein **Verbot** jedweder Einschränkung des Rechts auf Bestellung bzw. Abberufung durch die WEer, abgesehen von den ausdrücklich genannten Tatbeständen. Auch die Bestellung überhaupt kann nicht ausgeschlossen werden (§ 20 Abs. 2). In § 27 sind unabdingbare **Mindestaufgaben** und **Befugnisse** enthalten (dazu eingehend *Merle,* Bestellung u. Abberufung des Verwalters nach § 26 WEG, 1977).

§ 26 2–5   I. Teil. Wohnungseigentum

2   Nicht mehr möglich ist Vorbehalt der Zustimmung eines Gläubigers zur Bestellung oder Abberufung des Verwalters (Abs. 1 S. 4). Das gilt auch für die Neubestellung nach Abberufung des bisherigen Verwalters aus wichtigem Grund (LG Freiburg NJW 68, 1973, zur ehemaligen Rechtslage bedenklich!).

3   1. *Befugnis zur Tätigkeit als Verwalter:* Obwohl die Tätigkeit des Verwalters hohe Anforderungen an wirtschaftlicher und rechtlicher Sachkunde an ihn stellt, verlangt das Gesetz weder einen Befähigungsnachweis noch andere Qualifikationen. Das immer wieder geforderte (gesetzliche) Berufsbild des Verwalters ist aktueller denn je. EDV und Steuerrecht verlangen neben der Kenntnis des WEG ständige Fort- und Weiterbildung.

Demnach kann jede **natürliche** oder **juristische Person,** auch **Personalgesellschaften** wie OHG und KG, auch aus der Mitte der WEer, bestellt werden. Dagegen keine **BGB-Gesellschaft** (BGH, NJW 89, 2059 = DerWEer 89, 130; BayObLG NJW 89, 1112 LS; *Bärmann-Pick,* § 26 Rz. 9; a. A. OLG Frankfurt, NJW-RR 88, 139). Ein entspr. Beschluß ist **nichtig** BGH u. BayObLG a. a. O. Anderes gilt für die **Anwaltssozietät,** soweit dort Verantwortlichkeit, Haftung und Vertretung zweifelsfrei feststehen (OLG Frankfurt, DerWEer 89, 70; offengelassen von BGH, DerWEer 89, 130). Es ist nicht mehr möglich, die Auswahl einem Verbande oder einem sonstigen Dritten zu überlassen (LG Lübeck, DerWEer 85, 128/LS = 86, 67), auch nicht dem Verwaltungsbeirat. Zur Frage der Verwertung einer Vorstrafe, die bereits getilgt ist, s. KG, DerWEer 89, 139.

4   Das G. v. 30. 7. 1974 (BGBl. I S. 910) brachte als einschneidendste Neuerung die Veränderung der Verwalterstellung in § 26 n. F.

Bedeutsam ist die **zeitliche Begrenzung** der Verwalterbestellung auf höchstens 5 Jahre. Die wiederholte Bestellung ist zulässig, doch kann ein entsprechender Beschluß der Wohnungseigentümer frühestens 1 Jahr vor Ablauf der Bestellungszeit gefaßt werden. Damit soll eine Umgebung der Höchstdauer der Bestellung nach Abs. 1 Satz 2 mittels frühzeitiger Verlängerung verhindert werden. Dagegen liegt keine unzulässige Beschränkung vor, wenn bei turnusmäßigem Wechsel des Verwalters die Gesamtbestellungszeit aller Verwalter 5 Jahre überschreitet (LG München II, MittBayNot 78, 59).

5   Die Möglichkeit durch Vereinbarung oder Beschluß die Abberufung des Verwalters auf das Vorliegen eines **wichtigen Grundes** zu beschränken, ist in Absatz 1 im Sinne der h. M. gesetzlich sanktioniert. Auch wenn die GemO die Abberufung des Verwalters auf den wichtigen Grund beschränkt, ist eine einvernehmliche **Aufhebung** der Verwalterbestellung jederzeit möglich (BayObLG, DerWEer 85, 60). Weitere Beschränkungen der Bestellung oder Abberufung des Verwalters sind ausdrücklich ausgeschlossen. Dies gilt namentlich für qualifizierte Mehrheiten oder Zustimmung Dritter (AG Köln, ZMR 77, 345 = MDR 77, 53), die Übertragung der Auswahl an eine Minderheit (AG Niebill, DerWEer 88, 31) oder Auswahlbeschränkungen, z. B. nur aus den WEern (HansOLG Bremen, Rpfleger 80, 68 = DNotZ 80, 489 = BlGWB 80, 75).

Auch die Bestimmung, daß eine Abberufung erst mit Rechts- 6 kraft eines etwaigen Verfahrens gültig sein soll, ist nicht zulässig (KG, Rpfleger 78, 257). Ebenso die Klausel, daß der Beschluß erst nach Abblauf der Anfechtungsfrist wirksam sei (KG, a. a. O.). Zu einzelnen Fällen s. *Pfennig/Duske*, ZMR 76, 289. Wie diese hält auch das AG Berlin-Schöneberg (ZMR 76, 316) bei der Wahl des Verwalters eine Abweichung von § 25 Abs. 1, 2 mittels des Wertprinzips nicht für zulässig. *Groß* (ZMR, 77, 67) fordert eine gesetzliche Regelung. Mit Recht gegen diese Auffassung KG, Rpfleger 78, 24 m. zust. Anm. *Merle* und die h. M. (s. § 25 Rz. 9).

Immer muß eine **Abberufung** wegen **wichtigen Grundes** mög- 7 lich sein, so auch LG Göttingen Rpfleger 68, 359 = Spark. 69, 197 m. Anm. *Herbst*. Näheres bei *Bärmann* (Besprechung NJW 59, 1277 zu BayObLG, NJW 58, 1824; vgl. auch OLG Schleswig, NJW 61, 1870 mit zust. Anm. Karstädt). Ob eine Bestimmung in der Teilungserklärung, die die Verwalterbestellung befristet, als Beschränkung der Abberufung auf den Fall des wichtigen Grundes anzusehen ist, ist str. (s. AG Aachen, DerWEer 88, 71 m. w. N.). Dies wird man nicht ohne weiteres annehmen können; denn es ist i. d. R. nicht zu unterstellen, daß die WEer mit der Befristung gleichzeitig ihre Befugnis zur jederzeitigen Abberufung aufgeben wollen, insbes. bei Bestellung auf längere Zeit.

Zum **wichtigen Grund** siehe: Der Eigenwohner 59, 1 ff. Es han- 8 delt sich um einen Umstand, bei dessen Vorliegen die Beibehaltung des Verwalters den WEern unzumutbar ist: objektiv hindernde Situation und Unzumutbarkeit (s. auch unten Rz. 34 ff.).

Nicht als wichtiger Grund sind anzusehen: Baumängel, die der 9 Bauträger zu vertreten hat; Nachlässigkeiten des Hausmeisters; Verzögerung bei Durchführung von Reparaturen außer bei grober Fahrlässigkeit; Verzögerung in der Beantwortung von Briefen; leichte und selbst gelegentlich größere Unhöflichkeiten des Verwalters und seiner Angehörigen; persönliche Vorurteile; gelegentliche Rechen- oder Schreibfehler; Sinnesänderung hinsichtlich der Notwendigkeit eines Verwalters (s. § 20 Abs. 2).

§ 26 10–16   I. Teil. Wohnungseigentum

10   Ist der Verwalter in der Vereinbarung auf **unbestimmte Zeit** bestellt, gilt der fünfjährige Zeitraum. Ist ein Verwalter auf bestimmte Zeit bestellt worden mit stillschweigender Verlängerung, falls er nicht rechtzeitig abberufen wird, so ist eine Bestellung bis zum Ablauf von fünf Jahren als erfolgt anzusehen (LG Frankfurt, Rpfleger 84, 14). Eine Verlängerungsklausel (innerhalb der Frist des Abs. 1 S. 2) ist zulässig (BayObLG, DerWEer 84, 61).

11   Für das **Dienstverhältnis** des Verwalters gelten §§ 675, 613, 664 BGB (OLG Köln, WEM 80, 82; BayObLG, DerWEer 89, 24). Ein Widerruf der Bestellung kann nur durch die Gemeinschaft mit Hilfe Mehrheitsbeschlusses oder durch Vereinbarung geschehen.

12   Ausgeschlossen ist, daß sämtliche WEer einer kleineren Gemeinschaft ständig zusammen als Verwalter fungieren. Dagegen kann ein turnusmäßiger **Wechsel** des Verwalters unter den WEern festgelegt werden (LG München II, MittBayNot 78, 59).

13   2. **Unabdingbarkeit:** Die Bestellung eines Verwalters ist unabdingbar. Bei Unterlassung der Bestellung besteht das Recht jedes WEers im Rahmen der ordnungsmäßigen Verwaltung, die Bestellung zu verlangen (§ 21 Abs. 4).

14   3. **Rechtsstellung:** Siehe § 27. Der Verwalter ist kein universeller Vertreter kraft Amts, kein Organ. Ggfs. ist er Bevollmächtigter. Vertretungsmacht hat er nur im Rahmen des § 27, sofern nichts anderes bestimmt ist.

II. Bestellung (einschließlich Voraussetzungen)

15   Durch **Mehrheitsbeschluß (Abs. 1 S. 1)** oder durch **Vereinbarung** (BayObLG, Rpfleger 74, 360 = MDR 74, 1020 = DNotZ 75, 97 = NJW 74, 2134: ob es sich um eine Vereinbarung handelt, ist Auslegungsfrage), durch den teilenden Eigentümer nach §§ 8, 10 (KG, DerWEer 87, 97) sowie durch den Richter nach § 26 **Abs. 3** in dringenden Fällen bis zur Behebung des Mangels. Jeder WEer kann nach § 21 Abs. 4 Bestellung oder Abberufung als Maßnahme ordnungsmäßiger Verwaltung verlangen und den Richter nach § 43 Abs. 1 Nr. 1 anrufen.

16   Die Bestellung und Abschluß des Verwaltervertrags sind zwei rechtlich verschiedene Vorgänge, demzufolge auch Abberufung und Beendigung des Verwaltervertrags (allg. M., OLG Köln, DerWEer 89, 30): Bestellung bedeutet Ermächtigung zum Abschluß des erforderlichen Anstellungsvertrages. Die Mehrheit vertritt die ablehnende Minderheit (BayObLG, NJW 74, 1136 = BB 74, 1227 = Rpfleger 74, 401; DerWEer 86, 127). Dennoch ist die Bestellung konstitutiver Akt; Aufgaben und Befugnisse nach § 27 wachsen an,

Bestellung und Abberufung des Verwalters 17, 18 § 26

wenn Bestellter angenommen hat. Dies kann auch durch die Annahme des in der Verwalterbestellung liegenden Angebots durch den Verwalter (BayObLG, DerWEer 89, 24). Es gelten die allg. (Auslegungs)regeln über die Willenserklärungen (BayObLG, a. a. O.). Eine Bestellung unter aufschiebender Bedingung (Verkauf von mindestens 40% der Wohnungen) ist unwirksam (KG, OLGZ 76, 266 = ZMR 77, 347).

Weitere Aufgaben sind im Beschluß zu präzisieren. Erst nach dem Abschluß des Vertrags in die Gemeinschaft eintretende WEer sind an den Vertrag gebunden (im Ergebnis ebenso BayObLG, DerWEer 86, 127: nach § 10 Abs. 4 analog). Für früher entstandene Verbindlichkeiten gegenüber dem Verwalter haften sie (a. A. BayObLG, a. a. O.).

Während des Baues kann ein vorläufiger Verwalter zweckmäßig sein.

Auf den Verwalter finden die §§ 20 ff. u. U. auch schon **vor** Eintragung aller WEs-Rechte Anwendung. Die Anfechtung eines Bestellungsbeschlusses vernichtet die Bestellung rückwirkend (BayObLG, Rpfleger 76, 364 = MDR 76, 1023 = ZMR 77, 345). Deswegen ist es str., ob der **abberufene Verwalter** die Ungültigerklärung eines Beschlusses über **seine** Abberufung betreiben kann (bejahend die h. M., BGH, NJW 89, 1089; KG, DerWEer 89, 136; *Merle,* Festgabe f. H. Weitnauer, S. 195 m. w. N.; BayObLG, Wohnung u. Haus 80, 102; AG Aachen, DerWEer 88, 71; verneinend AG Köln, MDR 77, 53 u. KG, DerWEer 88, 136 im Vorlegebeschluß an den BGH). Dagegen kann der abberufene Verwalter nicht die Bestellung eines **neuen** Verwalters anfechten (KG, Rpfleger 78, 256; AG Aachen, DerWEer 88, 71). 17

1. a) **Mehrheitsbeschluß:** Einfache Mehrheit; eine Zustimmung Dritter ist nicht zulässig. Vereinbarung kann keine andere Mehrheit vorsehen (OLG Karlsruhe, Justiz 83, 412), auch nicht die Ermächtigung des Verwalters zur Übertragung der Verwaltung ohne Mitspracherecht der Wohnungseigentümer auf einen Dritten (BayObLG, Rpfleger 75, 426 = BayObLGZ 75, Nr. 55 = ZMR 76, 315; a. A. OLG Frankfurt, wenn der Verwalter vor Aufnahme der Verwaltungsaufgaben von der Ermächtigung Gebrauch macht und kein WEer widerspricht, Rpfleger, 76, 253 = ZMR 77, 346). Stehen mehrere Kandidaten zur Wahl und erreicht keiner die absolute Mehrheit, ist keiner gewählt (LG Lübeck, DerWEer 85, 128/ LS = 86, 63; OLG Schleswig, DerWEer 87, 133). Stellt der Versammlungsleiter die Wahl des Kandidaten mit den meisten Stimmen fest, ist der Mangel innerhalb der Frist des § 23 Abs. 4 geltend 18

zu machen (LG Lübeck, a.a.O.; OLG Schleswig, a.a.O.). Zur Frage, ob der Verwalter auch mittels eines **Zirkularbeschlusses** bestimmt werden kann, s. § 23 Rz. 10.

19 b) **Nachweis (Abs. 4):** Es erfolgt keine Eintragung der Verwalterbestellung oder Abberufung in öffentliches Register, auch nicht ins Grundbuch. Der Nachweis der Verwalterbestellung ist jetzt erleichtert (Abs. 4). Es genügt zum Nachweis der Verwalterbestellung in Fällen, in denen der Nachweis in öffentlich beglaubigter Urkunde erforderlich ist, eine **Niederschrift** des betr. Beschlusses der WEerversammlung, bei der die Unterschriften des Vorsitzenden, eines WEers und gegebenenfalls des Vorsitzenden des Verwaltungsbeirats öffentlich beglaubigt sind.

20 Abs. 4 kann nicht analog auf die Fälle angewendet werden, in denen der Nachweis der Eintragungsbewilligung der WEer oder der Bevollmächtigung zu führen ist (BayObLG, Rpfleger 79, 108 = DNotZ 79, 174). Es handelt sich insofern um eine Sondervorschrift. Ist der Verwalter bereits in dem GemO (Teilungserklärung) bestellt, wird man Abs. 4 jedoch entsprechend anwenden können, so daß kein neuer Nachweis erforderlich ist (OLG Oldenburg, DNotZ 79, 33 = Rpfleger 79, 266): S. a. LG Oldenburg, Rpfleger 83, 436 = DNotZ 83, 436, nach dem das GBA nicht schon dann für die zum Nachweis der Verwaltereigenschaft vorgelegte Niederschrift die Unterschrift des Beiratsvorsitzenden verlangen kann, sondern erst dann, wenn ein Anhalt für die Annahme besteht, daß die WEer den Verwaltungsbeirat auch tatsächlich gebildet haben. Zum Nachweis nach einer Bestellung durch fehlerhaften Beschluß, der nicht angefochten wurde, s. OLG Bremen, Rpfleger 80, 295.

21 Nach § 27 Abs. 5 kann der Verwalter eine **Vollmachtsurkunde** verlangen. Zur Entgegennahme ist das Grundbuchamt außerhalb des Eintragungsverfahrens zwar berechtigt, aber nicht verpflichtet (BayObLG, Rpfleger 75, 360). Es besteht auch keine **Mitteilungspflicht** über die Bestellung an das GBA (Gefahr der Zustellung an Nichtverwalter!). Zu den **Gebühren** für die Beglaubigung der Verwalterbestellung s. *Bielefeld,* DerWEer 82, 112. Der Wert von Unterschriftsbeglaubigungen auf der Niederschrift ist regelmäßig mit 5000,– DM gemäß § 30 Abs. 2 KostO anzunehmen (KG, DerWEer 88, 104).

22 2. **Richterliche Bestellung:** Ersatzbestellung **(Abs. 3).** Der Beschluß des Richters tritt an die Stelle des Mehrheitsbeschlusses. Jeder WEer kann auf Grund des § 21 Abs. 4 im Rahmen der ordnungsmäßigen Verwaltung den Richter nach § 43 Abs. 1 Nr. 1

auch wegen § 26 Abs. 3 anrufen (BayObLG, DerWEer 84, 59). Es besteht keine Pflicht des Richters zum Eingreifen von Amts wegen. Immer Antragsverfahren.

a) **Antragsrecht:** Es haben jeder WEer und jeder Dritte, der ein berechtigtes Interesse an der Verwaltung hat (z. B. auch Mieter oder Pächter, Gläubiger der Gemeinschaft, Behörden für Durchführung öffentlicher Maßnahmen). 23

b) Voraussetzungen: Der **Verwalter fehlt** schon dann für die Wahrnehmung dringender Angelegenheiten, wenn er verhindert ist oder sich hartnäckig weigert. Grundsätzlich gilt § 26 Abs. 3 nur in dringenden Fällen. 24

Der Weg der Einberufung nach § 24 Abs. 3 mangels Verwalters ist nur gangbar, wenn ein Verwaltungsbeirat vorhanden ist. Bei dessen Fehlen ist nur die Anrufung des Richters möglich. Daneben besteht die Möglichkeit des Selbsthandelns nach § 21 Abs. 2. 25

c) Beschluß: Der **Beschluß** des **Gerichts** ersetzt Mehrheitsbeschluß der WEer; er wird wirksam mit der Rechtskraft (§ 45 Abs. 2). Einstweilige Anordnung nach § 44 Abs. 3 ist ebenfalls möglich (BayObLG v. 13. 12. 82 – 2 Z 113/82 –). Die Beschwerde hat keine aufschiebende Wirkung (§ 24 FGG). 26

d) **Umfang:** Das Gericht wird tunlichst die Bestellung zeitlich beschränken bis zur Behebung des Mangels; es erteilt u. U. dem Verwalter Auftrag zur Einberufung einer Versammlung nach § 24 Abs. 2, welche über die Verwalterbestellung beschließen soll. Das FG-Gericht setzt auch die Vergütung fest (BGH, NJW 80, 2466). 27

e) **Beendigung:** Beschluß ist dafür maßgeblich: für bestimmte Zeit oder bis zur ordnungsmäßigen Wahl. Damit endet auch das Amt des richterlich bestellten Verwalters ohne ausdrückliche Abberufung. Zur Überleitung bestehender Verwalterverträge s. Rz. 47. 28

f) **Kosten** eines Verfahrens: §§ 43 ff., Kosten zu Lasten der Gemeinschaft (BGH, NJW 80, 2466: gesamtschuldnerische Haftung), u. U. auch zulasten des Scheinverwalters (BayObLG v. 13. 12. 82 – 2 Z 113/82). 29

3. *Zeitliche Bindung der WEer:* s. o. Rz. 4.
Die Frist des Abs. 1 S. 2 beginnt mit dem Zeitpunkt der Bestellung (KG, DerWEer 87, 97; Merle, Bestellung u. Abberufung des Verwalters, S. 67) nicht etwa der Beurkundung der Teilungserklärung (KG, a. a. O.).

III. Anstellungsverhältnis

30 Es kann Dienstvertrag, Auftrag bzw. **Geschäftsbesorgungsvertrag** nach § 675 BGB sein (allg. M., s. BayObLG, DerWEer 89, 24). In diesem Rahmen treffen den Verwalter z. B. auch Auskunfts- und Herausgabepflichten nach §§ 666, 667, 675, 260 Abs. 2, 444 BGB (BGH, NJW 81, 283; OLG Köln, WEM 80, 82), auch **Nebenpflichten** in Form von Hinweis- und Organisationspflichten (OLG Schleswig, GWW 80, 199 = Wohnung u. Haus 80, 101). So hat er nach Bestellung eine Erstbegehung des Verwaltungsobjekts durchzuführen (OLG Köln, DerWEer 88, 106) und auf Verlangen den WEern (auch dem einzelnen) eine Liste der Wohnungseigentümer für Verfahrenszwecke zur Verfügung zu stellen (AG Hamburg, DerWEer 85, 62).

31 Umgekehrt können auch die **WEer** Nebenpflichten aus dem Verwaltervertrag treffen (BayObLG, DerWEer 83, 26), z. B. Mitteilungspflichten (OLG Köln, DerWEer 88, 106). Dieser ist annahmebedürftig. Jeder WEer kann die Annahme herbeiführen. Auch das Entgelt des Verwalters wird durch Mehrheitsbeschluß oder richterliche Entscheidung bestimmt (KG, MDR 75, 230 = Rpfleger 75, 28 = MittBayNot 75, 100 = NJW 75, 318 = DNotZ 75, 102), sofern keine Vereinbarung vorliegt.

32 Für das **Entgelt** haften die WEer gesamtschuldnerisch (BGH, NJW 80, 2466). Zur Rechtsstellung des Verwalters s. *Pfeuffer,* NJW 70, 2236 und *Kürzel,* BLGWB 72, 25 sowie *Clasen,* BLGBW 72, 110. Die **Fälligkeit** des Verwalterentgelts regelt sich nach § 614 BGB, sofern nichts anderes vertraglich vereinbart wurde (OLG Hamm, NJW-RR 93, 845). Ansprüche auf Auslagenersatz eines gewerbsmäßigen Verwalters verjähren in 2 Jahren (LG Mannheim, BB 72, 1347). Es besteht kein Anspruch auf Mehrwertsteuer zur Verwaltergebühr, wenn sie nicht vereinbart ist (AG Bad Vilbel, BLGBW 73, 238). Ob **Sondervergütungen** zu zahlen sind, unterliegt der Vereinbarung mit dem Verwalter. Dies ist oft Auslegungssache, denn entspr. Leistungen können durch die normale Vergütung abgegolten sein (BayObLG, DerWEer 85, 95/LS = 85, 124; s. § 28 Rz. 12). Es widerspricht ordnungsmäßiger Verwaltung, einem aus wichtigem Grund abberufenen Verwalter für die Zeit, in der er die Verwaltung nicht geführt hat, ungeachtet der gerichtlichen Überprüfung der Abwahlgründe durch Mehrheitsbeschluß das volle Verwalterhonorar zuzubilligen (KG, DerWEer 87, 135).

Zur Auslegung eines Beschlusses, der dem Verwalter bei der Beitreibung des Wohngelds eine **Aufwandspauschale** zubilligt, s.

OLG Frankfurt, DerWEer 88, 141. Zur Wirksamkeit einer **Wertsicherungsklausel** und zur Spezifizierung der Erhöhung der Vergütung s. BayObLG, DerWEer 82, 137; 84, 30.

Dem gerichtlich bestellten Verwalter können Vergütungsansprüche für die Zeit **vor** Rechtskraft der Entscheidung nach §§ 677ff. BGB zustehen (OLG Hamm, MDR 74, 229; BGH, NJW 80, 2466). Der gerichtlich bestellte **Notverwalter** kann auch dann eine Vergütung erhalten, wenn die Teilungserklärung bestimmt, daß der Verwalter keine Vergütung erhalten soll (AG Frankfurt, NJW-RR 93, 845). Durch die gerichtliche Aufhebung des Bestellungsbeschlusses entfällt auch die Vertretungsmacht (BayObLGZ 76, 211 = ZMR 77, 345). 33

IV. Abberufung

Sie erfolgt gleichfalls durch **Stimmenmehrheit,** vor allem dann, wenn ein **wichtiger Grund** vorliegt (LG Dortmund ZMR 67, 22; AG Lörrach, Beschl. v. 23. 11. 1965 bei *Diester* Rspr. S. 142f.). Solche **Fälle** sind: schwere Pflichtwidrigkeit, z. B. bei grober Mißachtung der WEer (BayObLG, DerWEer 85, 126/LS), indem er die Beschlußunfähigkeit der Versammlung herbeiführt (LG Freiburg NJW 68, 1973), Mißachtung der Wünsche einer Vielzahl von WEern auf Aufnahme eines Punktes in die Tagesordnung und Angriffe gegen den Verwaltungsbeirat (OLG Frankfurt, DerWEer 88, 105 = MDR 88, 780); wenn er die dem obliegenden Aufgaben nicht oder nur unzulänglich erfüllt (BayObLG, DerWEer 85, 126/LS); ebenso bei Alleinverfügung über Gelder der WEer trotz entgegenstehenden Beschlusses (LG Freiburg a.a.O.); Tätigkeit als Makler gegen Entgelt wider den Willen der Mehrheit, wenn ihm die Genehmigung zur Veräußerung von WE und dessen gewerblicher Nutzung übertragen wurde (BayObLG, NJW 72, 1284 = MDR 72, 608 = ZMR 72, 218 = Rpfleger 72, 229); bei unrichtiger Abfassung einer Versammlungs-Niederschrift (BayObLG, WEM 80, 125). 34

Das Kündigungsrecht aus wichtigem Grund ist **unverzichtbar** (BayObLG a.a.O. u. h.M.; s.a. BayObLG, NJW 58, 1824 m. Anm. v. *Bärmann,* NJW 59, 1277 = DB 58, 1389, OLG Schleswig, NJW 61, 1870 sowie allg. zur Kündigung aus wichtigem Grund BayObLG, NJW 65, 821 u. NJW 72, 1284 sowie OLG Oldenburg, NdsRpfl. 71, 205). Die Abberufung selbst erfolgt niemals durch das Gericht im Wege einstweiliger Anordnung nach § 44. Sie ist auch nicht im ordentlichen Streitverfahren wegen gemeinschaftswidrigen Verhaltens oder Rechtsmißbrauchs möglich. Rechtsweg 35 ist vielmehr das FG-Verfahren (s. § 43 Rz. 10). In besonderen Ausnahmefällen kann **jeder** WEer die Abberufung des Verwalters durch das Gericht beantragen, wenn eine solche Maßnahme ordnungsmäßiger Verwaltung entspricht und ein entspr. Abwahlantrag keine Mehrheit gefunden hat (KG, DerWEer 89, 18; s. o. § 21 Rz. 37).

36 Die Abberufung ist, sofern nicht auf den wichtigen Grund beschränkt, **jederzeit** möglich (AG Aachen, DerWEer 88, 71). Kündigungsgründe sind analog (§ 626 Abs. 2 S. 1 BGB in angemessen kurzer Frist geltend zu machen (OLG Frankfurt, NJW 75, 545 = ZMR 76, 88; MDR 88, 780 = DerWEer 88, 105; BayObLG, WEM 80, 125; Wohnung u. Haus 80, 102; ohne Analogie zu § 626 Abs. 2 S. 1 BGB).

37 Die Abberufung braucht noch nicht Beendigung des **Dienstvertrages** zu bedeuten. Sie enthält aber eine Kündigung (BayObLG, MDR 74, 1020 = NJW 74, 1134). Die vom Verwalter mit Erfolg angefochtene Abberufung aus wichtigem Grund ist in eine ordentliche Kündigung zum nächstmöglichen Zeitpunkt umzudeuten (KG, ZMR 87, 392; DerWEer 89, 136). Ob sie gerechtfertigt ist, ist im Verfahren nach §§ 43ff. zu klären (BayObLG a. a. O. = DNotZ 75, 97). Ein formularmäßig abgeschlossener Verwaltervertrag gilt nach § 11 Nr. 12a AGBG jedenfalls dann für die Dauer von nur zwei Jahren, wenn die GemO keine anderweitige Regelung enthält (KG, Grundeigentum 86, 93; DerWEer 89, 136). Mißtrauen allein rechtfertigt noch nicht die Kündigung eines Verwaltervertrags (BGH v. 12. 7. 82 – II ZR 130/81). Der Abberufungsbeschluß hat jedoch zunächst die Beendigung der Verwalterbestellung zur Folge bis zu einer etwaigen gerichtlichen Aufhebung (KG, Rpfleger 78, 257). Dies ergibt sich aus Gründen der Rechtssicherheit, aber auch aus dem sachlichen Zusammenhang der gegenseitigen Abhängigkeit (OLG Köln, DerWEer 89, 30). Das gilt auch dann, wenn im Verwaltervertrag eine abweichende Regelung getroffen ist. Kein Stimmrecht hat der Verwalter(eigentümer) bei der Abstimmung über seine Abberufung (*Gerauer,* ZMR 87, 165).

38 Zur Anfechtungsbefugnis des abberufenen Verwalters s. o. Rz. 17. Auch ein gerichtlich bestellter Verwalter kann durch Mehrheitsbeschluß abberufen werden.

39 Nach **Beendigung** der Verwaltertätigkeit hat der Verwalter gemäß §§ 675, 667 BGB die Unterlagen herauszugeben (AG Hamburg-Blankenese, DerWEer 89, 73). Dies gilt analog diesen Vorschriften auch für die Herausgabe von Bauunterlagen, falls der Verwalter der frühere Veräußerer war (OLG Köln, WEM 80, 82; s. dort auch zur Auskunftspflicht). Er hat den WEern nach seiner

Abberufung den Hausschlüssel herauszugeben (BayObLG, DerWEer 85, 125/LS). Ggf. trifft ihn auch eine Verpflichtung zur Aufgabe und Löschung einer zu seinen Gunsten bestellten, der Sicherung von Gemeinschafts- und Verwalterforderungen dienenden Grundschuld an einer EW, wenn Verwalterforderungen nicht mehr bestehen und auch nicht mehr entstehen können (BayObLG, DerWEer 83, 30). Er ist zur Rechnungslegung i. S. der geordneten Aufstellung der tatsächlichen Einnahmen und Ausgaben verpflichtet (AG Hamburg-Blankenese, DerWEer 89, 73).

Ein abberufener Verwalter kann wiederbestellt werden.

V. Ermächtigung

Sie richtet sich nach § 27 oder Vereinbarung. Zur Vertretung über den gesetzlich übertragenen Wirkungskreis hinaus bedarf er einer Vollmacht. Die Befugnisse nach § 27 Abs. 1, 2 sind **unabdingbar**. Für Legitimation nach § 27 Abs. 5 ist Grundlage die entspr. Ermächtigung durch Beschluß. Er kann Aufstellung einer Vollmachtsurkunde verlangen. 40

Verwalter kann die Ermächtigung nicht ohne Erlaubnis übertragen; eine entgegenstehende Vereinbarung ist nichtig (OLG Schleswig, Wohnung und Haus 80, 101); doch ist ein Erfüllungsgehilfe möglich. 41

Der Verwalter ist (trotz nichtamtlicher Begründung) kein Organ der Gemeinschaft; §§ 31, 89 BGB sind nicht anwendbar. 42

VI. Haftung der Gemeinschaft

Verwalter gilt als **Erfüllungsgehilfe** der WEer (§ 278 BGB), ebenso als **Verrichtungsgehilfe** nach § 831 BGB. Die Gemeinschaft haftet solidarisch (§ 421 BGB; s. § 21 Rz. 10). Auch der Überstimmte. Die gesamtschuldnerische Haftung der WEer gilt auch hinsichtlich der Verwaltervergütung (BGH, NJW 80, 2466) und ggfs. auch für Verletzung von Nebenpflichten (s. oben Rz. 31). 43

Die Gemeinschaft haftet für ein Verschulden bei Auswahl des Verwalters (s. § 831 BGB). Denkbar ist ein Ausgleichsanspruch der Minderheit gegen die Mehrheit (zur Haftung v. Verwalter und WEer s. *Weimar*, JR 73, 8). 44

VII. Rechtsgeschäfte zwischen Gemeinschaft und Verwalter

Wegen **Interessenkollision** ist der Verwalter davon ausgeschlossen (§ 181 BGB; siehe auch unter § 27 Rz. 32). Dem Verwalter 45

§ 27 I. Teil. Wohnungseigentum

einer Eigentumswohnanlage steht kein Anspruch auf **Maklerprovision** bei Vermittlung einer betreffenden Wohnung zu (*v. Hoyningen-Huene,* BB 74, 1006; LG Aurich, NJW 75, 544; LG Aachen, NJW-RR 92, 341; a. A. LG München, NJW 74, 2287 m. abl. Anm. *v. Hoyningen-Huene,* AG München, MDR 75, 145, OLG München, MDR 75, 931 u. LG Hamburg, 780562/89). Das LG München beschränkt die Anwendung des § 2 Abs. 2 Nr. 2 WoVermG auf den Fall, daß er der Verwalter des betr. Wohnungseigentums, des Sondereigentums, ist. Ein Vermittlungsanspruch steht dem Verwalter auch dann nicht zu, wenn er in mehreren Fällen der Wohnungsvermittlung gleichzeitig als Stellvertreter der WEer/ Vermieter den Mietvertrag abgeschlossen hat (LG Düsseldorf, NJW-RR 93, 401), desgl. wenn nicht unerhebliche Zweifel an seiner Eigenschaft als neutraler Vermittler begründet sind (LG Nürnberg-Fürth, NJW-RR 92, 1148). Dies gilt nicht für einen **Hausmeister** (AG Neuss, NJW-RR 91, 909). Zu einem ähnlichen Fall wirtschaftlicher Verflechtung OLG Köln, BB 74, 905.

46 Der **Verwalter** kann mit Forderungen aus dem Verwaltervertrag gegen ebensolche der Gemeinschaft nach § 387 BGB **aufrechnen** (BayObLGZ 76, 165 = Rpfleger 76, 360 = MDR 76, 930 = ZMR 77, 85 = BB 77, 317; OLG Stuttgart, Justiz 83, 341). Dagegen steht ihm kein Zurückbehaltungsrecht an Verwaltungsunterlagen zu gegenüber Forderungen an die Gemeinschaft (AG Hamburg-Blankenese, DerWEer 89, 73). Auch kann ein **WEer** nicht mit einer ihm abgetretenen Forderung des Verwalters gegen Beitragsforderungen der Gemeinschaft aufrechnen (BayObLG, Rpfleger 76, 422). Ebenso nicht gegenüber Ansprüchen der WEer mit Forderungen gegen den Verwalter (BayObLG, WEM 79, 173 = MDR 80, 57).

VIII. Überleitung

47 Zur Überleitung bestehender Verwalterverträge bestimmte Art. 3 § 2 d. G. v. 30. 7. 1973, daß diese spätestens 5 Jahre nach dem Inkrafttreten der Änderungen wirkungslos wurden (BayObLG, Rpfleger 80, 391: Unmöglichkeit trat ein). D. h., da das Gesetz zum 1. Oktober 1973 in Kraft getreten ist, mit dem 1. Okt. 1978. Die Vorschrift ist damit gegenstandslos.

§ 27 Aufgaben und Befugnisse des Verwalters

(1) **Der Verwalter ist berechtigt und verpflichtet:**
1. Beschlüsse der Wohnungseigentümer durchzuführen und für die Durchführung der Hausordnung zu sorgen;

Aufgaben und Befugnisse des Verwalters **§ 27**

2. die für die ordnungsmäßige Instandhaltung und Instandsetzung des gemeinschaftlichen Eigentums erforderlichen Maßnahmen zu treffen;
3. in dringenden Fällen sonstige zur Erhaltung des gemeinschaftlichen Eigentums erforderliche Maßnahmen zu treffen;
4. gemeinschaftliche Gelder zu verwalten.

(2) Der Verwalter ist berechtigt, im Namen aller Wohnungseigentümer und mit Wirkung für und gegen sie:
1. Lasten- und Kostenbeiträge, Tilgungsbeiträge und Hypothekenzinsen anzufordern, in Empfang zu nehmen und abzuführen, soweit es sich um gemeinschaftliche Angelegenheiten der Wohnungseigentümer handelt;
2. alle Zahlungen und Leistungen zu bewirken und entgegenzunehmen, die mit der laufenden Verwaltung des gemeinschaftlichen Eigentums zusammenhängen;
3. Willenserklärungen und Zustellungen entgegenzunehmen, soweit sie an alle Wohnungseigentümer in dieser Eigenschaft gerichtet sind;
4. Maßnahmen zu treffen, die zur Wahrung einer Frist oder zur Abwendung eines sonstigen Rechtsnachteils erforderlich sind;
5. Ansprüche gerichtlich und außergerichtlich geltend zu machen, sofern er hierzu durch Beschluß der Wohnungseigentümer ermächtigt ist;
6. die Erklärungen abzugeben, die zur Vornahme der in § 21 Abs. 5 Nr. 6 bezeichneten Maßnahmen erforderlich sind.

(3) Die dem Verwalter nach den Absätzen 1, 2 zustehenden Aufgaben und Befugnisse können durch Vereinbarung der Wohnungseigentümer nicht eingeschränkt werden.

(4) Der Verwalter ist verpflichtet, Gelder der Wohnungseigentümer von seinem Vermögen gesondert zu halten. Die Verfügung über solche Gelder kann von der Zustimmung eines Wohnungseigentümers oder eines Dritten abhängig gemacht werden.

(5) Der Verwalter kann von den Wohnungseigentümern die Ausstellung einer Vollmachtsurkunde verlangen, aus der der Umfang seiner Vertretungsmacht ersichtlich ist.

I. Unabdingbare Mindestbefugnisse

1 1. *Die Innere Notwendigkeit ergibt sich aus der notwendigen Bestellung eines Verwalters (§ 20 Abs. 2).* **Abs. 1** handelt von Aufgaben, **Abs. 2** von Befugnissen des Verwalters. Diese bedeuten nicht nur Regelung des Innenverhältnisses; das Tätigwerden nach außen im Namen der WEer ist – soweit die gesetzliche Vertretungsmacht überschritten ist – der ausdrücklichen Ermächtigung durch Beschluß der WEer vorbehalten. **Abs. 3** regelt die Unabdingbarkeit; **Abs. 4** handelt von der Geldverwaltung; **Abs. 5** betrifft die Aushändigung einer Vollmachtsurkunde.

2 2. *Geschäftsführung (Abs. 1):* Befugnis und Verpflichtung dazu beruhen bereits auf dem Gesetz als Mindestinhalt der Bestellung des Verwalters. Es ist ein schuldrechtliches Verhältnis ähnlich der Geschäftsbesorgung nach § 675 BGB, die zusätzlich vereinbart werden kann. Dazu kommen § 28 über Rechnungslegung und § 27 Abs. 4 über Geldverwaltung.

3 3. *Verwalterbestellung* ist rechtlich gestärkt durch Mindestaufgaben und -befugnisse.

4 4. *Rechtsweg:* § 43 Abs. 1 Nr. 2, wenn auch dort nur von der Verwaltung des gemeinschaftlichen Eigentums die Rede ist. Zur Feststellungsklage des Verwalters über Pflichten der WEer aus der Hausordnung richtig OLG Hamm Rpfleger 70, 135 = MittBayNot 70, 109. Nach Abberufung sind Ansprüche gegen den Verwalter auf Rechnungslegung und Herausgabe ebenfalls nach § 43 Abs. 1 Nr. 2 geltend zu machen; dasselbe gilt für Vergütungsansprüche (s. § 43 Rz. 8). Zur Beteiligung des Verwalters am Verfahren s. BayObLG, NJW 72, 880. Rechtsweg ist grundsätzlich das FG-Verfahren, auch bei Schadensersatzansprüchen gegen Verwalter (s. § 43 Rz. 8). Zur örtlichen Zuständigkeit siehe Rz. 10 Vor § 43.

5 5. *Vertretungsmacht:* § 744 Abs. 2 BGB ist nicht analog anzuwenden.

6 6. Die *Mindestaufgaben und Befugnisse* nach Abs. 1 und 2 sind unabdingbar. Sie können allerdings erweitert werden.

II. Geschäftsführung

7 1. *Geschäftsführungsbefugnis bedeutet zugleich Geschäftsführungspflicht* (OLG Schleswig, Wohnung und Haus 80, 101). Ob aus Abs. 1 eine gesetzliche Vertretung folgt, ist streitig (s. *Bärmann-Pick*, § 27 Rz. 11ff.). Der BGH (NJW 77, 44 = Rpfleger 77, 97) macht den Umfang einer gesetzlichen Vertretungsmacht vom Gesetzeszweck unter Berücksichtigung der Interessen der Beteiligten abhängig. Er bejaht eine Befugnis, im **eigenen Namen** Aufträge zu vergeben, soweit es sich um laufende Reparaturen oder außergewöhnliche Instandsetzungen geringeren Umfangs handelt. Er lehnt Vertretungsmacht bei einem Reparaturauftrag größeren Umfangs ab, der außerordentlich, aber nicht dringlich ist. Auch in diesem Fall ist Verwalter befugt, den Auftrag im eigenen Namen zu vergeben (BGH a. a. O. S. 46).

a) Befugnisse: s. Katalog in Abs. 1 **Nr. 1:** Durchführun der Beschlüsse (auch anfechtbarer: BayObLG, MDR 74, 491) und der Hausordnung; auch der Verwalter kann nach § 43 Abs. 1 Nr. 4 das Gericht anrufen zur Prüfung der Gültigkeit von Beschlüssen.

b) **Nr. 2:** Instandhaltung, Instandsetzung: Hierbei handelt es sich um ein eigenes, selbständiges Recht des Verwalters (BGH, NJW 77, 46); s. § 21 Abs. 5 Nr. 2 Rz. 44. Der Verwalter ist nicht berechtigt, einen außergewöhnlichen, nicht dringenden **Instandsetzungsauftrag** größeren Umfangs ohne vorherigen Beschluß der WEer in deren Namen zu vergeben (BGHZ 67, 232). Dasselbe gilt auch für langfristige Wartungsverträge (OLG Zweibrücken, OLGZ 83, 339 für 20jährigen Fahrstuhlwartungsvertrag).

Nach dem BayObLGZ 78 Nr. 25 = Rpfleger 78, 299 besteht kein Anspruch der Gemeinschaft aus ungerechtfertigter Bereicherung (§ 812 BGB), wenn der Verwalter ohne Ermächtigung zugunsten eines WEers eine (gemeinschaftliche) schallschützende Wohnungseingangstür einbauen läßt.

Zum Ersatz eines durchgehenden Eingangshallenfensters durch ein zweigeteiltes ohne Störung der optischen Harmonie der Wohnanlage ist der Verwalter befugt (BayObLG, DerWEer 83, 30). Eine solche bauliche Veränderung muß demnach geringfügig sein, darf keinen Nachteil für die WEer darstellen und muß im übrigen auch dem Interesse der Gesamtheit entsprechen (BayObLG, a. a. O.).

c) **Nr. 3:** Dringende Maßnahmen, Parallele zu § 21 Abs. 2 (s. § 21 Rz. 12 ff.). Aber schon in dringenden Fällen schlechthin. Dies gilt auch dann, wenn erforderliche Instandsetzungsarbeiten durch Baumängel verursacht sein können und und Gewährleistungsansprüche gegen den Verwalter in seiner Funktion als Architekt, Bauträger oder bauausführender Unternehmer in Betracht kommen (OLG Hamm, DerWEer 89, 141; Weitnauer, § 27 Rz. 3). Insoweit kann er entsprechende Aufträge vergeben. Eine insoweit denkbare Interessenkollision ist hier ausnahmsweise unbeachtlich.

13   d) **Nr. 4:** Verwaltung der gemeinschaftlichen Gelder. Dazu Abs. 4 über Getrennthaltung. Verteilung des Überschusses ist Sache des Beschlusses der WEer.

14   e) Es **fehlen** in Abs. 1 die Aufgabe und Befugnis des Verwalters zur Regelung des Gebrauchs der gemeinschaftlichen Dienste usw. (§ 15) und zur Wahrung der Rechte nach § 13. Die Einhaltung der Pflicht nach § 14 wird zu Abs. 1 Nr. 1 gezählt. Aber die Verteilung der Nutzungen der gemeinschaftlichen Sachen steht dem Verwalter nicht zu. Zur Vornahme baulicher Veränderungen ist der Verwalter nur bei Ermächtigung durch die Gemeinschaft befugt (LG Mannheim, ZMR 76, 51 = ZMR 77, 85).

15   Zu den **Aufgaben** des Verwalters gehört auch noch: Einberufung der Versammlung, Mitteilung der Beschlüsse an die Abwesenden, Anfertigung und Verwahrung der Niederschriften (§ 24 Abs. 6), Widerspruch gegen Maßnahmen, die ein einzelner gegen die Interessen der Gemeinschaft vornimmt, Anstellung eines Hausmeisters und sonstigen Personals; Entgegennahme von Beschwerden, Vermittlung in Streitigkeiten, Sorge für Vermietung gemeinschaftlichen Eigentums, Betrieb und Instandhaltung der gemeinschaftlichen Dienste, Instandsetzung des GemEs (OLG Schleswig, Wohnung und Haus 80, 101), damit auch dessen **Verkehrssicherungspflicht** (OLG Frankfurt, DerWEer 83, 58; 61: bezüglich eines Kinderspielplatzes; DerWEer 84, 29).

16   Dazu gehört auch die Anfertigung des Dienstplans, des Wirtschaftsplans; Beitreibung der Erträgnisse der gemeinschaftlichen Sachen (§ 27 Abs. 2 Nr. 1). Wohl auch die Pflicht, Entscheidungen über Maßnahmen i. S. der HeizkostenV (Anh. I 4) herbeizuführen (vgl. o. § 16 Rz. 49ff. und § 22 Rz. 30ff.).

17   Die **Genehmigung** zur Ausübung eines Berufs oder Gewerbes durch WEer kann dem Verwalter bereits in der GemO vorbehalten werden (BayObLGZ 71, 273/276). Dies gilt auch für die Genehmigung von Veräußerungen von WE (dazu § 12 Rz. 8) und ihm vorbehaltene Zustimmung bei Vermietung, Verpachtung oder sonstiger Nutzung. Ihm kann auch die Zustimmung zu baulichen Veränderungen eines WEers vorbehalten sein (OLG Frankfurt, DerWEer 84, 30). In diesem Fall liegt es in seinem Ermessen, ob er selbst entscheidet oder sie von einer Mehrheitsentscheidung abhängig macht (OLG Frankfurt a. a. O.). Der Genehmigungsvorbehalt gem. § 12 gilt nach der nunmehr wohl h. M. auch für Verfügungen der WEer untereinander (s. oben § 12 Rz. 22).

18   Haftung des Verwalters richtet sich nach seinem Vertrag. Pflichtverletzungen können auch Grund zur Entlassung sein.

Aufgaben und Befugnisse des Verwalters **19–27 § 27**

Versicherungssummen im Falle der Zerstörung kann er nicht 19 einziehen. Zur Verpflichtung, einem WEer das Verzeichnis der WEer auszuhändigen (bejahend) BayObLG, MDR 84, 850 und AG Hamburg, DerWEer 85, 62.

2. *Vertretungsmacht:* s. o. Rz. 7. **Gesetzliche** Vertretungsmacht 20 wird aus **Abs. 2** gefolgert (BGH, NJW 81, 282 = Rpfleger 81, 97; KG, OLGZ 76, 266; OLG Stuttgart, OLGZ 76, 8; BayObLGZ 76, 211), denn sonst wäre die Formulierung „im Namen aller WEer und mit Wirkung für und gegen sie" überflüssig. Aber auch hier handelt es sich um eine **eingeschränkte Vertretungsmacht.** Z. B. betrifft Abs. 2 Nr. 2 nur Erfüllungshandlungen (BGH, NJW 77, 46).

Abs. 2 spricht nur von der Berechtigung zur Einziehung und 21 Abführung usw., nicht von der Verpflichtung, diese ergibt sich aber aus Beschlüssen oder Vereinbarungen. Für Tilgungsbeträge und Hypothekenzinsen gilt dies nach Abs. 2 Nr. 1, wenn es sich um eine gemeinschaftliche Angelegenheit handelt.

a) Lasten, Kosten, Tilgungen: (s. § 16 Rz. 10 ff.). Auch Til- 22 gungsbeträge fallen hierunter (Interesse der Kreditgeber).

Zweifelhaft ist, ob eine Einziehungsbefugnis auch bei Verteilung 23 einer ursprünglichen Gesamtlast zu Einzelhypotheken besteht. Dies wird zu bejahen sein, kann zumindest vereinbart werden (OLG Schleswig, NJW 62, 1870 mit krit. Anm. v. *Karstädt;* BayObLG; Rpfleger 78, 257: Erweiterung der Befugnisse des Verwalters zulässig; *RGRK-Augustin,* § 27 Rz. 1). Dagegen sind ursprüngliche Einzelhypotheken an Wohnungseigentumsrechten der Einziehung durch den Verwalter entzogen, falls keine entsprechende Vereinbarung besteht (KG, NJW 75, 318 = MittBayNot 75, 100 = DNotZ 75, 102 = MDR 75, 230 = Rpfleger 75, 28). Also keine Ermächtigung im Beschlußweg möglich (KG a. a. O.).

Dagegen ist eine Regelung in der GemO, wonach der WEer 24 verpflichtet ist, dem Verwalter eine Einzugsermächtigung zu erteilen, wirksam (LG Frankfurt, DerWEer 83, 121). Ein statt dessen erteilter **Dauerauftrag** genügt nicht (ebenda). Abs. 2 enthält keine Befugnis des Verwalters, im Namen der WEer Ansprüche anzuerkennen (BayObLG, DerWEer 84, 61).

Eingezogene Tilgungsbeträge und Zinsen werden nicht Gemein- 25 schaftsvermögen, sondern gleich Vermögen des Gläubigers.

Grundsteuern werden von jedem WEer gesondert erhoben. Ver- 26 walter ist nicht zur Einziehung berechtigt.

Der Verwalter kann auch beim Erwerber eines WEs rückständi- 27 ge und laufende Beiträge anfordern (a. A. die h. M., s. § 16 Rz. 31 ff.).

28 Die Vereinbarung kann Vertragsstrafen bei Säumigkeit anordnen, die in das gemeinschaftliche Vermögen fallen.

29 b) **Zahlungen** und **Leistungen** der laufenden Verwaltung: z. B. entsprechend dem Wirtschaftsplan (BayObLG, WEM 79, 173) Versicherungsbeiträge, Entgelt für Hausmeister, Reinigungsunternehmen, Beleuchtungskosten, Wassergeld, Müllabfuhr, Kaminkehrerlöhne, beschlossene Instandhaltungs- und Instandsetzungskosten usw., Heizungsmaterial für Zentralheizung, Reparaturarbeiten.

30 c) **Willenserklärungen, Zustellungen:** Erleichterung der Zustellung und des Zugangs. Die Zustellungsvollmacht bewirkt, daß ein Schriftstück sämtlichen WEern gegenüber wirksam schon dann zugestellt ist, wenn dem Verwalter eine Ausfertigung zugestellt wird (BGH, NJW 81, 282 m. krit. Anm. *Kellmann,* OLG Köln, ZMR 80, 190 m. krit. Anm. *Guthardt-Schulz;* BayObLG, DerWEer 83, 27). Im Verfahren der Zwangsversteigerung genügt deshalb die Zustellung des Versteigerungstermins an den Verwalter (OLG Stuttgart, NJW 66, 1036). Es muß jedoch deutlich gemacht werden, daß es sich um eine Zustellung gem. § 27 Abs. 2 Nr. 3 handelt (BayObLGZ 83, 14). Er kann löschungsfähige Quittung erteilen, wenn die der betr. Zwangssicherungshypothek zugrunde liegende Wohngeldforderung erfüllt ist (AG München v. 28. 8. 89, VR II 1311/88 WEG).

31 Die Befugnis nach dieser Vorschrift beinhaltet gleichzeitig eine **Verpflichtung** des Verwalters zur Entgegennahme (BayObLG, DerWEer 83, 27; BGHZ 78, 166/173). Dazu gehören **Mahnungen, Kündigungen** von Gesamthypotheken, Kündigung von Räumen des gemeinschaftlichen Eigentums (nach LG Bamberg, NJW 72, 1376 nur, wenn Ermächtigung vorliegt), Anträge und Zustellungen nach § 43 Abs. 1 Nr. 1 im Rahmen der §§ 14, 21 Abs. 4 u. a. Insoweit ist der Verwalter nicht nur **Zustellungsbevollmächtigter** im Sinne der §§ 174f. ZPO, sondern **Zustellungsvertreter** (OLG Hamm, DerWEer 89, 69) bzw. Prozeßbevollmächtigter (BGH, NJW 81, 282: „teilweise, inhaltlich beschränkte Verfahrensvollmacht"; BayObLG, DerWEer 83, 27; a. A. z. T. die Literatur).

Macht der entspr. ermächtigte Verwalter Ansprüche der WEer ohne Beiziehung eines Rechtsanwalts geltend, handelt es sich nicht um eine unerlaubte Besorgung fremder Rechtsangelegenheiten i. S. von Art. 1 § 5 **RBerG** (BayObLG, NJW-RR 92, 81).

32 Die gesetzliche Zustellungsvollmacht entfällt bei Gefahr der **Interessenkollision** (BayObLGZ 73, 145 = MDR 73, 850, dort auch zur Frage der Bestellung eines gemeinsamen Zustellungsbevollmächtigten durch das Gericht; OLG Stuttgart, OLGZ 76, 8; BayObLG, Rpfleger 78, 320). Z. B. dann, wenn der Beschluß über die Verwalterbestellung angefochten ist (LG Lübeck, DerWEer 85, 128/LS = 86, 63) oder wenn er in einem Verfahren selbst Verfahrensgegner der WEer ist (OLG Hamm, DerWEer 86, 125; 89, 69; OLG Frankfurt, DerWEer 89, 178). Allgemein gilt, daß er nicht Zustellungsvertreter der WEer sein kann, wenn entweder ein dem § 185 ZPO vergleichbarer Fall oder sonst ein in der Sache begründeter Interessenkonflikt vorliegt, der befürchten läßt, der Verwalter werde die WEer nicht sachgerecht informieren (BayObLG, NJW-RR 89, 1168).

Die Zustellung an den Verwalter führt zu einer **Unterrichtungspflicht** gemäß §§ 675, 666 BGB, die auch gegenüber ausgeschiedenen WEern besteht, sofern es sich um Verpflichtungen der WEer gegenüber Dritten aus der Zeit ihrer Zugehörigkeit handelt (BGH, NJW 81, 282 = Rpfleger 81, 97). 33

Es besteht kein Recht zur Ausschließung von der Benutzung gemeinschaftlicher Dienste bei Säumnis, außer wenn solches in der Vereinbarung vorgesehen ist. 34

d) **Fristwahrung** und **Abwendung** sonstiger **Rechtsnachteile:** Juristische Erhaltungsakte bei Verjährungsfristen, Rechtsmittelfristen, Mängelrügen, Anfechtungsfristen. Als gesetzlicher Vertreter der WEer-Gemeinschaft ist der Verwalter zur fristwahrenden Inanspruchnahme eines **Gewährleistungsbürgen** berechtigt (OLG Düsseldorf, NJW-RR 93, 470; vgl. auch BGH, NJW 89, 1606). Hierzu bedarf der Verwalter **nicht** eines Gemeinschaftsbeschlusses (a. a. O.). Als Abwendung **sonstiger Rechtsnachteile** sind anzusehen: Beweissicherungsverfahren (so auch BGH, NJW 81, 282; BayObLG, Rpfleger 76, 364 = MDR 76, 1023 = ZMR 77, 345), Anträge im Zwangsversteigerungs-, Zwangsverwaltungs- oder Vollstreckungsschutzverfahren, Anrufung richterlicher Vertragshilfe und Geltendmachung von GB-Berichtigungsansprüchen (OLG Karlsruhe, Justiz 83, 307). Auch die Eintreibung von Mietzinsen für die Nutzung des GemEs gehört zu seinen Aufgaben (OLG Köln, DerWEer 88, 106). 35

e) **Prozeßführungsbefugnis:** Sie besteht im **Aktivprozeß** auf Grund Ermächtigung durch Mehrheitsbeschluß. In diesem Fall ist er Prozeßbevollmächtigter und tritt im Namen der WEer auf. Die Ermächtigung muß nicht im Einzelfall, sondern kann auch generell in einer Vereinbarung (GemO) oder im Verwaltervertrag erteilt sein (OLG Zweibrücken, DerWEer 87, 137 m. w. N.). Sie kann auch durch Vereinbarung oder im Beschlußweg auf Passivprozesse 36 erstreckt werden (OLG Zweibrücken, a. a. O.). Die Ermächtigung muß vor Verfahrensbeginn vorhanden sein (BayObLG v. 15. 9. 83 – 2 Z 112/82). Auch eine **Verfahrensstandschaft** (Prozeßstandschaft) ist möglich, erforderlich sind dabei Ermächtigung und schutzwürdiges Interesse (BayObLG, ZMR 71, 160 = MDR 71, 300; OLG Stuttgart, Justiz 77, 378). Hierbei genügt Mehrheitsbeschluß (BGH, NJW 89, 2534; offengelassen von BGH, NJW 79, 2391; WEM 81, 64; LG Düsseldorf, DerWEer 83, 95). Entscheidend ist, daß die Verwaltung des GemEs den WEern gemeinschaftlich zusteht (BGH, NJW 89, 2534). Sie kann dem Verwalter auch im **Verwaltervertrag** erteilt werden, den ein von der Versammlung der WEer dazu ermächtigter Eigentümer mit ihm abschließt (BayObLG, DerWEer 85, 95; BGH, MDR 88, 765 = DerWEer 88, 135). Das eigene schutzwürdige Interesse folgt aus der Pflicht des Verwalters, die ihm obliegenden Aufgaben ordnungsmäßig zu erfüllen (BGH, a. a. O.). Zur Fortführung eines Verfahrens durch den Verwalter in Verfahrensstandschaft **nach** Beendigung des Verwalterverhältnisses s. BayObLG, DerWEer 83, 31.

37 Das BayObLG, Rpfleger 75, 311 = MDR 75, 934 = ZMR 76, 314, hält die **Umdeutung** einer Prozeßvollmacht in eine Ermächtigung zur Rechtsverteidigung für unzulässig. Zur Auslegung einer mit Beschluß der WEer dem Verwalter erteilten „Prozeßvollmacht" als Ermächtigung zur Führung eines WEs-Verfahrens im eigenen Namen s. BayObLG, DerWEer 83, 60, zur Auslegung einer vom Verwalter erteilten „Verfahrensvollmacht" vgl. BayObLG, DerWEer 83, 31.

38 Eine Ermächtigung des Verwalters zur Geltendmachung von Mängeln des Gemeinschaftseigentums gegen Verkäufer durch Mehrheitsbeschluß ist nach h. M. möglich (a. M. OLG Köln NJW 68, 2063 = ZMR 69, 132; dazu §§ 13 Rz. 42 ff., 14 Rz. 5 ff. und *Stoll,* SchlHA 77, 17). Eine entspr. Vereinbarung ist weit auszulegen, entsprechend dieser besteht entweder Ermächtigung, auf Zahlung an die Gemeinschaft oder auf Zahlung an sich für Rechnung der Gemeinschaft zu klagen (Hans. OLG Hamburg, MDR 66, 146).

39 Die Ermächtigung des Verwalters, Ansprüche namens der WEer geltend zu machen, gilt – wenn nichts anderes bestimmt ist – für **alle Instanzen** (BayObLGZ 78, Nr. 55 = Rpfleger 78, 299). Sie enthält im allg. auch die Befugnis, einen Rechtsanwalt mit der Durchführung gerichtlicher Streitigkeiten zu beauftragen (OLG Zweibrücken, DerWEer 87, 137). Sie gilt bei **Wechsel** des Verwalters, zumindest bei der Geltendmachung von Wohngeldansprüchen, auch für den neuen Verwalter (KG, NJW-RR 89, 657).

Nach dem BayObLG (Rpfleger 80, 23) kann die in der GemO **40** enthaltene allg. Ermächtigung durch Beschluß eingeschränkt werden (ebenso OLG Zweibrücken, DerWEer 87, 137). Die Begründung ist darin zu sehen, daß eine solche Bestimmung keinen Vereinbarungscharakter hat.

Einer Ermächtigung durch Beschluß bedarf es nicht, wenn die **41** den Anspruch verfolgenden **WEer** dem Verwalter **Verfahrensvollmacht** erteilt haben (BayObLG, MDR 80, 57 = BLGBW 80, 74 = WEM 79, 173). Schwierigkeiten bestehen für den Nachweis, da Niederschrift über Beschluß vom Verwalter selbst redigiert und unterzeichnet ist. Im Zweifel stellt die Mehrheit die Vollmacht aus.

Dem Verwalter kann auch Vollmacht zur Geltendmachung der **42** Ansprüche nach § 18 ad hoc erteilt werden, mit Stimmenmehrheit.

Eine Verwaltervollmacht unter Befreiung von den Beschrän- **43** kungen des § 181 BGB bleibt auch bei Interessenkollision wirksam (BayObLG, DerWEer 83, 126). Das Gericht kann keine Auslagen für Zustellungen an die WEer erheben, wenn die Antragsschrift dem **Verwalter** aufgrund entsprechender Ermächtigung hätte zugehen müssen (OLG Hamm, DerWEer 86, 125). Zur anteiligen **Haftung der WEer** gegenüber dem Verwalter für Verfahrenskosten s. § 21 Rz. 10.

f) Duldungserklärung: Im Rahmen des § 21 Abs. 5 Nr. 6. **44**

g) Weitere Befugnisse: § 28 (Wirtschaftsplan, Rechnungsle- **45** gung), § 24 Abs. 1 und 2, § 25 Abs. 4, § 43 Abs. 1 Nr. 2 und 4. Die §§ 24 Abs. 1 und 2, § 43 Abs. 1 Nr. 2 und 4, wie auch §§ 11, 12 Abs. 2 Satz 1, § 18 Abs. 4 und § 20, § 10 Abs. 1 Satz 2 sind unabdingbar.

III. Vermögensverwaltung der Gemeinschaft

1. *Vermögen der Gemeinschaft:* (s. § 1 Rz. 10, § 11 Rz. 3, § 16 Rz. **46** 4f.). Alles Vermögen der Gemeinschaft ist **untrennbar** mit ME und SE verbunden. Dies ergibt sich aus dreigliedriger Einheit, aber auch aus der Zweckgebundenheit des Gemeinschaftsvermögens, die sich ihrerseits aus dem Zweck der Einzahlung der Lasten- und Kostenbeiträge, der Vorschüsse usw. ergibt. Andernfalls wäre Bildung von Rücklagen bzw. Rückstellungen sinnlos und undurchführbar (a. A. *Weitnauer,* § 27 Rz. 17).

Ein **Erwerber** tritt grundsätzlich in die Rechtsverhältnisse, also **47** auch in die Verpflichtung aus dem Gemeinschaftsvermögen ein. Schuldverpflichtung aus Gemeinschaftsvermögen haftet am dinglichen WE. Zustimmung zur Schuldübernahme nach § 416 BGB ist daher nicht erforderlich (a. A. *Weitnauer,* § 27 Rz. 17 u. h. M.).

48 **Abs. 4** ist Ausführung zu Abs. 1 Nr. 4. Getrennthaltung der Gemeinschaftsgelder (Anderkonten). Auch getrennte Anlage überhaupt genügt (Treuhandkonten), z. B. auf den Namen sämtlicher WEer unter Nachweis der Verfügungsbefugnis des Verwalters (BayObLG, Rpfleger 79, 266; dazu *Bärmann/Seuß*, T. A VIII Rz. 99). Der Verwalter handelt im Interesse der Gemeinschaft, wenn er aufgelaufene Wohngeldvorauszahlungen vom Girokonto weg auf ein Festgeld-Konto überweist, sobald die Habenzinsen auf diesem die Debetzinsen auf dem Girokonto übersteigen (BayObLG v. 30. 6. 83 – 2 Z 76/82). Im übrigen trifft ihn (ohne entsprechende Grundlage) keine Verpflichtung zu zinsbringender Anlage von Geldern der Gemeinschaft (LG Bremen, DerWEer 85, 127/LS; AG Hamburg, DerWEer 89, 76). Durch Mehrheitsbeschluß kann er allerdings dazu angehalten werden (offengelassen von AG Hamburg, a. a. O.).

49 2. *Einzelheiten:* Satz 2 von Abs. 4 meint keinen selbständigen Verwaltungsvertrag, er ist vielmehr Bedingung der Verfügungsbefugnis des Verwalters. Zum Verhältnis dieses Satzes zu Abs. 3 s. *Diester*, NJW 61, 1330 ff.

IV. Vollmachtsausweis

50 a) *Ausstellung:* **Abs. 5,** durch die zustimmende Mehrheit. Es erfolgt keine Registrierung und damit ist auch kein Registerzeugnis möglich.

51 b) *Für Beginn und Erlöschen* gelten §§ 172 u. 173 BGB. Gegebenenfalls entsteht ein Rechtsschein der Vollmachtsurkunde nach Widerruf der Ermächtigung. Auch eine öffentliche Bekanntmachung ist denkbar. Erlöschen der Vertretungsbefugnis tritt nach § 172 Abs. 2 BGB erst bei Rückgabe der Vollmachtsurkunde oder Kraftloserklärung ein. Der Widerruf der Vollmacht wirkt nicht zurück (BayObLG, DerWEer 83, 94).

52 c) *Rückgabe und Kraftloserklärung:* §§ 175, 176 BGB.

V. Kontrolle der Geschäftsführung

53 Sie geschieht durch Einberufung einer Versammlung im Rahmen des § 24 Abs. 2 und Beschluß derselben. Daneben ist Richteranrufung nach § 43 Abs. 1 Nr. 2 durch jeden WEer möglich. Dagegen besteht kein individuelles Kontrollrecht des einzelnen WEers.

VI. Haftung des Verwalters

Der Verwalter haftet nach § 276 BGB für jedes **Verschulden** bei 54 Verletzung seiner Pflichten, z. B. bei Unterlassung des Hinweises auf **Baumängel,** deren Beseitigung und Fristwahrung (OLG Schleswig, Wohnung und Haus 80, 101) oder Verletzung der **Verkehrssicherungspflicht** (OLG Frankfurt, DerWEer 83, 58; 61; BGH, DerWEer 89, 170). Zur Frage des Mitverschuldens eines Kindes und seines gesetzlichen Vertreters im Rahmen eines Schmerzensgeldanspruchs vgl. OLG Frankfurt, DerWEer 84, 29. Die Verkehrssicherungspflicht (z. B. Wegereinigung) kann Dritten übertragen werden. Im Verletzungsfall kann eine deliktsrechtliche Haftung gegenüber den WEern begründet sein (BGH, NJW-RR 89, 394 = NJW 89, 1094/LS). Grundsätzlich zur Verkehrssicherungspflicht des Verwalters und der WEer untereinander OLG Frankfurt, OLGZ 93, 188. Er haftet für schuldhaft unterlassene Mieteintreibung (OLG Köln, DerWEer 88, 106).

Einen ihm allein zustehenden Schadensersatzanspruch gegen den 55 Verwalter kann ein WEer allein geltend machen. Die übrigen WEer brauchen nicht beteiligt zu werden (BayObLG, NJW-RR 93, 280). Dagegen haftet er nicht auf Schadensersatz aus einem anfechtbaren (aber wirksamen) Mehrheitsbeschluß (BayObLG, NJW 74, 491). Diesen hat er auszuführen.

§ 28 Wirtschaftsplan, Rechnungslegung

(1) **Der Verwalter hat jeweils für ein Kalenderjahr einen Wirtschaftsplan aufzustellen. Der Wirtschaftsplan enthält:**
1. **die voraussichtlichen Einnahmen und Ausgaben bei der Verwaltung des gemeinschaftlichen Eigentums;**
2. **die anteilmäßige Verpflichtung der Wohnungseigentümer zur Lasten- und Kostentragung;**
3. **die Beitragsleistung der Wohnungseigentümer zu der in § 21 Abs. 5 Nr. 4 vorgesehenen Instandhaltungsrückstellung.**

(2) Die Wohnungseigentümer sind verpflichtet, nach Abruf durch den Verwalter dem beschlossenen Wirtschaftsplan entsprechende Vorschüsse zu leisten.

(3) **Der Verwalter hat nach Ablauf des Kalenderjahres eine Abrechnung aufzustellen.**

(4) **Die Wohnungseigentümer können durch Mehrheitsbeschluß jederzeit von dem Verwalter Rechnungslegung verlangen.**

(5) Über den Wirtschaftsplan, die Abrechnung und die Rechnungslegung des Verwalters beschließen die Wohnungseigentümer durch Stimmenmehrheit.

I. Wirtschaftsführung

1   Zur Haftung s. § 27 Rz. 54f. Auch für Aufwendungsersatz und Schadensersatz gilt allgemeines Recht. Zur Entlastung s. Abs. 5 (Stimmenmehrheit).

II. Vertragsfreiheit

2   Sie gilt uneingeschränkt für § 28. Wirtschaftsplan, Rechnungslegung können auch ganz ausgeschlossen werden (BayObLG v. 9. 9. 80 2 Z 67/79: für Abs. 5, jedoch restriktive Auslegung einer entspr. Vereinbarung). Offengelassen hat das BayObLG (DerWEer 89, 27), ob eine Vereinbarung zulässig ist, nach der die vom Verwalter abgesandte Jahresabrechnung „als genehmigt gilt", wenn der WEer nicht innerhalb von zwei Wochen nach Absendung begründeten Widerspruch eingelegt hat. Beim Wirtschaftsplan haben die WEer weiten Spielraum. Grenzen: ganz besonders ungewöhnliche Ausgaben (OLG Hamm, Rpfleger 70, 402).

III. Wirtschaftsplan (Abs. 1)

3   1. *Über den Inhalt entscheidet Mehrheitsbeschluß,* nicht aber über die Pflicht zur Aufstellung überhaupt. Letzteres könnte nur durch eine Vereinbarung ausgeschlossen werden (LG Wuppertal v. 16. 3. 88, 6 T 168/88). Ausnahme: kleine Gemeinschaft und im wesentlichen unveränderliche Kosten (a. a. O.).

4   2. *Wirtschaftsplan ist Haushaltsplan der Gemeinschaft.* Er hat drei grundsätzliche **Bestandteile:** Vorausplanung über Einnahmen und Ausgaben der Verwaltung, Umlegung der Lasten und Kosten entsprechend dem jeweils zutreffenden Verteilungsschlüssel (KG, DerWEer 85, 126/LS = 86, 27), veranschlagte Leistungen auf die nach § 21 Abs. 5 Nr. 4 etwa zu bildende Instandhaltungsrücklage. Die Aufteilung auf die einzelnen WEer ist Voraussetzung einer Zahlungspflicht nach Abs. 1 Nr. 2 (BayObLG, DerWEer 89, 135). Vgl. auch BayObLG, wonach ohne Angabe des Verteilungsschlüssels die Grundsätze ordnungsgemäßer Verwaltung nicht beachtet sind (BayObLG, NJW-RR 91, 1360, in Abgrenzung zu BayObLGZ 89, 310 = NJW-RR 89, 1163). Diese Vorauszahlungen werden oft zusammenfassend „**Wohngeld**" genannt. Daneben kommen ggfs. noch Leistungen auf Zinsen und Tilgungen der

gesamtschuldnerischen Belastungen in Betracht. Diese Belastungen fallen allerdings gleich in das Vermögen der Gläubiger.

Der Wirtschaftsplan entspricht **noch** dem Gesetz, wenn die Ge- 5
samteinnahmen und die individuelle Belastung der WEer feststehen oder sich leicht errechnen lassen (BayObLG, DerWEer 84, 61). Auch darf er geschätzte Kosten enthalten (BayObLG, a. a. O.). Ansonsten hat er zu erwartende **Ausgaben** nach Möglichkeit vollständig zu enthalten. Ein Wirtschaftsplan, der diese außer Betracht läßt, widerspricht wegen der Gefahr von Nachzahlungen den Grundsätzen ordnungsmäßiger Verwaltung (BayObLGZ 86, 269). Er hat auch die voraussichtlichen **Einnahmen** zu enthalten. Durch Beschluß kann nicht generell auf die Auflistung der Einnahmen für künftige Wirtschaftspläne verzichtet werden (KG, DerWEer 87, 134).

Die Aufstellung des Wirtschaftsplanes kann auch von jedem ein- 6
zelnen WEer gem. § 21 Abs. 5 Nr. 5 mit Abs. 4 verlangt und über § 43 Abs. 1 Nr. 2 erzwungen werden (LG Wuppertal v. 16. 3. 88, 6 T 168/88).

Der Haushaltsplan wird wirksam mit **Genehmigung** durch 7
Mehrheitsbeschluß (s. BayObLG, DerWEer 89, 135; *Bärmann-Pick*, § 28 Rz. 21). Er wird nach Ablauf des Wirtschaftsjahres nicht ohne weiteres gegenstandslos (*Bärmann-Pick*, § 28 Rz. 21; BayObLG, DerWEer 84, 61). Er begründet allerdings, sofern er für eine Wirtschaftsperiode beschlossen ist, mangels anderweitiger Bestimmung Vorschußpflichten nur für den betreffenden Zeitraum, nicht aber darüber hinaus (BayObLG v. 29. 12. 87, 2 Z 93/87; KG, DerWEer 89, 18 = OLGZ 89, 58).

3. *Zur Instandhaltungsrückstellung:* s. § 21 Abs. 5 Nr. 4. Zur Erhe- 8
bung einer **Sonderumlage** s. § 16 Rz. 16.

4. *Vorschüsse* **(Abs. 2):** Aus Zweckmäßigkeitsgründen sind die 9
Beiträge nicht auf einmal zu zahlen. Der Vorauszahlungsanspruch der Gemeinschaft entfällt erst, wenn die WEer über die Jahresabrechnung gemäß Abs. 5 beschlossen haben (OLG Frankfurt, Rpfleger 78, 383). Die Vorschußpflicht bleibt selbst dann wirksam, wenn der Verwalter seiner Pflicht zur jährlichen Aufstellung des von den WEern zu beschließenden Wirtschaftsplans jahrelang nicht nachkommt (OLG Hamm, NJW-RR 89, 1161).

Die WEer können im Jahreswirtschaftsplan beschließen, daß die darin vorgesehenen monatlichen Wohngeldvorschüsse über das Jahr hinaus bis zum Inkrafttreten eines neuen Jahresplans weiterzuzahlen sind (OLG Hamm, a. a. O.).

5. *Verantwortung für Aufstellung und Einhaltung* des Wirtschafts- 10
planes trägt der Verwalter.

IV. Rechnungslegung

11 1. *Rechnungsführung:* Sie ist eine besondere Aufgabe des Verwalters. Zu den Einzelheiten einer ordnungsmäßigen Bilanzierung und Kontenführung s. *Bärmann/Seuß,* T. A VIII Rz. 100ff.

12 2. *Abrechnung und Rechnungslegung:* Erstere ist nach **Abs. 3** jährlich nach Ablauf des Geschäftsjahres automatisch vom Verwalter aufzustellen (es sei denn, der Verwalter scheidet mit Ende des abgelaufenen Jahres aus, OLG Stuttgart, Justiz 80, 278), diese kann auch von dem einzelnen WEer verlangt werden, (OLG Karlsruhe NJW 69, 1968 m. Anm. *Diester*). Der zum Ende des Kalenderjahres ausgeschiedene Verwalter ist zur Erstellung der Jahresabrechnung nach dem Ablauf des Kalenderjahres nur noch dann verpflichtet, wenn er deren Erstellung gegenüber der WEergemeinschaft schuldrechtlich übernommen hat; diesen Anspruch kann jeder einzelne WEer geltend machen (OLG Hamm, NJW-RR 93, 847). Bezüglich einer Abrechnungsverpflichtung, die bereits **vor** Amtsantritt des Verwalters zu erfüllen war, macht es KG vom im Einzelfall erforderlichen Arbeitsaufwand abhängig, ob der Verwalter verpflichtet ist, ohne eine **Sondervergütung** diese Verpflichtung zu erfüllen (KG, NJW-RR 93, 529 = WuM 93, 142. Rechnungslegung **(Abs. 4)** ist durch Mehrheitsbeschluß jederzeit anforderbar.

13 Die **außerordentliche** Rechnungslegung enthält i. d. Regel keine Einzelabrechnung (BayObLGZ 79, 30); zu ihrem Umfang s. KG, DerWEer 82, 127. Die **Abrechnung** muß verständlich und nachprüfbar sein. Dies gilt auch für die **Einzelabrechnung** (BayObLG, WEM 79, 38 = Rpfleger 79, 66), die regelmäßig zur Jahresabrechnung gehört (BayObLG, BlGBW 80, 220 = ZMR 80, 186, DerWEer 83, 30) und die Aufteilung des Gesamtergebnisses auf die WEer enthält (BayObLG, DerWEer 85, 58; NJW-RR 89, 1163). Wechselt ein WEer im Abrechnungszeitraum, sind die auf jeden der WEer entfallenden Posten getrennt auszuweisen (ebenda). Zu besonderen Problemen bei Eigentümerwechsel vgl. KG, NJW-RR 92, 84 und BayObLG, NJW-RR 92, 14. Die Jahresabrechnung hat eine geordnete Gegenüberstellung der Einnahmen und Ausgaben (das KG spricht hierbei von **tatsächlich** getätigten Einnahmen und Ausgaben, NJW-RR 92, 845) unter Beifügung der Belege zu enthalten (BayObLG, ZMR 77, 381). D.h. eine ordnungsgemäße Buchführung (BayObLG, DerWEer 85, 60; NJW-RR 88, 81; AG Hamburg, DerWEer 89, 77; kritisch *Kellmann,* ZMR 89, 401). In sie sind alle tatsächlichen Einnahmen und Ausgaben einzustellen, ohne Rücksicht darauf, ob sie zu Recht getätigt worden sind. Das gilt auch für Ausgaben, die der Verwalter im Rahmen der Kosten eines WEs-Verfahren getätigt hat (BayObLG, NJW-RR 92, 1431 unter Aufgabe von seiner früh. Rspr.). Sie hat auch Angaben über Kontostände, Rücklagen und Zinsen zu enthalten (KG, DerWEer 85, 126/LS = 86, 27; BayObLG, NJW-RR 89, 1163) sowie über Verteilerschlüssel und Aufteilung des Ergebnisses auf die WEer (KG, a.a.O.). Auch die tatsächlich zugeflossenen Wohngeldvorschüsse gehören zu den Einnahmen (BayObLG, NJW-RR 89, 840). Zur Frage, inwieweit **Kosten eines gerichtlichen Verfahrens** auch in die Jahresabrechnung eingestellt werden dürfen vgl. BayObLG, NJW-RR 91, 1360. Vom Verwalter zu Lasten des Gemeinschaftskontos getätigte Ausgaben, die nicht die Verwaltung des gemeinschaftlichen Eigentums, sondern **Sondereigentum** betreffen, gehören zwar in die Jahresabrechnung, sind aber in den Einzelabrechnungen nur auf diejenigen Wohnungseigentümer umzulegen, deren Sondereigentum betroffen ist, und zwar im Zweifel nach dem Schlüssel des § 16 Abs. 2. Eine Entlastung ist in diesem Fall dem Verwalter nicht zu erteilen (KG, NJW-RR 92, 845). Auch Ausgaben des Verwalters zu Lasten des Gemeinschaftskontos zur Deckung der Kosten eines gerichtlichen Verfahrens gehören als tatsächlich getätigte Ausgaben in die Jahresabrechnung, sind allerdings in den Einzelabrechnungen bei schon ergangener gerichtlicher Kostenentscheidung nur auf die betroffenen WEer umzulegen (KG, NJW-RR 92, 845). Zum offenen Ausweis von **Umsatzsteueranteilen** an den Abrechnungspositionen der Einzelabrechnung eines Ws- oder TEers vgl. OLG Hamm, NJW-RR 92, 1232).

Zum Rechtsschutzbedürfnis einer Klage s. § 43 Rz. 15. Eine **14** grobe Mißachtung der WEer liegt vor, wenn auf Verlangen kein Bericht erstattet und die Belege nicht vorgewiesen werden (LG Freiburg NJW 68, 1973), Abberufungsgrund!

Erfüllungsort i. S. des § 269 BGB ist der Ort der Wohnanlage **15** (LG Karlsruhe DWW 69, 265 = ZMR 70, 57 u. 276; OLG Karlsruhe NJW 69, 1968 mit Anm. *Diester*).

Bei Unklarheit der Abrechnung hat der Verwalter die Kosten **16** eines erforderlichen Gutachtens zu tragen (BayObLG, Rpfleger 75, 426, 436 = ZMR 76, 319 = MDR 76, 225; ZMR 77, 381).

Der Mehrheitsbeschluß über die **Entlastung** des Verwalters be- **17** freit diesen von der Pflicht zu weiteren Erklärungen über Vorgänge, die z.Z. der Beschlußfassung bekannt waren (BayObLG, ZMR 76, 88). Wird die Jahresabrechnung für ungültig erklärt, entfallen auch die Voraussetzungen für die Entlastung des Verwalters (BayObLG, NJW-RR 89, 840).

§ 28 18–23 I. Teil. Wohnungseigentum

18 3. *Buchführung und Kontenplan des Verwalters:* Näheres *Bärmann/ Seuß,* T. A VIII Rz. 100 ff. Aufbewahrungspflicht.

19 4. *Der Wirtschaftsplan:* Hierfür gilt das oben Rz. 3 ff Gesagte.

V. Kontrolle

20 1. Prozessuale Überprüfung von Wirtschaftsplan und Abrechnung erfolgt durch Anrufung des Richters nach § 43 Abs. 1 Nr. 2. Es besteht ein **Antragsrecht** des einzelnen WEers (OLG Karlsruhe NJW 69, 1968 m. Anm. *Diester*). Auch nach Ausscheiden des Verwalters ist das Verfahren nach § 43 Abs. 1 Nr. 2 möglich (s. § 43 Rz. 1). Der Richter hat sachliches Nachprüfungsrecht hinsichtlich des Beschlusses. Die Anfechtung des Beschlusses über die Jahresrechnung kann auf einzelne Rechnungsposten beschränkt werden (BayObLG, DerWEer 86, 57). Fehlt einer der notwendigen Bestandteile der Jahresabrechnung im entspr. Beschluß, ist dieser im übrigen nicht für ungültig zu erklären. Jeder WEer kann jedoch eine entspr. Ergänzung verlangen (BayObLG, NJW-RR 89, 1163). Primär entscheidet der Mehrheitsbeschluß, ob vom Verwalter Rechnungslegung zu verlangen ist während des Geschäftsjahres.

21 2. *Auskunftsverlangen:* §§ 666, 675 BGB gelten daneben. D. h. **jeder** einzelne WEer kann **Einsicht** in die Abrechnungsunterlagen und Belege verlangen (OLG Frankfurt/M, NJW 72, 1376, OLG Karlsruhe, MDR 76, 758; OLG Hamm, DerWEer 85, 127/25 = 86, 23). Dies gilt grundsätzlich auch nach Beschlußfassung über die Jahresabrechnung (BayObLG, Rpfleger 78, 437 = BayObLGZ 78 Nr. 48 = ZMR 78, 383; Rpfleger 79, 266; OLG Hamm, DerWEer 85, 127/25 = 86, 23). Entscheidend ist das jeweilige Informationsbedürfnis (BayObLG, a. zuletzt a. O). Es erstreckt sich auch auf Unterlagen und Belege, die Zahlungen anderer WEer betreffen (OLG Hamm, a. a. O.). Es ist auch unabhängig von der Genehmigung (Entlastung) der Abrechnung (OLG Hamm, a. a. O.).

22 Nach OLG Celle (OLGZ 83, 177) besteht ein **Auskunftsanspruch** des einzelnen WEer nur insoweit als die Gemeinschaft von ihrem Recht keinen Gebrauch gemacht hat. Eine Entlastung, die sich nur auf die Kostenabrechnung erstreckt, steht jedoch einem Auskunftsanspruch über das Gemeinschaftskonto und dessen Bestand und Bewegung nicht entgegen (OLG Celle, a. a. O.).

23 Zur Rechnungslegung und Belegeinsicht vgl. *Moritz,* WEM 83, 53. Eine generelle **Beschränkung** des Auskunfts- und Informationsrechts auf den Verwaltungsbeirat erscheint unzulässig (ebenso wohl *Schulz,* BlGBW 80, 201; a. A. AG Frankfurt-Höchst, ebenda). Zu den Grenzen der Informationsrechte durch das Miß-

brauchs- und Schikaneverbot s. OLG Hamm (DerWEer 85, 127/ 25 = 86, 23). Zum Auskunftsrecht und ggfs. **eidesstattlichen Versicherung** gemäß § 260 Abs. 2 BGB vgl. OLG Köln, WEM 80, 82. Bei positiver Vertragsverletzung ist eine Nachfristsetzung erforderlich, wenn die Leistung des Verwalters noch nachvollziehbar ist (BayObLG, DerWEer 85, 60). Verwalter kann Fotokopien angemessen berechnen (AG Köln, DerWEer 89, 72).

Zur Beitreibung der Beiträge und Vorschüsse sind die Verfahren des § 43 Abs. 1 Nr. 2 und § 44 Abs. 4 eröffnet (vgl. § 16 Rz. 27 ff.).

3. **Vollstreckung:** Anspruch auf Auskunftserteilung und Rechnungslegung ist nach § 888 ZPO zu vollstrecken (KG, NJW 72, 2093; OLG Stuttgart, Rpfleger 73, 311). Gegen den Verwalter kann ein **Zwangsgeld** zur Erzwingung der Einzelabrechnung festgesetzt werden (BayObLG, DerWEer 85, 58).

VI. Beschlußfassung

Sie ist nach **Abs. 5** für den **Wirtschaftsplan** vor bzw. am Beginn des Wirtschaftsjahres, für die **Jahresabrechnung** und evtl. **Rechnungslegung** während des Rechnungsjahres erforderlich. Es genügt einfache Stimmenmehrheit, wenn nichts anderes vorgesehen. Dagegen findet auch die Anrufung des Richters nach § 43 Abs. 1 Nr. 4 statt. Die Entscheidung über die Billigung der Jahresabrechnung kann nicht in Beschlußweg auf den **Verwaltungsbeirat** übertragen werden (BayObLG, DerWEer 89, 27). Dies gilt auch für die Entlastung (ebenda).

Mehrheitsbeschluß über den **Wirtschaftsplan stellt** diesen fest und verpflichtet den Verwalter zu seiner Einhaltung. Er ist auch für die WEer verbindlich (BayObLG, ZMR 77, 346 = BayObLGZ 77, Nr. 17 = Rpfleger 77, 286; WEM 79, 173 = MDR 80, 57; DerWEer 83, 31). Über **Abweichungen** entscheidet wieder Mehrheitsbeschluß, außer bei Geringfügigkeit. Der Wirtschaftsplan ist für ungültig zu erklären, wenn er lediglich die Gesamtbeträge der zu erwartenden Einnahmen und Ausgaben enthält, ohne den Aufteilungsschlüssel und die auf jeden einzelnen WEer entfallenden Wohngeldbeträge anzugeben; er entspricht nicht ordnungsgemäßer Verwaltung (BayObLG, NJW-RR 91, 1360, in Abgrenzung zu BayObLGZ 89, 310 = NJW-RR 89, 1163). Nach AG Wuppertal v. 1. 12. 89 (52 UR II 61/87) soll es genügen, daß erst in der Versammlung genaue Zahlen vorliegen (zweifelhaft!).

Einwendungen gegen die **Einzelabrechnung** sind trotz Verbindlichkeit der Jahresgesamtabrechnung möglich, wenn und so-

§ 28 29–31 I. Teil. Wohnungseigentum

weit über die Einzelabrechnung nicht Beschluß gefaßt worden ist (BayObLG, DerWEer 83, 31).

29 Der **Beschluß** über die **Jahresabrechnung** erfaßt auch Genehmigung und Verwendung etwaiger Erträgnisse und Überschüsse. Er enthält die **Entlastung** des Verwalters (BayObLG, WEM 79, 38 = Rpfleger 79, 66; 266; OLG Karlsruhe, WEM 80, 80; **negatives Schuldanerkenntnis:** OLG Celle, OLGZ 83, 177; OLG Hamm, DerWEer 89, 69; BayObLG, ZMR 84 o. S.; OLG Frankfurt, OLGZ 89, 60 = DerWEer 88, 141). Ihr kommt auch die Bedeutung zu, daß die Gemeinschaft auf mögliche – bekannte oder erkennbare – Ansprüche aus der Geschäftsbesorgung der Verwaltung verzichtet (OLG Frankfurt, a. a. O. = OLGZ 89, 60).

Deshalb ist der WEer/Verwalter nicht stimmberechtigt, auch nicht ein mit dem Verwalter wirtschaftlich stark verbundener WEer (OLG Frankfurt, DerWEer 83, 61; OLG Zweibrücken, DerWEer 83, 15). Zur Entlastung als Verstoß gegen ordnungsmäßige Verwaltung bei bestehenden Ansprüchen gegen den Verwalter s. BayObLG, DerWEer 84, 61.

30 Die **Verbindlichkeit** des Abrechnungsbeschlusses erfaßt auch die in ihm festgesetzten **Zahlungspflichten** des einzelnen WEers (BayObLG, BlGBW 80, 220; DerWEer 84, 30; 62; OLG Karlsruhe, WEM 80, 80). Er befreit den Verwalter von der Pflicht zu weiteren Erklärungen über Vorgänge, die beim Beschluß bekannt waren (BayObLG, NJW 75, 2073; Rpfleger 79, 266) oder bei zumutbarer Sorgfalt erkennbar waren (BayObLG, Rpfleger 79, 266; OLG Zweibrücken, ZMR 84, 166). Dies betont auch KG: Der **Entlastungsbeschluß** stellt den Verwalter **nur von solchen Ansprüchen frei,** die die Wohnungseigentümergemeinschaft bei sorgfältiger Prüfung aller ihr erstatteten Vorlagen und Berichte **erkennen konnte;** es kann nicht erwartet werden, daß die Wohnungseigentümer sich die erforderliche Kenntnis durch eigene Untersuchungen selbst verschaffen (KG, NJW-RR 93, 404). Er befreit von den Vorauszahlungsansprüchen (s. o. Rz. 9). Z. B. wird die Heizkostenabrechnung bei Genehmigung durch Eigentümerbeschluß verbindlich (BayObLG, DerWEer 85, 125/25).

31 **Vor** einer **Beschlußfassung** oder einer sie ersetzenden gerichtlichen Entscheidung entsteht weder eine **Nachzahlungspflicht** noch ein **Erstattungsanspruch** von WEern (BayObLG, DerWEer 83, 30). Erst mit ihr werden die Abrechnungsgrundlagen für alle WEer verbindlich (BGH, DerWEer 85, 26; 123). Restforderungen können **nach** Beschlußfassung auch dann nicht mehr geltend gemacht werden, wenn die Einzelabrechnungen falsch sind (AG Hamburg,

DerWEer 89, 77). Ein WEer kann sein **Guthaben** aus einer Jahresabrechnung nicht gegen einzelne andere WEer zur persönlichen Zahlung, sondern nur gegen die Gemeinschaft, vertreten durch den Verwalter, gerichtlich geltend machen. Der Anspruch richtet sich auf Mitwirkung an der Realisierung des beschlossenen Abrechnungsguthabens (KG, WuM 93, 91 = NJW-RR 93, 338). Zahlt ein WEer Wohngeld aufgrund einer **einstweiligen Anordnung** und wird diese im Rechtsmittelverfahren aufgehoben, kann der WEer die Zahlung gleichwohl nicht zurückfordern, solange nicht aufgrund der Abrechnung über die Wirtschaftsperiode festgestellt ist, daß er zu viel gezahlt hat (KG, MDR 89, 742).

Auch ein anfechtbarer Beschluß über die Jahresrechnung erwächst in Bestandskraft, falls er nicht angefochten wird (OLG Karlsruhe, WEM 80, 80; BayObLG v. 6. 10. 83 – 2 Z 100/82; s. o. § 23 Rz. 31f.). Damit werden auch die darin festgesetzten Zahlungsverpflichtungen des einzelnen WEers verbindlich (BayObLG, ebenda; BGH, DerWEer 85, 26; 88, 135), auch die Nachzahlungspflicht (BayObLG, DerWEer 85, 60/25 = 85, 123). Es kommt dann nicht darauf an, ob die einzelnen Beiträge richtig berechnet worden sind (BayObLG, DerWEer 85, 124). Eine Jahresabrechnung, die abweichend von dem in der Vereinbarung festgelegten Schlüssel erstellt wird, ist lediglich anfechtbar, jedoch nur für das betreffende Jahr bindend (BayObLG, DerWEer 86, 89). Die Abrechnung der Heiz- und Warmwasserkosten darf nur dann für **mehrere Jahre** zusammengefaßt werden, wenn die GemO dies zuläßt oder wenn wegen Fehlens von Zählerablesungen und Verbrauchsmessungen eine jahrweise Abrechnung unmöglich ist (BayObLG, NJW-RR 92, 1431). 32

· **Beschlüsse** über **Wirtschaftsplan** und **Abrechnung** sind grundsätzlich von einander **unterschieden.** So enthält der Beschluß über den Plan keineswegs den Beschluß über die (nachfolgende) Abrechnung (BayObLG, NJW 74, 1910 = MDR 74, 460 = Rpfleger 74, 268 = DNotZ 75, 100). Er begründet Vorschußpflichten nur für den betreffenden Zeitraum (KG, OLGZ 89, 58). Deswegen ist der Verwalter/WEer bei der Beschlußfassung über den Wirtschaftsplan nicht ausgeschlossen (OLG Zweibrücken, DerWEer 83, 95). 33

Bei **Verzug** des Verwalters mit der Abrechnung ist evtl. Abberufung möglich. Durch das Gericht nach § 43 Abs. 1 Nr. 2 kann aber höchstens die Suspendierung des Verwalters, nicht die Abberufung erreicht werden. 34

Der zum Jahresende **ausgeschiedene Verwalter** hat nach dem OLG Stuttgart (Justiz 80, 278) nicht die Verpflichtung, die Jahres- 35 abrechnung (noch) fertig zu stellen. Es widerspricht ordnungsmäßiger Verwaltung vor Eingang der Unterlagen eines (inzwischen abberufenen) Verwalters zur Überprüfung die (kostenträchtige) Einsetzung eines Wirtschaftsprüfers sowie eines Rechtsanwalts zu beschließen (KG, DerWEer 87, 135).

36 Ansprüche gegen WEer auf Zahlung von Rückständen aus genehmigten Jahresabrechnungen oder Eigentümerbeschlüssen über Umlagen **verjähren** nach 30 Jahren (BayObLG, DerWEer 84, 30). Vgl. zur Verjährung auch § 16 Rz. 41.

§ 29 Verwaltungsbeirat

(1) **Die Wohnungseigentümer können durch Stimmenmehrheit die Bestellung eines Verwaltungsbeirats beschließen. Der Verwaltungsbeirat besteht aus einem Wohnungseigentümer als Vorsitzenden und zwei weiteren Wohnungseigentümern als Beisitzern.**

(2) **Der Verwaltungsbeirat unterstützt den Verwalter bei der Durchführung seiner Aufgaben.**

(3) **Der Wirtschaftsplan, die Abrechnung über den Wirtschaftsplan, Rechnungslegungen und Kostenanschläge sollen, bevor über sie die Wohnungseigentümerversammlung beschließt, vom Verwaltungsbeirat geprüft und mit dessen Stellungnahme versehen werden.**

(4) **Der Verwaltungsbeirat wird von dem Vorsitzenden nach Bedarf einberufen.**

I. Wesen

1 Der Verwaltungsbeirat ist kein Organ im Sinne des § 31 BGB. Er ist **nicht zwingend** vorgeschrieben. Das Recht der Bestellung muß ausdrücklich ausgeschlossen sein, damit ein Verzicht wirksam ist (OLG Köln, Rpfleger 72, 261). Nur bei größeren Gemeinschaften erscheint er zweckmäßig.

II. Bestellung, Abberufung, Entlastung

2 Sie erfolgen durch Mehrheitsbeschluß, wenn die Vereinbarung nichts anderes vorsieht. Befristung ist möglich. Ansonsten kann er jederzeit ganz oder zum Teil mehrheitlich abberufen werden (OLG Zweibrücken, DerWEer 87, 137).

Die GemO kann eine Entlastung des Verwaltungsbeirats vorsehen. Damit ist ein Verzicht auf erkennbare Schadensersatzansprüche verbunden. Der Eigentümerbeschluß über die Entlastung der Mitglieder des Verwaltungsbeirats entspricht dann nicht ordnungsgemäßer Verwaltung, wenn ein Ersatzanspruch gegen die Mitglieder des Verwaltungsbeirats im Zusammenhang mit der Prüfung von Jahresabrechnung und Wirtschaftsplan möglich erscheint (BayObLG, NJW-RR 91, 1360).

III. Zusammensetzung

Er umfaßt mindestens drei Personen, nur WEer, wenn nichts anderes vereinbart ist (so auch BayObLG, NJW 72, 1377 = MDR 72, 691). Entgegen dem BayObLG bedarf die Wahl eines **Außenstehenden** der Einstimmigkeit, wenn die GemO schweigt. Denn damit wird von der gesetzlichen Regelung abgewichen, auch wenn sie abdingbar ist (so a. *Zapp,* Wohnungseigentum 71, 19 u. *Weimar,* ZMR 81, 97). Im übrigen kann derjenige, der nicht WEer ist, nur dann durch Mehrheitsbeschluß zum Verwaltungsbeirat gewählt werden, wenn dies die GemO vorsieht (BayObLG, NJW-RR 92, 210, unter Aufgabe von BayObLGZ 1972, 161). Mit dem **Ausscheiden** aus der Gemeinschaft scheidet ein gewählter WEer grundsätzlich auch aus dem Verwaltungsbeirat aus (BayObLG, ZMR 93, 128). Er tritt auch nicht automatisch wieder in den Verwaltungsbeirat ein (ebenda). Ein Vorsitzender kann vom Verwaltungsbeirat selbst bestimmt werden.

Der Verwalter kann nicht Mitglied sein. Eine Wahl des Verwalters in den Verwaltungsbeirat ist vielmehr nichtig (OLG Zweibrücken v. 22. 9. 83, 3 W 76/83). Dies gilt auch für den Alleingeschäftsführer einer mit der Verwaltung beauftragten GmbH (OLG Zweibrücken, a. a. O.).

Über die innere Ordnung wird in § 29 nichts gesagt, z. B. ist eine Niederschrift über Beschlüsse nicht vorgesehen. Sonderausschüsse sind möglich. Ein Recht auf Teilnahme besteht für Verwalter und andere WEer nicht. Es ist höchstpersönliches Amt; zur Einberufung kann § 24 entsprechend herangezogen werden.

IV. Aufgaben und Befugnisse

1. Auch hier besteht **Vertragsfreiheit** (zur Generalklausel des Abs. 2 s. *Kahlen,* BlGBW 84, 88). Ihm können z. B. auch Aufgaben in bezug auf Dritte, z. B. Gläubiger übertragen werden. Seine Aufgaben bestehen in der Prüfung und Stellungnahme zu Wirtschaftsplan, Rechnungslegung und Kostenanschlägen, Unterstützung des Verwalters samt Überwachung. Dieser hat jederzeit Aufschluß und Auskunft oder Bericht zu geben. Dazu gehört die **Einsicht** in

seine Bücher und Prüfung derselben. Zum ausschließlichen Recht des Verwaltungsbeirats auf Einsichtnahme und Prüfung der Abrechnung s. § 28 Rz. 23. Er kann – sofern in der GemO nichts anderes bestimmt ist – seine Stellungnahme zum Entwurf des Wirtschaftsplans auch noch in der Versammlung (mündlich oder schriftlich) abgeben (BayObLG, DerWEer 84, 30).

7 Die Abrechnung des Bauträgers gehört nicht zu den gesetzl. Obliegenheiten des Verwaltungsbeirats (BGH, WM 70, 789), sie ist aber übertragbar.

8 Für die **Bestellung** und **Abberufung** des **Verwalters** kann die Zustimmung durch den Verwaltungsbeirat nicht mehr vorbehalten werden (§ 26 Abs. 1 S. 4; LG Lübeck, DerWEer 85, 128/LS). Auch nach der früheren Rechtslage war eine Abberufung durch den Verwaltungsbeirat unter Zustimmung der WEer unwirksam (BayObLG NJW 65, 821 und OLG Frankfurt, NJW 75, 545).

9 Es besteht auch keine Pflicht zur Überwachung der laufenden Verwaltungstätigkeit (BayObLG, Rpfleger 72, 262 = NJW 72, 1378 = MDR 72, 691). Zur Auskunftspflicht des Verwaltungsbeirats gegenüber den WEern s. BayObLG a.a.O.

10 Der Verwaltungsbeirat kann nicht korrigierend in einen Beschluß der WEer eingreifen, der z.B. die Prozeßführungsbefugnis des Verwalters regelt (BayObLG, Rpfleger 80, 23; OLG Zweibrücken, DerWEer 87, 137). Allerdings kann die Ermächtigung zur Prozeßführungsbefugnis von der Zustimmung des Verwaltungsbeirats abhängig gemacht werden (OLG Zweibrücken, DerWEer 87, 137).

11 Auch kann dem Verwaltungsbeirat die Befugnis zur **Geltendmachung** von **Mängeln** am Gemeinschaftseigentum übertragen werden (OLG Frankfurt, NJW 75, 2297 = MDR 76, 224). Es bedarf dazu allerdings entweder einer solchen Bestimmung in der GemO oder eines einstimmigen Beschlusses. Dasselbe gilt für eine Prozeßvollmacht. Der Verwaltungsbeirat ist auch Vermittlungsorgan (*Kahlen,* BlGBW 84, 88).

12 Verwaltungsaufgaben selbst (§§ 27, 28) kann der Verwaltungsbeirat mindestens insoweit nicht ausführen, als diese gem. § 27 Abs. 3 unabdingbar sind (OLG Zweibrücken, DerWEer 87, 137). Er kann ohne entsprechende Vollmacht auch keine Verträge schließen (vgl. BayObLG, Rpfleger 80, 23). Die Entscheidung über die Billigung der Jahresabrechnung und über die Entlastung des Verwalters kann ihm nicht durch Beschluß übertragen werden (BayObLG, DerWEer 89, 27).

13 Aufwendungen für den Verwaltungsbeirat einer großen WEer-Gemeinschaft (Kursgebühren, Getränke, Gebäck) können ord-

Wohnungserbbaurecht **§ 30**

nungsmäßiger Verwaltung entsprechen (BayObLG, DerWEer 83, 123).

2. Eine besondere Aufgabe hat der Vorsitzende bzw. sein Vertreter nach § 24 Abs. 3 in Form eines subsidiären Einberufungsrechts. Zur Unterzeichnung der Niederschrift bei einer Verwalterbestellung s. § 24 Abs. 6 S. 2. **14**

V. Verantwortlichkeit

Beirat hat die Sorgfalt eines ordentlichen und gewissenhaften Kaufmannes (Sachwalters) anzuwenden (OLG Zweibrücken, DerWEer 87, 137). Zur Haftung s. *Kahlen*, BlGBW 84, 165 und *Sauren*, ZMR 84, 326. **15**

VI. Beschwerdewert

Bei Streit über die Befugnis, ob ein Verwaltungsbeirat gewählt werden kann, ist der Maßstab des § 48 Abs. 2 anzulegen (zum Geschäftswert s. a. OLG Köln, Rpfleger 72, 262, allerdings zur früheren Rechtslage). **16**

4. Abschnitt. Wohnungserbbaurecht

§ 30 Wohnungserbbaurecht

(1) **Steht ein Erbbaurecht mehreren gemeinschaftlich nach Bruchteilen zu, so können die Anteile in der Weise beschränkt werden, daß jedem der Mitberechtigten das Sondereigentum an einer bestimmten Wohnung oder an nicht zu Wohnzwecken dienenden bestimmten Räumen in einem auf Grund des Erbbaurechts errichteten oder zu errichtenden Gebäude eingeräumt wird (Wohnungserbbaurecht, Teilerbbaurecht).**

(2) **Ein Erbbauberechtigter kann das Erbbaurecht in entsprechender Anwendung des § 8 teilen.**

(3) **Für jeden Anteil wird von Amts wegen ein besonderes Erbbaugrundbuchblatt angelegt (Wohnungserbbaugrundbuch, Teilerbbaugrundbuch). Im übrigen gelten für das Wohnungserbbaurecht (Teilerbbaurecht) die Vorschriften über das Wohnungseigentum (Teileigentum) entsprechend.**

I. Zweckmäßigkeit der Vorschrift

1 Sie ergab sich daraus, daß sich das ErbbR selbst in jüngster Zeit immer weiter verbreitet, und nicht nur im Siedlungsverfahren.

II. Zum Erbbaurecht im allgemeinen

2 1. *Gesetzliche Ordnung:* Ursprünglich §§ 1012 bis 1017 BGB (superfiziarisches Eigentum), ersetzt dann durch die VO vom 15. 1. 1919. Zu den Einzelheiten vgl. die Kommentare zur ErbbRVO (z. B. *Palandt-Bassenge* und *Ingenstau,* Kommentar z. ErbbR. 5. Aufl. 1980; s. a. Merkblatt „Das ErbbR" des Deutschen Volksheimstättenwerks. 4. Aufl. 1980).

Zur Frage des GesamterbbR s. LG Münster MDR 56, 678.

3 2. Durch das ErbbR wird die *Bestandslehre der §§ 93, 94 BGB außer Kraft gesetzt.* Weitere Einzelheiten in den Kommentaren zum ErbbR.

4 3. *Begründung, Inhalt und Erlöschen:* Nicht mehr Form der Auflassung, jedoch Einigung in der Form des § 29 GBO (§ 873 BGB). § 20 GBO ist weiterhin anzuwenden (materielles Konsensprinzip). Form des § 313 BGB für schuldrechtlichen Vertrag nach § 11 ErbbRVO Abs. 2. Vorschriften über Grundstücke finden unverändert Anwendung (abgesehen von §§ 925, 927 und 928 BGB).

III. Wohnungs- und Teilerbbaurecht

5 1. *Begründung:* Sie findet Anwendung sowohl bei altem wie neuem ErbbR. Für Begründung gilt alles, was zu §§ 3 und 8 zur Begründung des WEs gesagt ist. Bei Vorratsteilung (**Abs. 2**) bedarf der Berechtigte ebensowenig der Zustimmung des Eigentümers bzw. Erbbauzinsgläubigers (BayObLG, Rpfleger 78, 375 = 436 = DNotz 78, 626; ZMR 80, 125; OLG Celle, Rpfleger 81, 22 = MittBayNot 81, 131; *Palandt-Bassenge,* § 30 Rn. 2; *Weitnauer,* § 30 Rz. 6; a. A. nur *Ingenstau,* § 1 Rz. 31) wie bei Begründung nach Abs. 1 (LG Augsburg, MittBayNot 79, 68). §§ 1–29 anwendbar, auch ohne ausdrückliche Bezugnahme. Zweifel hinsichtlich § 4 (Formvorschrift). § 11 ErbbRVO hat Auflassungsform ausgeschlossen. Doch sollten daneben die Gründe des § 4 stärker sein.

6 2. *Inhalt, Belastungen:* Insbesondere sind § 5 und §§ 10ff. zu beachten (siehe die Ausführungen dazu). Auch beim ErbbR kann entgegen Wortlaut des § 5 Abs. 2 SE am ganzen Gebäude bestellt werden, wenn auf demselben Grundstück mehrere Gebäude stehen (OLG Frankfurt, NJW 63, 814 m. abl. Anm. v. *Diester,* s. ferner § 5

Rz. 15). Unabhängig neben den Verfügungsbeschränkungen nach §§ 5–8 ErbbRVO sind Veräußerungsbeschränkungen nach § 12 WEG möglich. Erstere bestimmen Verfügbarkeit über WohnungserbbR im ganzen Gebäude gegenüber dem Grundstückseigentümer. Eine Veräußerungsbeschränkung nach § 12 kann aber auch zugunsten anderer WEer oder Dritter getroffen werden (s. o. § 12).

Die Versagung der Zustimmung ist in §§ 5 ff. ErbbRVO anders als nach § 12 geregelt. Wird die Zustimmung des Grundstückseigentümers zur Veräußerung des WsErbbRs ohne ausreichenden Grund verweigert, kann sie auf Antrag des WsErbbauberechtigten durch das AG entspr. § 7 Abs. 3 ErbbRVO ersetzt werden (OLG Frankfurt, Rpfleger 79, 24 = ZMR 80, 154). Eine dem § 15 ErbbRVO entsprechende Bestimmung fehlt. 7

Dinglicher Inhalt des ErbbR i. S. des § 2 ErbbRVO wird zugleich dinglicher Inhalt des WohnungserbbRs i. S. der §§ 15, 10. Zur vertraglichen Bestimmung des Inhalts des ErbbRs s. *Ranft*, Die „Verdinglichung" des ErbbRsinhalts, 1992. Ein Mehrheitsbeschluß kann den nach Erbbauvertrag bestimmten Nutzungscharakter, bestimmte Instandhaltungspflichten usw. nicht beseitigen oder einschränken. 8

3. *Grundbuchrecht:* §§ 7 und 9 gelten entsprechend. Siehe auch § 8 der WsGrundbVfg. vom 1. 8. 1951 hinsichtlich entsprechender Anwendung der §§ 2–7 auf WohnungserbbR. 9

4. Analoge Anwendung der §§ 1–29 folgt aus § 30 Abs. 3 S. 2. Dies betrifft insbesondere Vereinbarungen nach §§ 10 ff., Verwaltungsvorschriften nach §§ 20 ff. Sie sind genauso anwendbar und zu beachten wie beim WE; Qualifikationen durch das ErbbR sind zu bedenken (§§ 5–8 ErbbRVO), ebenso Erschwerungen bei der Beleihung (§ 21 ErbbRVO). 10

Der **Erbbauzins** ist als Reallast am WErbbR einzutragen. Grundstückseigentümer und Erbb-berechtigtrer können schuldrechtlich die Verpflichtung zur Neufestsetzung des Erbb-zinses beim Eintritt best. Umstände begründen. Dieser schuldrechtliche Anspruch kann nicht durch eine Vormerkung gesichert werden, wohl aber der nach Durchführung der Anpassung sich ergebende Anspruch auf Inhaltsänderung der Reallast (OLG Celle, Rpfleger 81, 398). 11

Der Inhaber eines nach §§ 30, 8 in Teil- bzw. Ws-ErbbRechte aufgeteilten ErbbR kann bei Veräußerung der Teil- bzw. Ws-Erbb-Rechte nicht einen dinglichen Erbbauzins i. S. des § 9 ErbbauRVO zu Lasten der veräußerten Anteile und zugunsten des jeweiligen Inhabers des in der Hand des Veräußerers verbliebenen Anteils 12 bestellen (OLG Düsseldorf, DNotz 77, 305). Zur **Änderung** des Erbbauzinses s. § 9a ErbbRVO und die entspr. Kommentare. Zur Wertsicherung des Erbbauzinses s. BGH, NJW 80, 2241, 2243 u. *Dürkes,* BB 80, 1609. Zur Genehmigung von Wertsicherungsklauseln gemäß § 3 S. 2 WährungsG s. Deutsche Bundesbank in DNotZ 82, 329; zur Auslegung des § 9a Abs. 1 S. 2 s. BGHZ 75, 279; 77, 188; Rpfleger 83, 194 = NJW 83, 2252; DNotZ 83, 559, des Abs. 1 S. 5 s. BGH DNotZ 83, 557; NJW 83, 986; zur Frage einer Erhöhung **ohne Anpassungsklausel** vgl. DNotZ 83, 562 = NJW 83, 1309; zur 3-Jahresfrist der Erbbauzinserhöhung nach § 9a Abs. 1 s. BGH, Rpfleger 82, 417. Die Eintragung der Erhöhung des Erbbzinses im GB kann aufgrund einer Bewilligung in der Form des § 29 GBO erfolgen (LG Köln, MittRhNotK 80, 8).

13 Eine Gebrauchsabrede nach § 15 Abs. 2 (§ 10 Abs. 2 WEG) kann gem. § 1 Abs. 2 ErbbRVO auch auf das zum ErbbR als wesentlicher Bestandteil gehörende Gelände erstreckt werden.

14 5. *Erlöschen und Heimfall:* Erlöschen des ERbbRs hat Erlöschen des WohnungserbbRs zur Folge. Anders wenn Gebäude als solches untergeht (s. § 13 ErbbRVO). WohnungserbbR bleibt an einer Ruine bestehen.

15 Bei Erlöschen nach §§ 27ff. ErbbRVO hat die Schließung der Wohnungserbbaugrundbücher von Amts wegen zu erfolgen (§ 9 Abs. 1 Nr. 1). Entschädigungspflicht bei Erlöschen bzw. Heimfall nach § 27 ErbbRVO bleibt bestehen.

16 Beim Heimfall bleibt WohnungserbbR bestehen. Heimfall kann an verschiedenen WohnungserbbRen des gleichen Gebäudes unter verschiedenen Bedingungen eintreten und zu verschiedener Zeit (zum Rang des Heimfallrechts s. *Behmer,* Rpfleger 83, 477).

17 Bei **Vereinigung** aller WohnungserbbR in der Hand des Grundstückseigentümers ist § 9 Abs. 1 Nr. 3 zu beachten (OLG Celle, Rpfleger 81, 22). Erwirbt er nur einzelne Rechte, kann er nicht § 26 ErbbRVO geltend machen.

18 6. *Erneuerung:* § 31 ErbbRVO kann analog auf Erneuerung des WohnungserbbRs angewandt werden.

19 7. *TeilerbbR:* Es ist wie WohnungserbbR zu behandeln.

20 8. *Heimstätteneigenschaft:* Siehe § 1 Rz. 30. Über das ErbbR als Heimstätte s. Reichsheimstättengesetz vom 10. 5. 1920.

21 9. *UntererbbR:* ErbbR an einem ErbbR überwiegend abgelehnt (*Ingenstau-Schnitzler,* S. 111, *Erman,* AcP 26, 214; anders LG Bamberg, DNotZ 55, 324). Die Frage ist von BGH, MittBayNot 74, 149 im bejahenden Sinn entschieden. Ebenso kann sich der Eigen-

tümer ein ErbbR bestellen (BGH MittBayNot 82, 127 = NJW 82, 2381).

10. *Realteilung des Erbrechts und Teilung des Grundstücks:* Sie kann **22** durch WohnungserbbRe umgangen werden.

11. *Heimfallbedingungen:* Ein Gesamtheimfall aus Verfehlung eines einzelnen Wohnungserbbauberechtigten erscheint unzulässig **23** (s. Ausführungen bei *Bärmann-Pick,* § 30 Rz. 66ff.). Nicht ausgeschlossen ist, einen Gesamtheimfall für den Fall zu vereinbaren, daß die Verwaltung nicht ordnungsgemäß geführt wird, insbesondere, sofern Mehrheitsbeschlüsse gegen eine solche gefaßt werden und die einzelnen Wohnungserbbauberechtigten nicht die ihnen zustehenden Maßnahmen mit Erfolg dagegen ergreifen (s. § 21 Abs. 3).

II. Teil. Dauerwohnrecht

Vorbemerkungen vor § 31

Literatur: *Bärmann/Seuss*, T. A XI; *Wolf*, Modernisierung mit DWR, BlGBW 77, 124; *Demmerz*, WoR u. DWR, 1970.

I. Veranlassung

1   Anlaß der Regelung war der Mißbrauch der verlorenen Baukostenzuschüsse und Aufbauverträge. Es lag auch nahe, das Wohnrecht des § 1093 BGB vererblich und veräußerlich zu gestalten als neues beschränkt dingliches Recht.

II. Vorbild und Herkommen

2   Offenbar diente das ErbbR zum Vorbild. Die Ausgestaltung entwickelte sich aber zu einem beschränkt dinglichen Recht. Zwang durch Raumnot und zur Förderung des Wohnungsbaus und des Wiederaufbaus. Verdinglichte Miete sollte auch Baukostenzuschüsse dinglich sichern können und Benachteiligung des Mieters im Konkurs des Eigentümers ausschalten, Wohnrecht zu Substanz- und Verkehrswert geben.

3   Daher § 31 (selbständiges dingliches Recht, auch mit Ausschluß des Eigentümers); Bestandsschutz nach § 33 Abs. 1 Satz 2. Nachbarrechtliche Beschränkungen und Verpflichtungen nach § 33 Abs. 2 mit § 14 und § 33 Abs. 3; disponibler Inhalt in Grenzen (§ 33 Abs. 4); Bedingungsfeindlichkeit, aber befristbar (§§ 41 Abs. 1, 33 Abs. 1 Satz 2); Verkehrsfähigkeit: Veräußerlichkeit und Vererblichkeit (§ 33 Abs. 1 Satz 1); Veräußerungsbeschränkungen (§ 35); Heimfallrecht (§§ 36, 41); Bestehenbleiben in der Zwangsversteigerung (§ 39); Entgelthaftung und Wirkung von Vorausverfügungen (§ 40).

4   Auch die schwedische Regelung war zwar Vorbild, wurde aber in der Organisation nicht nachgeahmt (genossenschaftliche Organisation das ganze Land erfassend). Aber auch bei uns findet das Institut Verwertung durch Baugenossenschaften.

Vorbemerkungen vor § 31   5–9 **Vor § 31**

III. Hauptsächliche Verwertung

Die Erfahrung zeigt, daß das DWR hinter dem WE stark zurück- 5
getreten ist. Dabei wird es häufiger für gewerbliche Räume verwendet, weniger für Wohnungen. Der Grund liegt vor allem im Rangverhältnis des DWRs.

Wird das DWR als langfristiges, eigentumsähnliches ausgestal- 6
tet, wirkt sich das etwaige Rangverhältnis besonders nachteilig aus, insbesondere hat der Eigentümer Schwierigkeiten in der Beleihung seines Grundstücks. Ausgestaltung des DWRs auch so möglich, daß kein gleichmäßiges Entgelt gezahlt wird, sondern ein Anteil an Amortisation, Verzinsung und allgemeinen Unkosten. Im ganzen streben auch gemeinnützige Wohnungsbauunternehmen mehr zum WE als zum DWR. Dagegen zweckmäßig Sicherung von Baukostenzuschüssen durch DWR, in Verbindung mit der Vereinbarung des Bestehenbleibens nach § 39; besonders dort, wo die Lasten des Eigentums vermieden werden sollen. Auch Teilung einer Erbengemeinschaft, Zuwendung unter Verwandten, kann Grund für DWR sein. Schließlich kann DWR als Übergangslösung zum WE wirken, z. B. wenn Geldgeber keine Einzelbelastung gewähren wollen; dann DWR im Rang zunächst nach den eingetragenen Finanzierungslasten, dann allmähliches Vorrücken des DWRs und bei Wegfall aller Belastungen Anreiz zur Umwandlung in WE. Zweckmäßig ist, Mitspracherecht bei der Verwaltung des Eigentums für DWR zu sichern.

Vom eigentumsähnlichen DWR sprach z. B. § 20 Abs. 4 des er- 7
sten WoBauG. Immer bleibt DWR aber **beschränkt dingliches Recht**. Bereitschaft zur Einzelbelastung seitens der Kreditinstitute wird auch die eigentumsähnliche Form des DWRs zurückdrängen. Hauptanwendungsgebiet werden gewerbliche Räume mit Baukostenzuschuß und Teilung unter Verwandten oder Miterben sein.

IV. Wesen und juristische Natur

Die Regelung ist nicht gleich vollständig wie im WE. Gesetzlich 8
unabdingbar sind: § 31 (Begriff), § 33 (Inhalt, Beschränkung, bes. nach Abs. 4); § 41 (langfristiges DWR, Entschädigungsansprüche bei Heimfall); aber auch § 38 (verdinglichter Eintritt in das Rechtsverhältnis) nicht disponibel.

DWR ist **Belastung** eines Grundstücks; unterliegt Vorschriften 9
über Rechte an Grundstücken (§§ 873 ff. BGB, GBO, ZVG); dazu § 39 über Bestehenbleiben, abweichend von § 54 ZVG, und § 40 Wirkung einer Vorausverfügung. Kein grundstücksgleiches Recht; veräußerliches und vererbliches beschränkt dingliches Recht auf

§ 31 — II. Teil. Dauerwohnrecht

Nutzung und Gebrauch am fremden Grundstück. Dem Wesen nach Dienstbarkeit, aber nicht subjektiv dinglich und nicht höchstpersönlich. Dennoch hat sich das Gesetz an das ErbbR angelehnt. Es ist als Recht an eigener Sache bestellbar, was für das ErbbR bestritten ist, aber von der h. M. bejaht wird (*Palandt-Bassenge*, Rn. 2 vor § 1012 BGB).

10   Nießbrauchsvorschriften des BGB auf DWR entsprechend anwendbar, wenngleich Nießbrauch auf einzelne Raumeinheiten nicht beschränkt.

Was DWR an Wohnungen, das ist DNR an nicht zu Wohnzwecken dienenden Räumen.

DWR an noch zu errichtenden Gebäuden ist Vollrecht, nicht nur Anwartschaft.

11   DWR (als dingliches Recht) und Mietvertrag schließen einander grundsätzlich aus; keine rechtliche Verwandtschaft, trotz der gleichen wirtschaftlichen Ziele. Sicherung eines Mietvertrags durch DWR nicht möglich. Wohl aber Annäherung der vertraglichen Ausgestaltung an Mietrecht. DWR nicht eintragungsfähig, wenn Mietvertrag für gleiches Rechtsverhältnis besteht. Grundbuch wird unrichtig, es sei denn, daß es sich nur um das schuldrechtliche Grundgeschäft (die schuldrechtliche Vereinbarung) für das DWR handelt. Grundgeschäft meist Kaufvertrag (Rechtskauf). Mietverhältnis am gleichen Objekt ruht während DWR; lebt wieder auf bei Wegfall des DWRs. Dann Eintritt eines Erstehers in den Mietvertrag wie nach § 57a, c ZVG. Zum Unterschied zwischen DWR u. Mietrecht s. OLG Nürnberg, ZMR 61, 196.

12   **Bestellung** des DWRs ist formlos möglich. Allerdings bedarf die Bewilligung der Form nach § 29 GBO. Mit der Eintragung entsteht Recht auf Gewährung der Bewohnung und sonstigen Benutzung.

V. Gestaltungsmöglichkeiten

13   Weitgehend frei; wenige gesetzliche Beschränkungen (§ 33 Abs. 1 und 4, § 38, § 41 Abs. 2).

§ 31 Begriffsbestimmungen

(1) **Ein Grundstück kann in der Weise belastet werden, daß derjenige, zu dessen Gunsten die Belastung erfolgt, berechtigt ist, unter Ausschluß des Eigentümers eine bestimmte Wohnung in einem auf dem Grundstück errichteten oder zu errichtenden Gebäude zu bewohnen oder in anderer Weise**

Begriffsbestimmungen 1–3 **§ 31**

zu nutzen (Dauerwohnrecht). Das Dauerwohnrecht kann auf einen außerhalb des Gebäudes liegenden Teil des Grundstücks erstreckt werden, sofern die Wohnung wirtschaftlich die Hauptsache bleibt.

(2) Ein Grundstück kann in der Weise belastet werden, daß derjenige, zu dessen Gunsten die Belastung erfolgt, berechtigt ist, unter Ausschluß des Eigentümers nicht zu Wohnzwecken dienende bestimmte Räume in einem auf dem Grundstück errichteten oder zu errichtenden Gebäude zu nutzen (Dauernutzungsrecht).

(3) Für das Dauernutzungsrecht gelten die Vorschriften über das Dauerwohnrecht entsprechend.

I. Begriff

1. *Aus § 1093 BGB:* davon unterschieden durch
a) Veräußerlichkeit und Vererblichkeit, die unabdingbar,
b) Einräumung jeder Art von Nutzung, nicht nur Bewohnung, insbesondere auch Recht auf Vermietung und Verpachtung, also Recht auf Fruchtziehung im weitesten Sinne,
c) Erstreckung auf außerhalb des Gebäudes liegende Teile mit Sachfruchtziehung,
d) Bestellung auch an erst zu errichtenden Gebäuden.
Wie in § 1093 BGB Ausschluß des Eigentümers von der weiteren Benutzung.

2. *Nutzungsrecht, nicht Verwertungsrecht:* Fruchtziehung nach § 100 BGB, dinglich mit Aneignungsbefugnis nach § 954 BGB.
Wohnung bzw. andere Räume müssen Hauptsache des Rechtes sein.
Erlischt DWR in Zwangsversteigerung, dann Ersatzanspruch nach § 92 ZVG.
Streng zu scheiden von WE, da **kein Eigentum**. Auch § 95 Abs. 1 Satz 2 BGB nicht anwendbar, wohl aber § 95 Abs. 2 BGB.
Ausgleichspflicht des Eigentümers nach §§ 946, 951 BGB.
Mitbenutzungsrecht des Eigentümers kann nicht dinglicher Inhalt des Rechts sein.
Art und Umfang des Nutzungsrechts: § 33 Abs. 4 Nr. 1. DWR gibt Sachteilbesitz nach § 865 BGB.

3. *Grundstücksbelastung:* Es gelten die allgemeinen Vorschriften des BGB über Rechte an Grundstücken: §§ 873 bis 888; §§ 891, 892; §§ 894 bis 899; § 900 Abs. 2; §§ 901, 902 BGB. Desgl. die Rangvorschriften des BGB und der GBO. Auch an ErbbR möglich (§ 42).

4 Die Teilung des Grundstücks ist trotz Belastung mit einem DWR möglich. Bei gleichrangigem DWR können sich Schwierigkeiten aus Vereinbarung nach § 39 ergeben.

5 Eine Löschungsvormerkung nach § 1179 BGB ist zugunsten des DWR Berechtigten möglich. Ein Wechsel des Eigentümers beeinträchtigt das DWR nicht.

II. Gegenstand

6 Bestimmte Wohnung oder nicht zu Wohnzwecken bestimmte Räume. Wohnung: s. beim WE: § 3 Rz. 3ff; Abgeschlossenheit s. § 3 Rz. 18ff. und § 32 Rz. 2. Nur Sollvorschrift. Gilt auch für nicht zu Wohnzwecken bestimmte Räume (§ 31 Abs. 3).

7 DWR auch am ganzen Gebäude möglich. Aber nicht mehrere DWRe am ganzen Gebäude (wie beim Nießbrauch). Desgleichen nicht an derselben Wohnung und demselben Raum.

8 DWR erstreckt sich auch auf Zubehör, ebenso auf wesentliche und unwesentliche Bestandteile der Wohnung oder Räume, auch Mitbenutzungsrecht nach § 33 Abs. 3.

Wohnung bzw. Räume müssen **besimmt** sein (§ 32 Abs. 2 Nr. 1).

Anwendung des § 1023 BGB aus Zweckmäßigkeitsgründen zu bejahen; nicht aber auf Verlangen des DW-Berechtigten (s. *Staudinger* zu § 1023 Anm. 7).

9 Wohnung oder sonstige Räume müssen immer wirtschaftlich die Hauptsache darstellen (ähnlich § 1 Abs. 2 ErbbRVO). Niemals an landwirtschaftlichem Grundstück, verbunden mit Recht an einer Wohnung, wenn landwirtschaftliche Nutzung Hauptgegenstand. GB-Amt kann im Zweifel Nachforschungen anstellen, auch Eintragungen von Amts wegen löschen (§ 53 Abs. 1 Satz 2 GBO).

10 DWR bzw. DNR sind auch an WE oder TE möglich (auch für Teilwohnungen, wenn diese abgeschlossen), anders ehem. § 25 Abs. 3 saarländisches WEG (siehe auch BayObLG vom 15. 3. 1957, BayObLGZ 57, 110 = NJW 57, 1840 und h. M.: *Palandt-Bassenge,* § 31 Rn. 3); nicht an ME-Anteil, aber an Ws- oder TErbbR (*Weitnauer,* DNotZ 53, 124).

11 DWRe an Grundstücke behindern nicht Bildung von ME und WE. DWR besteht dann nur an den ME-Anteil fort, mit dem das SE verbunden ist, an dem das DWR ausgeübt werden soll; alle anderen MEs-Anteile werden frei.

Auch Räume mit verschiedenen Stockwerken können Gegenstand sein, wenn Abgeschlossenheit beachtet.

Auch Verbindung von DWR und DNR möglich, dann muß **12** Eintragung im Grundbuch lauten: „DWR und DNR" (BayObLG, NJW 60, 2100).

III. Entstehung

1. *Durch rechtsgeschäftliche Bestellung:* Einigung und Eintragung **13** (§ 873 Abs. 1 BGB), nicht § 925 BGB, auch nicht § 313 BGB (LG München, WM 60, 954). Eintragungsbewilligung nach § 29 GBO. Eintragung als Belastung in Abt. II des Grunbuchs. Da Einigung nicht nachgewiesen zu werden braucht, kann Rechtsinhalt des DWRs in Eintragungsbewilligung des bestellenden Eigentümers enthalten sein, einschließlich der Verpflichtungen des DW-Berechtigten (z. B. Übernahme der öffentlichen oder privaten Lasten des Grundstücks, Instandsetzungsverpflichtungen, Versicherungspflichten, Sicherheitsleistung, Umfangsbeschränkungen, s. § 33 Abs. 4), aber keine gesetzl. Pflicht zu Beiträgen nach § 16 (BGH, ZMR 1979, 318 = DerWEer 80, 41).

Aus Gründen der Rechtssicherheit wäre hier Einführung des Ur- **14** kundenzwangs zweckmäßig. Siehe aber § 32 Rz. 8ff.

Recht zur Bestellung hat der Eigentümer. §§ 892/93 BGB an- **15** wendbar, auch auf vereinbarten und eingetragenen dinglichen Inhalt des dinglichen Rechts. Auch WEer kann bestellen. Berechtigt kann jede natürliche und juristische Person sein; Geschäftsfähigkeit des Erwerbers unbeachtlich. Es ist auch für den Eigentümer selbst bestellbar wie auch sonst Rechte an Grundstücken gemäß § 889 BGB (anders *Palandt-Bassenge,* § 31 Rn. 3; *Weitnauer,* Rdnr. 2a vor § 31, h. M.), bleibt aber zweifelhaft.

Bestellung sowohl für Gesamtheit wie nach Bruchteilen möglich **16** (auch als Gesamtberechtigte nach § 428 BGB). Realteilung nur möglich bei Wahrung der Abgeschlossenheit, Vorlage der Baupläne, Bescheinigung der Baubehörde. Zustimmung Drittberechtigter nach §§ 877, 876 BGB erscheint allgemein nicht erforderlich. Urteil nach der 6. DVO EheG (§ 5) kann nur Mietrecht einräumen. Nach § 7 der 6. DVO EheG ist daran auch Grundstückseigentümer beteiligt.

Mehrere DWRe an der gleichen Wohnung sind begrifflich aus- **17** geschlossen, wohl aber sind mehrere Berechtigte an gleichem DWR möglich (h. M. s. *Weitnauer,* § 31 Rdnr. 3c; a. A. *Palandt-Bassenge,* § 31 Rn. 3). Auch Wohnungsrecht nach § 1093 BGB und DWR können nicht nebeneinander bestehen, wohl aber das DWR neben Nießbrauch.

Ein DWR an mehreren Grundstücken ist nicht ausgeschlossen **18** nach dem Wortlaut, aber zweifelhaft (zulässig nach LG Hildesheim, NJW 60, 49, wenn die betreff. Räume sich zwar auf mehreren Grundstücken befinden, aber eine Einheit bilden). Dagegen ist die Entstehung eines Gesamt-DWRs bei späterer Teilung nicht auszuschließen.

19 An ideellem MEs-Bruchteil ist ein DWR ausgeschlossen (BayObLGZ 57, 110; *Palandt-Bassenge,* § 31 Rn. 3).

2. *Außervertragliche Entstehung:*
a) Buchersitzung nach § 900 Abs. 2 BGB;
b) Hoheitsakt, z. B. volle Enteignung nach BauGB (s. *Palandt-Bassenge,* Rn. 20 vor § 854).

IV. Das Grundgeschäft

20 Dabei handelt es sich um einen auf Veräußerung gerichteten Vertrag, der normalerweise nach **Kaufrecht** zu beurteilen ist (für Wohnrecht nach § 1093 s. RG 54, 233 ff.), auch bei Jahreszins, Rente. Es ist aber zu unterscheiden: ob ein wirklicher Kaufpreis geleistet wird, auch in Form verlorenen Baukostenzuschusses, dann Kaufrecht; ob wiederkehrendes Entgelt geleistet wird, dann kaufähnlicher Vertrag i. S. des § 445 BGB, entsprechende Anwendung der §§ 433 bis 444 BGB. Auch Mischung beider Formen möglich. Ebenso Tausch, Schenkung, Vermächtnis, Einbringung in eine Gesellschaft. Zum Anspruch auf Einräumung eines DWRs s. OLG Nürnberg, ZMR 61, 196.

21 Auf kaufähnliches Grundgeschäft sind insbesondere von den §§ 433 ff. BGB anwendbar: § 433 Abs. 1 BGB; dazu § 38 über den Eintritt des Erwerbers in die Verpflichtungen zu beachten; § 434, soweit dingliche Rechte Dritter überhaupt möglich sind; § 435 Abs. 1, nicht aber § 436, § 437 Abs. 1, und nicht § 438; dagegen wieder § 439 Abs. 1 und 2, dann § 440 Abs. 1, auch Abs. 2; §§ 442, 443, 444 (besonders hinsichtlich Bauzeichnung, Bescheinigung usw.), § 445 (auch bei sonstigen Verträgen); § 446 Abs. 1 und 2; Abs. 1 Satz 2 auch bei Bestellung gegen wiederkehrende Leistung, nicht aber Abs. 1 Satz 1; dafür §§ 323, 324; § 447 nicht anwendbar, ebenso § 448 Abs. 1; anders § 449 Abs. 1, auch bei Bestellung gegen wiederkehrende Gegenleistung; § 450 anwendbar. Aus § 451 ergibt sich entsprechende Anwendung von §§ 446–450 und § 454 bei echtem Kaufvertrag, sonst §§ 456–458 anwendbar.

22 Gewährleistungsvorschriften (§ 459 ff.) sind gem. § 493 BGB entsprechend anwendbar (bei Kauf gegen wiederkehrende Gegenleistungen). Irrtumsanfechtung ausgeschlossen. Mietvertrag, §§ 537–540 BGB nicht anwendbar. Das gleiche gilt für die Anwendung des Ersten Bundesmietengesetzes (BGH ZMR 70, 25 es galt

Begriffsbestimmungen 23–30 § 31

nur noch in Berlin bis zum 31. 12. 1987, s. unten Rz. 36). Wandlung (§§ 462, 470) und Minderung (§§ 459, 460, 472 und 473 mit § 573) anwendbar. Schadensersatz wegen Nichterfüllung aus § 463.

Rechts- und Sachmängelhaftung des Bestellers über Frist der 23 §§ 437, 459 hinaus: für Rechtsmängel trotz § 437 Haftung des Grundstückseigentümers für Bestand des DWRs; für Sachmängel nach Übergang der Räume Haftung entsprechend den Grundsätzen aus RG 161, 330ff., 339f. Inhalt des Rechtes nach § 33 Abs. 1 und 2 und § 14 zu beachten.

Entsprechende Anwendung des § 537 BGB hinsichtlich wieder- 24 kehrender Gegenleistung bei Pflichtverletzung des Eigentümers. Gegenleistung bei Erlöschen des DWRs oder weggefallener oder beschränkter Nutzungsmöglichkeit:

Bei einmaliger Kaufpreiszahlung: Anspruch besteht fort, wenn 25 Recht bestellt und Räume übergeben wurden sowie Gefahr übergegangen. Nur Schadensersatzansprüche.

Bei wiederkehrender Gegenleistung: Allgemeiner Rechtsgedan- 26 ke der §§ 323, 324, nicht §§ 325ff. BGB. Auch bei Zerstörung. Anders wenn DWBer. selbst Erlöschen oder Unbenutzbarkeit zu verantworten hat.

Folgen der Nichterfüllung einer wiederkehrenden Gegenlei- 27 stung: §§ 320ff. BGB insbesondere § 326 mit Rücktritt nach §§ 327, 346ff. oder Schadensersatzfolgen. Hierfür Vereinbarung eines Heimfallanspruchs (§ 36) empfehlenswert.

V. Beendigung und Erneuerung

Durch Zeitablauf bei **Befristung** (§§ 163, 158 Abs. 2 BGB), Lö- 28 schung auf bloßen Antrag hin gem. § 22 GBO. Aufnahme entsprechender Klausel in das Grundbuch empfehlenswert. Sonst §§ 23, 24 GBO.

Nach Beendigung sind Räume zurückzugeben; sonst § 557 Satz 1 BGB.

Durch Nichtausübung erlischt DWR nicht.

Zerstörung des Gebäudes beendet DWR gleichfalls nicht, eben- 29 sowenig wie bei ErbbR (§ 13 ErbbRVO). Inhaltslos wird Recht nur, wenn keine Wiederaufbaupflicht.

In **Zwangsversteigerung** erlischt DWR, wenn nicht ins gering- 30 ste Gebot aufgenommen (§ 91 ZVG); Bestehenbleiben kann aber sowohl im voraus nach § 39, wie auch noch mit dem Ersteher nach § 91 Abs. 2 ZVG vereinbart werden. Verwandlung in Anspruch auf Geldsumme (§ 92 ZVG).

31 **Aufgabe** des Rechtes nach § 875 BGB und Löschung. Fehlt Heimfallanspruch, keine Zustimmung des Eigentümers, also kein Eigentümerrecht. Für Aufgabe des Rechts Heimfallanspruch empfehlenswert. Erlöschen durch Verjährung gem. § 901 BGB oder bei Enteignung des DW-Ber. wie des Grundstückseigentümers.

Ist Heimfall nach § 36 vereinbart, kein Erlöschen des Rechts.

DWR an ErbbR (§ 42) vom Bestand des ErbbRs abhängig.

32 Keine Erlöschensgründe sind: Vereinigung mit Eigentum, Veränderung der Benutzung durch behördliche Maßnahmen usw. Kündigung und auflösende Bedingungen sind unzulässig.

Mieter- und Vollstreckungsschutz erst nach Erlöschen des DWRs (*Hoche*, NJW 54, 960; BGHZ 27, 161); s. a. *Bärmann-Pick*, § 37 Rz. 47.

Verlängerung des DWRs möglich, solange nicht erloschen; ist Inhaltsänderung. Zustimmung nach §§ 877/76 BGB für Gläubiger an DWR, nicht für Gläubiger am Grundstück.

VI. DWR in Zwangsvollstreckung und Konkurs

33 § 857 ZPO anwendbar. Die Pfändung ist in das Grundbuch einzutragen. Erwerber tritt nach § 38 in Verpflichtungen ein. Für Vermieter gilt § 37 Abs. 3 Satz 2. Zwangsverwaltung ausgeschlossen. Bei Veräußerungsbeschränkung nach § 35 ist § 857 Abs. 3 und 4 ZPO zu beachten; s. auch § 12 letzter Satz.

34 Konkurs des Eigentümers: Beeinträchtigt DWR nicht. Anspruch auf Errichtung (in nichtfertigem Gebäude) auch gegenüber Konkursverwalter und späterem Erwerber. Aussonderungsrecht nach § 15 nur, wenn vor Konkurseintragung bereits bewirkt. Bei nur schuldrechtlichem Anspruch auf Bestellung Konkursforderung (§ 69 KO; s. auch § 17, *Jaeger*, Anm. 1; es erfolgt keine Überleitung auf den Erwerber, BGH, Rpfleger 76, 207 = KTS 76, 297). Forderung auf Entgelt fällt in Konkursmasse des Eigentümers.

35 Konkurs des DW-Ber.: Recht gehört zur Konkursmasse. Nach Eintragung § 17 KO nicht mehr anwendbar. Anspruch auf Bestellung ist Bestandteil der Konkursmasse.

Aussonderungsrecht nur für den wirklich dinglichen Teil des Rechtsinhalts.

Inhaltsverpflichtungen des DW-Ber. Konkursforderung, wenn vor Konkurseröffnung entstanden, sonst Masseschulden oder -kosten.

VII. Preisrechtliches

Mit dem Außerkrafttreten der Bundesmietengesetze (außer in Berlin bis zum 31. 12. 1987, gem. § 8 des G. zur dauerhaften sozialen Verbesserung der Wohnungssituation im Land Berlin v. 14. 7. 1987, BGBl. I S. 1625) verlieren die mieterschutzrechtlichen Vorschriften an Bedeutung (s. dazu die 9. Aufl). Für öffentlich geförderte Wohnungen gilt das WohnungsbindungsG i. d. F. v. 30. 7. 1980 (BGBl. I S. 1120). Schon früher kamen mietrechtliche Bindungen nicht in Betracht, wenn das DWR eigentumsähnlich war (s. § 31 d. 1. Wohnungsbaugesetzes). Der BGH verneinte jede Anwendung der Mietpreisbindungsvorschriften auf das DWR, gleichgültig ob miet- oder eigentumsähnlich (BGH, ZMR 70, 25; a. A. die h. M., die mit guten Gründen auf die Gesetzesmaterialien verwies, zum Streit der Meinungen s. BGH a. a. O.). 36

VIII. Nutzungsrecht

Hierzu gilt gleiches wie für das DWR. 37
Zum Umfang des Nutzungsrechts des DWR-Berechtigten s. OLG Frankfurt ZMR 70, 276 = BB 70, 731 (Außenfläche für Reklamezwecke).

IX. Zuständigkeit

Amtsgericht des belegenen Grundstücks (siehe § 52). 38

X. Streitwert

Die Festsetzung des Streitwerts der Klage auf Löschung eines DWR errechnet sich nach § 3, nicht § 6 ZPO (OLG Frankfurt, Rpfleger 58, 19). 39

§ 32 Voraussetzungen der Eintragung

(1) Das Dauerwohnrecht soll nur bestellt werden, wenn die Wohnung in sich abgeschlossen ist. § 3 Abs. 3 gilt entsprechend.

(2) Zur näheren Bezeichnung des Gegenstandes und des Inhalts des Dauerwohnrechts kann auf die Eintragungsbewilligung Bezug genommen werden. Der Eintragungsbewilligung sind als Anlagen beizufügen:
1. eine von der Baubehörde mit Unterschrift und Siegel oder Stempel versehene Bauzeichnung, aus der die Aufteilung

des Gebäudes sowie die Lage und Größe der dem Dauerwohnrecht unterliegenden Gebäude- und Grundstücksteile ersichtlich ist (Aufteilungsplan);
alle zu demselben Dauerwohnrecht gehörenden Einzelräume sind mit der jeweils gleichen Nummer zu kennzeichnen;
2. eine Bescheinigung der Baubehörde, daß die Voraussetzungen des Absatzes 1 vorliegen.
Wenn in der Eintragungsbewilligung für die einzelnen Dauerwohnrechte Nummern angegeben werden, sollen sie mit denen des Aufteilungsplans übereinstimmen.

(3) **Das Grundbuchamt soll die Eintragung des Dauerwohnrechts ablehnen, wenn über die in §§ 33 Abs. 4 Nr. 1 bis 4 bezeichneten Angelegenheiten, über die Voraussetzungen des Heimfallanspruchs (§ 36 Abs. 1) und über die Entschädigung beim Heimfall (§ 36 Abs. 4) keine Vereinbarungen getroffen sind.**

I. Allgemeines

1 Abs. 2 und 3 sind grundbuchrechtlicher Natur, Abs. 1 materiellrechtlicher. Zu Abs. 1 und 2 s. § 3 Abs. 2, § 7 Abs. 3, 4, worauf ausdrücklich verwiesen wird. Das DWR ist auch nur an einer einzigen Wohnung in größerem Gebäude, aber auch an einem ganzen Gebäude möglich.

II. Abgeschlossenheit

2 Materiellrechtliche Sollvorschrift. Zur Sicherung dieser Sollvorschrift hat Abs. 2 die öffentlich-rechtlichen Anlagen zur Eintragungsbewilligung geschaffen. Dies gilt entsprechend auch für das DNR. Einzelheiten bei § 7 Rz. 30 ff., § 3 Rz. 18 und § 1 Rz. 12 (vgl. die Allg. Verwaltungsvorschrift im Anhang I 1). Es erfolgt keine Abgrenzung von gemeinschaftlichen Teilen wie in § 5. Zur Frage, ob dem GBA ein Prüfungsrecht hinsichtlich der Abgeschlossenheitsbescheinigung nach § 7 Abs. 4 Nr. 2 zusteht, s. oben § 7 Rz. 39. **Abs. 1 S. 2** wurde eingefügt durch das G. zur Beseitigung von Hemmnissen bei der Privatisierung von Unternehmen und zur Förderung von Investitionen vom 22. 3. 91 (BGBl. I S. 766). Abs. 1 S. 2 tritt mit Ablauf des 31. 12. 1996 außer Kraft. Zu den Einzelheiten s. § 3 Rz. 18.

Voraussetzungen der Eintragung 3–10 § 32

III. Eintragungsbewilligung

Sie bedarf der Form des § 29 GBO und ist vom Eigentümer des 3
Grundstücks (§ 19 GBO) zu erteilen. Eine Abweichung der Eintragungsbewilligung von der materiellrechtlichen Einigung nach
§ 873 BGB ist für Entstehung und Bestand des Rechts unbeachtlich. Das Grundbuch ist nicht unrichtig.

IV. Bezugnahme auf Eintragungsbewilligung

Auch hinsichtlich Gegenstand des Rechts zulässig. § 874 BGB 4
grundsätzlich gültig. Befristung einzutragen, ebenso Veräußerungsbeschränkung (§ 35) und Vereinbarung über Bestehenbleiben (§ 39).

Eintragungsbewilligungsanlagen ergeben dinglich wirksamen 5
Inhalt des Rechts, soweit nicht Gesetz gilt.

V. Anlagen

Siehe dazu oben § 7 Rz. 30 ff. Die Bauzeichnung (Aufteilungs- 6
plan) darf sich nicht auf die Räume des DWRs beschränken; aber
nur diese sind genau zu bezeichnen. Bei DWR am ganzen Gebäude ist keine Bescheinigung über die Abgeschlossenheit nötig (LG
Münster DNotZ 53, 148 ff., MDR 53, 175; BBauBl. 54, 225); es
ist aber ein Aufteilungsplan des Gesamtgebäudes notwendig.

Die Änderung der Anlagen bedarf neuer Eintragung.

Abs. 2 erhält für das Dauerwohnrecht die entsprechende Neu- 7
fassung wie § 7 Abs. 4 Nr. 1 (siehe oben § 7 Rz. 20 ff.). Auch die
Überleitungsregelung nach Art. 3 § 3 des G. v. 30. 7. 1973 gilt
analog (s. § 7 Rz. 36).

VI. Prüfung des Inhalts der Eintragungsbewilligungsanlagen

Abs. 3: Nur Sollvorschrift. Eintragung dennoch gültig. Nur 8
schuldrechtliche Ansprüche. Allerdings Eintrittswirkung des § 38.

Die in § 32 Abs. 3 genannten Bestimmungen (§§ 33 Abs. 4 9
Nr. 1–4, 36 Abs. 1 und 4) sprechen nur von Vereinbaren**können**,
nicht von Vereinbaren**müssen**. Ausdrückliche Erklärung, auch im
ablehnenden Sinne kann nicht verlangt werden. Wille der Beteiligten muß mit genügender Sicherheit aus Zusammenhang erkennbar sein (BayObLG, NJW 54, 959 = DNotZ 54, 391).

§ 32 Abs. 3 gibt aber GB-Amt ein materielles **Prüfungsrecht** 10
(und Prüfungspflicht), obgleich Form für Vereinbarung fehlt.
Einigung müßte also dem GBA nachgewiesen werden in Form

§ 33 II. Teil. Dauerwohnrecht

des § 29 GBO, d. h. beide Parteien müßten Abschluß durch öffentliche Beglaubigung ihrer Unterschriften nachweisen. Prüfung kann sich nicht lediglich auf Eintragungsbewilligung beschränken, sondern erfaßt Einigung (Wortlaut des Abs. 3: ablehnen, wenn keine **Vereinbarungen** getroffen). Es soll also die materielle Vereinbarung der Prüfung unterstellt werden. (so auch *Soergel-Baur,* § 32 Rdnr. 3, OLG Düsseldorf, Rpfleger 77, 446 = ZMR 79, 24; a. A. *Palandt-Bassenge,* § 32 Rn. 2). Im Zuge der Beglaubigung sodann auch rechtsvorsorglich begrüßenswerte Prüfung durch Beglaubigungsstelle und entsprechende Belehrung. Daher kann GB-Amt auch den Nachweis der Vereinbarungen über die Gegenstände der §§ 33, Abs. 4, 36 Abs. 1 und 4 in grundbuchmäßiger Form (§ 29 GBO) verlangen. GB-Amt prüft nur Bestehen und Rechtsgültigkeit, nicht Zweckmäßigkeit.

11 Fehlt schuldrechtliche Abrede über die genannten Punkte, zweifelhaft was rechtens. Dann Umstände maßgeblich. Analoge Anwendung des Mietrechts angebracht.

12 Sind materielle Vereinbarungen nicht mit der Eintragsbewilligung vorgelegt, werden sie nicht dinglicher Inhalt; Eintritt nach § 38 erstreckt sich grundsätzlich nicht hierauf (s. dort Rz. 6ff.).

Ablehnung der Eintragung berührt schuldrechtliche Vereinbarungen nicht.

13 Das Grundbuchamt prüft grundsätzlich Übereinstimmung von Plan und Wirklichkeit nicht nach. Kann aber Zwischenverfügung nach § 18 GBO erlassen und auch abweisen. Grundbuch kann durch Eintragung mit anderem Inhalt unrichtig werden. Berichtigungsanspruch nach § 894 BGB, aber keine Amtslösung und kein Widerspruch nach § 53 Abs. 1 GBO. Löschungsverfahren nach § 84ff. GBO (§ 84 Abs. 2a) möglich.

VII. Kosten

14 Siehe dazu § 62 Rz. 17ff.

§ 33 Inhalt des Dauerwohnrechts

(1) **Das Dauerwohnrecht ist veräußerlich und vererblich. Es kann nicht unter einer Bedingung bestellt werden.**

(2) **Auf das Dauerwohnrecht sind, soweit nicht etwas anderes vereinbart ist, die Vorschriften des § 14 entsprechend anzuwenden.**

(3) **Der Berechtigte kann die zum gemeinschaftlichen Gebrauch bestimmten Teile, Anlagen und Einrichtungen des**

Gebäudes und Grundstücks mitbenutzen, soweit nichts anderes vereinbart ist.

(4) **Als Inhalt des Dauerwohnrechts können Vereinbarungen getroffen werden über:**
1. Art und Umfang der Nutzungen;
2. Instandhaltung und Instandsetzung der dem Dauerwohnrecht unterliegenden Gebäudeteile;
3. die Pflicht des Berechtigten zur Tragung öffentlicher oder privatrechtlicher Lasten des Gründstücks;
4. die Versicherung des Gebäudes und seinen Wiederaufbau im Falle der Zerstörung;
5. das Recht des Eigentümers, bei Vorliegen bestimmter Voraussetzungen Sicherheitsleistung zu verlangen.

I. Begriff

Inhalt des Rechts ist Gesamtheit der (vom Gesetz zugelassenen) 1 dinglichen Befugnisse und Verpflichtungen, soweit sie durch Eintragung bzw. Bezugnahme auf Eintragungsbewilligung Inhalt des Grundbuchs geworden sind. Dinglichkeit bedeutet Wirkung auch bei Sonderrechtsnachfolge. Soweit vereinbart, ist Einigung und Eintragung erforderlich. Soweit dinglicher Inhalt nicht disponibel, hat jede Vereinbarung nur schuldrechtlichen Charakter.

Beispiele rechtsgeschäftlicher Inhaltsbestimmungen dinglicher 2 Rechte: §§ 882, 1021 Abs. 1 Satz 1, 1022, 1010, 1047 BGB, § 2 ErbbRVO.

Abs. 1 gesetzlich unabdingbarer Inhalt; **Abs. 2** und **3** lassen ab- 3 weichende Vereinbarung zu; **Abs. 4** ermöglicht Vereinbarungen ohne solche vorzuschreiben; jedoch auch hier Prüfungsrecht des Grundbuchamts, nach § 32 Abs. 3. Dingliche Vertragsfreiheit insofern eingeschränkt, als Abs. 4 dingliche Inhaltsvereinbarungen nur für die dort genannten Angelegenheiten zuläßt. Insbesondere Entgelt kein dinglicher Inhalt des Rechts (s. aber § 38). Auch Ausweg über Reallast (wie nach § 9 ErbbRVO) verschlossen, da DWR selbst nur beschränkt dingliches Recht.

Dreifache Ausgestaltung des Rechtsinhalts.

1. Gesetzlich *unabdingbarer* Inhalt (§§ 31 Abs. 1 Satz 1, Abs.2, 3; 4 33 Abs. 1; 41 Abs. 3; 36 Abs. 2, 3).

2. *Legalobligation* zwischen DW-Ber. und Eigentümer, wie bei 5 Nießbrauch (§§ 33 Abs. 2, 3; Abs. 1; 41 Abs. 2), worüber andere Vereinbarungen getroffen werden können. § 36 Abs. 2 nur einseitig zugunsten des DW-Ber. abänderbar.

6 3. *Vertragliche Begründung* dinglichen Inhalts im Rahmen des Gesetzes (§§ 31 Abs. 1 Satz 2; 33 Abs. 4; 32; 36 Abs. 1 und 4).
Dazu die Eintrittswirkung nach § 38. Der dingliche Inhalt kann nicht auf Eintrittswirkung beschränkt werden.
Aus dinglichem Inhalt ergeben sich dingliche Ansprüche unter den Beteiligten.

7 Soweit Inhalt vereinbart, ist er eintragungspflichtig, um dinglich zu werden; gilt auch für Änderungen. §§ 19 und 29 GBO zu beachten, ebenso § 876 Satz 1 BGB. Vorgehende Rechte brauchen nicht zuzustimmen (s. aber § 876 Satz 2). Sonst nur gleich- oder nachstehende Rechtsinhaber zur Änderung des dinglichen Inhalts zustimmungspflichtig. Öffentlicher Glaube erstreckt sich auf dinglichen Inhalt. Aber § 38 zu beachten.
Schuldrechtliche Vereinbarungen nur inter partes wirksam.

II. Gesetzlicher (unabdingbarer) Inhalt

8 Verkehrsfähigkeit (Veräußerlichkeit, Vererblichkeit) und Bestandsschutz (Bedingungsfeindlichkeit).

1. *Verkehrsfähigkeit:* Pseudodingliche Wirkung schon beim Mietrecht durch Eintrittswirkung nach § 571 BGB, Kündigungserschwerung nach § 57c und d ZVG und Rechtsprechung für Verkauf bei vertragsmäßigen Mietvorauszahlungen. Siehe dagegen § 19 KO.

9 Für Veräußerung §§ 873ff. BGB; WEG: §§ 37 Abs. 3, 38, 35 (Zustimmungsvorbehalt für Eigentümer), § 38 (Heimfall bei Veräußerung nach Vereinbarung). Für Verpfändung §§ 1274 mit 873ff. BGB. Für Pfändung § 857 ZPO. Nießbrauch an DWR möglich, ebenso Vormerkung nach § 883 BGB und Vorkaufsrecht. Gesetzliches Vorkaufsrecht des Eigentümers besteht nicht. Veräußerungsbeschränkungen nur im Rahmen der §§ 35, 36.
Form für **Veräußerung** nicht vorgeschrieben. § 20 GBO gilt nicht.

10 Wirkung der Veräußerung mit Eintragung. Diese auf Grund Eintragungsbewilligung des Veräußerers. Nachweis der Einigung nicht erforderlich. Übertragung aufschiebend und auflösend bedingt möglich. Grundgeschäft bedarf keiner Form. Bei Verkauf §§ 433 ff. BGB.

11 Für **Verpfändung** keine Form: Verpfändungserklärung oder Eintragungsbewilligung in Abt. II. Auch Nutzungspfandrecht nach § 1273 mit 1213 Abs. 1 BGB zulässig. DWR fällt in Konkursmasse (s. § 35 Rz. 4).

12 Vererblichkeit nicht ausschließbar. Heimfallrecht für den Fall des

Eintritts einer Erbfolge bestenfalls für Erbfolge bestimmter Erbenkategorien, auch hierfür wichtiger Grund. § 35 hier nicht anwendbar.

Bestimmung, daß DWR mit Tod des Berechtigten erlöschen **13** soll, kommt nach typischem Gehalt dem Ausschluß der Vererblichkeit nahe. Die bisher hM. (s. auch hM. zur Parallelvorschrift des § 1 ErbbRVO) hält sie daher für unzulässig (OLG Neustadt NJW 61, 1947; *Soergel-Siebert,* § 33 Rdnr. 3). Neuerlich mehren sich jedoch Gegenstimmen (*Weitnauer* § 33 Rdnr. 3; *RGRK-Augustin,* § 33 Rz. 2, 8; *Marshall,* DNotZ 62, 381; *Diester,* NJW 63, 183; *Palandt-Bassenge,* § 33 Rn. 2), denen beizutreten ist. Aus § 33 Abs. 1 Satz 2 folgt, daß zwar keine Bedingungen, wohl aber **Befristungen** zulässig sind, zu denen auch ein „dies certus an incertus quando" gehört.

Bestimmung, daß mit Versterben des Inhabers der andere Ehe- **14** gatte berechtigt sein soll, muß aber weiterhin als unwirksam angesehen werden (LG München, MittBayNot 54 S. 54ff.), denn sie wäre auflösend bedingte Bestellung für den ersten Inhaber.

2. *Bestandsschutz:* Jede Art von Bedingung unzulässig, aufschie- **15** bende wie auflösende, ausgenommen unschädliche Rechtsbedingungen, wie Genehmigungsvorbehalte. Eintragung ist nichtig und von Amts wegen zu löschen (§ 53 Abs. 1 Satz 2 GBO), außer wenn Bedingung nicht aus Eintragungsbewilligung ersichtlich. Dann nur Grundbuch unrichtig. Auch Bestellung unter Bedingung der Leistung eines gewissen Entgelts als aufschiebende oder auflösende Bedingung unmöglich. Wohl aber als Heimfallrecht (§ 36).

Dagegen Befristung mit Anfangs- wie Endtermin zulässig *(Weit-* **16** *nauer,* § 33 Rdnr. 3; s. auch § 41 Abs. 1); ist einzutragen. Verlängerung ist Inhaltsänderung nach § 877 BGB. Gleich- oder nachrangige Rechte müssen zustimmen, nicht aber Pfandgläubiger und Nießbraucher. DWR auch zeitlich unbegrenzt möglich. Dann Heimfallrecht zweckmäßig von Bestand des schuldrechtlichen Grundgeschäfts unabhängig.

Bedingungen auch bei Übertragung ausgeschlossen, desgleichen **17** bei Beifügung derselben im schuldrechtlichen Grundgeschäft, wenn sie nach Vorstellung der Parteien nach der Bestellung des DWRs eintreten und dann den Bestand des DWRs bedrohen.

III. Pflichten der DW-Berechtigten (Abs. 2)

1. *Allgemeines:* s. § 14. Weiteres aus §§ 1020–1024, 1026, 1029 **18** BGB. Stärkere Ähnlichkeit zur Stellung des Mieters. Dazu *Friese,* MDR 56, 1 ff.: Grundsätzlich keine Gemeinschaften im Sinne des

§ 741 ff. BGB; Besitzgemeinschaft an gemeinschaftlich genutzten Teilen; Mitbesitz am Fahrstuhl; Besitzschutz bei Belästigungen und Besitzstörungen.

19 Verpflichtungen aus § 14 für jeden DW-Ber. gegenüber anderen DW-Ber., nicht nur dem Eigentümer gegenüber (anders *Palandt-Bassenge*, § 33 Rn. 3).

Rang der einzelnen DWRe hat darauf keinen Einfluß.

§ 14 hat aber auch Pflichten jedes DW-Ber. gegenüber Eigentümer zur Folge. Diese können durch Vereinbarung bestimmt werden.

20 § 14 bedeutet hier **Legalschuldverhältnis** zu Lasten sowohl des DW-Ber. wie des Eigentümers. Eigentümer darf Gebäude nicht verfallen lassen. Außergewöhnliche Ausbesserungen und Erneuerungen sind nicht Sache des DW-Ber. Bei Verletzung: Haftung für Vorsatz und Fahrlässigkeit (§ 276 BGB). Zur Minderung des Entgelts § 31 Rz. 21 ff.; zu den Ersatzansprüchen des Eigentümers s. § 34 Rz. 1; zum Verwendungsersatz § 34 Rz. 2.

21 2. *Einzelne Pflichten:* (s. § 14 Rz. 5 ff. Dabei ist statt SE der Rechtsbereich des DWRs gemeint, statt gemeinschaftlicher Sache das Eigentum am Gebäude. Eine Verpflichtung zur Instandhaltung bzw. Instandsetzung des GemEs besteht nur bei ausdrücklicher Übernahme durch den Dauerwohnberechtigten (BGH, Rpfleger 79, 58; s. § 16 Rz. 12).

22 3. *Vertragsfreiheit:* Nach § 33 Abs. 2. Deshalb können dem DW-Berechtigten die Kosten für die Heizung und Müllabfuhr übertragen werden (so für den Fall des Wohnungsrechts BayObLG, Jur. Büro 80, 1568).

23 4. *Zuständigkeit:* § 52.

IV. Rechte der DW-Berechtigten

24 1. Mitbenutzungsrecht, kein Recht auf Änderungen und Verbesserungen, in Grenzen abdingbar. Nur Nebenrecht, kein Rangverhältnis zu anderen DWRen. § 5 gilt hier nicht. Benutzung der Außenwände nur nach Verkehrsauffassung. Kein Durchbruch oder Veränderungen an Tragmauern.

25 2. Weitere Rechte: Instandsetzungspflicht des Eigentümers aus § 33 Abs. 3: Gebrauchsgewährung und damit Instandhaltungspflicht.

26 3. Vertragsfreiheit: Auch Mitbenutzungsrecht in Grenzen abdingbar.

27 4. Zuständigkeitsvorschrift § 52 gilt auch hier.

Inhalt des Dauerwohnrechts 28–33 **§ 33**

V. Vertraglicher Inhalt

1. *Grundsatz:* Katalog von 5 Vereinbarungen in Abs. 4 des 28
§ 33; dazu §§ 35, 36, 39 und 40. Abs. 4 Sollvorschrift. Vereinbarung nach Ziff. 5 nur Kannvorschrift; auch von Grundbuchamt nicht zu beachten. Auch Prüfungsrecht nach § 32 Abs. 3 läßt keine Mußvorschrift entstehen.

Vereinbarungen zu Nrn. 1–4 müssen zwar nicht getroffen 29 werden, aber mittelb. Zwang wegen § 32 Abs. 3 (*Palandt-Bassenge,* § 33 Rn. 4). Ergänzung der Vereinbarung im Rahmen der §§ 242, 133, 157 BGB. Ausschluß einer Entschädigung beim Heimfall nach § 41 Abs. 3, auch unangemessene Entschädigung, unzulässig.

Keine anderen dinglichen Vereinbarungen, z. B. auch kein 30 Entgelt, keine Vertragsstrafe, kein Erneuerungsrecht auf das DWR, auch keine Verkaufsverpflichtung, auch nicht Vorkaufsrecht; dergleichen Vereinbarungen wirken nur schuldrechtlich (Sicherung durch Vormerkung). Zur Eintrittswirkung s. § 38. Jeweiliger Erwerber aber auch hieraus aktiv legitimiert (RG 128, 249ff.). Vorkaufsrecht des DW-Ber. am Grundstück (nicht umgekehrt) als dingliches Vorkaufsrecht möglich, aber nicht zugunsten des jeweiligen DW-Ber., anders die Vormerkung.

2. *Die einzelnen Nrn.:* 31
Nr. 1: Art und Umfang der Nutzungen; im Zweifel § 14. Grundbuchamt kann nicht einzelne Vereinbarungen erzwingen, wohl aber Erklärung, daß nichts vereinbart werden soll.

Vermietung und Untermietung ist allgemein zulässig. Möglich ist aber eine Vereinbarung, daß Vermietung der Zustimmung des Eigentümers bedürfe (BayObLGZ 60, 239, DNotZ 60, 596, s. auch § 10 Rz. 20.) Bei wichtigem Grund Beschränkung auf bestimmte Familienangehörige. Bei Verletzung Unterlassungsanspruch und Schadensersatz.

Verbot der Vermietung oder Untervermietung nicht dinglich gegenüber Mietern und Untermietern wirksam, wohl aber für und gegen Erwerber oder Eigentümer.

Nr. 2: Zum Begriff s. o. bei § 14 Rz. 5ff. Nicht unterschieden 32 zwischen gewöhnlicher Instandhaltung und Instandsetzung einerseits und Vornahme außergewöhnlicher Ausbesserungen und Erneuerungen andererseits. Wichtig ist Klarheit für die Vereinbarungen. Schiedsgutachterklausel zulässig mit dinglicher Wirkung.

Nr. 3: s. § 1047 BGB; ausdrücklich zu vereinbaren. § 16 ist 33 nicht analog anwendbar (BGH, Rpfleger 79, 58). Zum Begriff Lasten s. aber § 16 Rz. 9ff., wenn darüber etwas vereinbart ist.

Öffentliche Lasten sind z. B. Müllabfuhrgebühren (BayObLG, Jur. Büro 80, 1568).

Privatrechtliche Lasten können zu Bruchteilen oder ganz oder auf Höchstbetrag oder auf Zeit übernommen werden, mit dinglicher Wirkung. Vereinbarung eines Entgelts jedoch nur mit Eintrittswirkung nach § 38.

Regelung nach Nr. 3 nur im Innenverhältnis; Gläubiger erlangt keinen direkten Anspruch; also auch nur Eintrittswirkung.

34 **Nr. 4:** s. § 2 Ziff. 2 ErbbRVO; § 1045 BGB (Versicherungspflicht). Für Wiederaufbau nach Zerstörung verschiedene Möglichkeiten für Vereinbarung. Zur Weiterzahlung eines Entgelts nach Zerstörung s. § 31 Rz. 24. Heimfallanspruch ist zweckmäßig.

35 **Nr. 5:** s. § 1051 BGB, der entspr. anwendbar ist (*Palandt-Bassenge,* § 33 Rn 5; a. A. *Weitnauer,* § 33 Rdnr. 16; *Diester,* § 33 Rdnr. 17). Gehört nicht zu den nach § 32 Abs. 3 vom Grundbuchamt zu prüfenden Vereinbarungen.

Weitere dingliche Vereinbarungen: § 36 Abs. 1 und 4.

36 3. *Nicht zulässiger dinglicher Inhalt:* Siehe oben Rz. 4.

VI. Haftung des Eigentümers

37 Nicht auf Grundstück beschränkt; allgemeines Schuldrecht anwendbar; Haftung des DW-Ber. nicht auf sein DWR beschränkt.

VII. Zuständigkeit

38 § 52 gilt uneingeschränkt.

§ 34 Ansprüche des Eigentümers und der Dauerwohnberechtigten

(1) **Auf die Ersatzansprüche des Eigentümers wegen Veränderungen oder Verschlechterungen sowie auf die Ansprüche der Dauerwohnberechtigten auf Ersatz von Verwendungen oder auf Gestattung der Wegnahme einer Einrichtung sind die §§ 1049, 1057 des Bürgerlichen Gesetzbuches entsprechend anzuwenden.**

(2) **Wird das Dauerwohnrecht beeinträchtigt, so sind auf die Ansprüche des Berechtigten die für die Ansprüche aus dem Eigentum geltenden Vorschriften entsprechend anzuwenden.**

Ansprüche des Eigentümers 1–6 § 34

I. Entsprechend Nießbrauch

§ 1049, 1057, 1065 BGB. § 22 WEG hier nicht anwendbar. **1**
Ersatzansprüche (Abs. 1):
Wegen Veränderung oder Verschlechterungen: maßgeblich schuldrechtliche Vereinbarungen im Rahmen des DWRs-Bestellungsvertrages (Eintrittswirkung nach § 38, sofern nicht dinglicher Inhalt des § 33 Abs. 4 Ziff. 1 und 2 geworden); auch unerlaubte Handlungen möglich (*Palandt-Bassenge*, § 34 Rn. 1; *Soergel-Baur*, § 34 Rdnr. 1). Siehe auch § 1041 (548 BGB). Die in § 1093 Abs. 1 BGB genannten Bestimmungen sind noch auf das DWR anzuwenden. §§ 1036 (Pflicht zur Bewirtschaftung), 1037 Abs. 1, 1031, 1034 BGB. Vertragliche Gestaltung möglich. Für Vermietung und Verpachtung siehe § 37.

II. Ersatz von Verwendungen

§ 1049 Abs. 1 BGB ist anwendbar, nicht §§ 547 Abs. 1, 994. Für **2** Klage auf Ersatzansprüche § 1001 (994) BGB. Zurückbehaltungsrecht für Verwendungsersatzanspruch: § 273 Abs. 1 BGB.

III. Wegnahmerecht

§ 1049 Abs. 2 mit 258 BGB. **3**

IV. Verjährung

Die in I bis III genannten Ansprüche verjähren in 6 Monaten **4** (§ 1057) auch deliktische (*Palandt-Bassenge*, § 34 Rn. 1; *Soergel-Baur*, § 34 Rdnr. 1). Nach § 558 Abs. 2 BGB: dort zitiert, gilt dieser für Beginn der Verjährung.

V. Abs. 2

Beeinträchtigung des DWRs: § 1065, §§ 985ff., 1004–1006 BGB **5** entsprechend.
Schutzansprüche aus §§ 861/2, 1007. Nicht gegenüber Mitbesitzern entsprechend § 866 BGB.

VI. Dingliche Ansprüche des Eigentümers

§ 985. Mit Beendigung des DWRs entfällt Benutzungsrecht **6** (§ 986); gilt auch für Geltendmachung eines Herausgabeanspruchs nach erfolgtem Heimfall, nicht schon für Geltendmachung des Heimfallanspruchs selbst nach § 36 Abs. 1 (kein Mieter- und Vollstreckungsschutz für DW-Berechtigte). § 987ff. BGB grundsätzlich anwendbar.

§§ 35, 36

§ 35 Veräußerungsbeschränkung

Als Inhalt des Dauerwohnrechts kann vereinbart werden, daß der Berechtigte zur Veräußerung des Dauerwohnrechts der Zustimmung des Eigentümers oder eines Dritten bedarf. Die Vorschriften des § 12 gelten in diesem Falle entsprechend.

1   Siehe § 12. Ebenfalls §§ 5 ff. ErbbRVO nachgebildet.

I. Inhalt

2   Nicht zwingendes Recht. Eintragung erforderlich (auch Einigung nach § 873 BGB). Bestritten, ob Bezugnahme auf Eintragungsbewilligung genügt; § 3 Abs. 2 WsGrdbVfg. besagt, daß Eintragung ins Grdb. selbst erforderlich sei; dies wird von herrsch. Meinung für § 35 abgelehnt. Auch die Zustimmung eines Dritten ist vereinbar. Ein Veräußerungsverbot ist ausgeschlossen. Vererblichkeit und Belastbarkeit von § 35 nicht betroffen (Verpfändung, Pfändung oder Eintragung eines Nießbrauchs).

Wirkung auch bei Vorkaufsrecht ohne Rücksicht auf Priorität. Solches nur durch Vormerkung zu sichern.

II. Heimfall

3   Verstärkung der Zustimmungsvereinbarung.

III. Zwangsvollstreckung und Konkurs

4   Siehe oben § 12 Rz. 20 f.

IV. Verfahren

5   Trotz Bezugnahme auf § 12 damit doch nicht Verfahrensvorschriften der §§ 43 ff. für anwendbar erklärt. Vielmehr gilt § 52 (*Diester*, § 35 Rdnr. 3; *Soergel-Baur*, § 35 Rdnr. 3; *RGRK-Augustin*, § 35 Rz. 4; a. A. *Palandt-Bassenge*, § 35 Rn. 1 u. *Weitnauer*, § 35 Rdnr. 3).

§ 36 Heimfallanspruch

(1) Als Inhalt des Dauerwohnrechts kann vereinbart werden, daß der Berechtigte verpflichtet ist, das Dauerwohnrecht beim Eintritt bestimmter Voraussetzungen auf den Grundstückseigentümer oder einen von diesem zu bezeichnenden Dritten zu übertragen (Heimfallanspruch). Der

Heimfallanspruch 1–4 § 36

Heimfallanspruch kann nicht von dem Eigentum an dem Grundstück getrennt werden.

(2) Bezieht sich das Dauerwohnrecht auf Räume, die dem Mieterschutz unterliegen, so kann der Eigentümer von dem Heimfallanspruch nur Gebrauch machen, wenn ein Grund vorliegt, aus dem ein Vermieter die Aufhebung des Mietverhältnisses verlangen oder kündigen kann.

(3) Der Heimfallanspruch verjährt in sechs Monaten von dem Zeitpunkt an, in dem der Eigentümer von dem Eintritt der Voraussetzungen Kenntnis erlangt, ohne Rücksicht auf diese Kenntnis in zwei Jahren von dem Eintritt der Voraussetzungen an.

(4) Als Inhalt des Dauerwohnrechts kann vereinbart werden, daß der Eigentümer dem Berechtigten eine Entschädigung zu gewähren hat, wenn er von dem Heimfallanspruch Gebrauch macht. Als Inhalt des Dauerwohnrechts können Vereinbarungen über die Berechnung oder Höhe der Entschädigung oder die Art ihrer Zahlung getroffen werden.

I. Vorbemerkung

1. *Zweck:* Bestellung von DWR schmackhaft machen; Erleichterung des Rückfalls des Rechtes an den Eigentümer bei vertrags- oder gemeinschaftswidrigem Verhalten, vor allem weil kein Kündigungsrecht besteht und keine Bedingungen möglich sind. Weitestgehend Vertragsfreiheit (siehe unten Rz. 10f). 1

Das **Prüfungsrecht** des Grundbuchamts nach § 32 erfaßt nur die formell zustandegekommene Einigung und die Gesetzmäßigkeit des Inhalts, nicht die wirtschaftliche Vertretbarkeit oder Zweckmäßigkeit (vgl. zum Heimfallrecht *Staak*, SchlHA 59, 140). Zur Prüfungspflicht des GBA (BayObLG NJW 54, 959, *Palandt-Bassenge*, § 36 Rn. 1). 2

2. *Rechtliche Natur:* Entsteht nur auf Grund **Vereinbarung,** nicht gesetzlich. Vereinbartes Heimfallrecht wird dinglicher Inhalt durch Eintragung. Aber nicht Heimfall auf Grund Gesetz, sondern nur auf Grund Geltendmachung; dingliche Pflicht zur Übertragung, also zur Einigung und Eintragung. 3

Rechtsnatur des Heimfallanspruchs bestritten. Siehe dazu die Auffassungen zum Heimfallanspruch des ErbbRs: nur schuldrechtliche Wirkung oder eindeutig subjektiv-dingliche Natur mit Wirkung auch im Konkurs des Berechtigten und gegen jeden Rechtsnachfolger, was auch hier vertreten wird. Über vormerkungsähnli- 4

§ 36 5–10   II. Teil. Dauerwohnrecht

che (dingliche) Wirkung s. *Palandt-Bassenge,* § 36 Rn. 1; *Staack,* SchlHA 59, 141. Jede Änderung der Heimfallvereinbarung ist Inhaltsänderung (Einigung und Eintragung).

5   3. *Die Unselbständigkeit des Heimfallanspruchs* aus Untrennbarkeit vom Eigentum am Grundstück; ist Bestandteil i. S. des § 96 BGB.

6   4. *Prüfung des Grundbuchamtes:* Siehe § 32 Rz. 10 und bes. BayObLG NJW 54, 959. Heimfallanspruch wird in das Belieben des Eigentümers gestellt.

7   5. *Wirkung des Heimfallanspruchs:* Klage auf Verurteilung zur Übertragung auf Eigentümer oder zu bezeichnenden Dritten. Damit verbunden Klage auf Herausgabe der Räume. Vormerkungswirkung des Heimfallanspruches auch gegenüber Pfändung oder Verpfändung oder Nießbrauch.

8   Erteilt Eigentümer Zustimmung zu Pfändung oder Verpfändung des DWR im Rahmen des § 35 mit § 12 Abs. 3 Satz 2 und tritt nach Eintragung des Pfandrechts Voraussetzung des Heimfallanspruchs ein, so beeinträchtigt letzterer Pfandrecht nicht mehr. Auch Pfandrecht des Eigentümers ist am DWR möglich.

9   Ist Veräußerungsbestimmung des § 35 nicht vereinbart, wird sog. Vormerkungswirkung des Heimfallanspruchs erst mit seiner Geltendmachung ausgelöst; gilt auch gegenüber Pfändungsrecht, Arrestvollziehung und Verwaltung durch den Konkursverwalter. Wirkung nur im Rahmen der §§ 883 ff. BGB. Gleiches bei Nießbrauch und belastungsähnlicher Verfügung. Schutz des öffentlichen Glaubens auch gegenüber Heimfallanspruch.

Wird vereinbarungsgemäß Übertragung auf Dritten verlangt, wird dieser unmittelbar Rechtsnachfolger des bisherigen DW-Ber.

II. Voraussetzungen

10   1. *Grundsätzlich Vereinbarungen:* Nicht in einseitiges Belieben des Eigentümers zu stellen. Voraussetzungen z. B. Unterbrechung der Ausübung, grobe Mißwirtschaft, Verzug mit der Leistung des Entgelts, Vermieten oder Verpachten ohne Zustimmung, Eröffnung des Konkurses oder Vergleichsverfahrens oder der Zwangsvollstreckung in das DWR, Verletzungen anderer inhaltlicher Pflichten, Entziehungsgründe wie beim WE nach § 18, Gründe, die nach dem MSchG zur Klage auf Aufhebung berechtigen, auch Ablauf einer gewissen Frist. Verschulden nicht Voraussetzung. Einzige Schranke für Vereinbarung das allgemeine Recht (§§ 134, 138 BGB). Auch Eigenbedarf des Eigentümers als Grund.

2. *Einschränkungen dieser Vertragsfreiheit:* Die früheren Beschränkungen des MSchG nach §§ 2, 3 und 34 MSchG gelten hier nicht mehr (siehe 1. WoBauG i. d. F. vom 25. 8. 1953). Dagegen ist nunmehr § 564b Abs. 2 Nr. 2 BGB zu beachten, der dem Mieter bei Veräußerung des WEs einen absoluten Kündigungsschutz auf 3 bzw. 5 Jahre zubilligt (s. a. AG Wuppertal, MDR 72, 425).

Einschränkung der Vertragsfreiheit auch aus wichtigem Grund: aus § 12 Abs. 2 Satz 1 zu übernehmen.

3. *Unzulässige Vereinbarungen:* § 33 Abs. 1 darf nicht verletzt werden.

Ob Heimfallvereinbarung für den Fall des Todes des DW-Ber. wirklich mit Grundsatz der Vererblichkeit kollidiert, ist jetzt zumindest zweifelhaft. Es muß wohl gleiches gelten wie bei Erlöschensvereinbarung für Todesfall (s. § 33 Rz. 13). Heimfallvereinbarung für jeden Veräußerungsfall schlechthin verstößt gegen § 33 Abs. 1 (*Palandt/Bassenge*, § 36 Anm. 1; *Weitnauer*, § 36 Rdnr. 4a; a. A. *Diester*, § 36 Rdnr. 4). Zulässig hingegen Vereinbarung für den besonderen Fall, daß wichtiger Grund zur Verweigerung der Zustimmung nach § 35 mit § 12 vorliegt oder daß DWR an andere als bestimmte Gruppen veräußert wird. Unzulässig Vereinbarung für jeden Fall der Pfändung des DWR oder des Konkurses des DW-Ber., möglich aber für besonderen Fall der Konkursablehnung mangels Masse nach § 204 KO. Unzulässig für jeden Fall der Zwangsversteigerung des belasteten Grundstücks.

4. *Außervertraglicher Heimfallanspruch:* Im Gesetz nicht vorgesehen. Es gilt allgemeines Recht (*Palandt-Bassenge*, Rn. 4 vor § 854 BGB), eventuell aufgrund § 242 BGB.

5. Über *Musterfassungen* für Vereinbarungen siehe *Bärmann/Seuß*, T. B XI.

III. Verjährung

Siehe § 4 ErbbRVO (Ausnahme von § 902 BGB).

Vertragliche Abkürzung: Nach § 225 BGB auch hier möglich. auch Ausschlußfristen als Inhalt des Rechts.

IV. Entschädigung

(Abs. 4): Nur für langfristiges DWR nach § 41 Abs. 3 unabdingbar; sonst Vertragsfreiheit. Scheidet im allgemeinen aus bei mietpreisähnlicher Gegenleistung. Prüfung des Grundbuchamtes erstreckt sich nur auf materielle wie formelle Gültigkeit, nicht auf wirtschaftliche Rechtfertigung der Höhe usw. Absatz 4 steht im Widerspruch zur Pflicht nach § 32 der ErbbRVO und § 15 Reichsheimstättengesetz. Diese gehen z. B. im Rahmen des § 42 der Vertragsfreiheit vor.

17 Entschädigungsanspruch dann zwar dinglicher Inhalt des Rechts, aber kein Recht auf Befriedigung aus dem Grundstück. Schuldner ist der Eigentümer. Entschädigungsanspruch ist abtretbar, verpfändbar und pfändbar. Aber erst nach Übertragung des DWRs auf Eigentümer fällig.

Kein Entschädigungsanspruch bei Beendigung des Rechts durch Fristablauf.

18 Auf Entschädigung findet § 273 BGB Anwendung.

Zur Angemessenheit der Entschädigung siehe § 41 Rz. 8. Doch nicht einfach auf § 32 ErbbRVO zurückzugreifen.

Eine Vereinbarung i. S. des Abs. 4 Satz 2 liegt auch vor, wenn vereinbart wird, daß DW-Ber. mit Rücksicht auf Heimfallrecht und -entschädigung einen Aufwand über bauliche Änderung der Räume genau zu ermitteln und dem Grundstückseigentümer offenzulegen hat, BayObLG, DNotZ 60, 596.

V. Zuständigkeit

19 Ordentliches Streitverfahren mit Klage nach § 894 ZPO, aber Zuständigkeitsvorschrift des § 52, auch für Geltendmachung des Herausgabeanspruches. Schiedsgerichtsvereinbarung ist zulässig. Räumungsklage kann mit Klage aus dem Heimfallanspruch verbunden werden.

Zum Streitwert siehe § 11 GKG und §§ 3, 6 ZPO.

§ 37 Vermietung

(1) **Hat der Dauerwohnberechtigte die dem Dauerwohnrecht unterliegenden Gebäude- oder Grundstücksteile vermietet oder verpachtet, so erlischt das Miet- oder Pachtverhältnis, wenn das Dauerwohnrecht erlischt.**

(2) **Macht der Eigentümer von seinem Heimfallanspruch Gebrauch, so tritt er oder derjenige, auf den das Dauerwohnrecht zu übertragen ist, in das Miet- oder Pachtverhältnis ein; die Vorschriften der §§ 571 bis 576 des Bürgerlichen Gesetzbuches gelten entsprechend.**

(3) **Absatz 2 gilt entsprechend, wenn das Dauerwohnrecht veräußert wird. Wird das Dauerwohnrecht im Wege der Zwangsvollstreckung veräußert, so steht dem Erwerber ein Kündigungsrecht in entsprechender Anwendung des § 57a**

Vermietung 1–6 § 37

des Gesetzes über die Zwangsversteigerung und Zwangsverwaltung zu.

I. Notwendigkeit der Regelung

Sie ist notwendig, um eine analoge Anwendung des § 1056 Abs. 1 BGB, § 30 Abs. 1 ErbbRVO (siehe auch § 30 Abs. 2 und 3 ErbbRVO und § 1056 Abs. 2 und 3) auszuschließen. § 37 Abs. 1 ordnet ein automatisches Erlöschen an. Dies gilt auch bei Teilvermietung oder Teilverpachtung. Nicht erwähnt ist Rechtsverpachtung. Werden dabei Räume ganz oder teilweise überlassen, ist § 37 Abs. 1 analog anwendbar, aber auch wenn Rechtspacht sich nur auf Fruchtziehung beschränkt. 1

§ 37 nicht anwendbar, wenn DW-Räume schon vom Eigentümer vermietet waren. Dann §§ 557, 581 Abs. 2 für Eintritt des DW-Ber. 2

II. Erlöschen des DWRs

(Abs. 1: dazu § 31 Rz. 28 ff). Eigentümer kann trotz Mietverhältnisses die Herausgabe der Räume auch vom Mieter verlangen (§§ 985 ff. BGB). Kein Anspruch aus § 556 BGB (*Palandt-Bassenge* § 37 Rn. 1; *Weitnauer*, § 37 Rdnr. 2). Mieter hat auch keine Schadensersatzansprüche (anders als bei Untermietverhältnissen). Rechtspolitisch bedenklich. 3

Nach Erlöschen des DWRs zwischen Grundstückseigentümer und Mieter sind §§ 985 ff. BGB anwendbar.

Bei Heimfalleintritt in bestehende Miet- und Pachtverhältnisse, endgültig mit Übertragung des DWRs §§ 571–576 BGB hier entsprechend anwendbar, aber auch §§ 578–580. § 577 auch wenn an DWR Nießbrauch bestellt. 4

III. Erlöschen des Mietverhältnisses

Siehe o. Rz. 3 Erwerber des DWRs ist an Mietverhältnis gebunden (§§ 571 ff.). 5

Bei Erwerb in der Zwangsvollstreckung außerordentliches Kündigungsrecht des § 57a ZVG. Aber auch §§ 57c und d ZVG müssen anwendbar sein. Mietverhältnis bleibt auch nach Löschung des auf den Eigentümer übertragenen DWRs bestehen (Schutzzweck des Abs. 2, *Palandt-Bassenge* § 37 Rn. 3; *Soergel-Baur*, § 37 Rdnr. 3; a. M. *Weitnauer*, § 37 Rdnr. 4).

Für Anwendung des § 574 BGB ist jetzt die hM zur Vorausverfügung im Einklang mit dem Mietvertrag zu beachten. §§ 578, 579 hier nicht anwendbar. 6

Auch bei Veräußerung durch Konkursverwalter §§ 57, 57a ZVG.

§ 38 Eintritt in das Rechtsverhältnis

(1) **Wird das Dauerwohnrecht veräußert, so tritt der Erwerber an Stelle des Veräußerers in die sich während der Dauer seiner Berechtigung aus dem Rechtsverhältnis zu dem Eigentümer ergebenden Verpflichtungen ein.**

(2) **Wird das Grundstück veräußert, so tritt der Erwerber an Stelle des Veräußerers in die sich während der Dauer seines Eigentums aus dem Rechtsverhältnis zu dem Dauerwohnberechtigten ergebenden Rechte ein. Das gleiche gilt für den Erwerb auf Grund Zuschlages in der Zwangsversteigerung, wenn das Dauerwohnrecht durch den Zuschlag nicht erlischt.**

I. Rechtlicher Grund

1   Es gibt bestimmte Gründe, Entgelts- oder Gegenleistungsverpflichtungen nicht zum dinglichen Inhalt kraft Gesetzes oder kraft Vereinbarung zu machen. Unmittelbar dinglicher Zugriff auf DWR für den Grundstückseigentümer würde Bestandsschutz des DWRs gefährden und Verkehrsfähigkeit beeinträchtigen. Gleiche Gründe schon maßgebend beim ErbbR. Da dies grundstücksgleiches Recht, war Reallast möglich, was bei DWR ausgeschlossen ist. Aber ausschließlich schuldrechtliche Wirkung auch ungenügend.

2   Abs. 2 spricht vom Eintritt in die Rechte des Grundstückseigentümers. Abs. 1 vom Eintritt in die Verpflichtungen des DW-Ber. Diese Unterscheidung ist wohl mit Rücksicht auf den zulässigen dinglichen Inhalt des Rechts im Sinne des § 33 gemacht. Daher Eintrittswirkung beschränkt auf Gegenstände, die nicht gesetzliche Dinglichkeitswirkung haben oder eine solche durch Vereinbarung haben können. So scheidet Eintrittswirkung z. B. schon aus für Veräußerungsbeschränkung nach § 35, Heimfallanspruch nach § 36, Vereinbarungen nach §§ 39 und 40 Abs. 2, da sie Inhalt des dinglichen Rechtes werden. Das gilt logischerweise auch für alles, was nach § 33 Abs. 4 als Inhalt des Rechts vereinbart werden kann.

3   Fraglich, ob Eintrittswirkung jeder schuldrechtlichen Vereinbarung zugute kommt. Soweit sie dinglich begründet werden kann, tritt Eintrittswirkung sowieso ein (*Palandt-Bassenge*, § 38 Rn. 2; *Weitnauer*, § 38 Rdnr. 5; a. A. *Diester*, § 38 Rdnrn. 9, 10; vgl. *Bärmann-Pick*, § 38 Rz. 13 ff.).

Eintritt in das Rechtsverhältnis 4–6 § 38

Eintrittswirkung des § 38, ähnlich § 571 BGB, enthält im übri- 4
gen keine den §§ 573/74 BGB entsprechende Bestimmung über
teilweise Unwirksamkeit von Vorausverfügungen usw. Ausnahme
nur in § 40 Abs. 1 Satz 1 zugunsten der Gläubiger von Grundpfandrechten, Reallasten und wiederkehrenden öffentlichen Lasten, die dem DWR im Rang vorgehen oder gleichstellen. Vorausverfügungen über das wiederkehrende Entgelt wie auch eine einmalige Zahlung, z. B. als Baukostenzuschuß, sind auch im Rahmen
der Eintrittswirkung gültig: gegenüber rechtsgeschäftlichem Erwerber, Ersteher in der Zwangsversteigerung, Konkursverwalter,
Zwangsverwalter und Gläubigern aus Grundpfandrechten, Reallasten und wiederkehrenden öffentlichen Lasten, die dem DWR im
Rang nachgehen.

II. Eintritt

des Sonderrechtsnachfolgers in die bezeichneten Rechte und 5
Verpflichtungen. Anordnung der Eintrittswirkung insoweit erforderlich, als nicht schon dingliche Wirkung besteht.

Guter Glaube des Erwerbers des DWRs über Inhalt der schuldrechtlichen Vereinbarungen wird durch Eintrittswirkung nicht geschützt, anders für den dinglichen Inhalt des Rechts.

Erstreckung nur auf Vereinbarungen, die das DWR unmittelbar
betreffen (s. Rechtspr. zu § 571 Abs. 1). Rechtlicher oder wirtschaftlicher Zusammenhang mit dem DWR erforderlich.

Man kann von einer Zustandsobligation, d. h. einer an das Eigentum des Grundstücks bzw. an das dingliche Recht des DWRs
geknüpften Obligation sprechen.

Keine Anwendung der Grundsätze zur Übertragung einer
Forderung. Ausnahme nur für Rechtsgedanken des § 407 BGB und
§ 836 Abs. 2 ZPO.

III. Umfang der Eintrittswirkung

1. *Schuldrechtliche Vereinbarungen,* soweit sie die Verpflichtungen 6
des DW-Ber. oder die Rechte des Eigentümers betreffen, nicht
aber umgekehrt (s. I). Nicht erfaßt werden auch diejenigen Verpflichtungen des DW-Ber. und die Rechte des Eigentümers, die
nach Gesetz oder zulässiger Vereinbarung zum dinglichen Inhalt
des Rechts hätten erklärt werden können (§ 33 Abs. 4, §§ 35, 36, 39
und 40 Abs. 2). Ist dies nicht geschehen, so gelten Vereinbarungen
hierüber als gewöhnliche, rein schuldrechtliche, auf die sich auch
die Eintrittswirkung nicht erstreckt (s. oben schon unter Rz. 3).
Der Wortlaut des Gesetzes läßt andere Deutung nicht zu.

§ 38 7–12   II. Teil. Dauerwohnrecht

7   2. *a) Veräußerung des DWRs:* Eintritt in laufende Verpflichtungen; nicht in bestehende Rückstände aus fälligem Entgelt, auch nicht für vor Erwerb fällig gewordener einmaliger Leistungen, sofern nicht anders vereinbart. Empfehlenswert Veräußerungsbeschränkung und Zustimmungsbedürftigkeit nach § 35.

Haftung des Erwerbers mit seinem ganzen Vermögen.

8   *b) Veräußerung des Grundstücks:* Auch Übergang des vereinbarten Entgelts auf den Grundstückserwerber für die Dauer seines Eigentums.

9   *c) Bei Veräußerung des Grundstücks im Wege der Zwangsversteigerung:* s. b), vorausgesetzt, daß DWR wegen seines Ranges oder wegen einer bestehenbleibenden Vereinbarung nach § 39 Abs. 1 oder einer Abmachung nach §§ 44, 59, 91 ZVG überhaupt bestehenbleibt. Eintrittswirkung gilt dann auch für Ersteher (§ 38 Abs. 2). Auch keine außergewöhnliche Kündigung des DWRs nach § 57a ZVG. Kein Heimfall für Fälle der Veräußerung im Wege der Zwangsversteigerung (§ 36 Rz. 12), wohl Veräußerungsbeschränkung nach § 35.

10   3. *Sicherheit:* Besteht nicht weiter, wenn DWR weiterveräußert wird und der neue DW-Ber. für Schulden aus seiner Zeit haftet. § 418 BGB nicht anzuwenden. Sicherheit für den jeweiligen Eigentümer des Grundstücks für alle Forderungen aus dem Rechtsverhältnis gegen den jeweiligen DW-Ber. ist grundsätzlich zulässig. Unmöglich ist Pfandrecht am DWR zugunsten des jeweiligen Grundstückseigentümers.

11   4. *Gegenleistung:* § 38 anwendbar. Keine Haftung des späteren Inhabers für frühere Schulden und umgekehrt.

Für Vorausverfügungen des Eigentümers über das Entgelt für das DWR fehlt eine dem § 573 BGB entsprechende Bestimmung. Nach § 40 Abs. 1 Satz 2 sind §§ 571 ff. BGB nicht entsprechend anzuwenden.

Fälschliche Zahlung an alten Grundstückseigentümer: Siehe § 1058 mit 407 BGB.

Gegenleistung ist abtretbar, verpfändbar und pfändbar. Keine Unterwerfung gegen den jeweiligen DW-Ber. analog § 800 ZPO.

12   5. *Eintrittswirkung und Schutz des öffentlichen Glaubens:*
a) Verfügung über das DWR: § 892 BGB. Von der Eintrittswirkung trennen. Auch § 893 entsprechend anzuwenden.
b) Verfügung des Grundstückseigentümers: §§ 892ff. ganz allgemein.

Die Kenntnis des Erwerbers des Grundstücks ist nicht entscheidend, soweit es sich um die Eintrittswirkung des § 38 handelt (*Palandt-Bassenge,* § 38 Rn. 2 a. E.)

§ 39 Zwangsversteigerung

(1) Als Inhalt des Dauerwohnrechts kann vereinbart werden, daß das Dauerwohnrecht im Falle der Zwangsversteigerung des Grundstücks abweichend von § 44 des Gesetzes über die Zwangsversteigerung und Zwangsverwaltung auch dann bestehen bleiben soll, wenn der Gläubiger einer dem Dauerwohnrecht im Range vorgehenden oder gleichstehenden Hypothek, Grundschuld, Rentenschuld oder Reallast die Zwangsversteigerung in das Grundstück betreibt.

(2) Eine Vereinbarung gemäß Absatz 1 bedarf zu ihrer Wirksamkeit der Zustimmung derjenigen, denen eine dem Dauerwohnrecht im Range vorgehende oder gleichstehende Hypothek, Grundschuld, Rentenschuld oder Reallast zusteht.

(3) Eine Vereinbarung gemäß Absatz 1 ist nur wirksam für den Fall, daß der Dauerwohnberechtigte im Zeitpunkt der Feststellung der Versteigerungsbedingungen seine fälligen Zahlungsverpflichtungen gegenüber dem Eigentümer erfüllt hat; in Ergänzung einer Vereinbarung nach Absatz 1 kann vereinbart werden, daß das Fortbestehen des Dauerwohnrechts vom Vorliegen weiterer Voraussetzungen abhängig ist.

I. DWR ohne Vereinbarung nach § 39

1. *Das im geringsten Gebot berücksichtigte DWR:* Keine Besonderheit: § 52 ZVG.

2. *Das nicht bei Feststellung des geringsten Gebotes berücksichtigte DWR:*

a) Erlöschen des DWRs, wenn es betreibendem Gläubiger nicht vorgeht mit Zuschlag (§§ 52 Abs. 1 Satz 2, 91 ZVG). Verwandlung in Wertersatzanspruch gem. § 92 Abs. 1 ZVG. Wenn es versehentlich nicht in geringstes Gebot aufgenommen ist, erlischt es doch durch Zuschlag. Eine Vereinbarung des Bestehenbleibens ist schon nach § 91 Abs. 2 ZVG möglich. Wird nur ein MEs-Anteil versteigert und fällt DWR nicht in geringstes Gebot, ist kein Gebrauchsrecht wie das DWR an einem ideellen Anteil möglich, daher Erlöschen.

§ 39 3–10 II. Teil. Dauerwohnrecht

3 b) Recht am Versteigerungserlös: § 92 Abs. 1 ZVG. Feststellung des Wertes nach § 882 S. 1, 2 BGB.

4 c) Bestehenbleiben des DWRs durch abweichende Feststellung des geringsten Gebotes: nach § 59 ZVG möglich.

II. Zweck und Anlaß

5 1. *Grundsätzlich:* Das DWR erhält seinen Rang nach § 879 BGB. Da es untergehen kann, ist es inhaltlich schwächer als Mietpfandrecht (besonders nach § 57c ZVG für den Aufbaumieter). Deshalb § 39: relativer Vorrang vor anderen.

6 2. *Wirtschaftliche Vor- und Nachteile:* Rang des DWRs kann dasselbe wirtschaftlich wertlos machen; nicht einmal Mieterschutz. Die Nachteile eines Gläubigers, der die Zustimmung nach § 39 erteilt, sind dagegen geringer, insbesondere, wenn wiederkehrendes Entgelt vereinbart ist; zumal § 39 Abs. 3 die Erfüllung der Verpflichtungen voraussetzt.

III. Vorbild

7 § 59 ZVG, für die Zeit vor der Einleitung des Zwangsversteigerungsverfahrens. Dient dem Grundsatz des Bestandsschutzes im Rahmen der Zwangsversteigerung.

IV. Voraussetzungen

8 1. *Vereinbarung mit dinglicher Wirkung zufolge Einigung und Eintragung.* Dingliches Recht und Eintrittswirkung, auch im Falle der §§ 118, 128 ZVG. Bestehenbleiben nicht für Betreibende aus den Klassen des § 10 Ziff. 1 bis 3 ZVG. DWR rückt im Rang entsprechend auf.

9 2. *Zustimmung:* Zu geben von Gläubigern von Grundpfandrechten und Reallasten, die dem eingetragenen DWR im Rang vorgehen oder gleichstehen. Zustimmung notwendig für Wirksamkeit, nicht für die Eintragung, da Mangel der Zustimmung nur relative Unwirksamkeit gegenüber Zustimmungsberechtigten zur Folge hat (SchlHOLG, SchlHA 62, 146). Für Zustimmung von Pfandgläubigern oder Nießbrauchern an den durch das Bestehenbleiben betroffenen Rechten gelten §§ 1071, 1276 mit 880 Abs. 3, 876 BGB. Sonstiger Zustimmungen, auch der Berechtigten nach Abt. II Grundbuch, bedarf es nicht.

10 3. *Eintragung:* Dingliche Wirkung als Inhalt des Rechts durch Eintragung, schon vor Erteilung und Eintragung der Zustimmun-

Haftung des Entgelts **§ 40**

gen. Ausdrückliche Eintragung zwar nicht vorgeschrieben, aber bei der Ungewißheit der Rechtslage empfehlenswert; nicht aber die Zustimmungen im einzelnen. Zur Frage, in welcher Abt. die Vereinbarung nach § 39 Abs. 1 einzutragen ist, vgl. LG Hildesheim, Rpfleger 66, 116 m. Anm. v. *Riedel* (dazu *Palandt-Bassenge,* § 39 Rn. 2; *Weitnauer,* § 38 Rdnr. 13).

V. Bedingungen für Geltendmachung

1. *Gesetzliche, auflösende Bedingungen:* Erfüllung der Verpflich- 11 tungen ist Wirksamkeitsbedingung.

2. Vereinbarte Bedingungen: Z. B. auch, daß nicht nur DW- 12 Ber., sondern auch Eigentümer seine Verpflichtungen z. B. aus Grundpfandrechten) erfüllt habe oder daß öffentliche Lasten erfüllt sind. Auch Änderungen des wiederkehrenden Entgelts als Bedingungen.

VI. Behandlung in der Zwangsversteigerung

Ist nicht geklärt, ob die Bedingung für Bestehenbleiben erfüllt 13 ist, dann erfolgt die Aufnahme des DWRs als bedingtes Recht in das geringste Gebot (§§ 50, 51 ZVG). Stellt sich die Bedingung als nicht erfüllt heraus, dann gilt § 92 ZVG (Ersatzbetrag).

Bestehenbleiben durch Aufnahme ins geringste Gebot nur dann zulässig, wenn alle vorhergehenden oder gleichstehenden Gläubiger zugestimmt haben; anders nur, wenn Zwangsversteigerung von einem im Rang hinter dem Gläubiger, der nicht zugestimmt hat, stehenden Gläubiger betrieben wird, also wenn das Recht des nicht zustimmenden Gläubigers selbst gem. § 44 ZVG bestehen bleibt.

§ 40 Haftung des Entgelts

(1) **Hypotheken, Grundschulden, Rentenschulden und Reallasten, die dem Dauerwohnrecht im Range vorgehen oder gleichstehen, sowie öffentliche Lasten, die in wiederkehrenden Leistungen bestehen, erstrecken sich auf den Anspruch auf das Entgelt für das Dauerwohnrecht in gleicher Weise wie auf eine Mietzinsforderung, soweit nicht in Absatz 2 etwas Abweichendes bestimmt ist. Im übrigen sind die für Mietzinsforderungen geltenden Vorschriften nicht entsprechend anzuwenden.**

(2) **Als Inhalt des Dauerwohnrechts kann vereinbart werden, daß Verfügungen über den Anspruch auf das Entgelt,**

wenn es in wiederkehrenden Leistungen ausbedungen ist, gegenüber dem Gläubiger einer dem Dauerwohnrecht im Range vorgehenden oder gleichstehenden Hypothek, Grundschuld, Rentenschuld oder Reallast wirksam sind. Für eine solche Vereinbarung gilt § 39 Abs. 2 entsprechend.

I. Grund der Vorschrift

1   § 1123 BGB gilt hier nicht. Auch nicht ein dinglicher Anspruch nach § 1126. Daher ist eine Sonderregelung für die Haftung des Entgelts für Grundpfandrechte notwendig.

II. Begriff des Entgelts

2   Nach Abs. 1 sowohl wiederkehrende wie einmalige Gegenleistungen, nach Abs. 2 nur wiederkehrende Leistungen; immer aber auch übernommene öffentliche oder private Lasten, gleich, ob Beitragsregelungen als dinglicher Inhalt des Rechts gem. § 33 Abs. 4 vereinbart oder nur der Eintrittswirkung des § 38 unterliegen. Auch Naturalleistungen.

III. Wirksamkeit von Vorausverfügungen nach allgemeinem Recht

3   Kann sich gegen 5 verschiedene Personengruppen richten: Gläubiger von Grundpfandrechten (§ 1124 BGB), Gläubiger von öffentlichen Lasten, rechtsgeschäftliche Erwerber des Grundstücks (§§ 573/74 BGB), Ersteher in der Zwangsversteigerung (§ 57a ZVG), andere Gläubiger als aus Grundpfandrechten, insbesondere Wirkung in Konkurs und Zwangsvollstreckung.

IV. Beschränkte Wirksamkeit von Vorausverfügungen

4   Abgestellt auf allgemeines Recht für Miet- und Pachtzinsforderungen (§§ 1123, 1124 BGB). Diese dingliche Wirkung samt Beschränkung der Vorausverfügung erstreckt auf Anspruch auf Entgelt für DWR, und zwar zugunsten von im Rang vorgehenden oder gleichstehenden Grundpfandrechten und Reallasten, öffentlichen Lasten, die in wiederkehrenden Leistungen bestehen ohne Rücksicht auf Rang (s. aber § 10 Ziff. 1 ZVG).

Auch bei Zwangsverwaltung hat bevorrechtigter Gläubiger nach § 40 direkten Zugriff auf das wiederkehrende Entgelt.

Pfändet ein nicht privilegierter Gläubiger aus dinglichem Titel, Erinnerung des Schuldners nach § 766 ZPO.

Grundsätzlich §§ 1123–1125 BGB entsprechend anwendbar.

V. Volle Wirksamkeit

von Vorausverfügungen nach Abs. 1 Satz 2, grundsätzlich un- 5
beschränkt. Gilt gegenüber den oben III genannten Personengruppen, außerdem gegenüber Gläubigern aus Grundpfandrechten und Reallasten mit Rang nach DWR.
Man kann umgekehrt sagen, daß gem. Abs. 1 Satz 2 grundsätzlich alle Vorausverfügungen über DWRs-Entgelt wirksam sind gegenüber Rechtsnachfolgern und Gläubigern, mit der einzigen Ausnahme des Abs. 1 Satz 1.
Bleibt DWR auf Grund Vereinbarung nach § 39 oder nach § 59 6
ZVG bestehen, sind Vorausverfügungen ebenfalls grundsätzlich wirksam gegenüber Ersteher. Gläubiger kann sich auf § 40 Abs. 1 Satz 1 berufen. Auch §§ 57a, b ZVG sind nicht anwendbar. Ersteher des Grundstückes nicht gesichert gegenüber langjährig vereinbarten Vorauszahlungen, wohl aber umgekehrt der DW-Ber., auch der Erwerber des DWRs.

VI. Vereinbarung der Wirksamkeit

von Vorausverfügungen nach Abs. 2 als Ausnahme zu dem ein- 7
zigen Fall der Beschränkung entsprechend § 1124 BGB. Form nicht vorgeschrieben. Für Wirksamkeit Zustimmung der betroffenen Gläubiger nach § 39 Abs. 2 zur Vereinbarung des dinglichen Inhalts des Rechts durch Eintragung.
Zustimmung aller erscheint erforderlich, zumal Vereinbarung über die Inhaltsänderung in der Zwangsversteigerung dem Ersteher gegenüber nur einheitlich wirksam oder unwirksam sein kann.
Materiellrechtlich formlose Abgabe an Grundstückseigentümer 8
oder DW-Ber., nach § 876 Satz 3 BGB auch privatschriftlich an Grundbuchamt; i. ü. Form des § 29 GBO.

VII. Eintragung einer Vereinbarung nach Abs. 2

Siehe § 39 Rz. 10. Empfehlenswert ausdrückliche Eintragung. 9
Eintragung aber auch ohne Zustimmung gültig.

§ 41 Besondere Vorschriften für langfristige Dauerwohnrechte

(1) **Für Dauerwohnrechte, die zeitlich unbegrenzt oder für einen Zeitraum von mehr als zehn Jahren eingeräumt sind, gelten die besonderen Vorschriften der Absätze 2 und 3.**

(2) **Der Eigentümer ist, sofern nicht etwas anderes vereinbart ist, dem Dauerwohnberechtigten gegenüber verpflichtet, eine dem Dauerwohnrecht im Range vorhergehende oder gleichstehende Hypothek löschen zu lassen für den Fall, daß sie sich mit dem Eigentum in einer Person vereinigt, und die Eintragung einer entsprechenden Löschungsvormerkung in das Grundbuch zu bewilligen.**

(3) **Der Eigentümer ist verpflichtet, dem Dauerwohnberechtigten eine angemessene Entschädigung zu gewähren, wenn er von dem Heimfallanspruch Gebrauch macht.**

I. Langfrist

1 Siehe Rz. 5 vor § 31. Verlängertes DWR wird langfristig, wenn vom Zeitpunkt der Verlängerung an die vereinbarte Lauffrist noch **mehr als zehn Jahre** beträgt. Vereinbarung der Verlängerung bzw. Erneuerung ist nicht als dinglicher Inhalt des Rechts zugelassen; jedoch ist die Sicherung des Anspruchs darauf durch Vormerkung nach § 883 BGB zulässig.

2 § 41 ist anwendbar auf DWRe über 10 Jahre, auch wenn sie zeitlich unbegrenzt sind. Daß vorher Heimfallanspruch entstehen kann, ist belanglos.

3 Minister für Arbeit, Soziales und Wiederaufbau von Nordrhein-Westfalen nennt (im MinBl. 1954, Sp. 683) als Voraussetzungen des eigentumsähnlichen DWRs: Entgelt muß tatsächlichen Aufwendungen entsprechen; DW-Ber. muß anteilig die gesamten Lasten sowie das volle Bewirtschaftungsrisiko tragen. Tilgungen müssen ihm zugute kommen. Laufzeit mindestens 75 Jahre, ausnahmsweise 50 Jahre. Vereinbarung über Bestehenbleiben des DWRs.

4 Dazu Bundesminister für Wohnungsbau: Muster mit Mindestanforderungen für eine wirtschaftliche Gleichstellung des DWRs mit dem WE; ebenso Mustervertrag des Gesamtverbandes gemeinnütziger Wohnungsunternehmen (*Bärmann/Seuß*, T. B XI, S. 829 ff.).

Bes. Vorschr. für langfristige Dauerwohnrechte 5–9 § 41

II. Löschungsanspruch

Der gesetzliche Löschungsanspruch des § 41 Abs. 2 ist seinerseits 5
in gewisser Weise Vorbild gewesen für die Neufassung des § 1179a
BGB. Der Löschungsanspruch ist gesetzlicher und damit dinglicher Inhalt des Rechts, aber abdingbar, im Gegensatz zur Entschädigungspflicht nach § 41 Abs. 3. Eine abweichende Vereinbarung
muß aber grundbuchkundig werden wegen dinglicher Wirkung.
Versehentlich wird im Gesetzestext nur von Hypothek anstatt von
allen Grundpfandrechten geredet. Zur Auslegung sind die Kommentare zu § 1179 BGB heranzuziehen.

III. Löschungsvormerkung

Siehe das oben zu II Gesagte: Nur bei eingetragener Vormer- 6
kung (hier liegt der Unterschied zu § 1179a BGB) ist der DWBer.
geschützt gegen wirksame Forderungsauswechselung, Umwandlung und nach h. M. auch gegen Verfügungen der nach der Entstehung der Eigentümergrundschuld im Grundbuch eingetragenen
gebliebenen Hypothekengläubiger (gemäß §§ 883 und 888 BGB).
So *Palandt-Bassenge,* § 41 Rn. 2 u. *Weitnauer,* § 41 Rdnr. 2.

§ 41 Abs. 2 gibt nur Vormerkungswirkung gegenüber Eigentü- 7
mergrundschuld, nicht Anspruch auf Verpfändung und Überweisung der künftigen Eigentümergrundschuld.

Über Wirkung der Vormerkung in der Zwangsversteigerung s.
Palandt-Bassenge, § 883 Rn. 26; *Staudinger,* § 883 Anm. 21; *Jäckel-Güthe,* ZVG, zu § 48.

IV. Entschädigungspflicht

Siehe § 36 Rz. 16ff. Unabdingbar, aber modifizierbar (BGHZ 8
27, 158; *Palandt-Bassenge,* § 41 Anm. 3, hM; a. A. OLG Celle, NJW
60, 2293). Dinglicher Inhalt des Rechts. Vorbild § 32 Abs. 1
ErbbRVO.

Art und Befristung der Zahlung müssen angemessen sein, nicht
nur die Höhe.

V. Zuständigkeit

Ordentliches Gericht. § 52 gilt für Streitigkeiten aus § 41 Abs. 2 9
und 3 nicht, auch nicht für Streit, ob langfristiges DWR vorliegt.

VI. Prüfung durch das Grundbuchamt

10 Gem. § 32 Abs. 3 mit § 36 Abs. 4 und § 41 Abs. 3. Grundbuchamt hat auch zu prüfen, ob DWR langfristig ist; nicht aber, ob die Entschädigung angemessen, nur offensichtliche Unangemessenheit kann es nach § 32 Abs. 3 beanstanden.
Im übrigen s. § 32 Rz. 10.

§ 42 Belastung eines Erbbaurechts

(1) **Die Vorschriften der §§ 31 bis 41 gelten für die Belastung eines Erbbaurechts mit einem Dauerwohnrecht entsprechend.**

(2) **Beim Heimfall des Erbbaurechts bleibt das Dauerwohnrecht bestehen.**

1 I. Sicherstellung, daß für DWR am ErbbR gleiche Vorschriften gelten wie für DWR an Eigentum. Einzige Besonderheit nach Abs. 2 für Heimfall des ErbbRs, der mit dem des DWRs zeitlich nicht zusammenfallen muß. DWR bzw. DNR auch an WohnungserbbR und TeilerbbR.
Zum ErbbR selbst s. schon § 30 oben.

2 II. Heimfall des ErbbRs. bringt dieses nicht zum Erlöschen; steht Eigentümer zu. Zu § 33 ErbbRVO fügt § 42 Abs. 2 das DWR als bestehenbleibendes Recht hinzu. Zufolge § 876 BGB kann ErbbR, solange DWR darauf ruht, nicht durch Vereinbarung aufgehoben werden, ohne Zustimmung des DW-Ber. Gilt auch für Übertragung des DWRs auf Grundstück. § 42 Abs. 2 kann abbedungen werden. Auch Heimfall des DWRs kann für den Heimfall des ErbbRs vereinbart werden. Kein Recht zur Wegnahme eines Bauwerks oder von Bestandteilen (§ 34 ErbbRVO). Vereinbarung eines Zustimmungsvorbehalts im ErbbRsvertrag ist möglich (*RGRK*-Augustin, § 42 Rz. 2). Er kann nicht davon abhängig gemacht werden, ob eine Entschädigungsvereinbarung getroffen ist (vgl. OLG Stuttgart, NJW 52, 979; *Palandt-Bassenge,* § 42 Rn. 1; anders *Weitnauer,* § 42 Rdnr. 4: Verweis auf Miete erscheint hier unangebracht).

III. Erlöschen des ErbbRs

Auch das DWR erlischt. § 30 ErbbRVO ist nicht anwendbar. **3**
§ 29 ErbbRVO, hier Teilnahme am Entschädigungsanspruch, scheidet aus.

IV. Aufgabe des ErbbRs

Hierzu ist die Zustimmung des Grundstückseigentümers (§ 26 **4**
ErbbRVO) und der Rechtsinhaber am ErbbR (§ 877/76 BGB) erforderlich. Dies gilt auch bei Übernahme des DWRs als Belastung des Eigentums.

V. Wohnbesitz

G. v. 1. 3. 1976, als langfristige Nutzungsberechtigung. Dazu **5**
§§ 12a, b, 62a–g II. WoBG. Kein Eigentumsrecht, nur obligatorisches Dauernutzungsrecht verbunden mit einem Anteil an zweckgebundenem Vermögen. Weitgehender Schutz vor Eingriffen Dritter und Unauflösbarkeit; dingl. Charakter (dazu *Pick,* NJW 76, 1049; *Brambring,* NJW 76, 1439; *Oswald,* BlGBW 76, 170; ders., WM 76, 806; *Schopp,* Rpfleger 76, 380; *Hans,* Wohnbesitzförderungs-Gesetz, 1976). Es ist inzwischen aufgehoben (s. Einl. Rz. 20).

III. Teil. Verfahrensvorschriften

Einführung zum III. Teil

1 1. Zweckmäßigkeitsgründe sprechen für die Zuweisung zur freiwilligen Gerichtsbarkeit, ähnlich wie in HausratsVO, § 21 UmstG, 40. DVO zum UmstG, richterliche Vertragshilfe, landwirtschaftl. VerfahrensG, AktienG u. a. Streit um Verfahrensart betrifft Zulässigkeit des Rechtsweges. So hM. Die Vorschriften über die Zulässigkeit des Rechtsweges sind entspr. anzuwenden (*Bärmann*, FGG, § 6 II, 2; *Keidel*, § 1 Rz. 6).

2. Übersicht:
1. Abschnitt: §§ 43–50; Sonderverfahrensrecht in WE-Sachen; vor 43, II.
2. Abschnitt: Zwei Zuständigkeitsvorschriften: § 51 über Entziehungsklage, § 52 über DWR.
3. Abschnitt: §§ 53–58, Verfahren bei der Versteigerung des WEs nach Entziehungsurteil gem. § 19.
4. Nicht einschlägig sind Fälle allgemeiner Rechtsstreitigkeiten, z. B. auf Herausgabe einer EW oder über Klagen gegen Dritte oder von Dritten, auch aus Mietvertrag mit der Gemeinschaft, z. B. Garagen, Auseinandersetzung nach Aufhebung (BayObLG, Rpfleger 1980, 110 = MittBayNot 1980, 20).

1. Abschnitt. Verfahren der freiwilligen Gerichtsbarkeit in Wohnungseigentumssachen

Vorbemerkung vor § 43

Literatur s. Übersicht bei *Bärmann/Pick/Merle*, Komm. Vorbem. vor § 43; Zusammenfassung der Besonderheiten des FG-Verfahrens bei *Bärmann/Seuß*, Teil A XII. Ferner Kommentare von *Keidel/Kuntze/Winkler*, FGG, Kommentar, 12. Aufl. 1986/87; *Jansen*, FGG, Kommentar, 2. Aufl.; *Bumiller/Winkler*, 5. Aufl. 1992.

I. Allgemeines

2 § 43 ist Zuständigkeitsvorschrift: Streitigkeiten in Angelegenheiten, die charakterisiert sind durch die Besonderheiten des Zusammenlebens der WEer in einer Hausgemeinschaft, Notwendigkeit der Nutzung, des Gebrauchs und der Verwaltung des gemein-

Vorbemerkung **Vor § 43**

schaftlichen Eigentums wie des SEs. Starke Anlehnung an HausratsVO. Die Zuständigkeit des FGGerichts ist **weit auszulegen** (OLG Stuttgart NJW 70, 102).

Der Rechtsweg nach §§ 43 ff. ist grundsätzlich fast immer offen, soweit nicht ausdrücklich anderes gesagt. Nach BayObLG können die WEer durch Vereinbarung bestimmen, daß vor der Antragstellung beim Wohnungseigentumsgericht die WEer-Versammlung anzurufen ist (**Vorschaltverfahren**). Dies kann ausnahmsweise dann unterbleiben, wenn die Wohnungseigentümer bereits aus anderem Anlaß wiederholt mit der Sache befaßt waren (BayObLG, NJW-RR 91, 849). U. U. auch schon analoge Anwendung der §§ 43 ff. für Rechtsbeziehungen **vor** Eintragung der WEer, zumindest wenn schon Anwartschaft besteht; für analoge Anwendung nach Abschluß der Kaufverträge und Bezug der Wohnungen mit Recht BayObLG NJW 69, 191 (192); OLG Stuttgart, WEM 79, 43), OLG Frankfurt (ZMR 77, 346 = Rpfleger 76, 253) und OLG Köln, DerWEer 88, 24. Nach BayObLG ist unverzichtbare Voraussetzung für die Annahme einer **werdenden WEergemeinschaft** und damit für die Zuständigkeit des WEs-gerichts, daß auf die WEsanwärter der Besitz an der EW übergegangen ist und ihr Anspruch auf Erlangung des Eigentums an der Wohnung und nicht nur an einem schlichten Miteigentumsanteil durch eine im Grundbuch eingetragene Auflassungsvormerkung gesichert ist (NJW-RR 91, 977). OLG Köln (OLGZ 78, 151 = Mitt.Bay.Not. 79, 19) verlangt Kaufvertrag, Vormerkung und Inbesitznahme, ebenso BayObLG, DerWEer 85, 126/LS. LG Freiburg, ZMR 79, 382 verlangt Errichtg. des Gebäudes, Vertrag nach § 3 u. Antrag zum GBA (a. A. KG, DerWEer 86, 124: erst nach Anlegung der WsGBer = NJW-RR 86, 444 = ZMR 86, 132 = WuM 86, 159; DerWEer 87, 97: für Bestellungszeitpunkt des Verwalters). Auf den Grad der Eingliederung in die Gemeinschaft stellt KG MDR 70, 234 = NJW 70, 330 = OLGZ 70, 198 ab, während BGH, MDR 74, 744 = NJW 74, 1140 in allgemeinen den Bezug für erforderlich hält.

Bei einer Veräußerung nach Plan entsteht die Gemeinschaft nach Anlegung der Wohnungsgrundbücher und mindestens einer Veräußerung (BayObLG, DNotZ 75, 97); so etwa § 43 Abs. 1 Nr. 2 auf Streit über Rechnungslegung des vor Eintragung von WEern bestellten Verwalters (OLG Hamburg, NJW 63, 818 gegen OLG Hamburg, NJW 60, 296 und 61, 1168; s. auch LG Berlin, JR 62, 220, *Diester,* NJW 61, 1332). Entgegen OLG Hamm MDR 68, 413 entsteht mindestens mit dem Auseinandersetzungsvertrag der Erben die Gemeinschaft des WEer. Für die Zeit vor Eintragung können damit u. U. auch schon die **materiellrechtlichen Bestimmungen** des WEG entsprechend anwendbar sein (zu § 16 vgl. OLG Stuttgart, WEM 79, 42; zur Anwendung der §§ 14 Nr. 1, 15 Abs. 3, 22 Abs. 1 WEG und § 1004 BGB bejahend BayObLG, DerWEer 85, 126/LS). Dies ist jeweils nach Sinn und Zweck der einzelnen Vorschrift zu entscheiden. Vgl. allgemein *Kapellmann*, MDR 69, 620.

Kein reines fG-Verfahren, sondern sogenanntes

II. Echtes Streitverfahren in Angelegenheiten der freiwilligen Gerichtsbarkeit

3   Näheres dazu bei *Bärmann*, AcP Bd. 154 (1955), 373 ff.; *ders.* FGG, S. 22 ff.; *Bärmann/Seuß*, Teil A XII Rz. 5 ff. ferner *Baur*, Freiwillige Gerichtsbarkeit, Tübingen 1955, allerdings ohne geschlossene Darstellung des echten Streitverfahrens, sowie die Kommentare von *Keidel* und *Jansen*, besonders zu § 12 FGG. Kein Anwaltszwang; zu Anwaltsgebühren OLG Hamm, MDR 80, 239.

4   1. **Antragsverfahren:** Das Verfahren ist Antragsverfahren, **Rechtsschutzbedürfnis** ist vom Antragsteller nachzuweisen (BayObLG, NJW 72, 1377; ZMR 72, 313; KG. Rpfleger 76, 216 zu Gegenantrag OLG Hamm, Rpfleger 73, 434; BayObLG, Rpfleger 77, 446; KG. OLGZ 76, 268; vgl. BayObLG, NJW-RR 92, 787). Es ist auch gegeben, wenn der Beschluß bereits durchgeführt ist (BayObLG, Rpfleger 75, 367 = ZMR 76, 310; BayObLG, NJW-RR 92, 1367). Es fehlt nicht schon dann, wenn eine Klage mit umgekehrter Tendenz schon anhängig ist (OLG Hamm MDR 74, 138). Es fehlt aber z. B. für einen **Feststellungsantrag,** wenn ein Leistungsantrag gestellt werden kann (BayObLG, DerWEer 85, 126/LS) oder wenn noch keine konkreten Zuwiderhandlungen vorliegen oder unmittelbar zu erwarten sind (KG, DerWEer 85, 126/LS). § 139 ZPO analog anzuwenden. Mehrere WEs-Sachen können miteinander verbunden werden (BayObLGZ 67, 25). Anträge sind auslegungsfähig (BayObLG, NJW 74, 1910: DerWEer 83, 30). Zur **Aufklärungspflicht** OLG Frankfurt, OLGZ 80, 76. Auch die Beteiligten haben die Pflicht, an der Aufklärung des Sachverhalts mitzuwirken (BayObLG, DerWEer 83, 95). Im Verfahren der Beschlußanfechtung ist das Gericht gemäß § 308 ZPO an den erklärten Inhalt des Sachantrags gebunden (BayObLG, NJW 74, 1910 = MDR 74, 760 = Rpfleger 74, 268 = DNotZ 75, 100), anders bei einem Zahlungsanspruch (BayObLG, DerWEer 83, 30). Die Anfechtung eines Beschlusses kann auf einzelne Teile beschränkt werden, z. B. auf einzelne Rechnungsposten der Jahresab-

Vorbemerkung **5, 6 Vor § 43**

rechnung (BayObLG, DerWEer 86, 57). Antragsänderungen und -erweiterung sind möglich, falls während des Verfahrens bis zur Entscheidung über die Erstbeschwerde ein Beschluß der Wohnungseigentümer erfolgt (BayObLG, Rpfleger 75, 245 = BayObLGZ 75 Nr. 53; unabhängig von Rechtsbeeinträchtigungen: OLG Frankfurt, OLGZ 80, 78; KG, OLGZ 76, 58). Ein WEer, der einen Beschluß der WEer nicht selbst angefochten hat, kann das Verfahren nicht gegen den Willen desjenigen WEer fortführen, der den einleitenden Antrag gestellt hat (**Dispositionsmaxime:** OLG Zweibrücken, NJW-RR 89, 657). Keine Einlassungs- und Ladungfrist in WEs-Sachen (BayOblG, DerWEer 84, 30).

2. **Beteiligte:** Dazu *Clasen*, BlGBW 66, 229 und *Pick*, NJW 70, 2061. Beteiligte im materiellen Sinne können einzelne wie auch alle WEer sein. Zur Besonderheit, wenn der Treuhänder und Baubetreuer der Bauherrengemeinschaft, die die Eigentumswohnanlage errichtet hat, ebenfalls Wohnungseigentümer ist (hier: wegen zweck- und treuwidriger Verwendung der eingezahlten Beträge) siehe BayObLG, NJW-RR 91, 1358. Daneben auch Verwalter – auch der Ausgeschiedene –, bei schutzwürdigem Interesse auch gegen letzteren (LG München I u BayObLG Rpfleger 70, 64 bzw. 65). Das Gericht muß Beteiligung eines WEers auch als Verwalter ausdrücklich zur Kenntnis bringen (BayObLG v. 17. 4. 83 – 2 Z 45/83). Das Verfahren vor dem fG-Richter nach § 43 Abs. 1 ist nach h. M. nicht zulässig, falls **ehemalige WEer** beteiligt sind, sondern es ist das Prozeßgericht zuständig (BGH, NJW 65, 1763; BayObLG, Rpfleger 79, 318; AG Villingen-Schwenningen, DerWEer 83, 124; dagegen mit beachtlichen Gründen KG, DerWEer 88, 109). Anders, wenn es um Rechnungslegung, Auskunft oder Herausgabe des **ehemaligen Verwalters** geht (LG München I, Rpfleger 70, 64 und BayObLG Rpfleger 70, 65 = MDR 70, 49 = ZMR 70, 23; AG Hamburg-Blankenese, DerWEer 89, 73) oder Schadensersatzansprüche gegen diesen (OLG Zweibrücken, ZMR 84, 166); zur Passivlegitimation vor Eintragung OLG Oldenburg ZMR 80, 63. Die Differenzierung der h. M. erscheint nicht sachgerecht. Sowohl der Anspruch gegen den ausgeschiedenen Verwalter als auch den WEer, der der Gemeinschaft nicht mehr angehört, haben ihre Begründung im Gemeinschaftsverhältnis (KG, a. a. O.; vgl. Bärmann-Merle, § 43 Rz. 34). Gericht hat objektive Ermittlungspflichten nach § 12 FGG. Richter kann Beteiligte jederzeit beiziehen (Abs. 4), muß aber nicht (OLG Stuttgart, BWNotZ 76, 18; s. a. BayObLG, Wohnung und Haus 80, 102; WEM 80, 174).

6 Daß Antragsbefugnis erst mit Grundbucheintragung entstehe (so noch OLG Hamburg, NJW 60, 296 u. LG Bad Kreuznach, ZMR 62, 90), ist abzulehnen (s. dazu oben I). Für Anwendung der §§ 43 ff. BayObLG NJW 65, 1484; Antragsrecht des Anwärters schon vor Auflassung aus „Verfahrensgeschäftsführung aus fremdem Recht" (Prozeßstandschaft). **Keine Beteiligte** sind: Mieter, jedoch Verfahrensstandschaft möglich (OLG Frankfurt NJW 61, 324). Bei Mehrhausanlage s. § 43 Rz. 24. **Beteiligtenwechsel** auf der Antragstellerseite ist wie eine **Klageänderung** entspr. § 263 ZPO zu behandeln (*Bärmann-Merle*, § 43 Rz. 74; OLG Frankfurt, DerWEer 89, 70). Notwendige Streitgenossenschaft i. S. § 62 ZPO ist für fG nicht anerkannt (BGHZ 3, 214; BGH, WM 62, 283; anders *Bärmann*, FG § 11/II).

7 S. besonders *Trautmann*, die Verfahrenszuständigkeit in Wohnungseigentumssachen, jur. Diss. Mainz 1973; *Merle/Trautmann*, zur Verfahrenszuständigkeit in WES, NJW 73, 118. Voraussetzung ist jedenfalls, daß Erwerb rechtlich gesichert ist und faktische Gemeinschaft der Anwärter besteht (so auch BGH NJW 74, 1140 = Rpfleger 74, 260 = WM 74, 846; BGHZ 65, 264; OLG Köln, OLGZ 78, 151; BayObLG, Rpfleger 74, 360; anders *Weitnauer* § 43 Rz. 41 ff.; OLG Stuttgart, WEM 79, 43; s. auch OLG Frankfurt, Rpfleger 76, 253).

8 **Prozeßvertretung** ist zulässig. Zum Nachweis der Bevollmächtigung eines Rechtsanwalts im fG-Verfahren s. BayObLG v. 26. 10. 82 – 2 Z 92/82; öffentlich beglaubigte Vollmacht auf Verlangen. Dem Anwalt sieht eine Erhöhung der Prozeßgebühr auch dann zu, wenn die WEer durch einen Verwalter vertreten werden (BGH, DerWEer 87, 131).

9 **Verfahrensstandschaft** berechtigt WE-Anwärter gegenseitige Rechte schon vor Übertragung im eigenen Namen geltend zu machen (BayOBLG NJW 65, 1484; jedoch nur auf der Aktivseite des Verfahrens; gilt besonders für den Verwalter (BayObLG, ZMR 76, 313 = Rpfleger 75, 311 gegen BayObLGZ 70, 290). Bei zulässiger Verfahrensstandschaft wird die Frist zur Anfechtung eines Beschlusses der WEer nur dann gewahrt, wenn sich der Antragsteller innerhalb der Anfechtungsfrist auf seine Rechtsstellung als Verfahrensstandschaftler im Verfahren beruft (BayObLG, Rpfleger 83, 14).

10 3. *Zuständigkeit:* Zur **örtlichen** Zuständigkeit s. § 43 Abs. 1 und §§ 51–53. Darüber hinaus §§ 3–5 FGG. Bei Klagen zwischen Verwalter und Wohnungseigentümern gilt nach BAG (BB 74, 273 = NJW 74, 1096) § 31 ZPO (Klagen aus einer Vermögensverwaltung). Bei Verfahren nach § 1 HausratsVO besteht grundsätzlich

Vorbemerkung kein Zusammenhang mit WEG, außer wenn etwa Zustimmung des Verwalters oder der Gemeinschaft vorgesehen für Änderung der Nutzung. Bei Verfahren nach § 3 HausratsVO hat der Richter Veräußerungsbeschränkungen gem. § 12 WEG zu beachten. Dann evtl. Abgabe an das nach § 43 WEG zuständige Gericht wegen Zusammenhangs: § 11 Abs. 2 HausratsVO. Allgemeine örtliche Zuständigkeitsvereinbarung der WEer unzulässig. Örtlich unzuständiges Gericht kann die Sache auf Antrag an das zust. Gericht verweisen (BayObLG NJW 69, 191).

Sachlich zuständig: Amtsgericht § 43 Abs. 1; s. a. *Bärmann*, AcP 154, 395.

Schiedsgerichtsvereinbarung ist generell und ad hoc für WEs-Sachen zulässig. Zwar in gesonderter Urkunde, aber als Bestandteil einer Vereinbarung i. S. des § 10 Abs. 2. Auch Schiedsgutachten, selbst durch Behörden zulässig (BGH, NJW 55, 665). S. a. § 43 Rz. 26. Auslegung des § 1048 ZPO läßt auch zulässig erscheinen, keine besondere Urkunde für Schiedsvertrag zu verlangen (RG 165, 143; § 1027 ZPO; *Bärmann-Merle*, § 43 Rz. 53). Nach BGH, GWW 1978, 127 braucht der Schiedsvertrag nicht in besonderer Urkunde aufgenommen zu werden, kann Bestandteil einer Vereinbarung nach § 10 Abs. 2 sein und durch Eintragung dinglich werden (kritisch BayObLGZ 73, 1; *Weimar*, ZMR 79, 296). Allerdings kann bei Begründung nach § 8 WEG mit dem nachfolgenden Eintritt in die vom Bauträger verfaßte Vereinbarung, nach § 1025 Abs. 2 ZPO, 138 BGB Rechtsunwirksamkeit bestehen, wenn der Bauträger als Normgeber beherrschenden Einfluß auf außergerichtliches Verfahren sich gesichert hat (BayObLGZ 73, 1 = Rpfleger 73, 139 = ZMR 73, 205). Zur Zulässigkeit von Vereinbarungen OLG München, ZMR 72, 210; BayObLGZ 73, 1 = BayJMBl 73, 62 = Rpfleger 73, 139 = ZMR 73, 205; *Weitnauer* § 10 Rz. 14c).

4. *Amtsprüfung:*

a) Grundsatz: Voraussetzungen des Verfahrens sind von Amts wegen festzustellen. Aber Mitwirkung der Beteiligten ist erforderlich, sonst Zurückweisung des Antrags zulässig. Ggf. sind WEer als Beteiligte beizuziehen. Die Zurücknahme des Antrags beendet immer Verfahren. Maßgeblich ist § 12 FGG. Dem Rechtsbeschwerdegericht sind eigene Ermittlungen versagt (OLG Köln, Rpfleger 76, 186).

Freies **Recht der Befragung** durch Gericht (BayObLGZ 75, 365 = ZMR 76, 348; Rpfleger 75, 435). Zur Pflicht des Gerichtes s. a. OLG Karlsruhe, WEM 1980, 81; *Keidel/Kunze/Winkler,* § 12 Rz. 109, 111: Prozessuale Förderungpflicht der Beteiligten (BGHZ 16,

383, *Bärmann*, FG, § 15, III 2 a). Eine Verletzung dieser Pflicht schränkt die gerichtliche Amtsermittlungspflicht und die Verpflichtung zur Durchführung einer mündlichen Verhandlung ein (OLG Frankfurt, DerWEer 83, 61). Das persönliche **Erscheinen** der Beteiligten kann nach § 13 S. 2 FGG angeordnet werden (KG, OLGZ 84, 62 = Rpfleger 84, 186). Es kann durch **Zwangsgeld** durchgesetzt werden. Die Erzwingung ist jedoch unzulässig, wenn die Ladung ausschließlich dem Versuch einer gütlichen Streitbeilegung dient (KG, a. a. O.).

Antragsrücknahme beendet Verfahren, möglich auch ohne Zustimmung des Gegners (LG Düsseldorf, Rpfleger 72, 450).

15   b) Formelle Wahrheit ist ausgeschlossen. Keine Fiktionen oder Präklusionen, keine gesetzlichen Folgen der Nichterklärung oder Säumnis. Zugeständnis, Widerruf, Verzicht, Anerkenntnis und Vergleich siehe *Bärmann*, AcP 154, 399; *ders.*, FG, § 15 II; *Keidel*, § 12 Anm. 28.

Zum Vergleich § 44 Abs. 2 WEG: ZPO anwendbar.

16   c) Gegenstand und Grenzen der **Ermittlungspflicht:** *Bärmann*, AcP 154, 400 (dazu BayObLG, DerWEer 82, 135). Keine Beweislastregeln. Zur Beweiskraft eines Protestfalles BayObLG, Wohnung u. Haus 80, 102. Eine Pflicht zur förmlichen Beweiserhebung besteht nur, wenn durch sonstige Ermittlungen sichere Aufklärung nicht zu erreichen (BayObLG, WEM 78, 117). Das Gericht bestimmt die Art und den Umfang der Beweisaufnahme nach pflichtgemäßem Ermessen. Dabei darf es auch die Kosten einer förmlichen Beweisaufnahme ins Verhältnis zum Wert der Hauptsache setzen (BayObLG, ZMR 89, 949). Der Grundsatz der Unmittelbarkeit der Beweisaufnahme gilt auch im WEs-Verfahren bei förmlicher Beweisaufnahme. Zu Urkundenbeweis, Parteivernehmung, Zeugen u. a. Analogien zum ZP *Bärmann*, FG, § 16 und unten 5). Zur Würdigung eines Sachverständigengutachtens und Einholung weiterer (Ober)gutachten s. BayObLG, DerWEer 84, 59.

17   Das Ergebnis eines von einem beauftragten Richter eingenommenen Augenscheins ist in einer Niederschrift aufzunehmen. Im übrigen gelten die strengen **Protokollvorschriften** der §§ 159 ff. ZPO nicht (KG, DerWEer 89, 139). OLG Stuttgart 4. 8. 1980 MDR 80, 1030: Grundsätze für die Vernehmung von Zeugen im Verfahren der freiwilligen Gerichtsbarkeit. OLG Köln 8. 10. 1980, Rpfleger 1981, 65: Auch im Verfahren der freiwilligen Gerichtsbarkeit... sind die Beteiligten gehalten, dem Gericht durch tatsächliche Angaben und Benennung geeigneter Beweismittel die amtswegige Sachverhaltsaufklärung zu ermöglichen. Versäumnisse in dieser Hinsicht mit der Folge, daß das Gericht zu weiteren Feststellungen keinen Anlaß sehen konnte, beruhen nicht auf einer Verletzung der gerichtlichen Ermittlungspflicht (s. dazu auch BGHZ 40, 54, 57 = Rpfleger 1965, 77, 79; BayObLG FamRZ 1962, 474; OLG Schleswig, SchlHA 1955, 635; BGHZ 16, 383, Stürner, Die Aufklärungspflicht der Parteien im Zivilprozeß, 1976).

d) Verfahren der Ermittlung: Anhören der Beteiligten. Anhörung steht nicht im Ermessen des Richters (s. auch BVerfGE 19, 51; BayObLG, Rpfleger 72, 144). **18**

5. *Analoge Anwendung der ZPO:* **19**
Ergänzende Heranziehung zur Erleichterung des Verfahrens (OLG Celle, NJW 58, 307). In der Klageschrift gegen eine Gemeinschaft genügt eine zusammenfassende **Bezeichnung der Gemeinschaft.** Sie ist entsprechend auszulegen (BGH, NJW 77, 1686). Nach BGHZ 78, 166 = NJW 81, 282 und OLG Köln (ZMR 80, 190) gilt § 189 II ZPO bezüglich der Antragsschriften nicht (a. A. *Guthardt-Schulz,* Anm. in ZMR a. a. O.), sondern nach dessen Abs. 1 die Übergabe **einer** Ausfertigung an den Verwalter. Teilentscheidung über den Grund des Anspruchs entspr. §§ 304 ZPO, 19 FGG statthaft (OLG Düsseldorf, NJW 70, 1137). Die **Widerklage** in Form eines Gegenantrags ist entsprechend § 33 ZPO zulässig (OLG Zweibrücken, Rpfleger 77, 141; BayObLG, Rpfleger 79, 267 = BayObLGZ 79, 117; OLG Frankfurt, DerWEer 84, 29), dabei müssen die Verfahrensbeteiligten identisch sein und zwischen Antrag und Gegenantrag ein rechtlicher Zusammenhang bestehen (OLG Frankfurt, a. a. O.). Dies gilt nicht mehr, falls die Hauptsache für **erledigt** erklärt wurde (BayObLG a. zuletzt a. O). Zur Erledigung eines Verfahrens in der Hauptsache durch einen bestandskräftigen Mehrheitsbeschluß s. BayObLG, NJW-RR 93, 149. Der Tod eines Beteiligten führt entsprechend den §§ 238 ff. ZPO zur **Unterbrechung** des Verfahrens, nicht bei Beschlußanfechtung (BayObLG, NJW 74, 706 = MDR 74, 238 = Rpfleger 74, 71).

Die WEer-Gemeinschaft ist **nicht parteifähig** i. S. der §§ 50, 51, **20** 56 ZPO (OLG Koblenz, ZMR 76, 317 = NJW 77, 55, BGH, NJW 77, 1686; BayObLG, DerWEer 83, 28), schon weil sie nicht rechtsfähig ist (OVG Schleswig, NJW-RR 92, 457). § 42 Abs. 2 ZPO ist bei **Befangenheit** entsprechend anwendbar (BayObLG GZ 75, 365 = ZMR 76, 348), zur Befangenheit des Richters s. BayObLG, MDR 80, 945; DerWEer 83, 60, 61; DerWEer 84, 30; OLG Frankfurt, WEM 80, 65; *Linke,* WEM 80, 65). Vgl. auch zu Grundsätzen

Vor § 43 21–23   III. Teil. Verfahrensvorschriften

der Richterablehnung in WEs-Sachen BayObLG v. 26. 2. 82, Der-WEer 82, 136: Unrichtige Entscheidungen ergeben keinen Ablehnungsgrund, wenn keine unsachliche Einstellung des Richters erkennbar ist. Zum Ausschluß von Ablehnungsgründen auch BayObLG, DerWEer 85, 60. Bei **Eigentümerwechsel** nach Rechtshängigkeit eines Verfahrens gelten §§ 261 Abs. 3 Nr. 2, 265, 325, 727 ZPO entsprechend (BayObLG, MDR 80, 142; OLG Oldenburg, ZMR 80, 63). Beim **Wechsel** des **Verwalters** während des Verfahrens gilt eine Ermächtigung zur Geltendmachung der Wohngeldansprüche auch für den neuen Verwalter. Damit ist der Wechsel ohne Einfluß auf das Verfahren (KG, NJW-RR 89, 657). Nach Beendigung der Instanz kann das **Armenrecht (Prozeßkostenhilfe)** grundsätzlich nicht mehr gewährt werden (OLG Frankfurt, OLGZ 80, 77). **Streitverkündgung** und **Beitritt** entsprechend ZPO zulässig u. U. (BayObLG NJW 70, 1550; DerWEer 83, 60), ebenso **Parteierweiterung** gemäß §§ 59, 60 ZPO (BayObLG, DerWEer 87, 58) und die **Aussetzung** des Verfahrens über die Anfechtung des ursprünglichen Beschlusses bis zur Entscheidung über die Gültigkeit des neuen Beschlusses (BGH NJW 89, 1088). Keine Aussetzung eines Verfahrens nach § 16 Abs. 2 bis zur Entscheidung im Verfahren über den entspr. (anfechtbaren) Beschluß (s. o. § 23 Rz. 31). Die Beteiligten können einen **Vergleich** abschließen (zu den Anforderungen nach § 160 Abs. 3 Nr. 1 ZPO s. BayObLG, DerWEer 89, 183/LS), auch **Wiederaufnahme** nach §§ 578 ff. ZPO (BayObLGZ 74, 9 = Rpfleger 74, 229). **§ 319 ZPO** ist ebenfalls entsprechend anwendbar (BayObLG, DerWEer 83, 31), dies gilt sowohl für Abs. 1 als auch Abs. 3 (BGH, DerWEer 89, 170), desgleichen **§§ 301, 303 ZPO** (BayObLG, DerWEer 83, 126; 84, 61 **(Teilentscheidung)** und **§ 148** (BayObLG, DerWEer 84, 30).

Die Vorschriften der §§ 348, 524 ZPO über den **Einzelrichter** sind dagegen unanwendbar (OLG Köln, JMBl NRW 83, 47). Auch die strengen Protokollvorschriften der §§ 159 ff. ZPO gelten nicht (KG, NJW-RR 89, 842).

21   6. *Richterhaftung:*
§ 839 Abs. 2 BGB anwendbar (s. zum Streit *Bärmann,* FGG, § 3 IV u. Palandt, § 839 Anm. 8).

22   7. *Gerichtsverfassung:*
S. §§ 8–11 FGG. Zur Frage der Geichtsöffentlichkeit vgl. *Riedler,* ZMR 79, 33, der grundsätzlich für Öffentlichkeit plädiert.

23   8. *Entscheidungen:* **Wirksam** mit Bekanntmachung (§ 45 Abs. 2 Satz 1: erst mit formeller Rechtskraft). Bekanntmachung durch

Vorbemerkung 24, 25 **Vor § 43**

Zustellung (§ 16 Abs. 2 FGG, § 45 Abs. 1 WEG). Da sofortige Beschwerde zugelassen, **formelle Rechtskraft;** dennoch ist anders als in § 18 FGG Änderung der Entscheidung möglich, „wenn sich die tatsächlichen Verhältnisse wesentlich geändert haben" (§ 45 Abs. 4). Abänderbarkeit also trotz formeller Rechtskraft. **Materielle Rechtskraft** in echten Streitsachen, also auch im WEG, *Bärmann,* FG, § 22 III 1 u. AcP 154, S. 407 f. Änderungsverfahren nach § 45 Abs. 4 eher Wiederaufnahmeverfahren. Die Wiederaufnahme ist entsprechend §§ 578 ff. ZPO statthaft (BayObLG, MDR 74, 410 = Rpfleger 74, 229). Dort auch zur Beschwer des Antragstellers. Entscheidung ist mit **Gründen** zu versehen (§ 44 Abs. 4 Satz 2); Rechtskraft wäre nach § 31 FGG zu bescheinigen. Leistungs-, Gestaltungs- und, soweit rechtliches Interesse, Feststellungsentscheidungen können ergehen (BayObLGZ 65, 283; KG, NJW 68, 160; OLGZ 76, 268); auch Teilentscheidungen (OLG Düsseldorf, NJW 70, 1137). Zum Umfang der Rechtskraft bei Ungültigerklärung eines Eigentümerbeschlusses s. BayObLG, DerWEer 83, 30.

Formelle Rechtskraft mit Ablauf der Frist zur Einlegung der 24 sofortigen Beschwerde (§ 23 Abs. 4 WEG); § 45 Abs. 2 S. 1 WEG), auch materielle Rechtskraft (*Bärmann,* FG, § 22 III 1 und AcP 154, 407 f.; § 45 Abs. 2 S. 2 WEG; OLG Frankfurt, OLGZ 1980, 76) aber Änderung der Entscheidung unter den Voraussetzungen des § 45 Abs. 4 WEG zulässig; nicht, wenn nur Voraussetzung für **Wiederaufnahme** gegeben ist (BayObLG Rpfleger 74, 229, *Habscheid,* FamRZ 59, 317, 319; a. A. SchlH OLG, SchlHA. 49, 269; *Hoffmann/Stephan,* HRVO § 17 Anm. 1. Entscheidungen sind allen Beteiligten bekanntzumachen (BayObLGZ 73, 145 = Rpfleger 73, 310; OLG Stuttgart, BWNotZ 76, 18.

9. *Beschwerdeverfahren:* §§ 19–30 FGG, § 45 Abs. 1. Zur weiteren 25 Beschwerde §§ 27 ff. FGG (BayObLG, NJW 64, 47). Für Beschwerdeberechtigung s. § 20 Abs. 2 FGG (dazu auch BGHZ 30, 220). Auch der WEer, der ein Verfahren nach § 43 nicht als Antragsteller in Gang gebracht hat, ist beschwerdebefugt (KG, OLGZ, 76, 56 = Rpfleger 76, 216). Zur sofortigen Beschwerde s. § 22, zum Begründungszwang § 25, über Wirksamkeit der Beschwerdeentscheidung mit Rechtskraft § 26, über weitere Beschwerde bei Gesetzesverletzung §§ 27, 28, 29, 30 FGG. Zum Gebot der mündlichen Verhandlung im Beschwerdeverfahren s. BayObLG v. 17. 11. 83 – 2 Z 85/82. Die Gründe der Beschwerdeentscheidung müssen erkennen lassen, auf welchem Weg das Beschwerdegericht zu den tatsächlichen Feststellungen gekommen ist (BayObLG, ZMR 80, 125). Im **Zwangsvollstreckungsverfahren** sind die

Rechtsmittel der ZPO gegeben (OLG Köln, ZMR 77, 383 = NJW 76, 1322). Die entspr. Entscheidung, aus der die Zwangsvollstreckung betrieben werden kann, hat die Beteiligten namentlich zu benennen (BayObLG, DerWEer 85, 60).

Zur sofortigen Beschwerde gelten §§ 22 bis 30 FGG.

26 Die Beschwerde kann bis zum Erlassen der Beschwerdeentscheidung zurückgenommen, innerhalb der Frist auch neu vorgelegt werden, sofern nicht Verzicht auf Beschwerde ausgesprochen (*Bärmann*, FG, § 30 I 5 u. II). Zum Verbot der Schlechterstellung des Beschwerdeführers (reformatio in peius) s. BayObLG, DerWEer 84, 30.

27 10. Keine **Aussetzung** des Rechtsbeschwerdeverfahrens nach § 149 ZPO (BayObLG, DerWEer 84, 61; 62). I. d. R. gebietet die Interessenlage der Beteiligten auch keine Aussetzung des Verfahrens nach § 43 Abs. 1 Nr. 1 bis zum bestandskräftigen Abschluß des Verfahrens nach § 43 Abs. 1 Nr. 4 gemäß § 148 ZPO, der Aussetzung wegen anderer Entscheidung (OLG Karlsruhe, NJW-RR 92, 1494). Zur Bindung des Rechtsbeschwerdegerichts an die Tatsachenfeststellung des Tatrichters und zur beschränkten Nachprüfbarkeit der Beweiswürdigung des Tatrichters durch das Gericht der Rechtsbeschwerde s. BayObLG, DerWEer 84, 62, zur beschränkten Nachprüfbarkeit von Ermessensentscheidungen s. BayObLG, a. a. O.

28 Eine Tatbestandsberichtigung entspr. § 320 ZPO verneint BayObLG v. 4. 3. 83 – 2 Z 21/82 (s. a. Rpfleger 83, 300), dagegen bejaht es die Anwendung von § 319 ZPO zur Berichtigung von Schreibfehlern, Rechenfehlern u. ä. (DerWEer 83, 31). Wird die Berichtigung eines Beschlusses, der im WEG-Verfahren erging, wegen offenbarer Unrichtigkeit abgelehnt, ist dagegen ein Rechtsmittel nicht statthaft (BayObLG, DerWEer 89, 184).

III. HausratsVO als Vorbild

29 (§§ 44–50).

IV. Dauerwohnrecht

30 Nur Zuständigkeitsvorschrift des § 52. ZPO ohne Einschränkung anwendbar, nicht FGG, immer ordentliches Streitverfahren (*Bärmann/Seuß,* Teil A XI, B XI).

Entscheidung durch den Richter **1 § 43**

V. Mahnverfahren

s. § 46 a u. *Bärmann-Merle,* Vor § 43 Rz. 42.

§ 43 Entscheidung durch den Richter

(1) Das Amtsgericht, in dessen Bezirk das Grundstück liegt, entscheidet im Verfahren der freiwilligen Gerichtsbarkeit:
1. auf Antrag eines Wohnungseigentümers über die sich aus der Gemeinschaft der Wohnungseigentümer und aus der Verwaltung des gemeinschaftlichen Eigentums ergebenden Rechte und Pflichten der Wohnungseigentümer untereinander mit Ausnahme der Ansprüche im Falle der Aufhebung der Gemeinschaft (§ 17) und auf Entziehung des Wohnungseigentums (§§ 18, 19);
2. auf Antrag eines Wohnungseigentümers oder des Verwalters über die Rechte und Pflichten des Verwalters bei der Verwaltung des gemeinschaftlichen Eigentums;
3. auf Antrag eines Wohnungseigentümers oder Dritten über die Bestellung eines Verwalters im Falle des § 26 Abs. 3;
4. auf Antrag eines Wohnungseigentümers oder des Verwalters über die Gültigkeit von Beschlüssen der Wohnungseigentümer.

(2) Der Richter entscheidet, soweit sich die Regelung nicht aus dem Gesetz, einer Vereinbarung oder einem Beschluß der Wohnungseigentümer ergibt, nach billigem Ermessen.

(3) Für das Verfahren gelten die besonderen Vorschriften der §§ 44 bis 50.

(4) An dem Verfahren Beteiligte sind:
1. in den Fällen des Absatzes 1 Nr. 1 sämtliche Wohnungseigentümer;
2. in den Fällen des Absatzes 1 Nr. 2 und 4 die Wohnungseigentümer und der Verwalter;
3. im Falle des Absatzes Nr. 3 die Wohnungseigentümer und der Dritte.

I. Anwendungsbereich

1. Zum sachlichen Umfang der Zuständigkeit s. Abs. 1 Nrn. 1– **1** 4; **Nr. 1** betrifft Streitigkeiten aus Gemeinschaft und der Verwaltung des gemeinschaftlichen Eigentums schlechthin (ausgenommen Ansprüche nach §§ 17, 18 und 19), **Nr. 2** bezieht sich auf

Streitigkeiten über Rechte und Pflichten des Verwalters; **Nr. 3** erfaßt Fragen des § 26 Abs. 3; **Nr. 4** beinhaltet Fragen der rechtlichen Gültigkeit von Beschlüssen der WEer nach §§ 21–25. Der Katalog ist nicht rein kasuistisch, aber auch keine Generalklausel. Im Zweifel ist die Zuständigkeit des FG-Richters zu vermuten (BayObLG, NJW 64, 47; Rpfleger 78, 257; OLG Frankfurt, ZMR 66, 332; OLG Hamm, ZMR 68, 271, auch vor Errichtung des Gebäudes; BayObLG, NJW 57, 753, *Weitnauer* § 43 Rz. 40, a. A. OLG Hamburg, NJW 61, 1168; RGRK-*Augustin* § 43 Anm. I; s. a. Rz. 2 vor § 43). Die Vorschrift ist weit auszulegen (OLG Hamm ZMR 68, 271; OLG Stuttgart NJW 70, 102). In allen Streitigkeiten, die sich aus dem WE im Rahmen des Gesetzes und der Vereinbarungen, Beschlüsse und richterlichen Entscheidungen unter den WEern und mit dem Verwalter – auch dem ausgeschiedenen, LG München I Rpfleger 70, 64 u. BayObLG Rpfleger 70, 65 = ZMR 70, 276 = BayObLGZ 69, 209 = OLGZ 70, 198 (a. A. BayObLG, Rpfleger 75, 245) – ergeben, ist das Verfahren nach §§ 43 ff. zulässig (BayObLG, Rpfleger 74, 360).

2 Gleichzeitig sonst. zivilrechtliche Ansprüche, z. B. aus §§ 823, 906, 1004 BGB, beseitigen die Zuständigkeit nicht (OLG München NJW 68, 994; OLG Hamm, OLGZ 76, 62; OLG Düsseldorf, DerWEer 83, 31 = MDR 83, 320). **Nicht** im WEs-Verfahren sind dagegen Ansprüche aus dem Erwerbsvertrag gegen den Veräußerer zu verfolgen (OLG Düsseldorf, a. a. O.). Dasselbe gilt, falls ein WEer **vor** Rechtshängigkeit aus der WEer-Gemeinschaft ausgeschieden ist (AG Villingen-Schwenningen, DerWEer 83, 124; LG Koblenz, BauR 79, 177; LG Bochum, Rpfleger 82, 340; BGH, DerWEer 89, 58; OLG Köln, OLGZ 84, 399), für Ansprüche der Gemeinschaft. Eine andere Frage ist, ob der ausgeschiedene WEer seinerseits die Möglichkeit hat, die Gültigkeit eines Beschlusses nach Nr. 4 überprüfen zu lassen (offengelassen von BGH, DerWEer 89, 58). Ausscheiden des WEers **nach** Rechtshängigkeit berührt Zuständigkeit des fG-Gerichts nicht (allg. M., AG Hamburg, DerWEer 89, 76).

3 2. **Zu Nr. 1:** alle Streitigkeiten aus 2. und 3. Abschnitt des I. Teils (§§ 10–29), soweit nicht unter Nrn. 2 und 3 fallend, also **nicht** Streitigkeiten aus dem I. Abschnitt des I. Teils, z. B. über Gegenstand und Inhalt des SEs nach § 5 (OLG Karlsruhe, NJW 75, 1976; Justiz 77, 310; OLG Bremen, DerWEer 87, 59; LG Düsseldorf, Rpfleger 72, 450; anders bei bloßer Vorfrage, OLG Frankfurt, OLGZ 84, 148), Zulässigkeit der Verfügung über unselbständige Elemente der dreigliedrigen Einheit des WEs usw. Dafür **or-**

Entscheidung durch den Richter **4 § 43**

dentliches Streitgericht, soweit nicht GBO Anwendung findet. Also fallen nicht unter § 43 alle Streitigkeiten über Begründung, Übertragung, Aufhebung, Belastung des WEs (BGHZ 62, 388 = LM 14, 2 zu § 21 WEG m. Anm. *Rothe*), auch nicht aus schuldrechtlichem Vertrag über WE (BGH, WM 74, 780; s. a. Vor § 43 Rz. 2; BayObLG NJW 65, 1484), auch nicht nach § 8 mit Satzung der Gemeinschaft.

Dagegen sind **Ausgleichsansprüche** aus Gesamtbelastung gemäß § 426 BGB im Verfahren nach **§ 43 Abs. 1 Nr. 1** geltend zu machen (OLG München, MDR 72, 239). Zweifelhaft hinsichtlich der Rechtsgültigkeit der Vereinbarung, außer wenn sie in Verfahren nach § 43 als Vorfrage zu klären ist; Anspruch einer Nutzungsbeteiligung fällt nicht unter § 43.

Nach § 43 ff. vor allem zu erledigen: Streitigkeiten über **Instand-** **4** **setzung** und **Instandhaltung,** Zulässigkeit von **baulichen Änderungen** und Beseitigung dieser (OLG Stuttgart NJW 70, 102 = OLGZ 70, 74; OLG Hamm, OLGZ 76, 61), auch gegen den Veräußerer, wenn er gleichzeitig WEer ist (OLG Düsseldorf, Der-WEer 83, 31); hier kann auch der einzelne WEer den Anspruch auf **Beseitigung** der Beeinträchtigung des gemeinschaftlichen Eigentums gegen einen MEer ohne Ermächtigung durch die Wohnungseigentümergemeinschaft geltend machen (BGH, NJW 92, 978; Anm. *Reithmann,* LM H. 6/1992 § 16 WohnungseigentumsG Nr. 13 Entscheidungssammlung); **Gebrauch** des gemeinschaftlichen Eigentums (und zwar nicht nur über das Gebrauchsrecht als solches, sondern auch über Art und Weise der Benutzung, z. B. Leuchtreklame an Hauswand, BayObLG, NJW 64, 47), Streit um den Umfang eines **Sondernutzungsrechts** (OLG Köln, NJW-RR 89, 1040), **Unterlassungsanspruch** wegen störenden Musizierens (OLG Frankfurt, OLGZ 84, Nr. 38), auch Erlaß einer kompletten **Hausordnung** durch Gericht möglich (OLG Hamm NJW 69, 884), Gebrauch des SEs, **Lasten-** und **Kostentragung** und -verteilung (OLG Koblenz, ZMR 77, 87; KG, OLGZ 77, 1; OLG München, MDR 72, 239; BayObLGZ 73, 142 = DNotZ 74, 78), **Betreibung** derselben auch durch einen einzelnen WEer (h. M. zuletzt BayObLGZ 79, 56 = NJW 79, 2214 = Rpfleger 79, 217), sofern nicht Verwalter übertragen, Bestellung des Verwalters nach § 26 IV (*Merle,* Bestellung ... d. Verwalters, 1977, 88 ff., a. A. *Weitnauer* § 26 Rz. 4a; zur Abberufung OLG Stuttgart, OLGZ 77, 43), Art und Weise der **Verwaltung,** Ausführung von Beschlüssen und Entscheidungen, auch etwaige **Schadensersatzansprüche.** Zuständigkeit der Gerichte der freiwilligen Gerichtsbarkeit nach § 43 auch für solche Fälle gegeben, in denen ein WEer von einem ande-

§ 43 5–7   III. Teil. Verfahrensvorschriften

ren aus unerlaubter Handlung **Schadensersatz** verlangt, sofern das von ihm in Anspruch genommene Recht in einem inneren Zusammenhang mit einer Angelegenheit steht, die aus dem Gemeinschaftsverhältnis der WEer erwachsen ist (BGH, NJW-RR 91, 907). Richter kann vorbeugende Maßnahmen anordnen (§ 44 Abs. 4 Satz 1). Verfahren nach §§ 43 ff. auch dann gegeben, falls um eine Gebäudefeuerversicherung gestritten wird (KG, MDR 84, 584) oder wenn sich Ansprüche gegenüber MEern nach Bürgerlichem Recht richten, soweit es materiell um den Umfang der **Nutzungsbefugnis** geht, BayObLG, MDR 84, 942 (für § 1104 BGB: OLG Frankfurt NJW 65, 2205 und OLG Düsseldorf, DerWEer 83, 31, für §§ 823, 906 BGB: OLG München NJW 68, 994, für Mitbesitz: BayObLG, MDR 71, 301; s. § 13 Rz. 39 f., für §§ 666, 675, 823 BGB: BGH, NJW 72, 1318 = WM 72, 828, für §§ 667, 675 BGB: BayObLGZ 69, 209; für § 683 BGB: OLG Frankfurt, OLGZ 84, 148). Nicht für Ansprüche Dritter. Zum Gebrauch d. gemeinschaftl. Eigentums noch BayObLG NJW 62, 492; OLG München, NJW 68, 907, BayObLG, MDR 72, 516 = ZMR 72, 226 (Fahrradkeller), BayObLG, NJW 71, 436 (Haustierhaltung). Zu Schadensersatzansprüchen s. o. Zum Anspruch auf Zustimmung zur Veräußerung nach § 12 Abs. 2 vgl. BayObLGZ 77, 40. Zur Zulassung von Pfand- und Pfändungsgläubigern s. *Bärmann-Merle,* § 43 Rz. 22.

5   Auch der **Beschluß** der Gemeinschaft, ein gerichtliches Verfahren gegen einen WEer einzuleiten, ist bereits nach §§ 43 ff. nachprüfbar (BayObLG, MDR 75, 934 = Rpfleger 75, 311 = ZMR 76, 313). Dies gilt auch bei einem Streit über den **Inhalt** eines Beschlusses der WEer (OLG Köln, OLGZ 79, 282 = WEM 79, 132).

Das Verfahren ist auch dann fortzuführen, wenn der WEer oder Verwalter seine Stellung als Beteiligter verliert (OLG Frankfurt, DerWEer 83, 61).

6   Ausdrücklich **ausgenommen** von §§ 43 ff. sind: Ansprüche nach § 17 im Falle der Aufhebung der Gemeinschaft, nicht nur nach der Aufhebung, sondern auch **auf** Aufhebung. Ist gewöhnliche Miteigentumsgemeinschaft eingetreten, dann ordentliches Streitverfahren.

Ausgenommen auch Entziehung nach § 18. Dazu § 51.

7   3. **Zu Nr. 2:** Rechte und Pflichten des Verwalters. § 43 gilt nicht im Verfahren gegen einen Baubetreuer über die Verwendung gemeinschaftlicher Gelder (BGH, ZMR 76, 191 = Rpfleger 76, 354), selbst wenn er später Verwalter wird; wenn es um individuelle Zahlungsansprüche wegen Energieverbrauch aus Vertrag mit dem

Entscheidung durch den Richter **8 § 43**

Verwalter geht (OLG Hamm, Rpfleger 79, 318). Der Zivilrechtsweg ist auch gegeben, wenn ein WEer dem Verwalter die Vermietung seiner EW übertragen hat (OLG Braunschweig, MDR 76, 669), selbst wenn der Mietzins nach der GemO an den Verwalter gezahlt wird (BayObLG, NJW-RR 89, 1167), oder wenn Verwaltung noch nicht übertragen (BGH, NJW 76, 239); wenn dies eingetreten s. BayObLG, MDR 72, 516. S. allgemein zur Zuständigkeit des FG-Gerichts *Merle-Trautmann*, NJW 73, 118. **Antragsberechtigt** auch der Verwalter bezüglich der Pflichten der WEer aufgrund der Hausordnung (OLG Hamm Rpfleger 70, 135). Auch nach § 43 sind Streitigkeiten aus dem **Anstellungsvertrag** zu erledigen, etwa wegen Schadensersatzansprüche gegen den Verwalter (a. A. LG Berlin JR 62, 220) oder bezüglich des Vergütungsanspruchs (OLG Hamm, MDR 74, 229); dies gilt z. B. dann, wenn Schadensersatzansprüche mit der Begründung erhoben werden, er habe seine Pflichten bei der Verwaltung des gemeinschaftlichen Eigentums verletzt (BGH, NJW 72, 1318 = WM 72, 827 = MDR 72, 772 = JR 73, 16 m. Anm. *Gitter* = BB 72, 900); OLG Köln, OLGZ 76, 143; s. a. BayObLGZ 70, 1 = MDR 70, 507 (Einberufung); OLG Karlsruhe, NJW 69, 1968; OLG Hamm; OLGZ 75, 157 = Rpfleger 75, 255 (Fristenversäumnis), BayObLGZ 72, 246 (Einsichtsverweigerung), BayObLGZ 74, 269 = Rpfleger 74, 316 (baul. Veränderung), BayObLGZ 73, 1 (Gewerbeausübung), BayObLGZ 72, 90 (Haustierhaltung), BayObLGZ 72, 348 (Veräußerungs-Zustimmung). Eingehend *Bärmann-Merle*, § 43 Rz. 25.

Auch ist noch **nach** Ausscheiden des Verwalters im Verfahren **8** des § 43 über seine Tätigkeit und Pflicht zur Rechnungslegung zu entscheiden (LG München I Rpfleger 70, 64 und BayObLG Rpfleger 70, 65; dazu *Diester*, Rpfleger 70, 55) sowie über seinen **Vergütungsanspruch** (BGH, NJW 80, 2466; DerWEer 89, 58; OLG Frankfurt, DerWEer 83, 61; OLG Hamm, DerWEer 88, 100; BayObLG, DerWEer 89, 184 für **Aufwendungen**). Dies gilt auch dann, wenn der Verwalter **vor** Rechtshängigkeit ausgeschieden ist (BGH, a. zuletzt a. O). Auch für Ansprüche der WEer **gegen** den ausgeschiedenen Verwalter ist das fG-Gericht zuständig (BayObLG, DerWEer 89, 184). Auch für Beitreibung der **Lasten-** und **Kostenbeiträge** gilt § 43; ebenfalls für die Anforderung und den Empfang von **Zins-** und **Tilgungsbeträgen,** soweit es sich um gemeinschaftliche Angelegenheiten der WEer handelt (BayObLG, Rpfleger 78, 257). Der Richter kann vollstreckbare einstweilige Anordnung oder endgültige Entscheidung auf Einziehung nach §§ 43, 44 Abs. 3 treffen, auch hinsichtlich Tilgungsbeiträgen zur Gesamtbelastung (zum Geschäftswert s. § 48 Rz. 3). Nach § 43

Abs. 1 Nr. 2 ist auch über den **Feststellungsantrag** zu entscheiden, ob eine wirksame Verwalterbestellung vorliegt (KG, OLGZ 76, 266 = ZMR 77, 347). Grundsätzlich sind Ansprüche auch gegen den abberufenen Verwalter, nach § 43 Abs. 1 Nr. 2, aus dessen früherer Verwaltertätigkeit, z. B. Auskunftserteilung, Rechnungslegung und Herausgabe von Unterlagen geltend zu machen (LG München I, Rpfleger 70, 64; BayObLG, Rpfleger 70, 65; ZMR 76, 89 = BayObLGZ 75, 161; DerWEer 82, 136; OLG Hamburg, NJW 63, 818; OLG Hamm, Rpfleger 70, 400; OLGZ 75, 157; *Diester,* Rpfleger 70, 55 ff.; BayObLGZ 65, 40). Dies gilt auch für Schadensersatzansprüche (BGH, NJW 72, 1318). Nach BayObLG, WEM 1980, 125 kann abberufener Verwalter Ungültigkeit des Abberufungsbeschlusses geltend machen; ebenso seine Vergütungsansprüche (BGH 10. 7. 1980/VII ZR 328/79). Zur Abgrenzung s. aber BGHZ 44, 43. Zu früherer Rechtsprechung über Ansprüche aus Verwaltungsvertrag s. *Bärmann-Merle,* § 43 Rz. 25. S. auch BayObLG, Rpfleger 78, 257. Zum Auskunftsverlangen und Herausgabe von Bauunterlagen des früheren Verwalters und Grundstücksvoreigentümers OLG Köln, WEM 80, 82. Vergütungsanspruch ist im Verfahren § 43 geltend zu machen, auch wenn Verwalter abberufen worden ist (BGH, NJW 80, 2466 zu BGHZ 59, 58 = NJW 72, 1318).

9   **Antragsberechtigt** ist jeder Wohnungseigentümer (OLG Karlsruhe, NJW 69, 1968; vgl. KG, MDR 92, 51) und der Verwalter (OLG Hamm, Rpfleger 70, 135). Das **Rechtsschutzbedürfnis** entfällt, wenn Verwalter dem Begehren nachkommt (BayObLG, Rpfleger 77, 126; s. a. BayObLG, Rpfleger 72, 411 = BayObLGZ 72, 246 = ZMR 73, 213). Nach h. M. besteht die Befugnis des Verwalters, seinen Abberufungsbeschluß nach Abs. 1 Nr. 2 anzufechten (dazu § 26 Rz. 17; wie hier BayObLG, WEM 80, 125; a. A. AG Köln, ZMR 77, 345 = MDR 77, 53).

10   **4. Zu Nr. 3:** Bestellung des Verwalters nach § 26 Abs. 3. Das Verfahren nach Nr. 3 ist kein echtes Streitverfahren der fG. Deshalb führen die unabhängig voneinander gestellten Anträge zweier WEer auf Bestellung eines Verwalters nicht zu einer doppelten Rechtshängigkeit (BayObLG, DerWEer 89, 184/LS). Antrag eines Wohnungseigentümers oder eines Dritten mit berechtigtem Interesse erforderlich (*Merle,* Bestellung ... des Verwalters ... 1977, 78 ff.). Aufgaben und Befugnisse des Verwalters können zwar erweitert werden, aber nur in den Grenzen des § 27 Abs. 3 eingeschränkt werden. Zur Vergütung OLG Hamm, NJW 73, 2101; BayObLGZ 73, 62. Diese ist im fG-Verfahren geltend zu machen

Entscheidung durch den Richter **11 § 43**

(h. M., BGH, NJW 80, 2466). Abberufener Verwalter hat kein Beschwerderecht gegen Entscheidung über Bestellung eines **neuen** (OLG Köln, OLGZ 69, 389). Zur Anfechtung des Abberufungsbeschlusses durch den **betroffenen** Verwalter eingehend Merle in: Festgabe für Weitnauer 1980, 195. Die Anfechtungsbefugnis ist zu bejahen (BGH, NJW 89, 1089 u. h. M.; s. o. § 26 Rz. 17).

5. Zu Nr. 4: Ungültigkeitserklärung von Beschlüssen nach § 23 **11** Abs. 4 (KG BB 67, 1271 = NJW 67, 2168). Ändernde Eingriffe des Gerichts sind im Verfahren nach Nr. 4 unzulässig, doch können sie in demselben Verfahren nach Nr. 1 verfolgt werden (*Bärmann-Merle*, § 43 Rz. 41). Der Eigentümerbeschluß, einen WEer unter Hinweis auf § 18 WEG – Entziehung des WEs – **abzumahnen,** ist im Beschlußanfechtungsverfahren nur auf die Ordnungsmäßigkeit der Beschlußfassung, nicht hingegen auf die Berechtigung der Abmahnung hin zu überprüfen (LG Düsseldorf, ZMR 91, 314). Nr. 4 deckt auch die Entscheidung über den Antrag auf Feststellung, daß **ein gültiger** Beschluß der WEer mit einem **bestimmten** Inhalt zustandegekommen ist (BayObLG, DerWEer 89, 184/LS). Macht ein Dritter Ungültigkeit geltend, dann ordentliches Streitverfahren, außer wenn entsprechende Befugnis in Vereinbarung aufgenommen. Wegen **Prozeßstandschaft** des Verwalters s. oben § 27 Rz. 36. Zum Interessenkonflikt zwischen Verwalter und den vertretenen WEern s. BayObLG, Rpfleger 78, 320. Lehnt die Versammlung mehrheitlich ab, über einen Antrag eines WEers zu beschließen (sog. **negativer Beschluß**) besteht **Rechtsschutzbedürfnis** zur Anfechtung dieses Beschlusses nur, wenn Anspruch auf Beschlußfassung bestand (BayObLG, NJW 72, 1376; DerWEer 83, 126). Das Rechtsschutzbedürfnis entfällt nicht schon, wenn ein anderer WEer einen identischen Antrag eingereicht hat (BayObLGZ 77, Nr. 44 = Rpfleger 77, 446). Der Antrag nach § 43 Abs. 1 Nr. 4 bedarf nicht des Nachweises eines besonderen Rechtsschutzbedürfnisses (KG, ZMR 77, 343 = OLGZ 76, 56), also unabhängig von einer Rechtsbeeinträchtigung nach § 20 FGG (OLG Frankfurt, DerWEer 83, 61). Kein Rechtsschutzbedürfnis besteht wenn sich der anfechtende WEer in Kenntnis des Einberufungsmangels ausdrücklich mit der Beschlußfassung einverstanden erklärt hatte (OLG Hamm, NJW-RR 93, 468). Ein Beschluß kann auch angefochten werden, wenn er bereits vollzogen ist **(Folgenbeseitigungsanspruch!),** BayObLG, ZMR 76, 310; BayObLG, NJW-RR 92, 1367. Zur Befugnis des Verwalters, gegen ihn betreffende Beschlüsse vorzugehen, s. § 26 Rz. 17.

Übersicht über die Verfahren nach § 43; s. *Bärmann-Merle*, § 43 Rz. 6 ff.

12 Jeder einzelne WEer kann anfechten. Doch bilden **mehrere** zur gleichen Zeit in derselben Instanz anhängige **Anfechtungsanträge** ein einziges Verfahren (KG, WuM 93, 93). Es ist zulässig, mit der Beschlußanfechtung nach Nr. 4 innerhalb der Frist des § 23 Abs. 4 einen Antrag auf **Feststellung** eines wirklich gefaßten Beschlusses zu verbinden (Näheres OLG Hamm, Rpfleger 79, 342 = WEM 79, 175). Eine Beschlußanfechtung mit dem Ziel der Berichtigung des Protokolls findet nicht statt (BayObLG, Wohnung u. Haus 80, 102). Feststellung der Nichtigkeit möglich (LG Mannheim, ZMR 79, 317), auch Verbindung mit Beschlußanfechtung (OLG Hamm, Rpfleger 79, 342). Zum Feststellungsinteresse s. unten 15 ff. Ungewöhnlich bei BayObLGZ 1980 Nr. 8: Wird Ungültigkeitsanfechtung rechtskräftig abgewiesen, ist Beschluß rechtswirksam auch im Bezug auf Nichtigkeitsgründe.

13 Der Antrag ist innerhalb der Monatsfrist nach Beschlußfassung zu stellen, aber nicht auch zu begründen (BayObLG, Rpfleger 74, 401). Möglich ist die **Wiedereinsetzung** in den vorigen Stand (BGH, NJW 70, 1316 mit Anm. *Pick;* dazu BayObLG, DerWEer 84, 30; 62 zum Anwaltsverschulden). Keine Wiedereinsetzung bei Versäumung der Beschwerdefrist, wenn keine Vorkehrung für Erreichbarkeit des Beschwerdeführers getroffen. Auch hier gilt der Grundsatz des rechtlichen Gehörs (BVerfG NJW 80, 1095). Über die Wiedereinsetzung ist in einer gesonderten Entscheidung durch Zwischenbeschluß zu befinden (BayObLG, DerWEer 85, 61). Der Anfechtungwille kann sich aus den Umständen ergeben (KG WM 72, 710). Anfechtung auch nach Durchführung des Beschlusses (BayObLGZ 75, 201 = ZMW 76, 311 = Rpfleger 75, 367; ZMR 76, 87), außer wenn Beschluß durch WEer bestätigt (BayObLG Rpfleger 77, 446 = BayObLGZ 77, 226; OLG Hamm, Rpfleger 78, 320), nicht aber bei bloßer Inaussichtstellung erneuter Beschlußfassung (OLG Frankfurt, OLGZ 1980, 78).

II. Zuständigkeit

14 Siehe Rz. 10 f. vor § 43.

III. Antragsrecht

15 Es ergibt sich aus Beteiligung. Dazu Abs. 4 Nrn. 1–3. Wirkung der Entscheidung inter omnes. Anspruch auf rechtliches Gehör besteht im Rahmen der mündlichen Verhandlung (als Sollvorschrift) immer nur für die unmittelbar zum Verfahren Zugezogenen oder Beigetretenen. Nach OLG Hamburg NJW 60, 296 kann ein Verfahren erst mit Eintragung der MEer als WEer im Grund-

Entscheidung durch den Richter 15 § 43

buch eingeleitet werden. Dagegen aber selbst OLG Hamburg, NJW 63, 818 und BayObLG NJW 69, 191 = Rpfleger 68, 392 (s. OLG Frankfurt, wonach ein WEer innerhalb der Anfechtungsfrist auch dann zur Anfechtung von Beschlüssen der WEerversammlung berechtigt ist, wenn er erst nach dem Zeitpunkt der Beschlußfassung in das WohnungsGB eingetragen worden ist (OLG Frankfurt, NJW-RR 92, 1170 und oben Rz. 2 vor § 43). **Rechtsschutzbedürfnis** muß wie bei jedem Verfahrensantrag geprüft werden (BayObLG, Rpfleger 72, 260). Es fehlt z. B. dann bei einer Anfechtungsklage, wenn der WEer selbst für den betreffenden Beschluß gestimmt hat (*Gerauer*, ZMR 89, 41). Anders bei Nichtigkeit. Das Rechtsschutzbedürfnis fehlt für eine auf den Einberufungsmangel gestützte Anfechtung eines Eigentümerbeschlusses, wenn der Verwalter zu Beginn einer von ihm nach Ablauf seiner Bestellungszeit einberufenen Versammlung die ordnungsgemäße Einberufung feststellt und ein WEer, der mit der Einberufung der Versammlung durch den bisherigen Verwalter ausdrücklich einverstanden war, hiergegen keine Einwände erhebt (BayObLG, NJW-RR 92, 910). Zum fehlenden Rechtsschutzbedürfnis für Sachanträge s. BayObLG v. 3. 11. 83 – 2 Z 40/83; zur Frage des Rechtsschutzbedürfnisses beim **Feststellungsantrag** gegen den Verwalter, der sich eines über die ordnungsmäßige Verwaltung hinausgehenden Rechts nicht berühmt hat, vgl. BayObLG v. 3. 2. 83 – 2 Z 57/82, bei Berichtigung einer Versammlungsniederschrift s. BayObLGZ 82, Nr. 66. Sieht die GemO vor, daß das Protokoll einer Versammlung von der nächsten zu bestätigen ist, so fehlt vor einer solchen Bestätigung für einen Antrag auf gerichtliche Feststellung, welche Protokollfassung maßgeblich ist, das Rechtsschutzbedürfnis (BayObLG, NJW-RR 89, 1168). Zum Rechtsschutzbedürfnis bei einem **Zweitbeschluß** vgl. BayObLG, ZMR 77, 85; Rpfleger 77, 349, 446 = BayObLGZ 77, Nr. 44. Das Rechtsschutzbedürfnis entfällt nicht schon mit einem bestätigenden Zweitbeschluß, sondern erst, wenn der folgende den ersten rückwirkend ersetzen soll (OLG Hamm, Rpfleger 78, 319 = MDR 78, 759; BayObLG, WEM 78, 23) oder bestätigt (OLG Frankfurt, DerWEer 89, 178) und bestandskräftig geworden ist. Es besteht auch dann, wenn der Verwalter einen Beschluß für unverbindlich hält und eine erneute Beschlußfassung in Aussicht stellt (OLG Frankfurt, Rpfleger 80, 112; OLGZ 1980, 78). Für die Feststellung einer bestimmten Auslegung einer GemO fehlt ein Rechtsschutzbedürfnis (LG Mannheim, ZMR 79, 319), dagegen nicht für die Feststellung, daß ein Beschluß gültig ist, sofern seine Wirksamkeit bestritten wird (LG Mannheim a. a. O.). Es besteht ein selbständiges Recht eines

§ 43 16–19   III. Teil. Verfahrensvorschriften

WEers, das Zustandekommen eines Beschlusses der WEer feststellen zu lassen (BayObLG, WEM 83, 71).

16   Das Feststellungsinteresse fällt durch die **Veräußerung** einer EW nicht weg, die entspr. Entscheidung bindet auch den **Rechtsnachfolger** (BayObLG, WEM 83, 88 = DerWEer 83, 30). Zum Rechtsschutzbedürfnis für einen Antrag gegen einen früheren WEer bei Eigentümerwechsel während des Verfahrens, wenn der Antrag zum selben Verfahrensgegenstand auf den Rechtsnachfolger erstreckt worden ist, s. BayObLGZ 83 Nr. 16. Ein Rechtsschutzbedürfnis für die Klage auf Einsicht in die Unterlagen der Jahresrechnung entfällt, wenn sich der Verwalter zur Gewährung der Einsichtnahme ernstlich bereit erklärt hat (BayObLG, Rpfleger 77, 126). Zum Begriff „Beteiligte" s. Rz. 5f. vor § 43 u. unten Rz. 23. Das Rechtsschutzinteresse besteht nach § 43 Abs. 1 Nr. 4 WEG schon unabhängig von einer Rechtsbeeinträchtigung (KG, OLGZ 1976, 58).

17   Auch andere Verfahrensvoraussetzungen wie ein **Vorschaltverfahren** (Anrufung der Versammlung **vor** Anrufung des Gerichts) sind zu beachten, wenn sie zulässigerweise in der GemO vorgeschrieben sind (BayObLG, DerWEer 83, 30 = Rpfleger 83, 14; s. a. Rz. 2 vor § 43). Auch gegen die Verweigerung der Verwalterzustimmung ist ein Vorschaltverfahren in Form der Anrufung der Versammlung zulässig, ebenso gegen die Nichterteilung innerhalb angemessener Frist im Falle des § 12 (BayObLG, DerWEer 82, 137).

IV. Billiges Ermessen und Gestaltungsrecht

18   Siehe Grundsätze des Amtsprüfungsverfahrens (Vorbemerkung Rz. 13ff. vor § 43). Materielles Prüfungsrecht des Gerichts (OLG Oldenburg, NdsRpfl. 71, 205 = MDR 70, 761; OLG Hamm, Rpfleger 70, 400). Der Richter kann gegen Mehrheitsbeschlüsse gem. Abs. 1 Nr. 1 ändernd eingreifen, wenn nach seinem billigen Ermessen den berechtigten Interessen einer Minderheit und vor allem der Gemeinschaft als solcher und ihrem Bestand und Funktionieren nicht entsprochen wurde (dazu auch *Weitnauer*, § 43 Rdnr. 12; OLG Hamm, MDR 71, 662; BayObLG, Rpfleger 79, 265). Eine Änderung der Vereinbarung ist nur ausnahmsweise unter den Voraussetzungen der §§ 242, 315 BGB gestattet (LG Hamburg, NJW 74, 1911).

19   An Inhalt der **Anträge** ist der Richter nicht in gleicher Weise gebunden wie bei § 308 ZPO, OLG Frankfurt, NJW 61, 324; vielmehr besteht grundsätzlich keine Bindung an Sachanträge

Entscheidung durch den Richter 20, 21 § 43

(BayObLG, DerWEer 83, 30). Anders wohl bei der Anfechtung von Beschlüssen (s. o. Rz. 4 vor § 43). Zur Frage, wann eine Änderung des Verfahrensgegenstands vorliegt, vgl. OLG Hamm NJW 69, 884. Dort auch zur Bestimmtheit des Antrags. Gegen Majorisierung oder Stimmengleichheit s. § 25 Rz. 4; zur inhaltlichen Nachprüfung § 25 Rz. 5, § 21 Rz. 30. Zum Recht auf ordnungsmäßige Verwaltung s. § 21 Rz. 32 ff. Der Antrag kann jederzeit zurückgenommen werden (LG Düsseldorf, Rpfleger 72, 450).

Richter ist an Gesetz, wirksame Vereinbarungen und Beschlüsse 20 gebunden (s. LG Hamburg a. a. O.), hat das Recht auf Vertragsfreiheit zu respektieren (OLG Karlsruhe, OLGZ 78, 175). Nicht gebunden ist er an Beschluß gegen gesetzliches Verbot oder gute Sitten oder Ungültigkeit nach § 43 Abs. 1 Nr. 4, wenn festgestellt (OLG Hamm, JMBlNRW 66, 233 = DNotz 67, 38; BGH, NJW 70, 1316; OLG Hamm, OLGZ 71, 461 = MDR 71, 662). Er ist nicht befugt, gem. Abs. 1 Nr. 4 gestaltend oder ändernd in Beschlüsse einzugreifen (OLG Hamm, OLGZ 71, 96 = Rpfleger 70, 402). Nur die **Ungültigkeit** eines Beschlusses ist festzustellen (Näheres *Trautmann*, a. a. O. 84ff.; s. a. OLG Hamm, OLGZ 710, 461 = MDR 71, 662; BayObLG, Rpfleger 79, 265; zustimmend *Soergel-Baur*, § 43 Rz. 12). Doch kann abweichendes Beschlußergebnis festgestellt werden, wenn Bekanntgemachtes zufolge Stimmrechtsausschlusses usw. falsch ist und richtiges Ergebnis zu ermitteln ist (KG, OLGZ 79, 28 = Rpfleger 79, 65; OLG Hamm, Rpfleger 79, 342; a. A. LG Berlin; *Gross*, ZMR 78, 252; s. a. KG, OLGZ 79, 28 = Rpfleger 79, 65); Gericht ist befugt zu selbständiger **Auslegung** der eingetragenen Gemeinschaftsordnung (BayObLG, WEM 80, 31).

V. Besonderheiten des Verfahrens

Echtes Streitverfahren. In § 44 Abs. 1 mündliche Verhandlung 21 als Sollvorschrift angeordnet; sie hat in öffentlicher Sitzung stattzufinden (BayObLG, NJW-RR 93, 85). Verwalter als Zustellungsbevollmächtigter (§ 27 Abs. 2 Ziff. 3). §§ 44–50 als besondere Verfahrensvorschriften. Verbindung mehrerer WEs-Sachen ohne beschlußmäßige Anordnung möglich, BayObLG NJW 67, 986; zur Kostenfolge s. ebenda. Zur Frage von Streitverkündung und Beitritt vgl. BayObLG ZMR 70, 221 = MDR 70, 586. Teilentscheidung analog § 304 ZPO statthaft (OLG Düsseldorf NJW 70, 1137). Auch Feststellungsklage zulässig über Pflichten aus der Hausordnung (OLG Hamm, MittBayNot 70, 109 = Rpfleger 70, 135). Zur Möglichkeit, einen Gegenantrag zu stellen, s. BayObLG, MDR

72, 145. Wie in jedem Verfahren ist Rechtsschutzbedürfnis stets zu prüfen (BayObLG, MDR 72, 950; NJW 72, 1376; OLG Hamm, OLGZ 71, 96; NJW 73, 2300). Der Tod des Antragstellers unterbricht das Verfahren entsprechend § 239 ZPO, wenn der Streitgegenstand allein ein subjektiver, der Verfügung des Antragstellers unterstehender Anspruch ist (BayObLG, Rpfleger 74, 71).

22 Verwalter ist Zustellungsbevollmächtigter (§ 27 Abs. 2 Nr. 3) für die Gemeinschaft, ist jedoch bei Interessenkollision auch hier an Vertretung verhindert (BayObLGZ 73, 145 betr. § 43 Abs. 1 Nr. 2, OLG Stuttgart, OLGZ 76, 8 betr. § 43 Abs. 1 Nr. 4). S. o. § 27 Rz. 32.

VI. Beteiligte

23 Siehe Rz. 5 ff. vor § 43 und oben Rz. 16. Bekanntmachung an die, für welche die Entscheidung ihrem Inhalt nach bestimmt ist (§ 16 FGG). Zum Beteiligtenbegriff in Abs. 4 Nr. 2 s. Pick in Anm. zu BGH, NJW 70, 2061. Verwalter als Beteiligter: BayObLG, NJW 72, 880. Nach *Pick,* a. a. O. nur bei § 43 Abs. 1 **Nr. 1** „sämtliche" Wohnungseigentümer beteiligt, bei **Nr. 2–4** nur Antragsteller und Verwalter bzw. Dritte. Dagegen *Bärmann-Merle,* § 43 Rz. 46: bei Nr. 2–4 seien „die" Wohnungseigentümer, also alle Beteiligte (Verweis auf *Bärmann,* FG, § 8 III, 1; OLG Hamm, Rpfleger 70, 401; BayObLG, ZMR 76, 89), es sei denn, daß Verfahrensgegenstand nur die Antragsteller betrifft; dann keine formelle Beteiligung aller. Macht ein WEer einen ihm allein zustehenden *Schadensersatzanspruch* gegen den Verwalter geltend, sind die anderen WEer nicht Beteiligte (BGH, NJW 92, 182; Anm. *Stürner* in LM H. 3/92 zu § 43 WEG Nr. 16). Verlangt ein WEer von einem anderen oder einigen anderen **Unterlassung** der Nutzung von Kellerräumen zu Wohnzwecken und Übernahme eines höheren Anteils an den gemeinschaftlichen Kosten und Kosten, sind alle WEer materiell Beteiligte (BayObLG, ZMR 89, 103). Dies gilt auch für das Verlangen, bauliche Veränderungen zu beseitigen (BayObLG, a. a. O.). Nach Erledigung der Hauptsache keine zusätzliche Beteiligung mehr (BayObLG, Rpfleger 76, 291). Nach Nr. 1 ist auch der Verwalter beteiligt, wenn über seine Rechte und Pflichten entschieden wird (BayObLG, MDR 72, 516 = WM 73, 771; BayObLG Rpfleger 76, 292). Mieter ist beteiligt, wenn Vermieter ihm den Streit verkündet hat (BayObLGZ 70, 65 = NJW 70, 1150), u. U. auch der **Verwaltungsbeirat,** selbst wenn er nicht WEer ist (BayObLGZ 72, 161 = NJW 72, 1377). Interessent am Kauf hat keine Beteiligtenstellung (BayObLGZ 73, 1 = Rpfleger

Entscheidung durch den Richter 24–26 § 43

73, 139 = ZMR 73, 205). Ausgeschiedener Wohnungseigentümer oder Anwärter vor Rechtshängigkeit ist ebenfalls nicht beteiligt. Für ihn ist das Prozeßgericht zuständig (vergl. BGHZ 44, 43 mit Anm. *Rietschel,* LM Nr. 1 zu § 43 WEG; BayObLG, Rpfleger 75, 245; 79, 318). Zum abberufenen Verwalter oben Rz. 8 zu Nr. 2. Anders, wenn Beteiligter erst im Lauf des Verfahrens ausscheidet (offengelassen von BGHZ 44, 43; entsprechend § 261 Abs. 3 Nr. 2 ZPO, 90 Abs. 3 VwGO, § 66 Abs. 3 FGO; *Merle/Trautmann,* NJW 73, 118; *Trautmann,* a. a. O. 171 f.), es sei denn, daß Rechtsschutzinteresse weggefallen ist (KG, NJW 70, 330, s. a. *Rietschel,* LM Nr. 1 zu § 43 WEG mit Verweis auf § 265 ZPO; OLG Hamm, OLGZ 75, 157; BayObLGZ 75, 55 mit Verweis auf § 261 Abs. 3 Nr. 2 ZPO. Zum FG-Verfahren über Pflichten des Verwalters bei Abwicklung der Verwaltung nach Ausscheiden s. noch BGH, NJW 72, 1318; BayObLG, Rpfleger 70, 65; OLG Hamm, OLGZ 75, 157; LG München I, Rpfleger 70, 64; OLG Hamburg, NJW 63, 818; *Diester,* Rpfleger 70, 55 f.; *Palandt-Bassenge,* § 43 Anm. 4; dagegen aber *Bärmann-Merle,* § 43 Rz. 49.

Bei **Mehrhausanlagen** sind WEer nur insoweit Beteiligte, als eine Entscheidung gemeinschaftliche Interessen berührt (BayObLG, ZMR 76, 84 = BayObLGZ 75, 177 = Rpfleger 75, 310; ZMR 76, 314: Die Wohnungseigentümergemeinschaft als solche ist nicht rechtsfähig, nicht beteiligtenfähig, § 50 Abs. 2 ZPO ist nicht entsprechend anwendbar (OLG Koblenz, NJW 77, 55). Wenn als Wohnungseigentümergemeinschaft „X" bezeichnet, sind durch Auslegung die Beteiligten zu ermitteln, entsprechend Zeitpunkt der Antragstellung (BGH NJW 77, 1667; KG, OLGZ 77, 2; s. allerdings OLG Koblenz NJW 77, 55; zur Nichtparteifähigkeit der Gemeinschaft s. BayObLG 21. 12. 1979, WEM 1980, 130. 24

VII. Über die geschäftsmäßige Behandlung

Siehe z. B. LVdJM für Rheinland-Pfalz vom 12. 9. 1951, Justizblatt Rheinland-Pfalz Nr. 16 vom 24. 10. 1951, S. 71. 25

VIII. Schiedsvertrag und Schiedsgutachterabrede

Siehe schon Rz. 12 vor § 43 zum Schiedsvertrag. Auch Schiedsgutachterabrede zulässig. Zur Abgrenzung s. BGH, JZ 52, 594. 26

§ 44 1   III. Teil. Verfahrensvorschriften

IX. Kostenordnung

27   Auf Verfahren nach §§ 43 ff. anwendbar (OLG Celle, Rpfleger 60, 192). Zur Höhe s. § 48. § 50 über Kosten des Prozeßgerichts bei Abgabe einer Sache nach § 46.

§ 44 Allgemeine Verfahrensgrundsätze

(1) Der Richter soll mit den Beteiligten in der Regel mündlich verhandeln und hierbei darauf hinwirken, daß sie sich gütlich einigen.

(2) Kommt eine Einigung zustande, so ist hierüber eine Niederschrift aufzunehmen, und zwar nach den Vorschriften, die für die Niederschrift über einen Vergleich im bürgerlichen Rechtsstreit gelten.

(3) Der Richter kann für die Dauer des Verfahrens einstweilige Anordnungen treffen. Diese können selbständig nicht angefochten werden.

(4) In der Entscheidung soll der Richter die Anordnungen treffen, die zu ihrer Durchführung erforderlich sind. Die Entscheidung ist zu begründen.

1   Vorbild: § 13 Abs. 2 und 3 HausratsVO. Zu Abs. 4 s. § 15 HausratsVO.

1. *Soll-Grundsatz der mündlichen Verhandlung;* gilt auch für **Beschwerdeverfahren** (OLG Zweibrücken, Rpfleger 77, 141; OLG Hamm, Rpfleger 78, 60; OLGZ 80, 274; BayObLG, DerWEer 83, 30; MDR 83, 58, 405; NJW-RR 93, 280; BGH, DerWEer 89, 63), aber nicht vor dem Gericht der Rechtsbeschwerde (BayObLG, ZMR 77, 347). Die Verhandlung hat vor der vollbesetzten Kammer des Beschwerdegerichts zu erfolgen. Davon kann nur im Ausnahmefall abgesehen werden, dessen Vorliegen begründet werden muß (BayObLG, NJW-RR 93, 280). Der Richter entscheidet hierüber nach billigem Ermessen im Rahmen der ihm durch § 12 FGG auferlegten **Aufklärungspflicht.** Aufgrund der Amtsermittlungspflicht kann der Richter Beteiligte befragen (BayObLG, Rpfleger 75, 426, 435 = ZMR 76, 348). Nur ausnahmsweise rein schriftliches Verfahren (OLG Stuttgart, Rpfleger 70, 361; OLG Kiel, SHA 47, 254; OLG Zweibrücken, Rpfleger 77, 141; OLG Hamm, Rpfleger 78, 60). Nur ausnahmsweise Abweichung vom Grundsatz der mündlichen Verhandlung (KG, WM 1972, 711; OLGZ 1970, 200; OLG Stuttgart NJW 1974, 2137; BayObLG NJW 1973, 152: wenn kein Raum für Vergleichsgespräch). Von

Allgemeine Verfahrensgrundsätze 2, 3 § 44

einer mündlichen Verhandlung kann **nicht** schon dann **abgesehen** werden wenn außergerichtliche Vergleichsverhandlungen erfolglos geblieben sind (KG, NJW 72, 691 = Rpfleger 72, 62 = MDR 72. 239; OLG Stuttgart, NJW 74, 2137). Verneint das Gericht ein schützenswertes Interesse des Antragstellers an der Ungültigkeitserklärung eines Beschlusses, ist diesem in der mündlichen Verhandlung Gelegenheit zu geben, sein Interesse zu erläutern (OLG Köln, DerWEer 88, 24). Sie ist nur **entbehrlich,** wenn eine gütliche Einigung aussichtslos ist und ausgeschlossen erscheint, daß sich dort ein rechtlich erheblicher Gesichtspunkt ergibt (BayObLG, NJW 74, 1137; BGH, DerWEer 89, 63) oder wenn das Gericht weitere Sachaufklärung nicht für erforderlich hält (KG, OLGZ 70, 200; BGH, DerWEer 89, 63). Ebenso bei **Geringfügigkeit** (BayObLG, DerWEer 83, 30) oder wenn ein Beteiligter unter Verletzung seiner Verfahrensförderungspflicht keinen Sachvortrag hält (OLG Frankfurt, DerWEer 83, 61). Der Grundsatz mündlicher Verhandlung gilt auch bei Streitigkeiten von **Zweiergemeinschaften** (OLG Köln 12. 5. 1980, Rpfleger 1980, 349). Gibt das Gericht einem Beteiligten auf, eine Eigentümerliste vorzulegen, so ist diese Anordnung nicht mit Zwangsmitteln (Ordnungsgeld) durchzusetzen (BayObLG, DerWEer 85, 60). Die Anordnung des **persönlichen Erscheinens** der Beteiligten hat Gericht nach pflichtgemäßem Ermessen zu treffen (BayObLG 5. 12. 1979, WEM 1980, 125). Dazu oben Rz. 14 vor § 43. Das WEs-Gericht ist nicht verpflichtet, einen in Untersuchungshaft befindlichen WEer zur mündlichen Verhandlung überstellen zu lassen (BayObLG v. 1. 12. 83 – 2 Z 105/82).

Verhandlungen in WEs-Sachen sind öffentlich (BayObLG v. 2 7. 12. 87, 2 Z 35/87; NJW-RR 89, 1293). Bis zur Hinausgabe des Beschlusses an die Beteiligten sind bis dahin eingegangene Schriftsätze zu berücksichtigen (BayObLG, DerWEer 83, 30). Hat das LG ein Beschwerdeverfahren mündlich verhandelt, so haben die Verhandlung und Verkündigung in **öffentlicher** Sitzung stattzufinden (OLG Hamm, DerWEer 88, 100; 89, 179; BayObLG, NJW-RR 93, 85). Die frühere Rspr. (vgl. BayObLGZ 74, 258; WEM 82, 114) ist durch Art. 65 der Konvention zum Schutze der Menschenrechte und Grundfreiheiten überholt (so jetzt auch BayObLG, NJW 89, H. 43, VIII = NJW-RR 89, 1293).

Zur Durchführung einer mündlichen Verhandlung im Beschwerdeverfahren durch einen beauftragten Richter s. BayObLG, Wohnung u. Haus 82, 207.

2. *Versuch gütlicher Einigung* als Pflicht des Richters gilt grund- 3 sätzlich auch in Beschwerdeverfahren. Aber es muß noch Raum für

eine Schlichtung des Streits möglichst gegeben sein; es darf kein Vergleichsdruck entstehen, der den Rechtsschutz unzulässigerweise beschneiden würde (BayObLGZ 72, 349 = NJW 73, 152 = ZMR 73, 210). Verzicht nur, wenn Einigung von vornherein aussichtslos (KG OLGZ 70, 200). S. OLG Hamm 15. 2. 1980, OLGZ 80, 274: Zum Umfang der gerichtlichen Schlichtungsaufgabe und der Pflicht zur Sachaufklärung im Streit darüber, ob ein Wohnungseigentümer die Anbringung einer Leuchtreklame an der Hausfassade im städtischen Geschäftszentrum als bauliche Veränderung dulden muß.

3. *Niederschrift:* §§ 159–163a ZPO über Vergleich.

4. *Einstweilige Anordnung* (**Abs. 3**): Vom Richter nach pflichtgemäßem Ermessen zu treffen (dazu *Müller,* JR 54 52ff.). Sie setzt ein **Hauptverfahren** voraus (BayObLG, DerWEer 84, 30). Auch in der Beschwerdeinstanz (LG Paderborn 9 T 103/77) möglich. Antrag auf einstweilige Anordnung ist Anregung zum Tätigwerden, die auch nicht anfechtbar ist (BayObLG Rpfleger 72, 412; OLG Frankfurt OLGZ 78, 301). Einstweilige Anordnung darf endgültiger Regelung nicht vorgreifen. Die Bestellung eines Verwalters auf Antrag eines WEers nach vorangegangener Ungültigkeitserklärung des Bestellungsbeschlusses ist keine einstweilige Anordnung, sondern richterliche Bestellung nach § 26 Abs. 3 (LG Koblenz, DerWEer 86, 127). Während laufenden Hauptverfahrens kann erstinstanzlicher Richter nach § 18 Abs. 1 FGG jederzeit abändernde Anordnungen treffen. Beschwerdegericht kann über § 24 Abs. 3 FGG in den durch die einstweilige Anordnung geregelten Zustand eingreifen. Zum Beispiel: Gebrauchsregelung, Außer Kraft Setzen eines Beschlusses (LG Berlin, DerWEer 86, 92; KG, DerWEer 87, 27), Kosten- und Lastenverteilung, Sicherheitsleistung, Hinterlegung, aber auch Vollstreckungsmaßnahmen, selbst die (einstweilige) Einstellung der Zwangsvollstreckung (BayObLG, NJW-RR 90, 26). Anordnung ist **nicht selbständig anfechtbar** außer bei offenkundiger Gesetzesverletzung (OLG Hamm, OLGZ 78, 16; LG Berlin, DerWEer 86, 92: greifbare Gesetzeswidrigkeit). Dies gilt auch für die Ablehnung eines Antrags, die Vollziehung einer einstweiligen Anordnung auszusetzen (BayObLGZ 77, Nr. 9 = ZMR 77, 347 = Rpfleger 77, 174) und auch dann, wenn von dem betroffenen Beteiligten die Zuständigkeit des ordentlichen Gerichts geltend gemacht wird (OLG Hamm, Rpfleger 78, 25 = OLGZ 78, 16). Eine Anfechtung ist aber auch dann gegeben, wenn die einstweilige Anordnung nicht in einem Hauptsacheverfahren nach § 43 ergangen ist (BayObLG a. a. O.) oder jeder gesetzlichen Grundlage

Allgemeine Verfahrensgrundsätze 5 § 44

entbehrt und inhaltlich dem G. fremd ist (OLG Hamm, a. a. O.; LG Berlin, DerWEer 86, 92; KG, DerWEer 87, 27). Eine einstweilige Anordnung zur Beibringung von Unterlagen für das Verfahren ist nicht zulässig (BayObLG, DerWEer 85, 60). Sie **endet** automatisch (ohne besondere Aufhebungsmaßnahme) mit dem Ende des Hauptverfahrens, unabhängig, ob dieses durch eine rechtskräftige Entscheidung, durch Rücknahme des Antrags oder sonstwie seine Erledigung findet (OLG Düsseldorf, ZMR 89, 315).

5. *Entscheidung:* Beschluß im rechtstechnischen Sinne. **Abs. 4** 5 gibt keinen materiellrechtlichen Beseitigungsanspruch, reine Verfahrensnorm (OLG Stuttgart, NJW 70, 102, 103). Bei Sachentscheidung enthält der Beschluß die Befugnis, Gestaltungsakt vorzunehmen, z. B. eine Kündigung eines Mietvertrags durch den Verwalter (LG Lübeck, DerWEer 88, 29). Bei Zwangsvollstreckung ist vollstreckungsfähiger Inhalt zu beachten (*Palandt-Bassenge,* § 44 Anm. 5). Keine Versäumnisentscheidung zulässig, ebenfalls keine einstweilige Verfügung (BayObLG, Rpfleger 75, 245). Zur Kostenentscheidung s. § 47, Geschäftswert § 48. Entscheidung kann auch ermächtigen, **Durchführungsanordnungen** zu treffen (BayObLG Rpfleger 65, 224), z. B. **Anweisung** an Verwalter, Unterlagen herauszugeben (OLG Frankfurt, MDR 60, 404: **Auflage** zur Errichtung eines Zaunes an WE). Auch Verpflichtung zur Abgabe einer Willenserklärung kann ausgesprochen werden (BayObLG Rpfleger 77, 173). Nur ausnahmsweise allgemeine Anordnungen (OLG Frankfurt, NJW 61, 324). Anordnung setzt materiellrechtlichen Anspruch voraus (OLG Stuttgart, NJW 70, 102). Richter ist nicht an Antrag gebunden und nicht von Antrag abhängig (BayObLGZ 63, 164; ZMR 72, 314; NJW 74, 1910 = Rpfleger 74, 268). § 308 ZPO ist nicht uneingeschränkt anwendbar. Der Richter soll versuchen, Frieden wieder herzustellen (OLG Frankfurt, NJW 61, 324). Der Wille des Antragstellers ist zu erforschen, Gericht hat entsprechende Aufklärungspflichten (OLG Frankfurt, 10. 9. 1979, OLGZ 1980, 76), auf Stellung sachdienlicher Anträge hinzuwirken (OLG Hamm, Rpfleger 78, 60). Eventuell Zurückverweisung an AG, das Aufklärungspflicht verletzt hat (*Keidel/Kuntze/Winkler,* § 12 Rz 77a). Willensforschung darf sich nicht über erklärten Willen der Antragsteller hinwegsetzen (BayObLGZ 74, 172 = NJW 74, 1910 = Rpfleger 74, 268; ZMR 76, 89). Auch über Feststellung, auch negative Feststellung zu entscheiden (BayObLG ZMR 76, 313), wenn rechtliches Interesse besteht (BayObLGZ 65, 283 = Rpfleger 65, 334; KG NJW 68, 160). Auch

Teilentscheidungen über Grund des Anspruchs (OLG Düsseldorf, NJW 70, 1137; JMBl. NRW 72, 69 = ZMR 72, 319). Zur ergänzenden Durchführungsanordnung (Kündigung des Bordell-Mietvertrages) BayObLG WEM 1981, 57.

Begründungszwang, entgegen FGG (*Bärmann*, FG, § 19 III 3). Zur Vollstreckbarkeit § 45 Abs. 3 und Rz. 23 ff. dort. Zur Kostenentscheidung s. § 47, zur Geschäftswertfestsetzung s. § 48.

6 6. *Verbindung mehrerer Verfahren:* s. § 47 Rz. 2 ff. Verfahrensfehler, wenn Gericht trotz Entscheidungsreife aller Ansprüche nur eine Teilentscheidung gegen einen WEer erläßt (LG Mannheim, BB 72, 1347 = ZMR 72, 318 = WM 72, 112 = Justiz 72, 286, dort auch zum Geschäftswert).

7 7. Bekanntmachung der Entscheidung an alle Beschwerdeberechtigten wegen formeller Rechtskraft und Ablauf der Rechtsmittelfrist (§ 16 Abs. 2 FGG). In der Regel auch an alle übrigen Beteiligten (§ 16 Abs. 2 FGG; *Bärmann*, FG, § 20 II 2). Zustellung kann an Verwalter erfolgen (§ 27 Abs. 2 Nr. 3). Vergl. § 27 Rz. 30 f.

8 8. Ist die einstweilige Anordnung von Anfang an ungerechtfertigt, kann der Beteiligte, der die Anordnung erwirkt hat, in entspr. Anwendung des § 945 ZPO zum **Schadensersatz** verpflichtet sein (BGH, NJW 93, 593).

§ 45 Rechtsmittel, Rechtskraft

(1) **Gegen die Entscheidung des Amtsgerichts ist die sofortige Beschwerde, gegen die Entscheidung des Beschwerdegerichts die sofortige weitere Beschwerde zulässig, wenn der Wert des Gegenstandes der Beschwerde oder der weiteren Beschwerde eintausendfünfhundert Deutsche Mark übersteigt.**

(2) **Die Entscheidung wird mit der Rechtskraft wirksam. Sie ist für alle Beteiligten bindend.**

(3) **Aus rechtskräftigen Entscheidungen, gerichtlichen Vergleichen und einstweiligen Anordnungen findet die Zwangsvollstreckung nach den Vorschriften der Zivilprozeßordnung statt.**

(4) **Haben sich die tatsächlichen Verhältnisse wesentlich geändert, so kann der Richter auf Antrag eines Beteiligten seine Entscheidung oder einen gerichtlichen Vergleich ändern, soweit dies zur Vermeidung einer unbilligen Härte notwendig ist.**

I. Rechtsmittel

1. **Sofortige Beschwerde** ist nur zulässig, wenn der **Beschwerdegegenstand** höher als 1500.– DM ist. Siehe §§ 22ff. FGG. Unter 1500.– DM ist die Beschwerde überhaupt ausgeschlossen. Abs. I ist zunächst durch Art. 4 des G. zur Erhöhung von Wertgrenzen in der Gerichtsbarkeit v. 8. 12. 82 (BGBl. I 1615) geändert worden (vorher 50.– DM). Der Wert des *Beschwerdegegenstandes* wurde dann in Angleichung an die prozessuale Berufungssumme zweimal erhöht. Zunächst durch das RechtspflegevereinfachungsG auf 1200 DM und schließlich durch das G zur Entlastung der Rechtspflege auf 1500 DM (G v. 11. 1. 93, BGBl. I S. 50). Zum Zeitpunkt der Anwendung der Neufassung s. BGH, ZMR 84, 216: Entlassung des Beschlusses aus der Verfügungsgewalt des Gerichts (BayObLG, DerWEer 83, 30; 83, 61). Zum Beschwerdewert OLG Hamm, OLGZ 76, 491 = MDR 71, 1018; BGH, NJW 92, 3305. Für **weitere Beschwerde** s. § 27 FGG. Das G zur Entlastung der Rechtspflege hat nun die Streitfrage geklärt, ob auch für die weitere Beschwerde der Gegenstandswert der sofortigen Beschwerde gelte (s. Rz. 16). Es gilt demgemäß derselbe Wert von über 1500 DM. Des weiteren ist eine Rechtsverletzung Voraussetzung (KG NJW 56, 1679; OLG Braunschweig OLGZ 66, 571; OLG Celle, NJW 58, 307, BayObLGZ 58, 237). Zuständig ist das OLG, in Bayern BayObLG; s. *Keidel* u. a. § 199 Bd. 1; Vorlagepflicht nach § 28 FGG.

Zur Zulässigkeit der Anschlußbeschwerde s. unten Rz. 29.

Sachbeschwerde einziges Rechtsmittel für fG. Aufsichtsbeschwerde ist Landesrecht.

Beschwerdefähig sind nur Verfügungen (*Bärmann*, FG, § 28 I; *Keidel*, § 19 Rz. 2ff.).

Nicht-Verfügungen sind danach Verrichtungen des Gerichts, die nicht gerichtliche Handlungen sind, gerichtliche Handlungen des inneren Dienstes, gerichtliche Handlungen mit unmittelbarem Erfolg (Beurkundungen), Mitteilung über in Aussicht genommene Maßnahmen und Rechtsauffassungen, Zwischenverfügungen (§ 18 GBO) einstweilige bzw. vorläufige Anordnungen (allgemein als selbständig anfechtbar angesehen; anders § 44 Abs. 3). Werden allerdings durch den Vollzug verfahrensleitender Verfügungen die **Rechte** eines Beteiligten betroffen, dann ist die Anfechtbarkeit zu bejahen (OLG Hamm, DerWEer 89, 69). Einstweilige Anordnungen des Beschwerdegerichtes nach § 24 Abs. 5 FGG und 44 Abs. 3 WEG nicht anfechtbar; s. § 44 Anm. 4; wohl aber Anordnung der Aussetzung des Vollzugs (§ 24 Abs. 2 FGG) und Ablehnung eines Aussetzungsantrags. Muß auch für WEG gelten.

§ 45 4–7   III. Teil. Verfahrensvorschriften

4   **Zwischenentscheidungen** des Beschwerdegerichts sind grundsätzlich unanfechtbar (KG, NJW 60, 1625; *Bärmann*, FG, § 28 II), es sei denn, sie kommen einer Sachentscheidung gleich, z. B. als Zwischenstreitentscheidungen über eine Vorfrage (OLG Frankfurt, RzW 56, 3; BGH, MDR 56, 404; OLG Düsseldorf, NJW 70, 1137).

5   Form und Inhalt der Verfügung sind unerheblich. Verfügung muß aber erlassen sein, noch bestehen und auch praktisch noch abgeändert werden können.

6   Beschwerdeberechtigung ist **Verfahrensvoraussetzung** (§ 20 FGG, BayObLGZ 59, 461). Antragsteller muß „betroffen sein" (*Bärmann*, FG, § 29 II; BGH, MDR 63, 39; unmittelbares Betroffensein, KG, FamRZ 64, 325; genügt auch rechtlich gesicherte Anwartschaft BGHZ 3, 203). Zur Abgrenzung der subjektiven Rechte nach § 20 Abs. 1 FGG s. OLG Hamm, OLGZ 66, 235; *Keidel*, § 20 Rz. 7; BGHZ 1, 267). Rechtsbeeinträchtigung muß zur Zeit der Beschwerdeentscheidung noch vorliegen (BayObLG, NJW 64, 1326; vergl. § 113 Abs. 1 Satz 4 VwGO). Sofortige Beschwerde ist z. B. unzulässig, wenn sich die Hauptsache nach Erlaß der Entscheidung des AG, aber **vor** Einlegung der Beschwerde erledigt hat (BayObLG, DerWEer 83, 61). Kein neuer selbständiger Beschwerdegrund, wenn die Entscheidungen des AG und LG im sachlichen Ergebnis übereinstimmen, soweit der Beschwerdeführer beschwert ist (BayObLG v. 19. 7. 83 – 2 Z 16/83). Im Beschlußanfechtungsverfahren ist ein Beschwerdeführer, der den Anfechtungsantrag nicht gestellt hat, nur dann beschwerdeberechtigt, wenn er den Antrag im Zeitpunkt der Rechtsmitteleinlegung noch wirksam stellen konnte (BGH, NJW 93, 662). Einschränkung des Beschwerderechtes auf Antragsteller, wenn der Antrag zurückgewiesen worden ist, (§ 20 Abs. 1 FGG; *Bärmann*, FG, § 29 III 1; vgl. BGHZ 30, 220). Somit sind alle antragsberechtigten Beteiligten i. S. des § 43 Abs. 4 WEG auch beschwerdeberechtigt (OLG Düsseldorf, WEM 80, 178). Zu weiteren Differenzierungen s. *Keidel*, § 20 Rz 99.

7   Demnach sind **beschwerdeberechtigt:** Wohnungseigentümer, Verwalter (KG, NJW 56, 1679; BayObLGZ 57, 95/99). Bei Beschlußanfechtung Berechtigung schon aus Stellung als Beteiligte nach § 43 Abs. 4, Nr. 2 (KG, OLGZ 76, 56 = Rpfleger 76, 216; OLGZ 78, 142), auch ohne Rechtsbeeinträchtigung i. S. d. § 20 Abs. 1 FGG (OLG Frankfurt, DerWEer 83, 61). Für Behörden und Verbände s. *Keidel*, § 20, Rz 72 ff. Anfechtung der Kostenentscheidung nur mit Entscheidung in der Hauptsache (§ 20a FGG, § 99 Abs. 1 ZPO, *Keidel*, § 20a, Rz 3 ff.). Wird nach Vorlage einer weiteren Beschwerde an den BGH der angefochtenen Beanstandungs-

verfügung des GBAs Rechnung getragen, bleibt die Beschwerde zulässig, soweit der Beschwerdeführer sie auf den Kostenpunkt beschränkt (BGH, NJW 83, 1672). Eine auf die Erhöhung des Geschäftswerts gerichtete Beschwerde ist regelmäßig als von dem Verfahrensbevollmächtigten persönlich eingelegt anzusehen (KG, ZMR 93, 184). BayObLG 30. 6. 1980, 2. ZS 2 Z 52/80: Die im Zweifel – unbefristete – Beschwerde gegen die Ablehnung eines Protokollberichtigungsantrages im Verfahren nach dem WEG ist nur unter besonderen Umständen zulässig, so etwa, wenn ein hierzu nicht berufener Richter entschieden hat, oder wenn der Berichtigungsantrag als unzulässig zurückgewiesen worden ist.

Voraussetzungen der Beschwerde: Verfügungen im Verfahren **8** der fG, Verfahren des Gerichts erster Instanz, nicht also der Geschäftsstelle. Unzulässigkeit der Beschwerde nach § 44 Abs. 3 auch im Beschwerdeverfahren. Sie ist ebenfalls nicht statthaft, wenn mit ihr ein Antrag verfolgt wird, über den das AG nicht entschieden hat (BayObLG, DerWEer 82, 131).

Verzicht auf das Beschwerderecht wird überwiegend bejaht **9** (*Bärmann*, FG § 30 II).

Jede von mehreren beeinträchtigten Personen ist beschwerdeberechtigt. **10** Zur notwendigen Streitgenossenschaft nach § 62 ZPO s. *Bärmann*, FG, § 11 II; die Zulässigkeit dürfte zu bejahen sein. Hat ein Beteiligter sofortige Beschwerde eingelegt, kann ein anderer im Verfahren beteiligter WEer nach Ablauf der Rechtsmittelfrist nicht in die verfahrenrechtliche Position des Rechtmittelführers einrükken (BayObLG, ZMR 93, 128). Er kann nur dann sofortige Beschwerde gegen die Abweisung des Feststellungsantrags eines anderen WEers einlegen, wenn er den Feststellungsantrag in diesem Zeitpunkt noch selbst stellen könnte (BayObLG a. a. O.). Für Anfechtung der Kostenentscheidung § 99 Abs. 1 ZPO entsprechend.

Beschwerdeschrift (§ 21 FGG) gilt auch ohne Unterschrift; auch **11** durch Telegramm (BGH, NJW 66, 1077) oder Fernschreiben (OLG Hamm, NJW 61, 2225). Begründung kann nachgebracht werden (BayObLG, WEM 78, 117). Gericht kann bei Nichteingang binnen angemessener Frist entscheiden (BayObLG, DerWEer 83, 30).

Beschwerdefrist 14 Tage nach Bekanntmachung (Zustellung **12** nach § 16 Abs. 2, § 22 Abs. 1 FGG, § 45 Abs. 1 WEG). Verkündung oder formlose Mitteilung genügt nicht (BayObLGZ 70, 65 = NJW 70, 1550). Durch einen Berichtigungsbeschluß wird nur dann eine neue Rechtsmittelfrist in Lauf gesetzt, wenn der Umfang der Beschwerde aus der ursprünglichen Fassung nicht hinreichend erkennbar war (BayObLG, DerWEer 82, 136).

Beschwerdegericht ist das Landgericht.

13 Evtl. **Wiedereinsetzung** in den vorigen Stand (§ 22 Abs. 2 FGG), so auch BGH NJW 70, 1316 = NJW 70, 2061 m. Anm. *Pick*. Auch bei unverschuldetem Rechtsirrtum oder Unkenntnis des Gesetzes, fehlender oder falscher Rechtsmittelbelehrung (BayObLGZ 63, 278; OLG Frankfurt, RdL 61, 18 und MDR 53, 116; KG, NJW 66, 1417). Zur verkehrserforderlichen Sorgfalt s. BGH, JR 55, 101; RdL 55, 43; *Bärmann*, FG, § 14 VI 1. Wiedereinsetzung ist z. B. möglich, bei Aufgabe der Beschwerdeschrift zur Post vier Tage vor Fristablauf (BayObLG, DerWEer 85, 61). Eine Wiederholung der bereits eingelegten Beschwerde ist nicht erforderlich (BayObLG, a. a. O.). Zum Ganzen *Keidel*, § 22 Rz 43 ff. Versagung der Wiedereinsetzung möglich bei Anwaltsverschulden z. B. bei unrichtiger Belehrung über die Rechtsmittelfrist (BayObLG, DerWEer 82, 136).

14 Beschwerdegericht kann einstweilige Anordnungen treffen (§ 24 Abs. 3 FGG, *Bärmann*, FG, § 31 I 2); auch diese sind nicht selbständig anfechtbar: § 44 Abs. 3 WEG, aber abänderbar nach § 18 fGG. Verbot der Schlechterstellung des Beschwerdeführers **reformatio in peius** (BayObLG v. 15. 9. 83 – 2 Z 87/82; WEM 81, 60; DerWEer 85, 60; *Bärmann*, FG, § 31 II 5; *Baur*, FG, § 29 C I 5; *Keidel*, § 19 Rz 90 ff.; anders bei Kostenentscheidung (BayObLG, Rpfleger 79, 318).

15 Zum Verfahren s. allgemein *Bärmann*, FG, § 31 und Kommentar von *Keidel* zu § 12. Zur Frage, wann im Beschwerdeverfahren von einer mündlichen Verhandlung abgesehen werden kann s. BayObLG, MDR 83, 405.

Die Beschwerdeentscheidung ist in rechtlicher und in tatsächlicher Hinsicht zu **begründen** (§ 25 FGG BayObLG, ZMR 77, 346, 378). Das Beschwerdegericht darf die Beschwerde gegen eine Zwischenverfügung des GBAs nicht mit der Begründung zurückweisen, es bestehe ein anderes Eintragungshindernis (BayObLG, MittBayNot 83, 171). Bekanntmachung nach § 16 FGG. Wirksamkeit erst mit der Rechtskraft (§ 45 Abs. 2 WEG). Beschwerde hat keine aufschiebende Wirkung (§ 24 FGG); anders § 58 WEG.

16 2. Die **weitere Beschwerde** richtet sich gegen sachliche Endentscheidungen, aber auch gegen Zwischen- und Teilentscheidungen (§ 27 FGG; KG NJW 56, 1679; OLG Braunschweig OLGZ 66, 571; OLG Celle, NJW 58, 307; BayObLGZ 58, 237; DerWEer 83, 27). Durch das G zur Entlastung der Rechtspflege ist klargestellt, daß die sofortige weitere Beschwerde nach §§ 45 Abs. 1 WEG, 29 Abs. 2 FGG nur zulässig ist, wenn der Wert des Beschwerdegegenstandes 1500 DM übersteigt (zur Streitfrage vgl. die 12. Aufl.). Nicht abschließend beantwortet hat der Gesetzgeber die Frage, ob unter dem Beschwerdewert der Wert dessen gemeint ist, was die betr. Entscheidung **allen** WEern insgesamt versagt oder nur das, was dem **einzelnen** Beschwerdeführer versagt bleibt (für letzteres *Bärmann-Merle,* § 45 Rz. 22; MK-*Röll,* § 45 Rz. 2; OLG Hamm, OLGZ 71, 491). Sie ist allerdings unabhängig vom Beschwerdewert stets zulässig, wenn die sofortige Beschwerde als **unzulässig** verworfen wurde (BGH, NJW 92, 3305). Kein Anwaltszwang. **Gesetzesverletzung** Voraussetzung (BayObLGZ, 60, 267; KG WM 64, 647; BayObLG, Rpfleger 72, 144; BayObLG, ZMR 76, 88; KG NJW 62, 2114; OLG Stuttgart, FamRZ 59, 296). Siehe auch § 551 ZPO. Hat das LG über Hauptsache und Kosten des Beschwerdeverfahrens entschieden, ist eine **nur** gegen die Kostenentscheidung gerichtete weitere Beschwerde unzulässig (BayObLG, DerWEer 84, 62). Zur **Erledigung** der Hauptsache im Beschwerdeverfahren s. BayObLG, NJW-RR 93, 205. Hat das LG nach **teilweiser Erledigung** der Hauptsache einheitlich über die Kosten des Verfahrens entschieden, so ist die auf den erledigten Teil entfallende Kostenentscheidung nach § 20a Abs. 2 FGG (ohne Rücksicht auf den Wert des Beschwerdegegenstands) mit der sofortigen weiteren Beschwerde anfechtbar (BayObLG, DerWEer 89, 95).

Keine **Nachprüfung** tatsächlicher Verhältnisse. Zur beschränkten Nachprüfbarkeit der tatsächlichen Würdigung BayObLG, DerWEer 82, 135; 85, 61/LS = 85, 124. Das Gericht der Rechtsbeschwerde ist an die (fehlerfreie) Auslegung eines Vertrags durch den Tatrichter gebunden (BayObLG, a. a. O.). Zur eigenen tatsächlichen Würdigung durch das Rechtsbeschwerdegericht nach einem Rechtsfehler der Vorinstanz (hier: unzutreffende Verwerfung der Erstbeschwerde) s. BayObLG v. 3. 11. 83 – 2 Z 40/83. Zu Fällen eigener tatsächlicher **Würdigung** s. o. BayObLG v. 26. 10. 83 – 2 Z 92, 82; 2 Z 106/82 (Berücksichtigung neuer, ohne Ermittlungen feststehender Tatsachen); **Auslegung** einer Vollmacht: BayObLG, WEM 83, 35, 88. Zur selbständigen Auslegung einer ins GB eingetragenen **GemO** s. BayObLG v. 19. 10. 83 – 2 Z 97/82 und DerWEer 85, 125/LS, zur Auslegung einer im GB eingetragenen Zweckbestimmung (Laden) s. BayObLG, MittBayNot 81, 29, DerWEer 82, 131; zur Frage, ob das Rechtsbeschwerdegericht eine eigene Auslegung der Teilungserklärung vornehmen darf OLG Köln, NJW-RR 93, 204; eines Kaufvertrags vgl. BayObLG, DerWEer 83, 30; 85, 95. **Zuständig** OLG, evtl. Vorlage zum BGH (§ 28 FGG). Eine offenbare **Unrichtig-**

§ 45 18–21   III. Teil. Verfahrensvorschriften

keit im Beschluß des Beschwerdegerichts kann durch das Rechtsbeschwerdegericht berichtigt werden (BayObLG, DerWEer 89, 133 = NJW-RR 89, 720).

18 Zur Einlegung der weiteren Beschwerde s. §§ 29 FGG, 45 Abs. 2 WEG; ist **sofortige weitere Beschwerde**. Das Gericht der Rechtsbeschwerde kann bei Unerheblichkeit eines Verfahrensfehlers selbst entscheiden (Nichtbeteiligung eines WEers), BayObLG, ZMR 76, 88. Zur Zurückverweisung durch das Rechtsbeschwerdegericht wegen Verstoßes gegen das Gebot des rechtlichen Gehörs und unzureichender Sachaufklärung s. BayObLG v. 1. 12. 82 – 2 Z 105/82. Ein Gegenantrag (auch auf Zwischenfeststellung) im Rechtsbeschwerdeverfahren ist unzulässig (BayObLG, DerWEer 83, 126; 84, 62). Dies gilt grundsätzlich für neue (zusätzliche) Anträge (BayObLG, DerWEer 85, 125/LS; OLG Zweibrücken, Der WEer 87, 54). Zur weiteren Beschwerde in der Zwangsvollstreckung unten IV.

II. Rechtskraft

19 Siehe Rz. 23 f. vor § 43.

1. *Formelle Rechtskraft* durch § 45 Abs. 2 anerkannt. Materielle Rechtskraft durch Abs. 4 eingeschränkt (s. Rz. 23 vor § 43; *Bärmann*, FG, § 22 III 1). Änderung der Entscheidung ist abhängig von einer wesentlichen Veränderung der Verhältnisse und von der Notwendigkeit der Vermeidung einer unbilligen Härte. Entscheidung nach billigem Ermessen.

20 Formelle Rechtskraft tritt ein: wenn sofortige Beschwerde zulässig ist, sobald die Entscheidung unanfechtbar geworden ist, wenn trotz Zulässigkeit der sofortigen Beschwerde innerhalb gesetzlicher Frist die Beschwerde nicht erhoben, darauf verzichtet wird oder wenn Beschwerde überhaupt nicht zulässig ist (jetzt bis 1500 DM), BGH, NJW 55, 503. Ein Rechtsmittel kann auf einen Ablehnungsgrund nicht mehr gestützt werden, wenn über diesen bereits rechtskräftig entschieden worden ist (BayObLG, Rpfleger 79, 266). Nach BayObLG, NJW 74, 1147 ist die **Wiederaufnahme** zulässig. Keine Anordnung sofortiger Wirksamkeit nach § 26 Abs. 2 FGG, aber einstweilige Vollstreckungsanordnung nach § 44 Abs. 3 (*Bärmann*, FG, § 31 III 5 c; ebenso § 16 mit 132 Abs. 4 HRVO, *Hoffmann/Stephan*, § 16 Rz 2). Rechtskraftzeugnis nach § 31 FGG.

21 2. *Materielle Rechtskraft*: Im Verfahren nach § 43 anzunehmen (s. oben Rz. 23 f. vor § 43; BayObLG NJW 64, 47; OLG Frankfurt, OLGZ 80, 76; OLG Hamm, DNotZ 53, 201; BayObLG, Rpfleger

74, 229; *Bärmann, FG,* § 22 III, 1; *Keidel, FGG,* § 31 Rz 18), eingeschränkt durch Änderungsmöglichkeiten nach Abs. 4. In Rechtskraft erwächst lediglich der Tenor, nicht die Begründung (BayObLG, ZMR 80, 381). Zur Wirksamkeit eines nichtigen WEer-beschlusses, dessen Unanfechtbarkeit rechtskräftig festgestellt ist, s. BayObLGZ 80 Nr. 8 = Rpfleger 80, 142.

III. Änderungsverfahren

Entspricht § 17 Abs. 1 Satz 1 HausratsVO. Tatsächliche Verhältnisse müssen sich geändert haben, nicht nur die rechtliche Beurteilung. Antrag eines Beteiligten für Änderungsverfahren erforderlich. **Zuständig** immer AG, aber nicht mehr nach Beschwerdeentscheidung (vgl. *Bärmann, FG,* § 21; *Keidel,* § 18 Rz. 7 ff.). Auch für das Änderungsverfahren sind die §§ 43 ff. anwendbar. 22

IV. Vollstreckung

Siehe § 16 Abs. 3 HausratsVO: §§ 887 ff., 724, 750 ZPO sind anwendbar (BayObLG, ZMR 80, 256; v. 15. 6. 82 – 2 Z 80/81; DerWEer 83, 61). 23

Zuständig ist das WEs-Gericht (BayObLG, Rpfleger 79, 67; BayObLGZ 83, Nr. 3; OLG Frankfurt, OLGZ 80, 163). Entscheidungen, gerichtliche Vergleiche und einstweilige Anordnungen sind mit Vollstreckungsklausel zu versehen. §§ 726 ff. ZPO zu beachten. Zur Frage, unter welchen Voraussetzungen ein allgemein gehaltenes gerichtliches Friedensgebot ein ausreichender Vollstreckungstitel i. S. des § 890 ZPO ist, s. OLG Frankfurt NJW 61, 324. Eine Unterlassungsverpflichtung muß als Grundlage der Zwangsvollstreckung eine alle Zweifel ausschließende Bestimmtheit haben (BayObLG, ZMR 80, 125). Vollstreckungstitel sind mit Vollstr.-Klausel zu versehen (*Kuhnt,* AcP 150, 152). Die Verurteilung zur Erteilung der Zustimmung ist nach § 894 ZPO (BayObLG, ZMR 77, 375 = Rpfleger 77, 173). Allgemein zur Zwangsvollstreckung und den zulässigen Rechtsmitteln s. OLG Köln, ZMR 77, 383 = NJW 76, 1322. Die Verpflichtung zur **Jahres**abrechnung mit Einzelabrechnung ist als vertretbare Handlung nach § 887 ZPO zu vollstrecken (BayObLG, DerWEer 89, 184). Ist gegen einen WEer, der seine Wohnung verkauft oder vermietet hat, eine an sich vertretbare Handlung in der **Wohnung** zu vollstrecken, mit deren Ausführung der Käufer/Mieter nicht einverstanden ist (Verschließung eines Mauerdurchbruchs) ist die Zwangsvollstreckung nicht nach § 887 ZPO, sondern nur nach § 888 ZPO möglich (BayObLG, NJW 89, 1739/LS = NJW-RR 89, 24

462). Letztere ist nur dann unzulässig, wenn der WEer erfolglos alle Maßnahmen einschließlich eines gerichtlichen Vorgehens unternommen hat, um den Käufer/Mieter zur Duldung der Handlung zu veranlassen (ebenda). **Rechtsmittel** richten sich in den Fällen der §§ 887, 888 ZPO nach der ZPO (BayObLG, Rpfleger 79, 67; DerWEer 83, 126; OLG Frankfurt, OLGZ 80, 163). Die **weitere** Beschwerde nach § 568 Abs. 2 ZPO führt zur tatsächlichen und rechtlichen Nachprüfung der Beschwerdeentscheidung (BayObLG a. a. O.; DerWEer 83, 126 = BayObLGZ 83 Nr. 3; a. A. OLG Frankfurt, DerWEer 89, 178). Sie ist unzulässig, wenn in der Beschwerdeentscheidung nicht ein neuer selbständiger Beschwerdegrund enthalten ist (BayObLG, ZMR 80, 256). Er liegt z. B. vor, wenn das LG den Vollstreckungsantrag im Gegensatz zum AG für unzulässig hält (BayObLGZ 83, Nr. 3). Der im Vollstreckungstitel (Beschluß) genannte Inhaber des vollstreckbaren Anspruches ist in der Zwangsvollstreckung ohne weiteres zu dessen Durchsetzung (im eigenen Namen) befugt (BayObLG, ZMR 80, 256). Zur Zuständigkeit s. OLG Frankfurt, OLGZ 80, 163).

25 Zuständig ist WE-Gericht der Sachentscheidung (BayObLG, Rpfleger 79, 67; dazu Beschlüsse vom 27. 5. 1977 BReg 2, Z 49/76, vom 13. 3. 79 BReg 2 Z 26/78, vom 14. 2. 1980, BReg 2 Z 11/80; OLG Köln, NJW 1976, 1322 u. BayObLG v. 15. 6. 82 – 2 Z 80/81: Rechtsmittel richten sich nach ZPO; *Palandt-Bassenge*, § 45 Rn. 4; a. A. *Jansen*, FGG, § 33 Rz 11. Zur konkreten Bezeichnung der Pflichten im Vollstreckungstitel BayObLGZ 78, 308; OLG Stuttgart, BWNotZ 76, 69. Ausnahmsweise allgemeine Anordnung, auch mit Androhungsbeschluß (§ 890 ZPO, OLG Frankfurt, NJW 61, 324). Vollstreckungsklausel: OLG Stuttgart, Rpfleger 73, 311; *Kuhnt*, AcP 150, 152; *Hoffmann/Stephan*, § 16, Rz 6.

26 Für **Vollstreckungsgegenklage** nach § 767 ZPO muß Rechtsschutzbedürfnis vorliegen. Für Vollstreckungsgegenantrag OLG Frankfurt, DerWEer 84, 29. Aber gegen Zulässigkeit LG Mönchen-Gladbach, NJW 49, 229; dafür *Ferge* in der Anm. dazu und *Keidel*, § 33 Rz 7; LG Wuppertal, Rpfleger 1980, 107 und 90. Zustellung des Titels nach § 750 ZPO gleichzeitig mit Beginn der Vollstreckung (OLG Stuttgart, Rpfleger 73, 311).

27 **Beugestrafen** nach §§ 888 ff. ZPO für nicht vertretbare Handlungen möglich (KG NJW 72, 1093), **Ordnungsgeld** und **Ordnungshaft** nach § 890 ZPO (BayObLG, DerWEer 89, 174), ebenso **Zwangsgeld** zur Durchsetzung des persönlichen Erscheinens (KG, OLGZ 84, 62 = Rpfleger 84, 186), dagegen einfache Beschwerde. Willenserklärungen gelten gemäß § 894 ZPO mit Rechtskraft als abgegeben (BayObLG, Rpfleger 77, 173 = BayObLGZ 77, 40).

V. Sprung-Rechtsbeschwerde

Dem fG-Verfahren noch unbekannt. **28**

VI. Unselbständige Anschlußbeschwerde

Sie ist nach BayObLG, Rpfleger 77, 244, DerWEer 83, 30; 89, **29** 184 und BGH, ZMR 79, 149 für zulässig zu erachten (s. a. BayObLGZ 73, 1; OLG Frankfurt, Rpfleger 77, 244), und zwar unbefristet (BGH, DerWEer 85, 121 = 85, 125/LS). Sie ist auch im Kostenpunkt zulässig (BayObLG, DerWEer 83, 30; 85, 60; 89, 184), z. B. nach vergleichsweiser Erledigung der Hauptsache (BayObLG, DerWEer 85, 61). Im Rechtsbeschwerdeverfahren bedarf sie der für die weitere Beschwerde vorgeschriebenen Form (BayObLG, DerWEer 83, 30 = WEM 83, 88). Sie wird durch die Zurücknahme des vom Gegner zulässig eingelegten Hauptrechtsmittels wirkungslos (BayObLG, der WEer 82, 136).

§ 46 Verhältnis zu Rechtsstreitigkeiten

(1) **Werden in einem Rechtsstreit Angelegenheiten anhängig gemacht, über die nach § 43 Abs. 1 im Verfahren der freiwilligen Gerichtsbarkeit zu entscheiden ist, so hat das Prozeßgericht die Sache insoweit an das nach § 43 Abs. 1 zuständige Amtsgericht zur Erledigung im Verfahren der freiwilligen Gerichtsbarkeit abzugeben. Der Abgabebeschluß kann nach Anhörung der Parteien ohne mündliche Verhandlung ergehen. Er ist für das in ihm bezeichnete Gericht bindend.**

(2) **Hängt die Entscheidung eines Rechtsstreits vom Ausgang eines in § 43 Abs. 1 bezeichneten Verfahrens ab, so kann das Prozeßgericht anordnen, daß die Verhandlung bis zur Erledigung dieses Verfahrens ausgesetzt wird.**

I. Verweisung an Richter der FG

Prüfung und Entscheidung von Vorfragen des privaten oder öf- **1** fentlichen Rechtes erfolgen durch den Richter (BGH, NJW 52, 742; KG, NJW 60, 633). **Aussetzung** des Verfahrens nur ausnahmsweise, wenn die Frage bereits im Zivil- oder Verwaltungsprozeß anhängig; mindest nicht gegen Willen des Antragstellers zulässig (*Schlegelberger*, § 12 Rz 34; s. a. BayObLG, MDR 64, 930). Aussetzung muß anderweitiger Aufklärung dienen, nicht dem Abwarten künftiger Entwicklungen (KG, JfG 23, 101; *Bärmann*, FG, § 14 IV,

§ 46 2–4   III. Teil. Verfahrensvorschriften

15 IV; s. a. *Keidel,* § 12 Rz 7, 8). § 46 Abs. 1 weicht vom FGG ab. Keine Abweisung als unzulässig mehr, sondern **Verweisung,** s. auch § 18 HausratsVO. **FG-Richter** nach § 43 ausschließlich **zuständig.** Mit gleicher Frage befaßtes ordentliches Streitgericht hat Sache **an** Richter der **fG** abzugeben. Beschluß des Einzelrichters genügt nicht (BGH 40, 1, 6; OLG München NJW 68, 994, 995). Abgabe auch noch durch **Berufungsgericht,** und zwar selbst dann durch Beschluß, wenn erstinstanzliches Urteil aufzuheben ist (OLG Hamburg, NJW 63, 818 und OLG Frankfurt, NJW 65, 2205). Verweisungs-Gericht ist an Verweisungsbeschluß gebunden (OLG Düsseldorf, OLGZ 78, 349). Dies gilt auch für die Abgabe von fG-Gericht **an Prozeßgericht** (BGH, NJW 80, 2466), selbst wenn die Verweisung sachlich unzutreffend ist (OLG Köln, Der-WEer 89, 30; so auch BayObLG, NJW-RR 91, 1356). Nach h. M. erfolgt die Verweisung analog § 46 von Amtswegen (*Bärmann-Merle,* § 46 Rz. 24; *Weitnauer,* § 46 Rz. 2). Nach a. A. ist § 17 GVG entsprechend anzuwenden, d. h. nur auf Antrag (BayObLG, NJW-RR 87, 1099; 92, 597) oder § 12 LwVG, § 281 ZPO (OLG Braunschweig, MDR 76, 669). S. a. OLG Koblenz, NJW 77, 55: Bei Mängeln der Parteifähigkeit und der gesetzlichen Vertretung Abgabe an fG-Gericht nicht zulässig. Gibt das Prozeßgericht ein Verfahren an das fG-Gericht ab, darf dieses die Antragsbefugnis des Antragstellers nicht verneinen, wenn sie Voraussetzung für die Zuständigkeit des Gerichts ist (BayObLG, DerWEer 89, 184/LS).

2   Abgabebeschluß (an das zuständige AG) in jedem Stadium des Prozeßverfahrens, auch im Arrestverfahren (BayObLG, Rpfleger 75, 245), nicht im Mahnverfahren. Verbindung eines fG-Verfahrens mit Prozeßverfahren oder Verwaltungsgerichtsverfahren nicht möglich (SchlOLG, SchlHA 58, 293). Pflicht zur Abgabe gilt auch für Berufungsgericht (OLG Hamm, ZMR 69, 271), in Rechtsmittelinstanz durch Urteil (BGH, NJW 72, 1318; BGHZ 10, 155; a. A. OLG Hamburg, NJW 63, 818; *Soergel-Baur,* § 46 Rz 1).

3   Bindung betrifft nur **Verfahrenszuständigkeit;** Abgabe von örtlich unzuständigem AG ist Sache dieses AG (*Keidel,* § 4 Rz 1; OLG Hamm, DNotZ 53, 303; aA *Müller,* ZZP 67, 3 ff.; § 5 FGG). Nach BayObLGZ 79 Nr. 71 = Rpfleger 80, 110 bindet ein Abgabebeschluß des Prozeßgerichtes in Sachen der Auseinandersetzung nach Aufhebung der Gemeinschaft das WE-Gericht nicht. Zur Verweisung bei örtlicher Unzuständigkeit BayObLG, NJW 69, 191.

4   Beschwerde nach § 567 ZPO gegen Abgabebeschluß wird zum Teil bejaht (OLG München, NJW 68, 994; OLG Koblenz, ZMR 77, 87; LG Heilbronn, Justiz 74, 268; OLG Köln, NJW 64, 1678; OLGZ 79, 19; OLG Hamburg, NJW 61, 1118 und Rechtsprechung

Verhältnis zu Rechtsstreitigkeiten 5–7 **§ 46**

zu § 18 HRVO; verneint von OLG Karlsruhe, NJW 69, 1442 mit abl. Anm. von *Merle,* NJW 69, 1859; OLG Bamberg, NJW 65, 1491; LG Berlin, MDR 70, 330; und Rspr. zu § 18 HRVO; s. a. bei *Weitnauer* § 46 Abs. 1a). Auch § 281 Abs. 2 ZPO führt nicht zu Verneinung des Abgabebeschlusses (*Erman-Westermann,* § 46; OLG Schleswig, NJW 59, 200; *Vollkommer,* Rpfleger 76, 4; weiteres *Bärmann-Merle,* § 46 Rz 13). Zur Anfechtbarkeit einer Zwischenverfügung über die Versagung der Aussetzung s. BayObLG, der WEer 84, 30.

Auch noch im **Rechtsbeschwerdeverfahren** Verweisung (BayObLG, Rpfleger 78, 256; BGHZ 40, 1 (6); 59, 58/60; KG, OLGZ 79, 150 = Rpfleger 79, 318; OLG Karlsruhe, OLGZ 76, 11) möglich. Abgabe von fG-Gericht an Prozeßgericht nicht ohne Antrag eines Beteiligten (BayObLGZ 63, 284; Rpfleger 75, 245; a. A. OLG Braunschweig, MDR 76, 669; *Soergel/Baur,* § 46 Rz 6). 5

Für Verweisungsbeschluß nach § 46 **kein Antrag** eines Beteiligten erforderlich. Abgabebeschluß anfechtbar, so auch OLG Hamburg, NJW 61, 1168, OLG Köln, NJW 64, 1678, OLG München, NJW 68, 994, LG Schweinfurt, Rpfleger 76, 20 und OLG Koblenz, ZMR, 77, 87. A. A. OLG Bamberg, NJW 65, 1491 und OLG Karlsruhe ZMR 70, 57 = NJW 69, 1442 u. 1859 m. abl. Anm. v. *Merle;* Klageerhebung enthält Gesuch um Sachentscheidung im str. Verfahren. Voraussetzung des Abgabebeschlusses von Amts wegen, im Amtsprüfungsverfahren, zu ermitteln. Abgabebeschluß des § 46 betrifft nur die sachliche Zuständigkeit, nicht die örtliche. Im Abgabebeschluß genanntes örtlich unzuständiges Amtsgericht kann Sache an Amtsgericht der belegenen Sache weitergeben, so auch BayObLG ZMR 70, 221; 71, 103 (LS) = NJW 70, 1550. 6

Ist fG-Richter sachlich nicht zuständig, schon bisher Abgabe für echte Streitsachen bejaht (*Keidel,* § 1 Rz. 2e; BGH NJW 53, 1508 = JZ 53, 759). Damit kann auch die **Abgabe** an das **Prozeßgericht** erfolgen (s. Rz. 1 oben; BGH, Urt. v. 10. 7. 80 – VII ZR 328/79, KG, OLGZ 79, 150 = Rpfleger 79, 218; NJW 80, 2466: Rechtsanalogie; BayObLG Rpfleger 79, 318). Das KG bejaht auch die Frage der Anfechtbarkeit des Verweisungsbeschlusses analog § 17 Abs. 3 GVG (s. o.). Nach BayObLG ist der Abgabebeschluß des Prozeßgerichts an das Wohnungseigentumsgericht nach § 46 I WEG in entsprechender Anwendung von § 17a IV GVG mit der sofortigen Beschwerde nach § 577 ZPO anfechtbar (BayObLG, NJW-RR 92, 597). OLG Karlsruhe wendet § 12 LwVG analog an (NJW 75, 1976 = OLGZ 76, 11). Gegen die Verweisung vom WEs-verfahren in den Zivilprozeß ist nicht die einfache, sondern die **sofortige** Beschwerde statthaft (BayObLG, DerWEer 85, 125/LS). Die Frage, 7

§ 46 8–12   III. Teil. Verfahrensvorschriften

ob der Abgabebeschluß einen Antrag voraussetzt, ist dort offen gelassen. Zur Kostentragung vgl. BayObLG, Rpfleger 79, 318.

8   Zum Streit über die funktionelle Zuständigkeit s. OLG Hamm (MDR 83, 940 = DerWEer 84, 29), das § 36 Nr. 6 ZPO anwendet; d. h. das im Rechtszug nächsthöhere Gericht entscheidet bei negativem Kompetenzkonflikt.

II. Aussetzung

9   Das Prozeßgericht kann aussetzen bis zur Entscheidung des nach § 43 zuständigen Richters der fG.
§ 46 II a. E.: Dies gilt auch bis zur Klärung des Sachverhalts (OLGZ 16, 242; § 148 ZPO; KGJ 30, 60; 36, 113). Im Rechtsbeschwerdeverfahren dagegen keine Aussetzung entsprechend § 149 ZPO (BayObLG, der WEer 84, 62).

III. Bindung

10   Die Entscheidung des unzuständigen Prozeßgerichtes ist **bindend,** auch für Richter der fG (*Palandt-Bassenge,* § 46 Rn. 1, *Rosenberg,* ZPR, § 13 III 2 u. BayObLG NJW 65, 1484), nicht bei unzulässigem Verfahren (Widerspruch gegen einstw. Verfügung im WEssache) BayObLG, Rpfleger 75, 245. Bindung nur unter den Prozeßparteien. Anhörung der Parteien, aber nicht mündliche Verhandlung (§ 46 Abs. 1 Satz 2). Bindungswirkung bedeutet auch, daß der Beklagte Beteiligter des WEs-Verfahrens wird, auch wenn er nicht zum Kreis der Beteiligten gemäß § 43 Abs. 4 gehört (BayObLG, DerWEer 83, 30 = WEM 83, 88).

11   Bindung des fG-Gerichts besteht auch, wenn Beschluß unrichtig (OLG Karlsruhe, OLGZ 75, 285; BayObLG, NJW 1484). Eventuell Bestimmung des Gerichts gemäß § 5 FGG (OLG Karlsruhe, OLGZ 75, 285). Keine Bindungswirkung besteht, wenn der Abgabebeschluß ganz offensichtlich unrichtig (z. B. bei §§ 17, 18 WEG, BayObLGZ 58, 234/244 = NJW 58, 1824; BayObLGZ 65, 193/197 = NJW 65, 1485; offengelassen BayObLG, DNotZ 74, 78; BayObLG, NJW-RR 91, 977; BayObLG, NJW-RR 91, 1358). Haben die **Vorinstanzen** die Zuständigkeit der WEgerichte bejaht, ist das Rechtsbeschwerdegericht daran gebunden (BayObLG, NJW-RR 93, 280). Nicht bindend ist Abgabe eines Widerspruchsverfahrens nach § 945 ZPO (BayObLG, Rpfleger 75, 245).

IV. Kosten

12   Siehe § 50.

V. Mahnverfahren

Umstritten war, ob Ansprüche auf Geldzahlung, z. B. nach 13
§§ 16 Abs. 2, 28 Abs. 2 (sogenanntes Haus- oder Wohngeld) auch
im Mahnverfahren gemäß §§ 688 ff. ZPO verfolgt werden können.
S. dazu im Einzelnen die 12. Aufl. Die Streitfrage ist nunmehr
durch den nachfolgenden neuen § 46a im bejahenden Sinne geklärt.

VI. Dauerwohnrecht

Gesetz enthält nur Zuständigkeitsvorschrift des § 52. ZPO ohne 14
Einschränkung anwendbar, also ordentliches Streitverfahren vor
Prozeßgericht (s. a. *Bärmann/Seuss*, Teil A XI, B XI).

§ 46a Mahnverfahren

(1) **Zahlungsansprüche, über die nach § 43 Abs. 1 zu entscheiden ist, können nach den Vorschriften der Zivilprozeßordnung im Mahnverfahren geltend gemacht werden. Ausschließlich zuständig im Sinne des § 689 Abs. 2 der Zivilprozeßordnung ist das Amtsgericht, in dessen Bezirk das Grundstück liegt. § 690 Abs. 1 Nr. 5 der Zivilprozeßordnung gilt mit der Maßgabe, daß das nach § 43 Abs. 1 zuständige Gericht der freiwilligen Gerichtsbarkeit zu bezeichnen ist. Mit Eingang der Akten bei diesem Gericht nach § 696 Abs. 1 Satz 4 oder § 700 Abs. 3 Satz 2 der Zivilprozeßordnung gilt der Antrag auf Erlaß des Mahnbescheids als Antrag nach § 43 Abs. 1.**

(2) **Im Falle des Widerspruchs setzt das Gericht der freiwilligen Gerichtsbarkeit dem Antragsteller eine Frist für die Begründung des Antrags. Vor Eingang der Begründung wird das Verfahren nicht fortgeführt. Der Widerspruch kann bis zum Ablauf einer Frist von zwei Wochen seit Zustellung der Begründung zurückgenommen werden; § 699 Abs. 1 Satz 3 der Zivilprozeßordnung ist anzuwenden.**

(3) **Im Falle des Einspruchs setzt das Gericht der freiwilligen Gerichtsbarkeit dem Antragsteller eine Frist für die Begründung des Antrags, wenn der Einspruch nicht als unzulässig verworfen wird. §§ 339, 340 Abs. 1, 2, § 341 der Zivilprozeßordnung sind anzuwenden; für die sofortige Beschwerde gilt jedoch § 45 Abs. 1. Vor Eingang der Begründung wird das Verfahren vorbehaltlich einer Maßnahme**

§ 46a 1–3

nach § 44 Abs. 3 nicht fortgeführt. Geht die Begründung bis zum Ablauf der Frist nicht ein, wird die Zwangsvollstreckung auf Antrag des Antragsgegners eingestellt. Bereits getroffene Vollstreckungsmaßregeln können aufgehoben werden. Für die Zurücknahme des Einspruchs gelten Absatz 2 Satz 3 erster Halbsatz und § 346 der Zivilprozeßordnung entsprechend. Entscheidet das Gericht in der Sache, ist § 343 der Zivilprozeßordnung anzuwenden.

I. Sinn und Zweck der Vorschrift

1   § 46a wurde eingefügt durch das Rechtspflegevereinfachungsgesetz vom 17. 12. 1990 (BGBl. I S. 2847). Das mit der Novellierung angestrebte Ziel ergibt sich aus der Begründung zum GesetzE (BT-Drucks. 11/3621). Vgl. auch *Hansen,* Rpfleger 92, 277. Das geltende Recht enthielt keine Regelung über die Zulässigkeit des Mahnverfahrens für die Geltendmachung von Zahlungsansprüchen der WEer untereinander, über die nach § 43 WEG das Gericht der freiwilligen Gerichtsbarkeit befindet. Es kann sich handeln um die Beiträge zu den Lasten des gemeinschaftlichen Eigentums und zu den Kosten der Verwaltung nach § 16 Abs. 2 WEG, die Beiträge zur Instandhaltungsrücklage nach § 28 Abs. 1 Nr. 3 WEG und die Vorschüsse nach § 28 Abs. 2 WEG. Auch Schadensersatzansprüche fallen unter das Verfahren des § 43 WEG, soweit sie auf Verletzung der aus der Gemeinschaft entspringenden schuldrechtlichen Verpflichtungen gestützt werden. Das gleiche gilt für Ansprüche der WEer gegen den Verwalter wegen einer Verletzung des Verwaltervertrages (BGHZ 59, 58) oder von Ansprüchen des Verwalters gegen einzelne oder mehrere WEer (z. B. auf seine Vergütung, BGHZ 78, 57).

2   Die Novellierung will auch für diese Ansprüche das Mahnverfahren eröffnen

II. Zu den Einzelheiten

3   1. **Absatz 1 Satz 1** des § 46a erklärt die Vorschriften der Zivilprozeßordnung für anwendbar. Wegen der erwähnten Forderungen kann also Antrag auf Erlaß eines Mahnbescheids nach § 688 ZPO gestellt werden. Ausschließlich zuständiges Mahngericht soll nach **Satz 2** das Amtsgericht sein, in dessen Bezirk das Wohnungseigentum belegen ist. In der Regel werden danach das Mahnverfahren und ein etwa sich anschließendes Verfahren nach § 43 WEG vor demselben Amtsgericht durchzuführen sein, wenn nicht die Mahn-

verfahren nach § 689 Abs. 3 ZPO bei einem anderen Gericht zusammengefaßt sind.

Die Sache soll an das Gericht der freiwilligen Gerichtsbarkeit 4 abgegeben werden, wenn über sie verhandelt werden soll. **Absatz 1 Satz 3** bestimmt daher, daß im Mahnantrag (§ 690 Abs. 1 Nr. 5 ZPO) für das streitige Verfahren das nach § 43 Abs. 1 WEG zuständige Gericht der freiwilligen Gerichtsbarkeit zu bezeichnen ist. Da der Streit um die erwähnten Angelegenheiten nach allgemeiner Auffassung „echtes Streitverfahren" ist (*Bärmann-Merle*, vor § 43 Rdnr. 2; *Vollkommer*, Rpfleger 1976, 1 [3]), steht der Wortlaut des § 690 Abs. 1 Nr. 5 ZPO nicht entgegen. Wird Widerspruch gegen den Mahnbescheid nicht erhoben (§ 694 ZPO), ergeht nach § 699 ZPO Vollstreckungsbescheid, der formell und materiell rechtskräftig wird, wenn der in Anspruch genommene WEer keinen Einspruch einlegt (§ 700 ZPO). Wird Widerspruch erhoben und die Durchführung des streitigen Verfahrens nach § 696 ZPO beantragt oder wird nach § 700 Abs. 3 ZPO der Einspruch eingelegt, ist das Verfahren an das nach § 692 Abs. 1 Nr. 1, § 690 Abs. 1 Nr. 5 ZPO bezeichnete Gericht abzugeben.

Der Antrag auf Erlaß des Mahnbescheids wird mit Eingang der 5 Akten bei diesem Gericht als Antrag nach § 43 WEG angesehen **(Absatz 1 Satz 4)**. Prinzipiell soll von diesem Zeitpunkt an nach den Grundsätzen der freiwilligen Gerichtsbarkeit verfahren werden. Die Eigentümlichkeiten des vorangegangenen Mahnverfahrens legen jedoch teilweise ein Behandlung nahe, wie sie für das entsprechende Klageverfahren der Zivilprozeßordnung vorgesehen ist. § 46a unterscheidet insoweit in seinen Absätzen 2 und 3 zwischen den Fällen, in denen das Verfahren nach Erhebung des Widerspruchs an das Gericht der freiwilligen Gerichtsbarkeit gelangt, und den Fällen, in denen Einspruch gegen einen Vollstreckungsbescheid eingelegt wird.

2. Nach **§ 46a Abs. 2** soll das Gericht dem Antragsteller eine Frist 6 zur Begründung seines Antrags setzen, wenn der Gegner Widerspruch erhoben hat. Eine Form – wie nach § 697 ZPO erforderlich – ist entbehrlich. Die Begründung selbst ist aber unerläßlich, weil der Mahnantrag nur die für die Prüfung im Mahnverfahren erforderlichen Angaben enthält. Vor Eingang der Begründung ist das Verfahren nicht fortzusetzen. Diese Regelung soll den Antragsteller dazu anhalten, sich an der Klärung der Streitfrage zügig zu beteiligen. Nach fruchtlosem Ablauf der Frist hat das Gericht die Sache von Amts wegen zu fördern wie ein gewöhnliches Verfahren nach §§ 43 ff. WEG. Der Gegner soll bis zum Ablauf von zwei

§ 46a 7–11 III. Teil. Verfahrensvorschriften

Wochen seit Zustellung der Begründung, bei deren Ausbleiben spätestens bis zum Beginn der mündlichen Verhandlung die Möglichkeit haben, seinen Widerspruch zurückzunehmen. Die Regelung weicht insoweit von § 697 Abs. 4 ZPO ab, der für die letztmögliche Zurücknahme des Widerspruchs auf den Beginn der mündlichen Verhandlung oder den Erlaß eines Versäumnisurteils gegen den Antragsgegner abstellt. Das Gericht der freiwilligen Gerichtsbarkeit kann selbständiger als das der streitigen Gerichtsbarkeit darüber befinden, wann es eine mündliche Verhandlung anberaumt (§ 44 WEG).

7 Ein **Versäumnisurteil** gibt es im Verfahren nach §§ 43 ff. WEG nicht. Wird der Widerspruch zurückgenommen, erläßt das Gericht der freiwilligen Gerichtsbarkeit den Vollstreckungsbescheid nach § 699 Abs. 1 Satz 3 ZPO.

8 3. Ist Einspruch gegen einen Vollstreckungsbescheid eingelegt, verfährt das Gericht nach **Absatz 3**. Es prüft, ob der Einspruch zulässig ist und beurteilt diese Frage nach §§ 339, 340 Abs. 1 und 2 ZPO. Gegebenenfalls wird der Einspruch nach § 341 ZPO verworfen. Ist der Einspruch zulässig, setzt das Gericht dem Antragsteller eine Frist zur **Begründung** des Antrags, vor deren Ablauf es von Amts wegen nicht tätig wird (Satz 1). Maßnahmen nach § 44 Abs. 3 WEG sollen jedoch möglich sein. Zu denken ist insbesondere an Regelungen bezüglich eingeleiteter Zwangsvollstreckungsmaßnahmen aus dem Titel, die den Antragsgegner unverhältnismäßig hart treffen würden (Rechtsgedanke der §§ 719, 707 ZPO).

9 **Bleibt die Begründung aus,** verfährt das Gericht wie im Verfahren nach §§ 43 ff. WEG von Amts wegen und stellt auf Antrag die Zwangsvollstreckung aus dem Vollstreckungsbescheid ein. Der Gegner, der sich der Gefahr von Vollstreckungsmaßnahmen ausgesetzt sieht, ohne daß der Antragsteller zur Klärung des Streits beiträgt, soll hierauf einen Anspruch haben. Das Gericht soll bereits erfolgte Vollstreckungsmaßnahmen aufheben können. Die Anordnung des § 776 ZPO, bei Vorlage einer vollstreckbaren Entscheidung über die Einstellung der Zwangsvollstreckung auch bereits getroffene Maßregeln aufzuheben, soll dem Gericht der freiwilligen Gerichtsbarkeit überlassen bleiben.

10 Der Einspruch soll bis zum Ablauf von zwei Wochen nach Zustellung einer Begründung, spätestens bis zum Beginn der mündlichen Verhandlung, zurückgenommen werden können.

11 Wird in der Sache verhandelt und entspricht die Entscheidung dem Ausspruch des Vollstreckungsbescheids, so ist dieser in entsprechender Anwendung des § 343 ZPO aufrechtzuerhalten, anderenfalls aufzuheben oder zu modifizieren. Ein zweites Versäumnisurteil entsprechend § 345 ZPO kommt nicht in Betracht. Die Entscheidung erlangt Rechtskraft nach § 45 Abs. 2 WEG und soll nach Maßgabe des § 45 Abs. 4 WEG änderbar sein.

Im übrigen werden – wie im echten Streitverfahren nach § 43 WEG generell – auch unausgesprochen die Grundsätze der **Zivilprozeßordnung** anzuwenden sein, soweit sie nicht denen der freiwilligen Gerichtsbarkeit entgegenstehen (*Bärmann-Merle*, § 44 Rdnr. 3ff.). Abs. 3 S. 1 und 2 stellt klar, daß für das Beschlußverfahren über die Verwerfung des Einspruchs die Vorschriften der **ZPO**, für die Beschwerde die Vorschriften des **WEG** und des **FGG** gelten (BT-Drucks. 11/8283). 12

Aus der **Verweisung** auf die Vorschriften der Zivilprozeßordnung in Satz 1 soll sich hinsichtlich der Kosten des Mahnverfahrens für das Verhältnis zwischen den Parteien nur ergeben, daß sie als Teil der Kosten zu behandeln sind, die beim Gericht der freiwilligen Gerichtsbarkeit erwachsen (§ 696 Abs. 1 Satz 5, § 700 Abs. 3 Satz 2 ZPO). Insoweit soll § 47 WEG voll zur Anwendung gelangen. Die Entscheidung über die Kosten ist in das durch Billigkeitserwägungen bestimmte Ermessen des Gerichts gestellt. 13

Das Gericht befindet über die **Gerichtskosten** nach billigem Ermessen. Die außergerichtlichen Kosten hat grundsätzlich jeder Beteiligte (auch der Obsiegende) selbst zu tragen. Jedoch kann das Gericht bei Vorliegen besonderer Umstände auch insoweit eine **Erstattung** anordnen (*Bärmann-Merle*, § 47 Rdnr. 2ff.). Ist in entsprechender Anwendung des § 343 ZPO ein Vollstreckungsbescheid in vollem Umfang aufrechtzuerhalten, so soll nach § 47 WEG auch der in ihm enthaltene, nach zivilprozessualen Vorschriften (§§ 91, 699 Abs. 3 ZPO) ergangene Kostenausspruch aufrechterhalten werden können, wenn dies der Billigkeit entspricht. 14

§ 47 Kostenentscheidung

Welche Beteiligten die Gerichtskosten zu tragen haben, bestimmt der Richter nach billigem Ermessen. Er kann dabei auch bestimmen, daß die außergerichtlichen Kosten ganz oder teilweise zu erstatten sind.

1. *Vorbild:* § 20 HausratsVO. 1

2. *Kostenentscheidung:* **Gerichtskosten:** Nach billigem Ermessen. „Berücksichtigung des Sach- und Streitstandes" ist anders als in 2

§ 47 3   III. Teil. Verfahrensvorschriften

§ 91a ZPO nicht ausdrücklich gefordert. Ist mit **allen Umständen** des Falles im Rahmen der Ermessensentscheidung zu beachten, BayObLG, Beschl. v. 21. 2. 61 (2 Z 205/60). Dies gilt auch bei Abschluß eines Vergleichs (BayObLG, DerWEer 85, 58). Zur Herabsetzung des von den Vorinstanzen festgesetzten Geschäftswerts durch das Rechtsbeschwerdegericht von Amts wegen vgl. BayObLG, DerWEer 83, 30. Zur Kostenentscheidung bei **Verbindung** mehrerer WEs-Sachen s. BayObLG NJW 67, 386. **Außergerichtl. Kosten** hat grundsätzlich jeder Beteiligte selbst zu tragen (BayObLG, Rpfleger 75, 98; v. 12. 8. 83 – 2 Z 86, 82). WE-Gemeinschaft ist nicht Auftraggeber i. S. BRAGebO § 6 Abs. 1 (OLG Karlsruhe, Rpfleger 79, 389). Nur **ausnahmsweise Anordnung der Erstattung** möglich (BayObLGZ 65, 283/290: Rpfleger 72, 144; BayObLGZ 78, 270; 79, 30; ZMR 80, 381; DerWEer 83, 30; v. 25. 8. 83 – 2 Z 77/82), bei besonderer Rechtfertigung durch die Lage des Einzelfalls (BayObLG, WEM 82, 114; s. a. BGH, WEM 82, 117). Nach LG Hanau (ZMR 79, 152; OLG Düsseldorf, DerWEer 87, 101) ist dies bei Klagen auf **Wohngeld** und ähnliche rückständige Beiträge anzunehmen entspr. §§ 91–93 ZPO; ebenso im Fall der **Rücknahme** einer Beschwerde mangels Erfolgsaussicht (ZMR 79, 222) und bei Zurückweisung der Beschwerde für das Beschwerdeverfahren (ZMR 79, 222). Die letzte Entscheidung erscheint zweifelhaft. Dagegen können einem WEer die gerichtlichen wie auch beiderseitig entstehenden außergerichtlichen Kosten auferlegt werden, wenn er insgesamt Veranlassung zur gerichtlichen Geltendmachung gegen ihn gerichteter, anerkannter **Hausgeldforderungen** gegeben hat (AG Bremen, DerWEer 87, 59; LG Bochum, DerWEer 88, 69; LG Düsseldorf, DerWEer 89, 71; AG Hamburg, DerWEer 89, 76). Bei **Zurücknahme** eines Antrags ist nach BayObLG, NJW 73, 1378 = MDR 73, 508 nach billigem Ermessen zu entscheiden, jedoch unter Berücksichtigung der Erfolgsaussichten des Antrags bzw. Rechtsmittels (BayObLG, DerWEer 83, 30; 89, 134; OLG Düsseldorf, DerWEer 87, 101). Dies gilt auch für die Kosten nach **Erledigung** der Hauptsache (OLG Frankfurt, OLGZ 80, 74; 82; BayObLG, DerWEer 83, 26). Zur Kostenentscheidung nach Zurücknahme der sofortigen weiteren Beschwerde, die von Amts wegen zu erfolgen hat, s. BayObLG, DerWEer 83, 30.

3   Für die Kostenbeteiligung kommen neben formell Beteiligten auch materiell Beteiligte in Betracht (BayObLG, NJW 73, 2212). Zur Kostenbelastung des **Verwalters** AG München, Rpfleger 75, 254 und BayObLG, ZMR 77, 381 = BayObLGZ 77, 239, 269 = ZMR 77, 382; OLG Hamm, Rpfleger 70, 402). S. a. OLG Frank-

furt, OLGZ 80, 74. Ihm können Verfahrenskosten auferlegt werden, wenn er im eigenen Interesse oder schuldhaft gehandelt hat (BayObLGZ, ZMR 80, 381; DerWEer 82, 137).

Kostenentscheidung nicht erfolgsbezogen auf Verfahrensausgang (BayObLGZ 73, 246; vor allem BayObLG WEM 1980, 78 bei Geltendmachung von Gründen nach Ablauf der Anfechtungsfrist). Sach- und Streitstand bei Ermessensentscheidung zu beachten (BayObLG Rpfleger 72, 144; 73, 140 = BayObLGZ 73, 30 = NJW 73, 1378 = ZMR 73, 212; DerWEer 85, 58; *Diester,* Rpfleger 65, 326). Rechtsgedanke des § 93 ZPO ist mit heranziehbar (BayObLG, DerWEer 83, 126). In reinen Zahlungsstreitigkeiten ist § 97 Abs. 1 ZPO entsprechend anwendbar (OLG Düsseldorf, DerWEer 87, 101). Auch obsiegender Beteiligter kann kostenpflichtig werden (BayObLGZ 75, 286 = ZMR 77, 86; OLG Frankfurt OLGZ 1980, 82). Zur Kostentragungspflicht eines Beteiligten, der nach einem **Vergleich** Anlaß zu einem erneuten Verfahren über denselben Gegenstand bietet s. BayObLG, DerWEer 89, 184/LS. Auch nur materiell Beteiligte als Kostenschuldner; desgleichen Kostenschuld aus gemeinschaftlichem Verwaltungsvermögen zu tilgen (BayObLGZ 1973, 246). Abwägung des Verhaltens der Beteiligten (OLG Hamm, 15 W 219/78, unveröffentlicht), insbesondere von vornherein aussichtsloses Begehren. Grundsatz der ZPO, daß unterliegender Beteiligter Kosten trägt, gilt nicht schlechthin (BayObLGZ 73, 30). **Antragsteller** kann kostenpflichtig sein, wenn Antrag zurückgewiesen, er Antrag zurücknimmt (BayObLG v. 25. 8. 83 – 2 Z 77/82; v. 3. 11. 83 – 2 Z 40/83) oder verzichtet. Kostenpflicht desjenigen, der der Gemeinschaftsordnung klare und eindeutige Fassung zu geben gehabt hätte (BayObLGZ 65, 289). Rechtsanwalt kostenpflichtig für Beschwerdeverfahren, der unzulässige Beschwerde mangels Angabe des Beschwerdeführers eingelegt hat (BayObLG Rpfleger 76, 292). Kostenpflicht bei unbegründetem Rechtsmittel (LG Hanau, ZMR 79, 222) oder Rücknahme desselben (OLG Stuttgart, MDR 83, 492 = OLGZ 83, 171). Nach Rücknahme des Sacheintrags sind weitere Ermittlungen nur wegen der Kostenentscheidung nicht zulässig (BayObLG v. 25. 8. 83 – 2 Z 77/82).

Bei Zurückverweisung entscheidet AG der Zurückverweisung, sonst Rechtsmittelgericht (OLG Celle, Rpfleger 60, 192). Wird erfolgversprechende Beschwerde zurückgenommen, kann isolierte Kostenentscheidung des Beschwerdegerichtes auch Kostenentscheidung der Vorinstanz ändern (BayObLGZ 75, 284 = ZMR 77, 86). Zur Niederschlagung von Gerichtskosten wegen unrichtiger Sachbehandlung vgl. BayObLG, DerWEer 85, 60/LS.

§ 47 6–10   III. Teil. Verfahrensvorschriften

6   Auch nach **Erledigung** der Hauptsache entsprechend § 91 a ZPO Sach- und Streitgegenstand zu berücksichtigen (BayObLG Rpfleger 72, 144; BayObLGZ 75, 233 = ZMR 76, 313; BayObLG Rpfleger 1973, 140; DerWEer 83, 26). Bei übereinstimmender Erledigungserklärung § 93 ZPO im Rahmen des § 47 heranziehbar (BayObLG, DerWEer 83, 126). Auch im Falle **vorprozessualer** Erledigung der Hauptsache sind die WEer befugt, einen Anspruch auf Erstattung notwendiger außergerichtlicher Kosten im WEsverfahren gegen den verpflichteten WEer geltend zu machen, wobei das WEsgericht über die Kostenerstattungspflicht unter Anwendung der Ermessensgrundsätze des § 47 WEG zu entscheiden hat (KG, NJW-RR 92, 404). Eine Erledigung der Hauptsache liegt nicht vor, wenn der Antrag von vornherein unzulässig war (BayObLGZ 83 Nr. 3). Die vom Gericht gegen den Widerspruch des Antragsgegners getroffene Feststellung, daß die Hauptsache erledigt sei, ist eine Entscheidung in der Hauptsache (BayObLG, DerWEer 89, 184/LS). Bei Vergleich siehe BayObLG 7. 1. 1980, DerWEer 80, 61. Für den Fall der Verfahrensverbindung BayObLGZ 67, 25/29). Kostenentscheidung jederzeit nachholbar (OLG Hamm, Jur. Büro 75, 967).

7   3. *Urteilsergänzung:* § 321 ZPO entsprechend anwendbar.

8   4. *Anfechtung:* Nicht selbständig möglich (§ 99 ZPO), außer wenn keine Entscheidung in der Hauptsache (§ 45 Abs. 1). Ebenso BayObLG, ZMR 76, 313, ZMR 77, 381. Isolierte Anfechtung bei teilweiser Erledigung der Hauptsache und Entscheidung über restliche Hauptsache und die gesamten Kosten (OLG Hamm, Rpfleger 61, 20; LG Hanau, ZMR 79, 152; LG Bochum, DerWEer 89, 35). Keine Anfechtung, wenn Entscheidung in der Hauptsache nicht anfechtbar (BayObLGZ 58, 213; *Keidel,* § 20a, Rz. 9). S. a. LG Hanau, ZMR 79, 152.

9   5. *Kostenfestsetzung:* Es gelten nicht mehr landesrechtl. Bestimmungen, sondern die bundesgesetzl. Vorschriften (§ 13a FGG) und §§ 103–107 ZPO entsprechend. Gesuch ist bei der Geschäftsstelle des Gerichts 1. Instanz einzureichen. Gegen Festsetzungsbeschluß Erinnerung nach § 104 Abs. 3 ZPO. Sofortige Beschwerde gegen Entsch. des Amtsgerichts, § 104 Abs. 3 S. 3 ZPO. Beschwerdegegenstand 100.– DM entspr. § 567 Abs. 2 S. 2 ZPO zu beachten (BayObLGZ 58, 41, § 20a FGG).

10   Gegen Entscheidung des LG sofortige weitere Beschwerde nach § 568 Abs. 3 ZPO nicht statthaft (BGHZ 33, 205; OLG Celle, MDR 61, 863; a. A. BayObLG, NJW 58, 908, jetzt aber DerWEer 83, 95 wie h. M.). § 105 ZPO unanwendbar, wenn Entscheidung

Kosten des Verfahrens 1 § 48

erst rechtskraftwirksam wird (*Keidel*, § 13a Rz. 69). Kostenausgleich zur Vermeidung doppelter Kostenfestsetzung bei Kostenverteilung nach Quoten s. § 106 ZPO.

Auch für Kostenentscheidung ist der Verwalter Zustellungsempfänger nach § 27 Abs. 2 Nr. 3 WEG. Problem der Kostenaufteilung unter die Wohnungseigentümer: Entscheidend der Verteilerschlüssel für Kosten und Lasten nach Gesetz bzw. Vereinbarung; nicht aus Gemeinschaftsvermögen zu bezahlen (§ 16 Abs. 5 WEG). 11

Zwangsvollstreckung aus Kostenfestsetzungsbeschluß nach ZPO §§ 794 Abs. 1 Nr. 2, 795, 798. 12

§ 48 Kosten des Verfahrens

(1) Für das gerichtliche Verfahren wird die volle Gebühr erhoben. Kommt es zur gerichtlichen Entscheidung, so erhöht sich die Gebühr auf das Dreifache der vollen Gebühr. Wird der Antrag zurückgenommen, bevor es zu einer Entscheidung oder einer vom Gericht vermittelten Einigung gekommen ist, so ermäßigt sich die Gebühr auf die Hälfte der vollen Gebühr. Ist ein Mahnverfahren vorausgegangen (§ 46a), wird eine Gebühr nur erhoben, soweit sie die nach dem Gerichtskostengesetz zur erhebende Gebühr für die Entscheidung über den Antrag auf Erlaß des Mahnbescheids übersteigt.

(2) Der Richter setzt den Geschäftswert nach dem Interesse der Beteiligten an der Entscheidung von Amts wegen fest.

(3) Für das Beschwerdeverfahren werden die gleichen Gebühren wie im ersten Rechtszug erhoben.

1. *Vorbild:* § 21 Abs. 1–3 HausratsVO. 1

2. *Kostenordnung:* Anwendbar. Siehe § 21 KostO. Vorschuß nach § 8. Kostenschuldner: Antragsteller (§ 2 Nr. 1 KostO) oder Kostenschuldner nach § 47 WEG, § 3 Nr. 1 KostO; zur Haftung weiterer Personen § 3 Nr. 2 KostO; gesamtschuldnerische Haftung § 5 Nr. 1 KostO. Gebühren: Halbe Gebühr bei Zurücknahme des Antrags vor Entscheidung, volle Gebühr bei gerichtlichem Vergleich oder anderweitiger Erledigung **(Abs. 1 S. 1);** dreifache Gebühr bei gerichtlicher Entscheidung (BayObLG Rpfleger 72, 176 = BayObLGZ 72, 69). Fälligkeit mit Beendigung des gebührenpflichtigen Geschäfts (§ 7 KostO). In Verfahren nach dem WEG ist für Auslagen, die durch eine Beweiserhebung entstehen, ein Vorschuß zu erheben (OLG Köln, DerWEer 88, 26). Die Durchfüh-

387

rung der Beweisaufnahme kann jedoch nicht von der Zahlung des Auslagenvorschusses abhängig gemacht werden (OLG Köln, a. a. O).

2 Satz 4 ist eingefügt durch das RechtspflegevereinfachungsG v. 17. 12. 90 (BGBl. I S. 2847). Wird die Sache vom **Prozeßgericht** an das nach § 43 Abs. 1 WEG zuständige Gericht abgegeben, ist nach § 50 WEG das bisherige Verfahren vor dem Prozeßgericht für die Erhebung der Gerichtskosten als Teil des Verfahrens vor dem übernehmenden Gericht der fG zu behandeln. Es werden Kosten nicht nach dem Gerichtskostengesetz, sondern allein nach der **Kostenordnung** erhoben. Im Mahnverfahren (§ 46a WEG) würde nach dieser Regelung ein Anreiz bestehen, Widerspruch oder Einspruch zu erheben, da die Gebühr nach der Kostenordnung in der Regel niedriger ist als die für die Entscheidung über den Mahnantrag nach dem Gerichtskostengesetz (Nr. 1000 des Kostenverzeichnisses) zu erhebende halbe Gebühr. Der in § 48 Abs. 1 angefügte **Satz 4** regelt deshalb abweichend von § 50 WEG, daß die Gebühr nach dem Gerichtskostengesetz für die Entscheidung über den Mahnantrag nicht wegfällt und die Gebühr für das Verfahren der fG nach den Sätzen 1 bis 3 nur zu erheben ist, soweit sie erstere übersteigt. Eine entsprechende Anrechnung sieht Nr. 1005 des Kostenverzeichnisses zum Gerichtskostengesetz für den Fall der Überleitung vom Mahn- ins Klageverfahren vor.

3 Kostenberechnung durch Urkundsbeamten der Geschäftsstelle des Gerichts (§ 14 Abs. 1 KostO). Gegen Kostenansatz unbefristete Erinnerung an das Gericht. Beschwerde nach §§ 567 Abs. 2, 3, 568 Abs. 1, 569 bis 575 ZPO bei mehr als 100,– DM Beschwerdegegenstand (§ 14 Abs. 3 KostO). Weitere Beschwerde nur bedingt § 14 Abs. 3 KostO, entsprechend §§ 550, 551 ZPO. Zur zulässigen Ausschlußrechtsbeschwerde im Kostenpunkt s. BayObLG, DerWEer 85, 60. Kostenfestsetzung, Erinnerung und Beschwerde gebührenfrei (§§ 135, 14 Abs. 5 KostO).

4 3. *Geschäftswert:* Nach **Abs. 2** ist er von Amts wegen festzusetzen. Der Richter ist jetzt bei der **Festsetzung** des **Geschäftswerts** ausschließlich an das **Interesse** der Beteiligten gebunden, **nicht** mehr an den Umfang der wirtschaftlichen **Betroffenheit** (BayObLG, Rpfleger 75, 98 = BayObLGZ 76, 226; Rpfleger 79, 386; DerWEer 83, 60; AG Hamburg MDR 61, 150; *Diester,* Rspr. 67; LG Bonn, MDR 70,. 153). Das LG Köln (NJW-RR 89, 202; 778) hält die Vorschrift für **verfassungswidrig.** Nach BVerfG steht § 48 WEG bei verfassungskonformer Auslegung mit dem Grundgesetz in Einklang. Bei der Auslegung und Anwendung kann –

Kosten des Verfahrens 5 § 48

und muß – das Kostenrisiko für den Rechtsuchenden im Verhältnis zu seinem Interesse am Verfahren stehen (BVerfG, NJW 92, 1673). Die grundsätzliche Anlehnung an den jährlichen Mietwert der Gebäude- und Grundstücksteile ist aufgegeben im Interesse des Minderheitenschutzes, der bisher wegen hoher Streitwerte und entsprechender Gerichtskosten zu kurz gekommen war. Zur Beschwerde gegen die Festsetzung des Geschäftswerts s. OLG Köln, NJW 73, 765. Soweit Interessen aller WEer im Verfahren nach § 43 Abs. 1 Nr. 2 berührt waren, richtete er sich nach d. gesamten jährlichen **Mietwert** der Gemeinschaft (LG Bonn Rpfleger 70, 95 = MDR 70, 153; BayObLG, Rpfleger 72, 145, 262). Der Senat des OLG Hamm (NJW-RR 92, 785) schließt sich der neueren Rechtsprechung des BayObLG (BayObLGZ 90, 24) und des KG (ZMR 1990, 68) an, daß der Geschäftswert eines Verfahrens auf **Erteilung der Zustimmung** zur Veräußerung des WEs regelmäßig mit 10 bis 20% des vereinbarten Kaufpreises zu bemessen ist (OLG Hamm, NJW-RR 92, 785). Zum Streitwert im Verfahren nach §§ 18, 19 s. LG München I, Rpfleger 70, 93 und LG Stuttgart, AnwBl. 72, 232: Wert der zu **entziehenden Wohnung**. Das **LG** kann bis zur Festsetzung des Geschäftswerts für sein Beschwerdeverfahren die Wertfestsetzung des AG ändern, auch wenn keine Entscheidung zur Hauptsache mehr zu treffen ist (BayObLG, Rpfleger 76, 292; ZMR 77, 85). Festsetzung des Beschwerdewertes gemäß § 31 Abs. 1 KostO, gebührenfrei, abänderbar. **OLG** kann Geschäftswert für Beschwerdeinstanz wie für erste Instanz von Amts wegen ändern (KG Jur. Büro 78, 910; BayObLG, DerWEer 83, 31; 85, 125/LS; DerWEer 89, 184/LS) innerhalb von 6 Monaten. Rechtsmittelgericht kann Geschäftswert für Unterinstanz nicht erstmalig festsetzen (BayObLG, Rpfleger 75, 46; DerWEer 83, 60 geg. BayObLGZ 67, 25, 33). Das Rechtsmittelgericht ist zur Änderung der Geschäftswertfestsetzung durch die Vorinstanzen nach Zurücknahme einer unzulässigen sofortigen weiteren Beschwerde nicht befugt (BayObLG, DerWEer 83, 60 = Rpfleger 83, 15). Gesamtwert bei einer Verfahrensverbindung (§ 147 ZPO): LG Mannheim BB, 72, 1347 = Justiz 72, 286 = WM 72, 112 = ZMR 72, 318.

Unbefristete Beschwerde nach § 31 Abs. 3 KostO (BayObLGZ 5 78, 309; § 14 Abs. 3, 4 KostO). Hat das LG in zweiter Instanz Geschäftswert für Beschwerdeverfahren festgesetzt, dagegen einfache (zulassungsfreie) Beschwerde statthaft (BayObLGZ 76, 225; DerWEer 83, 60; DerWEer 84, 62; DerWEer 85, 125/LS; OLG Köln, NJW 73, 765; KG, Jur. Büro 78, 910; a. A. OLG Hamm, JMBl NRW 60, 23; OLG Neustadt, NJW 60, 2298: weitere Beschwerde: KG, Rpfleger 78, 445). Dasselbe gilt, wenn das LG von

§ 48 6, 7   III. Teil. Verfahrensvorschriften

Amts wegen den vom AG festgesetzten Geschäftswert abändert (BayObLG, DerWEer 85, 125/LS). Erstbeschwerde auch gegen die Änderung der Geschäftswertfestsetzung des AG durch das LG von Amts wegen (§ 31 Abs. 1 S. 2 KostO), BayObLG, DerWEer 83, 60.

6 **Grundregel** ist, daß Richter Geschäftswert nach Interessen der Beteiligten an Entscheidung originär festzusetzen hat, ohne Bindung an KostO oder ZPO (KG, Jur. Büro 78, 910; BayObLG, ZMR 79, 216; DerWEer 84, 30; OLG Hamburg, DerWEer 88, 31; OLG Frankfurt, DerWEer 88, 141). Zu einem Nebenverfahren im Rahmen des WEs-Verfahrens s. aber OLG Düsseldorf, JMBl NRW 83, 179 = Rpfleger 83, 370: § 131 Abs. 1 KostO. Bei konkretem Gegenstand Wert desselben (BayObLGZ 67, 25/33; BayObLG, Rpfleger 72, 144; 75, 98; ZMR 78, 248 betreffend **Beseitigung** eines Berufsschildes usw.); BayObLG, Rpfleger 72, 144; 75, 98; ZMR 78, 278 bei **Ungültigerklärung** von Beschlüssen BayObLG, Rpfleger 78, 427 u. DerWEer 83, 123 bei Anfechtung von **Jahresrechnungen** und **Wirtschaftsplan;** KG, MDR 70, 61 bei Höhe des **Heizkostenvorschusses;** bei von der bisherigen GemO abweichender Kostenverteilung, BayObLG, DerWEer 84, 62; LG Mannheim, BB 72, 1342 = ZMR 72, 318 bei **Verbindung** mehrerer Verfahren; OLG Köln, NJW 73, 765 bei Streit um **Verwaltervertrag;** BayObLG, ZMR 76, 315 bei Verbot der **Wohnungsvermietung;** KG Jur. Büro 78, 910 bei Nutzung gemeinschaftlichen Eigentums als **Abstellplatz;** BayObLG, ZMR 79, 214 bei Nutzungsentgelt. S. a. OLG Köln, Rpfleger 72, 262 für Streitwert bei Bestellung eines **Verwaltungsbeirates.** Zur Aufspaltung des Geschäftswertes nach dem Interesse der einzelnen Wohnungseigentümer BayObLG, Rpfleger 79, 386; anders OLG Hamm, 15 W 277/79; s. a. BayObLGZ 79, 54; Rpfleger 79, 427. Keine Zusammenrechnung der Werte der Forderungen bei Primäraufrechnung BayObLG, WEM 80, 130. Bei Streitigkeiten über **Hausgeld** (Wohngeld)-Zahlungen kann der Geschäftswert nach dem jährlichen Hausgeld und den Hausgeldrückständen bemessen werden (OLG Hamburg, DerWEer 88, 31). Zum Geschäftswert, wenn Verfahrensgegenstand ein Antrag auf **Einstellung** von Baumaßnahmen und Wiederherstellung des früheren Zustands ist, s. BayObLG, DerWEer 83, 60.

7 Bei der **Anfechtung** von Beschlüssen (§§ 23 Abs. 4, 43 Abs. 1 Nr. 4) ist das Interesse sämtlicher WEer maßgebend (BayObLG, Rpfleger 79, 427; LG Düsseldorf, 25 T 692/82), es ist jedoch nur ein angemessener Teil des Gesamtvolumens anzusetzen. Nicht hinzuzurechnen ist das Interesse der Beteiligten an der Entscheidung vorgreiflicher Rechtsfragen (BayObLG, Rpfleger 83, 15 = Der-

Kosten des Verfahrens 8, 9 § 48

WEer 83, 60). Interesse der Beteiligten ist grundsätzlich erheblich niedriger, wenn es nur um die **Herausgabe** eines best. Gegenstands geht. So auch für die Frage der Errichtung eines Zauns oder die Höhe des zu zahlenden Heizkostenvorschusses KG MDR 70, 61 und bei dem Streit, ob ein Verwaltungsbeirat gebildet werden kann (s. § 29 Rz. 16). Für Geschäftswert bei der **Abberufung** des Verwalters aus wichtigem Grund ist das Verwalterhonorar bis zur ordentlichen Beendigung der Tätigkeit maßgebend (OLG Köln, NJW 73, 765). Dabei findet keine Aufspaltung des Geschäftswerts auf einzelne WEer statt (BayObLG, Rpfleger 79, 386). Zum Geschäftswert beim Streit über die Wirksamkeit der **Verwalterbestellung** s. OLG Frankfurt, DerWEer 83, 95 und OLG Hamm, DerWEer 84, 29. Der Geschäftswert für ein Verfahren, in dem der Verwalter verpflichtet werden soll, einer **Veräußerung einer EW** zuzustimmen, bemißt sich regelmäßig nicht nach der Höhe des Kaufpreises (BayObLG, DerWEer 84, 62). Dazu auch OLG Hamm, MittBayNot 82, 263 und o. Rz. 6. Im Fall unentgeltlicher Veräußerung nicht der volle Verkehrswert (OLG Frankfurt, DerWEer 88, 141: nur der halbe, jetzt zweifelhaft).

Zum Geschäftswert in einem Verfahren, bei dem es um die Art 8 der **Nutzung** von Teilen des GemEs geht (vier Abstellplätze), s. KG, Rpfleger 78, 445. Der Geschäftswert für die Erhöhung eines **Nutzungsentgelts** für Abstellplätze richtet sich nach dem einjährigen Erhöhungsbetrag (BayObLG, Rpfleger 79, 265 = ZMR 79, 214). Beim Streit über die Wirksamkeit eines **Entziehungsbeschlusses** orientiert sich der Geschäftswert am Verkehrswert der EW (OLG Frankfurt, DerWEer 84, 62). Als Geschäftswert von **Unterschriftsbeglaubigungen** auf der Niederschrift über den Bestellungsbeschluß eines Verwalters ist der Wert nach § 30 Abs. 2 KostO regelmäßig mit 5000,- DM anzunehmen (OLG Stuttgart, DerWEer 88, 104). Zum Verfahren mit dem Antragsziel der **Einberufung** einer ao. Eigentümerversammlung s. BayObLG, DerWEer 83, 60. Zur Festsetzung des Geschäftswerts beim Anspruch auf **Auskunftserteilung** s. LG Bochum, DerWEer 89, 35: Interesse sämtlicher WEer maßgeblich. Kein Verbot der **Schlechterstellung** (reformatio in peius) im Geschäftswertbeschwerdeverfahren (BayObLG, DerWEer 83, 60).

„Erzieherische" Gesichtspunkte, Einwirkung auf die Zahlungsmoral der WEer durch Erhöhung des Geschäftswerts, sind der KostO fremd (OLG Hamburg, DerWEer 88, 31).

4. *Beschwerdekosten:* Nach **Abs. 3** entstehen die gleichen wie im 9 Verfahren erster Instanz (BayObLG, Rpfleger 72, 176 =

BayObLGZ 72, 69). Dies gilt auch für die erfolgreiche Beschwerde (BayObLG a. a. O). Die vergleichsweise Übernahme der Gerichtskosten ist kein für den Geschäftswert eines Rechtsbeschwerdeverfahrens erheblicher Umstand (BayObLG v. 28. 6. 82).

10 5. *Prozeßkostenhilfe:* § 14 FGG. Keine weitere Beschwerde gegen Versagung der Prozeßkostenhilfe durch Beschwerdegericht (*Bärmann,* FGG, § 37 III 2 c, d; OLG Celle NJW 63, 1786; OLG Hamm NJW 64, 1570; SchlHOLG, SchlHA 65, 19; anders die wohl h. M.: z. B. KG NJW 67, 1237; 65, 920; BayObLG, MDR 65, 1000). Die anzuwendenden §§ 114 ff. ZPO, geändert durch Ges. über die Prozeßkostenhilfe (PKHG) v. 13. 6. 1980, BGBl. I, 677, in Kraft seit 1. 1. 1981. Siehe auch Ges. über Rechtsberatung u. Vertretung für Bürger mit geringem Einkommen (Beratungshilfegesetz) v. 18. 6. 1980, BGBl. I, 689. Zu beiden: *Grunsky,* NJW 80, 2041 ff., *Birke, Nikolaus,* Prozeßkosten- und Beratungshilfe, Kommentar 1980. Verordnung zur Einführung eines Vordruckes für die Erklärung über die persönlichen und wirtschaftlichen Verhältnisse bei Prozeßkostenhilfe, vom 24. 11. 1980 (BGBl. I, 2163). *Zöller/Schneider,* Prozeßkostenhilfe, Ergänzungsband zu *Zöller,* ZPO, nun in der 17. Aufl., Köln 1991. *Holch,* Prozeßkostenhilfe – auf Kosten des Persönlichkeitsschutzes?, NJW 1981, 151 (Kritik). Zum Beratungshilfegesetzes s. den Überblick von *Nöcker,* Rpfleger 1981, 1.

§ 49 *(weggefallen)*

Der Text des Paragraphen ist gestrichen, deshalb dazu folgende Bemerkung:

Rechtsanwaltsgebühren: aufgehoben durch Art. 11 § 4 V Nr. 15 Kostenrechtsänderungsgesetz vom 26. 7. 1957, BGBl. I S. 861; vgl. jetzt Rechtsanwaltsgebührenordnung § 63 Abs. 1 Nr. 2 und Abs. 2.

§ 50 Kosten des Verfahrens vor dem Prozeßgericht

Gibt das Prozeßgericht die Sache nach § 46 an das Amtsgericht ab, so ist das bisherige Verfahren vor dem Prozeßgericht für die Erhebung der Gerichtskosten als Teil des Verfahrens vor dem übernehmenden Gericht zu behandeln

1 Fassung auf Grund Art. 10 § 6 Kostenrechtsänderungsgesetz vom 26. 7. 1957 (BGBl. I S. 861).

2 Verweist das Prozeßgericht nach § 46 an Amtsgericht, bilden beide Verfahren eine Einheit; ebenso bei Verweisung wegen örtli-

cher Unzuständigkeit an ein anderes Amtsgericht. Siehe § 23 Hausrats-VO. Für Kostenberechnung allein §§ 47, 48, wie bei einheitlichem Verfahren. Vor unzuständigem Prozeßgericht angefallene Gerichtskosten wegen Einheit des Verfahrens als nicht entstanden anzusehen. Siehe BGHZ 12, 254 ff. und *Hans Werner Müller,* Verfahrensverweisung in der FGG, in: ZZP 1954, 1 ff.

Über Gesamtkosten, auch die des Mahn- oder Streitgerichtes, 3 entscheidet FG-Gericht (*Vollkommer,* Rpfleger 76, 4), ebenso bei Verweisung wegen Unzuständigkeit, Rechtsanwalt hat Gebühren nach § 63 BRAGebO. Zur Verrechnung der Gebühren des Mahnmit dem fG-Verfahren s. § 46 a. Unabhängig davon ist die Frage der außergerichtlichen Kosten nach § 47 S. 2 (LG Stuttgart, Justiz 71, 356). Keine Entscheidung des abgegebenen Streitgerichts über die durch Verfahrenseinleitung entstandenen Mehrkosten (BGHZ 12, 254 zu § 12 LwVG; *Vollkommer,* Rpfleger 76, 4).

2. Abschnitt. Zuständigkeit für Rechtsstreitigkeiten

Einführung zum 2. Abschnitt des III. Teils

Mit §§ 51 und 52 ist nur die Zuständigkeit geregelt, nicht das 1 Verfahren. Dafür ist vielmehr die ZPO gegeben.

Je eine Zuständigkeitsvorschrift für Entziehungsklage und für 2 Streitigkeiten über DWR. Für letzteres besonders § 24 ZPO zu beachten: Gericht der belegenen Sache ausschließlich zuständig, wenn Ansprüche aus Grundeigentum oder aus einer dinglichen Belastung in Betracht kommen.

§ 51 Zuständigkeit für die Klage auf Entziehung des Wohnungseigentums

Das Amtsgericht, in dessen Bezirk das Grundstück liegt, ist ohne Rücksicht auf den Wert des Streitgegenstandes für Rechtsstreitigkeiten zwischen Wohnungseigentümern wegen Entziehung des Wohnungseigentums (§ 18) zuständig.

1. *Entziehungsklage:* Siehe §§ 18, 19. Streit über Auseinanderset- 1 zung im Falle der Aufhebung der Gemeinschaft (§ 17) wird von dem nach den allgemeinen Vorschriften zuständigen Gericht entschieden.

2. *Nicht ausschließlich:* Örtlich wie sachlich Vereinbarung mög- 2

§ 52 1–3

lich. § 51 beschränkt auf Rechtsstreitigkeiten zwischen WEern, und zwar wegen Entziehung des WEs. Rechtsstreitigkeiten mit Dritten scheiden aus. Prozeßgericht entscheidet auch nicht über die Gültigkeit eines Beschlusses der WEer nach § 18 Abs. 3, den Anspruch auf Entziehung zu erheben (KG NJW 67, 2268; a. A. *Diester*, § 18, Rdnr. 9; *Pritsch*, § 43 Rdnr. 7). Das gilt auch für den Antrag auf einstweilige Verfügung im Rahmen des § 18 (a. A. *Diester*, § 15 Rdnr. 2 Abs. 2 u. *Soergel-Baur*, § 51 Rz. 2).

3 3. *Verfahren:* ZPO. Verfahrenaussetzung analog dem inzwischen außer Kraft getretenen § 11 MSchG nicht möglich, LG Nürnberg-Fürth NJW 63, 720. Möglichkeiten einer einstweiligen Anordnung nach § 44 Abs. 3 im Verfahren nach § 43 Abs. 1 Nr. 1 z. B. wegen Gefahr der Überbelastung und damit Vereitelung der Entziehung. Streitwert nach §§ 12 Abs. 1 GKG, 3 ZPO. LG München I, Rpfleger 70, 93; LG Nürnberg-Fürth, Büro 64, 830. Wert der Eigentumsanteile als Ausgangspunkt, jedoch nicht in voller Höhe (vgl. LG Stuttgart, AnwBl 72, 232, ausführlich *Rohs*, Rpfleger 70, 93 ff.).

4 4. *Auflösung* (§ 17): Sonderregelung dafür nicht getroffen. Es gilt allgemein GVG und ZPO (auch § 24 ZPO). Gleiches gilt für Anspruch auf Aufhebung der Gemeinschaft (s. § 11 Rz. 167).

§ 52 Zuständigkeit für Rechtsstreitigkeiten über das Dauerwohnrecht

Das Amtsgericht, in dessen Bezirk das Grundstück liegt, ist ohne Rücksicht auf den Wert des Streitgegenstandes zuständig für Streitigkeiten zwischen dem Eigentümer und dem Dauerwohnberechtigten über den in § 33 bezeichneten Inhalt und den Heimfall (§ 36 Abs. 1 bis 3) des Dauerwohnrechts.

1 Siehe auch § 31 Rz. 38, § 36 Rz. 19, § 41 Rz. 9.
Beschränkt auf Streitigkeiten zwischen Eigentümer und DW-Ber. über den in § 33 bezeichneten dinglichen Inhalt des Rechts (gesetzlichen wie vereinbarten) sowie Heimfall nach § 36 Abs. 1–3, nicht aber über die Entschädigung nach § 36 Abs. 4 beim Heimfall. Vorbild: § 23 Nr. 2a GVG und § 7 MSchG.

2 Örtliche und sachliche Zuständigkeit geregelt. Abdingbar. ZPO anwendbar.

3 GVG und ZPO gelten uneingeschränkt für Streitigkeiten über: Bestehen oder Nichtbestehen des DWRs, gesetzlichen Inhalt des Rechts; Dauer wie Beendigung oder Beendigungsgründe dessel-

Vorbemerkungen 1 **Vor § 53**

ben; Gegenstand des DWRs; nicht unter § 33 Abs. 1–3 fallenden Inhalt des Rechts (Veräußerungsbeschränkungen, Entschädigungsansprüche beim Heimfall, Bestehenbleiben des DWRs und Vorliegen der Zustimmung dazu, § 39 Abs. 1–3), Haftung des Entgelts, Löschungsverpflichtung (§ 41), Entschädigungsanspruch nach § 41 Abs. 3; Ersatzansprüche des Eigentümers wie des DW-Ber. nach § 34; Eintritt in Miet- und Pachtverhältnisse nach § 37; Eintrittswirkung nach § 38; Rechte und Pflichten aus Grundgeschäft, insbesondere einmaliges, rentenweises oder wiederkehrendes Entgelt für DWR, schuldrechtliche Vereinbarungen jeder Art.

Streitwert: § 11 GKG, § 3 ZPO nach freiem Ermessen. § 12 **4** GKG dabei nicht anzuwenden (a. A. *Weitnauer*, § 52 Rdnr. 5; s. auch OLG Frankfurt, NJW 63, 1930).

Zur Heimfallklage s. § 36 Rz. 7 ff. und 19.

3. Abschnitt. Verfahren bei der Versteigerung des Wohnungseigentums

Vorbemerkungen vor § 53

Literatur: *Stache*, Die Problematik der §§ 18, 19 WEG, Jur. Diss. Münster 1968, 83 ff.; *Seybold/Hornig*, Bundesnotarordnung, 5. Aufl. 1976, § 20 Rz. 52; *Steiner/Riedel*, Zwangsversteigerung und Zwangsverwaltung 8. Aufl. 1973–1976; BeurkG § 15, dazu *Keidel/Kuntze/Winkler*, BeurkG.

I. Vorbild

§§ 66 ff. Preuß. FGG. Subsidiär heranzuziehen (siehe auch Hess. **1** Gesetz über die fG vom 12. 4. 1954 §§ 93–104). § 53 Abs. 2 Satz 3 auch durch Aufhebung der Geboteverordnung gegenstandslos geworden. § 57 Abs. 3–5 s. Verordnung über Maßnahmen auf dem Gebiete der Zwangsvollstreckung vom 26. 5. 1933, die inzwischen aufgehoben. Dafür Art. 74a ZVG zu berücksichtigen an Stelle § 57 Abs. 3. Statt Vollstreckungsmißbrauchsgesetz und Schutzverordnung § 765a ZPO. Auch § 55 Abs. 2 Nr. 4, 2. Halbsatz nach „und" entfällt. Preisvorschriften für bebaute Grundstücke nicht mehr anwendbar. VOP 1/55 (BAnz. 75) betrifft nur Zwangsversteigerung, nicht freiwillige Versteigerung nach §§ 53 ff. Siehe aber § 184 Abs. 2, §§ 185, 186 Ziff. 65 ff. BBauG v. 23. 6. 1960 (BGBl. I S. 341) zum Wegfall von Preisvorschriften.

II. Gegenstand

2   Vollstreckung eines Entziehungsurteils nach § 19.
Echte freiwillige Versteigerung im Sinne Art. 66 ff. Preuß, FGG.
Nach § 20 Abs. 3 BNotO **Notare** zuständig; daher auch so nach § 53; auf Antrag eines oder mehrerer anderer WEer.
Zwangsversteigerung nach §§ 15 ff. ZVG auf Antrag eines Gläubigers oder auch nach §§ 172 ff. ZVG (Aufhebung der Gemeinschaft an einem WE, nicht der WEer-Gemeinschaft selbst).

III. Begründung

3   Siehe zu §§ 53–58 in der nichtamtlichen Begründung (*Bärmann*, 4. Aufl., Anh.).

IV. Vor- und Nachteile

4   1. Lebensnähe, wegen Durchführung durch Notare. Garantie günstiger Verwertung. Heute zweifelhaft.

5   2. Keine Beschlagnahmewirkung, auch keine Eintragung im Grundbuch, außer auf einstweilige Anordnung nach § 44 Abs. 3 (KG, Rpfleger 79, 198).

6   3. Dingliche Wirkung von Urteil und Zuschlag: Siehe § 19 Rz. 8. Nicht im Sinne des § 10 Abs. 3. Auch Zuschlag hat keine dingliche Wirkung.

7   4. Wirkung von Veräußerungsbeschränkungen: Siehe § 12.

8   5. Sittenwidriges Zusammenwirkungen zwischen verurteiltem Wohnungseigentümer und Erwerber: siehe § 18 Rz. 21. Evtl. Auflassungsvormerkung in Versteigerungsbedingungen.

9   6. Überbelastung: Siehe § 18 Rz. 21. Scheinbelastungen möglich. Keine Belastungssperre für WE, auch nach Beginn eines Entziehungsverfahrens nicht. Einstweilige Verfügung nach § 938 Abs. 2 ZPO mit Belastungsverbot nach § 136 BGB, auch einstweilige Anordnung nach § 44 Abs. 3 erscheint möglich (*Weitnauer*, § 19 Rz. 5a). Eine Vormerkung nach § 895 ZPO erscheint zulässig (KG v. 9. 3. 79; unten Nr. 7). Sicherungshypothek für künftige finanzielle Verpflichtungen stößt auf Schwierigkeiten der Kreditsperre.

10 7. Doppelveräußerung bis zur Vollendung des Rechtserwerbs dch. Ersteigerung möglich (KG, OLGZ 79, 146 = Rpfleger 79, 198). Durch Auflassungsvormerkung in Versteigerungsbedingungen auszuschließen.

Zuständigkeit, Verfahren 1 § 53

8. **Unverbindlichkeit** vor Unterschrift des Erstehers, da Auflassung notwendig. 11

9. **Mangelnde Orientierung** der Interessenten: In Urteil oder Versteigerungsbedingungen Besichtigungsmöglichkeit vorzusehen. Möglich auch schon in Vereinbarung nach § 10. 12

V. Kosten des Verfahrens

§§ 53, 141, 131 KostO. Kosten des Versteigerungsverfahrens, die Antragsteller treffen, sind Verwaltungskosten nach § 16 Abs. 4. 13

VI. Mißbrauch des Vollstreckungsrechts

Nach allgemeinem Recht zu beurteilen (*Palandt-Thomas*, § 826 Rz. 46, MK-*Mertens*, § 826 Rz. 169 ff.). 14

VII. Rechtsstellung

des Notars ist die einer Urkundsperson. Richterliche Unabhängigkeit wie im Verfahren nach §§ 86, 99 FGG, im Gegensatz zu seiner sonstigen Tätigkeit. 15

VIII. Teileigentum

Es gilt das zum WE Gesagte. 16

§ 53 Zuständigkeit, Verfahren

(1) Für die freiwillige Versteigerung des Wohnungseigentumes im Falle des § 19 ist jeder Notar zuständig, in dessen Amtsbezirk das Grundstück liegt.

(2) Das Verfahren bestimmt sich nach den Vorschriften der §§ 54 bis 58. Für die durch die Versteigerung veranlaßten Beurkundungen gelten die allgemeinen Vorschriften. *Die Vorschriften der Verordnung über die Behandlung von Geboten in der Zwangsversteigerung vom 30. Juli 1941 (Reichsgesetzbl. I S. 354, 370) in der Fassung der Verordnung vom 27. Januar 1944 (Reichsgesetzbl. I S. 47) sind sinngemäß anzuwenden.*

I. Zuständigkeit

1. Sie gilt nur für *freiwillige Versteigerungen* auf Grund Entziehungsurteils nach § 19. 1

2 2. *Sachlich zuständig* sind ausschließlich die Notare.

3 3. *Örtlich zuständig:* forum rei sitae, jeder Notar, in dessen Amtsbezirk das Grundstück liegt. Zum Amtsbezirk s. § 11 BNotO (Oberlandesgerichtsbezirk). Antragsteller hat Wahlrecht. § 4 FGG entsprechend anwendbar. Priorität entscheidend.

4 Antragsberechtigt jeder Wohnungseigentümer (s. § 18 Rz. 16). Daher Antrag an verschiedene Notare denkbar. Dafür § 4 FGG. Zweckmäßig, im Entziehungsbeschluß schon Notar zu bestimmen oder Wahlrecht auf Verwalter oder Wohnungseigentümer oder Dritten zu übertragen. § 7 FGG anwendbar.

II. Verfahren

5 1. *Sondervorschriften in §§ 54–58:* Notar handelt als Amtsperson; als Urkundsperson und zugleich Leiter der Versteigerungshandlung.

Dazu Verfahrensvorschriften nach § 53 **Abs. 2** und § 58 Abs. 2; daneben keine anderen Vorschriften; auch § 12 FGG nicht.

6 2. *Beurkundungsverfahren:* Allgemeine Vorschriften §§ 36 ff. BeurkG, daneben Landesrecht, § 61 Abs. 1 Nr. 1 BeurkG.

Unterschrift des verurteilten WEers auf Protokoll ist durch Urteil nach § 19 ersetzt; er ist nicht Beteiligter nach § 10 BeurkG, braucht auch nicht zu erscheinen, hat aber Recht auf Anwesenheit (§ 57 Abs. 2, 3). Auch Antragsteller nicht Beteiligter nach §§ 9 ff. BeurkG, aber Recht auf Anhörung und Anwesenheit (§§ 54 Abs. 3, 57 Abs. 2). Recht auf Bekanntmachung des Protokolls wegen Rechtsmittelfrist des § 58.

7 3. *GeboteVO:* Weggefallen, damit auch **Abs. 2 S. 3.**

8 4. *Kosten:* Keine Sonderbestimmungen (s. § 141 KostO). Die durch den Versteigerungsantrag nach § 54 entstehenden Kosten sind keine Zwangsvollstreckungskosten i. S. des § 788 ZPO (LG Nürnberg-Fürth Jur. Büro 66, 43). Kostenschuldner zunächst Antragsteller (§ 2 Nr. 1), der nach § 8 auch vorschußpflichtig ist. Verurteilter Wohnungseigentümer Kostenschuldner nach § 3 Nr. 4 KostO. Auf Räumung und Herausgabe verurteilter Wohnungseigentümer Kostenschuldner nach § 99 Nr. 4 GKG. Für Beurkundung des Zuschlags Ersteher Alleinkostenschuldner (§ 53 Abs. 6 KostO). Prozeßkostenhilfe für Urkundstätigkeit: hier wohl nicht gegeben (*Bärmann-Merle,* § 53 Rz. 15).

§ 54 Antrag, Versteigerungsbedingungen

(1) **Die Versteigerung erfolgt auf Antrag eines jeden der Wohnungseigentümer, die das Urteil gemäß § 19 erwirkt haben.**

(2) **In dem Antrag sollen das Grundstück, das zu versteigernde Wohnungseigentum und das Urteil, auf Grund dessen die Versteigerung erfolgt, bezeichnet sein. Dem Antrag soll eine beglaubigte Abschrift des Wohnungsgrundbuches und ein Auszug aus dem amtlichen Verzeichnis der Grundstücke beigefügt werden.**

(3) **Die Versteigerungsbedingungen stellt der Notar nach billigem Ermessen fest; die Antragsteller und der verurteilte Wohnungseigentümer sind vor der Feststellung zu hören.**

I. Vorbild

§§ 66, 67 Preuß. FGG.   1

II. Antrag

1. *Antragsrecht:* Versteigerungsantrag ist keine Zwangsvollstreckungsmaßnahme aus dem Urteil (LG Nürnberg-Fürth Jur. Büro 66, 43). Jeder WEer (s. § 18 Rz. 16f.), auch wenn nicht berührt. Klage im Zweifel vom **Verwalter** in Durchführung des Entziehungsbeschlusses nach § 27 Abs. 1 Nr. 1 zu betreiben, wenn nicht anders beschlossen. Dann aber Antrag nach § 54 durch jeden WEer, ausgenommen der betroffene, auch nach Wegfall der Gründe, außer bei § 18 Abs. 2 Nr. 2 mit § 19 Abs. 2.   2

2. *Form* des § 29 GBO für Antrag an Notar auf Durchführung der Versteigerung (Grundlage des Eintragungsantrages). Anordnungsbeschluß (§ 15 ZVG) wird nicht erlassen.   3

III. Versteigerungsbedingungen

1. *Grundsatz:* Billiges Ermessen des Notars, nicht durch Antragsteller oder verurteilten WEer. Die Interessen sämtlicher Beteiligten sind objektiv zu wahren. Anhörung erforderlich. Unterbleibt Anhörung, sofortige Beschwerde (*Soergel-Baur,* § 54 Rdnr. 4; a. A. *Staudinger,* § 54 Bem. 8). Notar wird für billiges Ermessen §§ 44ff. ZVG beachten, soweit sinngemäß anwendbar. In erster Linie Klärung der auf dem WE ruhenden Belastungen, deren Höhe und Fälligkeit, Anhörung der Gläubiger nicht vorgesehen. Prüfung, ob Gemeinschaftsvereinbarung nicht etwa Gegenteiliges enthält. Ein-   4

§ 54 5–9 III. Teil. Verfahrensvorschriften

getragene Belastungen einschließlich fälliger wiederkehrender öffentlicher Lasten und Kosten des Versteigerungsverfahrens sind als Mindestgebot in Versteigerungsbedingungen aufzunehmen. § 182 Abs. 1, 2 ZVG ist nicht zu beachten.

5 2. *Materieller Inhalt:* Davon auszugehen, was man normalerweise in einen notariellen Kaufvertrag aufnehmen würde. Neben übernommenen Lasten nach Möglichkeit Barzahlung. Fälligkeit Zug um Zug mit Vollzug des Eigentumswechsels im Grundbuch; entsprechende Verzinsung. Genehmigungen wie bei Kaufverträgen einzuholen. Zeitpunkt der Übernahme der Nutzungen, Lasten und Abgaben und des Besitzers vorzusehen. Übernahme der Kosten- und Lastenbeiträge, rückständiger oder laufender. Übernahme bestehender Mietverhältnisse. Evtl. teilweise Sicherheitsleistung für Bargebot. Auflassung ist aufzunehmen. Antragsberechtigt nach § 13 Abs. 2 GBO ist Ersteher, desgleichen betroffener WEer; sein Antrag ist nicht erforderlich.

Mit Zuschlag nach § 57 entsteht die Bindung des Erstehers im Sinn des § 873 Abs. 3 BGB.

6 Zu bejahen, daß übrige Wohnungseigentümer oder ein von ihnen Beauftragter, z. B. der Verwalter, nach Erteilung des Zuschlags die Zwangsvollstreckung auf Räumung und Herausgabe gleichfalls, wie der Ersteher selbst, betreiben können.

Verschleuderung verhindert § 57 Abs. 3, 4, 5.

Beschwerde des verurteilten WEers gegen Festsetzung der Versteigerungsbedingungen: § 58.

7 3. *Formelles:* Mindestgebot nach § 57 Abs. 3. Vorschriften über Höchstgebot nach § 53 Abs. 2 Satz 3 entfallen nun. Auflassungsvormerkung zugunsten Ersteher als Versteigerungsbedingung möglich, obgleich Urteil nach § 19 nur Einwilligung und Eintragungbewilligung ersetzt. Dazu *Hieber,* DNotZ 54, 67ff. Neuer Termin vor Erteilung des Zuschlages ausgeschlossen. Notar hat kein Wahlrecht unter den Geboten. Zu erwägen unwiderrufliche Vollmacht des Erstehers an Antragsteller, Klage auf Räumung und Herausgabe durchzuführen, um Verschleppung zu verhindern.

8 4. *Veräußerungsbeschränkungen:* § 12 auch hier zu beachten, bis zur Erteilung der Zustimmung ist Zuschlag (schwebend) unwirksam.

9 5. *Zeitpunkt der Festsetzung:* § 55 Abs. 2 Nr. 5: Danach Feststellung der Versteigerungsbedingungen jedenfalls vor Versteigerungstermin, zweckmäßigerweise vor Bestimmung des Termins. Anfechtung nach § 58 zu beachten. Beschwerde hat aufschiebende Wirkung.

Terminsbestimmung **§ 55**

6. *Änderung der Versteigerungsbedingungen:* § 18 Abs. 2 FGG zu 10
beachten. Es handelt sich um Verfügung des Notars (§ 58 Abs. 1).
Da sofortige Beschwerde, kein Änderungsrecht mehr.

7. *Bekanntmachung:* Nicht vorgeschrieben, aber nach § 58 vor- 11
ausgesetzt. § 16 Abs. 2 FGG zu beachten. Öffentliche Bekanntgabe
der Terminsbestimmung genügt nicht. Bereitliegen zur Einsicht
für jedermann (§ 55 Abs. 2 Nr. 5 und Abs. 5).

IV. Unabdingbar

Im Gegensatz zu Art. 67–74 Preuß. FGG ist § 54 unabdingbar.

§ 55 Terminsbestimmung

(1) Der Zeitraum zwischen der Anberaumung des Termins und dem Termin soll nicht mehr als drei Monate betragen. Zwischen der Bekanntmachung der Terminsbestimmung und dem Termin soll in der Regel ein Zeitraum von sechs Wochen liegen.

(2) Die Terminsbestimmung soll enthalten:
1. die Bezeichnung des Grundstücks und des zu versteigernden Wohnungseigentums;
2. Zeit und Ort der Versteigerung;
3. die Angabe, daß die Versteigerung eine freiwillige ist;
4. die Bezeichnung des verurteilten Wohnungseigentümers sowie die Angabe des Wohnungsgrundbuchblattes *und, soweit möglich, des von der Preisbehörde bestimmten Betrages des höchstzulässigen Gebots;*
5. die Angabe des Ortes, wo die festgestellten Versteigerungsbedingungen eingesehen werden können.

(3) Die Terminsbestimmung ist öffentlich bekanntzugeben:
1. durch einmalige, auf Verlangen des verurteilten Wohnungseigentümers mehrmalige Einrückung in das Blatt, das für Bekanntmachungen des nach § 43 zuständigen Amtsgericht bestimmt ist;
2. durch Anschlag der Terminsbestimmung in der Gemeinde, in deren Bezirk das Grundstück liegt, an die für amtliche Bekanntmachungen bestimmte Stelle;
3. durch Anschlag an die Gerichtstafel des nach § 43 zuständigen Amtsgerichts.

(4) Die Terminsbestimmung ist dem Antragsteller und dem verurteilten Wohnungseigentümer mitzuteilen.

(5) Die Einsicht der Versteigerungsbedingungen und der in § 54 Abs. 2 bezeichneten Urkunden ist jedem gestattet.

I. Sollvorschrift

1   Abs. 1 und 2; Notar kann nach billigem Ermessen abweichen. Beschwerdemöglichkeit nach § 58 zu bedenken.

II. Termin, Terminberaumung

2   Unter Bekanntmachung der Terminbestimmung ist die letzte der öffentlichen Bekanntmachungsweisen nach Abs. 3 Ziff. 1–3 zu verstehen. Verwandtschaft zu § 36 Abs. 2 ZVG und Art. 67 Abs. 2 Preuß. FGG. Mindestfrist von 6 Wochen zwischen Bekanntmachung der Terminsbestimmung und Termin.
Nichts ist gesagt über Ort der Versteigerung.

III. Inhalt

3   Abs. 2 Nr. 1–5; Nr. 4 Halbsatz 2 entfällt jetzt.

IV. Bekanntmachung der Terminsbestimmung

4   Mußvorschrift, wie auch Abs. 4.

V. Mitteilung

5   der Terminsbestimmung nur an Antragsteller und verurteilten WEer, nicht in Form der Zustellung, da keine Frist in Lauf gesetzt wird.

VI. Einsichtsrecht

6   Für jeden, ohne Glaubhaftmachung eines Interesses, vor allem für Kaufinteressenten, hinsichtlich Versteigerungsbedingungen und der in § 54 Abs. 2 bezeichneten Urkunden, nicht in das Urteil selbst. Notwendig, darauf hinzuweisen, daß es sich um freiwillige Versteigerung im Sinne der § 53 ff. handelt, schon wegen anzuwendenden Verfahrens. Einsicht in weitere Urkunden, Vereinbarung nach § 10, Beschlüsse der Gemeinschaft und richterliche Entscheidungen nicht gestattet. Notar kann nach billigem Ermessen zugängig machen.

§ 56 Versteigerungstermin

(1) In dem Versteigerungstermin werden nach dem Aufruf der Sache die Versteigerungsbedingungen und die das zu versteigernde Wohnungseigentum betreffenden Nachweisungen bekanntgemacht. Hierauf fordert der Notar zur Abgabe von Geboten auf.

(2) Der verurteilte Wohnungseigentümer ist zur Abgabe von Geboten weder persönlich noch durch einen Stellvertreter berechtigt. Ein gleichwohl erfolgtes Gebot gilt als nicht abgegeben. Die Abtretung des Rechtes aus dem Meistgebot an den verurteilten Wohnungseigentümer ist nichtig.

(3) Hat nach den Versteigerungsbedingungen ein Bieter durch Hinterlegung von Geld oder Wertpapieren Sicherheit zu leisten, so gilt in dem Verhältnis zwischen den Beteiligten die Übergabe an den Notar als Hinterlegung.

Vorbild:

Art. 72, 73 Preuß, FGG. Dem ehem. § 47 Saarl. WEG entsprechende Bestimmung, daß Veräußerung an verurteilten Wohnungseigentümer nichtig, fehlt. 1
Siehe auch auch § 66 ZVG.

I. Versteigerungstermin

Beginnt mit Aufruf der Sache. Kein Protokollvermerk erforderlich. Versteigerungsgeschäft beginnt mit Aufforderung zur Abgabe von Geboten (§ 57 Abs. 1). Dies zu protokollieren. Antragsteller festzuhalten. Zweckmäßig auch sonstige erschienene WEer festzustellen. Bekanntzumachen: Versteigerungsbedingungen und die das Grundstück betreffenden Nachweise (§ 54). Festzustellen noch, ob Terminsbestimmung bekanntgemacht und ob Mitteilung i. S. des § 55 Abs. 4 durchgeführt. 2

II. Gebot

Aufforderung zur Abgabe nach Aufrufung und Bekanntmachung gem. Abs. 1. Zeitpunkt zu protokollieren. Aufforderung bedeutet Einladung zur Abgabe einer Offerte (§ 156 BGB). Form des § 313 BGB Abgabe von Geboten mündlich im Termin. Damit Anerkennung der Versteigerungsbedingungen für den Zuschlag. Schriftliche Gebote zu berücksichtigen, wenn vor dem 3

§ 57 — III. Teil. Verfahrensvorschriften

Termin beim Notar eingereicht. Zu unwirksamen Geboten usw. s. *Schlegelberger,* Art. 72 Preuß. FGG Anm. 4 und 5. Keine Ausschließungsgründe nach §§ 170–173 FGG; § 457 BGB nicht anwendbar. Im Protokoll ist nur der Meistbietende zu bezeichnen; dieser hat selbst zu unterzeichnen. Siehe aber § 181 Satz 2 FGG.

4   Gebot ist einseitige Willenserklärung an den Notar als Amtsperson. Anfechtbar nach §§ 119, 123 BGB. Vertretung beim Bieten zulässig (Form des § 29 GBO). Bei Gebot mehrerer ist deren Rechtsverhältnis festzustellen.

III. Ausschluß des verurteilten WEers

5   § 56 Abs. 2. Verbot des Rückerwerbs durch verurteilten WEer nicht enthalten (anders ehem. § 47 Saarl. Gesetz). Veräußerungsbeschränkung nach § 12 kann auch Rückerwerb verhindern. Schwieriger, solchen Rückerwerb auf der Grundlage der §§ 134, 138, 826 BGB zu verhindern. Immerhin wird man jeden Erwerb des verurteilten WEers – auch im Weg der verdeckten Stellvertretung – wegen Umgehung des Schutzzwecks des § 56 Abs. 2 als unwirksam ansehen müssen (*Palandt-Bassenge,* § 56 Anm. 1 und *Diester,* § 56 Rdnr. 6; a. A. *Soergel-Siebert,* § 56 Rdnr. 4). Vermietung durch Erwerber an früheren WEer nicht ausgeschlossen. Kann neuen Entziehungsgrund darstellen.

IV. Sicherheitsleistung

6   Evtl. in Versteigerungsbedingungen nach billigem Ermessen zu bestimmen. Anlehnung an §§ 67–70 ZVG zweckmäßig. Versteigerungsbedingungen müssen Anschluß der Rücknahme vorsehen (§ 69 Abs. 2 ZVG). Sicherheit bleibt Eigentum des bisherigen Eigentümers. Verurteilter WEer erwirbt Pfandrecht. Zur Inverwahrungsnahme s. § 25 NotO, §§ 10 ff. DienstO f. Notare.

§ 57 Zuschlag

(1) Zwischen der Aufforderung zur Abgabe von Geboten und dem Zeitpunkt, in welchem die Versteigerung geschlossen wird, soll unbeschadet des § 53 Abs. 2 Satz 3 mindestens eine Stunde liegen. Die Versteigerung soll solange fortgesetzt werden, bis ungeachtet der Aufforderung des Notars ein Gebot nicht mehr abgegeben wird.

(2) Der Notar hat das letzte Gebot mittels dreimaligen Aufrufs zu verkünden und, soweit tunlich, den Antragsteller

und den verurteilten Wohnungseigentümer über den Zuschlag zu hören.

(3) Bleibt das abgegebene Meistgebot *hinter sieben Zehntel des von der Preisbehörde bestimmten Betrages des höchstzulässigen Gebots oder in Ermangelung eines solchen* hinter sieben Zehnteln des Einheitswertes des versteigerten Wohnungseigentums zurück, so kann der verurteilte Wohnungseigentümer bis zum Schluß der Verhandlung über den Zuschlag (Absatz 2) die Versagung des Zuschlags verlangen.

(4) Wird der Zuschlag nach Absatz 3 versagt, so hat der Notar von Amts wegen einen neuen Versteigerungstermin zu bestimmen. Der Zeitraum zwischen den beiden Terminen soll sechs Wochen nicht übersteigen, sofern die Antragsteller nicht einer längeren Frist zustimmen.

(5) **In dem neuen Termin kann der Zuschlag nicht nach Absatz 3 versagt werden.**

I. Abs. 1

Sollvorschrift, sonst wie § 73 ZVG. Siehe auch Art. 74 Preuß. 1
FGG. Einstündige Dauer ist Mindestmaß, kann überschritten werden. Fortsetzung bis Gebot nicht mehr abgegeben wird. Stunde ist unterbrochen, wenn Notar sich aus Versteigerungsraum entfernt, gleich wie lange.

Aufhebung des Verfahrens, wenn festgestellt, daß ein die Veräu- 2
ßerung hinderndes Recht gegeben. Verfahren einzustellen bei Zweifel über Durchführungshindernisse. Ebenso vor Entscheidung über Beschwerde nach § 58. Nach erklärtem Schluß der Versteigerung keine weiteren Gebote.

Anhörung des Antragstellers und des verurteilten WEers nicht 3
Pflicht des Notars, aber tunlich. Deren Erklärung hat keinen Einfluß auf rechtliches Schicksal des Zuschlags.

II. Beendigung des Versteigerungsverfahrens

Mit Zuschlag und Abschluß des Protokolls, oder durch Versa- 4
gung des Zuschlags, Rücknahme des Antrags, Nichtabgabe von Geboten, anderweitig freiwillige Veräußerung.

III. Zuschlag

1. *Bedeutung:* Annahme des abgegebenen Meistgebots. Verur- 5
teilter WEer kann Annahme nicht ablehnen. Beurkundung nach

§ 313 BGB notwendig, durch Protokollierung der Versteigerungsbedingungen, des Meistgebotes, Verlesung, Genehmigung und eigenhändige Unterschrift des Erstehers. Zuschlag gegenüber Meistbietenden nicht zugangsbedürftig. Notar zur Erteilung des Zuschlags verpflichtet (§ 839 BGB, § 19 BNotO). Berechtigter WEer, insbesondere Antragsteller, kann Versagung verlangen. Dagegen können andere WEer nur Zivilgericht auf Zustimmung anrufen.

6 2. *Wirkung:* Nicht die des Zuschlags wie bei Zwangsversteigerung § 90 ZVG. Keine dingliche Wirkung, nur Abschluß des Veräußerungsvertrages. Auflösende Bedingung der Beschwerdemöglichkeit nach § 58. Wenn Zwangsvollstreckungsunterwerfung enthalten, dann Vollstreckung nach § 794 Abs. 1 Nr. 5 ZPO. Eingetragene Rechte an WE werden nicht berührt. Für Baukostenzuschüsse gelten die allgemeinen Regeln (*Palandt/Bassenge,* § 1124 Rn. 4). Gefahrübergang nach Versteigerungsbedingungen oder nach § 446 BGB. Zahlungsanspruch steht verurteiltem WEer zu. Ersteher kann Herausgabe von Urkunden und sonstigen Unterlagen nach § 952 BGB verlangen.

7 Ersetzung der Auflassungserklärung und der Eintragungsbewilligung des betroffenen WEers durch Urteil. Auflassung ist in das Protokoll aufzunehmen.

8 3. *Entscheidung über den Zuschlag:* Ausschließlich beim Notar. Zustellung gem. § 20 ZVG an jeden, dessen Recht beeinträchtigt wird, Zuschlag wie Auflassung bedingungs- und befristungsfeindlich. Für Ersteher gilt § 892 BGB; auch § 32 FGG bei Wiedereinsetzung in den vorigen Stand oder Wiederaufnahme des Verfahrens nach § 19.

IV. Beschwerde

9 Siehe § 58.

V. Veräußerungsbeschränkungen nach § 12

10 Zuschlag bis Genehmigung schwebend unwirksam.

VI. Mindestgebot

11 Entsprechend § 74a ZVG. Zum Einheitswert s. die Komentare zu GrSt.
Wenn WE noch nicht fertiggestellt, Versteigerung dennoch durchführbar. Als Wert gilt nun nicht Verkehrswert (entsprechend § 74a ZVG), sondern fiktiver Einheitswert zu ermitteln, der

Rechtsmittel 1–3 **§ 58**

entspr. dem Stand der Bauarbeiten im Verhältnis zum voraussichtlichen Einheitswert des WEs stehen muß (so richtig *Soergel-Baur*, § 57 Rdnr. 5). Auch § 74a Abs. 15 ZVG aus Zweckmäßigkeitsgründen anzuwenden. Wird Mindestgebot nicht erreicht, Versteigerung zu wiederholen, wenn Zuschlag hierwegen versagt.

Zum Protokoll: BeurkG.

§ 58 Rechtsmittel

(1) Gegen die Verfügung des Notars, durch die die Versteigerungsbedingungen festgesetzt werden, sowie gegen die Entscheidung des Notars über den Zuschlag findet das Rechtsmittel der sofortigen Beschwerde mit aufschiebender Wirkung statt. Über die sofortige Beschwerde entscheidet das Landgericht, in dessen Bezirk das Grundstück liegt. Eine weitere Beschwerde ist nicht zulässig.

(2) Für sofortige Beschwerde und das Verfahren des Beschwerdegerichts gelten die Vorschriften des Reichsgesetzes über die Angelegenheiten der freiwilligen Gerichtsbarkeit.

I. Zulässigkeit

§ 58 regelt Beschwerderecht gegen Verfahrenshandlungen des Notars ausschließlich: nur gegen Festsetzung der Versteigerungsbedingungen zu Zuschlagsentscheidungen. Im übrigen gelten §§ 19ff. FGG für Verfügungen des Notars im Versteigerungverfahren nicht, insbesondere auch keine einfache Beschwerde gegeben, §§ 15, 92, 93 111 BNotO. Möglich nur noch Aufsichtsbeschwerde. 1

II. Beschwerdegericht

Landgericht des belegenen Grundstücks. 2

III. Verfahren

Siehe § 45 oben. 3
1. *Beschwerdeberichtigung:* § 20 FGG (vgl. BGH MDR 63, 39).
2. *Einlegung:* Beim Notar oder LG, schriftlich oder zu Protokoll (§ 21 FGG).
3. *Frist:* 2 Wochen nach Bekanntmachung.
4. *Wiedereinsetzung in den vorigen Stand:* § 22 FGG.

§ 58 4–8   III. Teil. Verfahrensvorschriften

5. Notar kann seine *Entscheidung nicht nachträglich ändern.*
6. *Neue Tatsachen und Beweise:* § 23 FGG.
7. *Weitere Beschwerde:* Hier unzulässig.

IV. Aufschiebende Wirkung

4   Entgegen § 24 FGG. Siehe § 45 Rz. 15, 19f. Gleichwohl Wirksamkeit der Verfügung mit Bekanntmachung (anders § 45 Abs. 2: mit Rechtskraft). Mit Beschwerde wieder aufgeschoben.

V. Die beiden Fälle

5   1. *Versteigerungsbedingungen:* Beschwerdeberechtigt Antragsteller, verurteilter WEer und die anderen WEer. Zu entscheiden auch Zurückweisung oder Entsprechung. Kein Begründungszwang. Amtsprüfungsverfahren nach § 12 FGG.

6   2. *Zuschlagsentscheidung:* Beschwerderecht wie oben; evtl. auch Verwalter, sowie Bieter und Meistbietender.

VI. Kostenentscheidung

7   Beschwerdegericht kann nach § 13a FGG auch über die Kostenerstattung entscheiden. Hinsichtlich der Gerichtsgebühren wird verwiesen auf § 131 KostO. Bei erfolgreicher Beschwerde besteht Gebührenfreiheit. Anderenfalls ist der Beschwerdeführer kostenpflichtig (§ 2 Nr. 1 KostO).

Geschäftswert nach § 31 KostO.

VII. Aufsichtsbeschwerde

8   Siehe § 45 Anm. I. §§ 92ff. BNotO; dazu *Bärmann*, FG, § 53 II 3; *Seybold-Hornig*, § 93 Rz. 1ff. Über das Verhältnis zur Sachbeschwerde vgl. *Keidel*, § 19 Rdnr. 96.

IV. Teil. Ergänzende Bestimmungen

§ 59 Ausführungsbestimmungen für die Baubehörden

Der Bundesminister für Wohnungsbau erläßt im Einvernehmen mit dem Bundesminister der Justiz Richtlinien für die Baubehörden über die Bescheinigung gemäß § 7 Abs. 4 Nr. 2, § 32 Abs. 2 Nr. 2.

Erlassen wurden:

1. Allgemeine Verwaltungsvorschrift (s. Anhang I 1); Verwaltungsvorschriften i. S. Art. 84 Abs. 2 GG. Für Berlin s. Gesetz v. 2. 8. 1951 (GVBl. S. 547).

2. WsGrundbuchverfügung (s. Anhang I 2a, b).
Zur grundbuchmäßigen Behandlung siehe oben bei §§ 4, 7 und 9.

Grundbuchamt ist an Bescheinigung über Abgeschlossenheit nicht gebunden (BayObLG, ZMR 71, 379; OLG Neustadt, Rpfleger 63, 85 mit Anm. *Diester*). S. § 7 Rz. 39.

§ 60 Ehewohnung

Die Vorschriften der Verordnung über die Behandlung der Ehewohnung und des Hausrats (Sechste Durchführungsverordnung zum Ehegesetz) vom 21. Oktober 1944 (Reichsgesetzbl. I S. 256) gelten entsprechend, wenn die Ehewohnung im Wohnungseigentum eines oder beider Ehegatten steht oder wenn einem oder beiden Ehegatten das Dauerwohnrecht an der Ehewohnung zusteht.

Zweifel über die Anwendung der HausratsVO auf WE und DWR ist damit behoben. (Siehe besonders § 3 Hausrats VO). Zuweisung der Ehewohnung ohne Rücksicht auf Eigentumsverhältnisse; Eigentum kann dadurch nicht verändert werden. Evtl. Teilung nach § 6 HauratsVO, ohne Änderung der Eigentumsverhältnisse (s. *Hoffmann/Stephan,* Ehegesetz, 2. Aufl. 1968 zu §§ 3 und 6). Begründung von WE im Verfahren nach der HausratsVO ebenfalls nicht möglich, OLG Hamm JMBINRW 58, 103 (siehe aber § 2 Rz. 3). OLG Karlsruhe, FamRZ 80, 998: Eine Regelung der Rechtsverhältnisse an der Ehewohnung ist vor Einleitung eines Scheidungsverfahrens nicht zulässig.

§ 61 Heilung des Erwerbs von Wohnungseigentum[1]

Fehlt eine nach § 12 erforderliche Zustimmung, so sind die Veräußerung und das zugrundeliegende Verpflichtungsgeschäft unbeschadet der sonstigen Voraussetzungen wirksam, wenn die Eintragung der Veräußerung oder einer Auflassungsvormerkung in das Grundbuch vor dem (einsetzen: Datum des Inkrafttretens dieses Gesetzes[2]) erfolgt ist und es sich um die erstmalige Veräußerung dieses Wohnungseigentums nach seiner Begründung handelt, es sei denn, daß eine rechtskräftige gerichtliche Entscheidung entgegensteht. Das Fehlen der Zustimmung steht in diesen Fällen dem Eintritt der Rechtsfolgen des § 878 des Bürgerlichen Gesetzbuchs nicht entgegen. Die Sätze 1 und 2 gelten entsprechend in den Fällen der §§ 30 und 35 des Wohnungseigentumsgesetzes.

1 Geschichte der Vorschrift

Ursprünglich enthielt die Vorschrift mit dem Titel „Einheitsbewertung" Bestimmungen, die klarstellten, daß jedes WE eine wirtschaftliche Einheit i. S. des Bewertungsrechts und einen selbständigen Steuergegenstand i. S. des GrundsteuerG bilde. Wie auch der folgende § 62 wurde § 61 durch das SteuerbereinigungsG 1985 aufgehoben, weil er überflüssig wurde.

Mit dem G zur Heilung des Erwerbs von Wohnungseigentum 1993 wurde § 61 wieder reaktiviert.

2 I. Zweck der Regelung

Durch die Änderung der höchstrichterlichen Rechtsprechung sah sich der Gesetzgeber veranlaßt, die im Rahmen des § 12 aufgetretene Problematik, ob ein in der GemO enthaltener Vorbehalt der Zustimmung zur Veräußerung eines WEs/TEs auch die sog. **Erstveräußerung** betreffe, rückwirkend zu regeln (s. § 12 Rz 9). Dazu gehört insbesondere die Zweifelsfrage, ob durch die Entscheidung des BGH (NJW 91, 1613) ungeklärte Eigentumsverhältnisse entstanden sind, einerseits beim Ersterwerb, andererseits bei anschließenden Erwerbsvorgängen einschließlich der Frage eines gutgläubigen Erwerbs.

3 II. Zu den Einzelheiten

a) **Satz 1** soll die durch die Entscheidung des BGH (o. Rz 2) entstandene Rechtsunsicherheit beseitigen, ob der Erwerber einer

---
[1] Nichtamtliche Bezeichnung.
[2] Bei Drucklegung noch nicht verkündet.

Heilung des Erwerbs **4, 5 § 61**

EW mangels einer erforderlichen Zustimmung zur Veräußerung nach § 12 im Falle der Erstveräußerung durch den ursprünglichen Eigentümer (§ 8) wirksam Eigentum erworben hat. Von der Regelung betroffen sind danach **nur** die zweifelhaften Fälle der **Erstveräußerung,** unabhängig davon, wielange sie zurückliegen, bei denen im Einklang mit der h. M. eine Zustimmung der Gemeinschaft, des Verwalters oder eines sonstigen Dritten trotz eines allgemeinen Zustimmungsvorbehalts für entbehrlich gehalten worden war.

Aus den Worten **„unbeschadet der sonstigen Voraussetzungen"** ergibt sich, daß andere im Zusammenhang mit § 12 aufgetretene bzw. auftretende Zweifel z. B. beim Anschlußerwerb dadurch nicht berührt sind. Sie bleiben der Lösung durch Literatur und Rechtsprechung vorbehalten.

Die Begründung zum Gesetz sagt nur allgemein, daß eine „Vielzahl von Personen" aufgrund der früher h. M. kein wirksames Eigentum erworben hätte (BT-Drucks. 12/3961 S. 4). Genauere Zahlen waren allerdings weder von der Bundesregierung noch von den Ländern zu erfahren. So scheint die Vorschrift auch den Zweck zu haben, denkbare Haftungsansprüche gegenüber Notaren und Grundbuchämtern entgegenzutreten. Angesichts anderweitiger Möglichkeiten der Bereinigung durch nachträgliche Genehmigung und des Schutzes der Erwerber in Form von regelmäßig bewilligten Vormerkungen sollte die Wirkung dieser Art Reparatur nicht überbewertet werden.

Halbsatz 2 des **Satzes 1** stellt klar, daß sich die Rückwirkung der **4** Vorschrift nicht auf rechtskräftige Entscheidungen bezieht, die bis zum Inkrafttreten der Bestimmung ergangen sind.

Diese dient schließlich der Behebung der durch die Rechtsprechung des BGH aufgetretenen Rechtsunsicherheit auf vor Inkrafttreten des Gesetzes **abgeschlossene** und **bereits im Grundbuch eingetragene Veräußerungsgeschäfte** (BT-Drucks. 12/3961 S. 4). Dem ist der Fall gleichgestellt, daß für den Erwerber zur Sicherung seines Auflassungsanspruchs eine **Vormerkung** eingetragen ist.

b) **Satz 2** soll den Erwerber von WE vor den Auswirkungen von **5** Verfügungsbeschränkungen des Veräußerers schützen, die sich **nach** Stellung des Antrags auf Eintragung des Eigentumswechsels im Grundbuch während des Eintragungsverfahrens ergeben haben können (BT-Drucks. 12/3961 S. 5). Ohne die Heranziehung des § 878 BGB würden dessen Rechtsfolgen in der Vergangenheit nicht eingetreten sein, da der Erwerber **nur** vor **nachträglichen Verfügungsbeschränkungen,** nicht aber gegen zum Zeitpunkt der Stellung des Antrags auf Eintragung des Eigentumswechsels im

§ 62   IV. Teil. Ergänzende Bestimmungen

Grundbuch **fehlende Genehmigungen** durch Dritte geschützt würde (BT-Drucks. 12/3961 S. 5).

6   c) **Satz 3** erstreckt die Geltung der Heilungsvorschriften der Sätze 1 und 2 aufgrund der gleichgelagerten Interessenlage auch auf die Fälle des Dauerwohnrechts (§§ 30, 35).

7   **III. Inkrafttreten**

Art. 2 des G. zur Heilung des Erwerbs von Wohnungseigentum legt fest, daß der neue § 61 am Tage nach seiner Verkündung in Kraft tritt. Dieses Datum ist wegen der Rückwirkung der Sätze 1 und 2 von entscheidender Bedeutung für den Anwendungsbereich.

§ 62 *Gleichstellung mit Eigenheim*[1]

Im Wohnungseigentum stehende Wohnungen, die die Voraussetzungen einer Kleinwohnung im Sinne der Vorschriften über die Gemeinnützigkeit im Wohnungswesen erfüllen, stehen in steuer- und gebührenrechtlicher Hinsicht einer Wohnung im eigenen Einfamilienhaus (Eigenheim) gleich.

Literatur: Siehe ausführliche Darstellung des Steuerrechts und des Kostenrechts im großen Kommentar zu §§ 61/62, dessen 6. überarbeitete Aufl. 1987 erschienen ist. Verwiesen sei noch auf *Bärmann/Seuß*, Praxis des Wohnungseigentums, 3. A. 1980 und *Seuß*, Die Eigentumswohnung, 10. A. 1993 und die spezielle Literatur.

Zum Steuerrecht wie vor allem zum Kostenrecht kann in der Folge nur eine sehr kursorische Darstellung gegeben werden, mit Rücksicht auf den Charakter dieses „Erläuterungsbuches".

Übersicht

	Rz.
A. Öffentliche Abgaben	
I. Allgemeines	1
II. Einkommensteuer	2
a) Neue Grundlage	2
b) Erhöhte AfA nach § 7b EstG	3
c) Degressive AfA nach § 7 Abs. 5 EstG	4
d) Steuervorteile bis zum Einzug in die selbstgenutzte Wohnung	6

---

[1] Aufgehoben durch Art. 28 des SteuerbereinigungsG 1985 v. 14. 12. 1984 (BGBl. I S. 1493). Durch die Erwähnung des WEs in allen relevanten steuer- und gebührenrechtlichen Spezialbestimmungen bedurfte es der Regelung im WEG nicht mehr.

	Rz.
e) Abzugsbetrag nach § 10e EStG	7
f) Steuerermäßigung gemäß § 34f EStG	9
III. Grunderwerbsteuer	10
IV. Grundsteuer	11
V. Bauherrenmodell	13
VI. Zweitwohnungssteuer	14
VII. Gemeindeabgaben und sonstige öffentliche Abgaben	15
VIII. Dauerwohn- und Dauernutzungsrecht	17
B. Kosten und Gebühren	21

A. Öffentliche Abgaben

I. Allgemeines

Die Gleichstellung von WE mit Einfamilienhaus und Zweifamilienhaus wirkt sich in steuerrechtlicher Hinsicht, gebührenrechtlicher Hinsicht und in der allgemeinen Förderung des Wohnungsbaus aus. Auch bewertungsrechtlich gelten keine Besonderheiten. Die **Zinsabschlagssteuer** gilt auch bezüglich WEergemeinschaften (BMF-FN 13/93). Zur Steuer im Erbfall s. Stephan, Betr. 91, 1038. Zur Sozialhilfeberechtigung eines WEers s. BVerwG, NJW 91, 1968.

Im übrigen kann an dieser Stelle auf umfangreiche Erläuterungen verzichtet werden. Stattdessen wird auf die Kommentierung im Großen Kommentar zum WEG von *Bärmann/Pick/Merle* (6. Aufl. 1987) verwiesen, speziell auf die Anmerkungen von *Merle* zu § 62.

Im übrigen ist auf die einschlägige steuerrechtliche Literatur, insbesondere zum Einkommen- und Grunderwerbsteuerrecht hinzuweisen, entsprechend zum Gebührenrecht auf die Literatur.

II. Einkommensteuer

a) Das Gesetz zur Neuregelung der steuerrechtlichen Förderung des selbstgenutzten Wohnungseigentums (Wohneigentumsförderungsgesetz) vom 15. 5. 1986 (BGBl. I S. 730) und das StÄndG 1992 haben die steuerrechtliche Behandlung der zu eigenen Wohnzwecken genutzten Wohnung ab 1. 7. 1987 auf neue Grundlagen gestellt (vgl. Wewers, Betr. 92, 704).

Neben der Neuregelung der steuerlichen Förderung enthält das Gesetz als bestimmendes Element den Wegfall der Besteuerung des **Nutzungswerts** der selbstgenutzten Wohnung.

§ 62 3–5   IV. Teil. Ergänzende Bestimmungen

Ohne steuerpflichtige Einkünfte fehlt es damit an einem Anknüpfungspunkt für den Abzug von Werbungskosten, einschließlich der bisherigen Sonderabschreibungen nach § 7b EStG. Die steuerrechtliche Förderung des selbstgenutzten Wohneigentums erfolgt deshalb im Bereich des **Sonderausgabenabzugs** gem. § 10e EStG.

3   b) **Erhöhte AfA nach § 7b EStG.** Die erhöhten Absetzungen nach § 7b EStG können nur noch in Anspruch genommen werden bei Eigentumswohnungen, die **vor** dem 1. 1. 1987 fertiggestellt oder angeschafft wurden.

Ist die EW **vor** dem 1. 1. 1987 angeschafft worden, und ist sie **vermietet,** können die erhöhten Abschreibungen nach § 7b EStG bis zum Ablauf des Begünstigungszeitraums, also acht Jahre lang, mit 5% von den bisherigen Höchstbeträgen als Werbungskosten im Rahmen der Einkünfte aus Vermietung und Verpachtung abgesetzt werden.

4   c) **Degressive AfA nach § 7 Abs. 5, 5a EStG.** Für **vermietete** Eigentumswohnungen, die **nach** dem 31. 12. 1986 hergestellt oder angeschafft wurden, fallen besondere Begünstigungen bei der Abschreibung weg.

Die **degressive** Abschreibung nach § 7 Abs. 5 EStG ist allerdings weiterhin möglich. Danach können in den ersten acht Jahren je 5%, in den darauffolgenden sechs Jahren jeweils 2,5% und in den dann folgenden 36 Jahren je 1,25% der auf die vermietete EW entfallenden Herstellungskosten als Werbungskosten abgezogen werden.

Seit 1989 sind die Jahressätze für die degressive AfA erhöht und der Abschreibungszeitraum verkürzt worden, nämlich vom 1. bis 4. Jahr auf jeweils 7%, vom 5. bis 10. Jahr auf jeweils 5%, vom 11.–16. Jahr auf jeweils 2% und vom 17. bis 40. Jahr auf jeweils 1,25% der Herstellungs- bzw. Anschaffungskosten. Voraussetzungen sind Erneuerung bzw. Anschaffung **nach** dem 28. 2. 89. Die AfA nach § 7 Abs. 5 i. V. m. § 7 Abs. 5e EStG kann bei einer EW nur in Anspruch genommen werden, wenn diese in bautechnischer Hinsicht **neu** ist (BFH, DWW 93, 52 = NJW 93, 1288 = Betr. 93, 412). Allein die Umwandlung in EWen genügt nicht).

5   Wird das Wohneigentum aus dem **Bestand** erworben und vermietet, können die auf die EW entfallenden Gebäudekosten nur **linear,** d. h. 50 Jahre jährlich mit 2% als Werbungskosten abgezogen werden.

Ist die Wohnung vor 1925 errichtet worden, beträgt der Abschreibungssatz 2,5%.

Gleichstellung mit Eigenheim 6–8 **§ 62**

d) **Steuervorteile bis zum Einzug in die selbstgenutzte Wohnung.** Bauherren bzw. Erwerber können bereits während der Bau- bzw. Anschaffungsphase eine Reihe von Aufwendungen (z. B. Finanzierungskosten einschließlich des Disagios, Geldbeschaffungskosten und Schuldzinsen) geltend machen. Diese Aufwendungen können, sofern sie **vor** Bezug der eigenen selbstgenutzten Wohnung anfallen, wie Sonderausgaben abgezogen werden. Damit stehen dem Bauherrn/Erwerber bis zum Einzug die gleichen steuerlichen Vergünstigungen zu wie dem, der die Wohnung vermietet. Nach der Eigennutzung sind solche Aufwendungen dagegen nicht mehr abzugsfähig. **6**

e) **Abzugsbetrag nach § 10e EStG.** Begünstigt ist jede zu **eigenen** Wohnzwecken genutzte EW. Nicht zu eigenen Wohnzwecken dient eine Wohnung, wenn sie der Eigentümer (un)entgeltlich einem anderen überläßt. Ferien- und Wochenendwohnungen sind von der Begünstigung **ausgeschlossen.** **7**

Die **Grundförderung** nach § 10e EStG und die damit verbundene Kinderkomponente (das sog. Baukindergeld) können nur in Anspruch genommen werden, wenn bestimmte Einkommensgrenzen von 120 Tsd. bzw. 240 Tsd. (Ledige/Verheiratete) nicht überschritten werden.

Diese **Einkommengrenze** gilt seit dem 1. 1. 92.

Bemessungsgrundlage für den Abzugsbetrag sind die auf die selbstgenutzte Wohnung entfallenden Herstellungskosten oder Anschaffungskosten des Gebäudeanteils einschließlich der zur Wohnung gehörenden Garagen, der zur eigengenutzten Wohnung anteilmäßig gehört, bis zu einem **Höchstbetrag** von 330.000 DM, einschließlich 50% der Kosten für Grund und Boden.

Vorgesehen ist ab 1. 1. 94 eine **Senkung** der Bemessungsgrundlage von 330 Tsd. auf 150 Tsd. DM für „Gebrauchtwohnungen", also aus dem Bestand.

Zu den Anschaffungskosten des Grundstücks gehören neben dem **Kaufpreis** die **Notariatskosten,** soweit sie auf den Grund und Boden entfallen, die **GrESt** sowie **Straßenanlieger-** und **Erschließungsbeiträge.**

Die Bemessungsgrundlage umfaßt auch die Herstellungs- und Anschaffungskosten für **Garagen,** die zu der selbstgenutzten Wohnung gehören.

Von den Herstellungs- oder Anschaffungskosten der Wohnung – einschließlich der Hälfte der Grundstückskosten – können bis zu **5% jährlich,** höchstens 15.000 DM abgezogen werden. Für WE, das nach dem 31. 12. 90 fertiggestellt oder angeschafft wurde, können Sonderausgaben bis zu 16.500 DM jährlich abgezogen werden. **8**

Maximal 19.000 DM können steuerlich geltend gemacht werden in Fällen, in denen der Bauantrag nach dem 30. 9. 91 gestellt oder mit dem Bau begonnen worden ist oder der notarielle Kaufvertrag nach dem 30. 9. 91 abgeschlossen ist. Der Abzugsbetrag wird wie Sonderausgaben vom Gesamtbetrag der Einkünfte abgezogen.

Der **Zeitraum** des Abzugs beträgt acht Jahre. Er beginnt mit dem Jahr der Fertigstellung bzw. Anschaffung. Er endet mit dem 7. auf dieses Jahr folgenden Kalenderjahr.

Insgesamt können **grundsätzlich** 40% der begünstigten Aufwendungen – im Höchstfalle 8 x 15.000 DM = 120.000 DM – wie Sonderausgaben abgezogen werden. In den Fällen des höheren Sonderausgabenabzugs sogar 4 × 6% in den ersten 4 Jahren, danach 5% (= 44%).

9 f) **Steuerermäßigung** gemäß § 34f EStG. Die sog. Kinderkomponente besagt, daß für jedes im Haushalt des Steuerpflichtigen lebende Kind die Einkommensteuer um je 1000 DM jährlich gesenkt wird. Für WE, das im Jahr 1990 gebildet wurde, beträgt das sog. Baukindergeld 750 DM, in den Jahren 1987–1989 dagegen 600 DM für gebildetes WE. Für nach dem 31. 12. 91 hergestelltes oder angeschafftes WE ist das gesamte Baukindergeld auf die Höhe der Bemessungsgrundlage der Grundförderung begrenzt. Für die zusätzliche Förderung selbstgenutzten WEs bei Zuzug in die neuen Bundesländer gilt § 10e Abs. 4 S. 7–9 EStG (dazu *Stephan,* Betr. 91, 1743).

g) Zur Frage des **Gewerbebetriebs** bei der Veräußerung von EWen gem. § 15 Abs. 1 Nr. 1 EStG s. *Streck,* DStR 91, 237 und *Mahlow,* Betr. 91, 1189. Die Steuerermäßigung ist an die Grundförderung entsprechend § 10e Abs. 1–5 EStG oder den § 15 BerlinfördG geknüpft. Sie läuft entsprechend längstens acht Jahre.

III. Grunderwerbsteuer

10 Die Grunderwerbsteuer beträgt 2% der Gegenleistung (Kaufpreis) unabhängig davon, ob es sich um ein bebautes oder unbebautes Grundstück handelt. Die Sonderregelung des früheren GrEStG galt in den neuen Bundesländern bis zum 31. 12. 90.

Für **Bauherren** gilt dabei im Regelfall als Steuerbemessungsgrundlage nur der Kaufpreis für das unbebaute Grundstück. Für **Erwerber** einer Eigentumswohnung der Kaufpreis für das betreffende Objekt. Dabei ist der gleichzeitige Erwerb eines Anteils an der Instandhaltungsrückstellung nicht in die grunderwerbsteuerrechtliche Gegenleistung einzubeziehen (BFH, NJW-RR 92, 656).

Gleichstellung mit Eigenheim 11–14 § 62

IV. Grundsteuer

Für bis zum 31. 12. 1989 fertiggestellten Wohnraum bemißt sich **11** nach § 92a Abs. 1 II. WoBauG der Steuermeßbetrag der Grundsteuer auf die Dauer von 10 Jahren nur nach dem Teil des jeweils maßgebenden Einheitswerts, der auf den Grund und Boden entfällt (**Bodenwertanteil**). Es sind dabei allerdings geringe Wohnflächengrenzen zu beachten.

Sie betragen für eigengenutzte Eigentumswohnungen und Kaufeigentumswohnungen nach §§ 39, 82 II. WoBauG bis zu 144 m^2 für vier Personen. Sie erhöhen sich pro zusätzlicher Person um 20 m^2.

Die Grundsteuer beträgt nach dem Ablauf der Vergünstigung im Durchschnitt ca 1% des Einheitswerts.

Für **nach** dem 31. 12. 1989 bezugsfertig werdende öffentlich ge- **12** förderte oder steuerbegünstigte Wohnungen entfällt die zehnjährige Grundsteuervergünstigung des § 92a II. WoBauG. In den **neuen Bundesländern** gilt: Grundstücke mit Wohnungen, die nach dem 31. 12. 80 und vor dem 1. 1. 1992 bezugsfertig geworden sind, bleiben bis zum Ende des 10. Kalenderjahres nach der Bezugsfertigkeit des Gebäudes steuerfrei.

V. Bauherrenmodell

Die vom BFH begonnenen Einschränkungen bei den sofort ab- **13** zugsfähigen Werbungskosten wird durch den Vorbescheid des BFH vom 4. 4. 1989 (Az. IX R 197/84; = BFH v. 14. 11. 89, NJW 90, 729) fortgesetzt. Nach dem Tenor dieser Entscheidung, die in ein endgültiges Urteil zum Ende des Jahres 1989 mündete, wird die Aufspaltung des Bauherrenmodells in ein vielschichtiges Vertragswerk wohl unmöglich werden. Nach der Auffassung des 9. Senats handelt es sich um **einen** einheitlichen Vertrag.

Damit entfallen die steuerlichen Vorteile in Form von sofort abzugsfähigen Werbungskosten im weiten Umfang. Zu den Einzelheiten s. Bärmann, WEG, Rz. 153 ff. Verfassungsrechtlich zulässig ist die Bemessung der GrErwSt. nach den Gegenleistungen für den anteiligen Grund und Boden sowie für den Bau der Wohnung beim Bauherrenmodell (BVerfG, NJW 92, 1219). Zur AfA nach § 7 bei Renovierungskosten s. BFH, NJW 92, 71.

VI. Zweitwohnungssteuer

Die von verschiedenen, meist Fremdenverkehrsgemeinden, auf- **14** grund landesrechtlicher Ermächtigung erlassenen Satzungen über

§ 62 15–17   IV. Teil. Ergänzende Bestimmungen

die Erhebung einer Zweitwohnungssteuer sind verfassungsrechtlich unbedenklich (BVerfG v. 12. 2. 86 – z BvR 36/86).

Sie ist nicht erhebbar von Inhabern einer Wohnung, die diese nur als Kapitalanlage, aber nicht für ihren Lebensbedarf nutzen (OVG Lüneburg, der WEer 87, 60). Dies gilt auch für Vermietungsgesellschaften (OVG Lüneburg, a. a. O.). Zum Mietwert, an dem eine Gemeinde die Berechnung knüpft, s. OVG Lüneburg, a. a. O. Zur **Ferienwohnung** in der Rspr. des BFH s. *Obermeier,* DStR 91, 1613.

Die sog. **Zweitwohnungssteuer,** eine Gemeindeabgabe, i. d. R. für eine Ferienwohnung, ist verfassungswidrig, wenn sie Einheimische und Fremde ungleich behandelt (BVerfG, II BVR 1275/79). Möglich ist aber eine allgemeine Zweitwohnungssteuer mit Ermäßigungs- und Befreiungstatbeständen. Gegen die vom Bayerischen Landtag beschlossene Änderung des KommunalabgG, das die ZweitwohnungsSt im Juli 1989 abschaffte, klagt die Gemeinde Hindelang vor dem Bayerischen VerfGH. Von 146.768 Zweitwohnungen in Bayern werden der Zeit 71.429 für Ferienzwecke genutzt (St v. 29. 9. 89).

VII. Gemeindeabgaben und sonstige öffentliche Abgaben

15 Haftung der WEer im Zweifel als Gesamtschuldner. Abgaben gehören zu den Lasten und Kosten des gemeinsch. Eigentum i. S. des § 16 Abs. 2; Aufnahme in Wirtschaftsplan u. Rechnungslegung des Verwalters nach § 28. Dazu gehören Kanal-, Aus- und Wasserbaubeiträge und Gebühren, sofern sie durch Landesrecht für ein Grundstück einheitlich festgesetzt sind. Dies gilt z. B. auch für Müllabfuhr und Abwasser.

16 Bezüglich **Erschließungsbeiträgen** enthält § 134 BauGB eine Sonderregelung, nach der bei einer Erschließungsmaßnahme bei Wohnungs- und Teileigentum nur die einzelnen Ws- bzw. TEer entsprechend ihrem Miteigentumsanteil beitragspflichtig sind. Hier besteht keine gesamtschuldnerische Haftung. Für die Heranziehung eines WEers zu Erschließungsbeiträgen kommt es darauf an, ob das Grundstück, an dem der WEer MitE hat, von der abgerechneten Anlage *erschlossen* wird (OVG Münster, NJW-RR, 92, 1234).

VIII. Dauerwohn- und Dauernutzungsrecht

17 1. *Bewertung:* Grundsätzlich kein „Grundstück" i. S. des BewG. Ausnahmsweise bei Schenkung als Recht auf wiederkehrende Nutzung (§ 110 Nr. 4 BewG) mit dem Kapitalwert nach § 13 BewG zu bewerten.

Gleichstellung mit Eigenheim 18–22 § 62

2. *Grunderwerbsteuer:* Im Prinzip kein Anfall von GrESt. bei Erwerb oder Übertragung. Nur dann, wenn wirtschaftliches Eigentum des Berechtigten nach § 11 Nr. 4 StAnpG anzunehmen ist. **18**

3. *Einkommensteuer:* **19**
Bei eigener Nutzung sind keine Einnahmen aus dem DWR zu versteuern. Mietzinsen aus Vermietung von DWR-Räumen als Einnahmen aus Vermietung und Verpachtung zu behandeln. Es gilt das zu WsE Gesagte.

4. *Förderung des DWR:* Eigentumsähnliches DWR wie WE (§ 19 Abs. 3 1. WoBauG). Aufwendungen nach § 2 Abs. 1 Nr. 3b WoPG begünstigt. Die Finanzverwaltung hat entschieden, daß Bausparverträge auch zum Erwerb eines Dauerwohnrechts steuer- und prämienunschädlich verwendet werden dürfen. Der Haken daran: Das Wohnrecht muß eine Laufzeit von mindestens 50 Jahren haben. (Fin.-Ministerium Baden Württemberg S 1960 A – 3/67). **20**

B. Kosten und Gebühren

Kostenordnung in der Neufassung vom 26. 7. 1975 (BGBl. I S. 960; zuletzt geändert d. G. v. 10. 9. 1980, BGBl. I 1654). Zu behandeln nur die Begründung (Neubestellung) von WE und DWR. Bei Beurkundungen und Grundbucheintragungen über bereits begründete WE-Rechte gilt das Übliche (§§ 20, 19, 36, 39, für Belastungen §§ 36, 38, 23, für Grundbucheintragungen §§ 60–71, 77). **21**

Literatur: Die Kommentare zur KostO: *Korintenberg/Lappe/Bengel/Reimann*, 11. Aufl. 1978; *Rohs/Wedewehr/Bühling/Lauterbach; Göttlich/Mümler*, KostO., 2 Bde., 1987. Ausführlich *Bärmann-Merle* §§ 61/62 Rz. 194 ff. S. aber auch die aufschlußreiche Übersicht bei *Bärmann/Seuß*, T. A XIII. *Hartmann*, Kurzkomm. zu den Kostengesetzen, 23. Aufl. München 1989.

Für eine Reihe von Geschäften, die überwiegend der Schaffung von öffentlich geförderten oder steuerbegünstigten Wohnungen dienen, ergaben sich nach dem Gesetz über Gebührenbefreiung beim Wohnungsbau (WohnGebBefrG) verschiedene Befreiungstatbestände. Das G wurde durch Art. 22 Abs. 3 des „SteuerreformG 1990" v. 25. 7. 1988 (BStBl. I S. 244), in Kraft getreten zum 26. 7. 88, aufgehoben. **22**

§ 63 Überleitung bestehender Rechtsverhältnisse

(1) Werden Rechtsverhältnisse, mit denen ein Rechtserfolg bezweckt wird, der den durch dieses Gesetz geschaffenen Rechtsformen entspricht, in solche Rechtsformen umgewandelt, so ist als Geschäftswert für die Berechnung der hierdurch veranlaßten Gebühren der Gerichte und Notare im Falle des Wohnungseigentums ein Fünfundzwanzigstel des Einheitswertes des Grundstücks, im Falle des Dauerwohnrechtes ein Fünfundzwanzigstel des Wertes des Rechtes anzunehmen.

(2) Erfolgt die Umwandlung gemäß Absatz 1 binnen zweier Jahre seit dem Inkrafttreten dieses Gesetzes, so ermäßigen sich die Gebühren auf die Hälfte. Die Frist gilt als gewahrt, wenn der Antrag auf Eintragung in das Grundbuch rechtzeitig gestellt ist.

(3) Durch Landesgesetz können Vorschriften zur Überleitung bestehender, auf Landesrecht beruhender Rechtsverhältnisse in die durch dieses Gesetz geschaffenen Rechtsformen getroffen werden.

1 Gebührenrechtlicher Anreiz zur Überleitung, sowohl für Umwandlung in WE wie in DWR. OLG Hamburg (MdR 55, 42) nimmt gleiches auch für obligatiorische Mietverträge an. BGH v. 23. 4. 1958 NJW 58, 1289: wenn auch WEG sachlich-rechtliche Überleitungsvorschriften nicht erhält, so können doch im einzelnen Fall ein vor Inkrafttreten des Gesetzes vereinbartes veräußerliches, vererbliches und zur Eintragung im Grundbuch bestimmtes Wohn- und Nutzungsrecht an einem Siedlungshaus als DWR u. die Bestimmungen über die Ankündigung des Vertrages durch den Eigentümer und die Rückzahlung von Einzahlungen als Vereinbarung über den Heimfall und die daraus entstehende Entschädigungspflicht des Eigentümers anzusehen sein.

2 Für Hessen jetzt Hess. Gesetz zur Überleitung des Stockwerkseigentums v. 6. 2. 1962 (HessGVBl. 62, 17); für Baden-Wü.AG zum BGB v. 26. 11. 1974 (Ges.Bl. S. 498), *Thümmel,* in: JZ 80, 125; für Bayern lag ein Entwurf eines AGBGB v. 15. 12. 81 Bayer. Landtag, 9. Wahlperiode, Drucks. 9/10458 vor. Er bestätigt in Art. 62 das alte Stockwerkseigentum (zu den Einzelheiten ebenda). Im übrigen fehlt gesetzliche Überleitung der nach Art. 182 EGBGB in Kraft gebliebenen Stockwerkseigentumsrechte.

§ 64 Inkrafttreten

Dieses Gesetz tritt am Tage nach seiner Verkündigung in Kraft.

Das Gesetz wurde im Bundesgesetzblatt vom 19. 3. 1951 verkündet, ist also am 20. 3. 1951 in Kraft getreten. Gilt auch in West-Berlin (Gesetz v. 2. 8. 1952, BGBl. I S. 401).

Für das Saarland siehe § 3 Abschnitt II des Ges. v. 30. 6. 1959 (BGBl. I S. 313). Mit Abschluß der Übergangszeit gilt auch dort das WEG, das Landes-Gesetz nur noch für vorher begründete Rechte.

Anhang I. Ergänzende Vorschriften

1. Allgemeine Verwaltungsvorschrift für die Ausstellung von Bescheinigungen gemäß § 7 Abs. 4 Nr. 2 und § 32 Abs. 2 Nr. 2 des Wohnungseigentumsgesetzes

Vom 19. März 1974

(BAnz. Nr. 58 vom 23. 3. 1974)

Auf Grund des Artikels 84 Abs. 2 des Grundgesetzes werden mit Zustimmung des Bundesrates folgende Richtlinien für die Baubehörden über die Bescheinigung gemäß § 7 Abs. 4 Nr. 2 bzw. § 32 Abs. 2 Nr. 2 des Wohnungseigentumsgesetzes vom 15. März 1951 (Bundesgesetzbl. I S. 175, 209), zuletzt geändert durch das Gesetz zur Änderung des Wohnungseigentumsgesetzes und der Verordnung über das Erbbaurecht vom 30. Juli 1973 (Bundesgesetzbl. I S. 910), erlassen:

1. Die Bescheinigung darüber, daß eine Wohnung oder nicht zu Wohnzwecken dienende Räume in sich abgeschlossen im Sinne des § 3 Abs. 2 bzw. des § 32 Abs. 1 des Wohnungseigentumsgesetzes sind, wird auf Antrag des Grundstückseigentümers oder Erbbauberechtigten durch die Bauaufsichtsbehörde erteilt, die für die bauaufsichtliche Erlaubnis (Baugenehmigung) und die bauaufsichtlichen Abnahmen zuständig ist, soweit die zuständige oberste Landesbehörde nicht etwas anderes bestimmt.

2. Der Antrag ist eine Bauzeichnung in zweifacher Ausfertigung im Maßstabe mindestens 1 : 100 beizufügen; sie muß bei bestehenden Gebäuden eine Baubestandszeichnung sein und bei zu errichtenden Gebäuden den bauaufsichtlichen (baupolizeilichen) Vorschriften entsprechen.

3. Aus der Bauzeichnung müssen die Wohnungen, auf die sich das Wohnungseigentum, Wohnungserbbaurecht oder Dauerwohnrecht beziehen soll, oder die nicht zu Wohnzwecken dienenden Räume, auf die sich das Teileigentum, Teilerbbaurecht oder Dauernutzungsrecht beziehen soll, ersichtlich sein. Dabei sind alle zu demselben Wohnungseigentum, Teileigentum, Wohnungserbbaurecht, Teilerbbaurecht, Dauerwohnrecht oder Dauernutzungsrecht gehörenden Einzelräume in der Bauzeichnung mit der jeweils gleichen Nummer zu kennzeichnen.

4. Eine Wohnung ist die Summe der Räume, welche die Führung eines Haushaltes ermöglichen; dazu gehören stets eine Küche oder ein Raum mit Kochgelegenheit sowie Wasserversorgung, Ausguß und WC. Die Eigenschaft als Wohnung geht nicht dadurch verloren, daß einzelne Räume vorübergehend oder dauernd zu beruflichen oder gewerblichen Zwecken benutzt werden.

Anh. I Ergänzende Vorschriften

Räume, die zwar zu Wohnzwecken bestimmt sind, aber die genannten Voraussetzungen nicht erfüllen, können nicht als Wohnung im Sinne der oben angeführten Vorschriften angesehen werden.

Der Unterschied zwischen „Wohnungen" und „nicht zu Wohnzwecken dienenden Räumen" ergibt sich aus der Zweckbestimmung der Räume. Nicht zu Wohnzwecken dienende Räume sind z. B. Läden, Werkstatträume, sonstige gewerbliche Räume, Praxisräume, Garagen u. dgl.

5. Aus der Bauzeichnung muß weiter ersichtlich sein, daß die „Wohnungen" oder „die nicht zu Wohnzwecken dienenden Räume" in sich abgeschlossen sind.

a) Abgeschlossene Wohnungen sind solche Wohnungen, die baulich vollkommen von fremden Wohnungen und Räumen abgeschlossen sind, z. B. durch Wände und Decken, die den Anforderungen der Bauaufsichtsbehörden (Baupolizei) an Wohnungstrennwände und Wohnungstrenndecken entsprechen und einen eigenen abschließbaren Zugang unmittelbar vom Freien, von einem Treppenhaus oder einem Vorraum haben. Zu abgeschlossenen Wohnungen können zusätzliche Räume außerhalb des Wohnungsabschlusses gehören. Wasserversorgung, Ausguß und WC müssen innerhalb der Wohnung liegen.

Zusätzliche Räume, die außerhalb des Wohnungsabschlusses liegen, müssen verschließbar sein.

b) Bei „nicht zu Wohnzwecken dienenden Räumen" gelten diese Erfordernisse sinngemäß.

6. Bei Garagenstellplätzen muß sich im Falle des § 3 Abs. 2 Satz 2 des Wohnungseigentumsgesetzes aus der Bauzeichnung, gegebenenfalls durch zusätzliche Beschriftung ergänzt, ergeben, wie die Flächen der Garagenstellplätze durch dauerhafte Markierungen ersichtlich sind. Als dauerhafte Markierungen kommen in Betracht
   a) Wände aus Stein oder Metall,
   b) festverankerte Geländer oder Begrenzungseinrichtungen aus Stein oder Metall,
   c) festverankerte Begrenzungsschwellen aus Stein oder Metall,
   d) in den Fußboden eingelassene Markierungssteine,
   e) andere Maßnahmen, die den Maßnahmen nach den Buchstaben a bis d zumindest gleichzusetzen sind.

7. Bei Vorliegen der Voraussetzungen der Nummern 1 bis 6 ist die Bescheinigung nach dem Muster der Anlage zu erteilen. Die Bescheinigung ist mit Unterschrift sowie Siegel oder Stempel zu versehen. Mit der Bescheinigung ist eine als Aufteilungsplan bezeichnete und mit Unterschrift sowie mit Siegel oder Stempel versehene Ausfertigung der Bauzeichnung zu erteilen. Die Zusammengehörigkeit von Bescheinigung und Aufteilungsplan ist durch Verbindung beider mittels Schnur und Siegel oder durch übereinstimmende Aktenbezeichnung ersichtlich zu machen.

8. Die Bescheinigung gemäß Nummer 7 ist bei zu errichtenden Gebäuden nicht zu erteilen, wenn die Voraussetzungen für eine bauaufsichtliche

1. Allg. VwV f. d. Ausstellung von Bescheinigungen **Anh. I**

Genehmigung des Bauvorhabens nach Maßgabe der eingereichten Bauzeichnungen nicht gegeben sind.

Die Richtlinien treten am 1. Tage des auf die Veröffentlichung folgenden Monats in Kraft. Die Richtlinien des Bundesministers für Wohnungsbau vom 3. August 1951 für die Ausstellung von Bescheinigungen gemäß § 7 Abs. 4 Nr. 2 und § 32 Abs. 2 Nr. 2 des Wohnungseigentumsgesetzes (Bundesanzeiger Nr. 152 vom 9. August 1951) treten gleichzeitig außer Kraft.

Bonn, den 19. März 1974

Der Bundeskanzler
Brandt
Der Bundesminister
für Raumordnung, Bauwesen und
Städtebau
Dr. Vogel
Der Bundesminister der Justiz
Gerhard Jahn

Anlage

Bescheinigung

auf Grund des § 7 Abs. 4 Nr. 2/§ 32 Abs. 2 Nr. 2 des Wohnungseigentumsgesetzes

Die in dem beiliegenden Aufteilungsplan

mit Nummer . . . . bis . . . . bezeichneten Wohnungen*

mit Nummer . . . . bis . . . . bezeichneten nicht zu Wohnzwecken dienenden Räume*

in dem bestehenden/zu errichtenden* Gebäude auf dem Grundstück in

. . . .
      (Ort)   (Straße, Nr.)

(Katastermäßige Bezeichnung) . . . .

Grundbuch von . . . .

Band: . . . . Blatt: . . . .

sind/gelten als* in sich abgeschlossen.

Sie entsprechen daher dem Erfordernis des § 3 Abs. 2/§ 32 Abs. 1* des Wohnungseigentumsgesetzes.

. . . . den . . . .
      (Ort)

                              . . . .
                              (Unterschrift der Behörde)

(Siegel oder Stempel)

---

* Nichtzutreffendes streichen.

2a. Verfügung über die grundbuchmäßige Behandlung der Wohnungseigentumssachen

Vom 1. August 1951

(BAnz. Nr. 152, geändert durch Verordnung vom 15. Juli 1959, BAnz. Nr. 137, Art. 4 Verordnung vom 21. 3. 1974, BGBl. I S. 771, Art. 2 der Verordnung vom 1. 12. 77, BGBl. I S. 2313, und Art. 2 der Verordnung vom 23. 7. 1984, BGBl. I S. 1025)

Auf Grund des § 1 Abs. 3, § 3 Abs. 1 Satz 3, § 10 Abs. 2, § 12 Abs. 3 und § 124 der Grundbuchordnung in der Fassung vom 5. August 1935 (Reichsgesetzbl. I S. 1073) in Verbindung mit Art. 84 Abs. 2 und Art. 129 des Grundgesetzes wird mit Zustimmung des Bundesrates folgendes bestimmt:

§ 1

Für die gemäß § 7 Abs. 1, § 8 Abs. 2 des Wohnungseigentumsgesetzes vom 15. März 1951 (Bundesgesetzbl. I S. 175) für jeden Miteigentumsanteil anzulegenden besonderen Grundbuchblätter (Wohnungs- und Teileigentumsgrundbücher) sowie für die gemäß § 30 Abs. 3 des Wohnungseigentumsgesetzes anzulegenden Wohnungs- und Teilerbbaugrundbücher gelten die Vorschriften der Grundbuchverfügung entsprechend, soweit sich nicht aus den §§ 2 bis 5, 8, 9 etwas anderes ergibt.

§ 2

In der Aufschrift ist unter die Blattnummer in Klammern das Wort „Wohnungsgrundbuch" oder „Teileigentumsgrundbuch" zu setzen, je nachdem, ob sich das Sondereigentum auf eine Wohnung oder auf nicht zu Wohnzwecken dienende Räume bezieht. Ist mit dem Miteigentumsanteil Sondereigentum sowohl an einer Wohnung als auch an nicht zu Wohnzwecken dienenden Räumen verbunden und überwiegt nicht einer dieser Zwecke offensichtlich, so ist das Grundbuchblatt als „Wohnungs- und Teileigentumsgrundbuch" zu bezeichnen.

§ 3

(1)[1] Im Bestandsverzeichnis sind in dem durch die Spalte 3 gebildeten Raum einzutragen:
a) der in einem zahlenmäßigen Bruchteil ausgedrückte Miteigentumsanteil an dem Grundstück;
b) die Bezeichnung des Grundstücks nach den allgemeinen Vorschriften; besteht das Grundstück aus mehreren Teilen, die in dem maßgebenden amtlichen Verzeichnis (§ 2 Abs. 2 der Grundbuchordnung) als selbständige Teile eingetragen sind, so ist bei der Bezeichnung des Grundstücks in geeigneter Weise zum Ausdruck zu bringen, daß die Teile ein Grundstück bilden;

---

[1] § 3 Abs. 1 Buchst. b ergänzt durch VO vom 21. 3. 1974 (BGBl. I S. 771).

2a. Verfügung über die grundbuchmäßige Behandlung **Anh. I**

c) das mit dem Miteigentumsanteil verbundene Sondereigentum an bestimmten Räumen und die Beschränkung des Miteigentums durch die Einräumung der zu den anderen Miteigentumsanteilen gehörenden Sondereigentumsrechte; dabei sind die Grundbuchblätter der übrigen Miteigentumsanteile anzugeben.

(2) Wegen des Gegenstandes und des Inhalts des Sondereigentums kann auf die Eintragungsbewilligung Bezug genommen werden (§ 7 Abs. 3 WEG; vereinbarte Veräußerungsbeschränkungen (§ 12 WEG) sind jedoch ausdrücklich einzutragen.

(3) In Spalte 1 ist die laufende Nummer der Eintragung einzutragen. In Spalte 2 ist die bisherige laufende Nummer des Miteigentumsanteils anzugeben, aus dem der Miteigentumsanteil durch Vereinigung oder Teilung entstanden ist.

(4) In Spalte 4 ist die Größe des im Miteigentum stehenden Grundstücks nach den allgemeinen Vorschriften einzutragen.

(5)[1] In den Spalten 6 und 8 sind die Übertragung des Miteigentumsanteils auf das Blatt sowie die Veränderungen, die sich auf den Bestand des Grundstücks, die Größe des Miteigentumsanteils oder den Gegenstand oder den Inhalt des Sondereigentums beziehen, einzutragen. Der Vermerk über die Eintragung des Miteigentumsanteils auf das Blatt kann jedoch statt in Spalte 6 auch in die Eintragung in Spalte 3 aufgenommen werden.

(6) Verliert durch die Eintragung einer Veränderung nach ihrem aus dem Grundbuch ersichtlichen Inhalt eine frühere Eintragung ganz oder teilweise ihre Bedeutung, so ist sie insoweit rot zu unterstreichen.

(7) Vermerke über Rechte, die dem jeweiligen Eigentümer des Grundstücks zustehen, sind in den Spalten 1, 3 und 4 des Bestandsverzeichnisses sämtlicher für Miteigentumsanteile an dem herrschenden Grundstück angelegten Wohnungs- und Teileigentumsgrundbücher einzutragen. Hierauf ist in dem in Spalte 6 einzutragenden Vermerk hinzuweisen.

§ 4

(1) Rechte, die ihrer Natur nach nicht an dem Wohnungseigentum als solchem bestehen können (wie z. B. Wegerechte), sind in Spalte 3 der zweiten Abteilung in der Weise einzutragen, daß die Belastung des ganzen Grundstücks erkennbar ist. Die Belastung ist in sämtlichen für Miteigentumsanteile an dem belasteten Grundstück angelegten Wohnungs- und Teileigentumsgrundbüchern einzutragen, wobei jeweils auf die übrigen Eintragungen zu verweisen ist.

(2) Abs. 1 gilt entsprechend für Verfügungsbeschränkungen, die sich auf das Grundstück als Ganzes beziehen.

§ 5[2]

Bei der Bildung von Hypotheken-, Grundschuld- und Rentenschuldbriefen ist kenntlich zu machen, daß der belastete Gegenstand ein Wohnungseigentum (Teileigentum) ist.

---

[1] § 3 Abs. 5 ergänzt durch VO vom 21. 3. 1974 (BGBl. I S. 771).
[2] § 5 neu gefaßt durch VO vom 1. 12. 1977 (BGBl. I S. 2313).

Anh. I Ergänzende Vorschriften

§ 6

Sind gemäß § 7 Abs. 1 oder § 8 Abs. 2 WEG für die Miteigentumsanteile besondere Grundbuchblätter anzulegen, so werden die Miteigentumsanteile in den Spalten 7 und 8 des Bestandsverzeichnisses des Grundbuchblattes des Grundstücks abgeschrieben. Die Schließung des Grundbuchblattes gemäß § 7 Abs. 1 Satz 3 WEG unterbleibt, wenn auf dem Grundbuchblatt von der Abschreibung nicht betroffene Grundstücke eingetragen sind.

§ 7

Wird von der Anlegung besonderer Grundbuchblätter gemäß § 7 Abs. 2 WEG abgesehen, so sind in der Aufschrift unter die Blattnummer in Klammern die Worte „Gemeinschaftliches Wohnungsgrundbuch" oder „Gemeinschaftliches Teileigentumsgrundbuch" (im Falle des § 2 Satz 2 dieser Verfügung „Gemeinschaftliches Wohnungs- und Teileigentumsgrundbuch") zu setzen; die Angaben über die Einräumung von Sondereigentum sowie über den Gegenstand und Inhalt des Sondereigentums sind als Bezeichnung des Gemeinschaftsverhältnisses im Sinne des § 47 GBO gemäß § 9 Buchstabe b der Grundbuchverfügung in den Spalten 2 und 4 der ersten Abteilung einzutragen.

§ 8

Die Vorschriften der §§ 2 bis 7 gelten für Wohnungs- und Teilerbbaugrundbücher entsprechend.

§ 9[1]

Die nähere Einrichtung der Wohnungs- und Teileigentumsgrundbücher sowie der Wohnungs- und Teilerbbaugrundbücher ergibt sich aus den als Anlagen 1 bis 3 beigefügten Mustern. Für den Inhalt eines Hypothekenbriefes bei der Aufteilung des Eigentums am belasteten Grundstück in Wohnungseigentumsrechte nach § 8 WEG dient die Anlage 4 als Muster. Die in den Anlagen befindlichen Probeeintragungen sind als Beispiele nicht Teil dieser Verfügung.

§ 10

Die Befugnis der zuständigen Landesbehörden, zur Anpassung an landesrechtliche Besonderheiten ergänzende Vorschriften zu treffen, wird durch diese Verfügung nicht berührt.

§ 11

Diese Verfügung tritt am Tage nach ihrer Verkündung[2] in Kraft.

---

[1] § 9 Satz 2 neu gefaßt durch VO vom 1. 12. 1977 (BGBl. I S. 2313).
[2] Die Verfügung wurde am 9. August 1951 verkündet.

2a. Verfügung über die grundbuchmäßige Behandlung **Anh. I**

Anlage 1
(WEs- und TEs-Grundbuch)

Muster
(Vorderseite)

Amtsgericht Schönberg

Grundbuch

von

Waslingen

Band ... Blatt ...

(WEs- und TEs-Grundbuch)

(Wohnungsgrundbuch)

Anh. I Ergänzende Vorschriften

Bestandsverzeichnis (2. Seite)

Laufende Nr. der Grundstücke	Bisherige laufende Nummer der Grundstücke	Bezeichnung der Grundstücke und der mit dem Eigentum verbundenen Rechte				Größe		
		Gemarkung (Vermessungsbezirk)	Karte	Katasterbücher	Wirtschaftsart und Lage			
		a	b	c	d	ha	a	m²
1	2	3				4		
1		Flur / Flurstück / Lieg.B. / Geb.B.						
		42/100 (zweiundvierzig Hundertstel) MEs-Anteil an dem Grundstück						
		Waslingen	3	112 120	317	Wohn- u. Geschäftshaus mit Garten Mühlenstr. 10	–	4	68
		verbunden mit SE an dem Laden im Erdgeschoß und an der Wohnung im ersten Stockwerk links; das ME ist durch die Einräumung der zu den anderen MEs-Anteilen (eingetragen Bd. 6 Bl. 172 bis 176) gehörenden SEs-Rechte beschränkt.						
		Der WEer und TEer bedarf zur Veräußerung des WEs- und TEs der Zustimmung der Mehrheit der übrigen WEer. Im übrigen wird wegen des Gegenstandes und des Inhalts des SEs auf die Eintragungsbewilligung vom 6. 5. 1951 Bezug genommen.						
		Eingetragen am 15. 5. 1951 Neu Meier						
2	Rest von 1	14/100 (vierzehn Hundertstel) MEs-Anteil an dem Grundstück						
		Waslingen	3	112 120	317	Wohn- u. Geschäftshaus mit Garten Mühlenstr. 10	–	4	68
		verbunden mit SE an der Wohnung im ersten Stockwerk links; das ME ist durch die Einräumung der zu den anderen MEs-Anteilen (eingetragen Bd. 6 Bl. 172 bis 176, Bd. 8 Bl. 227) gehörenden SEs-Rechte beschränkt.						
3 zu 2		Licht- und Fensterrecht an dem Grundstück Waslingen Flur 3 Flurstück 119, eingetragen im Grundbuch von Waslingen Bd. 1 Bl. 21 Abt. II Nr. 2, zugunsten des jeweiligen Eigentümers des Grundstücks Waslingen Flur 3 Flurstück 112.						

2a. Verfügung über die grundbuchmäßige Behandlung **Anh. I**

(3. Seite)   Bestandsverzeichnis

Bestand und Zuschreibungen		Abschreibungen	
Zur laufenden Nummer der Grundstücke		Zur laufenden Nummer der Grundstücke	
5	6	7	8
1	Der MEs-Anteil ist bei Anlegung dieses Blattes von Bd. 2 Bl. 47 hierher übertragen am 15. 5. 1951 Neu Meier	1, 2	Von Nr. 1 sind 28/100 MEs-Anteil, verbunden mit SE an dem Laden im Erdgeschoß und den in der Eintragungsbewilligung vom 2. 7. 1955 sonst bezeichneten Räumlichkeiten, übertragen nach Bd. 8 Bl. 227 am 18. 7. 1955. Rest: Nr. 2 Neu Meier
3 zu 2	Hier sowie auf den für die übrigen MEs-Anteile angelegten Grundbuchblättern (Bd. 6 Bl. 172 bis 176, Bd. 8 Bl. 227) vermerkt am 26. 4. 1956. Schmidt Lehmann		
2	Der Inhalt des SEs ist dahin geändert, daß a) die Zustimmung zur Veräußerung nicht erforderlich ist, im Falle der Versteigerung nach § 19 des WEGs sowie bei Veräußerung im Wege der Zwangsvollstreckung oder durch den Konkursverwalter; b) über den Gebrauch des Hofraums eine Vereinbarung getroffen ist. Eingetragen unter Bezugnahme auf die Eintragungsbewilligung vom 18. 8. 1958 am 2. 9. 1958. Schmidt Lehmann		
2	Der Gegenstand des SEs ist bezüglich eines Raumes geändert. Unter Bezugnahme auf die Eintragungsbewilligung vom 28. 2. 1959 eingetragen am 21. 3. 1959. Schmidt Lehmann		

Anh. I

Ergänzende Vorschriften

Erste Abteilung (4. Seite)

Laufende Nummer der Eintragungen	Eigentümer	Laufende Nummer der Grundstücke im Bestandsverzeichnis	Grundlage der Eintragung
1	2	3	4
1a b	Kaufmann Johann Müller in Waslingen, seine Ehefrau Johanna, geb. Schmitz, daselbst, Mitberechtigte je zur Hälfte	1 3 zu 2	Der MEs-Anteil ist aufgelassen am 6. 5. 1951, eingetragen am 25. 5. 1951. Neu Meier Bd. 1 Bl. 21 eingetragen am 26. 4. 1956. Hier vermerkt am 26. 4. 1956. Schmidt Lehmann

2a. Verfügung über die grundbuchmäßige Behandlung **Anh. I**

(5. Seite) Erste Abteilung

Laufende Nummer der Eintragungen	Eigentümer	Laufende Nummer der Grundstücke im Bestandsverzeichnis	Grundlage der Eintragung
1	2	3	4

433

Anh. I

Zweite Abteilung

Ergänzende Vorschriften

(6. Seite)

Laufende Nummer der Eintragungen	Laufende Nummer der betroffenen Grundstücke im Bestandsverzeichnis	Lasten und Beschränkungen
1	2	3
1	1	Geh- und Fahrtrecht an dem Grundstück Flur 3 Flurstück Nr. 112 für den jeweiligen Eigentümer des Grundstücks Bd. 1 Bl. 4 Nr. 2 des Bestandsverzeichnisses (Flur 3 Flurstück 115); eingetragen in Bd. 2 Bl. 47 am 4. 4. 1943 und hierher sowie auf die für die anderen MEs-Anteile angelegten Grundbuchblätter (Bd. 6 Bl. 172 bis 176) übertragen am 15. 5. 1951. Neu Meier
2	2	Wohnungsrecht für die Witwe Müller Emilie geb. Schulze in Waslingen. Eingetragen unter Bezugnahme auf die Eintragungsbewilligung vom 20. 9. 1956 am 11. 10. 1956. Schmidt Lehmann

2a. Verfügung über die grundbuchmäßige Behandlung Anh. I

(7. Seite) Zweite Abteilung

Laufende Nummer der Spalte 1	Veränderungen	Laufende Nummer der Spalte 1	Löschungen
4	5	6	7

Anh. I

Ergänzende Vorschriften

Dritte Abteilung (8. Seite)

Laufende Nummer der Eintragungen	Laufende Nummer der Grundstücke im Bestandsverzeichnis	Betrag	Hypotheken, Grundschulden, Rentenschulden
1	2	3	4
1	1	10000 DM	Zehntausend Deutsche Mark Darlehen, mit sechs von Hundert jährlich verzinslich, für die Stadtsparkasse Waslingen. Die in Bd. 6 Bl. 172 bis 176 eingetragenen WEs-Rechte haften mit. Die Erteilung eines Briefes ist ausgeschlossen. Unter Bezugnahme auf die Eintragungsbewilligung vom 8. 5. 1951 eingetragen am 17. 5. 1951. Neu Meier
2	2	3000 DM	Dreitausend Deutsche Mark Grundschuld mit sechs vom Hundert jährlich verzinsbar für den Kaufmann Ernst Nuter in Neudorf. Unter Bezugnahme auf die Eintragungsbewilligung vom 17. 1. 1956 eingetragen am 2. 2. 1956. Schmidt Lehmann

2a. Verfügung über die grundbuchmäßige Behandlung **Anh. I**

(9. Seite) Dritte Abteilung

Laufende Nummer der Spalte 1	Betrag	Veränderungen	Laufende Nummer der Spalte 1	Betrag	Löschungen
5	6	7	8	9	10
1	10000 DM	Zur Mithaft übertragen nach Bd. 8 Bl. 227 am 18. 7. 1955. Neu Meier			

437

Anh. I

Ergänzende Vorschriften

Anlage 2
(Erste Abteilung eines gemeinschaftlichen Wohnungsgrundbuches)

Muster
Erste Abteilung

Laufende Nummer der Eintragungen	Eigentümer	Laufende Nummer der Grundstücke im Bestandsverzeichnis	Grundlage der Eintragung
1	2	3	4
1a b c d	Kaufmännischer Angestellter Johann Amberg in Waslingen, Dentist Friedrich Beier in Waslingen, Mechaniker Karl Christ in Waslingen, Tischlermeister Georg Damm in Waslingen, MEer zu je ein Viertel; jeder MEs-Anteil ist verbunden mit SE an einer Wohnung des Hauses; das ME ist durch die Einräumung der SEs-Rechte beschränkt.	1	Das Grundstück ist an die MEer aufgelassen am 10. 5. 1951. Wegen des Gegenstandes und des Inhalts des SEs wird auf die Eintragungsbewilligung vom 10. 5. 1951 Bezug genommen. Jeder WEer bedarf zur Veräußerung des WEs der Zustimmung der anderen WEer. Eingetragen am 28. 5. 1951. Neu Meier

2a. Verfügung über die grundbuchmäßige Behandlung **Anh. I**

Anlage 3
(Aufschrift und Bestandsverzeichnis
eines WsErbbaugrundbuches)

Muster

(Vorderseite)

Amtsgericht Waslingen

Grundbuch

von

Waslingen

Band ... Blatt ...

(Wohnungserbbaugrundbuch)

Bestandsverzeichnis (2. Seite)

<table>
<tr><th rowspan="2">Laufende Nummer der Grundstücke</th><th rowspan="2">Bisherige lfd. Nr. der Grundstücke</th><th colspan="5">Bezeichnung der Grundstücke und der mit dem Eigentum verbundenen Rechte</th><th colspan="3">Größe</th></tr>
<tr><th>Gemarkung (Vermessungsbezirk)</th><th>Karte</th><th colspan="2">Steuerbücher</th><th>Wirtschaftsart und Lage</th><th></th><th></th><th></th></tr>
<tr><th></th><th></th><th>a</th><th>b</th><th>c</th><th>d</th><th>e</th><th>ha</th><th>a</th><th>m²</th></tr>
<tr><td>1</td><td>2</td><td colspan="5">3</td><td colspan="3">4</td></tr>
<tr><td>1</td><td></td><td colspan="5">1/12 (ein Zwölftel) Anteil an dem ErbbR, das im Grundbuch von Waslingen Bd. 1 Bl. 23 als Belastung des im Bestandsverzeichnis unter Nr. 2 verzeichneten Grundstücks</td><td></td><td></td><td></td></tr>
<tr><td></td><td></td><td>Waslingen</td><td>K. Bl. 5</td><td>Parzelle 102/66</td><td>Grdst. MR 27</td><td>Garten an der Wublitz</td><td>–</td><td>25</td><td></td></tr>
<tr><td></td><td></td><td colspan="5">in Abteilung II Nr. 1 für die Dauer von 99 Jahren seit dem Tage der Eintragung, dem 1. 6. 1951, eingetragen ist. Als Eigentümer des belasteten Grundstücks ist der Schlossermeister Walter Breithaupt in Waslingen eingetragen. Unter Bezugnahme auf die Eintragungsbewilligung vom 26. 4. 1951 bei der Anlegung dieses WErbb-Grundbuches hier vermerkt am 1. 6. 1951.
Mit dem Anteil an dem ErbbR ist das SE an der Wohnung im 1. Stockwerk links des auf Grund des ErbbRs zu errichtenden Gebäudes verbunden; der Anteil ist durch die Einräumung der zu den anderen Anteilen (eingetragen Bd. 5 Bl. 137 bis 147) gehörenden SEs-Rechte beschränkt. Der WErbb-Ber. bedarf zur Veräußerung des WErbbRs der Zustimmung der Mehrheit der übrigen WErbb-Ber. Im übrigen wird wegen des Gegenstandes und des Inhalts des SEs auf die Eintragungsbewilligung vom 15. 5. 1951 Bezug genommen.
Eingetragen am 1. 6. 1951.
Fuchs Körner</td><td></td><td></td><td></td></tr>
<tr><td>2</td><td></td><td colspan="5">Der Inhalt des ErbbRs ist bezüglich der Heimfallgründe geändert. Eingetragen unter Bezugnahme auf die Eintragungsbewilligung vom 11. 9. 1955 am 3. 10. 1955.
Fuchs Körner</td><td></td><td></td><td></td></tr>
</table>

2a. Verfügung über die grundbuchmäßige Behandlung **Anh. I**

(3. Seite) Bestandsverzeichnis

Bestand und Zuschreibungen		Abschreibungen	
Zur laufenden Nummer der Grundstücke		Zur laufenden Nummer der Grundstücke	
5	6	7	8
1	Der Inhalt des SEs ist hinsichtlich der Gebrauchsregelung geändert. Unter Bezugnahme auf die Eintragungsbewilligung vom 20. 2. 1956 eingetragen am 3. 3. 1956. Fuchs Körner		

Anh. I
Ergänzende Vorschriften

Anlage 4[1]
(Probeeintragungen in einen
Hypothekenbrief bei Aufteilung
des Eigentums am belasteten
Grundstück in Wohnungseigen-
tumsrechte nach § 8 des
Wohnungseigentumsgesetzes)

Muster
Deutscher Hypothekenbrief
über

100 000 Deutsche Mark

eingetragen im Grundbuch von Waslingen (Amtsgericht Schönberg) Band 3 Blatt 88 Abteilung III Nr. 3 (drei)

Inhalt der Eintragung:

Nr. 3: 100 000 (einhunderttausend) Deutsche Mark Darlehen für die Darlehensbank Aktiengesellschaft in Waslingen mit sechseinhalb vom Hundert jährlichen Zinsen. Unter Bezugnahme auf die Eintragungsbewilligung vom 28. September 1979 eingetragen am 18. Oktober 1979.

Belastetes Grundstück:

Das im Bestandsverzeichnis des Grundbuchs unter Nr. 1 verzeichnete Grundstück.

Schönberg, den 18. Oktober 1979

Amtsgericht

(Siegel oder Stempel)

(Unterschriften)

Das Eigentum an dem belasteten Grundstück ist in Wohnungseigentum aufgeteilt worden. Für die einzelnen Wohnungseigentumsrechte ist am 26. September 1980 jeweils ein Wohnungsgrundbuch angelegt worden. Diese Wohnungsgrundbücher haben folgende Bezeichnungen:

Wohnungsgrundblatt von Waslingen

Band	Blatt
4	97
4	98
4	99
4	100

---

[1] Anlage 4 ersetzt durch VO vom 1. 12. 1977 (BGBl. I S. 2313).

2a. Verfügung über die grundbuchmäßige Behandlung **Anh. I**

In den vorgenannten Wohnungsgrundbüchern ist das Wohnungseigentum jeweils unter Nr. 1 im Bestandsverzeichnis eingetragen worden. Die Hypothek ist jeweils in die dritte Abteilung dieser Wohnungsgrundbücher unter Nr. 1 (eins) übertragen worden. Das Grundbuch von Waslingen Band 3 Blatt 88 ist geschlossen worden.*

Schönberg, den 29. September 1980

                                                                            Amtsgericht

        (Siegel oder Stempel)

                                                (Unterschriften)

---

* Dieser Satz entfällt im Falle des § 6 Satz 2 der Verfügung über die grundbuchmäßige Behandlung der Wohnungseigentumssachen vom 1. August 1951.

2b. Gesetz zu dem Vertrag vom 31. August 1990 zwischen der Bundesrepublik Deutschland und der Deutschen Demokratischen Republik über die Herstellung der Einheit Deutschlands – Einigungsvertragsgesetz – und der Vereinbarung vom 18. September 1990

(BGBl. I S. 885)

– Auszug –

Anlage I Kap. III, Sachgebiet B Abschnitt III Nr. 5 Bundesrecht tritt in dem in Artikel 3 des Vertrags genannten Gebiet mit folgenden Maßgaben in Kraft:

5. Verfügung über die grundbuchmäßige Behandlung der Wohnungseigentumssachen vom 1. August 1951 (BAnz. Nr. 152 vom 9. August 1951), zuletzt geändert durch Artikel 2 der Verordnung vom 23. Juli 1984 (BGBl. S. 1025)

   mit folgenden Maßgaben:
   a) Soweit auf die Vorschriften der Grundbuchverfügung verwiesen wird und deren Bestimmungen nach den für die Überleitung der Grundbuchverfügung bestimmten Maßgaben nicht anzuwenden sind, treten an die Stelle der in Bezug genommenen Vorschriften der Grundbuchverfügung die entsprechenden anzuwendenden Regelungen über die Einrichtung und Führung der Grundbücher. Die in § 3 vorgesehenen Angaben sind in diesem Falle in die entsprechenden Spalten für den Bestand einzutragen.
   b) Ist eine Aufschrift mit Blattnummer nicht vorhanden, ist die in § 2 erwähnte Bezeichnung an vergleichbarer Stelle im Kopf der ersten Seite des Grundbuchblatts anzubringen.

3. Deutsche Normen

DIN 283 Blatt 1
Wohnungen, Begriffe

März 1951

1 Wohnungen

1.1 Eine Wohnung ist die Summe der Räume, welche die Führung eines Haushaltes ermöglichen, darunter stets eine Küche oder ein Raum mit Kochgelegenheit. Zu einer Wohnung gehören außerdem Wasserversorgung, Ausguß und Abort. Die Eigenschaft als Wohnung geht nicht dadurch verloren, daß einzelne Räume vorübergehend oder dauernd zu beruflichen oder gewerblichen Zwecken benutzt werden.

1.11 **Abgeschlossene Wohnungen** sind solche Wohnungen, die baulich vollkommen von fremden Wohnungen und Räumen abgeschlossen sind, z. B. durch Wände und Decken, die den Anforderungen der Bauaufsichtsbehörden (Baupolizei) an Wohnungstrennwände und Wohnungstrenndecken entsprechen und einen eigenen abschließbaren Zugang unmittelbar vom Freien, von einem Treppenhaus oder einem Vorraum haben. Zu abgeschlossenen Wohnungen können zusätzliche Räume außerhalb des Wohnungsabschlusses gehören. Auch Wasserversorgung, Ausguß und Abort können außerhalb der Wohnung liegen.[1]

1.12 **Nichtabgeschlossene Wohnungen** sind solche Wohnungen, die die Bedingungen des Abschnittes 1.11 nicht erfüllen.[1]

2 Räume der Wohnung

Unterschieden werden Wohn- und Schlafräume (Abschnitt 2.1), Küchen (Abschnitt 2.2) und Nebenräume (Abschnitt 2.3).

2.1 **Als Wohn- und Schlafräume** gelten nur solche Räume der Wohnung (auch Wohndielen) und ausreichend beheizbare Wintergärten), die den Anforderungen der Bauaufsichtsbehörden (Baupolizei) an Räume zum dauernden Aufenthalt von Menschen entsprechen.

Nach der Größe werden unterschieden:

2.11 **Wohn- und Schlafzimmer** von mindestens $10\,m^2$ Wohnfläche (s. DIN 283 Blatt 2).

2.12 **Wohn- und Schlafkammern** von mindestens 6 und weniger als $10\,m^2$ Wohnfläche, deren kleinste Lichtweite auf wenigstens ⅔ der Grundfläche mindestens 2,1 m ist. (Kleinere Räume vgl. Abschnitt 2.3.)

---

[1] Einliegerwohnungen können sowohl abgeschlossene wie nichtabgeschlossene Wohnungen sein.

Anh. I Ergänzende Vorschriften

2.2 **Küchen**

2.21 **Wohnküchen** sind Räume von mindestens 12 m² Wohnfläche, die zum Wohnen geeignet, mit Einrichtung zum Kochen für hauswirtschaftliche Zwecke ausgestattet und beheizbar sind. Wohnräume mit Kochnischen werden ebenfalls zu den Wohnküchen gerechnet, wenn sie zusammen mindestens 12 m² Wohnfläche haben.

2.22 **Kochküchen** sind Räume, die mit einer Einrichtung zum Kochen für hauswirtschaftliche Zwecke ausgestattet sind und nicht unter Abschnitt 2.21 fallen.

2.3 **Nebenräume** sind Räume einer Wohnung, die nicht unter Abschnitt 2.1, 2.2, 3.1 oder 4 fallen, z. B. Dielen (Wohndielen s. Abschnitt 2.1), Schrankräume, Abstellräume, Windfänge, Vorräume, Flure, Treppen innerhalb einer Wohnung einschl. Treppenabsätze, Galerien, Aborte, Wasch-, Dusch- und Baderäume, Spülküchen, Speisekammern, Besenkammern u. dgl., Veranden, nicht ausreichend beheizbare Wintergärten. Als Nebenräume gelten auch Hauslauben (Loggien), Balkone und gedeckte Freisitze.

3 Ausstattung der Wohnung

3.1 **Räumliche Ausstattung**

3.11 **ausschließlich zu einer Wohnung gehörende Räume:** Bodenräume, Waschküche, Kellerräume, Trockenräume, Speicherräume, Garagen usw.

3.12 **zur gemeinsamen Benutzung verfügbare Räume:** Vorplätze, Geschoßtreppen und Treppenhäuser, Waschküchen, Trockenräume, Bade- und Brauseräume, Backstuben, Plättstuben, Rollkammern, Fahrrad- und Kinderwagenräume usw.

3.2 **Betriebliche Ausstattung:** Wasserversorgung, Entwässerung, Elektrizitätsversorgung, Gasversorgung, Öfen, Herde, Fern- und Sammelheizungen, Warmwasserversorgung, Antennen und Rundfunkanlagen, Lasten- und Personenaufzüge, Müllschlucker, Hausfernsprecher usw.

3.3 **Sonstige Ausstattung**

3.31 **ausschließlich zu einer Wohnung gehörend:**

3.311 innerhalb der Wohnung: eingebaute Ausstattungsstücke, wie Wandschränke, Möbel, Garderoben usw.

3.312 außerhalb der Wohnung: Garten, Gartenlauben (Terrassen), Kinderspielanlagen usw.

3.32 **zur gemeinschaftlichen Benutzung:** Kinderspielanlagen, Grünanlagen, Trockenplätze, Teppichklopfstangen, Wäschepfähle, Müllkästen, Dunggruben usw.

3.33 **Nutzungsrecht in Verbindung mit der Wohnung:** landwirtschaftliche oder gewerbliche Nutzung an Grunstücksflächen, Jagd-, Fischerei-, Bootsstegerechte mit zugehörigen Unterhaltungspflichten, Wiesen- und Weidennutzungen usw.

3. Deutsche Normen **Anh. I**

4 Wirtschaftsräume und gewerbliche Räume im Zusammenhang mit einer Wohnung

Mit einer Wohnung können Räume in Zusammenhang stehen, die keinen Wohnzwecken dienen und sich wegen ihrer Zweckbestimmung baulich wesentlich von den Wohnräumen unterscheiden.

4.1 **Wirtschaftsräume:** Arbeitsräume, Vorratsräume, Backstuben, Räucherkammern, Futterküchen, Futterkammern, Ställe, Scheunen, Einstellräume für Fahrzeuge und Geräte usw.

4.2 **Gewerbliche Räume:** Läden, Gaststättenräume, Werkstätten, Büro- und Lagerräume, Einstellräume für Fahrzeuge und Geräte usw.

5 Kennzeichnung der Wohnungsgröße

Die Größe einer Wohnung wird gekennzeichnet durch die Zahl der Zimmer (Abschnitt 5.1) oder die Zahl der Räume (Abschnitt 5.2). Neben der Zimmer- oder Raumzahl ist auch die gesamte Wohnfläche (s. DIN 283 Blatt 2) anzugeben. Zusätzliche Räume außerhalb des Wohnungsabschlusses (Abschnitt 1.11) sind gesondert anzugeben.

5.1 **Kennzeichnung nach der Zahl der Zimmer:** Als Zimmer zählen **voll** die Wohn- und Schlafzimmer nach Abschnitt 2.11 und **halb** die Kammern nach Abschnitt 2.12. Küchen nach Abschnitt 2.2 sind besonders anzugeben.

Zum Beispiel Wohnung mit 2 – Zimmern und Wohnküche und mit 65 m^2 Wohnfläche oder

Wohnung mit 3 Zimmern, Küche und – zusätzlichem Zimmer außerhalb der Wohnung (im Dachgeschoß) und mit 75 m^2 Wohnfläche.

5.2 **Kennzeichnung nach der Zahl der Räume:** Als Räume zählen bei der Angabe der Größe der Wohnung nur die Wohn- und Schlafräume nach Abschnitt 2.1 und die Küchen nach Abschnitt 2.2. Zum Beispiel: Wohnung mit 4 Räumen mit 65 m^2 Wohnfläche oder Wohnung mit 4 Räumen und 1 zusätzlichem Raum außerhalb der Wohnung (im Dachgeschoß) und mit 75 m^2 Wohnfläche.

6 Angaben über Wirtschaftsräume und gewerbliche Räume

Für Wirtschaftsräume und gewerbliche Räume ist stets nur die gesamte Nutzfläche anzugeben (s. DIN 283 Blatt 2).

Anh. I Ergänzende Vorschriften

DIN 283 Blatt 2

Wohnungen, Berechnung der Wohnflächen und Nutzflächen

März 1951

1 **Begriffsbestimmungen**

1.1 **Wohnfläche** ist die anrechenbare Grundfläche der Räume von Wohnungen.

1.2 **Nutzfläche** ist die nutzbare Fläche von Wirtschaftsräumen und von gewerblichen Räumen.

2 **Wohnfläche**

Zunächst sind die Grundflächen nach Abschnitt 2.1 und daraus die Wohnflächen nach Abschnitt 2.2 zu ermitteln.

2.1 **Ermittlung der Grundflächen**

2.11 Die Grundflächen von Wohnräumen sind aus den Fertigmaßen (lichte Maße zwischen den Wänden) zu ermitteln, und zwar in der Regel für jeden Raum einzeln, jedoch getrennt für (vgl. Abschnitt 4.1):

Wohn- u. Schlafräume (DIN 283 Blatt 1 – Abschnitt 2.1)
Küchen (DIN 283 Blatt 1 – Abschnitt 2.2)
Nebenräume (DIN 283 Blatt 1 – Abschnitt 2.3)

Werden die Maße aus einer Bauzeichnung entnommen, so sind bei verputzten Wänden die aus den Rohbaumaßen errechneten Grundflächen um 3% zu verkleinern.

2.12 In die Ermittlung der Grundflächen sind **einzubeziehen** die Grundflächen von:

Fenster- und Wandnischen, die bis zum Fußboden herunterreichen und mehr als 13 cm tief sind,

Erkern und Wandschränken, die eine Grundfläche von mindestens 0,5 m^2 haben,

Raumteilen unter Treppen, soweit die lichte Höhe mindestens 2 m ist.

Nicht einzubeziehen die Grundflächen der Türnischen.

2.13 Bei der Ermittlung der Grundflächen nach Abschnitt 2.11 sind **abzurechnen** die Grundflächen von:

Schornstein- und sonstigen Mauervorlagen, freistehende Pfeiler, Säulen usw. mit mehr als 0,1 m^2 Grundfläche, die in ganzer Raumhöhe durchgehen,

Treppen (Ausgleichsstufen bis zu 3 Steigungen zählen nicht als Treppen),

nicht abzurechnen die Grundflächen von:

Wandgliederungen in Stuck, Gips, Mörtel u. dgl.,

3. Deutsche Normen **Anh. I**

Scheuerleisten, Tür- und Fensterbekleidungen und -umrahmungen, Wandbekleidungen, Öfen, Kaminen, Heizkörpern und Kochherden, Stützen und Streben, die freistehen oder vor der Wand vortreten, wenn ihr Querschnitt (einschl. einer Umkleidung) höchstens 0.1 m^2 beträgt.

2.2 **Ermittlung der Wohnflächen.** Von den nach Abschnitt 2.1 berechneten Grundflächen der einzelnen Räume oder Raumteile sind bei Ermittlung der Wohnfläche anzurechnen:

2.21 **voll:** die Grundflächen von Räumen oder Raumteilen mit einer lichten Höhe von mindestens 2 m,

2.22 **zur Hälfte:** die Grundflächen von Raumteilen mit einer lichten Höhe von mehr als 1 m und weniger als 2 m und von nicht ausreichend beheizbaren Wintergärten,

2.23 **zu einem Viertel:** die Grundflächen von Hauslauben (Loggien), Balkonen, gedeckten Freisitzen,

2.24 **nicht:** die Grundflächen von Raumteilen mit einer lichten Höhe von weniger als 1 m und von nichtgedeckten Terrassen und Freisitzen.

3 **Nutzfläche**

Die Nutzflächen von Wirtschaftsräumen und von gewerblichen Räumen sind ebenfalls nach Abschnitt 2.1 und 2.2 zu berechnen.[1]

4 **Angabe der Wohnflächen und Nutzflächen**

4.1 Die **Wohnflächen** sind wie folgt anzugeben:

Wohn u. Schlafräume   (DIN 283 Bl. 1 Abschnitt 2.1) . . m^2
Küchen   (DIN 283 Bl. 1 Abschnitt 2.2) . . m^2
Nebenräume   (DIN 283 Bl. 1 Abschnitt 2.3) . . m^2

Gesamte Wohnfläche . . m^2

4.2 Die **Nutzflächen** von Wirtschaftsräumen und von gewerblichen Räumen, die mit einer Wohnung in Zusammenhang stehen, sind wie folgt anzugeben:

Wirtschaftsräume   (DIN 283 Bl. 1 Abschnitt 4.1) . . m^2
Gewerbliche Räume   (DIN 283 Bl. 1 Abschnitt 4.2) . . m^2

Wohnflächen und Nutzflächen sind nicht zusammenzuzählen.[2]

Anm.: Vgl. auch §§ 42–44 der II. BV, die als Muster herangezogen werden kann.

---

[1] Für **selbständige** gewerbliche Räume sind die Nutzflächen gleichfalls nach Abschnitt 2.1 und 2.2 zu berechnen.

[2] Für **selbständige** gewerbliche Räume ist stets nur die gesamte Nutzfläche anzugeben.

4. Verordnung über die verbrauchsabhängige Abrechnung der Heiz- und Warmwasserkosten (Verordnung über Heizkostenabrechnung – HeizkostenV)

in der Fassung der Bekanntmachung vom 20. Januar 1989
(BGBl. I S. 115)

§ 1 Anwendungsbereich

(1) Diese Verordnung gilt für die Verteilung der Kosten
1. des Betriebs zentraler Heizungsanlagen und zentraler Warmwasserversorgungsanlagen,
2. der eigenständig gewerblichen Lieferung von Wärme und Warmwasser, auch aus Anlagen nach Nummer 1, (Wärmelieferung, Warmwasserlieferung)

durch den Gebäudeeigentümer auf die Nutzer der mit Wärme oder Warmwasser versorgten Räume.

(2) Dem Gebäudeeigentümer stehen gleich
1. der zur Nutzungsüberlassung in eigenem Namen und für eigene Rechnung Berechtigte,
2. derjenige, dem der Betrieb von Anlagen im Sinne des § 1 Abs. 1 Nr. 1 in der Weise übertragen worden ist, daß er dafür ein Entgelt vom Nutzer zu fordern berechtigt ist,
3. beim Wohnungseigentum die Gemeinschaft der Wohnungseigetümer im Verhältnis zum Wohnungseigentümer, bei Vermietung einer oder mehrerer Eigentumswohnungen der Wohnungseigentümer im Verhältnis zum Mieter.

(3) Diese Verordnung gilt auch für die Verteilung der Kosten der Wärmelieferung und Warmwasserlieferung auf die Nutzer der mit Wärme oder Warmwasser versorgten Räume, soweit der Lieferer unmittelbar mit den Nutzern abrechnet und dabei nicht den für den einzelnen Nutzer gemessenen Verbrauch, sondern die Anteile der Nutzer am Gesamtverbrauch zugrunde legt; in diesen Fällen gelten die Rechte und Pflichten des Gebäudeeigentümers aus dieser Verordnung für den Lieferer.

(4) Diese Verordnung gilt auch für Mietverhältnisse über preisgebundenen Wohnraum, soweit für diesen nichts anderes bestimmt ist.

§ 2 Vorrang vor rechtsgeschäftlichen Bestimmungen

Außer bei Gebäuden mit nicht mehr als zwei Wohnungen, von denen eine der Vermieter selbst bewohnt, gehen die Vorschriften dieser Verordnung rechtsgeschäftlichen Bestimmungen vor.

4. Heizkostenverordnung

§ 3 Anwendung auf das Wohnungseigentum

Die Vorschriften dieser Verordnung sind auf Wohnungseigentum anzuwenden unabhängig davon, ob durch Vereinbarung oder Beschluß der Wohnungseigentümer abweichende Bestimmungen über die Verteilung der Kosten der Versorgung mit Wärme und Warmwasser getroffen worden sind. Auf die Anbringung und Auswahl der Ausstattung nach den §§ 4 und 5 sowie auf die Verteilung der Kosten und die sonstigen Entscheidungen des Gebäudeeigentümers nach den §§ 6 bis 9b und 11 sind die Regelungen entsprechend anzuwenden, die für die Verwaltung des gemeinschaftlichen Eigentums im Wohnungseigentumsgesetz enthalten oder durch Vereinbarung der Wohnungseigentümer getroffen worden sind. Die Kosten für die Anbringung der Ausstattung sind entsprechend den dort vorgesehenen Regelungen über die Tragung der Verwaltungskosten zu verteilen.

§ 4 Pflicht zur Verbrauchserfassung

(1) Der Gebäudeeigentümer hat den anteiligen Verbrauch der Nutzer an Wärme und Warmwasser zu erfassen.

(2) Er hat dazu die Räume mit Ausstattungen zur Verbrauchserfassung zu versehen; die Nutzer haben dies zu dulden. Will der Gebäudeeigentümer die Ausstattung zur Verbrauchserfassung mieten oder durch eine andere Art der Gebrauchsüberlassung beschaffen, so hat er dies den Nutzern vorher unter Angabe der dadurch entstehenden Kosten mitzuteilen; die Maßnahme ist unzulässig, wenn die Mehrheit der Nutzer innerhalb eines Monats nach Zugang der Mitteilung widerspricht. Die Wahl der Ausstattung bleibt im Rahmen des § 5 dem Gebäudeeigentümer überlassen.

(3) Gemeinschaftlich genutzte Räume sind von der Pflicht zur Verbrauchserfassung ausgenommen. Dies gilt nicht für Gemeinschaftsräume mit nutzungsbedingt hohem Wärme- oder Warmwasserverbrauch, wie Schwimmbäder oder Saunen.

(4) Der Nutzer ist berechtigt, vom Gebäudeeigentümer die Erfüllung dieser Verpflichtungen zu verlangen.

§ 5 Ausstattung zur Verbrauchserfassung

(1) Zur Erfassung des anteiligen Wärmeverbrauchs sind Wärmezähler oder Heizkostenverteiler, zur Erfassung des anteiligen Warmwasserverbrauchs Warmwasserzähler oder andere geeignete Ausstattungen zu verwenden. Soweit nicht eichrechtliche Bestimmungen zur Anwendung kommen, dürfen nur solche Ausstattungen zur Verbrauchserfassung verwendet werden, hinsichtlich derer sachverständige Stellen bestätigt haben, daß sie den anerkannten Regeln der Technik entsprechen oder daß ihre Eignung auf andere Weise nachgewiesen wurde. Als sachverständige Stellen gelten nur solche Stellen, deren Eignung die nach Landesrecht zuständige Behörde im Benehmen mit der Physikalisch-Technischen Bundesanstalt bestätigt hat. Die Austattungen müssen für das jeweilige Heizsystem geeignet sein und so angebracht werden, daß ihre technisch einwandfreie Funktion gewährleistet ist.

(2) Wird der Verbrauch der von einer Anlage im Sinne des § 1 Abs. 1 versorgten Nutzer nicht mit gleichen Ausstattungen erfaßt, so sind zunächst durch Vorerfassung vom Gesamtverbrauch die Anteile der Gruppen von Nutzern zu erfassen, deren Verbrauch mit gleichen Ausstattungen erfaßt wird. Der Gebäudeeigentümer kann auch bei unterschiedlichen Nutzungs- oder Gebäudearten oder aus anderen sachgerechten Gründen eine Vorerfassung nach Nutzergruppen durchführen.

§ 6 Pflicht zur verbrauchsabhängigen Kostenverteilung

(1) Der Gebäudeeigentümer hat die Kosten der Versorgung mit Wärme und Warmwasser auf der Grundlage der Verbrauchserfassung nach Maßgabe der §§ 7 bis 9 auf die einzelnen Nutzer zu verteilen.

(2) In den Fällen des § 5 Abs. 2 sind die Kosten zunächst mindestens zu 50 vom Hundert nach dem Verhältnis der erfaßten Anteile am Gesamtverbrauch auf die Nutzergruppen aufzuteilen. Werden die Kosten nicht vollständig nach dem Verhältnis der erfaßten Anteile am Gesamtverbrauch aufgeteilt, sind

1. die übrigen Kosten der Versorgung mit Wärme nach der Wohn- oder Nutzfläche oder nach dem umbauten Raum auf die einzelnen Nutzergruppen zu verteilen; es kann auch die Wohn- oder Nutzfläche oder der umbaute Raum der beheizten Räume zugrunde gelegt werden,
2. die übrigen Kosten der Versorgung mit Warmwasser nach der Wohn- oder Nutzfläche auf die einzelnen Nutzergruppen zu verteilen.

Die Kostenanteile der Nutzergruppen sind dann nach Absatz 1 auf die einzelnen Nutzer zu verteilen.

(3) In den Fällen des § 4 Abs. 3 Satz 2 sind die Kosten nach dem Verhältnis der erfaßten Anteile am Gesamtverbrauch auf die Gemeinschaftsräume und die übrigen Räume aufzuteilen. Die Verteilung der auf die Gemeinschaftsräume entfallenden anteiligen Kosten richtet sich nach rechtsgeschäftlichen Bestimmungen.

(4) Die Wahl der Abrechnungsmaßstäbe nach Absatz 2 sowie nach den §§ 7 bis 9 bleibt dem Gebäudeeigentümer überlassen. Er kann diese einmalig für künftige Abrechnungszeiträume durch Erklärung gegenüber den Nutzern ändern

1. bis zum Ablauf von drei Abrechnungszeiträumen nach deren erstmaliger Bestimmung,
2. bei der Einführung einer Vorerfassung nach Nutzergruppen,
3. nach Durchführung von baulichen Maßnahmen, die nachhaltig Einsparungen von Heizenergie bewirken.

Die Festlegung und die Änderung der Abrechnungsmaßstäbe sind nur mit Wirkung zum Beginn eines Abrechnungszeitraumes zulässig.

§ 7 Verteilung der Kosten der Versorgung mit Wärme

(1) Von den Kosten des Betriebs der zentralen Heizungsanlage sind mindestens 50 vom Hundert, höchstens 70 vom Hundert nach dem erfaßten

4. Heizkostenverordnung Anh. I

Wärmeverbrauch der Nutzer zu verteilen. Die übrigen Kosten sind nach der Wohn- oder Nutzfläche oder nach dem umbauten Raum zu verteilen; es kann auch die Wohn- oder Nutzfläche oder der umbaute Raum der beheizten Räume zugrunde gelegt werden.

(2) Zu den Kosten des Betriebs der zentralen Heizungsanlage einschließlich der Abgasanlage gehören die Kosten der verbrauchten Brennstoffe und ihrer Lieferung, die Kosten des Betriebsstromes, die Kosten der Bedienung, Überwachung und Pflege der Anlage, der regelmäßigen Prüfung ihrer Betriebsbereitschaft und Betriebssicherheit einschließlich der Einstellung durch einen Fachmann, der Reinigung der Anlage und des Betriebsraumes, die Kosten der Messungen nach dem Bundes-Immissionsschutzgesetz, die Kosten der Anmietung oder anderer Arten der Gebrauchsüberlassung einer Ausstattung zur Verbrauchserfassung sowie die Kosten der Verwendung einer Ausstattung zur Verbrauchserfassung einschließlich der Kosten der Berechnung und Aufteilung.

(3) Für die Verteilung der Kosten der Wärmelieferung gilt Absatz 1 entsprechend.

(4) Zu den Kosten der Wärmelieferung gehören das Entgelt für die Wärmelieferung und die Kosten des Betriebs der zugehörigen Hausanlagen entsprechend Absatz 2.

§ 8 Verteilung der Kosten der Versorgung mit Warmwasser

(1) Von den Kosten des Betriebs der zentralen Warmwasserversorgungsanlage sind mindestens 50 vom Hundert, höchstens 70 vom Hundert nach dem erfaßten Warmwasserverbrauch, die übrigen Kosten nach der Wohn- oder Nutzfläche zu verteilen.

(2) Zu den Kosten des Betriebs der zentralen Warmwasserversorgungsanlage gehören die Kosten der Wasserversorgung, soweit sie nicht gesondert abgerechnet werden, und die Kosten der Wassererwärmung entsprechend § 7 Abs. 2. Zu den Kosten der Wasserversorgung gehören die Kosten des Wasserverbrauchs, die Grundgebühren und die Zählermiete, die Kosten der Verwendung von Zwischenzählern, die Kosten des Betriebs einer hauseigenen Wasserversorgungsanlage und einer Wasseraufbereitungsanlage einschließlich der Aufbereitungsstoffe.

(3) Für die Verteilung der Kosten der Warmwasserlieferung gilt Absatz 1 entsprechend.

(4) Zu den Kosten der Warmwasserlieferung gehören das Entgelt für die Lieferung des Warmwassers und die Kosten des Betriebs der zugehörigen Hausanlage entsprechend § 7 Abs. 2.

§ 9 Verteilung der Kosten der Versorgung mit Wärme und Warmwasser bei verbundenen Anlagen

(1) Ist die zentrale Anlage zur Versorgung mit Wärme mit der zentralen Warmwasserversorgungsanlage verbunden, so sind die einheitlich entstandenen Kosten des Betriebs aufzuteilen. Die Anteile an den einheitlich entstandenen Kosten sind nach den Anteilen am Energieverbrauch (Brennstoff-

Anh. I Ergänzende Vorschriften

oder Wärmeverbrauch zu bestimmen. Kosten, die nicht einheitlich entstanden sind, sind dem Anteil an den einheitlich entstandenen Kosten hinzuzurechnen. Der Anteil der zentralen Warmwasserversorgungsanlage am Brennstoffverbrauch ist nach Absatz 2, der Anteil am Wärmeverbrauch nach Absatz 3 zu ermitteln.

(2) Der Brennstoffverbrauch der zentralen Warmwasserversorgungsanlage (B) ist in Litern, Kubikmetern oder Kilogramm nach der Formel

$$B = \frac{2{,}5 \cdot V \cdot (t_w - 10)}{H_u}$$

zu errechnen. Dabei sind zugrunde zu legen

1. das gemessene Volumen des verbrauchten Warmwasser (V) in Kubikmetern;
2. die gemessene oder geschätzte mittlere Temperatur des Warmwassers (t_w) in Grad Celsius;
3. der Heizwert des verbrauchten Brennstoffes (H_u) in Kilowattstunden (kWh) je Liter (l), Kubikmeter (m^3) oder Kilogramm (kg). Als H_u-Werte können verwendet werden für

Heizöl	10 kWh/l
Stadtgas	4,5 kWh/m^3
Erdgas L	9 kWh/m^3
Erdgas H	10,5 kWh/m^3
Brechkoks	8 kWh/kg

   Enthalten die Abrechnungsunterlagen des Energieversorgungsunternehmens H_u-Werte, so sind diese zu verwenden.

Der Brennstoffverbrauch der zentralen Warmwasserversorgungsanlage kann auch nach den anerkannten Regeln der Technik errechnet werden. Kann das Volumen des verbrauchten Warmwassers nicht gemessen werden, ist als Brennstoffverbrauch der zentralen Warmwasserversorgungsanlage ein Anteil von 18 vom Hundert der insgesamt verbrauchten Brennstoffe zugrunde zu legen.

(3) Die auf die zentrale Warmwasserversorgungsanlage entfallende Wärmemenge (Q) ist mit einem Wärmezähler zu messen. Sie kann auch in Kilowattstunden nach der Formel

$$Q = 2{,}0 \cdot V \cdot (t_w - 10)$$

errechnet werden. Dabei sind zugrunde zu legen

1. das gemessene Volumen des verbrauchten Warmwassers (V) in Kubikmetern;
2. die gemessene oder geschätzte mittlere Temperatur des Warmwassers (t_w) in Grad Celsius.

Die auf die zentrale Warmwasserversorgungsanlage entfallende Wärmemenge kann auch nach den anerkannten Regeln der Technik errechnet werden. Kann sie weder nach Satz 1 gemessen noch nach den Sätzen 2 bis 4 errechnet werden, ist dafür ein Anteil von 18 vom Hundert der insgesamt verbrauchten Wärmemenge zugrunde zu legen.

(4) Der Anteil an den Kosten der Versorgung mit Wärme ist nach § 7 Abs. 1, der Anteil an den Kosten der Versorgung mit Warmwasser nach § 8 Abs. 1 zu verteilen, soweit diese Verordnung nichts anderes bestimmt oder zuläßt.

§ 9a Kostenverteilung in Sonderfällen

(1) Kann der anteilige Wärme- oder Warmwasserverbrauch von Nutzern für einen Abrechnungszeitraum wegen Geräteausfalls oder aus anderen zwingenden Gründen nicht ordnungsgemäß erfaßt werden, ist er vom Gebäudeeigentümer auf der Grundlage des Verbrauchs der betroffenen Räume in vergleichbaren früheren Abrechnungszeiträumen oder des Verbrauchs vergleichbarer anderer Räume im jeweiligen Abrechnungszeitraum zu ermitteln. Der so ermittelte anteilige Verbrauch ist bei der Kostenverteilung anstelle des erfaßten Verbrauchs zugrunde zu legen.

(2) Überschreitet die von der Verbrauchsermittlung nach Absatz 1 betroffene Wohn- oder Nutzfläche oder der umbaute Raum 25 vom Hundert der für die Kostenverteilung maßgeblichen gesamten Wohn- oder Nutzfläche oder des maßgeblichen gesamten umbauten Raumes, sind die Kosten ausschließlich nach den nach § 7 Abs. 1 Satz 2 und § 8 Abs. 1 für die Verteilung der übrigen Kosten zugrunde zu legenden Maßstäbe zu verteilen.

§ 9b Kostenaufteilung bei Nutzerwechsel

(1) Bei Nutzerwechsel innerhalb eines Abrechnungszeitraumes hat der Gebäudeeigentümer eine Ablesung der Ausstattung zur Verbrauchserfassung der vom Wechsel betroffenen Räume (Zwischenablesung) vorzunehmen.

(2) Die nach dem erfaßten Verbrauch zu verteilenden Kosten sind auf der Grundlage der Zwischenablesung, die übrigen Kosten des Wärmeverbrauchs auf der Grundlage der sich aus anerkannten Regeln der Technik ergebenden Gradtagszahlen oder zeitanteilig und die übrigen Kosten des Warmwasserverbrauchs zeitanteilig auf Vor- und Nachnutzer aufzuteilen.

(3) Ist eine Zwischenablesung nicht möglich oder läßt sie wegen des Zeitpunktes des Nutzerwechsels aus technischen Gründen keine hinreichend genaue Ermittlung der Verbrauchsanteile zu, sind die gesamten Kosten nach den nach Absatz 2 für die übrigen Kosten geltenden Maßstäben aufzuteilen.

(4) Von den Absätzen 1 bis 3 abweichende rechtsgeschäftliche Bestimmungen bleiben unberührt.

§ 10 Überschreitung der Höchstsätze

Rechtsgeschäftliche Bestimmungen, die höhere als die in § 7 Abs. 1 und § 8 Abs. 1 genannten Höchstsätze von 70 vom Hundert vorsehen, bleiben unberührt.

Anh. I Ergänzende Vorschriften

§ 11 Ausnahmen

(1) Soweit sich die §§ 3 bis 7 auf die Versorgung mit Wärme beziehen, sind sie nicht anzuwenden

1. auf Räume,
   a) bei denen das Anbringen der Ausstattung zur Verbrauchserfassung, die Erfassung des Wärmeverbrauchs oder die Verteilung der Kosten des Wärmeverbrauchs nicht oder nur mit unverhältnismäßig hohen Kosten möglich ist oder
   b) die vor dem 1. Juli 1981 bezugsfertig geworden sind und in denen der Nutzer den Wärmeverbrauch nicht beeinflussen kann;
2. a) auf Alters- und Pflegeheime, Studenten- und Lehrlingsheime,
   b) auf vergleichbare Gebäude oder Gebäudeteile, deren Nutzung Personengruppen vorbehalten ist, mit denen wegen ihrer besonderen persönlichen Verhältnisse regelmäßig keine üblichen Mietverträge abgeschlossen werden;
3. auf Räume in Gebäuden, die überwiegend versorgt werden
   a) mit Wärme aus Anlagen zur Rückgewinnung von Wärme oder aus Wärmepumpen- oder Solaranlagen oder
   b) mit Wärme aus Anlagen der Kraft-Wärme-Kopplung oder aus Anlagen zur Verwertung von Abwärme, sofern der Wärmeverbrauch des Gebäudes nicht erfaßt wird,
   wenn die nach Landesrecht zuständige Stelle im Interesse der Energieeinsparung und der Nutzer eine Ausnahme zugelassen hat;
4. auf die Kosten des Betriebs der zugehörigen Hausanlagen, soweit diese Kosten in den Fällen des § 1 Abs. 3 nicht in den Kosten der Wärmelieferung enthalten sind, sondern vom Gebäudeeigentümer gesondert abgerechnet werden;
5. in sonstigen Einzelfällen, in denen die nach Landesrecht zuständige Stelle wegen besonderer Umstände von den Anforderungen dieser Verordnung befreit hat, um einen unangemessenen Aufwand oder sonstige unbillige Härte zu vermeiden.

(2) Soweit sich die §§ 3 bis 6 und § 8 auf die Versorgung mit Warmwasser beziehen, gilt Absatz 1 entsprechend.

§ 12 Kürzungsrecht, Übergangsregelungen

(1) Soweit die Kosten der Versorgung mit Wärme oder Warmwasser entgegen den Vorschriften dieser Verordnung nicht verbrauchsabhängig abgerechnet werden, hat der Nutzer das Recht, bei der nicht verbrauchsabhängigen Abrechnung der Kosten den auf ihn entfallenden Anteil um 15 vom Hundert zu kürzen. Dies gilt nicht beim Wohnungseigentum im Verhältnis des einzelnen Wohnungseigentümers zur Gemeinschaft der Wohnungseigentümer; insoweit verbleibt es bei den allgemeinen Vorschriften.

(2) Die Anforderungen des § 5 Abs. 1 Satz 2 gelten als erfüllt

1. für die am 1. Januar 1987 für die Erfassung des anteiligen Warmwasserverbrauchs vorhandenen Warmwasserkostenverteiler und

2. für die am 1. Juli 1981 bereits vorhandenen sonstigen Ausstattungen zur Verbrauchserfassung.

(3) Bei preisgebundenen Wohnungen im Sinne der Neubaumietenverordnung 1970 gilt Absatz 2 mit der Maßgabe, daß an die Stelle des Datums „1. Juli 1981" das Datum „1. August 1984" tritt.

(4) § 1 Abs. 3, § 4 Abs. 3 Satz 2 und § 6 Abs. 3 gelten für Abrechnungszeiträume, die nach dem 30. September 1989 beginnen; rechtsgeschäftliche Bestimmungen über eine frühere Anwendung dieser Vorschriften bleiben unberührt.

(5) Wird in den Fällen des § 1 Abs. 3 der Wärmeverbrauch der einzelnen Nutzer am 30. September 1989 mit Einrichtungen zur Messung der Wassermenge ermittelt, gilt die Anforderung des § 5 Abs. 1 Satz 1 als erfüllt.

§ 13 Berlin-Klausel

(gegenstandslos)

§ 14 (Inkrafttreten)*

---

* In Kraft getreten am 1. März 1989.

5. Verordnung über energiesparende Anforderungen an heizungstechnische Anlagen und Brauchwasseranlagen (Heizungsanlagen-Verordnung – HeizAnlV)

in der Fassung der Bekanntmachung vom 20. Januar 1989 (BGBl. I S. 120)

§ 1 Anwendungsbereich

(1) Diese Verordnung gilt für heizungstechnische sowie der Versorgung mit Brauchwasser dienende Anlagen und Einrichtungen mit einer Nennwärmeleistung von mehr als 4 kW.

1. wenn sie in Gebäuden zum dauernden Verbleib eingebaut oder aufgestellt werden oder
2. wenn sie in Gebäuden zum dauernden Verbleib eingebaut oder aufgestellt sind, soweit
   a) sie ersetzt, erweitert oder umgerüstet werden oder
   b) Anforderungen an ihrem Betrieb nach § 9 gestellt sind oder
   c) sie mit Einrichtungen zur Steuerung und Regelung nach § 7 Abs. 3 oder § 8 Abs. 3 nachzurüsten sind.

(2) Ausgenommen sind Anlagen und Einrichtungen in Heizkraftwerken einschließlich Spitzenheizwerken sowie in Müllheizwerken.

§ 2 Begriffsbestimmungen

(1) Heizungstechnische Anlagen im Sinne dieser Verordnung sind mit Wasser als Wärmeträger betriebene Zentralheizanlagen (Zentralheizungen) oder Einzelheizgeräte, soweit sie der Deckung des Wärmebedarfs von Räumen oder Gebäuden dienen. Zu den heizungstechnischen Anlagen gehören neben den Wärmeerzeugern auch Maschinen, Apparate, Wärmeverteilungsnetze, Rohrleitungszubehör, Abgas-, Wärmeverbrauchs-, Regelungs- und Meßeinrichtungen sowie andere in funktionalem Zusammenhang stehende Bauteile.

(2) Der Versorgung mit Brauchwasser dienende Anlagen (Brauchwasseranlagen) im Sinne dieser Verordnung sind Einzelgeräte oder Zentralsysteme. Zu den Brauchwasseranlagen gehören neben den Wärmeerzeugern auch vorhandene Maschinen, Apparate, Verteilungsnetze, Rohrleitungszubehör, Abgas-, Entnahme-, Regelungs-, Meßeinrichtungen und andere in funktionalem Zusammenhang stehende Bauteile.

(3) Wärmeerzeuger ist die Einheit von Wärmeaustauscher und Feuerungseinrichtungen für den Betrieb mit festen, flüssigen oder gasförmigen Brennstoffen.

(4) Nennwärmeleistung ist die höchste von der Wärmeerzeugungsanlage im Dauerbetrieb nutzbar abgegebene Wärmemenge je Zeiteinheit; ist die Wärmeerzeugungsanlage für einen Nennwärmeleistungsbereich eingerichtet, so ist die Nennwärmeleistung die in Grenzen des Nennwärmeleistungsbereichs fest eingestellte und auf einem Zusatzschild angegebene höchste

5. Heizungsanlagen-Verordnung Anh. I

nutzbare Wärmeleistung; ohne Zusatzschild gilt als Nennwärmeleistung der höchste Wert des Nennwärmeleistungsbereichs. Sie gilt auch als die Nennwärmeleistung der Anlagen nach den Absätzen 1 und 2.

(5) Niedertemperaturwärmeerzeuger (NT-Kessel) sind Wärmeerzeuger, die so ausgestattet oder beschaffen sind, daß die Temperatur des Wärmeträgers im Wärmeerzeuger in Abhängigkeit von der Außentemperatur oder einer anderen geeigneten Führungsgröße sowie der Zeit durch selbsttätig wirkende Einrichtungen zwischen höchstens 75 °C und 40 °C oder tiefer gleitet bzw. die auf nicht mehr als 55 °C eingestellt sind.

§ 3 Begrenzung der Abgasverluste

(weggefallen)

§ 4 Einbau und Aufstellung von Wärmeerzeugern

(1) Wärmeerzeuger für Zentralheizungen dürfen nur dann zum dauernden Verbleib eingebaut oder aufgestellt werden, wenn die Nennwärmeleistung nicht größer ist als der nach den anerkannten Regeln der Technik für die Berechnung des Wärmebedarfs von Gebäuden zu ermittelnde Wärmebedarf, einschließlich angemessener Zuschläge für raumlufttechnische Anlagen sowie sonstige Wärmeverbraucher. Zuschläge für Brauchwassererwärmung sind nur zulässig für Wärmeerzeuger in Zentralheizungen, die auch der Brauchwassererwärmung dienen, wenn deren höchste nutzbare Leistung 20 kW nicht überschreitet. Abweichend von Satz 1
1. darf der Wärmebedarf auch nach den in den Vorschriften der Länder bestimmten Berechnungsverfahren ermittelt werden;
2. wird bei NT-Kesseln, Wärmeerzeugern mit Abgastemperaturen von nicht mehr als 130 °C oder Anlagen mit mehreren Wärmeerzeugern die höchste nutzbare Leistung nicht begrenzt.

Abweichend von Satz 2 ist eine höchste nutzbare Leistung des Wärmeerzeugers von 25 kW zulässig, wenn der Wasserinhalt im Wärmetauscher 0,13 l je kW Nennwärmeleistung nicht überschreitet.

(2) Für Wohngebäude kann auf die Berechnung des Wärmebedarfs nach Absatz 1 verzichtet werden, wenn Wärmeerzeuger von Zentralheizungen ersetzt oder in bestehenden Gebäuden erstmalig eingebaut werden und ihre Nennwärmeleistung 0,1 kW je Quadratmeter Grundfläche der beheizten Räume nicht überschreitet; für freistehende Gebäude mit nicht mehr als zwei Wohnungen gilt der Wert 0,13 kW je Quadratmeter.

(3) Zentralheizungen mit einer Nennwärmeleistung von mehr als 120 kW sind mit Einrichtungen für eine mehrstufige oder stufenlos verstellbare Feuerungsleistung oder mit mehreren Wärmeerzeugern auszustatten. Satz 1 gilt nicht für Wärmeerzeuger, die überwiegend mit festen Brennstoffen betrieben werden.

§ 5 Einrichtungen zur Begrenzung von Betriebsbereitschaftsverlusten

(1) Zentralheizungen mit mehreren Wärmeerzeugern sind mit Einrichtungen zu versehen, die Verluste durch nicht in Betriebsbereitschaft befind-

Anh. I Ergänzende Vorschriften

liche Wärmeerzeuger selbsttätig verhindern; für Wärmeerzeuger mit festen Brennstoffen und Dampfkessel der Gruppen III und IV im Sinne des § 4 Abs. 3 und 4 der Dampfkesselverordnung vom 27. Februar 1980 (BGBl. I S. 173) brauchen diese Einrichtungen nicht selbsttätig zu wirken.

(2) Die Wärmedämmung von Wärmeerzeugern muß die Mindestbedingungen der anerkannten Regeln der Technik erfüllen.

§ 6 Wärmedämmung von Wärmeverteilungsanlagen

(1) Rohrleitungen und Armaturen in Zentralheizungen sind wie folgt gegen Wärmeverluste zu dämmen:

Zeile	Nennweite (NW) der Rohrleitungen/Armaturen in mm	Mindestdicke der Dämmschicht, bezogen auf eine Wärmeleitfähigkeit von 0,035 W m^{-1}K^{-1}
1	bis NW 20	20 mm
2	ab NW 22 bis NW 35	30 mm
3	ab NW 40 bis NW 100	gleich NW
4	über NW 100	100 mm
5	Leitungen und Armaturen nach den Zeilen 1 bis 4 in Wand- und Deckendurchbrüchen, im Kreuzungsbereich von Rohrleitungen, an Rohrleitungsverbindungsstellen, bei zentralen Rohrnetzverteilern, Heizkörperanschlußleitungen von nicht mehr als 8 m Länge	½ der Anforderungen der Zeilen 1 bis 4

Bei Rohren, deren Nennweite nicht durch Normung festgelegt ist, ist anstelle der Nennweite der Außendurchmesser einzusetzen.

(2) Absatz 1 gilt nicht für Leitungen von Zentralheizungen in
1. Räumen, die zum dauernden Aufenthalt von Menschen bestimmt sind,
2. Bauteilen, die solche Räume verbinden,

wenn ihre Wärmeabgabe vom Nutzer durch Absperreinrichtungen beeinflußt werden kann oder wenn es sich um Einrohrsysteme handelt.

(3) Bei Materialien mit anderen Wärmeleitfähigkeiten als nach Absatz 1 sind die Dämmschichtdicken umzurechnen. Für die Umrechnung und für die Wärmeleitfähigkeit des Dämmaterials können die in den anerkannten Regeln der Technik enthaltenen oder im Bundesanzeiger bekanntgegebenen Rechenverfahren und Rechenwerte verwendet werden.

5. Heizungsanlagen-Verordnung **Anh. I**

§ 7 Einrichtungen zur Steuerung und Regelung

(1) Zentralheizungen sind mit zentralen selbsttätig wirkenden Einrichtungen zur Verringerung und Abschaltung der Wärmezufuhr in Abhängigkeit von

1. der Außentemperatur oder einer anderen geeigneten Führungsgröße und
2. der Zeit

auszustatten.

(2) Heizungstechnische Anlagen sind mit selbsttätig wirkenden Einrichtungen zur raumweisen Temperaturregelung auszustatten. Dies gilt nicht für Einzelheizgeräte, die zum Betrieb mit festen oder flüssigen Brennstoffen eingerichtet sind, sowie für Einzelräume mit einer Grundfläche von weniger als 8 m^2. Für Raumgruppen gleicher Art und Nutzung in Nichtwohnbauten ist Gruppenregelung zulässig. Fußbodenheizungen können abweichend von Satz 1 mit Einrichtungen zur raumweisen Anpassung der Wärmeleistung an den Wärmebedarf ausgestattet werden.

(3) Vor dem 1. Oktober 1978 eingebaute Zentralheizungen

1. für mehr als zwei Wohnungen sind bis zum 30. September 1987,
2. in Nichtwohngebäuden sind bis zum 31. Dezember 1992

mit Einrichtungen zur Steuerung und Regelung nach den Absätzen 1 und 2 nachzurüsten. Satz 1 gilt nicht für Zentralheizungen mit NT-Kesseln.

§ 8 Brauchwasseranlagen

(1) Für Brauchwasseranlagen gelten die Anforderungen der §§ 4, 5 und des § 6 Abs. 1 und 3 entsprechend. Ausgenommen von den Anforderungen des § 6 sind Brauchwasserleitungen in Wohnungen,

1. soweit sie auch der Fußbodenheizung in Bädern dienen, oder
2. bis zur Nennweite 20, die weder in den Zirkulationskreislauf einbezogen noch mit elektrischer Begleitheizung ausgerüstet sind.

(2) Die Brauchwassertemperatur im Rohrnetz ist durch selbsttätig wirkende Einrichtungen oder andere Maßnahmen auf höchstens 60 °C zu begrenzen. Dies gilt nicht für Brauchwasseranlagen, die höhere Temperaturen zwingend erfordern oder eine Leitungslänge von weniger als 5 m benötigen.

(3) Brauchwasseranlagen sind mit selbsttätig wirkenden Einrichtungen zur Abschaltung der Zirkulationspumpen auszustatten. Vor dem 1. Oktober 1978 errichtete Brauchwasseranlagen, die mehr als zwei Wohnungen versorgen, sind bis zum 30. September 1987 mit Einrichtungen nach Satz 1 nachzurüsten.

(4) Absatz 3 Satz 2 gilt nicht für Anlagen mit Rohrleitungen bis zur Nennweite 100, deren Dämmschichtdicken, bezogen auf eine Wärmeleitfähigkeit des Dämmaterials von 0,035 W m^{-1}K^{-1}, mindestens zwei Drittel der Nennweite der Rohrleitung betragen und für Rohrleitungen mit größerer Nennweite, wenn mindestens die Dämmschichtdicke für Nennweite 100 eingehalten ist. In Wand- und Deckendurchbrüchen, an Kreuzungen von Rohrleitungen sowie bei Rohrleitungsnetzverteilern und Armaturen in

Anh. I Ergänzende Vorschriften

Heizzentralen dürfen die sich nach Satz 1 ergebenden Dämmschichtdicken halbiert sein.

(5) Die Wärmedämmung von Einrichtungen, in denen Heiz- oder Brauchwasser gespeichert wird, muß die Mindestbedingungen der anerkannten Regeln der Technik erfüllen.

§ 9 Pflichten des Betreibers heizungstechnischer oder Brauchwasseranlagen

(1) Der Betreiber von Anlagen nach § 2 mit einer Nennwärmeleistung von mehr als 11 kW ist verpflichtet, die Bedienung, Wartung und Instandhaltung nach Maßgabe der Absätze 2 und 3 durchzuführen oder durchführen zu lassen. Die Bedienung darf nur von fachkundigen oder eingewiesenen Personen vorgenommen werden. Für die Wartung und Instandhaltung ist Fachkunde erforderlich. Fachkundig ist, wer die zur Wartung und Instandhaltung notwendigen Fachkenntnisse und Fertigkeiten besitzt. Eingewiesener ist, wer von einem Fachkundigen über Bedienungsvorgänge unterrichtet worden ist.

(2) Bei Anlagen von mehr als 50 kW Nennwärmeleistung in Mehrfamilienhäusern oder Nichtwohngebäuden hat die Bedienung während der Betriebszeit mindestens monatlich zu erfolgen. Sie umfaßt die Funktionskontrolle und die Vornahme von Schalt- und Stellvorgängen (insbesondere An- und Abstellen, Überprüfen und ggf. Anpassen der Sollwerteinstellungen von Temperaturen, Einstellen von Zeitprogrammen) an den zentralen regelungstechnischen Einrichtungen.

(3) Die Wartung von Anlagen nach § 2 hat mindestens folgendes zu umfassen:

a) Einstellung der Feuerungseinrichtungen,
b) Überprüfung der zentralen regelungstechnischen Einrichtungen und
c) Reinigung der Kesselheizflächen. Die Reinigung von Kesselheizflächen darf auch von eingewiesenen Personen durchgeführt werden.

Die Instandhaltung hat mindestens die Aufrechterhaltung des technisch einwandfreien Betriebszustandes, der eine weitestgehende Nutzung der eingesetzten Energie gestattet, zu umfassen.

§ 10 Bekanntmachungen über anerkannte Regeln der Technik

Der Bundesminister für Raumordnung, Bauwesen und Städtebau weist durch Bekanntmachung im Bundesanzeiger auf Veröffentlichungen über anerkannte Regeln der Technik zu den §§ 4 bis 8 hin.

§ 11 Ausnahmen

Von den Anforderungen dieser Verordnung können auf Antrag Ausnahmen zugelassen werden, soweit die Energieverluste durch andere technische Maßnahmen in gleichem Umfang begrenzt werden wie nach dieser Verordnung.

5. Heizungsanlagen-Verordnung

§ 12 Überwachung

Die Anforderungen nach § 7 Abs. 3 und § 8 Abs. 3 Satz 2 werden nicht überwacht.

§ 13 Härtefälle

Von den Anforderungen dieser Verordnung kann auf Antrag befreit werden, soweit sie im Einzelfall wegen besonderer Umstände durch einen unangemessenen Aufwand oder in sonstiger Weise zu einer unbilligen Härte führen.

§ 14 Bußgeldvorschriften

(1) Ordnungswidrig im Sinne des § 8 Abs. 1 Nr. 1 des Energieeinsparungsgesetzes handelt, wer vorsätzlich oder fahrlässig

1. entgegen § 4 Abs. 1 Wärmeerzeuger einbaut oder aufstellt, deren Nennwärmeleistung die dort bezeichneten Grenzen überschreitet;
2. entgegen § 6 Abs. 1 Rohrleitungen nicht so dämmt, daß die dort vorgeschriebenen Mindestdämmschichtdicken eingehalten werden;
3. entgegen § 7 Abs. 1 oder 2 Satz 1 Zentralheizungen oder heizungstechnische Anlagen nicht mit Einrichtungen zur Steuerung und Regelung ausstattet oder
4. entgegen § 8 Abs. 3 Satz 1 Brauchwasseranlagen nicht mit Einrichtungen zur Abschaltung der Zirkulationspumpen ausstattet.

(2) Die Bußgeldvorschriften des Absatzes 1 Nr. 1 und 2 gelten in Verbindung mit § 8 Abs. 1 Satz 1 auch für Brauchwasseranlagen.

§ 15 Berlin-Klausel

(gegenstandslos)

§ 16*

(Inkrafttreten)

---

* In Kraft getreten am 1. März 1989.

Anhang II. Musterverträge

Vorbemerkung:

Die nachfolgenden Formulare sind unverbindliche Muster, die im konkreten Fall modifiziert werden können bzw. müssen. Es kann auch keine Gewähr für ihre Zweckmäßigkeit und Zulässigkeit übernommen werden, letzteres vor allem im Hinblick auf die AGB-Problematik. Auf das hier einschlägige Formularbuch von *Bärmann/Seuß*, Praxis des Wohnungseigentums, 3. Aufl. 1980, insbesondere den gesamten Teil B, und auf *Bärmann/Pick/Merle*, Kommentar zum WEG, 6. Aufl. 1987, Anhang III, S. 1977ff. (vgl. auch *Reithmann/Röll/Geßele* Handbuch der notariellen Vertragsgestaltung, 6. A. 1991) wird verwiesen.

1. *Muster:* Begründung von Wohnungseigentum für 6 Wohnungen nach § 3 WEG mit Gemeinschaftsordnung

Heute, den . . . .
erschien vor mir . . . .
. . . .
an der Notar-Geschäftsstelle in . . . .
persönlich bekannt:

I. Die Eheleute Herr . . . . ., und Frau . . . . . beide wohnhaft in . . . . .
im gesetzlichen Güterstand lebend.

II. Herr . . . . . ., wohnhaft in . . . . . . verheiratet, in Gütertrennung lebend.

III. Die Eheleute Herr . . . . . und Frau . . . . . beide wohnhaft in . . . . .
im gesetzlichen Güterstand lebend.

IV. Die Eheleute Herr . . . . . ., und Frau . . . . . . beide wohnhaft in . .
im gesetzlichen Güterstand lebend.

V. Herr . . . . . . wohnhaft in . . . . . .

VI. Die Eheleute Herr . . . . . und Frau . . . . . beide wohnhaft in . . . . .
im gesetzlichen Güterstand lebend.

Zu Ziffer I. bis VI. vorstehend: Alle vorgenannten Personen werden hier vertreten durch Herrn Oberinspektor . . . . . im Notardienst . . . . . . , in . . . . . ., aufgrund unwiderrufenen Vollmachten, enthalten in den Urkunden des Notars . . . . vom . . . . . . Urk. Rolle Nrn. . . . .

Auf die vorgenannten Urkunden – diese liegen in Urschrift vor – wird Bezug genommen.

Auf Ersuchen des Erschienenen beurkundete ich seinen Erklärungen gemäß nach Einsicht des Grundbuchs, was folgt:

1. Begründung von WEG Anh. II

I. Sachverhalt

Im Grundbuch des Amtsgerichts .... für .... Band ... Blatt ... werden die in Ziffer I. bis VI. des Eingangs genannten Beteiligten als Miteigentümer – die Beteiligten zu Ziffer I und III je hälftig Miteigentümer zu 147/900stel, der Beteiligte zu Ziffer V Miteigentümer zu 147/900stel, die Beteiligten zu Ziffer IV und VI je hälftig Miteigentümer zu 153/900stel, und der Beteiligte zu Ziffer II Miteigentümer zu 153/900stel, – des Grundstücks der

Steuergemeinde ......

Für Nr. ...... Bauplatz, ... straße, zu ...... ha nach Vollzug der Erwerbskaufverträge eingetragen sein. Die Beteiligten bilden mit dieser Urkunde als Miteigentümer Wohnungseigentum.

II. Begründung von Wohnungseigentum

§ 1

1) Die Miteigentümer räumen sich hiermit gegenseitig an dem in Abschnitt I beschriebenen Grundstück gemäß § 3 des Wohnungseigentumsgesetzes Wohnungseigentum in der Weise ein, daß mit jedem Miteigentumsanteil das Sondereigentum an einer bestimmten Wohnung nach Maßgabe der nachstehenden Vereinbarungen und Bestimmungen verbunden wird.

Die Einräumung erfolgt nach den von den Grundstückseigentümern gefertigten Aufteilungsplänen, zu denen das Bauordnungsamt die Bescheinigung nach § 7 Absatz 4 Nr. 2 des Wohnungseigentumsgesetzes erteilt hat.

Die Aufteilungspläne sind Bestandteil dieser Urkunde.

2) Das Wohnungseigentum wird wie folgt gebildet und die Miteigentümer erhalten die Wohnungseigentumsrechte wie folgt:

a) die Beteiligten zu Ziffer I (. . . . . .) erhalten als Miteigentümer bzw. Mitberechtigte je zur Hälfte ihren Miteigentumsanteil zu 147/900stel verbunden mit dem Sondereigentum an der im Aufteilungsplan mit Nr. I gekennzeichneten Wohnung im Erdgeschoß links des Anwesens (3 Zimmer, Küche, Flur, Bad, WC, Garderobe, Diele, Loggia) mit einer Wohnfläche von 87,39 m^2, dem mit Nr. I gekennzeichneten Kellerraum und dem mit Nr. I gekennzeichneten Garagenraum.

b) der Beteiligte zu Ziffer II (. . . . . .) erhält als Alleineigentümer bzw. Alleinberechtigter seinen Miteigentumsanteil zu 153/900stel verbunden mit dem Sondereigentum an der im Aufteilungsplan mit Nr. II gekennzeichneten Wohnung im Erdgeschoß rechts des Anwesens (3 Zimmer, Küche, Flur, Bad, WC, Diele, Loggia) mit einer Wohnfläche von 90,97 m^2, dem mit Nr. II gekennzeichneten Kellerraum und dem mit Nr. II gekennzeichneten Garagenraum.

c) die Beteiligten zu Ziffer III (. . . . . .) erhalten als Miteigentümer bzw. Mitberechtigte je zur Hälfte ihren Miteigentumsanteil zu 147/900stel verbunden mit dem Sondereigentum an der im Aufteilungsplan mit Nr. III

465

Anh. II
Musterverträge

gekennzeichneten Wohnung im 1. Obergeschoß links des Anwesens (3 Zimmer, Küche, Flur, Bad, WC, Garderobe, Diele, Loggia) mit einer Wohnfläche von 87,39 m^2, dem mit Nr. III gekennzeichneten Kellerraum und dem mit Nr. III gekennzeichneten Garagenraum.

d) die Beteiligten zu Ziffer IV (. . . . . .) erhalten als Miteigentümer bzw. Mitberechtigte je zur Hälfte ihren Miteigentumsanteil zu 153/900stel verbunden mit dem Sondereigentum an der im Aufteilungsplan mit Nr. IV gekennzeichneten Wohnung im 1. Obergeschoß rechts des Anwesens (3 Zimmer, Küche, Flur, Bad, WC, Diele, Loggia) mit einer Wohnfläche von 90,97 m^2, dem mit Nr. IV gekennzeichneten Kellerraum und dem mit Nr. IV gekennzeichneten Garagenraum.

e) der Beteiligte zu Ziffer V (. . . . . .) erhält als Alleineigentümer bzw. Alleinberechtigter seinen Miteigentumsanteil zu 147/900stel verbunden mit dem Sondereigentum an der im Aufteilungsplan mit Nr. V gekennzeichneten Wohnung im 2. Obergeschoß links des Anwesens (3 Zimmer, Küche, Flur, Bad, WC, Garderobe, Diele, Loggia) mit einer Wohnfläche von 87,39 m^2, dem mit Nr. V gekennzeichneten Kellerraum und dem mit Nr. V gekennzeichneten Garagenraum.

f) die Beteiligten zu Ziffer VI (. . . . . .) erhalten als Miteigentümer bzw. Mitberechtigte je zur Hälfte ihren Miteigentumsanteil zu 153/900stel verbunden mit dem Sondereigentum an der im Aufteilungsplan mit Nr. VI gekennzeichneten Wohnung im 2. Obergeschoß rechts des Anwesens (3 Zimmer, Küche, Flur, Bad, WC, Diele, Loggia) mit einer Wohnfläche von 90,97 m^2, dem mit Nr. VI gekennzeichneten Kellerraum und dem mit Nr. VI gekennzeichneten Garagenraum.

III. Gemeinschaftsordnung

§ 1 Grundsatz

Für das Verhältnis der Wohnungseigentümer untereinander gelten die gesetzlichen Bestimmungen, soweit in dieser Urkunde nichts anderes bestimmt ist.

§ 2 und folgende

siehe: die §§ 4–18 der Gemeinschaftsordnung zur Teilungserklärung nach § 8 WEG *(unten S. 403ff.)*.

IV. Grundbucherklärungen

Zum Grundbuchamt erklären die Beteiligten:

1) Wir sind als Miteigentümer des Grundstücks Flur Nr. . . . . über die Begründung der Wohnungseigentumsrechte durch Einräumung von Sondereigentum mit dem Inhalt der in Abschnitt II. dieser Urkunde niedergelegten Vereinbarungen und Bestimmungen einig und bewilligen und beantragen die Eintragung dieser Rechtsänderungen in das Grundbuch.

1. Begründung von WEG Anh. II

Wegen der Aufteilung des Gebäudes sowie der Lage und Größe der im Sondereigentum und im gemeinschaftlichen Eigentum stehenden Gebäudeteile nehmen wir hierbei auf die Aufteilungspläne nebst dort beigehefteten Bescheinigungen der Baubehörde Bezug.

2) Grundbuchamtliche Vollzugsnachricht soll für die Beteiligten an den amtierenden Notar erfolgen.

V. Belehrung

Die Beteiligten sind über den rechtlichen Gehalt dieses Vertrages und seine Vollzugsvoraussetzungen in jeder Hinsicht belehrt.

Die eventuelle Ungültigkeit einer Bestimmung dieses Vertrages soll die Gültigkeit der übrigen Vertragsbestimmungen nicht berühren.

Die Beteiligten sind in diesem Fall verpflichtet, eine wirtschaftlich gleichkommende Ersatzvereinbarung zu treffen.

VI. Kosten und Ausfertigungen

Die Kosten dieser Urkunde und ihres Vollzugs im Grundbuch gehen zu Lasten der Beteiligten entsprechend dem Verhältnis ihrer Miteigentumsanteile am Grundstück Flur Nr. . . . .

Die Beteiligten versichern, daß dieses Rechtsgeschäft der Schaffung von steuerbegünstigten Wohnung (Eigentumswohnungen) im Sinne des geltenden Wohnungsbaugesetzes dient und beantragen deshalb Befreiung von den Gerichtsgebühren gemäß den geltenden gesetzlichen Bestimmungen.

Es wird beantragt, jedem Wohnungseigentümer eine Ausfertigung dieser Urkunde zu erteilen.

Für das Grundbuchamt sowie die sonstigen zur Durchführung dieses Vertrages erforderlichen Stellen sind die notwendigen beglaubigten und unbeglaubigten Abschriften zu fertigen.

Vorgelesen vom Notar
– samt Anlagen, soweit verbunden – von dem Beteiligten genehmigt u. eigenhändig unterschrieben

Anh. II

2. Muster: Teilungserklärung nach § 8 WEG mit Gemeinschaftsordnung*

Teil I

§ 1 Grundstück

Die ....
(vollständige Firma)
nachstehend als „Wohnungsunternehmen" bezeichnet, ist Eigentümerin des Grundstücks

....
(Ort)   (Straße)   (Nr.)
eingetragen im Grundbuch von

....
(genaue grundbuch- und katastermäßige Bezeichnung)

Auf diesem Grundstück errichtet das Wohnungsunternehmen ...... Gebäude mit ...... Wohnungen, ... nicht Wohnzwecken dienenden Raumeinheiten, ... Garagen und ...... Garagenstellplätze.
Diese Gebäude gelten als Grundstückseinheit im Sinne des Wohnungseigentumsgesetzes (WEG) vom 15. 3. 1951.

§ 2 Teilung

Das Wohnungsunternehmen teilt das Eigentum an dem vorbezeichneten Grundstück gemäß § 8 WEG in Miteigentumsanteile in der Weise, daß mit jedem Miteigentumsanteil das Sondereigentum an einer in sich abgeschlossenen Wohnung (Wohnungseigentum) oder an in sich abgeschlossenen gewerblichen Räumen/Garagen/Garagenstellplätze (Teileigentum) verbunden ist, wie folgt:

Miteigentumsanteil von   ...../1000
verbunden mit dem Sondereigentum an der im Aufstellungsplan
mit Nr. ...... bezeichneten Wohnung ...... Geschoß/
links/mitte/rechts
Zu der Wohnung gehören folgende Nebenräume:

Miteigentumsanteil von   ...../1000
usw.

....

Sämtliche Wohnungen sind in sich abgeschlossen im Sinne des § 3 Abs. 2 WEG. Die gemeinschaftlich zu nutzenden Räume sind im Aufteilungsplan mit „G" bezeichnet.

---

* Nach einem Muster aus *Bärmann/Seuß*, Praxis, S. 627 ff.

Teilungserklärung **Anh. II**

§ 3 Gegenstand des Wohnungseigentums

1. Gegenstand des Sondereigentums sind die in § 2 dieser Teilungserklärung bezeichneten Räume sowie die zu diesen Räumen gehörenden Bestandteile des Gebäudes, die verändert, beseitigt oder eingefügt werden können, ohne daß dadurch das gemeinschaftliche Eigentum oder ein auf Sondereigentum beruhendes Recht eines anderen Wohnungseigentümers über das nach § 14 WEG zulässige Maß hinaus beeinträchtigt oder die äußere Gestaltung des Gebäudes verändert wird. Insbesondere gehören zum Sondereigentum:
   a) Der Fußbodenbelag und der Deckenputz der im Sondereigentum stehenden Räume,
   b) die nichttragenden Zwischenwände,
   c) der Wandputz und die Wandverkleidung sämtlicher zum Sondereigentum gehörenden Räume, auch soweit die putztragenden Wände nicht zum Sondereigentum gehören,
   d) die Innentüren und alle Fenster und Lichtkuppeln der im Sondereigentum stehenden Räume,
   e) sämtliche Einrichtungen und Ausstattungsgegenstände der im Sondereigentum stehenden Räume,
   f) die Wasserleitungen vom Anschluß an die gemeinsame Steigleitung an,
   g) die Versorgungsleitung für Gas und Strom von der Abzweigung ab Zähler an,
   h) die Entwässerungsleitungen bis zur Anschlußstelle an die gemeinsame Falleitung,
   i) die Vor- und Rücklaufleitungen und die Heizkörper der Zentralheizung von der Anschlußstelle an die gemeinsame Steig- und Falleitung an.
2. Gegenstand des gemeinschaftlichen Eigentums sind alle Räume und Gebäudeteile, die nicht nach Abs. 1 zum Sondereigentum erklärt sind sowie der Grund und Boden. Als gemeinschaftliches Eigentum gilt auch das jeweils vorhandene Verwaltungsvermögen, insbesondere die Instandhaltungsrücklage. Gemeinschaftseigentum sind auch das Kellergeschoß der Wohngebäude und die Terrassen der Wohnungen Nr.: . . . . . .
3. Wird Teileigentum gebildet, so gelten alle Bestimmungen dieser Teilungserklärung sinngemäß auch für das Teileigentum und den Teileigentümer.

Teil II

Bestimmungen über das Verhältnis der Wohnungseigentümer untereinander und über die Verwaltung (Gemeinschaftsordnung).

§ 4 Grundsatz

Das Verhältnis der Wohnungseigentümer bestimmt sich nach den Vorschriften der §§ 10 bis 29 WEG, soweit im folgenden nichts anderes bestimmt ist.

Anh. II — Musterverträge

§ 5 Nutzung

1. Jeder Wohnungseigentümer ist berechtigt, die in seinem Sondereigentum stehenden Räume und neben den übrigen Miteigentümern auch das gemeinschaftliche Eigentum in einer Weise zu nutzen, die nicht die Rechte der übrigen Wohnungseigentümer über das bei einem geordneten Zusammenleben unvermeidliche Maß hinaus beeinträchtigt oder den Bestimmungen dieser Gemeinschaftsordnung widerspricht. Der Umfang der Nutzung ergibt sich ferner aus der Hausordnung.
Gemäß § 15 WEG wird folgende Gebrauchsregelung vereinbart:*

2. Zur Ausübung eines Gewerbes oder Berufes in der Eigentumswohnung bedarf der Wohnungseigentümer der schriftlichen Einwilligung des Verwalters: diese kann unter Auflagen erteilt werden. Der Verwalter kann die Einwilligung nur aus einem wichtigen Grund verweigern. Als wichtiger Grund ist insbesondere anzusehen, wenn die Ausübung des Gewerbes oder Berufes eine unzumutbare Beeinträchtigung der Wohnungseigentümer oder eine übermäßige Abnutzung des gemeinschaftlichen Eigentums mit sich bringt. Die Zustimmung kann widerrufen werden, wenn nachträglich eine unzumutbare Beeinträchtigung der Wohnungseigentümer oder eine übermäßige Abnutzung des gemeinschaftlichen Eigentums eintritt oder Auflagen nicht beachtet werden. Verweigert der Verwalter die Einwilligung, erteilt er sie unter Auflagen oder widerruft er sie, so kann seine Entscheidung durch Mehrheitsbeschluß der Eigentümerversammlung ersetzt werden.

3. Die Gebrauchsüberlassung an Dritte ist nur zulässig, soweit sich die Nutzung im Rahmen dieser Gemeinschaftsordnung hält.
Für Verletzungen der Gemeinschafts- und der Hausordnung durch nutzungsberechtigte Dritte sowie für die von Dritten der Gemeinschaft oder einzelnen Wohnungseigentümer verursachten Schäden haftet der Wohnungseigentümer der Gemeinschaft und den anderen Wohnungseigentümern neben dem Dritten als Gesamtschuldner.

4. Zur Gebrauchsüberlassung an Dritte bedarf es der Zustimmung des Verwalters. Die Zustimmung kann nur aus wichtigem Grund verweigert werden. Ein wichtiger Grund ist insbesondere gegeben, wenn berechtigte Besorgnis besteht, ob der Mieter sich in die Hausgemeinschaft einfügen wird.
Die Zustimmung kann widerrufen werden, wenn nachträglich eine unzumutbare Beeinträchtigung der Wohnungseigentümer oder eine übermäßige Abnutzung des Gemeinschaftseigentums eintritt oder Auflagen nicht beachtet werden. In diesem Fall ist der Wohnungseigentümer verpflichtet, den mit seinem Mieter abgeschlossenen Mietvertrag zum nächstzulässigen Zeitpunkt zu kündigen und erforderlichenfalls Räumungsklage zu erheben.

---

* Hier sind gesonderte Gebrauchsregelungen oder Sondernutzungsrechte im einzelnen auszuführen.

Teilungserklärung **Anh. II**

Die Zustimmung des Verwalters kann durch Beschluß der Eigentümerversammlung ersetzt werden.*
5. Die Gebrauchsüberlassung an Dritte ist dem Verwalter unverzüglich schriftlich mitzuteilen.*

§ 6 Veräußerung des Wohnungseigentums
1. Das Wohnungseigentum ist frei veräußerlich und vererblich.
2. Zur Veräußerung ist die schriftliche Zustimmung des Verwalters erforderlich. Der Verwalter darf die Zustimmung nur aus einen wichtigen Grund versagen. Als wichtiger Grund gilt insbesondere, wenn durch Tatsachen begründete Zweifel daran bestehen, daß
   a) der Erwerber die ihm gegenüber der Gemeinschaft der Wohnungseigentümer obliegenden finanziellen Verpflichtungen erfüllen wird, oder
   b) der Erwerber oder einen zu seinem Hausstand gehörende Person sich in die Hausgemeinschaft einfügen wird.
   Die Zustimmung des Verwalters kann durch Beschluß der Eigentümerversammlung ersetzt werden. Die Zustimmung des Verwalters ist jedoch nicht erforderlich für die Veräußerung:
   a) beim Erstverkauf durch das Wohnungsunternehmen,
   b) im Wege der Zwangsvollstreckung,
   c) durch Konkursverwalter,
   d) durch Gläubiger dinglich gesicherter Darlehen, wenn sie ein von ihnen erworbenes Wohnungseigentum weiter veräußern.
3. Der Veräußerer kann nicht verlangen, daß das Verwaltungsvermögen, insbesondere die Instandhaltungsrücklage, auseinandergesetzt und ihm sein Anteil ausbezahlt wird. Sämtliche vom Veräußerer bereits geleisteten Zahlungen und Rücklagen wirken für den Rechtsnachfolger.
4. Auch Hausgeldzahlungen, insbesondere Überzahlungen, wirken zugunsten des Rechtsnachfolgers. Der Rechtsnachfolger haftet gesamtschuldnerisch für alle Verbindlichkeiten des Veräußerers gegenüber der Wohnungseigentümergemeinschaft. Als Rechtsnachfolger gilt auch der Wohnungseigentümer, welcher das Objekt im Wege der Zwangsversteigerung durch Zuschlagsbeschluß erworben hat.

§ 7 Mehrheit von Wohnungseigentümern; abwesende oder unbekannte Wohnungseigentümer
1. Steht ein Wohnungseigentum mehreren Personen zu, so sind diese verpflichtet, unverzüglich einen mit einer notariell beglaubigten Vollmacht versehenen Bevollmächtigten zu bestellen und dem Verwalter namhaft zu machen. Satz 1 gilt nicht für Ehegatten, die gemeinsam Wohnungseigentümer sind; sie gelten als gegenseitig bevollmächtigt.

---

* Die Ziff. 4 od. 5 ist alternativ zu verwenden.

2. Die Vollmacht muß enthalten:
   a) Die Ermächtigung des Bevollmächtigten, alle aus dem Wohnungseigentum herrührenden Rechte und Pflichten wahrzunehmen, insbesonder auch alle Willenserklärungen und Zustellungen mit Wirkung für die Vollmachtgeber in Empfang zu nehmen,
   b) die Bestimmung der Fortdauer der Vollmacht über den Tod eines oder mehrerer Vollmachtgeber hinaus.
3. Die mehreren Wohnungseigentümer haften als Gesamtschuldner. Tatsachen für und gegen einen Gesamtschuldner wirken für und gegen alle Gesamtschuldner.
4. Der Wohnungseigentümer ist verpflichtet, einen Bevollmächtigten mit dem Wohnsitz im Inland zu bestellen, wenn
   a) er mehr als drei Monate abwesend ist,
   b) er seinen Wohnsitz in das Ausland verlegt,
   c) die Zustimmung aller Wohnungseigentümer für bestimmte Maßnahmen notwendig und er an der Ausübung seiner Zustimmungsbefugnis verhindert ist,
   d) er das Wohnungseigentum auf mehrere Berechtigte überträgt, solange keine Vollmacht nach Absatz 1 vorhanden ist.

§ 8 Instandhaltung und Instandsetzung des Sondereigentums

1. Jeder Wohnungseigentümer ist verpflichtet, die dem Sondereigentum unterliegenden Gebäudeteile ordnungsgemäß instand zu halten und instand zu setzen, die Vornahme von Schönheitsreparaturen innerhalb der Wohnung, d. h. das Tapezieren, Anstreichen oder Kalken der Wände und Decken, der Innenanstrich der Außenfenster und der Wohnungsabschlußtür, das Streichen der übrigen Fenster, Türen, Fußböden, Heizkörper, steht im Ermessen des Wohnungseigentümers. Die Instandhaltung und Instandsetzung der Außen-Fenster, Rolläden und Kellerabteile und anderer Teile des Gebäudes, die für dessen Bestand erforderlich sind, sowie von Anlagen und Einrichtungen, die dem gemeinschaftlichen Gebrauch dienen, obliegen, wenn sie sich im Bereich der dem Sondereigentum unterliegenden Räume befinden, dem Wohnungseigentümer. Soweit die Außenansicht betroffen wird, ist eine einheitliche Ausführung unabdingbar. Deshalb ist die Eneuerung des Außenanstrichs der Fenster Sache der Gemeinschaft. Zur Durchführung dieser Arbeiten ist ungehinderter Zutritt zu gewähren.
2. Der Verwalter ist berechtigt, jeden Wohnungseigentümer zur ordnungsgemäßen Instandhaltung der in seinem Sondereigentum stehenden Räume und Gebäudeteile anzuhalten. Er kann zu diesem Zweck nach vorheriger Anmeldung deren Zustand überprüfen. Die bei der Überprüfung festgestellten Mängel hat jeder Wohnungseigentümer innerhalb einer ihm vom Verwalter zu setzenden angemessenen Frist zu beseitigen.

Teilungserklärung

§ 9 Instandhaltung und Instandsetzung des gemeinschaftlichen Eigentums

1. Die Instandhaltung und Instandsetzung des gemeinschaftlichen Eigentums obliegt den Wohnungseigentümern gemeinschaftlich. Die erforderlichen Maßnahmen sind vom Verwalter zu veranlassen.

2. Schäden am gemeinschaftlichen Eigentum hat jeder Wohnungseigentümer unverzüglich dem Verwalter anzuzeigen. Jeder Wohnungseigentümer hat, soweit es ihm möglich und zumutbar ist, bis zur Abhilfe durch den Verwalter durch vorläufige Maßnahmen für die Abwendung unmittelbarer Gefahren zu sorgen.

3. Der Verwalter ist berechtigt und verpflichtet, den Zustand des gemeinschaftlichen Eigentums laufend zu überwachen. Er hat alle Maßnahmen zu treffen, die im Rahmen einer ordnungsgemäßen Bewirtschaftung zur Instandhaltung und Instandsetzung des gemeinschaftlichen Eigentums erforderlich sind oder zweckmäßig erscheinen.

4. Der Verwalter hat die Vornahme solcher Arbeiten einschließlich baulicher Veränderungen den Wohnungseigentümern rechtzeitig anzukündigen, deren Sondereigentum davon betroffen wird. Einer Ankündigung bedarf es nicht, soweit Maßnahmen zur Abwendung drohender Gefahren oder Schäden für gemeinschaftliches Eigentums oder Bewohner des Gebäudes notwendig sind.

5. Jeder Wohnungseigentümer hat in den Fällen der Absätze 3. und 4. Einwirkungen auf die in seinem Sondereigentum stehenden Gebäudeteile und das gemeinschaftliche Eigentum zu dulden sowie das Betreten seiner Räume zu gestatten, soweit das zur Durchführung der bezeichneten Maßnahmen erforderlich ist.
Verhindert oder verzögert er die Ausführung solcher Arbeiten, so hat er die durch sein Verhalten entstandenen Mehrkosten zu tragen. Schadenersatzansprüche bleiben unberührt.

6. Die Wohnungseigentümer sind zur Ansammlung einer Instandhaltungsrücklage für das gemeinschaftliche Eigentum verpflichtet. Zu diesem Zweck ist ein angemessener jährlicher Betrag zu entrichten, der sich nach Miteigentumsanteilen errechnet. Aus dieser Rücklage werden die Kosten für die Instandhaltung und Instandsetzung des gemeinschaftlichen Eigentums bestritten.
Falls die vorhandenen Rücklagen nicht ausreichen, die Kosten für beschlossene oder dringend notwendig gewordene Arbeiten zu decken, sind die Wohnungseigentümer verpflichtet, Nachzahlungen im Verhältnis der Miteigentumsanteile zu leisten.
Entnahmen aus der Instandhaltungsrücklage zu anderen Zwecken als zur Zahlung von Instandhaltungs- und Instandsetzungskosten sowie Kürzungen des Jahresbeitrages zur Instandhaltungsrücklage können nur durch Beschluß der Wohnungseigentümers mit einer Mehrzahl von mehr als zwei Dritteln der stimmberechtigten Wohnungseigentümer vorgenommen werden.

§ 10 Bauliche Veränderungen

1. Maßnahmen, welche die einheitliche Gestaltung stören, dürfen nur mit vorheriger Zustimmung des Verwalters vorgenommen werden; das gilt insbesondere für die Anbringung von Werbevorrichtungen und Außenantennen, die Durchführung von Maßnahmen entsprechender Art auf dem Grundstück, den Balkonen, den Rolläden, Jalousetten und anderen Einrichtungen. Die Zustimmung des Verwalters kann durch einen Beschluß der Eigentümerversammlung ersetzt werden.
2. Im übrigen gilt § 22 WEG.

§ 11 Versicherungen

1. Für das Sondereigentum und das gemeinschaftliche Eigentum als Ganzes sind folgende Versicherungen abzuschließen:
   a) eine Versicherung gegen Inanspruchnahme aus der gesetzlichen Haftpflicht der Gemeinschaft der Wohnungseigentümer aus dem gemeinschaftlichen Eigentum am Grundstück,
   b) eine Gebäudefeuerversicherung,
   c) eine Versicherung gegen die Haftpflicht bei Gewässerschäden, sofern Öltanks zum Gemeinschaftseigentum gehören,
   d) eine Leitungswasser-, Sturm- und Hagelschadenversicherung.
2. Die Sachversicherungen sind zum gleitenden Neuwert, die Haftpflichtversicherungen in angemessener Höhe abzuschließen.
3. Die Auswahl der Versicherer obliegt dem Verwalter.

§ 12 Wiederaufbau

1. Im Falle der vollständigen oder teilweisen Zerstörung der Gebäude ist die Gemeinschaft der Wohnungseigentümer zum Wiederaufbau verpflichtet. Sie hat etwaige Versicherungsleistungen zur Deckung der Baukosten zu verwenden.
2. Decken die Versicherungsleistungen nicht den vollen Wiederherstellungsaufwand, so ist jeder Wohnungseigentümer verpflichtet, den durch die Entschädigung nicht gedeckten Teil der Kosten nach Maßgabe eines Zahlungsplanes, den der Verwalter im Einvernehmen mit der Eigentümerversammlung aufstellt, zu bezahlen. Jeder Wohnungseigentümer hat ferner den sich aufgrund einer Schlußabrechnung ergebenden Mehraufwand, soweit dieser auf sein Sondereigentum entfällt, in voller Höhe, soweit er auf das gemeinschaftliche Eigentum entfällt, in Höhe eines seinem Miteigentumsanteil entsprechenden Bruchteils zu tragen.
3. Jeder Wohnungseigentümer kann sich innerhalb eines Monats nach Bekanntgabe der festgestellten Entschädigung und der nach einem Voranschlag ermittelten Kosten des Wiederaufbaues oder der Wiederherstellung von der Verpflichtung zur Beteiligung an dem Wiederaufbau oder der Wiederherstellung durch Veräußerung seines Wohnungseigentums befreien.

Teilungserklärung **Anh. II**

4. Steht dem Wiederaufbau oder der Wiederherstellung ein unüberwindliches Hindernis entgegen, so ist jeder Wohnungseigentümer berechtigt, die Aufhebung der Gemeinschaft zu verlangen. Der Anspruch auf Aufhebung ist ausgeschlossen, wenn sich einer der anderen Wohnungseigentümer oder ein Dritter bereit erklärt, das Wohnungseigentum des die Aufhebung verlangenden Wohnungseigentümers zum Schätzwert zu übernehmen und gegen die Übernahme durch ihn keine begründeten Bedenken bestehen.

§ 13 Aufhebung der Gemeinschaft

1. Außer im Falle des § 12 Abs. 4 kann kein Wohnungseigentümer die Aufhebung der Gemeinschaft verlangen.

2. Ist die Gemeinschaft im Falle des § 12 Abs. 4 aufzuheben, so wird die Auseinandersetzung im Wege der freihändigen Veräußerung oder der öffentlichen Versteigerung nach § 753 BGB und §§ 180 ff. ZVG durchgeführt.

§ 14 Ermittlung und Verteilung der laufenden Lasten und Kosten

1. Die Lasten werden nach Maßgabe des jährlich zu beschließenden Wirtschaftsplanes für die einzelnen Wohnungseigentümer berechnet und sind als „Hausgeld" in monatlichen Raten zu bezahlen. Das Hausgeld ist kostenfrei bis spätestens zum dritten Werktag jedes Monats im voraus in der vom Verwalter bestimmten Form von jedem Wohnungseigentümer zu zahlen. Leistet ein Wohnungseigentümer seine Hausgeldzahlungen oder andere Zahlungen in einer anderen als der vom Verwalter festgelegten Form, so wird der Verwalter bevollmächtigt vom betreffenden Wohnungseigentümer einen Zuschlag zur jeweiligen Verwaltungsgebühr in Höhe von 10% zu erheben und zugunsten der Gemeinschaft zu vereinnahmen.

2. Das Hausgeld errechnet sich aus:
   a) den Betriebskosten gem. § 27 der II. Berechnungsverordnung im Verhältnis der Miteigentumsanteile;
   b) den Verwaltungskosten mit einem Pauschbetrag je Wohnung;
   c) den Instandhaltungskosten und der Instandhaltungsrücklage nach § 9 Abs. 6 im Verhältnis der Miteigentumsanteile;
   d) den Kosten des Betriebs der zentralen Heizungs-, Brennstoff- und Warmwasserversorgungsanlage; wie folgt:*

3. Besondere Kostenregelungen
   a) Die Betriebskosten für die gegebenenfalls vorhandenen gemeinschaftlichen Waschmaschinen werden verbrauchsbezogen von den Nutzern getragen. Die Höhe der Gebühren und die Form des Inkassos werden vom Verwalter festgelegt. Sofern sich bei der Jahresabrechnung der Betriebskosten für diese Gemeinschaftseinrichtungen Überschüsse ergeben, werden sie einem gesonderten Rücklagenkonto zugeführt. Diese Rücklagen dienen der Deckung sowohl der laufenden Betriebs- und

---

* S. dazu die HeizkostenV Anh. I 4.

Instandhaltungskosten als auch der Erneuerung der Geräte und Maschinen. Sollten diese Rücklagen nicht ausreichen, werden die darüber hinaus anfallenden Kosten – aber nur für Instandhaltung und Erneuerung – aus der allgemeinen Instandhaltungsrücklage bezahlt.
Diese Regelung kann seitens Wohnungseigentümerversammlung durch Mehrheitsbeschluß geändert und ersetzt werden.

   b) Von den Liftbetriebskosten werden freigestellt die Wohnungen Nr. . . . .

4. Änderungen des Verteilungsschlüssels können durch Beschluß der Wohnungseigentümer mit einer Mehrheit von mehr als zwei Dritteln der stimmberechtigten Wohnungseigentümer vorgenommen werden. Als Verteilungsschlüssel können nur die Flächengrößen der einzelnen Einheiten, die Miteigentumsanteile, die Anzahl der Einheiten und bei der Heizung die Verbrauchsmessung gewählt werden.

5. Bei überdurchschnittlicher Nutzung des Gemeinschaftseigentums durch einen Wohnungseigentümer bzw. dessen Mieter kann die Wohnungseigentümergemeinschaft durch Dreiviertel-Mehrheit eine angemessene, zusätzliche Nutzungsgebühr beschließen.

6. Der Verwalter ist berechtigt, bei gewerblicher und freiberuflicher Nutzung einen Zuschlag zu den Betriebs- und Instandhaltungskosten zu verlangen.

§ 15 Wirtschaftsplan und Abrechnung

1. Der Verwalter hat nach Ablauf jedes Kalenderjahres eine Gesamtabrechnung für die Bewirtschaftung der Anlage aufzustellen. Diese Abrechnung dient als Grundlage für die Hausgeldabrechnung.

2. Das Hausgeld wird jährlich einmal durch den Verwalter abgerechnet. Fehlbeträge des Hausgeldes sind vom Wohnungseigentümer unverzüglich nachzuleisten. Überzahlungen können mit den laufenden Hausgeldzahlungen verrechnet werden.
Zuviel gezahlte Beträge und Abrechnungsguthaben werden nicht verzinst.

3. Sollten Korrekturen der Hausgeldabrechnung erforderlich sein, werden diese in der darauffolgenden Jahresabrechnung berücksichtigt.

§ 16 Entziehung des Wohnungseigentums

1. Für die Entziehung des Wohnungseigentums gilt § 18 WEG.

2. Steht das Wohnungseigentum mehreren Personen gemeinschaftlich zu, so kann die Entziehung des Eigentums zuungunsten sämtlicher Mitberechtigter verlangt werden, sofern auch nur in der Person eines Mitberechtigten die Voraussetzungen für das Entziehungsverlangen begründet sind.

§ 17 Eigentümerversammlung

1. Angelegenheiten, über die nach dem Wohnungseigentumsgesetz oder nach dem Inhalt dieser Teilungserklärung die Wohnungseigentümer

Teilungserklärung **Anh. II**

durch Beschluß entscheiden können, werden durch Beschlußfassung in einer Versammlung der Wohnungseigentümer geordnet. Steht ein Wohnungseigentum mehreren gemeinschaftlich zu, so kann das Stimmrecht nur einheitlich ausgeübt werden.

2. Der Verwalter ist verpflichtet, die Eigentümerversammlung einmal im Jahr unter Bekanntgabe der Tagesordnung einzuberufen (ordentliche Eigentümerversammlung). Er bestimmt den Zeitpunkt der Versammlung und wird nicht verpflichtet den Versammlungszeitpunkt außerhalb seiner Geschäftszeit festzulegen. Der Verwalter muß eine weitere Versammlung (außerordentliche Eigentümerversammlung) einberufen, wenn mehr als ein Viertel der Wohnungseigentümer die Einberufung unter Angabe des Gegenstandes verlangt.

3. Für die ordnungsgemäße Einberufung genügt eine schriftliche Einladung an den dem Verwalter bekannten Wohnungseigentümer bzw. dessen Bevollmächtigten unter Einhaltung einer Frist von mindestens einer Woche. Die Ladungsfrist kann in dringenden Fällen auf drei Tage abgekürzt werden.

4. Die Eigentümerversammlung ist ohne Rücksicht auf die Zahl der erschienenen Eigentümer beschlußfähig. Ein Wohnungseigentümer kann sich nur durch seinen Ehegatten, den Verwalter oder einen anderen Wohnungseigentümer, und wenn ein Bevollmächtigter nach § 7 bestellt ist, nur durch diesen vertreten lassen.
Das Stimmrecht bestimmt sich nach dem Wohnungseigentumsgesetz.

5. Den Vorsitz in der Wohnungseigentümersversammlung führt der Verwalter gemäß § 24 Abs. 3 WEG. Zu Beginn der Wohnungseigentümerversammlung ist vom Verwalter die ordnungsgemäße Einberufung und die Beschlußfähigkeit festzustellen.

6. Bei der Feststellung der Stimmenmehrheit wird von der Zahl der abgegebenen Stimmen ausgegangen. Stimmenthaltungen gelten als nicht abgegebene Stimmen, soweit in dieser Erklärung über die Begründung des Wohnungseigentums nichts anderes bestimmt ist.

7. § 18 Abs. 3 WEG bleibt unberührt.

8. Der Vorsitzende der Wohnungseigentümerversammlung ist zur Protokollführung verpflichtet.

§ 18 Verwalter

1. Für die Verwalter des gemeinschaftlichen Eigentums und zur Vertretung der Gemeinschaft der Wohnungseigentümer muß dauernd ein Verwalter vorhanden sein. Zum ersten Verwalter wird.

. . . . . .

bestellt.
Die Bestellung zum Verwalter erfolgt fest auf 5 Jahre, gerechnet vom . . . . . . an. Die wiederholte Bestellung ist zulässig. Sie bedarf eines erneuten Beschlusses der Wohnungseigentümer, der frühestens 1 Jahr vor Ablauf der Bestellzeit gefaßt werden kann.

Anh. II — Musterverträge

2. Über § 27 WEG hinaus wird der Verwalter ermächtigt,
   a) die Wohnungseigentümer gerichtlich und außergerichtlich in allen Angelegenheiten der Verwaltung zu vertreten und im Rahmen seiner Verwaltungsaufgaben Verträge abzuschließen und andere Rechtshandlungen vorzunehmen;
   b) die von den Wohnungseigentümern zu leistenden Hausgelder und sonstige der Gemeinschaft geschuldeten Beträge einzuziehen und gegenüber säumigen Wohnungseigentümern gerichtlich oder außergerichtlich im eigenen Namen geltend zu machen.
3. Mit dem Verwalter ist ein schriftlicher Verwaltervertrag abzuschließen. Wird ein neuer Verwalter bestellt oder ist aus anderen Gründen ein neuer Verwaltervertrag zu errichten, so ermächtigen die Wohnungseigentümer durch Mehrheitsbeschluß ein Verwaltungsbeiratsmitglied oder einen anderen Wohnungseigentümer, den neuen Vertrag im Namen aller Wohnungseigentümer mit dem Verwalter abzuschließen.
4. Die Wohnungseigentümergemeinschaft ist verpflichtet, dem jeweiligen Verwalter einen notariell beglaubigten Nachweis über die Verwaltereigenschaft auszustellen. In diesem Zusammenhang entstehende Kosten tragen die Eigentümer.
5. Der Verwalter ist von den Bestimmungen des § 181 BGB – soweit gesetzlich zulässig – zu befreien.

§ 19 Sonstige Bestimmungen

1. Die Nutzungsregelung der gemeinsamen . . . . . . erfolgt durch den Verwalter.
2. Die Verteilung der Kellerabteile obliegt dem Verwalter.
3. Zur Einstellung und Kündigung des Hausmeisters und einer Reinigungskraft bzw. -firma und die damit verbundene Vertragsgestaltung ist der Verwalter ermächtigt.

Teil III

Eintragungsbewilligung und Antrag

1. Das Wohnungsunternehmen bewilligt und beantragt im Grundbuch einzutragen:
   a) die Teilung des in § 1 näher bezeichneten Grundstückes in Wohnungseigentumsrechte gem. § 2 dieser Erklärung,
   b) die Bestimmungen gem. §§ 3–20 dieser Erklärung als Inhalt des Wohnungseigentums.
2. Als Anlage sind beigefügt:
   a) Aufteilungsplan gem. § 7 Abs. 4 Nr. 1 WEG,
   b) Bescheinigung der Baubehörde gem. § 7 Abs. 4 Nr. 2 WEG.

Anhang III. Gesetze mit Bezug auf das Wohnungseigentum

1. Gesetz zur Verbesserung der Rechtsstellung des Mieters bei Begründung von Wohnungseigentum an vermieteten Wohnungen

Vom 20. 7. 1990

(BGBl. I S. 1456)

Art. 1 Änderung des Bürgerlichen Gesetzbuchs

Das Bürgerliche Gesetzbuch in der im Bundesgesetzblatt Teil III, Gliederungsnummer 400–2, veröffentlichten bereinigten Fassung, zuletzt geändert durch Artikel 2 des Gesetzes vom 26. Juni 1990 (BGBl. I S. 1206), wird wie folgt geändert:

1. In § 564b Abs. 2 Nr. 2 Satz 2 wird der Strichpunkt durch einen Punkt ersetzt. Es werden folgende Sätze angefügt:
„Ist die ausreichende Versorgung der Bevölkerung mit Mietwohnungen zu angemessenen Bedingungen in einer Gemeinde oder einem Teil einer Gemeinde besonders gefährdet, so verlängert sich die Frist nach Satz 2 auf fünf Jahre. Diese Gebiete werden durch Rechtsverordnung der Landesregierung für die Dauer von jeweils höchstens fünf Jahren bestimmt;"

2. In § 564b Abs. 2 Nr. 3 wird folgender Satz angefügt:
„Ist an den vermieteten Wohnräumen nach der Überlassung an den Mieter Wohnungseigentum begründet und das Wohnungseigentum veräußert worden, so kann sich der Erwerber in Gebieten, die die Landesregierung nach Nummer 2 Satz 4 bestimmt hat, nicht vor Ablauf von fünf Jahren seit der Veräußerung an ihn darauf berufen, daß er die Mieträume veräußern will."

Art. 2 Übergangsregelung

§ 564b Abs. 2 Nr. 2 Satz 3 und Nr. 3 Satz 4 des Bürgerlichen Gesetzbuchs sind nicht anzuwenden, wenn der auf die Veräußerung des Wohnungseigentums gerichtete Vertrag vor dem Inkrafttreten dieses Gesetzes abgeschlossen worden ist.

Art. 3 Berlin-Klausel

Dieses Gesetz gilt nach Maßgabe des § 13 Abs. 1 des Dritten Überleitungsgesetzes auch im Land Berlin.

Art. 4 Inkrafttreten

§ 564b Abs. 2 Nr. 2 Satz 4 des Bürgerlichen Gesetzbuchs in der Fassung dieses Gesetzes tritt am Tage nach der Verkündung[1] in Kraft. Im übrigen tritt dieses Gesetz am 1. August 1990 in Kraft.

---

[1] Verkündet am 27. 7. 1993. Die Verlängerung tritt i. ü. nicht vor Erlaß der RVO ein.

2. Gesetz zur Erleichterung von Investitionen und der Ausweisung und Bereitstellung von Wohnbauland (Investitionserleichterungs- und Wohnbaulandgesetz)

Vom 22. 4. 1993

(BGBl. I S. 466, 487)

– Auszug –

Art. 13 Gesetz über eine Sozialklausel in Gebieten mit gefährdeter Wohnungsversorgung[1]

Die Landesregierungen werden ermächtigt, durch Rechtsverordnungen Gebiete zu bestimmen, in denen die ausreichende Versorgung der Bevölkerung mit Mietwohnungen zu angemessenen Bedingungen in einer Gemeinde oder in einem Teil einer Gemeinde besonders gefährdet ist. Ist an vermieteten Wohnräumen nach der Überlassung an den Mieter Wohnungseigentum begründet und das Wohnungseigentum veräußert worden, **so gilt in den so bestimmten Gebieten abweichend von den Bestimmungen des Bürgerlichen Gesetzbuchs:**
1. Bis zum Ablauf von zehn Jahren nach der Veräußerung werden **berechtigte Interessen des Vermieters** im Sinne des § 564b Abs. 2 Nr. 2 und 3 des Bürgerlichen Gesetzbuchs nicht berücksichtigt.
2. Auch danach werden berechtigte Interesse des Vermieters im Sinne des § 564b Abs. 2 Nr. 2 und 3 des Bürgerlichen Gesetzbuchs nicht berücksichtigt, wenn die vertragsmäßige Beendigung des Mietverhältnisses für den Mieter oder ein bei ihm lebendes Mitglied seiner Familie eine nicht zu rechtfertigende Härte bedeuten würde, es sei denn, der Vermieter weist dem Mieter angemessenen Ersatzwohnraum zu zumutbaren Bedingungen nach.

---

[1] In Kraft getreten zum 1. 5. 1993. Unterstreichungen vom Verf.

3. Viertes Gesetz zur Änderung mietrechtlicher Vorschriften (Viertes Mietrechtsänderungsgesetz)

Vom 21. 7. 1993

(BGBl. I S. 1257)

– Auszug –

Artikel 4 Nummer 7

§ 570 b BGB

(1) Werden vermietete Wohnräume, an denen nach der Überlassung an den Mieter Wohnungseigentum begründet worden ist oder begründet werden soll, an einen Dritten verkauft, so ist der Mieter zum Vorkauf berechtigt. Dies gilt nicht, wenn der Vermieter die Wohnräume an eine zu seinem Hausstand gehörende Person oder an einen Familienangehörigen verkauft.

(2) Die Mitteilung des Verkäufers oder des Dritten über den Inhalt des Kaufvertrages ist mit einer Unterrichtung des Mieters über sein Vorkaufsrecht zu verbinden.

(3) Stirbt der Mieter, so geht das Vorkaufsrecht auf denjenigen über, der das Mietverhältnis nach § 569a Abs. 1 oder 2 fortsetzt.

(4) Eine zum Nachteil des Mieters abweichende Vereinbarung ist unwirksam.[1]

---

[1] Art. 4 Nr. 7 ist nicht anzuwenden, wenn der Kaufvertrag mit dem Dritten vor dem 1. 9. 1993 abgeschlossen worden ist (Art. 6 Abs. 4).

4. Gesetz zur Sicherung der Zweckbestimmung von Sozialwohnungen (Wohnungsbindungsgesetz – WoBindG)

vom 22. 7. 1982

(BGBl. I S: 972/973)

– Auszug –

§ 2a Mitteilungs- und Unterrichtspflicht bei der Umwandlung von Mietwohnungen in Eigentumswohnungen

(1) Wird eine öffentlich geförderte Mietwohnung in eine Eigentumswohnung umgewandelt, hat der Verfügungsberechtigte der zuständigen Stelle die Umwandlung unter Angabe des Namens des betroffenen Mieters unverzüglich mitzuteilen und eine Abschrift der auf die Begründung von Wohnungseigentum gerichteten Erklärung zu übersenden. Beabsichtigt der Verfügungsberechtigte, eine öffentlich geförderte Mietwohnung, die in eine Eigentumswohnung umgewandelt worden ist oder werden soll, zu veräußern, so hat er der zuständigen Stelle mindestens einen Monat vor der Beurkundung des Vertrages oder Vorvertrages, durch den er sich zur Übertragung des Eigentums verpflichtet, Namen und Anschrift des vorgesehenen Erwerbers mitzuteilen.

(2) Die zuständige Stelle hat auf Grund der Mitteilungen nach Absatz 1 den Mieter und im Falle einer Veräußerung an einen Dritten den vorgesehenen Erwerber über die sich aus der Umwandlung und dem Erwerb ergebenden Rechtsfolgen, insbesondere über das Vorkaufsrecht des Mieters nach § 2b, zu unterrichten.

§ 2b Vorkaufsrecht des Mieters bei der Umwandlung von Mietwohnungen in Eigentumswohnungen

(1) Wird eine öffentlich geförderte Mietwohnung, die in eine Eigentumswohnung umgewandelt worden ist oder werden soll, an einen Dritten verkauft, so steht dem von der Umwandlung betroffenen Mieter das Vorkaufsrecht zu. Er kann das Vorkaufsrecht bis zum Ablauf von sechs Monaten seit Mitteilung des Verfügungsberechtigten über den Inhalt des mit dem Dritten geschlossenen Vertrages ausüben.

(2) Das Vorkaufsrecht ist nicht übertragbar. Stirbt der Mieter, so geht es auf denjenigen über, der nach den §§ 569a, 569b des Bürgerlichen Gesetzbuchs oder als Erbe in das Mietverhältnis eintritt oder es fortsetzt. Im übrigen gelten die Vorschriften der §§ 504 bis 509, 510 Abs. 1, §§ 511 bis 513 des Bürgerlichen Gesetzbuchs.

5. Verordnung über die Pflichten der Makler, Darlehens- und Anlagenvermittler, Bauträger und Baubetreuer (Makler- und Bauträgerverordnung – MaBV)

i. d. F. der Bekanntmachung vom 7. 11. 1990

(BGBl. I S. 2479)

– Auszug –

§ 3 Besondere Sicherungspflichten für Bauträger

(1) Der Gewerbetreibende darf in den Fällen des § 34c Abs. 1 Satz 1 Nr. 2 Buchstabe a der Gewerbeordnung, sofern dem Auftraggeber Eigentum an einem Grundstück übertragen oder ein Erbbaurecht bestellt oder übertragen werden soll, Vermögenswerte des Auftraggebers zur Ausführung des Auftrages erst entgegennehmen oder sich zu deren Verwendung ermächtigen lassen, wenn

1. der Vertrag zwischen dem Gewerbetreibenden und dem Auftraggeber rechtswirksam ist und die für seinen Vollzug erforderlichen Genehmigungen vorliegen, diese Voraussetzungen durch eine schriftliche Mitteilung des Notars bestätigt und dem Gewerbetreibenden keine vertraglichen Rücktrittsrechte eingeräumt sind,
2. zur Sicherung des Anspruchs des Auftraggebers auf Eigentumsübertragung oder Bestellung oder Übertragung eines Erbbaurechts an dem Vertragsobjekt eine Vormerkung an der vereinbarten Rangstelle im Grundbuch eingetragen ist; bezieht sich der Anspruch auf Wohnungs- oder Teileigentum oder ein Wohnungs- oder Teilerbbaurecht, so muß außerdem die Begründung dieses Rechts im Grundbuch vollzogen sein,
3. die Freistellung des Vertragsobjekts von allen Grundpfandrechten, die der Vormerkung im Range vorgehen oder gleichstehen und nicht übernommen werden sollen, gesichert ist, und zwar auch für den Fall, daß das Bauvorhaben nicht vollendet wird,
4. die Baugenehmigung erteilt worden ist.

Die Freistellung nach Satz 1 Nr. 3 ist gesichert, wenn gewährleistet ist, daß die nicht zu übernehmenden Grundpfandrechte im Grundbuch gelöscht werden, und zwar, wenn das Bauvorhaben vollendet wird, unverzüglich nach Zahlung der geschuldeten Vertragssumme, andernfalls unverzüglich nach Zahlung des dem erreichten Bautenstand entsprechenden Teils der geschuldeten Vertragssumme durch den Auftraggeber. Für den Fall, daß das Bauvorhaben nicht vollendet wird, kann sich der Kreditgeber vorbehalten, an Stelle der Freistellung alle vom Auftraggeber vertragsgemäß im Rahmen des Absatzes 2 bereits geleisteten Zahlungen bis zum anteiligen Wert des Vertragsobjekts zurückzuzahlen. Die zur Sicherung der Freistellung erforderlichen Erklärungen einschließlich etwaiger Erklärungen nach Satz 3 müssen dem Auftraggeber ausgehändigt worden sein. Liegen sie bei Abschluß des notariellen Vertrages bereits vor, muß auf sie in dem Vertrag Bezug

5. Makler- und BauträgerVO Anh. III

genommen sein; andernfalls mußd er Vertrag einen ausdrücklichen Hinweis auf die Verpflichtung des Gewerbebetreibenden zur Aushändigung der Erklärungen und deren notwendigen Inhalt enthalten.

(2) Der Gewerbetreibende darf in den Fällen des Absatzes 1 die Vermögenswerte ferner höchstens in folgenden Teilbeträgen zu den jeweils angegebenen Terminen entgegennehmen oder sich zu deren Verwendung ermächtigen lassen:

1. 30 vom Hundert der Vertragssumme in den Fällen, in denen Eigentum an einem Grundstück übertragen werden soll, oder 20 vom Hundert der Vertragssumme in den Fällen, in denen ein Erbbaurecht bestellt oder übertragen werden soll, nach Beginn der Erdarbeiten,
2. vom restlichen Teil der Vertragssumme
   40 vom Hundert nach Rohbaufertigstellung,
   25 vom Hundert nach Fertigstellung der Rohinstallation einschließlich Innenputz, ausgenommen Beiputzarbeiten,
   15 vom Hundert nach Fertigstellung der Schreiner- und Glaserarbeiten, ausgenommen Türblätter,
   15 vom Hundert nach Bezugsfertigkeit und Zug um Zug gegen Besitzübergabe,
   5 vom Hundert nach vollständiger Fertigstellung.

Betrifft das Bauvorhaben einen Altbau, so gilt der Ratenplan des Satzes 1 entsprechend.

(3) Der Gewerbetreibende darf in den Fällen des § 34c Abs. 1 Satz 1 Nr. 2 Buchstabe a der Gewerbeordnung, sofern ein Nutzungsverhältnis begründet werden soll, Vermögenswerte des Auftraggebers zur Ausführung des Auftrages nur entgegennehmen oder sich zu deren Verwendung ermächtigen lassen

1. in Höhe von 20 vom Hundert der Vertragssumme nach Vertragsabschluß,
2. von dem restlichen Teil der Vertragssumme nach Maßgabe des Zahlungsplanes in Absatz 2 Nr. 2.

Absatz 1 Satz 1 Nr. 1 und 4 gilt entsprechend.

6. Gesetz zur Änderung des Bürgerlichen Gesetzbuchs (Bauhandwerkersicherung) und anderer Gesetze

Vom 27. April 1993

(BGBl. I S. 509)

– Auszug –

§ 648a BGB

(1) Der Unternehmer eines Bauwerks, einer Außenanlage oder eines Teils davon kann vom Besteller Sicherheit für die von ihm zu erbringenden Vorleistungen in der Weise verlangen, daß er dem Besteller zur Leistung der Sicherheit eine angemessene Frist mit der Erklärung bestimmt, daß er nach dem Ablauf der Frist seine Leistung verweigere. Sicherheit kann bis zur Höhe des voraussichtlichen Vergütungsanspruchs verlangt werden, wie er sich aus dem Vertrag oder einem nachträglichen Zusatzauftrag ergibt. Sie ist auch dann als ausreichend anzusehen, wenn sich der Sicherungsgeber das Recht vorbehält, sein Versprechen im Falle einer wesentlichen Verschlechterung der Vermögensverhältnisse des Bestellers mit Wirkung für Vergütungsansprüche aus Bauleistungen zu widerrufen, die der Unternehmer bei Zugang der Widerrufserklärung noch nicht erbracht hat.

(2) Die Sicherheit kann auch durch eine Garantie oder ein sontiges Zahlungsversprechen eines im Geltungsbereich dieses Gesetzes zum Geschäftsbetrieb befugten Kreditinstituts oder Kreditversicherers geleistet werden. Das Kreditinstitut oder der Kreditversicherer darf Zahlungen an den Unternehmer nur leisten, soweit der Besteller den Vergütungsanspruch des Unternehmers anerkennt oder durch vorläufig vollstreckbares Urteil zur Zahlung der Vergütung verurteilt worden ist und die Voraussetzungen vorliegen, unter denen die Zwangsvollstreckung begonnen werden darf.

(3) Der Unternehmer hat dem Besteller die üblichen Kosten der Sicherheitsleistung bis zu einem Höchstsatz von 2 vom Hundert für das Jahr zu erstatten. Dies gilt nicht, soweit eine Sicherheit wegen Einwendungen des Bestellers gegen den Vergütungsanspruch des Unternehmers aufrechterhalten werden muß und die Einwendungen sich als unbegründet erweisen.

(4) Soweit der Unternehmer für einen Vergütungsanspruch eine Sicherheit nach den Absätzen 1 oder 2 erlangt hat, ist der Anspruch auf Einräumung einer Sicherheitshypothek nach § 648 Abs. 1 ausgeschlossen.

(5) Leistet der Besteller die Sicherheit nicht fristgemäß, so bestimmen sich die Rechte des Unternehmers nach den §§ 643 und 645 Abs. 1. Gilt der Vertrag danach als aufgehoben, kann der Unternehmer auch Ersatz des Schadens verlangen, den er dadurch erleidet, daß er auf die Gültigkeit des Vertrags vertraut hat.

(6) Die Vorschriften der Absätze 1 bis 5 finden keine Anwendung, wenn der Besteller

6. Bauhandwerkersicherung — Anh. III

1. eine juristische Person des öffentlichen Rechts oder ein öffentlich-rechtliches Sondervermögen ist oder
2. eine natürliche Person ist und die Bauarbeiten zur Herstellung oder Instandsetzung eines Einfamilienhauses mit oder ohne Einliegerwohnung ausführen läßt; dies gilt nicht bei Betreuung des Bauvorhabens durch einen zur Verfügung über die Finanzierungsmittel des Bestellers ermächtigten Baubetreuer.

(7) Eine von den Vorschriften der Absätze 1 bis 5 abweichende Vereinbarung ist unwirksam.

Sachregister

Fette Zahlen bezeichnen die Paragraphen des WEG, magere verweisen auf die Randziffern.

Abberufung des Verwalters **26** 5 ff, 15, 17, 24 ff., **43** 10
– Stimmrecht bei **25** 38, **26** 37
Abdingbarkeit **7** f. Vor **10, 18** 19 f., **22** 7
Abgeltungsbetrag **13** 44
Abgeschlossenheit Einl. 25, **3** 18, **7** 40
Abgesonderte Nutzung **13** 28
Abgesondertes ME an bestimmten Einrichtungen **1** 11, **5** 3
Abnahme **13** 42
Absage der Versammlung **24** 12
Abschlußmängel Einl. 12, **3** 22
Abschreibung für Abnutzung **62** 2 ff.
Abspaltung von ME **6** 5
Abstellplatz **5** 10, 19, **15** 2, 7 ff.; Nutzungsentgelt für –, **15** 8, **21** 21, **48** 6
Änderung der MEs-Anteile **3** 16, 16 ff. vor **10**
– der Versteigerungsbedingungen **54** 10
– des Verteilungsschlüssels **16** 24
– des WEs u. seiner Elemente **11** ff. Vor **10**
Änderungsverfahren **45** 22
AGBG **9** vor **10**; **26** 37
Allgemeine Geschäftsbedingungen **7** 46, **9** f. vor **10**
Allgemeine Verfahrensgrundsätze **44**
Amateurfunk **13** 23
Amtsprüfung **13** ff. Vor **43**
Allg. Verwaltungsvorschrift **3** 18, **7** 1, **Anh. I** 1
Altbausanierung **21** 45
Anfechtbarkeit **23** 15 ff.
Anfechtungsbefugte **23** 25
Anfechtungsfrist **23** 26 f., **24** 18

Anfechtungs- (Ungültigkeits-) Klage **23** 30
Anlage von Geld **27** 48
Anlagen **7** 30 ff.
Anrufung des Richters **21** 30, **22** 26 f., **23** 19, **28** 20
Anschlußbeschwerde **45** 30
Ansicht **7** 33
Anspruch auf ordnungsmäßige Verwaltung **21** 33 ff.
Anstellungsverhältnis des Verwalters **26** 30 ff.
Antennen **13** 23, **22** 2
Antragsrecht **21** 29, **23** 25; **4** Vor **43, 43** 15 ff., **54** 2
Anwalt **16** 21, **29** 35, **8** Vor **43**
– praxis **13** 4 f.
– sozietät **26** 3
Anwartschaft **3** 11, 33, **8** 13
Anwartschaftsvertrag **4** 9
Anzahlung (Verfall einer) **3** 26
– architekt. Gesamteindruck **22** 2
Architektonik Einl. 3
Armenrecht s. Prozeßkostenhilfe 20 vor **43; 48** 10
Art der Eintragung **7** 10
Arztpraxis **13** 9 f.
Asylanten, Asylbewerber **13** 6
Aufgabe des Rechtes **13** 26, **16** 37
– des WEs **1** 14
Aufgaben und Befugnisse des Verwalters **27**
Aufhebung von WE **8** 15
Aufhebung der Gemeinschaft **17**
Aufhebung des SEs **4** 16; **44** vor **10**
Aufklärungspflicht d. Gerichts **4** Vor **43**
– der Beteiligten **4** Vor. **43**
Auflassung **4** 6 ff.
Auflassungsform **4** 6; 18 vor **10**
Auflassungsverordnungen **4** 18

Register

Fette Zahlen = §§ des WEG

Auflassungsvormerkung **4** 20
Aufopferungsanspruch **14** 15
Aufrechnung **16** 29, **26** 46
Aufschiebende Wirkung **24** 31, **58** 4
Aufschlüsselungsbeispiele **16** 54 ff.
Aufsichtsbeschwerde **58** 8
Aufstockungsrecht **22** 8
Aufteilungsplan **7**
Aufwandspauschale **27** 32
Aufwendungen **17** 4, **21** 14, **22** 1 ff., 6
Aufzugskosten s. Fahrstuhlkosten
Ausgestaltung der Verträge **3** 23 ff.
Ausgleichsanspruch **16** 11
Auskunftsverlangen **12** 10; **28** 21 ff., **29** 6
Auslagen **26** 32
Auslegung der Teilungserklärung **8** 13
Auslegung der Vereinbarung **10** 7; Vorb. **9** vor **10**
Auslegung durch Gericht **45** 17
Ausscheiden der Nichtinteressierten **22** 22 f.
Ausscheiden durch Verzicht **11** 14
– aus VerwBeirat **29** 3
– des WEers **16** 29
Ausschluß des verurteilten WEers **56** 5; von Rechten **16** 28; vom Stimmrecht **25** 36 ff., **28** 29; von der Verwaltung **21** 7
Außergerichtliche Kosten **47** 2
Aussetzung 20, 27 Vor **43**, **46** 9

Baden **14** 7
Balkon **5** 9, 13 f., **13** 12, **22** 3
– brüstung, – platte **5** 13
Balletstudio **13** 5
Bar **13** 6
Bauaufträge **16** 59
Baubehörden **7** 37 f., **22** 13 f., **59**
Baubehördliche Genehmigung **22** 14
Baubeschreibung **7** 30 ff.
Bauhandwerker **8** 14, **16** 59
– sicherung **16** 59, **Anh.** III 6
Bauherrenmodell **2** 2, 10, **62** 13

Baulast **15** 11
Bauliche Veränderungen **17** 5, **22** 1 ff.
Bäume **21** 23, **22** 3
Baumängel **1** 34, **13** 42 ff., **21** 44
Bauruine **22** 49 f.
Bauträger **8** 1, 13, 17, **16** 30
Bauzeichnung **7** 30, 33
Beauftragter Richter **44** 2
Bedingungs- und Befristungsfeindlichkeit **3** 11, **4** 19
Beendigung des Versteigerungsverfahrens **57** 4
Befangenheit 20 Vor **43**
Befugnisse der Versammlung 7 vor **20**
Begriff der Wohnung **Anh.** I, 4; des Entgelts **40** 2; der Verwaltung 5 vor **20**
Begriffe des WEs **1** 2 ff.
Begründung (Änderung) der Vereinbarung **10** 14 ff.
Begründung des WEs **2**
Begründungsmängel **3** 12, 22
Begründungsfrist **23** 26 ff.
Behördliche Genehmigung **4** 14
Beitritt zur Neuerung **22** 24
Bekanntmachung **54** 11; der Terminbestimmung **55** 4
– des Beschlusses **23** 5, 28
Belastung und Beleihung **1** 16 ff.
Benutzung und Betreten der SEs-Räume **14** 15
Bepflanzung **13** 12
Beratungshilfegesetz **48** 10
Berichtigung **24** 17; 28 vor **43**
BerlinfördG Voraufl. **62** VII 8
Bescheinigung **Anh.** I 1
Beschluß als Rechtsgeschäft **23** 15
Beschlüsse der WEer **23** 15, **10** 29 ff.
Beschlußfähigkeit **25** 27 ff.
Beschlußfassung **28** 26 ff., **23** 4, **18** 11 f.
Beschränkung des MEs **3** 31
Beschwerdeverfahren 23, 25 f. vor **43**, **45** 4 ff.
Beseitigung **22** 27 ff.
Besitz **1** 31, **13** 39
Besitzschutz **13** 38 ff.

Magere Zahlen = Randziffern

Register

Besondere Aufwendungen **22** 6
Bestandteile **5** 1ff.; des Gebäudes **5** 11ff.
Bestandteilslehre **2** 1
Bestellung des Verwalters **23** 10, **26;**
Nachweis der Bestellung des –, **26** 19ff.
Besteuerung **62**
Bestimmtheitsgrundsatz **7** 5
Bestimmungszweck 35 vor **10; 10** 35, **13** 5, 16
Beteiligte 5f. Vor **43**, **43** 23
– wechsel **43** 6
Betonplatte **22** 3
Betonschwellen **22** 2
Betrieb und Verbrauch gemeinschaftlicher Dienste **16** 47
Beurkundung **4** 3ff.
Beweiskraft **25** 18
Beweisaufnahme **48** 2
Beweissicherung **13** 43, **21** 12, **27** 35
Bewertung als Einfamilienhaus **62** 1ff.
Bewilligung **10** 17f., **15** 9
Bewirtschaftungskosten (s.a. Wohngeld) **16** 27ff.
Bezeichnung im Grundbuch **1** 7
Bezug der EW **8** 5; 2 vor **43**
BGB-Gesellschaft **1** 4, **16** 35, **21** 49, **26** 3
Billiges Ermessen **43** 18ff.
Bindung an Verweisung **46** 10f.
Bindung an Erklärungen **4** 19, **10** 15
– an Anträge 4 Vor **43**, **43** 19f.
Blumenladen **13** 5
Bordell 23 vor **10**, **13** 9
Böschungsstützmauer **22** 4
Breitbandkabel **21** 52, **22** 5, 20
Bruchteilsmiteigentum an WE **1** 4
Buchersitzung **3** 30, **31** 19
Buchungsgegenstand **7** 3f.
Büro **13** 6

Café **13** 6
Chemischreinigung **13** 6
Container **22** 4

Dach **22** 2
Dachausbau **22** 8
– geschoßausbau **22** 4
– geschoßräume **14** 7
Dachterrasse **5** 13, 21
Darlehen **21** 21
Dauerauftrag **27** 24
Dauernutzungsrecht **32** 37
Dauerwohnrecht **31–42** (s. DWR); langfristig 41
Denkmalschutz **7** 43
Dienstbarkeit **1** 21, 23
Dienstvertrag **3** 27, **26** 30f.
DIN 4102, 4108, 4109 s. Abgeschlossenheit **3** 18
Dingliche Rechte an WE **1** 16f.
Dingliche Wirkung der Beschlüsse **21** 32
Dispositionsmaxime 4 vor **43**
Doppelhaushälfte **5** 9
Doppelstockgarage **3** 9, **16** 56
Doppelverglasung **5** 18
Dreigliedrige Einheit **Einl.** 8
Duldung der Einwirkung **14** 14
Duldungserklärung **21** 52, **27** 44
Duldungspflicht **21** 52, **22** 18
Durchbruch **22** 3, 19
DWR: Abgeschlossenheit **32** 2
an Erbbaurecht **42**
Ansprüche des Berechtigten **34**
an noch zu errichtenden Gebäuden 10 vor **31**
Bestandsschutz **33** 15
Beendigung, Erneuerung **31** 28ff.
Eintragungsbewilligung **32** 3
Eintritt in das Rechtsverhältnis **38**
Entschädigungspflicht **41** 4
Entstehung **31** 13ff.
Erlöschen **37** 3
– des ErbbRs **42** 3
– d. Mietverhältnisses **38** 5
Ersatzansprüche des Eigentümers **34**
Gegenstand **31** 6ff.
Grundgeschäft **31** 20ff.
Grundstücksbelastung **31** 3f.
Haftung des Eigentümers **33** 7

491

Register

Fette Zahlen = §§ des WEG

Haftung des Entgelts **40**
Heimfallanspruch **36**
Heimfall des Erbbaurechts **42**; in Zwangsvollstreckung und Konkurs **31** 33 ff.
Löschungsanspruch **41** 5
Löschungsvormerkung **41** 6 f.
Nutzungsrecht, nicht Verwertungsrecht **31** 2
Prüfung des Inhalts der Eintragungsbewilligungsanlagen **32** 8 ff.
Veräußerungsbeschränkung **35**
Verkehrsfähigkeit **33** 8 ff.
Vermietung **37**
Vertraglicher Inhalt **33** 28 ff.
Wohnungsbauprämiengesetz **62** 20
Zuständigkeitsvorschrift **30** vor **43**
Zwangsversteigerung **39**
Zwangsvollstreckung und Konkurs **35** 4
DWR und Mietvertrag **11** vor **31**

Echtes Streitverfahren **3** ff. vor **43**
Ehewohnung **60**
Eidesstattliche Versicherung **28** 23
Eigenheim: Gleichstellung **62**
Eigentum an der Neuerung **22** 25
Eigentumsschutz **1** 32, **13** 38, **14** 20
Eigentumsübertragung **19** 3
Einberufung **24** 3 ff.
Einigung und Eintragung **4** 5
Einigungsvertrag **Anh.** I 2 b
Einkommensgrenze **62** 7
Einkommensteuer **62** 2 ff.
Einlassungsfrist **4** Vor **43**
Einräumung: Wesen **3** 29
Einräumung durch letztwillige Verfügung **3** 29
Einräumungsvertrag **3** 20 ff.
Einrede **16** 29, 42
Einsichtsrecht **24** 20 ff., **55** 6
Einstimmigkeit **24** vor **10**; **15** 14 ff., **22** 9
Einstweilige Anordnung **28** 31, **44** 4 ff.

Eintragung **4** 15, **7** 1 ff., **28** ff., **46** ff., **8** 11
Eintragungsantrag **7** 28
Eintragungsbewilligung **7** 5, 23, 29, **10** 17, 28
Einzelabrechnung **28** 13, 27
Einzelner WEer **21** 12 f., **22** 15
Einzelräume **7** 35
Einziehung **16** 27 ff.; der Früchte **16** 2
Einzugsermächtigung **27** 24
Eis-Café **13** 6
Elektroheizung **22** 20
Energieeinsparung **22** 30 ff.
Entgelt **40** 2
Enthaltung **25** 34 f.
Enthärtung **22** 3
Entlastung **25** 38, **28** 17, 28, **29** 2
Entschädigung **36** 16
Entscheidung über den Zuschlag **57** 8
Entstehung des WEs **2** 5 ff.
Entziehung **18**
Entziehung aus Lasten- und Kostentragung **16** 37
Entziehungsklage **14** 22; **18** 15 ff.
Erbbaurecht im allgemeinen **30** 2 ff.
Erbfall **62** 1
Erdgasbefeuerung **22** 31
Erhaltungsakte **13** 32
Erledigung **19** vor **43**, **45** 16, **47** 2
Erlöschen des DWRs **37** 12, **38** 3 f.
Erlöschen des Mietverhältnisses an DWR **37** 5 ff.
Ermächtigung des Verwalters **26** 40 f.
Erneuerungen **16** 24, **21** 44
Ersatz von Aufwendungen **16** 25, **34** 2
Ersatzbeschaffung **21** 44
Ersetzung **23** 34
Erstattungsanspruch **16** 12
Ersterrichtung (s. a. Fertigstellung) **21** 44, **22** 13, 17
Ersterwerb **61** 2
Erstveräußerung **12** 9, 23, **61**
Erwerbsverpflichtung **4** 12 ff.

Magere Zahlen = Randziffern

Register

Estrich **5** 21
Eventualeinberufung **25** 30 ff.

Faktische Gemeinschaft **22** 1
Falsche Darstellung des SEs im Aufteilungsplan **3** 12
Fahrradraum **5** 16, **21** 5
Fahrstuhl **5** 16, **21** 26
Fahrstuhlkosten **10** 21, **16** 13, 43, 56
Fenster **5** 18, 21, **22** 3 f.
Ferienwohnung **62** 14
Fernsehantenne **14** 14
Fertigstellung **16** 17, **22** 49 f.
Feststellungsantrag **43** 8, 15
– interesse **43** 15
Feuchtigkeitsisolierung **5** 13
Förderung, öffentl. **61, 62**
Folgen fehlender Wiederaufbaupflicht **22** 43 ff.
Fonds **1** 10
Form **3** 21, **4**
Formmangel **4** 9
Formularverträge **3** 26
Formvorschriften **4**
Fotokopien **28** 23
Freiheit von Belastungen **3** 14
Freiwillige Versteigerung **19** 2
Freizeichnungsklausel **3** 25, **13** 48
Fremdenverkehrsdienstbarkeit **1** 24
Fristwahrung **27** 35
Funkantenne **13** 23

Garage **3** 6, **5** 25, **7** 35
Garten **13** 19, **21** 23, **22** 12
Gartenhäuschen **15** 9, **22** 4
Gartenzwerg **14** 7
Gasetagenheizung **22** 20
Gaststätte **13** 6
Gebäudeschadenshaftung **14** 16 ff.
Gebot **56** 3 f.
Gebrauch der gemeinschaftlichen Sachen Vorbem. zu **13 ff.** (Überblick)
Gebrauch der SEs-Räume Vorbem. zu **13 ff.** (Überblick)
Gebrauch des SE und ME **13** 3
Gebrauchsrecht **14** 7 ff.
Gebrauchsregelung **15**

Gebührensatzbestimmungen **62** 22 ff.
Gefahren des WEs **2** 9
Gefahrtragung **13** 41
Gegenantrag **19** vor **43**
Gegensprechanlage **22** 3
Gegenstand des gemeinschaftlichen Eigentums **5** 20 ff.
Gegenstände des SEs **5** 7 ff.
Gegenstandsloswerden der SEs-Rechte **9** 3
Gegenstimmen **25** 35
Gemeinsame Grundsätze des Gebrauchs des SEs und MEs **13** 3
Gemeinschaft **3** 2, **8** 2, **9** 2
Gemeinschaftliches Eigentum **1** 2 ff., **8** ff., **3** 12 f., **5** 20 ff.
Gemeinschaftliche Gelder **1** 10
Gemeinschaftliches Grundbuchblatt als Ausnahme **7** 27
Gemeinschaftliches Ws-Grundbuch **9** 12
Gemeinschaftsordnung **8** 11, **9** Vor **10, 10**; Änderung d. **24** f. vor **10, 10** 14
Gemeinschaftsverhältnis, verdinglicht **10** 1, 5, **14** 4
Gemischtes WE und TE **1** 3
Genehmigung **13** 17, 23, **22** 14
– behördliche **4** 14
Generalbauvertrag **2** 7 f.
Gerätehäuschen **15** 9, **22** 29
Geräusche **14** 7, 9
Gerichtsöffentlichkeit **22** Vor **43**
Gesamtakt **23** 15
Gesamtbelastung **2** 9, **16** 11
Gesamthandsformen **3** 34
Geschäftsbesorgung **2** 7, **3** 28, **26** 30 f.
Geschäftsführung des Verwalters **27** 7 ff.; Kontrolle der – **27** 53, **28** 12 f., 20
Geschäftswert **12** 27, **18** 23, **48** 4 ff.
Geschoßdecke **22** 3
Gesellschaft s. BGB-Gesellschaft
Gesetzl. Verkaufsrecht **1** 22, **Anh.** III 3, 4
Gestaltungsrecht **43** 18 ff.

493

Register

Fette Zahlen = §§ des WEG

Gewährleistung s. unter Mängel
Gewerbe **13** 5, **15** 20
– betrieb **62** 9
Gleichbehandlung **21** 38
Gleiches Recht aller WEer **20** 4ff.
Gleichstellung mit Eigenheim **62**
Gliederung der Verwaltung **20**
Grenzen der Abdingbarkeit 7f. vor **10**, **18** 19f.
Grenzüberbau **1** 9
Grill **15** 20
Grundbucheintragung 7
Grundbuchmäßige Behandlung der WEs-Sachen **Anh.** I Anl. 2
Grundbuchvorschriften 7
Grunddienstbarkeit **1** 23f.
Grunderwerbsteuer **62** 10
Grundpfandrechte **1** 16, 25
Grundsatz der gemeinsamen Verwaltung **21** 1ff.
Grundsteuer **62** 11
Gültigkeitsvoraussetzung **23** 5
Gutachten **16** Vor **43**
Gutglaubensschutz **3** 35, **6** 4, **61** 2
Guthaben **28** 31

Haftung des Verwalters **27** 54f.; für Herstellungskosten **3** 28; des Erwerbers **16** 31ff.; des WEers **14** 5, für Hilfspersonen **14** 12f.; für Verwalter **26** 43f.; für Verwaltungsschulden **21** 10; gegenüber Dritten **16** 58f., **21** 10, **26** 43f.
Hausmeister **16** 13, 46, **26** 45
Hausmeisterwohnung **5** 21
Hausordnung **15** 5f., **21** 41ff.
Haustierhaltung **14** 10, **15** 6
Hebeanlage **22** 31
Heilung **23** 31, 34, **61**
Heimfall **30** 14ff., **35** 3
Heimfallbedingungen **30** 23
Heimstätte **1** 30, **3** 2
Heimstätteneigenschaft **30** 20
Heizkörper **5** 16, **14** 7, **16** 51, **21** 21
Heizkosten **16** 18; -verordnung **Anh.** I 4, **16** 49ff., **22** 32, **27** 16;
-verteiler 1 vor **15**, **21** 21; -verteilung **16** 42, **21** 21
Heizöl **16** 60, **21** 10
Heizung **21** 21
Heizungsanlage **5** 22; nverordnung- **Anh.** I 5; -raum **5** 21
Herstellungskosten **3** 28
Hinzuerwerb **21** 37
Hobbyraum **13** 7
Hotelzimmer **3** 19
-appartement **3** 19
Hunde **10** 20, **14** 10
Hypothekenbrief **Anh.** I Anl. 2

Informationsrecht **28** 22f.
Inhalt des SEs **5** 26ff.; des Dauerwohnrechts **33**; der Eintragung 7 13ff.
Inhaltsänderungen des WEs **3** 29
Inkrafttreten **64**
Insichgeschäft **25** 44, **27** 43
Installation **5** 12, 16
Instandhaltung des SEs **14** 5f.
Instandhaltung und Instandsetzung **21** 44
Instandhaltungsrücklagen **1** 10, **21** 49
Instandsetzungsarbeiten **13** 30
Interessenkollisionen **25** 36, **26** 45, **27** 43, **43** 11
Internationales Privatrecht **3** 37
Isolierung **5** 13, 21

Jalousien **5** 18
Juristische Grundlage **Einl.** 5ff.
Juristische Natur des DWR 8f vor **31**
Juristische Natur der Vereinbarung **10** 5ff.
Juristische Natur der Teilungserkl. **8** 3f.

Kabelanschluß s. Breitbandkabel
Kamin **13** 19
Kapitalkosten **16** 23
Katzen **14** 10
Kaufvertrag **3** 24ff., **13** 46f.
Kellereigentum **3** 7
– modell **1** 2

Magere Zahlen = Randziffern

Register

Kfz (s. Pkw); -stellplätze (s. u. Abstellplatz)
KG **1** 4, **26** 3
Kind **27** 54
Kinderspielplatz **13** 18, **15** 20, **22** 13, **27** 15
– wagen **21** 42
Kindertagesstätte **13** 6
Klageänderung 6 Vor **43**
Klagebefugnis **43** 15
Klagebefugnis (auf Räumung) **19** 4
Konkurrenz zwischen 43ff. und ZPO **43** 2
– angebote **21** 45
Konkurrenzschutzklausel **10** 23
Konkurs **11** 17, **12** 20; eines WEers **1** 28, **16** 16, 36, **23** 16
Kontrolle **28** 20ff.; der Geschäftsführung **27** 53
Kosten **16, 27** 22; der Vorratsteilung **8** 17f.; des gemeinschaftlichen Eigentums **16** 13f.; des Verfahrens **48**; Einziehung d. **16** 28f.
Kosten und Gebühren **62**
Kosten und Lasten **16** 9ff.
Kostenentscheidung **47, 58** 7
Kostenordnung **43** 27
Kostentragung des Verwalters **47** 3
Krankengymnastikpraxis **13** 10
Kreditaufnahme **21** 21
Kündigung des Verwalters **26** 2ff., 37
Kündigungsschutz **Einl.** 25, **8** 19, **8** 20, **36** 11

Laden **13** 6
-raum **13** 5, 6
Ladung **23** 20
Langfristige Dauerwohnrechte **41**
Lasten **16, 27** 22f.; des gemeinschaftlichen Eigentums **16** 9f. Einziehung d. **16** 27
Leerstehen einer EW **16** 38
Leuchtreklame **22** 4
Lichteinfall **14** 7, **22** 9
Loggia **5** 9, 13, **22** 4
Lokal **13** 6

Los **15** 8
Luftzufuhr **14** 7

Mängel d. Gemeinschaftseigentums **13** 42ff., 55, **14** 11, **21** 25, **27** 35, 38, 54
Mahngebühr **16** 39
Mahnverfahren **46** 13, **46a**
Maklerprovision **26** 45
– u. BauträgerVO **3** 25, **Anh.** III 5
Markise **13** 35, **22** 4, 27
Mehrere abgeschlossene Wohnungen **3** 10
Mehrere Berechtigte **16** 35, **25** 24
Mehrere Stockwerke **Einl.** 5
Mehrere WEs-Rechte **3** 3
Mehrhausanlage **15** 15, **16** 43, 56, **23** 4, **25** 14, **43** 24
Mehrheitsbeschluß **10** 33f., **15** 17ff., **21** 16ff., **25, 26** 18
Mehrheitsentscheidung **22** 13
Mehrheitsprinzip 8 vor **20, 16** 62f.
Mehrstimmrecht **25** 8f.
Miet-AG **Einl.** 1
Miet(er)vertrag **13** 10, **16** 35, 52, **21** 45
– schutz **8** 19ff.
Miet-Genossenschaft **Einl.** 1
Mietrecht **8** 20, **14** 12
Mietverhältnis **8** 19f.; – an DWR, Erlöschen **37** 5f.
Mietzins **27** 35
Minderheiten 9 vor **20, 23** 4, 13, **24** 7
Minderheitenrecht **22** 21
Minderung **13** 44
Mindestbefugnisse des Verwalters **27** 1ff.
Mindestgebot **57** 11
Mißbrauch des Vollstreckungsrechts 14 vor **53**
Mitbesitz **13** 40
Mitbestimmung **13** 30
Miterbe **12** 22
Mitgebrauch **13** 19
Mitgliedschaftsrecht **13** 29ff. (Überblick); aller Art verdinglicht **5** 30

495

Register

Fette Zahlen = §§ des WEG

Mitverschulden **27** 54
Modernisierende Instandsetzung **22** 31
Modernisierung **22** 30 ff.
Müllbox **22** 4
Mündliche Verhandlung **44** 1
Musikausübung **14** 10, **15** 5, 18
Musterverträge **Anh. II**

Nachbargrundstück **21** 21
Nachbarrecht **13** 34 ff.
Nachlaßverbindlichkeit **16** 31
Nachtragswirtschaftsplan **16** 16
Nachweis der Verwalterbestellung **26** 19 ff.
Namen des Instituts **Einl.** 6
Nebenpflichten **16** 27, **26** 30
Nebenräume **5** 9
negativer Beschluß **23** 24, **43** 11
Neue Bundesländer **62** 9 f., 12
Neuerung **22** 3, 24 f.
Nichtbeschluß **23** 18, **25** 7, 32
Nichtigkeit **23** 15 ff.; und Anfechtbarkeit der Beschlüsse **23** 19 ff.
Niederschrift **24** 14 ff.
Nießbrauch **34** 1
Nießbraucher **25** 22 f., 39
Nießbrauchsvorschriften **10** vor **31**
Notar **53**
Notgeschäftsführung **16** 28, **21** 12 ff.
Nutzungsentgelt **15** 8, 17, **48** 8
Nutzungen **16**
Nutzungen (Früchte) **16** 1 ff.

Obhutspflicht **14** 11
Öffentlicher Glaube des Grundbuchs **1** 7; des Aufteilungsplans **7** 32
Öffentliche Verhandlung **44** 2
Öffentlich-rechtl. Genehmigung s. u. Genehmigung
Ölzentralheizung **22** 31
Örtliche Zuständigkeit **10** vor **43**
OHG **1** 4, **26** 3
Optischer Eindruck **14** 20, **22** 2
Ortsüblichkeit **13** 11

Pächter **13** 14
Parabolantenne **13** 23, **21** 52, **22** 5
Parteifähigkeit **20** vor **43**
Passivlegitimation **5** Vor **43**
Pergola **22** 4, 9
persönl. Erscheinen **14** vor **43**, **44** 1
Pizzeria **13** 6
Pflichten **Einl.** 19; der DW-Berechtigten **33** 18 ff.; des WEers **14**
Pkw **21** 42
– stellfläche **15** 2
Plakate **13** 23
Plattenbelag **5** 21
positive Forderungsverletzung **14** 8
Praxis **13** 4 f.
Prozeßführungsbefugnis **27** 36 f., **29** 10 f.
Protokoll **24** 14 ff., 17 vor **43**
Prozeßführung **21** 27, **27** 36 ff.
Prozeßgericht **46** 1 ff., 9
Prozeßkostenhilfe **20** vor **43**, **48** 10
Prozeßstandschaft **9** Vor **43**; – des Verwalters **27** 36
Prozeßvertreter **8** Vor **43**
Prüfungspflicht des GBAs **7** 39, 46; **10** vor **10**; des Verwalters **12** 10
Pseudovereinbarung **7** 48, **10** 29

Quotenänderung **4** 17, 16 ff. vor **10**
Quotenbelastung **8** 1

Rangverhältnisse **1** 16, **3** 32
Rauchgasklappe **22** 31
Raum im Sinne des Gesetzes **3** 6 ff.
Räume **5** 9 f.
Reallast **1** 23, 25
Rechnungslegung **28** 11 ff.
Rechte der DW-Berechtigten **33** 24 ff.; der WEer **Einl.** 18; des Wohnungseigentümers **13**; aus dem SE **13** 4 ff.; aus dem ME **13** 15 ff.
Rechte und Pflichten der WEer 1 ff. vor **13 ff.**
Rechtsanwalt **25** 18
Rechtsberatung **27** 31
Rechtsbeschwerde **27** f. Vor **43**, **45** 16 ff.

Magere Zahlen = Randziffern

Register

Rechtsfähigkeit der WEer-Gemeinschaft **Einl.** 8, 5 vor **10, 10,** 1
Rechtsgeschäfte zwischen Gemeinschaft und Verwalter **26** 45 f.
Rechtskraft **45** 19 ff.
Rechtsmängel bei Begründung **Einl.** 12
Rechtsmittel **45** 1 ff., 16, 58
Rechtsnachfolger **16** 31 ff., **43** 16
Rechtsnatur des Urteils **19** 5
Rechtspflegevereinfachungs G **45** 1, **46** 1, **48** 2
Rechtsschutzbedürfnis Rz. 4 vor **43, 43** 11, 15
Rechtsstellung des Notars **15** vor **53, 53** 1 ff.
Rechtsstreit **16** 20 ff.
reformatio in peius **26** Vor **43; 45** 14; **48** 8
Reklamen **13** 23 f., **43** 4
Revision des Verteilungsschlüssels **16** 44
Richterablehnung **20** Vor **43**
Richterliche Bestellung **26** 22 f.; Beteiligung **22** 26, 48; Entscheidungen **10** 32, **15** 23 ff.; **43**; Nachprüfung **11** Vor **20; 21** 30 f.
Richtlinien für die Ausstellung von Bescheinigungen gemäß § 7 Abs. 4 Nr. 2 und § 32 Abs. 2 Nr. 2 des WEG: **Anhang** I, 1
Rohbau **16** 38
Rolläden **5** 18
Rücklagebildung **16** 4
Rücklagen **1** 10
Rückstellungen für Instandhaltung **21** 49 f.
Rücktritt **3** 25, **13** 42, **18** 22
Ruhen des Stimmrechts **18** 20, **25** 26
Ruhestunden **15** 5

Sachverständiger **16** Vor **43**
Sammelgarage **5** 10
Sanierung **21** 45
Sanktionen **14** 19 ff., **16** 39
Satellitenfernsehen s. Parabolantenne
Satzung **10** 6, 20

Sauna **5** 9, **15** 17
Schadenersatz **13** 44, **14** 21, **44** 8
– gegen Verwalter **21** 12, **27** 54 f., **43** 8
– gegen Wohnungseigentümer **13** 38
Schadensersatzanspruch **12** 17, **21** 54
Schalldämmung **14** 5
– schutz **15** 6, 25
Schaukästen **13** 24
Schaukel(gerüst) **15** 9
Schenkung eines WEs **1** 14
Schiedsgutachterabrede **43** 26
Schiedsverträge **12** vor **43, 43** 26
Schilder **13** 23 f.
Schlangen **14** 10
Schlechterstellung s. reformatio in peius
Schließanlage **21** 42
Schließung der Wohnungsgrundbücher **9**
Schnitt **7** 33
Schranken der Regelungsbefugnis **15** 15
Schülerladen **13** 6
Schulden **16** 58, **21** 10
Schuldenregelung **17** 7
Schwebende Unwirksamkeit **12** 16 f.
Schweiz **Einl.** 1
Schwimmbad **5** 9
Selbständiges Handeln des einzelnen **21** 12 f.
Selbständiger Steuergegenstand **62**
Sex-Kino (-Shop) **13** 9
Sicherheitsleistung **45** 23
Sicherung d. Erwerbers **3** 25
Sicherungshypothek **16** 59, **27** 30
Sittenwidrige Vereitelung **18** 21
Sonderausgaben **61/62** 2, 6
Sondereigentum, Einräumung **3**
Sondernutzungsrecht **1** 2, 23, **5** 26 f., **7** 5, **10** 23, **12** 30, **15** 9 ff., **23** 16
Sonderumlage **16** 16, **28** 8
– vergütung **28** 12
Sozialhilfe **62** 1

497

Register

Fette Zahlen = §§ des WEG

Soziologische Rechtfertigung **Einl.** 2 ff.
Spielplatz **13** 18, **22** 4, 7
Spielsalon **13** 6
Sprung-Rechtsbeschwerde **45** 28
Standort d. Gebäudes **7** 33
Stellplätze **1** 23, **7** 35, **13** 28, **21** 53, **22** 3 f.
Stillegung **21** 26
Stimmenzählung **25** 32
Steuervergünstigungen **62**
Stimmenmehrheit **25** 32
Stimmenenthaltung **25** 34, 35
Stimmrecht **25** 8 ff.; Auslegung von Vereinbarung über 8 Vor **20**
– Ausschluß **25** 36 ff., **28** 29
Störungen **14** 9
Strafen **10** 36
Streitwert **48** 4 ff.
– bei Löschung eines DWR **31** 39; im Verfahren nach §§ **18** ff., **19** 6
Streupflicht **15** 5
Stützmauer **22** 3
Sukzessivbeschluß **23** 11

Tagesordnung **23** 9
Tankstelle **1** 23, **3** 6
Tausch von Räumen **6** 6, **14** vor **10**, **12** 24 f.
Teileigentum **1** 2 f.
Teilnahmerecht **25** 45
Teilnichtigkeit **23** 33
Teilung durch den Eigentümer **8**
Teilungsurteil **2** 3
Teilversammlung **23** 4, 14
Tennisplatz **15** 17
Termin **55** 2
Terminanberaumung **55** 2
Terminbestimmungen **55**
Theorienstreit **Einl.** 7
Thermohaut **21** 44
Thermopane-Fenster **22** 30
Thermostatventil **5** 16, **15** 1, **21** 44
Tiefgarage **1** 4, **3** 8, **5** 10, **16** 56
Tierhaltung **10** 20, **11** 32, **13** 9, **14** 10
Tilgungen **27** 22 f.
Time-sharing **Einl.** 24
Tischtennisplatte **13** 18

Toilette **1** 2, **3** 6
Trag- und Stützmauern **5** 9
Trennmauer **22** 28
Treppenpodest **22** 4
Treuhänder **21** 5
Trinität **6** 1
Türen **5** 18, **21** 42, 44
Turnusnutzung **13** 22
Turnuswechsel der Verwaltung **26** 12

Überbau **1** 9, 32
Überlassung der Nutzung **13** 25
Überleitung bestehender Rechtsverhältnisse **63**
Übertragbarkeit des Stimmrechts **25** 17 ff.
Überziehungskredit **21** 21
– Zinsen **16** 39
Umbaumaßnahmen **22** 2
Umdeutung einer Kündigung **26** 37
– einer Prozeßvollmacht **27** 37
Umlegung **2** 4
Umwandlung v. Mietwohnungen in WE **1** 29, **3** 5, **7** 40, **13** 42, 50
Umwandlung von Ws in TE **1** 7, 37 vor **10**, **13** 6 f.
– von TE in WE **10** 14, **13** 7
Umzugspauschale **15** 17
Unabdingbar **54** 12
Unabdingbarkeit der Bestellung eines Verwalters **26** 13
Unabdingbare Mindestbefugnisse des Verwalters **27** 1 ff.
Unauflösbarkeit d. WEs **Einl.** 17; der Gemeinschaft **11**
Unbestimmte Vereinbarungen **15** 24
Universalbeschluß **23** 10 f.
Unrichtigkeit des GBs **7** 22, 32
– des Beschlusses **45** 17
Unselbständigkeit des Sondereigentums **6**
UntererbbR **30** 29
Unterlassung **13** 38, **22** 28
Untersuchungshaft **44** 1
Unterteilung **8** 16, **25** 24
Unterwohnungseigentum **1** 19

Magere Zahlen = Randziffern

Register

Untrennbarkeit 6 6f.; der Elemente **Einl.** 13f.
Unzucht 13 9
Urteil z. Entziehung 19 7ff.

Veräußerung d. WEs **1** 12
Veräußerungsbeschränkungen **12,** 54 8, 57 10
Veräußerungsverlangen s. Entziehung 18 16
Verbindung von WE und TE **1** 3
Verbindung mehrerer Verfahren 44 6, 47 2
Verbot der Tierhaltung 14 10
Verbrauchskosten 16 38, 50ff.
Verbreitung **Einl.** I
Verdinglichung **Einl.** 9; der WEer-Vereinbarung **Einl.** 16
Verdinglichtes Gemeinschaftsverhältnis **10** 5ff., **14** 4
Verdrängende Vollmacht **25** 19
Verein **10** 6, 20
Vereinbarung **8, 10, 15** 14
Vereinigung **1** 26,3 3, 14 Vor **10, 12** 26
Vererblichkeit **1** 15
Verfahren 48
Verfahren der freiwilligen Gerichtsbarkeit in Wohnungseigentumssachen III. Teil, Erster Abschnitt (§§ 43ff.)
Verfahrensart **19** 1ff.
Verfahrensgrundsätze 44
Verfahrensstandschaft **27** 36, 9 Vor **43**
Verfahrensvoraussetzung **43** 15ff.
Verfügung über die grundbuchmäßige Behandlung der WEs-Sachen vom 1. 8. 1951: **7** 1f., **Anh.** I 2
Verfügungsfähigkeit **1** 12ff.
Verfügungsrechte **13** 1ff.
Verglasung **14** 7
Vergleich **19** 16; 20 Vor **43, 43** 4
Vergütung d. Verwalters **26** 31f., **27** 4; **43** 7
Verhältnis der MEs-Bruchteile **3** 15

Verjährung **13** 51, 53f., **16** 41, **26** 32, **28** 36, **34** 4, **36** 15
Verkabelung s. Breitbandkabel
Verkehrspflichten **14** 8, **15** 4
Verkehrsschutz **3** 35
Verkehrssicherungspflicht **15** 5, **27** 15, 54, **21** 26
Verkleinerung 37 vor **10**
Verlustzuweisung **61, 62** 7ff.
Vermietung **13** 10f., **15** 2, **16** 57, **21** 5, 21
– Beschränkung d. **12** 30, **15** 20
Vermittlung der Auseinandersetzung **2** 3
– sprovision **26** 45
– von Wohnungen **26** 45
Vermögensverwaltung der Gemeinschaft **27** 46ff.
Vermutung für gemeinschaftliches Eigentum **5** 1ff.
Versammlung als Grundsatz **23** 4ff.
Versammlung **7** Vor **20**
Verschulden **13** 38, **14** 5, **27** 43
Versicherung **16** 45, **21** 46ff.
Versteigerung **15** 8
– des WE: **19** 7, **53ff.**
Versteigerungsbedingungen 54 4ff.
Versteigerungstermin **56** 2
Verteilungsschlüssel **16** 42ff.
Vertikal geteilte Gebäude **Einl.** 5
Vertragsfreiheit **8** 9; 7ff., 9 Vor **10, 10** 20ff., **24** 2, **28** 2
Vertragsstrafe **15** 17
Vertretungsmacht **25** 17ff., **27** 20ff.
Verwalter **26, 27**; kann nicht ausgeschlossen werden **20** 9; 10 Vor **20**;
– als Beauftragter **27** 2ff., Mindestaufgaben **26** 1, **27** 3
Nachweis der Bestellung **26** 19ff.; Verlängerung **26** 4, 10
-wechsel **27** 39; 20 vor **43**
Verwaltung **20**ff.; 5 vor **20, 20** 6ff., **21** 1ff., 33f.
Verwaltungsbeirat **28** 26, **29**
Verwandte **14** 6
Verweigerung der Zustimmung **12** 18f.

499

Register

Fette Zahlen = §§ des WEG

Verweisung an Richter der fG **46** 1 ff.
Verwendungsmöglichkeit **2** 2
Verwertungskündigung s. Kündigungsschutz, besonders **8** 20
Verwirkung **19** 15, **22** 28
Verzicht auf WE **1** 14
Verzugsschulden **16** 39
– Zins **10** 24, **16** 39, **23** 16
Vollmachtsausweis **27** 50 ff.
Vollständige Aufteilung des Gesamtgebäudes **3** 13
Vollstreckung **45** 23 ff.; in gemeinschaftlichen Gegenstand **1** 20
Vorausverfügungen **40** 4
Vorauszahlungen **16** 15, **28** 4 ff., 30
Vorkaufsrecht an WE **1** 22, **12** 28 f.
Vorleistungen **16** 26
Vormerkung **1** 25, **3** 24, **4** 20, **8** 6, **15** 10, **19** 8
Vormundschaftsgerichtliche Genehmigung **4** 15
Vorratsbau **2** 2, 8
Vorschaltverfahren **12** 19, 2 Vor **43**, **43** 17
Vorschüsse **16** 15, 38, **28** 4 ff.
Vorvertrag **4** 9
Vorsitz **24** 13
Vorstrafe **26** 3

Währungsgleitklausel **8** Vor **10**
Wärmedämmung **5** 21, **22** 31
Warmwasserzähler **21** 44, **22** 31 f.
Wartungsvertrag **27** 9
Wäschetrockenplatz **22** 4
Waschküche **15** 5
Waschordnung **21** 42
Wechselseitige Anhängigkeit **6** 2 ff.
Wegnahmerecht **34** 3
Weitere Beschwerde **45** 1, 16 ff., 24
Werbeschilder **13** 24, **22** 20
Werbung **13** 23 f.
Werbungskosten **62** 2
Werkvertrag **2** 7, **3** 26, **13** 42 ff.
Wertberechnung **17** 4 f.
Werdende Gemeinschaft **3** 33; 2 Vor **43**

Werdende Eigentümer **3** 33; 2 Vor **43**
– Stimmrecht **25** 19
Wertermittlung **22** 37
Werterrechnung **16** 53
Wertgrad der Zerstörung **22** 36
Wertsicherungsklausel **26** 32
Wesen der Einräumung **3** 29
Wettbewerb **15** 15
Wichtiger Grund **11** 10, **12** 10, **26** 2, 5 ff.
Wiederaufbau **22** 28 ff.
Wiederaufbaupflicht **22** 28, 43
Wiederaufnahme **24** vor **43**
Wiedereinsetzung in den vorigen Stand **23** 17, **43** 13, **45** 13
Wiederholungsversammlung **25** 30 f.
Willenserklärungen **27** 30 ff.
Willensmängel **Einl.** 12, **23** 15, **25** 16
Wirtschaftliche Einheit **62**
Wirtschaftsführung **28** 1
Wirtschaftskeller **13** 9
Wirtschaftsplan **21** 51, **28** 3 ff.
Wohnbesitz **Einl.** 20, **42** 5
Wohn-Eigenheim **62** 1
Wohngeld i. S. von Verwaltungsbeiträgen **10** 24, **16** 15, **23** 9, **28** 4, **47** 2, **62**
– geräusche **14** 5
Wohnmobil **13** 19
Wohnraumbewirtschaftung **1** 29
Wohnungen, Begriffe **Anh. I** 3
Wohnungen, Berechnung der Wohnflächen und Nutzflächen **Anh. I** 3
Wohnungsbauprämien **62** 4
Wohnungseingangstür **5** 21, **27** 10
WohnungserbbR **4** 19, **42**
Wohnungsgrundbuch **9**, -verfügung **Anh. I** 2
Wohnungs- und Teilerbbaurecht **30** 5
– vermittler **26** 45

Zahlungsverzug **18** 10
Zaun **22** 20

Magere Zahlen = Randziffern

Register

Zeitpunkt der Versammlung 24 10
Zerstörung 9 3, 11 8f., 22 35f.
ZinsabschlagSt 62 1
Zinsbeträge 16 41, 27 21, 25, 43 8
Zirkularbeschluß 23 10f., 26 18
Zugang, eigener 3 18 s. Abgeschlossenheit ü. DIN
Zulässigkeit 1, 9ff., 15f. Vor 43, 43 1ff.
Zurückbehaltungsrecht 16 29, **26**, 46
Zusammenfassung von selbständigen Gebäuden 1 3
Zusammentreffen mehrerer Geschäfte in einer Urkunde 62 13
Zuschlag 57 5
Zuschlagswirkung 19 3
Zuschreibung 7 12
Zuständigkeit III. Teil, zweiter Abschnitt, 19 5; 10ff. Vor **43**; DWR 41 9, 43 14; **46; 53**; Dauerwohnrecht **52**; Entziehung des Wohnungseigentums 51
Zuständigkeitsverteilung 22 1ff., 9ff.
Zustellungen 27 30
– öffentliche 44 1
Zustimmung der Versammlung 12 8f., 20, 30, 15 17f., 61
– des Verwalters 12 8f., 15 20, 27 48, **61**
Zustimmung dinglich Berechtigter 4 15, 10 14

Zustimmung Dritter, insbes. der Grundpfandrechtsgläubiger 1 19, 21, 8 10, 10 14
Zustimmung zur Vermietung, Verpachtung, Bestellung eines DWRs, Übertragung eines Sondernutzungsrechts 12 7
Zustimmungsberechtigte 12 8f., **61**
Zustimmung zu Handlungen eines WEers 21 24; zur Veräußerung 12, **61**; des Verwalters 27 17; zu baul. Veränderung 22 19
Zustimmungsersetzung 11 11, 12 12
– heilung 61
Zustimmungsverweigerung 12 10ff.
Zuteilung der Nutzungen 16 6ff.
Zwangsgeld 28 25; 14 Vor **43, 45** 27
Zwangshypothek 16 28, 27 30
Zwangsversteigerung 16 17, 31f.
Zwangsverwalter 16 36, 25 20
Zwangsvollstreckung 1 27, 11 16f., 12 20f.; 25 Vor **43; 44** 4; **45** 23ff.
Zweckbestimmung 13 4ff.
Zweckentfremdungsgenehmigung 13 4
Zweiergemeinschaft 25 32, 44 1
Zwischenmieter 16 27
Zwischenverfügung 4 6

Buchanzeigen

Wohnungseigentum

Kurzlehrbuch. Von Justizrat Dr. Johannes Bärmann†, ehem. Professor an der Universität Mainz, Notar

1991. XXIII, 466 Seiten. Kartoniert DM 78,–
ISBN 3-406-33958-1
(Juristische Kurzlehrbücher für Studium und Praxis)

Dieses Werk

erleichtert die Einarbeitung in das komplexe Gebiet des Wohnungseigentumsrechts und gibt einen **ausführlichen Abriß** über alle damit zusammenhängenden Probleme. Die einzelnen Vorschriften des WEG sind unter Berücksichtigung von Rechtsprechung und Literatur systematisch dargestellt. Fragen, die im Zusammenhang **mit gerichtlichen WEG-Verfahren** auftreten, werden verständlich beantwortet.

Die Benutzer

des Lehrbuchs sind sowohl Studenten als auch Praktiker in Verwaltung, Justiz und Anwaltskanzleien. Der Band wendet sich insbesondere an Interessenten in den neuen Bundesländern, die einen Einstieg in das Gebiet suchen.

Der Autor

Prof. Dr. Johannes Bärmann ist bekannt als Verfasser von renommierten Kommentaren und Handbüchern zum Wohnungseigentumsrecht. Er verstarb Anfang 1991. Das Werk wurde unter Mitwirkung von Dipl.-Volksw. **Hanns Seuß,** Geschäftsführer des Evang. Siedlungswerkes in Bayern, veröffentlicht.

Verlag C. H. Beck München

Die Gesellschaft nach dem Wohnungseigentumsgesetz

Ein Beitrag zur dogmatischen Einordnung des Wohnungseigentums

Von Professor Dr. habil. Michael Junker

1993. XXVIII, 290 Seiten. In Leinen DM 98,–
ISBN 3-406-37617-7

Das Werk

begründet, warum statt des sachenrechtlichen Ansatzes die Beteiligung mehrerer Personen an einer unter gemeinsamer Verwaltung stehenden und einem gemeinsamen Zweck dienenden Vermögensgesamtheit eine **gesellschaftsrechtliche Einordnung** des Wohnungseigentums nahelegt.

Auf dieser Basis werden **Lösungen für die aktuellen Probleme** des Wohnungseigentumsrechts aufgezeigt, wie etwa

- die **Haftung** der Wohnungseigentümer für Verwaltungsschulden, insbesondere die Haftung des Erwerbers,
- die **Geltung des Mehrheitsprinzips**
- der **Minderheitenschutz** zugunsten einzelner oder von Gruppen
- die **Gläubigerzustimmung** sowie
- die Frage »fehlerhafter Wohnungseigentümergemeinschaften«

Interessenten

sind anspruchsvolle Praktiker, die mit der Lösung rechtlicher Fragen aus diesem Bereich befaßt sind, wie etwa Richter und Rechtsanwälte sowie Mitarbeiter von Rechtsabteilungen und Immobiliengesellschaften. Das Werk richtet sich ferner an den wissenschaftlich tätigen Juristen, insbesondere an Sachenrechtler und an Gesellschaftsrechtler.

Verlag C. H. Beck München